译者序

一部好的教材，必须是深入考虑了教、学双方的内在需求，做了精心设计，并经过长期锤炼的。K. R. 苏布拉马尼亚姆的《财务报表分析（第 11 版）》即是这样一部优秀教材。

在之前版本的基础上，作者及时把握会计领域的重要发展，加入了美国 GAAP 最新准则和公告变化，结合国际财务报告准则（IFRS）的内容，在章节内容安排等方面做了一些调整，以更为灵活多样的方式补充了一些涉及企业经营及财务环境变化的重要知识，并对文字做了进一步润色和修改。

作为译者，我们以万分虔敬之心来完成本书翻译和文字审校。概言之，我们实不愿因译者的疏漏而使书稿失色。译者曾多次主讲财务报表分析课程，深知本课程教学之困难所在，因此也更理解本书对于教、学双方的重要意义及特色。关于本书的诸种优点，自有用者去领悟，在此无须赘言。唯一想赘述几句的是：作为国内的使用者，万勿因为课时及习惯的制约忽视了本书的一些细节性材料和安排。尤其学生应该改变过分依赖教师课堂讲授的习惯，于课前课后，把大量时间用于预习、复习、作业、思考及相关材料的研习方面。一门课程，实际上面对的是一个世界。勿以小事视之，仔细用功，方有所得。

因译者水平所限，疏漏之处在所难免，望广大师生不吝斧正。

译者

前　言

欢迎使用《财务报表分析（第 11 版）》。本书之编撰经过了深入的市场调查，并就章节及内容安排等与广大师生进行了广泛的交流和讨论。令人欣慰的是，本书所采用的财务报表分析框架得到了广大师生、实务工作者及机构的普遍认同。本书针对当下财务分析师的需求，打造出一种独特的财务报表分析路径。从一开始，撰写本书的主要目标就是适应时代需要，提供一种先进、易得、通行且以读者为中心的财务报表分析用书。我很高兴本书在美国乃至世界范围内获得普遍接受，大大超出了我的预期。

财务报表分析是一个令人激动且饱含生机的领域。本书通过揭示有效分析之关键，使读者在日益激烈的市场竞争中获得充分的优势。我深知财务报表与诸多个体的决策密切相关，包括投资者、债权人、顾问、经理人、审计师、公司董事、分析师、监督管理人员、公司员工等。本书为这些人事业的成功提供必要的分析技能。多年来从事这方面教学的经验告诉我们，要想吸引读者，就必须充分注意分析的相关性。为此，本书大量使用真实世界中的公司资料。本书的目的在于使广泛的读者获得裨益，无论他们只是对金融市场感到好奇，还是已有多年会计及财务工作经验。

本书结构及内容

本书结构适应不同的教学风格。尽管内容宏富，但其编排却能让教师根据各自的意愿自主选择所涉及的议题和深度。读者通过第 1 章即可知悉本书各项议题间的关系及在财务报表分析这一学科中的地位。本书内容总体上由三部分构成：

1. 分析概述
2. 会计分析
3. 财务分析

分析概述

第 1、2 章构成财务报表分析概述。我将财务报表分析作为商务分析这一广大框架的一个内在组成部分。在考察财务报表分析在各类商务分析（诸如权益分析、信用分析）中的特殊作用的同时，强调对各种商务活动（包括计划、融资、投资和经营活动）的理解。我强调商务活动的潜在战略意义及对财务报表的影响，强调应计制会计的分析意义，强调在进行财务分析之前通过会计分析对财务报表做出适当调整的必要性。在分析和解释财务报表时，采用了几种流行的工具和技术。本部分内容的一项重要且独特的特征是，以高露洁（Colgate）公司的年度报告作为吸引读者并传输相关思想的一种手段。两章内容概略如下：

- **第1章** 以财务报表分析与商务决策的关系为起点，由此引出对用户的关注，包括用户需求及财务报表分析对他们的具体作用。我将描述商务活动，说明其在财务报表中的具体反映，同时还将讨论债务和权益估值问题。

- **第2章** 本章解释财务会计和报告的性质与目的，包括编制、使用财务报表的环境问题。通过与现金制会计的比较，本章将突出强调应计制会计的重要意义。在引入收益概念的同时，讨论与公允价值会计相关的问题。本章还将说明会计数据的分析意义和局限，讨论会计分析对财务分析的重要性。

会计分析

第3～6章对作为财务报表基础的会计计量和报告实务进行解释和分析，以有助于进行会计分析。书中以融资（负债和权益）、投资（资产）和经营（收益）活动为中心来组织这一分析。这一部分深入考察收益决定和资产与负债的计量。更为重要的是，对财务报表分析和调整的程序与线索进行讨论，以此强化它们对财务分析的经济意义。四章内容分别如下：

- **第3章** 始于对融资活动数据的详细分析。其重点在于对报告数据进行解释、分析、说明和调整，以更好地反映融资活动。其中的关键性议题包括债务融资、租赁、表外融资及股东权益。在本章附录中，将讨论退休后福利。

- **第4章** 本章将分析的视角进一步扩展至投资活动。具体表明如何对各项资产数据（如应收款、存货、不动产、设备、无形资产等）进行分析，并在必要时进行调整。我将解释这些数据如何揭示财务状况和业绩，包括未来业绩。

- **第5章** 第5章将分析引入了一个特殊的领域——公司间投资。本章将具体分析各类公司间投资，包括有价证券、权益法投资、衍生证券投资及企业合并。本章附录中还将考察国际投资及其对财务报表的报告意义。

- **第6章** 本章关注经营活动和收益分析，讨论收益概念与计量，与现金流量截然不同。本章将对据以产生净收益的各项应计制指标进行分析，重点强调用以确认收入和费用的各种具体方法。本章还将分析并调整损益表及其构成要素，包括重组费用、资产减值、员工股票期权及所得税会计等。

财务分析

第7～11章考察财务分析（包括前景分析）的程序和方法。我将强调说明不同用户的目标，说明实现目标所需的分析工具和技术。具体分析手段包括比率计算、现金流量指标、收益预测及权益估值等。我将运用分析工具重构财务报表中隐含的经济现实。我将证实分析工具和技术如何增强用户的决策——包括公司估值和借贷决策。还将表明财务报表分析如何减少商务决策中的不确定性并增强信心。本部分由五章及一个综合案例构成：

- **第 7 章**　本章研究财务分析工具的运用和解释问题。通过分析现金流量深入探究各类商务活动，尤其是经营活动。在分析现金流量时，特别注重对公司及行业条件的考察。
- **第 8 章**　第 8 章强调投资回报率，解释其计量偏差。关注的重点是净经营资产回报率和权益报酬率。区分两种回报率指标，描述其相互关系。最关注的是将权益报酬率分解为经营和非经营部分，以及行业间边际收益和周转率的差异。
- **第 9 章**　描述财务报表预测和预计分析。通过举例来详细说明预估资产负债表、预估损益表及预估现金流量表。随后将提供一个实例，把前景分析和权益估值联系在一起。
- **第 10 章**　本章讨论信用分析，包括流动性分析和长期偿债能力分析。首先提供用以估计资产流动性的分析工具，包括各种会计比率、周转率及经营活动指标。然后关注资本结构及其对长期偿债能力的影响。本章分析财务杠杆的意义及对风险和报酬的影响。为了测定流动性和偿付能力，需要做一些分析性调整。还描述了一些收益补偿比率并对其进行解释。
- **第 11 章**　本章强调收益分析和权益估值。收益分析注重收益质量、收益的可持续性及盈利能力。重点关注计量及应用这些概念的技巧。对权益估值的讨论侧重于会计数据预测和公司价值估计。
- **综合案例**　本案例是对财务报表及报表附注的综合分析，具体描述财务报表分析的步骤及分析报告的基本属性。整个分析围绕财务报表分析的主要成分进行组织，包括现金分析、投资回报率分析、资产利用率分析、经营业绩分析、获利能力分析、预测分析、流动性分析、资本结构分析、长期偿债能力分析等。

本版的主要变化

许多读者通过章节评论、调查及通信等多种形式提供了许多很好的意见和建议。针对他们的意见和建议，第 11 版做了如下改进：

- **反映了最新会计公告的内容**。通过内容的修改，本版中反映了美国公认会计原则（US GAAP）最新准则和公告的变化。书中采用的是美国公认会计原则之下最新的法律制度体系。
- **融入了国际财务报告准则（IFRS）**。不论在美国还是整个世界，国际财务报告准则（IFRS）的重要性都在不断增强。尽管国际财务报告准则（IFRS）与美国公认会计原则并无很大不同，但二者确实存在一些关键性差异。本版修订中参考了国际财务报告准则，并对它与美国公认会计原则的差异进行了概括说明。还特别增加了一些内容，来应对 IFRS 与 US GAAP 存在较大差异的一些项目的处理。
- **IFRS 下的资产重估价（第 4 章）**。与 US GAAP 不同，IFRS 准许资产的重估升值。在本版第 4 章中，特别增加了一小节来处理这一问题。

- **增加了债务融资的内容（第 3 章）**。本版第 3 章专门增加了一小节来仔细讨论债务融资问题，包括债务融资的会计处理、附注的披露及分析。
- **对第 3 章内容进行了重构**。本版对有关融资活动分析的一章进行了重构。首先，增加了一小节有关债务融资的内容；其次，有关退休后福利的一节内容挪到了附录中，这样就给了关注这部分内容的授课教师很大的选择自由和灵活性，而不至于让这个颇为复杂的议题成为每个人的负担；再次，对股东权益一节的内容进行了修订，使之更为流畅。
- **继续以高露洁作为案例公司**。第 11 版依然用高露洁公司作为案例，但使用的是该公司的最新年报。高露洁是一家稳定的日用品公司，作为分析案例十分适宜。我用它来解释许多商业实务，并引起了广大读者浓厚的兴趣。金宝汤公司（Campbell Soup Company）的案例则继续保留下来，用作各种解释和说明。
- **通过更新和修订使本书内容更加流畅**。第 11 版对第 1～6 章的内容做了进一步修订，使文字表达更加流畅准确。为了提高可读性，还对部分内容做了重新安排或重写。
- **更新了章末材料，使之更为流畅**。为了反映教材内容的变化，对章尾材料做了更新和整理。针对读者的建议，增加了许多新的问题和案例。
- **整本书更有针对性，更贴近实际**。通过大量实际应用和分析指引，本书更加简明和流畅。

创新的结构框架

我们深信，在明确动机和结构的情况下，学习会取得更好的效果。为了达到这一目的，本书在内容结构上进行了多方面创新，形成了一些独具特色的安排：

章前引例　每章都以一篇有关一家真实公司的特色短文作为开始，揭示出该章的核心议题。章内分析也基本上围绕该公司而展开。经验表明，当读者的兴趣被激发起来之后，也就有了学习和求索的动力。

学习目标　在每章开篇列明主要的分析目标，概括表明该章的主要目的。

分析链接　通过一些链接，建立沟通前后各章话题及概念的桥梁。其标题分别为“回顾”、“本章要点”、“前瞻”。

分析概览　每章开头一项概括性说明，描述该章的主要内容及意义。

分析视点　引导学生在每章中扮演多种不同的角色，作为一种特别的安排，表明财务报表分析与各种决策者的相关性。

分析摘录　大量实际资料的摘录，包括：年报披露、剪报、新闻报道等，以此来证明主要观点或议题。其目的在于增强分析的相关性，提高读者的学习兴趣。

分析研究　多样化的小篇幅文章，提供与财务报表分析及释读相关的最新研究成果。

分析反馈　即每章末的作业。这些数量庞大的作业，既有传统的也有创新的内容，并选择美国一些著名公司财务报表的案例作为补充。这些公司包括百思买、可口可乐、达美航空、微软、西尔斯等。作业分为三种类型：思考、练习、案例。每道作业题都有标题以反映其目的：许多要求做深入思考，需要有沟通技巧、解释及作出决策。

焦点公司　书中复制了高露洁和金宝汤两家公司的财务报表，并在大量作业题中具体运用。经验表明，大量使用年度报告可以增强读者兴趣，促进学习。这些报告包括附注和其他财务信息。

目标受众

本书适合商务及相关领域的读者。无论是学生还是实际工作者，皆可从中获益。通过本书，你不仅可以获得职业生涯所必需的分析技能，以及应用这些技能的专长，还可以获得成功认知商业机会的技巧，并掌握抓住这些机会所需的知识。

本书可以作为普通院校一或两学期的教学用书，包括作为高年级学生的必修课用书，也可用于各种有关财务报表分析的培训课程。它既适用于普通本科或研究生教学，也适于各种形式的职业培训，是当代财务报表分析教育当之无愧的首选教材。

目　录

第 1 章

财务报表分析概观

本章要点

本章以财务报表分析赖以存在的经营环境的介绍，开始有关财务报表分析的讨论。我们以高露洁公司为例说明在一定产业及经济条件下评价财务业绩的重要意义。这将把我们关注的重点引向财务报表用户、其信息需求，以及财务报表分析如何满足这些需求方面。我们将描述经营活动的主要类型，说明它们如何反映在财务报表中，通过初步的财务分析来说明这些重要概念。

前瞻

第 2 章描述财务报告环境及财务报表中包含的信息；第 3～6 章讨论会计分析，主要涉及构成财务报表的会计数据的分析、调整及解释。第 7～11 章重点在于掌握财务报表分析与估值的工具。紧随第 11 章之后是一项综合性的财务报表分析举例。

学习目标

- 解释商务分析及其与财务报表分析的关系
- 确定并讨论商务分析的不同类型
- 描述商务分析的构成要素
- 解释商务活动及与财务报表的关系
- 说明各主要财务报表的目的及相互间的联系
- 确定相关的表外分析信息
- 对财务报表进行分析和解释，作为进一步详细分析的基础
- 几种基本财务报表分析技术的应用
- 定义并构建一些基本的估值模型
- 阐明在有效市场中进行财务报表分析的目的

章前引例

是否爽心乐事?

高露洁（Colgate）公司在过去200年间一直以微笑来面对世界。它的笑容并不仅仅面向其大众化牙膏的忠实用户。在过去几十年中，高露洁公司的财务业绩和股票价格也给其股东带来了巨大财富，足以让许多人以极为愉悦的心情待之。在这一时期，公司股票价格翻了两倍以上，每年提供给股东的回报率平均皆在12.5%以上，差不多是同一时期S&P 500的两倍。虽然公司的总股本有所下降，但收益翻了两倍以上，表明高露洁公司用现有资本提高生产率，给收益增长提供了充足的动力。

作为世界上最古老的公司之一，今天的高露洁是一家真正的全球性公司。在全球200多个国家中，我们可以看到其经营的踪迹。其年销售额在120亿美元以上。高露洁品牌——以牙膏最为著名——是全世界最古老、认知度最高的品牌之一。它是如此成功，在许多国家，"高露洁"甚至成了牙膏的代名词。由此而出现的大量仿冒品，亦使公司不得不为解决法律争端而奔忙。

高露洁公司通过努力使自己的品牌赢得了普遍的欢迎，足迹遍布世界。公司经营战略的重点是在关键性产品和公司的强势市场中保持稳固的市场领导者地位。高露洁公司控制了差不多1/3的世界牙膏市场，而其中大部分市场份额是近年所获得的！这种市场领导者的地位使公司在竞争惨烈的消费品市场中保持了稳固的定价能力。以消费者为导向、持续不断的创新，以及毫不留情的提高成本效率的要求，成了高露洁公司成功的标志性特征。

高露洁公司经营战略的另一个关键特征在于其极其慷慨的股利政策。在过去10年中，高露洁公司通过发放现金股利和股票回购方式付给股东的总金额差不多有110亿美元之多，比公司在其全部历史中从股东那里筹集的资金还要多！高露洁公司的股利政策反映出公司管理哲学的核心在于创造更高的股东回报，而不是盲目追求增长。高露洁公司的案例，也验证

了“小者为美!”① 的格言。

本章概览

财务报表分析是商务分析中一个重要且不可或缺的部分。**商务分析**（business analysis）是评估一个公司经济前景及风险的过程，包括分析公司经营环境、战略、财务状况和经营业绩。商务分析在商务决策中应用十分广泛，比如：是否需要进行权益或债券投资？是否需要通过长期或短期贷款提高信贷规模？如何对首次**公开募股**（Initial Public Offering，IPO）的企业进行估价？以及如何评估各种重组业务——包括合并、并购或资产剥离——的价值？**财务报表分析**（financial statement analysis）将各种分析工具和技术应用于普通目的财务报表和相关数据，以得出可用于商务分析的各种估计及结论。财务报表分析减少商务决策对预感、猜测和直觉的依赖，也减轻商务分析的不确定性。但它并不减少对专业判断的需要，而是为商务分析提供更为系统和有效的基础。本章将描述商务分析并说明财务报表分析的作用。本章还将对财务报表做简单介绍，并解释财务报表如何反映潜藏其下的各种商务活动。我们将介绍几种财务报表分析工具和技术，将其应用于对高露洁公司的初步分析之中。我们还将说明商务分析如何帮助人们了解高露洁公司的前景，以及经营环境和战略在财务报表分析中的作用。

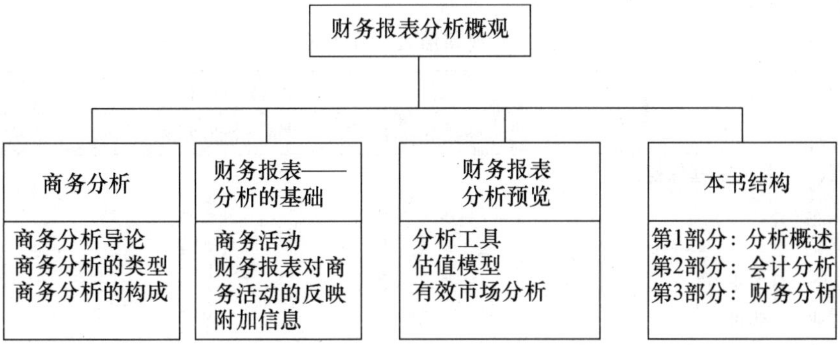

商务分析

本节解释商务分析，描述其实际应用，明确构成商务分析的各项具体内容，并说明它们将如何与财务报表分析相契合。

商务分析导论

财务报表分析是商务分析的一部分。商务分析是为了作出商务决策而对企业前景和风险进行估价。这些商务决策可以延伸为权益和负债估值、信用风险评估、收益预

① 本句原文为“Small has certainly been beautiful”。“Small is beautiful”是英国德籍经济学家舒马赫（Schumacher）的名著，中文译为《小的是美好的》。该句也曾是著名的广告语，并因舒马赫著作的影响而成为有名的格言。本引例中作者借用了这句话，但表达上有所改变，故翻译中也做了变通处理。——译者注

测、审计测试、报酬磋商，以及为数众多的其他决策。商务分析的目的在于通过评估公司的经营环境、战略、财务状况及经营业绩来帮助构建决策任务，最终作出具有充分信息支持的决策。

评估公司经营环境和战略是商务分析的第一步。我们继续以高露洁公司为例来说明这一步骤。有关高露洁公司的许多财务信息——包括其财务报表、报表附注，以及有关其过往业绩、未来计划和战略的选择性资讯——在附录 A① 中所转录的该公司**年度报告**（annual report）中皆有披露。年度报告中还包括有关高露洁公司战略和未来计划的定性信息，尤其在其**管理层讨论与分析**（management discussion and analysis，MD&A）部分。

商务分析的第一步是评价公司的商务环境和战略。我们从研究高露洁公司的商务活动开始。通过研究我们看到，高露洁公司是一家全球领先的消费品公司，拥有口腔、个人和家庭保健市场方面的国际性知名品牌。公司拥有诸多品牌，其市场范围广泛地涉及牙齿保健、肥皂、化妆品、家用清洁产品、宠物保健和营养品等方面。高露洁公司在全球范围内有着广大的市场。公司 70%以上的收入来自国际业务。高露洁公司在全球 200 个国家开展经营活动，在每个主要的大陆皆同样出现！图表 1—1 列示了高露洁公司业务分部的构成及其主要财务数据。

图表 1—1 **高露洁公司业务分部** 单位：百万美元

	(2011 年数据)		
	销售净额	营业利润	总资产
口腔、个人及家庭保健品			
北美*	$2 995	$791	$2 288
拉美	4 778	1 414	3 636
欧洲/南太平洋	3 508	715	3 555
大亚洲/非洲	3 281	807	2 069
口腔、个人及家庭保健品合计	14 562	3 727	11 548
宠物营养品#	2 172	560	1 078
总部	N/A	(446)	98
公司总计	$16 734	$3 841	$12 724

* 北美分部中在美国本土的口腔、个人及家庭保健品销售净额为 $2 567。
# 美国本土的宠物营养品销售净额为 $1 032。

高露洁公司的优势在于其良好的品牌及多元化程度极高的业务。这些优势，加之消费品需求的高度稳定性，大大提高了高露洁公司的财务稳定性，降低了其权益及债务投资者的风险。这样，当 S&P 500 在 2000—2002 年差不多跌去一半的价值时，高露洁公司的股票价格能够平安渡过熊市（参见图表 1—2）。不过，消费品市场需求的稳定性乃是一把双刃剑：在减少销售的易变性的同时，也助长了市场竞争的激烈程度。高露洁公司能够在这种竞争激烈的环境中兴旺发达，是因为它执行的是一种经过仔细设计的经营战略，通过坚决的创新，在特定的关键性产品类别和市场中取得并保

① 附录 A 的内容见人大经管图书在线（www.rdjg.com.cn）。

持了市场领导者的地位，并与公司的核心优势和核心竞争力保持一致。比如，公司利用其对消费者的深刻了解，成功开发出了符合区域特点的新产品，在全球范围内铺展开来。高露洁公司还将经营开发的重点瞄准那些快速发展的经济区域，这些区域的经济发展和日益增加的消费支出给公司提供了大量增长的机会。尽管有这些战略条件，高露洁公司的利润边际还是不断受到竞争的挤压。公司因此不得不于 2004 年发起一项重要的重组计划，削减 12%的劳动力以降低成本，并关闭了几条无利可图的产品线。

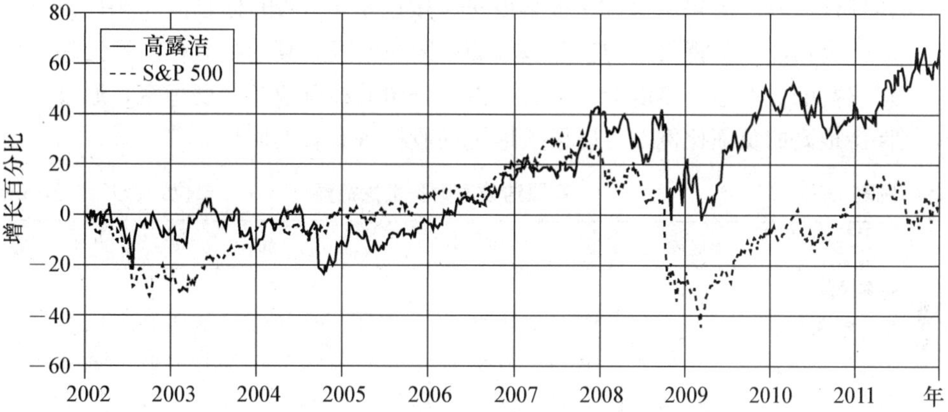

图表 1—2 高露洁公司股票价格增长与 S&P 500 增长对比

高露洁品牌的市场领导者地位、其国际性多元化战略，以及灵活的经营策略使它成为一家最为成功的世界性消费品公司。2011 年，高露洁公司以 167.3 亿美元的销售收入，净赚 24.3 亿美元。在过去十年中，高露洁公司的毛利率平均超过 20%，转换成资产回报率，平均达 30%以上，表明公司有极强的盈利能力。不过，由于高露洁公司的权益基数较小，受杠杆作用影响，其权益回报率达到了 100%以上，在全部上市公司中，属于最高水平之一。股票市场给高露洁公司优良的财务业绩和低风险提供了丰厚的回报：公司的市盈率和市净率分别达到 19 倍和 21 倍，公司股票价格的表现远远优于大市。

在上述讨论中，我们提到了好几项财务业绩指标，诸如毛利率、资产回报率、权益回报率。我们还提到一些估值比率，如市盈率和市净率，以估量股票市场对高露洁公司业绩的回报。财务报表为此类财务分析提供了一种丰富而可靠的信息来源。通过报表可以揭示出公司是如何获得其资源的（筹资），也可以说明公司是如何配置资源的（投资），以及公司的资源配置效益究竟如何（盈利能力）。许多个体和机构利用财务报表来改进其商务决策：投资者和债权人使用财务报表数据来估量公司投资和贷款决策的前景；作为投资者的代表，董事会使用财务报表数据对管理者的决策和行为实施监控；员工和工会将财务报表数据用于劳动谈判；供应商利用财务报表数据来确定信用期限；投资顾问和信息中介机构使用财务报表数据来提出买入—卖出建议，确定信用评级；投资银行利用财务报表数据在 IPO、合并或收购中确定公司价值。

我们可以通过图表 1—3 中的数据来了解财务报表信息如何对商务分析提供帮助。表中数据显示，在过去 10 年间，高露洁公司的净收益增长了 89%。这一增长主要因收入增长 80%所致。高露洁公司支付的股利相当丰厚。在过去 10 年中，公司支付现金股利 70 亿美元，此外还通过股票回购支付了近 80 亿美元（参看库藏股的变动）。高露洁公司因此在过去 10 年中向股东提供了 150 亿美元的回报，相当于公司同一时期所赚利润的绝大部分。通过付出其绝大部分盈利，高露洁公司保持了较小的权益基数。深入考察发现，高露洁公司股东权益的增加发生在 2007—2009 金融危机期间。当时，因为信贷可获量具有极大的不确定性，因而公司保留了大量现金。其后，高露洁公司开始降低股东权益，以继续保持其以较低的权益基数保持较高股东回报率的总体杠杆策略。公司的权益回报率很快又接近了 100%的标志值（2011 年为 96%）。高露洁公司能够维持很小的权益基数的原因在于其超高的财务杠杆。比如，公司总负债对权益的比率达 5 倍以上。不过，由于公司的经营业绩极度稳定，通过在资本结构中保持很高的负债比例，可以极大地撬动股权持有者的回报。

图表 1—3　　高露洁公司财务数据摘要　　单位：百万美元，每股数据除外

	2011	2010	2009	2008	2007	2006	2005	2004	2003	2002
持续经营										
销售净额	$16.73	$15.56	$15.33	$15.33	$13.79	$12.24	$11.40	$10.58	$9.90	$9.29
毛利	9.59	9.20	9.01	9.01	8.22	7.21	6.62	6.15	5.75	5.35
营业利润	3.84	3.49	3.62	3.33	2.96	2.57	2.37	2.20	2.14	2.02
净收益	2.43	2.20	2.29	1.96	1.74	1.35	1.35	1.33	1.42	1.29
总资产	12.72	11.17	11.13	9.98	10.11	9.14	8.51	8.67	7.48	7.09
总负债	10.18	8.36	7.88	7.94	7.72	7.62	7.05	7.21	6.38	6.53
长期贷款	4.43	2.82	2.82	3.59	3.22	2.72	2.92	3.09	2.68	3.21
股东权益	2.38	2.68	3.12	1.92	2.29	1.41	1.35	1.25	0.89	0.35
库藏股（按成本计价）	12.81	11.31	10.48	9.70	8.90	8.07	7.58	6.97	6.50	6.15
基本每股收益	4.98	4.45	4.53	3.81	3.35	2.57	2.54	2.45	2.60	2.33
每股现金股利	2.27	2.03	1.72	1.56	1.40	1.25	1.11	0.96	0.90	0.72
股票收盘价	92.39	80.37	82.15	68.54	77.96	65.24	54.85	51.16	50.05	52.43
流通股份（百万股）	0.48	0.49	0.49	0.50	0.51	0.51	0.52	0.53	0.53	0.54

通过进一步考察图表 1—3 数据可以发现，公司过去 10 年中收益的增长并非均衡发生的。在 2004 年出现轻微下滑之后，净收益在随后两年中处在一种停滞状态。在此期间，公司通过降低权益基数，使公司每股收益温和增长。不过，收益增长之所以出现停滞，乃是与公司在 2004 年执行重组计划导致成本增加有关。若扣除与重组活动相关的成本的影响，2004—2006 年公司盈余的增长率为 12%。公司很顺利地完成了重组计划。在随后三年中，高露洁公司的盈利有了引人注目的增长，要知道这三年可是正值金融危机之际!

这些财务信息摘要作为是否投资高露洁公司股票或进行其他商务决策的基础是否充分？答案显然是否定的。要做出合理的商务决策，必须运用更系统、更全面的方法对高露洁公司的商务活动作出评价。比如，权益投资者在决定买入、持有或卖出高露洁公司股票之前，一般会希望首先就如下问题作出回答：

- 高露洁公司未来经营前景如何？其市场是否会扩大？高露洁公司的竞争优势和弱点何在？针对商业机会和威胁，高露洁公司已经或者正在打算采取哪些战略行动？

● 高露洁公司的潜在收益如何？公司近期业绩如何？目前收益是否具有可持续性？高露洁公司盈利能力的“驱动因素”是什么？关于收益增长可以作出哪些预期？

● 高露洁公司目前的财务状况如何？高露洁公司财务结构的风险和报酬何在？高露洁的收益对一些可变因素是否敏感？高露洁公司的财务优势是否能保证公司平安度过一段收益较为低迷的时期？

● 与国内及国际竞争者相比较，高露洁的竞争地位究竟如何？

● 高露洁公司股票的合理价位是多少？

债权人和贷款方在与高露洁公司签订贷款协议之前，同样需要回答一些重要问题。包括：

● 高露洁公司的商业计划和前景如何？其未来筹资需求如何？

● 高露洁公司偿还本息可能的收入来源是什么？其收益和现金流用于偿付本息是否充裕？

● 高露洁公司无法偿还债务的可能性有多大？其收益和现金流是否稳定？高露洁是否有能力在收益低迷期如约偿还债务？

要对这些有关公司前景和风险的问题做出恰当回答，既需要对公司商业计划的定性分析，也需要对企业财务状况和业绩的定量分析。相关信息的合理分析和理解对商务分析至关重要。这就是财务报表分析的作用。通过财务报表分析，分析者可以更好地理解定性和定量财务信息，对企业前景和风险作出可靠预测。

□ 商务分析的类型

财务报表分析是商务分析重要且不可或缺的一部分。商务分析的目的是通过评估有关公司财务状况、管理、计划、战略以及经营环境等的可获信息来改进商务决策。商务分析有多种形式，是证券分析师、投资顾问、基金经理、投资银行、信用评级机构、商业银行以及个人投资者进行决策的重要基础。本节将介绍商务分析的主要类型。

信用分析

债权人（creditor）将资金提供给公司，同时获得一项有关资金偿还和利息支付的承诺。这是一种临时性筹资，债权人希望在偿还资金时附带收到一定利息。债权人会因为各种目的以多种方式提供资金。**商业（或经营）信用人**（trade creditor）将商品或服务提供给某一公司，期望对方在某一合理期限内偿付货款，时间的长短取决于行业特性。大多数商业信用属于短期信用，付款期限一般为 30～60 天，通常情况下，提前付款会获得一定现金折扣。商业信用人通常不会因为延期付款而加收利息，其主要目的是通过商业交易获得销售利润。**非商业信用人**（nontrade creditor）（或债务持有人）为公司提供资金，同时获得一项在未来确定日期偿付本金和利息（票面或内含利息）的承诺（通常为书面形式）。这类筹资既可以是短期的也可以是长期的，在各种交易中皆可能发生。

纯信用筹资中一项非常重要的要素，是债权人可获利益的确定性。也就是说，公司要想兴盛，就必须把债权人的利益限定在债务合同所规定的利率或所提供货物及服务的边际利润之内。不过，债权人要承担**违约风险**（risk of default）。这意味着当债务人遇到财务困难时，债权人的利息和本金将会面临风险。这种风险和收益的不对称对债权人的看法有重要影响，包括所采用的信用分析方式和目标。

信用分析是评价公司信用可靠性的过程。**信用可靠性**（creditworthiness）是公司履行其信贷义务的能力。换言之，即公司的偿债能力。信用分析主要关注风险而非盈利能力。利润的可变性，特别是利润对商业低迷期的敏感程度，远比利润水平更为重要。只有在用来反映公司履行义务的安全边际时，利润水平才会显示出其重要性。

信用分析重点考虑不利情况下的风险，而非潜在的良好情况。它同时包括流动性和偿债能力分析。**流动性**（liquidity）是公司在短期内筹集现金履行义务的能力。流动性取决于企业现金流量和流动资产与流动负债的构成。**偿债能力**（solvency）反映公司的长期生存能力及偿付长期债务的能力，取决于企业的长期盈利能力和资本（筹资）结构。

信用分析的工具及其所用的评估标准，因债务合同的期限（到期日）、类型、目的而各有不同。对短期信用，债权人更关注财务状况、现金流量，以及流动资产的流动性。对长期信用，包括债券估值，债权人需要更详细的前瞻性分析。长期信用分析包括现金流量预测和扩展盈利能力——也称为**持续收益能力**（sustainable earning power）——评估。扩展盈利能力是公司长期利息和本金支付能力的重要保证。

权益分析

权益投资者（equity investors）为公司提供资金，同时取得作为所有者所具有的收益权，承担相应的风险。权益投资者是公司资金的主要提供者。权益筹资，也称为**权益**（equity）或**股本**（share capital），为其他所有级别高于它的筹资方式提供缓冲和安全保护。这意味着权益投资者在公司资产分配中只能获得偿付了其他高级别权益（包括利息和优先股）持有者要求之后的剩余资产。因此，一般认为权益投资者仅拥有**剩余权益**（residual equity）。这意味着当企业破产清算时，权益投资者是损失的第一承担者，尽管他们的损失通常只限定在投资金额以内。当企业发展顺利时，权益投资者分得的利润亦无上限。因此，与信用分析不同，权益分析必须同时分析不利情况的风险和潜在的良好情况。由于权益投资者会受到公司财务状况和经营业绩全方位的影响，其分析需求也将在所有使用者需求中表现得最为全面和综合。

采用积极投资策略的个人主要使用技术分析、基本面分析，或者两者合而用之。**技术分析**（technical analysis），或称图形分析，是通过研究股票价格或成交量的历史形态，预测股票价格的未来走势。**基本面分析**（fundamental analysis）是通过分析和理解整个经济、行业与公司发展中的关键因素来确定公司的价值，其被接受程度及应用范围相对更为广泛。公司财务状况和经营业绩评价是基本面分析的一个重要组成部分。

基本面分析的主要目的之一是确定内在价值，也称**基本价值**（fundamental value）。**内在价值**（intrinsic value）是通过基本面分析而不参考市场价值（或股票价格）所确定的公司（或其股票）价值。当公司市场价值等于或近似于其内在价值，则没有必要另行确定公司内在价值。投资者基于基本面分析的投资策略十分简单：当股票内在价值大于市场价值时买入，当股票市场价值大于内在价值时卖出。股票内在价值近似于市场价值则继续持有股票。

为了确定内在价值，分析者必须预测公司的收益或现金流量，确定其风险。为此需要对公司经营前景和财务报表进行深入的综合分析。当企业未来盈利能力及风险估定之后，分析者需要利用估值模型将这些估定值转换为内在价值指标。内在价值可在多种情况下使用，包括：权益投资和股票筛选、首次公开募股、非公开配售、公司并购、未公开发售证券的公司的买/卖等。

商务分析的其他应用

在其他许多场合，商务分析和财务报表分析同样具有重要意义。

- **管理者**（managers）　财务报表分析可以为管理者提供有关公司经营、投资、筹资活动战略变化的各种线索。管理者还需要分析竞争对手的经营状况和财务报表，确定竞争者的盈利能力及风险。此类分析允许进行**企业间比较**（interfirm comparisons），以估量相对的优势和不足，确定**基准**（benchmark）绩效。
- **合并、并购与剥离**（mergers，acquisition，and divestiture）　无论企业通过合并、并购、剥离还是分解来重组经营方式，都需要进行商务分析。投资银行需要寻找潜在的目标并评估其价值，证券分析师则需要确定并购是否可以同时为购买方和目标公司增加一定的附加价值，以及可增加多少。
- **财务管理**（financial management）　管理者必须通过评估确定筹资决策和股利政策对公司价值的影响。商务分析有助于估计筹资决策对未来盈利能力和风险的影响。
- **董事**（directors）　作为股东的代表，董事有责任通过警醒地审视公司活动来保护股东权益。商务分析和财务报表分析皆有助于董事履行其核查责任。
- **监管方**（regulators）　**美国国税局**（Internal Revenue Service）运用财务报表分析工具来审查纳税申报，审核申报金额的合理性。
- **工会**（labor unions）　财务报表分析技术对工会进行讨价还价式的谈判是极为有用的。
- **客户**（customers）　分析技术可用于确定供应商的盈利能力（或持久力），估计供应商从双方交易中获得的利润。

□ 商务分析的构成

商务分析由几个相互关联的部分构成。图表 1—4 以公司估值——财务报表分析的重要应用之一——为例来说明这一问题。公司的价值——或称为“内在价值”——

需要用估值模型来估计。估值模型的输入项包括未来报酬（预计现金流量或收益）和资本成本。预测未来报酬的过程称为**前景分析**（prospective analysis）。为了准确预测未来报酬，需要首先对公司的经营前景和财务报表做出评价。评价经营前景是**经营环境和战略分析**（business environment and strategy analysis）的主要目标。公司的财务状况需要以财务报表为基础利用**财务分析**（financial analysis）做出估计。财务分析的质量取决于财务报表的可靠性及其经济内容。为此需要对财务报表进行**会计分析**（accounting analysis）。财务报表分析涉及以上所有成分——会计、财务和前景分析。本节将以商务分析为背景，对上述各项内容进行详细讨论。

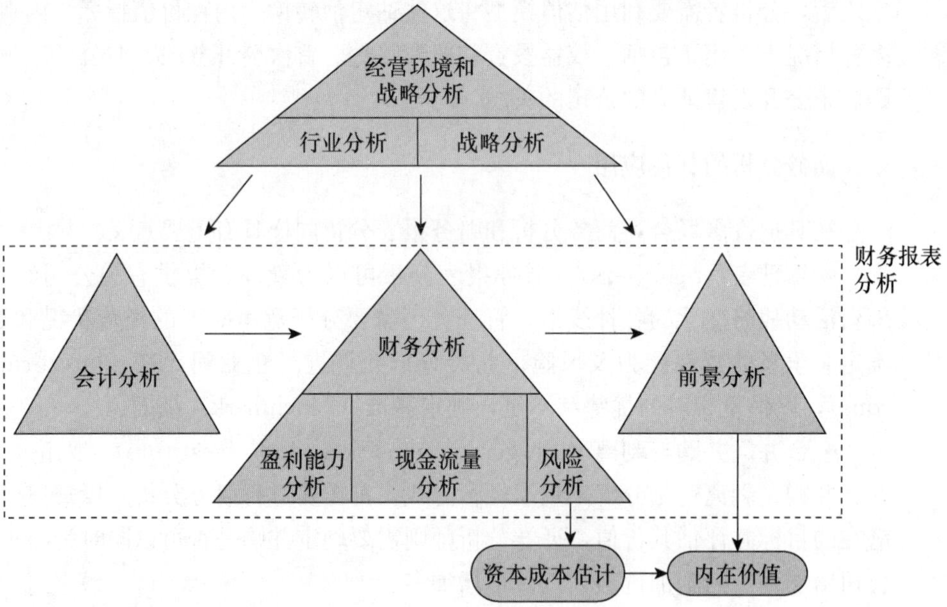

图表 1—4　商务分析的程序构成

经营环境和战略分析

公司未来前景分析是商务分析的主要目的之一，同时也是一项极为主观和复杂的任务。为了有效地完成这项任务，必须采用跨学科观点，包括关注经营环境和战略分析。经营环境分析旨在确定和评价公司所处的经济及行业环境，包括对处在一定经济和制度环境中的公司产品、劳动力及资本市场情况的分析。战略分析旨在确定和评价公司的竞争优势和劣势，以及可能面对的机会与威胁。

经营环境和战略分析由两个部分组成——行业分析和战略分析。**行业分析**（industry analysis）通常为第一步，因为所处行业的前景和结构在很大程度上决定了一个公司的盈利能力。行业分析通常用波特提出的分析框架（Porter，1980，1985）或价值链分析来完成。在该框架下，一个行业被看作一个由竞争者组成的集合，这些竞争者追求与消费者和供应商讨价还价的能力，彼此间激烈竞争，并须面对新的进入者和替代产品的威胁。行业分析必须同时评估一个行业的前景和一个公司面对的实际及潜在竞争。**战略分析**（strategy analysis）是对公司在建立其竞争优势方面所做商务决策及所获成功的评价。包括估计公司对环境变化的预期战略反应，以及这些反应对公司未来成长与成功的影响。战略分析要求详细考察有关公司产品组合和成本构成的竞争战略。

经营环境和战略分析要求同时具备有关经济和行业力量的知识。它同时还要求掌握战略管理、经营政策、生产、物流管理、市场营销及管理经济学方面的知识。鉴于其广泛性和多学科性，要在企业经营环境和战略分析的背景之下对所有这些方面的内容作深入分析，并说明其与财务报表的关系，显然超出本书范围。不过，要做出适当的经营决策，这一分析却是十分必要的，它也是本书各种分析潜在的内容。

会计分析

会计分析是评价一个公司的会计资料在多大程度上反映了经济真实的过程。为此需要研究公司的交易和事项，估计其会计政策对财务报表的影响，调整报表以使其能够更好地反映潜在的经济意义，并更好地为分析服务。财务报表是财务分析的主要信息来源。这意味着财务分析的质量取决于财务报表的可靠性，而财务报表的可靠性又有赖于会计分析的质量。会计分析对比较分析具有特别重要的意义。

我们必须牢记，会计是一个包含了多种判断的过程，这些判断由一些基本原则所指引。在会计原则受会计准则规制的情况下，商业交易和事项的复杂性使得我们不可能对所有公司在所有时期采用一组一致的会计规则。进而，绝大多数会计准则都会与政治过程相牵连，成为其一部分，以满足不同个体的需求，以及他们有时互相冲突的利益。这些个体包括**用户**（user）（投资者、债权人、分析师），**编报人**（preparer）（公司、合伙企业、独资企业），**监管方**（regulator）（证券交易委员会、财务会计准则委员会以及其他有关方面，诸如审计师、律师、教育者）。因此，会计准则有时会无法满足特定个体的需求。妨害财务报表可靠性的另一项潜在因素是会计估计错误，会计信息的完善性或明晰性可能因此而受损。

会计的上述局限影响财务报表的效用，并可能造成至少两方面的分析问题：首先，会计中缺乏一致性引出**可比性问题**（comparability problem）。当不同公司对同类交易和事项采用不同的会计处理方式时，就会引出可比性问题。公司改变会计处理方法，也会引起可比性问题，给不同时期会计数据的比较造成困难。

其次，由于会计处理的随意性及缺乏足够的明确性，有可能会造成财务报表信息失真。**会计失真**（accounting distortions）是会计信息对经济实质的背离。它至少有三种表现形式：(1) 管理层的估计中存在无意识过错或疏漏。这种**估计错误**（estimation error）是会计失真的主要原因。(2) 管理者可能利用个人判断在会计中操纵或粉饰（window-dress）财务报表。这种**盈余管理**（earnings management）可以导致会计信息失真。(3) 会计准则可能因为无法反映经济真实而助长会计失真。以上三种失真导致财务报表分析中的会计风险。所谓**会计风险**（accounting risk）是指由于会计失真引致的财务报表分析中的不确定性。会计分析的目标之一是评估并降低会计风险，改进财务报表的经济内涵，包括其可比性。要实现这一目标，通常需要进行财务报表重述和重分类，以提高其经济内涵和可比性。至于做何种调整，调整到什么程度，则要依具体的分析而定。比如，权益分析的调整可能与信用分析所需的调整有所不同。

会计分析包括评价公司的**盈余质量**（earnings quality），或者更广义地说是公司的会计质量。评价盈余质量需要对多种因素进行分析，比如公司经营状况，其会计政策、所披露信息的数量和质量、管理绩效与声誉，以及盈余管理的机会与动因。会计分析中还需评价公司收益的可持续性，有时称为**持续收益能力**（sustainable earning power）。我们将在第2、第6和第11章对盈余质量和收益的可持续性分析做详细解释。

会计分析通常是商务分析中最不被人理解、不被赏识，也最难有效实施的分析程序。一定程度上可能是因为会计分析要求具备会计知识。缺乏这方面知识的分析者往往会略过会计分析，原封不动地使用财务报表。这种做法是十分危险的，原因在于会计分析对任何成功的商务分析或财务分析都具有至关重要的意义。本书第3至第6章将对会计分析做专门介绍。

财务分析

财务分析（financial analysis）是利用财务报表来分析公司的财务状况和业绩，并据以预测未来财务绩效。我们可以通过研究一系列具体问题聚焦于财务分析。其中部分问题关注公司的未来。比如：公司未来的成功与增长是否有充足的资源保障？它是否有足够的资源投资新项目？其盈利能力的源泉何在？公司未来盈利能力如何？另一部分问题则与公司过往的业绩记录及实现预期财务业绩的能力有关。比如：公司的财务状况如何？公司盈利性如何？公司盈利是否与分析者的预测相符？这一分析中包括搞清楚公司为什么未达到（或者超过了）预期目标。

财务分析由三大部分构成，即盈利能力分析、风险分析及现金流量分析。**盈利能力分析**（profitability analysis）评价公司的投资回报，关注的焦点是公司利润的来源和水平，需要具体确定并计量各种利润驱动因素的影响。它还需要对盈利能力的两个主要来源渠道进行具体评估，即边际利润（销售收入扣除成本后的剩余）和周转额（资金利用情况）。盈利能力分析还关注盈利能力变化的原因及收益的可持续性。这一议题将在第8章详细讨论。**风险分析**（risk analysis）评估公司完成其使命的能力。风险分析要求估计公司的偿债能力、流动性以及收益的易变性。由于风险与债权人的关系最为密切，因此，风险分析通常在信用分析的基础上展开。此外，风险分析对权益分析也具有重要意义，既涉及对公司业绩可靠性和可持续性的评价，也涉及公司资本成本的估计。我们将在第10章介绍风险分析和信用分析。**现金流量分析**（analysis of cash flows）评价公司的资金来源和配置。这项分析可以为了解公司未来财务状况提供一定启示。比如说，一家通过内部产生的现金（利润）为新项目筹集资金的公司，其未来财务业绩当然要比一家依靠大量贷款为项目筹资的公司，更比依赖贷款弥补亏损的公司要好。我们将在第7章介绍现金流量分析。

前景分析

前景分析（prospective analysis）主要是预测未来报酬，包括收益、现金流量，或者二者兼而有之。这项分析以会计分析、财务分析，以及经营环境和战略分析为基础，其分析结果表现为用以估算公司价值的一系列预计未来报酬。

虽然有各种量化工具可以帮助提高预测的准确性，前景分析却依然是一个相当主观的过程。正因为如此，前景分析有时被称为艺术而非科学。尽管如此，依然有许多工具可用来帮助我们改进这项分析。我们将在第 9 章对前景分析做详细介绍。

估值

估值（valuation）是多种商务分析的主要目标。估值涉及将有关未来报酬的预测数转换为预估公司价值的过程。为了确定公司价值，分析者必须选择一定估值模型，并对公司资本成本做出估计。虽然大部分估值模型需要预测未来报酬，但仍有一些特殊方法可以利用现有财务信息来完成估计。本章将在随后的内容中对估值做初步考察，关于估值的详细介绍将在第 11 章展开。

财务报表分析与商务分析

图表 1—4 及有关介绍强调，财务报表分析是一系列分析性程序的集合，并且是构成商务分析的一个重要组成部分。这些相互分离的程序有一个共同点，就是它们为了达到特定的分析目的，皆在不同程度上使用财务报表信息。尽管财务报表确实会包含一些有关公司商业计划的信息，对公司经营环境和战略的分析有时却会被认为是在传统财务报表分析之外。前景分析扩展了传统财务报表分析的边界。为此，绝大多数人认为，公司经营环境和战略分析是财务报表分析的一个重要组成部分。他们还认为，估值也是财务报表分析的一个部分，尽管估值需要以预测为基础。基于以上情况，财务报表分析应该被看作（实际上也确实被看作了）商务分析及其下所有具体分析的一个重要且不可或缺的组成部分。因此，了解财务报表分析的范围也就有了特别重要的意义。确切来讲，本书将集中讨论财务报表分析问题，凡商务分析中不涉及财务报表分析的部分，本书一概不予考虑。

财务报表——分析的基础

商务活动

公司往往从事一系列活动，以提供可供销售的商品或服务，从中获得满意的投资回报。财务报表和相关披露会告知我们有关公司四大活动的情况，包括：计划、筹资、投资和经营。在有效地分析公司财务报表之前，首先需要很好地了解这四项基本的商务活动。

计划活动

公司之所以存在，乃是为了实现确定的目的或目标。比如，高露洁公司志在保持口腔、个人及家用保健品方面的强势地位。公司的目的或目标体现在公司的商业计划中。**商业计划**（business plan）描述公司活动的目的及战略战术。商业计划帮助管理者确定努力重点，并指出可能的机会和障碍。深入研究商业计划可以在很大程度上帮助我们了解公司现状和未来前景，这也是经营环境和战略分析的一个组成部分。我们寻求有关公司目标与战术、市场需求、竞争分析、销售战略（定价、促销、分销渠道）、管理绩效以及财务计划的种种信息。这类信息通常会以各种形式在财务报表中展露出来。人们也可以通过一些非正式渠道获得此类信息，比如新闻公告、行业出版物、分析师快报、财经新闻等。

关于公司的商业计划，有两个非常重要的信息来源，即致股东的公开信（或主席公开信）和管理层讨论与和分析（MD&A）。高露洁公司曾在报送给证券交易委员会（SEC）的 10-K 报告（年度报告）的执行概述一节中讨论了公司所面临的各种商业机会及公司的商业计划，如下所示：

分析摘录

高露洁公司力求通过向全球范围内的消费者提供可使其生活更加健康愉快的产品，获得优异的经营成果及超强的股东回报。为此，公司紧密关注两大系列产品：口腔、个人、家用保健品及宠物营养品。

公司经营的足迹遍及世界 200 多个国家和地区。全球各个地区皆有高露洁公司的业务，为公司的销售收入和盈利能力做出了巨大贡献。这种地域上的多元化和地域平衡使得公司可以避免在世界任何一个国家或区域的经营及其他风险暴露。

为了实现公司的财务目标，公司倡导在整个组织范围内驱动增长和为增长筹资。公司努力追求把握重大的增长机会，主要基于确定并满足公司核心产品的消费需求，特别是通过深入了解消费者和买主需求，成功开发出符合地域性特点的新产品，然后在全球普遍铺开。在经济发展速度较快，以及因消费者收入增长从而扩大了公司产品市场规模和数量的地区，增长的机会获得了极大增强。

这些增长所需的资金投入是通过全公司范围内持续不断地倡导降低成本和提高资产利用率而解决的。公司还不断地将资金优先投资于边际利润较高的业务，尤其是口腔保健、个人保健和宠物营养品。

高露洁公司在其年度报告的管理层讨论与分析部分对此有进一步的讨论。这两个信息来源都是构造公司商业计划、进行经营环境和战略分析极佳的起始点。

需要强调的是，商业计划并非一成不变的，而是充满了不确定性。高露洁公司能否对未来需求有确切的把握？能否保证原材料成本不会上升？能否确定竞争对手将做出何种反应？诸如此类的问题，大大增加了我们分析的风险。虽然所有行动都会有风险，但有些行动包含的风险更大。财务报表分析帮助我们估计风险——或不确定性，以做出更好、更合理的决策。尽管来自财务报表的信息并不能完全回答所有问题，但它确实可以帮助我们测定公司商机和战略的稳固性，更好地理解公司筹资、投资及经营活动。

筹资活动

公司需要通过筹资来实施其商业计划。对高露洁公司而言，它需要通过筹资购买生产用的原材料、支付员工工资、收购补充性公司和技术、进行开发研究。**筹资活动**（financial activities）是公司为上述各项需求筹集资金的活动。这些活动的规模及潜力大小决定企业的成败，因此，公司需要谨慎地选择并管理筹资渠道。

外部筹资有两个来源渠道——权益投资者（也称为所有者或股东）和债权人（债主）。有关筹资活动构成的决策取决于筹资市场的现有条件。筹资市场是潜在的筹资渠道。在分析筹资市场时，公司需要考虑很多问题，包括筹资金额、筹资渠道（所有者还是债权人）、偿还时间以及筹资协议的构件。有关这些问题的决策决定一个公司的组织结构，影响其增长和其所承担的风险，决定着外部人在商务决策中的影响力。

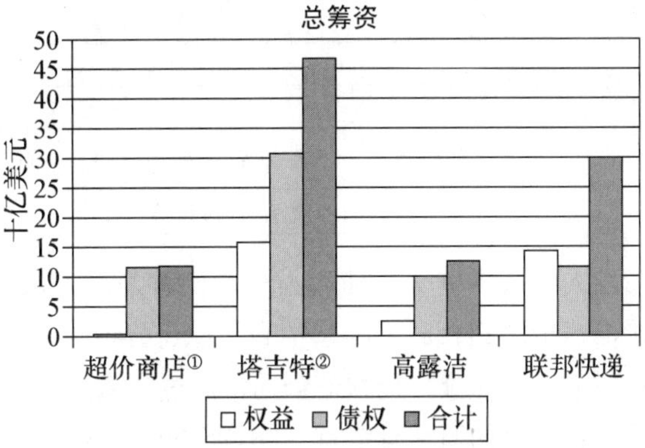

权益投资者是筹资的一项重要来源。高露洁公司资产负债表显示它通过向权益投资者发行股票筹集了 20.7 亿美元资金。投资者在考虑了预期收益和风险后提供筹资，以求获得投资回报。**回报**（return）是权益投资者以收益分配或收益再投资方式在公司收益中所获份额。**收益分配**（earning distribution）是指向股东支付股利。股利可以现金或股票的形式直接支付，也可通过股票回购方式间接支付。**派息**（dividend payout）是指分发部分收益，通常以一个比率或占净收益百分比的形式来表示。**收益再投资**（earnings reinvestment）（或留存收益）是指公司将部分收益保留在公司内部，以便将来营业使用，也称**内部筹资**（internal financing）。收益再投资通常用留存比率来计量。**收益留存率**（earnings retention ratio），反映留存收益的比例，等于 1 减派息率。

权益筹资可以是现金，也可以是其他形式的资产或服务。这些资源提供给公司以换取公司的股份。私募股份通常是将股票发售给一个或多个个体或组织。公开募股则是将股票卖给社会公众。公开募股成本很高，包括政府管理部门的登记成本、证券交易的上市费用、付给发行商的佣金。公开募股的最大优势是可以为商务活动筹集数量可观的资金。许多公司将其股票交给有组织的交易所进行交易，比如纽约证券交易

① 超价商店公司（SuperValu）是全美十大商品批发及零售商之一，成立于 1870 年。超价商店公司主要从事商品的批发及零售，尤其是食品及医药这两个重要领域。公司在美国 38 个州中拥有 1 100 家零售商店，其业务遍布美国各地，并不断向世界市场渗透。——译者注

② 塔吉特百货公司（Target）位于美国明尼苏达州明尼阿波利斯市，在美国 47 个州设有 1 330 家商店，提供时尚前沿的零售服务。塔吉特百货的市场定位是高级折扣零售店，该公司是美国第四大零售商，全球 500 强企业的第 33 名。——译者注

所、东京证券交易所、新加坡证券交易所、伦敦证券交易所。高露洁公司的普通股股票在纽约证券交易所（NYSE）上市，代号为CL。下图列示了一些公司权益筹资的构成。高露洁公司的**缴入资本**（contributed capital）为负值，表明公司普通股回购（称为库藏股）已经超过了缴入资本总额。

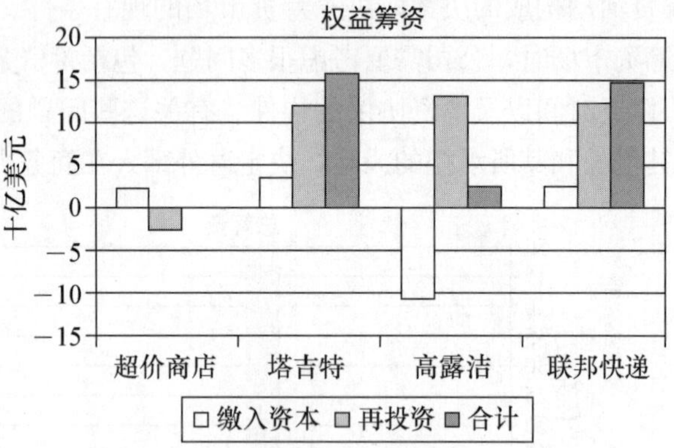

公司还从债权人处获得资金。债权人分为两种类型：（1）贷款债权人（debt creditors），他们直接借钱给公司；（2）经营债权人（operating creditors），公司欠他们的钱，乃是公司经营的一个组成部分。贷款筹资通常通过贷款或发行有价证券（如债券）的形式来实现。提供贷款筹资的通常有银行、储贷机构（savings and loans）① 以及其他金融或非金融贷款机构。经营债权人包括供应商、雇员、政府以及公司欠其款项的其他个体。即使像雇员这样定期（每周或每月）支付报酬者，在具体付清其应得工资之前，也同样可能给公司提供一定的债务筹资。高露洁公司的资产负债表反映，公司2011年的债务筹资为101.8亿美元，占公司筹资总额的80%，其中48.1亿美元为贷款筹资，其余53.7亿美元为经营性债务筹资。

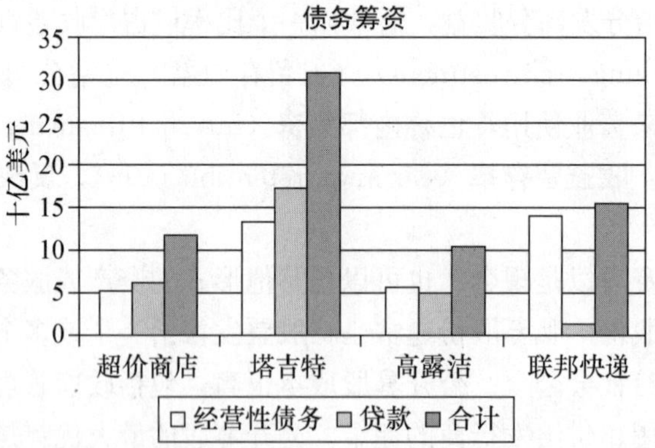

债务筹资与权益筹资的区别，在于通常需要签订一份协议或合同，其中列明需要在某一特定日期偿还贷款本金并支付一定利息。虽然合同中并不一定直接写明利息，但利息总会是其隐含条件。贷款期限可长可短，取决于债权人和公司双方的意愿。贷款期限可以长达50年以上，也可以短到只有一周甚至更短。

① 储贷机构（savings and loans）是一种提供存贷款业务的机构。通常规模较小，分支机构较少，但利息较一般银行为高。——译者注

和权益投资者一样，债权人也要考虑回报和风险。所不同的是，债权人的回报通常会在贷款合同中明确规定。比如，一份期限为 20 年，利率为 10%的固定利率贷款合同意味着债权人可以在 20 年内每年获得 10%的投资回报。权益投资者的回报没有任何保证，且取决于公司未来的收益水平。债权人的风险是企业有可能无法偿还贷款本息。一旦发生这种情况，债权人可能无法得到其到期款项，继而发生的将是破产或其他法律形式的补救。此类补救将加大债权人的成本。

分析视点

……你是债权人

高露洁公司想从你们银行贷款 5 亿美元。高露洁公司的融资来源（债权和权益）构成对你的贷款决策会有什么影响？依照高露洁目前的融资构成，你是否不太愿意向该公司提供贷款？（注：分析视点的答案在每章结尾部分。）

投资活动

投资活动（investing activities）是指公司为了更好地销售产品、提供服务或将多余现金用于某种投入而发生的购买或维护投资标的的活动。公司在土地、建筑、设备、法定权利（专利权、特许权、版权）、存货、人力资本（管理者和雇员）、信息系统以及其他类似资产上进行投资，是为了公司的营业能够有效地进行。这些资产称为**经营资产**（operating assets）。除此之外，公司有时还会将多余的现金临时或长期投入各种有价证券，比如其他公司的股票、公司或政府债券、基金等。这些资产称为**金融资产**（financial assets）。高露洁公司的资产负债表显示，该公司 2011 年的资产总额为 127.2 亿美元，其中占优势地位的是经营资产，其中现金和现金等价物为 8.78 亿美元。下面图表列示了一些公司的经营资产与金融资产构成。

有关公司融投资活动的信息有助于我们评价公司的经营业绩。投资价值通常都会等于所获筹资价值。筹资超出投资的部分一般表现为现金（或其他非现金资产）。各公司投资的金额和构成都有所不同。许多公司需要在购买、开发及销售产品方面投入巨额资金，有些公司却所需甚少。投资规模并不一定对公司的成功具有决定意义。真正决定所有者的收益和回报的，是公司运营的效率及效力。

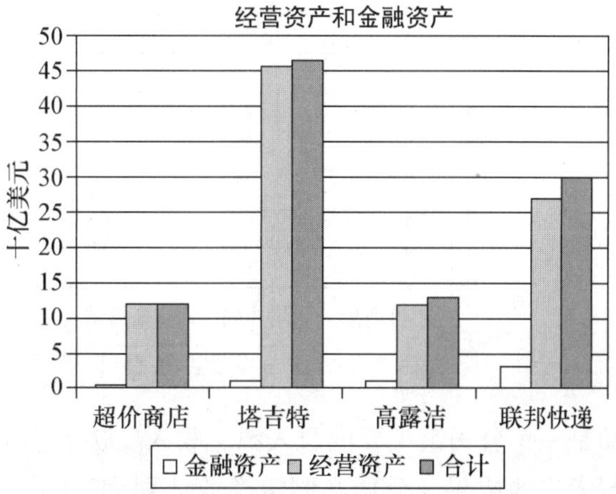

投资决策涉及多项因素，比如必要的投资类型（包括技术和劳动强度）、所需金额、购置时间、资产选址、契约（购买、租赁）。与筹资活动一样，投资活动决策决定着一个公司的组织结构（集中或分散），影响公司增长，也影响经营的风险。在短期资产上的投资称为**流动资产**（current assets）。这些资产可以在短期内转换为现金。对长期资产的投资称为**非流动资产**（noncurrent assets）。高露洁公司的流动资产投资为 44 亿美元（占总资产的 35%），厂场设备投资为 36.7 亿美元（占总资产的 29%）。剩余资产包括 40 亿美元（占总资产的 31%）的无形资产（含商誉）。

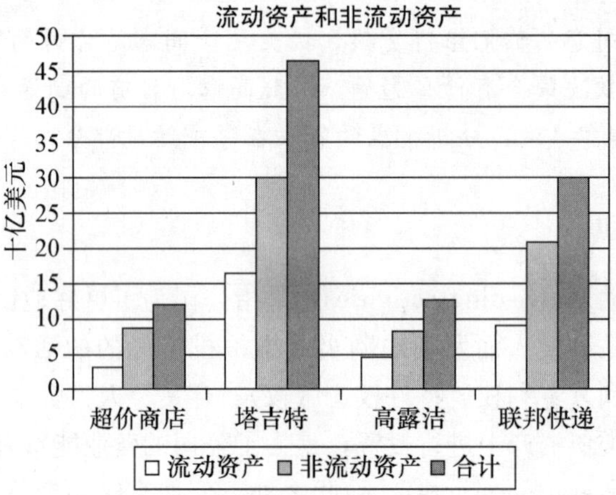

经营活动

经营活动（operating activities）是公司分析中一个尤为重要的领域。经营活动是指在给定投融资条件下执行商业计划。经营活动至少包括五个部分：研究与开发、采购、生产、营销、管理。经营活动上述各个组成部分的合理组合有赖于公司经营的类型、商业计划，以及投入与产出市场。管理层会采用最有效的组合来提升公司的竞争优势。

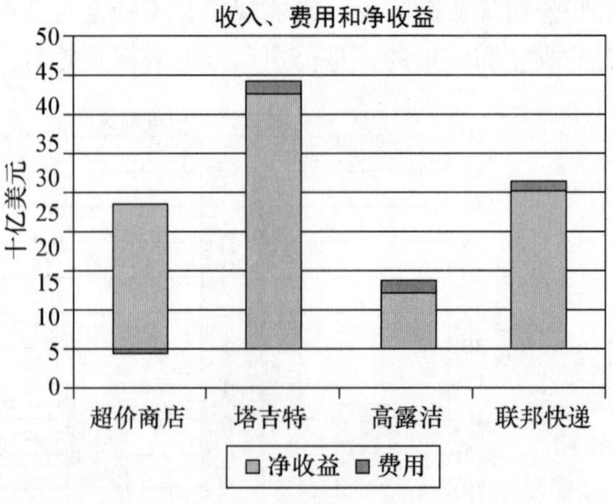

经营活动是一个公司最主要的收入源。收入反映了公司在投入市场进行买入，在产出市场进行卖出的成果。公司在制定商业计划和战略、决定经营活动组成中的表现，决定着公司经营的成败。对收益数据及其构成的分析，可以反映出一个公司的商务管理是否确实有效。

高露洁公司 2011 年盈利 24.3 亿美元。这个数字本身没有很大意义，必须将它与为了赚得这些收益所投入的资本相比较，才能说明问题。高露洁公司按总资产平均余额 119.5 亿美元计算的总资产报酬率为 20.3%（24.3 亿美元÷119.5 亿美元）。不论按什么标准，这样的报酬率都是极高的。特别是考虑到日用品市场激烈的竞争，更应该做出这样的判断。

□ 财务报表对商务活动的反映

在一个会计期间结束时——通常为一个季度或一年——公司需要编制财务报表，以便及时报告该时点为止的投融资活动，并对这一时期的经营活动进行总结。这是财务报表的使命，也是分析的目的所在。需要注意的是，财务报表报告投融资活动时使用的是时点数据，有关经营活动的报告却是时期数。

资产负债表

会计等式（accounting equation）（也称为资产负债表等式）是会计系统的基础，其基本形式为：资产＝负债＋权益。等式左边反映公司所控制的资源，或者说**资产**（assets）。在这些资源上进行投资是期望通过经营活动产生未来收益。为了从事经营活动，公司需要通过筹资来提供资金。等式左边即是各种资金来源。其中，**负债**（liabilities）为债权人提供的资金，代表公司所承担的义务，或者，换言之，是债权人对资产的主张权；**权益**（equity）（或所有者权益）是一项合计数，包括：(1) 所有者投入或缴入的资金（缴入资本），和 (2) 自公司成立以来向所有者分配之后剩余收益的累计数（留存收益）。从所有者（或股东）的立场来看，权益代表了他们对公司资产的主张权。还有一种与此略有不同的方式来描述会计等式，那就是从资金来源和占用的角度。也即是说，等式右边代表资金来源（来自债权人、股东或内部筹资），等式左边代表资金占用。

资产和负债各自分为流动和非流动两部分。流动资产是可以在一年或超过一年的一个营业周期内变现或耗用的资产。流动负债是公司预计在一年或超过一年的一个营业周期内清偿的债务。流动资产和流动负债之间的差额称为**营运资本**（working capital）。

将会计等式按商务活动另行表述，可以从中获得一定的启示作用。比方说，按照投资和筹资活动，可以表述为：总投资＝总筹资；或总投资＝债权人筹资＋所有者筹资。

需要记住的是，会计等式作为资产负债表等式，反映的只是一个**时点**（point）上的状况。经营活动在一个**时期**（period）内进行，因而不在这个等式中反映。但是，等式两边皆会受经营活动影响。当公司盈利时，投资（资产）和筹资（权益）都会增加。同样地，当公司亏损时，投资和筹资都会减少。

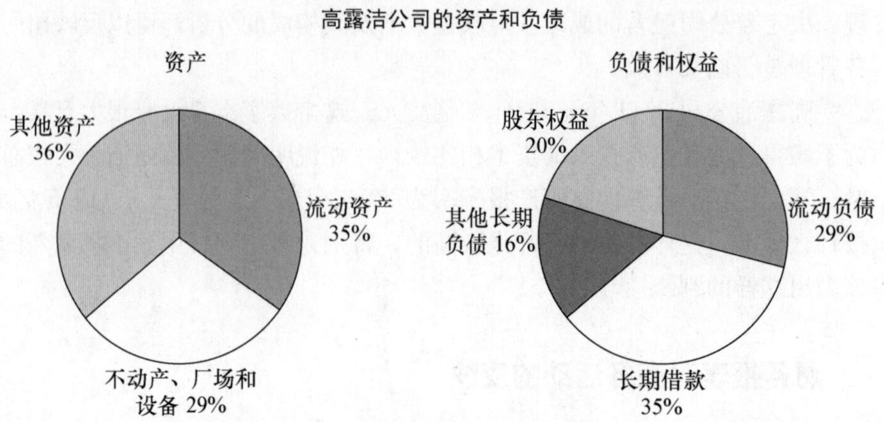

图表 1—5 是高露洁公司的资产负债表。高露洁公司 2011 年 12 月 31 日的总资产为 127.2 亿美元。其中，外部或债务筹资（以总负债来代表）101.8 亿美元，内部或权益筹资（以股东权益总额来代表）25.4 亿美元。

图表 1—5 **高露洁公司合并资产负债表**（12 月 31 日） 单位：百万美元

	2011	2010
资产		
流动资产		
现金及现金等价物	$ 878	$ 490
应收款（扣除坏账准备后的净额，分别为 $ 46.4 和 $ 41.7）	1 675	1 610
存货	1 327	1 222
其他流动资产	522	408
流动资产合计	4 402	3 730
不动产、厂场和设备（净额）	3 668	3 693
商誉（净额）	2 657	2 362
其他无形资产（净额）	1 341	831
递延所得税	115	84
其他资产	541	471
资产总计	$ 12 724	$ 11 172
负债和股东权益		
流动负债		
应付票据和借款	$ 34	$ 48
长期借款的流动部分	346	561
应付账款	1 244	1 165
应交所得税	392	272
其他应计项目	1 700	1 682
流动负债合计	3 716	3 728
长期借款	4 430	2 815
递延所得税	252	108
其他负债	1 785	1 704
负债合计	10 183	8 355

续前表

	2011	2010
承诺和或有负债	—	—
股东权益		
优先股		
普通股（面值 1 美元，核准 10 亿股，已发行 732 853 180 股）	733	733
股本溢价	1 336	1 132
留存收益	15 649	14 329
累计其他综合收益	(2 475)	(2 115)
	15 243	14 079
未赚得赔偿金	(60)	(99)
库藏股（成本）	(12 808)	(11 305)
全部股东权益	2 375	2 675
非控制性权益	166	142
股东权益合计	2 541	2 817
负债和股东权益总计	$ 12 724	$ 11 172

损益表

损益表计量公司在一个期间（通常为年度或季度）内的财务业绩，代表公司在该期间内所取得的经营活动成果。通常情况下，作为**最终结果**（bottom line）的**净收益**（net income），是对公司在该时期所赚得收益的计量。损益表提供关于公司在一个期间内收入、费用、利得和损失的详细信息，解释公司的净收益是如何赚得的。除了表明收益能力外，收益数据还可以表明在该时期内，因为所有者以外的资源（即考虑对股权持有人的分配和来自股权所有人的分配之前）所导致的股东权益的变化净额。服务于这一目的的收益指标称为**综合收益**（comprehensive income），许多公司（包括高露洁公司）会在其股东权益表中予以披露。损益表通常会包含其他一些过渡性的收益指标。**持续经营收益**（income from continuing operations）代表的是公司从持续的经营活动中所取得的扣除所得税之前的收益。**经营收益**（operating earnings）并无固定的定义，通常指销售收入与全部经营费用之间的差额。**毛利**（gross profit）又称**毛边际**（gross margin），是销售收入与**已销商品成本**（cost of goods sold）之间的差额，它体现了公司补偿产品成本的能力。我们将在第 6 章详细讨论这些各不相同的收益概念。

会计收益是按**应计制原则**（accrual basis）确定的。按照这一原则，收入应在公司售出货物或提供服务时确认，而不管是否收到现金。同样地，费用需与已确认收入相配比，无论现金何时付出。图表 1—6 提供了高露洁公司的损益表，表头标明为合并损益表，表中提供了该公司近三年的损益数据。高露洁公司 2011 年的收入总额为 167.3 亿美元。公司营业成本和其他费用为 143 亿美元，净收益 24.3 亿美元。

图表 1—6 **高露洁公司合并损益表**

截至 12 月 31 日 单位：百万美元，每股数据除外

	2011	2010	2009
销售净额	$16 734	$15 564	$15 327
销售成本	7 144	6 360	6 319
毛利	9 590	9 204	9 008
销售、一般及行政管理费用	5 758	5 414	5 282
其他（收入）费用净额	(9)	301	111
营业利润	3 841	3 489	3 615
利息费用净额	52	59	77
税前利润	3 789	3 430	3 538
所得税准备	1 235	1 117	1 141
净收益	2 554	2 313	2 397
减：非控制性权益的净收益贡献	123	110	106
净收益贡献	2 431	2 203	2 291
普通股每股收益（基本）	$4.98	$4.45	$4.53
普通股每股收益（摊薄）	$4.94	$4.31	$4.37

股东权益变动表

有关留存收益、综合收益及资本账户变动的报表通常称为股东权益变动表（本小节中将使用这一称谓）。股东权益表报告构成权益的各个会计账户的变化。本表有助于确定股权持有者对公司资产主张权发生变化的具体原因。图表 1—7 列示了高露洁公司最近一年的股东权益变动表。在此期间，股东权益的变动主要归因于股票发行（主要是行使员工股票期权）、股票回购（库藏股）以及收益再投资。高露洁公司通过五个栏目详细列明了这些变化，即普通股、股本溢价、库藏股、留存收益、累计其他综合收益（损失）。普通股和股本溢价连同一体代表已缴入资本，通常合起来称为**股本**（share capital）（许多分析师在计算股本时会扣除库藏股）。高露洁公司留存收益的变动具有特别重要的意义，原因在于本账户将资产负债表与损益表连成了一体。例如，高露洁公司的留存收益从 2010 年的 143.3 亿美元增加到了 2011 年的 156.5 亿美元，总计增加 13.2 亿美元。其原因一方面是因为 24.3 亿美元的净收益，另一方面则是因为支付了 11.1 亿美元股利。由于股利几乎都是从留存收益中分配，因此，留存收益代表了潜在股利分配的上限。

图表 1—7 **高露洁公司合并留存收益、综合收益及资本账户变动表** 单位：百万美元

	普通股	股本溢价	未赚得补偿	库藏股	留存收益	累计其他综合收益（损失）	非控制权益
2010.12.31 余额	$733	$1 132	$(99)	$(11 305)	$14 329	$(2 115)	$142
净收益					2 431		123
其他综合收益，税后						(360)	(7)
股利					(1 111)		(92)

续前表

	普通股	股本溢价	未赚得补偿	库藏股	留存收益	累计其他综合收益（损失）	非控制权益
基于股票的补偿费用		122					
为股票期权而发行的股票		88		251			
为限制性股票报酬而发行的股票		(53)		53			
购回库藏股				(1 806)			
其他		47	39	(1)			
2011.12.31 余额	$733	$1 336	$(60)	$(12 808)	$15 649	$(2 475)	$166

高露洁公司在表中单列了一项“累计其他综合收益（损失）”。综合收益是一项反映终极“底线”收益的指标，也就是除涉及股东交换的交易之外的股东权益的全部变化。除净收益之外，综合收益还包括归为**其他综合收益**（other comprehensive income）的特定调整项。其他综合收益逐年累积下来，在资产负债表中单列一项，作为股东权益的一个独立组成部分，称为**累计其他综合收益**（accumulated other comprehensive income）。2011 年，高露洁公司的其他综合收益总计数为负的 3.6 亿美元，加上期初余额负的 21.15 亿美元，期末余额为负的 24.75 亿美元，包括在 2011 年的资产负债表中。（注：其负数表示股东权益的某种抵减。）我们将在第 6 章对综合收益做详细讨论。

股东权益变动表的第四个栏目为库藏股，反映公司库藏股的详细情况。第 3 章中将讨论有关库藏股的问题。在此只需注意库藏股的金额，即回购这些股份所付出现金与因再次出售这些股份所带来收入之间的差额——假如它们会被再次全部售出的话。库藏股金额减少权益。高露洁公司 2011 年末的库藏股金额为 128 亿美元，几乎占到扣除库藏股之前股东权益（152.4 亿美元）的 80%。库藏股金额大部分源于股票回购，仅在 2011 年，高露洁公司回购股票金额就达 18 亿美元。

现金流量表

收益与净现金流量通常并不相等，除非是从一个公司的整个寿命期进行观察。原因在于，按应计制会计产出的数据与现金制会计并不相同。我们知道现金流量在商务决策中具有重要意义，因此有必要对现金流入和流出进行报告。比如说，在涉及商业交易重构和解释的各种分析中，通常都会要求提供现金流量表。一些估值模型也使用现金流量信息。现金流量表分别报告一个公司在一定时期内因经营、投资和筹资活动而产生的现金流入和流出。

图表 1—8 提供了高露洁公司的现金流量表。2011 年，高露洁公司的现金余额增加了 3.88 亿美元。其中，经营活动导致 28.96 亿美元的净流入，投资活动导致 12.13 亿美元的净流出，筹资活动导致 12.42 亿美元的净流出。总体上来看，现金流量数据表明该公司是一家盈利能力很强的公司，为了未来的增长正在进行投资，同时也在努力通过大量使用现金而降低其资本基数。

图表 1—8 高露洁公司合并现金流量表

截至 12 月 31 日 单位：百万美元

	2011	2010	2009
经营活动			
净收益包括非控制权益	$ 2 554	$ 2 313	$ 2 397
将净收益调整为包括非控制权益的由经营活动提供的净现金：			
折旧和摊销	421	376	351
重组和结束福利，现金净额	103	86	(18)
委内瑞拉恶性通货膨胀转换支出		271	
非核心产品销售的税前利润	(207)	(50)	(5)
基于股票的补偿费用	122	121	117
递延所得税	88	29	(23)
相关项目变动对现金的影响：			
应收款	(130)	40	57
存货	(130)	(10)	44
应付账款及其他应计项目	199	(65)	294
其他非流动资产和负债	54	135	136
经营活动产生的现金净额	2 896	3 211	3 277
投资活动			
资本支出	(537)	(550)	(575)
出售不动产及非核心产品线	263	42	17
购入可销售有价证券和投资	(356)	(308)	(289)
出售可销售有价证券和投资取得的收入	423	167	—
并购支出，用于并购的现金净额	(966)	—	—
其他	(40)	(9)	6
投资活动使用的现金净额	(1 213)	(658)	(841)
筹资活动			
支付贷款本金	(4 429)	(4 719)	(3 950)
发债收入	5 843	5 015	3 424
支付股利	(1 203)	(1 142)	(981)
回购库藏股	(1 806)	(2 020)	(1 063)
行使股票期权收入及超额所得税利益	353	242	300
筹资活动使用的现金净额	(1242)	(2 624)	(2 270)
汇率变动对现金及现金等价物的影响	(53)	(39)	(121)
现金及现金等价物净增加（减少）	388	(110)	45
现金及现金等价物期初余额	490	600	555
现金及现金等价物期末余额	$ 878	$ 490	$ 600

财务报表间的联系

财务报表在多个时点相连，打破了时间界线。图表 1—9 以高露洁公司的财务报表为例来说明此类联系。高露洁公司 2011 年初的投融资总额如图表左端资产负债表所示。其资产方面的投资包括现金（4.9 亿美元）和非现金资产（106.8 亿美元），共计 111.7 亿美元。这些投资的资金来源包括债权人（83.6 亿美元）和股权投资者（28.2 亿美元），后者包括股本 18.7 亿美元、留存收益 143.2 亿美元，减去累计其他综合收益 21.2 亿美元及库藏股 113.1 亿美元。高露洁公司的经营活动列示在图表 1—9 的中间栏。现金流量表数据说明，高露洁公司的现金余额受经营、投资、筹资活动影响，从年初的 4.9 亿美元增加到年底的 8.8 亿美元。这一年末现金数值列在图表右端的年末资产负债表中。高露洁公司的净收益 24.3 亿美元由收入减去费用构成，反映在损益表中。净收益减去支付的股利，可以解释股东权益变动表中所报告的留存收益的变动。此外，累计综合收益的变动可用年内的其他综合收益做出解释。最后，库藏股的变动源于股票发行和库藏股回购。

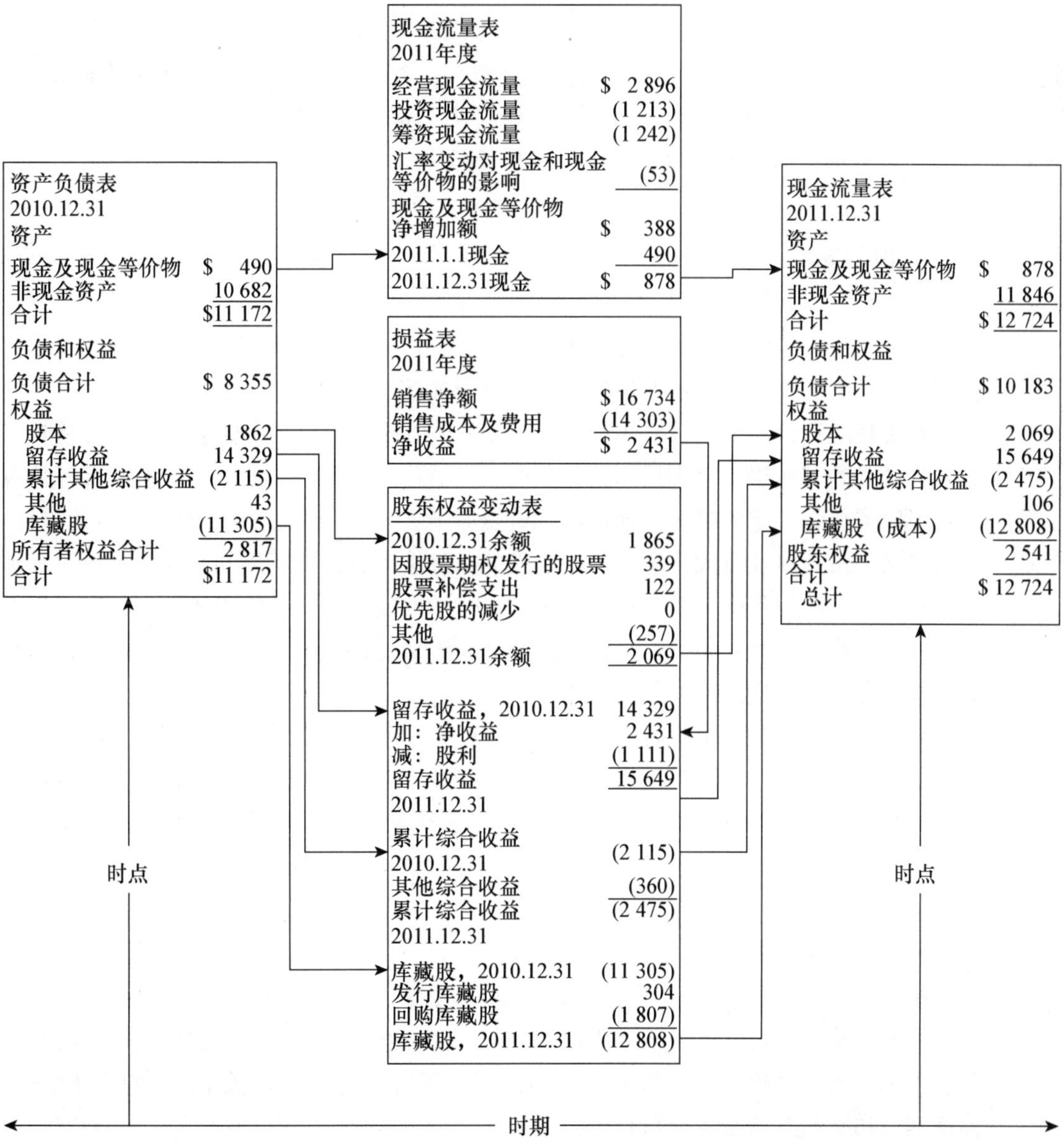

图表 1—9　财务报表之间的联系——高露洁公司（单位：百万美元）

总体来说，高露洁公司的资产负债表列示了它在一定时点上的投资和筹资活动。其他三张报表则分别反映了现金流量、收益和股东权益情况，从不同角度对公司一定时期内投资和筹资情况的变化（尤其是经营活动所造成的变化）做出了解释。后三张报表所涉及的每一项交易都会对资产负债表产生影响。例如：(1) 收入和费用影响收益，其结果反映在留存收益中；(2) 现金流量表中所涉及的现金业务在资产负债表的现金余额中得以总括反映；(3) 所有收入和费用账目，都会影响一个或更多资产负债表账户。概言之，财务报表从设计上就是相互关联的：各种时期报表（包括损益表、现金流量表、股东权益变动表）构成对作为时点报表的资产负债表的解释。这即是所谓财务报表的**关联性**（articulation）。

分析视点

……你是投资者

你正在考虑购买高露洁公司的股票。作为对高露洁公司的初步观察，你检查了该公司的财务报表。你打算从每张报表中获得哪些信息，以便做出决策？

□ 附加信息

财务报表并非财务报告系统的唯一输出。它还会提供一些有关公司情况的附加信息。完整的财务报表分析需要连带考虑此类附加信息。

- **管理层讨论与分析（MD&A）**。证券交易委员会（SEC）要求公开发行债券或权益性证券的公司提交管理层讨论与分析（MD&A）。管理层必须突出地揭示各种有利或不利趋势，确定影响公司流动性、资金来源及经营结果的重要事项和不确定性。他们还必须披露涉及重大事项和不确定性的前瞻性信息。众所周知，此类事项和不确定性将会导致所报告财务信息在反映未来经营活动或财务状况方面的效力下降。附录 A 中收录了高露洁公司的 MD&A，包括对逐年情况的分析、对公司流动性的评价，以及按商务活动分别进行的资金来源分析。

- **管理当局报告**。本报告的目的在于：(1) 加强公司高管对公司财务及内部控制制度的责任；(2) 明确管理层、董事和审计师在财务报表编报中的职责划分。高露洁公司的报告题名为“管理当局报告”，讨论了管理层在增强财务记录可靠性方面所采取的政策和程序。该报告同时强调，董事会下属审计委员会在保证财务报表可靠性方面负有重要责任。

- **审计报告**。外部审计师是独立的注册会计师（CPA），管理层聘用他们对公司财务报表是否按照公认会计原则编制出具意见。财务报表分析中需要检查审计师报告，目的是确定公司财务报表是否被出具了无保留意见。除无保留意见之外的任何其他意见都会增加分析风险。附录 A 中转录了高露洁公司由普华永道出具的审计报告。高露洁公司被出具的是无保留意见。

- **解释性附注**。解释性附注是财务报表分析不可分割的一部分。附注对报表主体内外各种相关项目提供额外的信息沟通。附注具有很强的技术性，要求财务报表分析者必须具备相当的会计知识。解释性附注包括如下信息：(1) 采用的会计原则和方法；(2) 有关个别财务报表项目的详细披露；(3) 承诺及或有事项；(4) 企业合并；(5) 关联方交易；(6) 股票期权计划；(7) 法律诉讼；(8) 重要客户。高露洁公司的附注列在附录 A 中，紧随财务报表之后。

- **补充信息**。财务报表附表中包括如下补充信息：(1) 分部资料；(2) 出口销售；(3) 可销售有价证券；(4) 估值账户；(5) 短期借款；(6) 季度财务数据。高露洁公司的年报中包含几份明细表。其中一例为按业务划分的分部报告，在公司财报中列为注 14。

- **代表权申明书**。股东对选举公司董事会及公司合并、收购、证券发行等重大事务享有表决权。**代表权**（proxy）是指股东授权他人代表他们在股东大会上行使股东权利。**代表权申明书**（proxy statement）包含了代表股东行使投票权所必需的信息。代表权申明书中包含很多有关公司情况的信息，包括持有公司 5%以上流通股的股东的身份、董事会成员简历、公司高管和董事的薪酬安排、员工福利计划、与公司高管和董事的特定交易等。

财务报表分析预览

有许多为特定目的而设计的分析工具皆可用于财务报表分析。在本小节中，我们将介绍一些基本的财务分析工具，并将其应用于高露洁公司年报分析。具体来讲，我们将使用比较财务报表分析、共同比财务报表分析及比率分析。我们还将对现金流量分析做一些简要介绍。本小节作为财务分析预览，主要介绍一些普通分析工具，尤其是比率分析。以后的章节中将进一步介绍一些更高级、技术含量更高的分析技术，包括会计分析。它将在很大程度上强化财务报表分析的功能。本节最后还将介绍一些估值模型。

分析工具

本小节初步介绍五种重要的财务分析工具：

1. 比较财务报表分析
2. 共同比财务报表分析
3. 比率分析
4. 现金流量分析
5. 估值

比较财务报表分析

通过考察连续各期资产负债表、损益表或现金流量表，可以进行**比较财务报表分析**（comparative financial statement analysis）。比较财务报表分析通常包括对各账户余额逐年或多年变化的考察。通过比较财务报表分析得到的最重要信息通常是趋势信息。比较几个不同期间的会计报表可以揭示某种趋势的方向、速度及范围。比较分析还可以比较相关项目的趋势。比方说，某公司销售额逐年上升10%，销货运输成本同时上升20%，则需做进一步调查并做出解释。同样，如果应收账款以15%的比例增加，而销售额仅提高5%，则亦须做进一步的分析调查。在两种情况下我们都需查明这些相关比率差异背后的原因，以及对我们分析的启示。比较财务报表分析也称为**水平分析**（horizontal analysis），原因在于，我们在考察比较报表时，总是从左向右（或从右向左）分析账户余额。最常用的比较分析技术有两种：逐年变化分析和指数趋势分析。

逐年变化分析（year-to-year change analysis） 对相对较短的时间段——2～3年——内各账户的变化逐年进行分析。对较短期间的逐年分析简单易行，且便于理解。其优势是既可用绝对数来表现有关变化，也可用相对数来表示。同时使用绝对数和相对数进行分析实质上更为恰当，原因在于，在计算变化百分比时，不同的基数代表了不同的实际意义。比如，以1 000美元为基数计算的50%，显然没有以100 000为基数的同样百分比重要。为了较好地把握发展前景，需要参考绝对数值，也可以据此就变化的相对重要性做出更有效的结论。

逐年变化的计算简单明了，但还是有一些规则需要特别注意。当基期数据为负值而下期数据为正值（或相反）时，是无法算出有意义的变化百分比的。同样，在没有基期数据的情况下，也是无法计算变化百分比的。与此相类似，如果基期数据很小，虽然可以计算变化百分比，但在解释时必须保持必要的谨慎。原因在于，这种情况下算出的变化百分比会很大，但之所以大，仅仅是因为计算时用的基数很小。同样地，如果一个项目有基期数据却没有下期数据，其下降率将为100%。案例1—1可以对上述几种情况做出归纳性说明：

案例1—1

以下实例说明了比较分析中可能出现的几种特殊情况及其应对：

单位：百万美元

项目	第1期	第2期	变化分析	
			金额	百分比
净收益（损失）	$(4 500)	$1 500	$6 000	—
税金费用	2 000	(1 000)	(3 000)	—
现金	10	2 010	2 000	20 000%
应付票据	—	8 000	8 000	—
应收票据	10 000	—	(10 000)	(100%)

比较财务报表分析通常可同时提供分析期间的累计数和平均值（或中值）。将各年度数据与以多个期间为基础计算的平均值（或中值）进行比较，可以凸显出各种异常波动。

图表1—10是用高露洁公司损益表编制的逐年比较分析表。这一分析揭示了几项

需要特别注意的重要事实。首先，在销售收入增长 7.5%的同时，销售成本上升 12.3%，公司毛利因此只增长 4.2%，低于收入增长水平。这说明，高露洁公司在经营过程中生产成本是上升的，导致公司销售的毛利率降低。公司的销售、一般及行政管理费用上升 6.4%。在 MD&A 中，高露洁公司管理层特别指明，尽管在该年度公司的销售、一般及行政管理费用是增加的，但增加的幅度低于销售收入的增长，由此导致了毛利率的提高。公司认为，销售、一般及行政管理费用上升是因为广告费支出轻微上升，而广告费的上升又在一定程度上为公司在节约成本方面的创新所抵消。自 2009 年以来，高露洁公司的 R&D 费用开始轻微上升，表明公司在 R&D 方面的投入非常稳定。公司税前利润增加 10.5%，所得税费用差不多增长了同样比率，为 10.6%，导致净收益提高 10.4%。总体来看，在这样一个竞争十分激烈的环境中，高露洁公司的表现是很出色的。

图表 1—10　　高露洁公司比较损益表

	2011	2010	变动额	变动百分比
销售收入	$16 734	$15 564	$1 170	7.5%
销售成本	7 144	6 360	784	12.3%
毛利	9 590	9 204	386	4.2%
销售、一般及行政管理费用	5 758	5 414	344	6.4%
其他费用（净额）	(9)	301	(301)	(103.0%)
营业利润	3 841	3 489	352	10.1%
利息费用（净额）	52	59	(7)	(11.9%)
税前利润	3 789	3 430	359	10.5%
所得税准备	1 235	1 117	118	10.6%
净收益	2 554	2 313	241	10.4%
减：非控制性权益的净收益贡献	123	110	13	11.8%
净收益贡献	$2 431	$2 203	$228	10.3%

指数趋势分析（index-number trend analysis）　用逐年变化分析比较两三个以上期间的财务报表时，会显得相当烦琐。对于比较长期趋势，指数趋势分析是一种十分有用的工具。使用指数趋势分析时，需要首先选定一个时期作为基期，并对所有项目事先选定一个指数，通常为 100。由于基期是所有比较的参照基础，所以最好选择一个经营环境较为正常的年份。与计算逐年百分比变化时一样，一些特殊情况，比如由负数变为正数，也是无法用指数来表示的。

当使用指数时，我们将按案例 1—2 所示的方式来计算相对于基准期间的百分比变化。

案例 1—2

CenTech 公司第 1 年度（基期）12 月 31 日的现金余额为 12 000 美元，第 2 年度 12 月 31 日的现金余额为 18 000 美元。若以 100 作为第 1 年度的指数，第 2 年度的指数则等于 150，其计算如下：

$$\frac{当年余额}{基期余额}\times 100=\frac{\$18\,000}{\$12\,000}\times 100=150$$

该公司第 3 年度 12 月 31 日的现金余额为 9 000 美元。该年度的指数为 75，其计算为：

$$\$9\,000\div\$12\,000\times 100=75$$

本例中第 1 年度和第 2 年度的现金余额变化为 50%（150－100），这可以很容易从指数中看出来。但第 2 年度到第 3 年度的变化并不是如直接比较所显示的 75%（150－75），而是 50%，由 \$9 000÷ \$18 000 计算而得。这是以第 2 年度的余额为基数计算出的第 2 年度到第 3 年度的变化。不过，单纯使用指数也同样可以计算出百分比变化。例如，在计算这一变化时，可以用 75÷150＝0.50，或者用百分数表示为 50%。

在指数趋势分析中，我们不需要分析财务报表中的所有项目，只需关注重点项目即可。我们在使用指数趋势分析时必须保持谨慎的态度，因为某些变化可能是由经济或行业因素造成的。进而，在解释百分比变化，包括使用一系列指数趋势时，必须对运用会计原则的一致性保持警醒。在可能的情况下，应该对由于使用会计原则造成的不一致性进行适当的调整。此外，比较分析的时间越长，物价水平变化带来的影响也就越大。通过趋势分析，我们可以深刻了解公司的管理哲学、政策及动机。分析期环境变化越是复杂，我们了解管理者如何应对困难并把握机遇就越有价值。

图表 1—11 反映了对高露洁公司选定财报项目进行指数趋势分析的结果。2006—2011 年，公司销售收入一直是增长的，但在 2008—2010 年间，增长放缓。在此期间，公司放缓了营业费用的增长，以保持净收益增长。

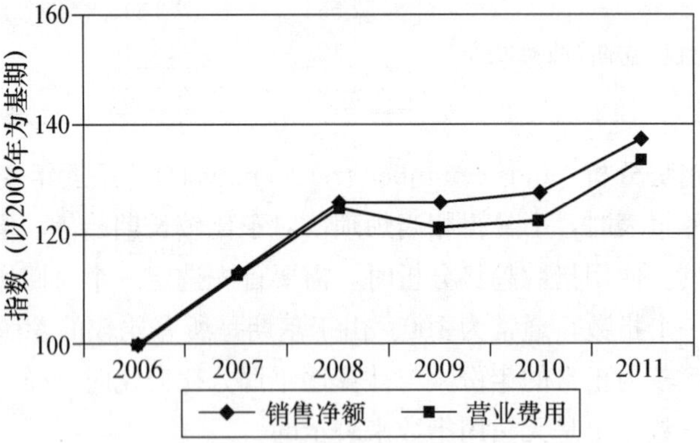

图表 1—11 高露洁公司的指数趋势

共同比财务报表分析

在财务报表分析中，有时需要了解特定账户所构成的某一项目集合在总体中所占的比重。具体来讲，在分析资产负债表时，通常将总资产（或负债加权益）视为 100%，然后可以将各个集合中的账户按其在各自合计数中所占比重来表示。在分析损益表时，通常将销售收入视为 100%，其余各损益表账户则分别按其占销售收入的一定百分比来表示。因为集合中所有各个账户的总和为 100%，故以此方式得出的报表称为**共同比财务报表**（common-size financial statement）。这一程序也称为**垂直分析**（vertical analysis），因为依此编制的报表是按由上到下（或由下到上）的顺序来评价各个账户。通过共同比财务报表分析可以了解财务报表的内部结构。在分析资产负债表时，共同比财务报表分析强调以下两项因素：

1. 资金的来源渠道——包括流动负债、非流动负债、权益。
2. 资产的构成——包括各项流动资产和非流动资产的具体数额。

对资产负债表的共同比分析常常会扩展到对构成子集的各个账户的考察。比如，在评价流动资产的流动性时，通常需要了解存货在流动资产中所占比重，而并非只是简单地了解存货占总资产的比重。对损益表进行结构分析具有相当重要的意义。损益表的结构分析非常简单，因为其中每个项目都与销售收入这一关键项目有关。销售收入在不同程度上对几乎所有费用项目发生影响，因此需要知道每项费用究竟占销售收入的多大比重。所得税是唯一的例外，它只是与税前利润而非销售收入有关。

有时亦须对公司的共同比报表做时间性比较，由此可以揭示资产、负债、费用和其他各类集合中各账户所占比重的变化。不过，我们仍须谨慎地解释各种变化和趋势，如案例 1—3 所示。

案例 1—3

Meade 公司近三年专利权和总资产账户余额如下：

	2011	2010	2009
专利权	$ 50 000	$ 50 000	$ 50 000
总资产	$ 1 000 000	$ 750 000	$ 500 000
专利权/总资产	5%	6.67%	10%

虽然专利权账户余额近年来保持不变，总资产的持续增加却使专利权占总资产的比重逐年下降。这一比重一方面受一个项目绝对数变化的影响，另一方面也受它所处类别合计金额变化的影响，因此，在解释共同比结构分析结果时既需要考察所分析账户的金额，也需要考察计算基数。

共同比报表对公司间的比较尤为重要。它可以把不同公司的财务报表改为共同比形式。把一家公司的共同比报表与竞争对手或同行业平均的共同比报表进行比较，能够突出账户构成及分布上的差异，查明产生这类差异的原因。共同比报表用于公司之间分析时的主要缺陷，在于不能反映被分析公司的相对规模。我们将在本书最后的综合分析案例中利用共同比报表方式对一些选定账户进行分析，并与行业统计数据进行比较。

图表 1—12 为高露洁公司的共同比损益表。高露洁公司每 1 美元所赚取的利润，从 2006 年的 11.1 美分上升到了 2011 年的 14.5 美分，每 1 美元销售额的利润增加 3.4 美分。这一变化表现出高露洁公司损益表数据的一些重要趋势。通过对公司毛利的分析发现，2011 年，高露洁公司每 1 美元销售额的毛利为 57.3 美分，而 2006 年

该数据为 58.9 美分，相比下降 1.8 美分。这一变化表明高露洁公司在消费品行业所面对的竞争环境是很严峻的。在毛利下降的情况下，是什么原因导致利润上升？首先，销售、一般及行政管理费用占销售收入的比例从每 1 美元 35.2 美分下降到了 34.4 美分；其次，其他费用由 2006 年的 5.5 美分降低到了 2011 年的负 0.1 美分。其他费用包括资产减值、离职补偿以及其他一次性费用，这些费用部分因为自 2004 年开始的资产重组而起。自 2004 年以来，因资产重组而导致的支出不断降低，高露洁公司所确认的其他费用同样下降。这些原因解释了为什么在毛利下降的同时，高露洁公司的净利润会上升。

图表 1—12 **高露洁公司共同比损益表**

	2011	2010	2009	2008	2007	2006
销售收入	100.00	100.00	100.00	100.00	100.00	100.00
销售成本	42.69	40.86	41.23	41.20	40.41	41.08
毛利	57.31	59.14	58.77	58.80	59.59	58.92
销售、一般及行政管理费用	34.41	34.79	34.46	34.84	35.70	35.21
其他（收入）费用（净额）	(0.05)	1.93	0.72	3.61	4.04	5.49
营业利润	22.95	22.42	23.59	20.35	19.84	18.22
利息费用（净额）	0.31	0.38	0.50	0.75	1.25	1.39
税前利润	22.64	22.04	23.08	19.60	18.59	16.83
所得税准备	7.38	7.18	7.44	6.31	5.50	5.30
净收益	15.26	14.86	15.64	13.29	13.08	11.53
减：非控制性权益的净收益贡献	0.74	0.71	0.69	0.52	0.49	0.47
净收益贡献	14.53	14.15	14.95	12.77	12.60	11.06

图表 1—13 反映的是高露洁公司的共同比资产负债表。高露洁是一家制造业公司，固定资产占总资产的 29%。自 2006 年以来，固定资产的比重稳定在 30%左右。无形资产和商誉占总资产的比重为 31.4%，表明在过去曾经有过十分重要的收购业务。与此相对，流动资产的比重轻微下降，从 2006 年的 36.1%下降到了 34.6%。最大的下降源自应收账款，它在流动资产中占最大比重。应收账款占总资产的比重，从 2006 年的 16.7%下降到了 2011 年的 13.2%。高露洁公司的现金保有量从 2006 年的 5.4%上升到了 2011 年的 6.9%，部分抵消了应收账款的下降。流动负债占总资产的比例为 29.2%，低于流动资产。在流动负债中，一年内到期的长期负债占 2.7%。

图表 1—13 **高露洁公司共同比资产负债表**

	2011	2010	2009	2008	2007	2006
资产						
流动资产						
现金及现金等价物	6.9	4.4	5.4	5.6	4.2	5.4
应收款（净额）	13.2	14.4	14.6	16.0	16.6	16.7
存货	10.4	10.9	10.9	12.0	11.6	11.0
其他流动资产	4.1	3.7	3.4	3.7	3.3	3.1
流动资产合计	34.6	33.4	34.2	37.2	35.8	36.1

续前表

	2011	2010	2009	2008	2007	2006
固定资产净值	28.8	33.1	31.6	31.3	29.8	29.5
商誉（净额）	20.9	21.1	20.7	21.6	22.5	22.8
其他无形资产（净额）	10.5	7.4	7.4	8.4	8.4	9.1
递延所得税	0.9	0.8	0.0	0.0	0.0	0.0
其他资产	4.3	4.2	6.2	1.6	3.6	2.5
资产总计	100.0	100.0	100.0	100.0	100.0	100.0
负债和股东权益						
流动负债						
应付票据和借款	0.3	0.4	0.3	1.1	1.5	1.9
长期借款的流动部分	2.7	5.0	3.2	2.0	2.9	10.4
应付账款	9.8	10.4	10.5	10.6	10.5	11.4
应交所得税	3.1	2.4	3.5	2.7	2.6	1.8
其他应计项目	13.4	15.1	14.8	13.2	13.7	12.5
流动负债合计	29.2	33.4	32.3	29.6	31.3	38.0
长期借款	34.8	25.2	25.3	35.9	31.9	29.8
递延所得税	2.0	1.0	0.7	0.8	2.6	3.4
其他负债	14.0	15.3	12.3	13.2	10.6	12.2
负债合计	80.0	74.8	70.7	79.5	76.3	83.3
股东权益						
优先股	0.0	0.0	1.5	1.8	2.0	2.4
普通股	5.8	6.6	6.6	7.3	7.2	8.0
股本溢价	10.5	10.1	15.8	16.1	15.0	13.3
留存收益	123.0	128.3	118.2	117.8	105.1	105.5
累计其他综合收益	(19.5)	(18.9)	(18.8)	(24.8)	(16.5)	(22.8)
未赚得赔偿金	(0.5)	(0.9)	(1.2)	(1.9)	(2.2)	(2.8)
	—	—				
库藏股（成本）	100.7	101.2	(94.1)	(97.2)	(88.1)	(88.4)
全部股东权益	18.7	23.9	28.0	19.3	22.6	15.4
非控制性权益	1.3	1.3	1.3	0.0	0.0	0.0
股东权益合计	20.0	25.2	29.3	19.3	22.6	15.4
负债和股东权益合计	100.0	100.0	100.0	100.0	100.0	100.0

高露洁公司的经营性营运资本（经营性流动资产减去经营性流动负债）占总资产的8%，表明公司营运资本所占资金并不是很多。在高露洁公司的资金来源中，负债占了很大比重：总负债占总资产的比重高达80%，其中37%以上为长期负债（包括一年内到期部分）。高露洁公司的股东权益解读起来十分有趣。公司资产只有16.3%是通过权益资本筹资的。留存收益（扣除累计综合收益后的净额）占总资产的103.5%，100.7%的资产围绕库藏股打转，表明公司有过重大的股票回购。受股票回购影响，高露洁公司的净权益筹资的份额仅为总资产的20%。对大多数公司而言，权益筹资如此之低当属揪心之事，而高露洁公司却借此为股东提供了高额回报。

比率分析

比率分析（ratio analysis）是最流行且使用范围最广的财务分析工具。但其作用经常被误解，重要性也常常被高估。比率表达了两个量之间的数学关系。200 与 100 的比率可以表示为 2∶1，或者简写为 2。虽然比率计算是一种很简单的数学运算，比率的解释却非常复杂。大有深意的是，每项比率都必然代表一种重要的经济关系。比如，在一个项目的售价和成本之间，就存在一种直接而重要的关系。因此，商品销售成本占销售收入的比率具有重要意义。与此相反，运费与可销售有价证券余额之间却并无明显关系。案例 1—4 对此做了集中反映。

案例 1—4

假定我们在解释耗油量与汽车行驶里程之间的比率关系，具体来讲即是每加仑若干英里（miles per gallon，mpg）。有人（X）根据这一比率声称他在省油方面做得更好，与另一人（Y）的 20 mpg 相比，他的每加仑行驶里程为 28 mpg。是 X 的汽车更省油吗？要回答这一问题，必须首先对影响油耗的几项具体因素进行分析，然后才能对上述结果做出解释，并最终确定到底谁更省油。这些因素包括：(1) 载重量；(2) 地形；(3) 路况（城区路还是高速路）；(4) 燃油等级；(5) 行驶速度。尽管影响油耗的因素众多，但与财务报表比率的评价相比，耗油量比率的评价已经非常简单。之所以如此，是因为商业变量之间有着极为复杂的内在关系，其影响因素也更为复杂。

需要记住的是，比率给我们提供了深入了解事物内在状况的工具。它们是分析的起点而非终点。要对比率做出恰当的解释，必须进行进一步的调查分析。比率分析可以揭示出各种重要关系，在揭示各种条件和趋势时用作比较的基础，这是通过单纯考察构成比率的各项要素难以获知的。尽管如此，像其他分析工具一样，比率也是在各种面向未来的分析中显得更为有用。为此我们需要对影响比率的各种因素进行调整，以了解可能的未来趋势与量能。我们还须估计对未来比率具有潜在影响的因素。因此，比率的效用究竟如何，取决于我们的运用是否有技巧、解释是否恰当，这是比率分析最具挑战性的方面。

影响比率的因素 除公司内部经营活动影响比率之外，我们还须注意经济事件、行业因素、管理政策以及会计方法对比率的影响。本书稍后有关会计分析的讨论中将具体研究这些因素对作为比率基础的会计计量的影响。会计计量上的任何局限都会影响比率的效用。

在计算比率或其他类似指标（如趋势指数、百分比关系）之前，我们需要运用会计分析来确定计算比率所用数据是否适当。比如，当用后进先出法（LIFO，见第 4 章）进行存货计价时，如果物价上涨，会出现流动比率被低估的情况，因为按后进先出法计算的存货价值（分子）本身会被低估。与此相类似，某些租赁负债（lease liabilities）通常并不在账内反映，而只是在报表附注中加以说明（参见第 3 章），我们在计算诸如权益负债率之类的比率时却常常会想要确认此类负债。我们还需记住，比率的效用有赖于相关数据的可靠性。如果公司内部会计控制或其他监控机制在产生数据方面的可信度很低，据此算出的比率可信度也将会很低。

比率的解释　比率需要仔细加以解释，因为那些对分子产生影响的因素也会对分母产生影响。例如，公司可以通过缩减促销费用（如广告费）来改善营业成本占销售的比率。但是，从长远来看，减少此类费用可能导致销售衰退，市场占有率降低。这样，短期盈利能力表面上的改善却损害了公司的长远利益。为此，我们需要正确理解此类变化。很多比率有着和其他比率相同的重要变量。因此，在分析一种情况时并不需要算出所有可能的比率。比率像财务分析中的其他大多数技术一样，并非孤立的。相反，它们经常进行多方面的比较以获得相应的解释，包括：(1) 前期比率；(2) 预定标准；(3) 竞争对手的比率。最后需要注意的是比率的变易性，它通常与变动趋势具有同样重要的意义。

比率分析举例　我们可以使用财务报表数据计算大量比率。有些比率在财务分析中经常用到，有些则只是在特定情况下或特定行业使用。本节介绍的是在财务报表分析的三个重要领域所使用的比率：

1. 信用（风险）分析

a. **流动性**　用以评价偿付短期债务的能力。

b. **资本结构和偿债能力**　用以评价偿还长期债务的能力。

2. 盈利能力分析

a. **投资报酬率**　估价股权和债务筹资的财务报酬。

b. **经营业绩**　评估经营活动所带来的边际利润。

c. **资产利用率**　评估资产在创造销售收入方面的效用和强度，也称为**周转率**(turnover)。

3. 估值

估计一家公司（或其股票）的内在价值。

图表 1—14 列示的是大部分公司常用的比率。本例所用数据全部取自附录 A 中的高露洁公司年报。不过，大多数比率的计算都可使用本章图表 1—5 至图表 1—8 中的数据。

图表 1—14　　高露洁公司的财务比率（2011）

流动性

$$\text{流动比率}=\frac{\text{流动资产}}{\text{流动负债}}=\frac{\$4\,402}{\$3\,716}=1.18$$

$$\text{速动比率（酸性测试比率）}=\frac{\text{现金及现金等价物}+\text{可销售证券}+\text{应收账款}}{\text{流动负债}}=\frac{\$878+\$1\,675}{\$3\,716}=0.69$$

$$\text{回收期}=\frac{\text{应收账款平均余额}}{\text{销售收入}/360}=\frac{(\$1\,675+\$1\,610)\ /2}{\$16\,734/360}=35.34\text{（天）}$$

$$\text{存货周转天数}=\frac{\text{存货平均余额}}{\text{销售成本}/360}=\frac{(\$1\,327+\$1\,222)/2}{\$7\,144/360}=64.22\text{（天）}$$

资本结构和长期偿债能力

$$\text{总负债—权益比率}=\frac{\text{负债总计}}{\text{股东权益}}=\frac{\$10\,183}{\$2\,541}=4.01$$

$$\text{长期负债—权益比率}=\frac{\text{长期负债}}{\text{股东权益}}=\frac{\$6\,467}{\$2\,541}=2.55$$

$$已获利息倍数=\frac{息税前利润}{利息费用}=\frac{\$3\,789+\$52}{\$52}=73.87$$

投资回报率

$$资产报酬率=\frac{净收益+利息费用\times(1-所得税率)}{总资产平均余额}=\frac{\$2\,431+\$54(1-0.35)}{(\$12\,724+\$11\,172)/2}=20.63\%$$

$$普通权益报酬率=\frac{净收益}{股东权益平均余额}=\frac{\$2\,431}{(\$2\,541+\$2\,817)/2}=45.37\%$$

经营业绩

$$毛利率（总利润边际）=\frac{销售收入-销售成本}{销售收入}=\frac{\$16\,734-\$7\,144}{\$16\,734}=57.31\%$$

$$营业利润率（税前）=\frac{营业利润}{销售收入}=\frac{\$3\,841}{\$16\,734}=22.95\%$$

$$净利率=\frac{净收益}{销售收入}=\frac{\$2\,431}{\$16\,734}=14.53\%$$

资产利用率

$$现金周转率=\frac{销售收入}{现金及现金等价物平均余额}=\frac{\$16\,734}{(\$878+\$490)/2}=24.46$$

$$应收账款周转率=\frac{销售收入}{应收账款平均余额}=\frac{\$16\,734}{(\$1\,675+\$1\,610)/2}=10.19$$

$$存货周转率=\frac{销售成本}{存货平均余额}=\frac{\$7\,144}{(\$1\,327+\$1\,222)/2}=5.61$$

$$营运资本周转率=\frac{销售收入}{营运资本平均余额}=\frac{\$16\,734}{[(\$4\,402-\$3\,716)+(\$3\,730-\$3\,728)]/2}=48.65$$

$$固定资产周转率=\frac{销售收入}{固定资产平均余额}=\frac{\$16\,734}{(\$3\,668+\$3\,693)/2}=4.55$$

$$总资产周转率=\frac{销售收入}{总资产平均余额}=\frac{\$16\,734}{(\$12\,724+\$11\,172)/2}=1.40$$

市场指标

$$市盈率=\frac{每股市价}{每股收益}=\frac{\$92.39}{\$4.98}=18.55$$

$$盈利率=\frac{每股收益}{每股市价}=\frac{\$4.98}{\$92.39}=5.39\%$$

$$股息率=\frac{每股现金股利}{每股市价}=\frac{\$2.31}{\$92.39}=2.51\%$$

$$股利支付率=\frac{每股现金股利}{每股收益}=\frac{\$2.27}{\$4.98}=45.58\%$$

$$市净率=\frac{每股市价}{每股账面价值}=\frac{\$92.39}{\$5.42}=17.05$$

信用分析　我们首先关注的是**流动性**（liquidity）。流动性是指企业偿还短期债务的能力。流动比率（current ratio）是最重要的流动性比率，表示可用于偿付流动负债的流动资产。高露洁公司的流动比率为1.18，意味着每1美元的流动负债有1.18美元的流动资产与之相对应。还有一个更严格的比率可用于测试短期流动性，即所谓**酸性测试比率**（acid-test ratio）。它所考虑的只是部分流动性最强的资产，包括现金、短期投资和应收账款。高露洁公司每1美元的流动负债对应着69美分的速动资产。酸性测试比率说明高露洁公司的流动性状况需要引起必要的重视。要就流动性得出更为明确的结论，我们尚需掌握更多信息，包括应收账款和存货转换为现金所需的时间。高露洁公司的应收账款**回收期**（collection period）大约为35天，存货周转天数为64天。从这两项指标中我们并没有看出流动性有什么问题。不过，这些指标最好能做些历史的比较。也即是说，这些指标的动态变化能够揭示出更多有关流动性问题的信息。通过对高露洁公司流动性的简单分析我们可以看到，总体上来讲，尽管公司流动资产和流动负债的构成需要引起注意，但应收款和存货的周转还是比较正常，再加上公司经营活动创造现金的能力很强（参看后面的讨论），说明流动性方面并没有多大问题。

长期偿债能力分析　长期偿债能力是指企业偿还长期债务的能力。我们可以通过考察高露洁公司的资本结构和偿债能力来评价其长期资本结构和信用风险。高露洁公司的**总负债—权益比率**（total debt-to-equity ratio）为 4.01，意味着每 1 美元的权益筹资，总有 4.01 美元的债务筹资与之相对应。**长期负债—权益比率**（long-term debt-to-equity ratio）等于 2.55，说明每 1 美元的权益筹资对应着 2.55 美元的长期债务筹资。对一家制造业公司而言，这两项数据都已经是相当之高，一般只有金融机构才有这样高的比率！仅仅就指标本身而言，这两项数据确实反映出高露洁公司应该特别关注其长期偿债能力了。不过，这些比率并没有考虑高露洁公司超强的盈利能力。有一项比率在资本结构之外同时还考虑到了盈利能力，即**已获利息倍数**（times interest earned ratio），或称为**利息补偿比率**（interest coverage ratio），反映公司息税前利润与利息费用之比。高露洁公司 2011 年的已获利息倍数为 73.87 倍，表明高露洁公司在履行其固定费用义务方面不存在任何问题。总体而言，由于高露洁公司的盈利能力高而且稳定，因此偿债能力风险是很低的。

盈利能力分析　我们从估计**投资回报率**（return on investment）的不同方面开始讨论盈利能力问题。高露洁公司的**资产报酬率**（return on assets）为 20.63%，意味着每 1 美元资产每年可以产出 20.63 美分息税前利润。鉴于股东对管理层用权益筹资创造利润的能力具有特别的兴趣，我们还会专门考察权益报酬率。高露洁公司的**普通权益报酬率**（return on common equity）——通常称为**权益报酬率**（return on equity）——为 45.37%，表明该公司每 1 美元的权益投资每年可赚得 45.37 美分。这两项比率都显著高于上市公司 7%和 12%的平均水平。高露洁公司的权益报酬率，可能属于美国公司的最高水平之一。

盈利能力分析的另一部分是计算经营业绩比率。此类比率是把损益表的线上项目与销售收入放在一起进行比较。这些比率通常都会提及**利润边际**（profit margins），比如说总利润边际（gross profit margin），或者更明确地称为**总（毛）边际**（gross margin）。此类比率大多可与共同比损益表分析的结果相对照。图表 1—14 中高露洁公司的经营业绩比率反映了该公司在激烈的竞争环境中所取得的极为突出的经营业绩。高露洁公司的毛利率（总利润边际）为 57.31%，表明即使在日用品市场激烈的竞争条件下，高露洁公司的销售盈利能力还是很强的。该公司的**营业利润率**（operating profit margin）为 22.95%，**净利率**（net profit margin）为 14.53%，皆在美国公司平均水平之上。总体而言，高露洁公司得益于其超强的定价能力和生产成本控制能力，属于一家盈利能力很强的公司。

资产利用率　资产利用率分析与盈利能力分析密切相关。资产利用率是销售收入与不同类别资产的比较，是投资回报的重要决定因素。高露洁公司的此类指标表明，该公司的资产利用率处在平均水平之上。比如，高露洁公司的总资产周转率等于 1.40，高于美国上市公司的平均水平。高露洁公司的营运资本周转率也达到了极高的

48.65，原因在于，相对于其销售收入而言，高露洁公司在营运资本方面的投资保持了较低水平。

估值 图表 1—14 中还包括五项市场指标。高露洁公司的**市盈率**（price-to-earnings ratio）（18.55）和**市账率**（price-to-book ratio）（17.05）都较高，反映出市场对高露洁公司稳固业绩的认同。高露洁公司的股利支付率为 45.58%，属于高水平，表明高露洁公司选择将其利润的很大一部分以股利形式发放给股东。

正如对高露洁公司的初步分析中所见，通过比率分析可以形成许多很有价值的观点。不过，必须注意，所有这些计算都是以高露洁公司的财报数据为基础。本书强调，我们能否获得有用的观点，能否有效地进行公司间的比较，关键在于能否在进行分析之前对报告数据做出准确的判断。我们还须记住，比率分析仅仅是财务分析的一部分。作为分析者，必须深入挖掘，了解影响比率的深层次原因，并将各种不同的比率有效地结合起来，对公司财务状况和业绩做出准确评价。

现金流量分析

现金流量分析（cash flow analysis）主要用于分析企业的资金来源和运用。通过现金流量分析可以了解公司的资金从何而来，如何配置。它也用于预测现金流量，并作为流动性分析的一部分。

图表 1—8 中复制的高露洁公司现金流量表是进行现金流量分析的一个极好的起始点。该表表明，高露洁公司从其经营活动中获得了 28.96 亿美元，并将其中 12.13 亿美元用于投资——主要是作为资本性支出及用于收购。高露洁公司还偿还了 44.29 亿美元到期债务，其主要资金来源为发行新债 58.43 亿美元。剩余现金流量主要以普通股股利（12.03 亿美元）和股票回购（18.06 亿美元）方式返还给了股东。总体来看，高露洁公司筹资活动的最终结果为净现金流出 12.42 亿美元。在考虑了汇率变动的影响之后，高露洁公司 2011 年现金流量净增加额为 3.88 亿美元。

分析表明，高露洁公司的经营活动创造了丰富的现金。在用于资本支出和收购之后，剩余现金通过股利和股票回购回报给了股东。这一简要分析传达了许多有关高露洁公司资金来源和运用情况的重要信息，对进一步通过现金流量分析来了解公司的经营及筹资活动具有重要意义。在本书第 7 章中，我们将再次回到现金流量分析。

□ 估值模型

估值是许多商务及财务报表分析的一项重要结果。所谓**估值**（valuation），通常指估计一家公司或其股票的内在价值。估值以**现值理论**（present value theory）为基础。该理论认为，一项债务或权益证券（或任何其他资产）的价值，等于该证券（或资产）全部预期未来支付（payoff）总额按适当**折现率**（discount rate）折现的价值。现值理论使用**货币的时间价值**（time value of money）概念，其简单含义为：一个个体一般更喜欢目前消费而非将来消费。因此，要对一项证券进行估值，投资者需要两方面信息：(1) 该证券在其整个期限内的预期未来报酬；(2) 折现率。债券的未来支付包括本金和利息。股票的未来支付包括股利和资本增值。债券的折现率是现行利率——或者更确切地说，是**到期收益率**（yield to maturity），而股票的折现率是经过风险调整的资本成本——也称为**期望报酬率**（expected rate of return）。

本小节首先讨论估值技术在债务有价证券估值中的应用。因其较为简单，因此，通过讨论债务估值可以掌握估值的核心观念。随后将以权益估值的讨论结束本小节内容。

债务估值

有价证券的价值等于其未来支付按适当比率折现的现值。债务有价证券的未来支付包括利息和本金兑付。债券合约会列明其未来支付和投资期限（investment horizon）。债券在时间 t 的价值 B_t 可用如下公式计算：

$$B_t=\frac{I_{t+1}}{(1+r)^1}+\frac{I_{t+2}}{(1+r)^2}+\frac{I_{t+3}}{(1+r)^3}+\cdots+\frac{I_{t+n}}{(1+r)^n}+\frac{F}{(1+r)^n}$$

式中，I_{t+n}表示第 $t+n$ 期的利息；F 为本金（一般是债券的面值）；r 为投资者所要求的利息率，或到期收益率。在进行债券估值时，我们会以目前利率、预期通货膨胀率、违约风险等因素为基础确定期望（或预期）收益率。案例 1—5 提供了一个债务估值实例。

案例 1—5

在起始年份的 1 月 1 日，某公司发行了 100 美元的 8 年期债券，每年年末按 8%的利率支付利息。在第 6 年的 1 月 1 日，我们被要求计算该债券的价值，其时该债券的到期收益率为每年 6%。

解答：这些债券应该是在第 8 年 12 月 31 日到期赎回。这就是说离到期还有 3 年。该债券每年利息为 8 美元，计算方法为 8%×＄100，第 8 年底支付本金 100 美元。第 6 年 1 月 1 日，该债券的价值计算如下：

$$\$8/(1.06)+\$8/(1.06)^2+\$8/(1.06)^3+\$100/(1.06)^3=\$105.35$$

权益估值

权益估值的基础　权益估值的基础与债务估值一样，也等于其未来支付按适当比率折现的现值。不过，权益估值要比债务估值复杂得多。这是因为债券的未来支付是确定的，而对权益，投资者根本无法要求一个预先确定的未来支付。权益投资者追求两项主要的未来支付：股利和资本增值，但都是不确定的。由于资本增值反映权益价值的变化，需依照未来股利而确定，因此，我们可以简化权益估值，认为某项权益证券在时间 t 的价值 V_t，等于全部未来预期股利的现值：

$$V_r=\frac{E(D_{t+1})}{(1+k)^1}+\frac{E(D_{t+2})}{(1+k)^2}+\frac{E(D_{t+3})}{(1+k)^3}+\cdots$$

式中，D_{t+n}表示第$t+n$期的股利；k为资本成本。这一模型称为**股利折现模型**（dividend discount model）。本公式按预期股利来计算，并不需要实际股利。我们用预期股利代替实际股利，是因为与债券的利息及本金偿付不同，未来股利既无法预先列明，也无法准确测定。这就意味着我们的分析必须使用未来股利的预测数得出一个估计值。

除此之外，我们也可将估值定义为未来现金流量的折现。这个定义存在一些问题，其原因至少有二：其一，现金流量是一个很含糊的概念。现金流量有多种不同类型：经营现金流量；投资现金流量；筹资现金流量；净现金流量（现金余额的变化）。究竟使用哪种现金流量较为妥当，始终是个问题。其二，尽管我们可以用另外一种现金流量——即所谓自由现金流量——重新表述权益估值公式，但用现金流量来定义估值依然是不恰当的。这是因为，只有股利才是对权益投资者的实际支付，并因此成为唯一适当的估值标志。其他任何公式都是这一基本公式的衍生形式。自由现金流公式在技术上是正确的，但它依然只是个衍生公式。使用现金流量以外的其他会计变量，同样可能得出一个较为准确的估值公式。

估值中的实际考虑 股利折现模型存在明显的现实障碍。一个主要问题是期限不明。现实的估值技术计算估值必须有明确的预测期限。然而，股利预测却很难有一个明确的期限。这是因为股利支付随意性很大，而且不同公司会采用不同的股利政策。比如，有些公司喜欢将利润的大部分作为股利发放，有些公司则选择拿收益做再投资。这就意味着实际股利支付并不能准确代表公司的价值——除非无限拉长观察的期限。因此，估值模型常用盈余或现金流量代替股利。本小节将引入两个此类估值模型——自由现金流量模型和剩余收益模型。

自由现金流量模型（free cash flow model）使用预期股权自由现金流量替代预期股利来计算t点时的权益价值：

$$V_t=\frac{E(FCFE_{t+1})}{(1+k)^1}+\frac{E(FCFE_{t+2})}{(1+k)^2}+\frac{E(FCFE_{t+3})}{(1+k)^3}+\cdots$$

式中，$FCFE_{t+n}$是$t+n$期股权**自由现金流量**（free cash flow to equity）；k为资本成本。股权自由现金流量被定义为经营现金流量减去资本支出再加上债务的增加（或扣除减少）。它们是可以自由地付给权益投资者的现金流量，因此，用它来计量向权益投资者的支付最恰当不过。

自由现金流量也可以定义为针对整个企业的现金流量，即企业自由现金流量。具体来讲，**企业自由现金流量**（free cash flow to firm）——也可以简称为**自由现金流**（free cash flow）——等于经营现金流量（调整了利息费用和收入之后的数值）减去经营性资产投资。在此条件下，整个企业的价值等于预期未来自由现金流量按加权平均资本成本折现的现值。（注：权益价值等于整个企业的价值减去债务价值。）

剩余收益模型（residual income model）使用会计变量来计算价值。它将t时的权益价值定义为目前账面价值与全部未来预期剩余收益现值的合计数，即

$$V_t=BV_t+\frac{E(RI_{t+1})}{(1+k)^1}+\frac{E(RI_{t+2})}{(1+k)^2}+\frac{E(RI_{t+3})}{(1+k)^3}+\cdots$$

式中，BV_t为 t 时的账面价值；RI_{t+n}为 $t+n$ 时的剩余收益；k 为资本成本。t 时的剩余收益被定义为综合净收益减去初始账面价值上的一项费用，即

$$RI_t = NI_t - (k \times BV_{t-1})$$

上述两模型克服了使用股利进行权益估值时的一些问题，但依然存在期限不明的弊端。为了获得某一确定期间（比如说 5 年或 10 年）的价值，我们必须把超出未来某一特定日期的未来股利的现值替换为一项**连续值**（continuing value）——也称为**终值**（terminal value）——的估计。与确定期间的支付来自详细的前景分析不同，连续值预测通常以对支付增长的简单假设为基础。由于连续值预测常发生种种错误，因此在权益估值中要求对其进行估计。

需要注意的是，上述三种模型——股利折现、股权自由现金流量和剩余收益——皆要求明确的期限。因此，估值模型的选择是在期限已经确定的情况下以实际考虑为基础。此外，一条重要的判断标准是挑选一种对连续值依赖最少的估值模型。尽管股权自由现金流量模型和股利折现模型在期限明确的确定条件下运行良好，剩余收益模型通常更甚于二者。案例 1—6 举例说明上述三种模型的实际应用。不过，要想全面理解这些估值模型，理解明确期限的含义，以及替代模型的实际考虑，依然超出本章范围。在第 11 章我们将再次回到这些问题上来。

案例 1—6

2010 年底，Pitbull 公司拥有 Labrador 公司 51%的股权。后者是一家完全采用股权筹资的公司。经与 Labrador 公司股东协商，Pitbull 公司同意在 2015 以每股 25 美元的价格收购 Labrador 公司剩余 49%的股份。Labrador 公司也同意直至 2015 年每年按每股 1 美元的标准支付股利。某分析师对 Labrador 公司的财务情况提供了如下分析数据：

单位：美元/每股

	2010	2011	2012	2013	2014	2015
股利	—	\$1.00	\$1.00	\$1.00	\$1.00	\$1.00
经营现金流量	—	1.25	1.50	1.50	2.00	2.25
资本支出	—	—	—	1.00	1.00	—
长期债务的增（减）	—	(0.25)	(0.50)	0.50	—	(1.25)
净收益	—	1.20	1.30	1.40	1.50	1.65
账面价值	\$5.00	—	—	—	—	—

我们希望用各种股权估价模型来计算该公司剩余 49%股份的内在价值（假设资本成本为 10%）。

解答：由于 Pitbull 公司将在 2015 年底以每股 25 美元的价格收购 Labrador 公司股票，最终值是确定的，这就无需我们再估算连续值（或终值）。我们用股利折现法测定 2010 年底 Labrador 公司剩余 49%股份的内在价值如下：

$$\text{内在价值} = \frac{\$1}{(1.1)^1} + \frac{\$1}{(1.1)^2} + \frac{\$1}{(1.1)^3} + \frac{\$1}{(1.1)^4} + \frac{\$1}{(1.1)^5} + \frac{\$25}{(1.1)^5} = 19.31$$

随后，再用股权自由现金流量模型算出 Labrador 公司有关数据如下：

单位：美元/每股

		2011	2012	2013	2014	2015
	经营现金流量*	$1.25	$1.50	$1.50	$2.00	$2.25
−	资本支出*	—	—	(1.00)	(1.00)	—
+/−	债务增（减）	(0.25)	(0.50)	0.50	—	(1.25)
=	股权自由现金流量	$1.00	$1.00	$1.00	$1.00	$1.00

*金额取自分析师的设计。

无须用来支付股利的超额现金流量用于抵减长期负债。因此，股权自有现金流量即为可用于支付要求的每股 1 美元股利的现金流量。运用股权自由现金流量模型算出该公司价值如下：

$$\text{FCFE 价值}=\frac{\$1}{(1.1)^1}+\frac{\$1}{(1.1)^2}+\frac{\$1}{(1.1)^3}+\frac{\$1}{(1.1)^4}+\frac{\$1}{(1.1)^5}+\frac{\$25}{(1.1)^5}=19.31$$

股权自由现金流量模型估价该公司产生的现金流量，与是否支付股利并无关系。

最后，我们运用剩余收益模型算出 Labrador 公司有关数据如下：

单位：美元/每股

		2011	2012	2013	2014	2015
	净收益*	$1.20	$1.30	$1.40	$1.50	$1.65
−	资本费用（期初账面价值的 10%*）	(0.50)	(0.52)	(0.55)	(0.59)	(0.64)
=	剩余收益	$0.70	$0.78	$0.85	$0.91	$1.01
+	出售权益给 Pitbull 公司的利得（终值）					$17.95#

*金额取自分析师的设计。
$25−$7.05。

再用剩余收益模型算出公司 2004 年末的内在价值如下：

$$\begin{aligned}\text{内在价值}&=\$5.00+\frac{\$0.70}{(1.1)^1}+\frac{\$0.78}{(1.1)^2}+\frac{\$0.85}{(1.1)^3}+\frac{\$0.91}{(1.1)^4}+\frac{\$1.01}{(1.1)^5}+\frac{\$17.95}{(1.1)^5}\\&=19.31\end{aligned}$$

三种模型算出的内在价值完全一致。

□ 有效市场分析

市场效率

有效市场假设（efficient market hypothesis，EMH）讨论市场价格对财务及其他信息的反应。有效市场假设包括三种形式：**弱式有效市场假设**（weak form EMH）认为价格充分反映了历史价格变动中所包含的信息；**半强式有效市场假设**（semistrong form EMH）认为价格充分反映了所有可公开得到的信息；**强式有效市场假设**（strong form EMH）认为价格充分反映了包括内部信息在内的所有信息。对有效市场假设人们做了大量研究。早期证据对弱式和半强式有效市场假设提供了强有力的支持，并使有效资本市场成为一项公认的假设。然而，近期的一些研究却对有效市场假设的普遍适用性提出了质疑。已经揭露的许多股票价格不规则变化的事例证明，投资者即使使用简单的交易策略也可能获得超常回报。不过，目前股票价格作为第一位的似然物，依然属于估计公司价值时最适宜的替代性指标。

市场效率的分析意义

有效市场假设假定存在这样一些分析者，他们使用本书中所描述的各种分析工具，有足够的胜任能力并掌握了充分的信息。它同时还假定这些分析者在信息进入市场时不断地进行估算并以之为基础采取相应的行动。有效市场假说的极端支持者声称，如果所有的信息都立即在价格上得到反映，则不可能通过分析财务报表获得超额回报。这种极端的说法实际上形成一种悖论。一方面，财务报表分析者被认为有能力保持市场有效，然而，同样是这些分析者，又被认为无法通过其努力获得超额回报。进而，如果分析者认为他们的努力是无效的，市场的有效性也就会终结。

有几项因素可以对此种悖论做出解释。首先，有效市场假说是建立在对投资者行为的总体观察之上，而并非基于投资者的个体行为。关注总体行为有利于把握正常状况，而较少受个体能力、决心、心智水平，以及在处理信息上所花时间等因素的影响。许多人认为，由于财务利益关系具有特殊的重要性，促进了相关信息以更快的速度传送。还有许多人认为，市场是很快速的信息处理器。的确，我们认为，市场的速度和效率代表了分析者的工作状况，其最大动力则是个人报酬。

有效市场假说有关财务报表分析无用的观点，未能认清信息与其适当解释之间的根本差异。也就是说，即使在某一时点可得到的全部信息都在价格中得到了反映，该价格也不一定能够反映价值。证券的价值可能被低估也可能被高估，这是因为总体市场可能对可得到的信息做出不适当的解释，或做出错误的评价。财务报表分析是复杂的也是必需的。财务报表的用户极为广泛，其中既包括只关注某一行业很少几家公司的经验老到的机构分析者，也包括追逐传闻、毫无经验的个人投资者。都是以信息为基础而行动，观点和能力却肯定不同。对进入市场的信息进行胜任的分析，必须具有稳固的有关分析的知识基础，并能够将各种信息揉为一体，用全新的信息对公司的财务状况和财务业绩做出评价与解释。然而，并非所有人都有这个能力和决心，可以经过更多努力，调动更多资源，把各种信息揉为一体。在市场上，时间的安排也具有重要意义。

分析研究　**股票市场是否真的有效?**

在过去 30 年间，有效市场假设（EMH）催生了许多投资策略。尽管华尔街并不像学术界那样全心全意地崇奉 EMH，但它依然赢得了许多信徒。虽然已经没有人再坚持认为市场属于强式有效市场，但有大量证据表明，股票市场（至少是美国股市）同时处于弱式有效和半强式有效状态。也即是说，股票价格是连续非相关的——意味着没有可预期的价格形态。股票市场似乎对诸如收益公告和股利变更之类的信息反应很快。市场似乎还有过滤信息的功能，想要通过粉饰会计数据来愚弄市场因此变得十分困难。市场似乎很清楚各种替代性会计选择如LIFO和FIFO的寓意。投资经理人令人沮丧的业绩可能是市场效率最强有力的证明。大多数投资基金未能跑赢诸如S&P 500之类的市场指数。即使那些表现强过指数的经理人，其长期业绩也不尽一致。华尔街开始赞同有效市场假设的另一证据，是购买—持有策略（因为你很难抓住时机）和指数策略（假定你不能确定可获胜的股票）的盛行。

尽管如此，依然有越来越多的证据表明市场并非如想象的那样有效。关于市场效率的此类证据，被有效市场假设的崇信者们视做反常现象（anomalies），在过去10年中开始出现。我们可以考察一下此类证据一些颇为奇特的方面。首先，股票市场表现出一定的弱式无效（weak form inefficiency）特征。例如，市场呈现出很规律的“年历”形态。其中最为人们所熟知的，是著名的一月效应（January effect），即在1月份公司股票价格（尤其是小公司的股票价格）会异常地增长。另外一个例证是，道琼斯工业指数的平均回报率在11月至次年4月的6个月中，要比另外6个月高出4倍以上。还有一例是股票回报率在一周之内也表现出一定规律性：周一最差，周三和周五最好。其次，有证据表明市场的半强式无效（semistrong form inefficiency）特征。P/E异常和市账效应——即市盈率和市账率较低的股票表现超过这两项比率较高的股票——表明以价值为基础的投资策略具有跑赢市场的潜力。此外，还有许多与会计相关的异常情况。最著名的是公司发布业绩公告之后的股价异动。那些有关于收益的特别消息（既可能是好消息也可能是坏消息）的公司，其股票价格在发布业绩公告后的几个月内会持续向上或向下。最近有证据表明经理人可能通过操纵收益来“愚弄”市场，即降低收益来买进股票，而在卖出股票时提高收益，以此来对抗市场。还有证据表明，剩余收益估值模型可以甄别出被高估或低估的股票（以及对市场总体上的高估或低估）。证据亦曾表明，使用分析师一致首肯的投资策略是可以战胜市场的。

以上有关市场无效的种种发现引出了一种替代性范式，即所谓行为金融学（behavioral finance）。该理论认为市场具有非理性和情绪化的倾向。证明市场无效的证据增多并不一定意味着市场处在非理性和无序的状态，但它确实表明，盲目地相信市场有效是不恰当的。

新信息以及对此类信息的适当解释，从掌握充分信息的老练的用户自然地流向掌握信息较少且不甚熟练的用户。这与新信息处理的渐进模式是完全一致的。要对一家公司进行深入的分析，必须拥有大量的信息资源，这意味着，市场的某些部分肯定会比其他部分更为有效。面向大型公司的证券市场更为有效（信息更为充分），因为与一些不甚起眼的小公司相比，跟随在大公司之后，希望通过对其信息的探究和分析获得潜在报酬的分析者肯定要多得多。市场有效假设的极端支持者在进行总体归纳时必须特别注意。在伯克希尔-哈撒韦公司（Berkshire Hathaway）年度报告中，其董事长、著名投资人沃伦·巴菲特（Warren Buffett）对有效市场假设依然受到一些学者和分析人士的追捧感到特别惊讶。巴菲特认为，这可能是因为据观察所见，市场常常是有效的，因此他们才会错误地认为市场总是有效的。巴菲特声称：“这些主张其实有着天壤之别。”

分析研究　**泰坦尼克事件的市场效率**

如果市场对 1912 年泰坦尼克号沉没的反应具有指导意义，则应该说，甚至在前“有效市场”时代，投资者也是相当敏锐的。泰坦尼克号属英国白星公司（White Star Line）所有，该公司是国际商业海运公司（IMM）旗下的一家子公司，后者在纽约证券交易所上市。该船造价 750 万美元，曾在劳合社（Lloyd's）投保 500 万美元，所以 IMM 的净损失是 250 万美元。经过两天的市场调整（包括有关该惨剧的消息见诸报端的当天及随后一天），IMM 的股票损失市值 260 万美元，与其 250 万美元的实际损失十分接近。

本书结构

本书包括 11 章，三大部分（见图表 1—15）。第 1 部分包括第 1、2 章，为财务报表分析引论。第 1 章考察商务分析并介绍了一些具体的财务分析技术；第 2 章集中考察财务会计的目标和特征，本章还对应计制会计的实际意义做了解释，说明了它相对于现金制会计所具有的优势，并对会计分析做了总的介绍。第 2 部分包括第 3 至第 6 章，重点考察会计分析，分别描述了会计分析在融资、投资及经营活动中的运用。第 3 部分包括第 7 至第 11 章，强调说明财务分析的有关内容。其中，第 7 章解释现金流量分析；第 8 章描述盈利能力分析；第 9 章讨论预测和前景分析，第 10 和第 11 章介绍财务分析在两个方面的应用，即信用分析和权益分析。

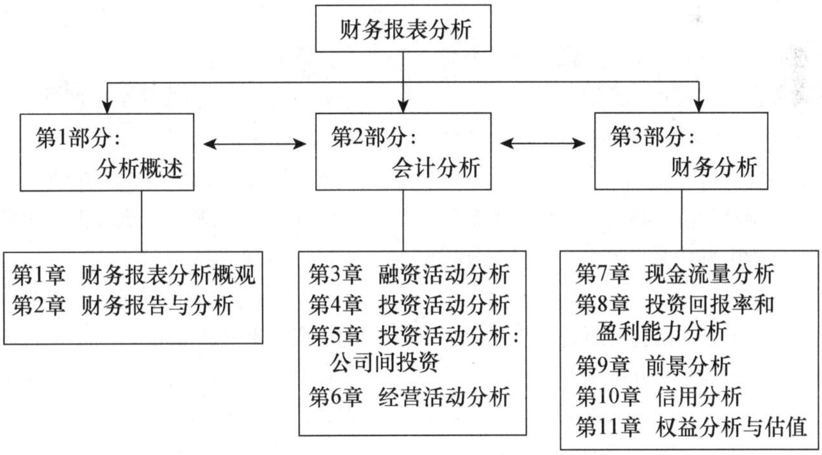

图表 1—15　本书结构

本书最后是一个综合案例，以金宝汤公司为例，说明各种财务分析工具和技术的综合应用。案例中使用并进一步解释了书中所介绍的各种分析技术。附录 A 择要复制了本书所提及的两家公司的年度报告资料：高露洁和金宝汤。书中全面描述了新材料与前几章中所涵盖议题的关系，以强调说明这些材料是如何与财务报表分析的整体结构相配称的。

分析视点参考答案

债权人 债权人（或银行家）关心的是高露洁公司偿还债务的能力。利息和贷款本金是必须要偿还的，而给所有者（股东）的股利是选择性的。高露洁公司每1美元的权益融资对应4.01美元的债务融资。进而，在债务融资中，一半以上是需要负担利息的借款。因此，乍看起来，人们会比较担心高露洁公司是否有充足的能力支付利息和本金。然而，高露洁公司超强的盈利能力告诉我们，这种担心是不必要的：高露洁公司的息税前利润为37.9亿美元，是其利息5 200万美元的73倍。此外，高露洁公司过去十年间的利润非常稳定，这也使得高露洁公司有更大的可能可以很好地支付其贷款本息。

投资者 作为潜在的投资者，你在解读高露洁公司的财务报表时，会很关注公司创造及维持利润的能力。对于这一观察而言，每一种报表都是极为重要的。最重要的是损益表，因为它能揭示出公司过去和目前创造及维持利润的能力。现金流量表的价值在于衡量管理层满足现金支付需求的能力，以及公司可用现金的情况。资产负债表表明公司未来创利的资产基础，并报告负债及其到期日。

思考题

1—1 何为商务分析？说明其具体目标。

1—2 为什么说“财务报表分析是商务分析不可分割的一部分”？

1—3 描述商务分析的类型，并说明与各类商务分析相关的财务报表使用者的类型。

1—4 信用分析与权益分析的主要区别是什么？对财务报表信息有何影响？

1—5 什么是基础分析？其主要目标是什么？

1—6 商务分析由哪些要素组成？以权益分析为例予以说明。

1—7 说明会计分析对财务分析的重要性。

1—8 描述财务报表分析并确定其目标。

1—9 请说出至少五个财务报表的内部和外部使用者。

1—10 确定并讨论企业组织中的四项主要活动。

1—11 解释财务报表如何反映一个公司的商务活动。

1—12 说出并讨论企业的四种主要财务报表。

1—13 说明为什么财务报表对财务分析的决策过程具有重要意义，同时指出它们针对具体的分析目的所具有的局限性。

1—14 指出至少七种对分析具有重要意义的财务报告以外的财务报告信息来源。

1—15 说明财务分析的运用领域（至少说明两个方面）。

1—16 说出并描述至少四种类型的财务分析工具。

1—17 比较分析是财务分析的一项重要工具。

a. 说明比较财务报表分析的作用。

b. 说明如何有效地进行财务报表比较。

c. 说明在进行比较分析时分析师需要在哪些问题上保持必要的谨慎。

1—18 过去的良好趋势是否意味着未来也将具有较好的趋势？给出你的答案并作必要的论证。

1—19 绝对数变化和百分比变化，哪一个对分析而言更好一些？

1—20 为了防止算出无效的百分比变化，必须具备哪些条件？试举例说明。

1—21 说明指数趋势分析中基期的选择标准。

1—22 说明从指数趋势分析中可以获得哪些有意义的信息。

1—23 共同比财务报表分析是一种重要的财务分析工具。

a. 说明什么是共同比财务报表，如何编制。

b. 说明从共同比财务报表中可以获得哪些有关公司的情况。

1—24　要获得有意义的财务比率必须具备哪些条件？试释之。

1—25　说明比率分析的局限性。

1—26　比率分析是一种重要的财务分析工具。请按如下要求说出至少四种财务比率：

a. 仅使用资产负债表数据。

b. 仅使用损益表数据。

c. 同时使用资产负债表和损益表数据。

1—27　说出四种专门的财务分析工具。

1—28　何谓“货币的时间价值”？说明这一概念在估值中的作用。

1—29　试解释如下观点：虽然在理论上我们可以用实际利率来计算债券的现值，但在实际中并非如此。

1—30　说明下述观点有何不足之处：股票的价值是其预期未来现金流量的折现值。

1—31　试说出某种仅用会计变量来计算权益价值的技术。

1—32　说明有效市场假设如何描述市场价值对财务及其他数据的反应。

1—33　有效市场假设对财务报表分析有何实际意义？

练习题

1—1　比较财务报表分析中的随意性问题

编制并分析比较资产负债表和比较损益表是财务报表分析中的常用工具。要求：

a. 说明如果只对一个年度的财务报表进行分析和解释有何不足之处，同时说明如何通过多年财务报表数据的比较分析弥补这一不足。

b. 逐年比较的比较资产负债表和比较损益表是一种十分有用的分析工具。然而，如果缺乏必要的仔细，这种分析也可能造成误导。试说明究竟是什么原因或条件导致这种可能性。财务报表之外的附加信息和补充数据如何助人消弭这种可能？

1—2　计算共同比百分比

将以下损益表信息转化为共同比报表形式，并判断该公司财务状况是否令人满意。

Harbison 公司比较损益表

2006、2005 年度

	2006	2005
销售收入	\$ 720 000	\$ 535 000
已售商品成本	475 200	280 340
毛利	244 800	254 660
营业费用	151 200	103 790
净收益	\$ 93 600	\$ 150 870

1—3　评估短期流动性

以下是 Mixon 公司年末资产负债表：

	2006	2005	2004
现金	\$ 30 800	\$ 35 625	\$ 36 800
应收账款净额	88 500	62 500	49 200
商品存货	111 500	82 500	53 000
预付费用	9 700	9 375	4 000
厂场资产净值	277 500	255 000	229 500
资产总计	\$ 518 000	\$ 445 000	\$ 372 500
应付账款	\$ 128 900	\$ 75 250	\$ 49 250
应付长期票据	97 500	102 500	82 500
普通股，面值 10 美元	162 500	162 500	162 500
留存收益	129 100	104 750	78 250
负债和权益总计	\$ 518 000	\$ 445 000	\$ 372 500

要求：

通过计算（a）流动比率和（b）速动比率比较分析该公司 2006、2005、2004 年末的短期流动性状况，并对比率计算结果做出评论。

1—4　编制共同比资产负债表

将练习 1—3 中 Mixon 公司的资产负债表改编为共同比形式（精确到百分之 0.1）。

1—5　评价短期流动性

Mixon 公司 2006、2005 年度的损益表如下：

	2006		2005	
销售收入		\$672 500		\$530 000
已售商品成本	\$410 225		\$344 500	
其他营业费用	208 550		133 980	
利息费用	11 100		12 300	
所得税	8 525		7 845	
成本费用合计		(638 400)		(498 625)
净收益		\$34 100		\$31 375
每股收益		\$2.10		\$1.93

要求：

参考练习 1—3 中的有关数据，在假定 2006、2005 年度所有销售都是信用销售的前提下，计算：(a) 每天的销售额；(b) 应收账款周转率；(c) 存货周转率；(d) 每天的销售成本，并对 2005—2006 年间相关比率的变化做出评价。

1—6　评价风险和资本结构

参考练习 1—3 和 1—5 中 Mixon 公司信息，通过计算 (a) 总负债比率和 (b) 已获利息倍数来比较公司在 2006、2005 年末的长期风险和资本结构状况，并对比率计算结果做出评价。

1—7　评价效率和盈利能力

利用练习 1—3 和 1—5 中 Mixon 公司的财务报表数据，通过计算 (a) 净利润边际、(b) 总资产周转率及 (c) 总资产报酬率来评价该公司的效率和盈利能力，并对比率计算结果进行评价。

1—8　评价盈利能力

利用练习 1—3 和 1—5 中 Mixon 公司的财务报表数据，结合如下额外信息：

普通股市价，2006 年 12 月 31 日	\$15.00
普通股市价，2005 年 12 月 31 日	14.00
2006 年度每股现金股利	0.60
2005 年度每股现金股利	0.30

计算：(a) 普通股权益报酬率；(b) 12 月 31 日的市盈率；(c) 股利产出率，对该公司的盈利能力做出评价。

1—9　根据共同比百分比和趋势百分比确定收益效果

JBC 公司销售收入、销售成本和费用的共同比百分比及趋势百分比资料如下：

	共同比百分比			趋势百分比		
	2006	2005	2004	2006	2005	2004
销售收入	100.0%	100.0%	100.0%	104.4%	103.2%	100.0%
销售成本	62.4	60.9	58.1	112.1	108.2	100.0
费用	14.3	13.8	14.1	105.9	101.0	100.0

试确定在这三年间该公司的净收益是上升、下降还是保持不变。

1—10　分析短期财务状况

Huff 公司和 Mesa 公司是在同一行业从事经营的同类型企业。已知两公司如下信息：

	Huff 公司			Mesa 公司		
	2006	2005	2004	2006	2005	2004
流动比率	1.6	1.7	2.0	3.1	2.6	1.8
速动比率	0.9	1.0	1.1	2.7	2.4	1.5
应收账款周转率	29.5	24.2	28.2	15.4	14.2	15.0
存货周转率	23.2	20.9	16.1	13.5	12.0	11.6
营运资本	\$60 000	\$48 000	\$42 000	\$121 000	\$93 000	\$68 000

要求：

利用上述信息撰写一份财务分析报告，比较 Huff 公司和 Mesa 公司的财务情况。报告中应该说明两家公司偿还流动负债的能力及流动资产利用率。

1—11　计算趋势百分比

以第 1 年为基期，计算以下项目的指数趋势百分比，说明各项趋势指标所显示的情况是否乐观。

	第 5 年	第 4 年	第 3 年	第 2 年	第 1 年
销售收入	$ 283 880	$ 271 800	$ 253 680	$ 235 560	$ 151 000
销售成本	129 200	123 080	116 280	107 440	68 000
应收账款	19 100	18 300	17 400	16 200	10 000

1—12　计算百分比变化

计算下列账户余额上升或下降的百分比：

	第 2 年	第 1 年
短期投资	$ 217 800	$ 165 000
应收账款	42 120	48 000
应付票据	57 000	0

1—13　债务估值（按年度计息）

计算下列债券的现值：

a. 面值为 $ 100 的 10 年期债券，票面利率为 10%（每年年末支付），实际（要求）利率为 14%，在第 5 年末计算其现值。

b. 面值为 $ 1 000 的 14 年期债券，票面利率为 8%（每年年末支付），实际（要求）利率为 6%，在第 10 年初计算其现值。

c. 若 b 中债券的利息每半年等额支付，答案又会如何？

1—14　债券估值（按半年度计息）

在第 1 年 1 月 1 日，你考虑购买 10 000 美元 Colin 公司利率为 8% 的债券。该债券为 10 年期，每半年付息一次，付息日期为 6 月 30 日和 12 月 31 日。根据对 Colin 公司的分析，你认为 6% 的（要求）利率较为适宜。

要求：

a. 利用现值模型计算你愿意为该债券支付的价格（精确到元）。

b. 假设你要求的报酬率为 10%，重新计算 a 中的价格。

c. 描述有关风险，并说明它将如何反映在你对报酬率的要求中。

1—15　剩余收益权益估值

第 1 年 1 月 1 日，你打算购入 Nico 公司部分普通股股票。通过对 Nico 公司的分析，你获知如下信息：

a. 第 1 年 1 月 1 日，该公司股票的账面价值为每股 50 美元。

b. 从第 1 年到第 5 年的每股净收益预测数分别为 8 美元、11 美元、20 美元、40 美元和 30 美元。

c. 自第 6 年起，各年度预测剩余收益为 0。

d. Nico 公司估计不会发放股利。

e. 要求的报酬率（资本成本）为 20%。

要求：

使用剩余收益估值模型计算第 1 年 1 月 1 日 Nico 公司普通股的每股购买价格，并对该模型在投资决策中的优势和局限做出评论。

第2章 财务报告与分析

回顾

第1章中，我们通过财务报表分析概观，开始了有关财务报表分析的研究。我们看到了财务报表是如何反映商务活动的，包括融资、投资及经营活动。我们也对高露洁公司做了初步的分析。

本章要点

本章关注财务报告及其分析。我们将描述财务报告的环境，包括会计的原则，针对现金流量指标讨论应计制的优点与缺点。还将解释进行会计分析的必要性，引入具体的分析技术。

前瞻

第3～6章讨论会计分析。第3章致力于融资活动。第4和第5章将其扩展至投资活动。每一章都会涉及会计数据的调整，这对财务报表分析是非常重要的。

学习目标

- 解释财务报告及其分析环境
- 了解公认会计原则（GAAP）的构成
- 描述财务会计的目标；确定会计信息的质量特征以及构成会计规则的原则及惯例
- 说明会计信息与商务分析及估值的相关性，了解其局限性
- 解释应计制会计的重要性、优势与局限
- 了解收益的经济学概念，并将其与现金流量及报告收益相区别；学会对报告收益进行调整以满足分析的需要
- 解释公允价值会计，说明它与历史成本会计的不同；说明公允价值会计的优点与缺点，说明其分析意义
- 说明会计分析的必要性与技术
- 描述盈余质量的分析、计量及其决定因素（附录2A）

章前引例

现金为王……需要穿上衣裳

有一则童话故事，讲的是一位皇帝被骗，以为自己穿着由特殊材料制成的衣服，实际上什么都没穿。所有臣民都不敢告诉他事实，反而大赞他的衣服华丽漂亮。所有人中，只有一个孩子无所畏惧地讲出了事实。皇帝马上意识到孩子讲的是真话并慷慨地奖赏了他。

现金就如同这则童话里的皇帝，需要穿上衣裳（应计项目）。专家们知道仅有现金是不够的，但很多人在行动中常常很不经意，好像有了现金就已经万事大吉。正如皇帝需要长袍、皇冠和权杖来装扮以表现其身份，一个公司的财务状况和业绩，也需要现金以外的东西来表现其真实，其中最重要的就是应计项目。

不过，我们也常常看到对应计项目很无知的使用。会计分析就是为了克服这一弊端。正如童话中那位皇帝，如果应计项目作为衣服不能反映真实，会计分析就可以对衣服进行调整，以更好地反映真实。

……现金和应计项目扮演支持者的角色……

最终的结论是：现金和应计项目都不是皇帝。它们都只是扮演支持者的角色。最关键的角色则是从会计和财务分析中获得的经过调整或重构的信息。正如在童话中一样，只有认识真实才可以获得最大的回报。

本章使用两个零售商——凯马特（Kmart）和沃尔玛（Wal-Mart）——的数据来探索现金和应计项目在解释股票价格上的相对重要性。研究表明，应计项目在解释股价上具有重要影响力。

我们还将现金和收益的相对解释力与一个公司的生命周期联系起来。这一联系突出了它们在不同时期所扮演的不同角色。这一知识对分析商务决策信息提供了重要帮助。

我们必须从童话中皇帝的身上汲取教训，千万不能上当受骗，误以为现金或收益就是对财务业绩的全面而真实的计量，否则就会陷入极为尴尬的境地。

本章概览

在第1章中我们介绍了财务报表，讨论了它们对商务分析的意义。财务报表是财务报告过程的产物，这一过程受会计准则、管理激励以及各种强制和监管机制所约束。理解财务报表环境和会计信息的目标与内含概念对我们具有重要意义。这一知识有助于我们更好地把握公司财务状况和业绩的真实。本章中，我们将讨论财务报告的内含概念，尤其强调会计规则。我们将以描述财务报告环境为起始点，随后讨论财务报告的目标，以及这些目标如何决定会计信息质量和构成会计规则的各种原则与惯例。我们将考察会计信息与商务分析及估值的相关性，说明会计信息的局限性。本章将对应计制会计做详细的解释和说明，它是现代会计的基石。我们将在比较现金流量会计的基础上对应计制会计进行评价，同时说明它对财务报表分析的实际意义。（随后的内容中，我们将以比较的方式说明经济学收益与会计学收益概念的不同及其分析意义，介绍公允价值会计及其最新发展。本章最后对会计分析做概括性介绍，说明盈余管理对会计分析的影响。本章两个附录，分别说明审计和审计报告与财务报表分析的相关性，以及盈余质量与其决定因素。）

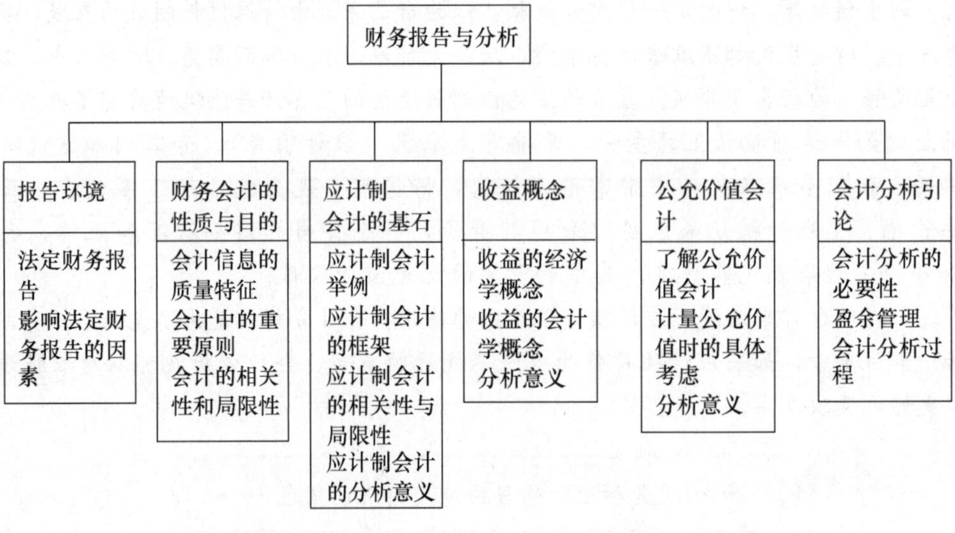

报告环境

法定财务报告（statutory financial reports）主要是指财务报表，是财务报告环境的主要产物。对财务报表信息需要针对以下两方面作出判断：（1）财务报表使用者的信息需求；（2）替代性信息来源，比如经济及行业数据、分析师报告、经理人的自愿披露。要对财务报告中包含的财务会计信息做出恰当评价，就必须很好地理解影响财务报告性质及内容的各种因素，包括：会计规则（GAAP）、管理者的动机、强制和监控机制、监管方、行业惯例以及其他信息来源。本节将考察财务报告环境的以上构成要素及其他相关因素。

□ 法定财务报告

法定财务报告是财务报告程序中最重要的部分。虽然对财务报告我们都已经比较熟悉（尤其是其中的年度报告），但是作为分析师，还须了解其他一些重要的法定财务报告。这里将考察其中三类报告：财务报表、收益公告以及其他法定报告。

财务报表

我们曾在第 1 章对公司年报的构成做了说明。严格来讲，年报并非一份法定文件。① 它通常用于向公司股东及其他有关方面提供有关公司产品、服务和成就的信息。与年报相当的法定报告是 **10-K 表**（Form 10-K），是上市公司必须向证券交易委员会（SEC）提供的法定报告文件。公司年报中包含 10-K 表的大部分信息。但是，由于 10-K 表常常包含一些超出年报范围的相关信息，因此，定期编报该表仍不失为一种良好的做法。从证券交易委员会网站（www. sec. gov）的 EDGAR 数据库中，我们可以便利地下载当期及以前各期的 10-K 表及其他法定文件。

上市公司还必须每季度向证券交易委员会编报 10-Q 表，提供一些选定财务信息。要及时了解有关信息，10-Q 表是最好的参考。遗憾的是，大部分公司发布的季度信息过于简略，从而对其价值形成很大限制。在分析季度信息时，我们需要注意两个关键性因素：

1. 季节性因素 在考察发展趋势时，必须考虑季节性因素的影响。举例来说，零售业公司的收入和利润大部分发生在第四季度。这就意味着分析师在进行分析时需要与以前年度同一季度的数据加以比较。

2. 年末调整 公司通常要在最后一个季度进行账务调整（如转销存货等）。此类调整大部分与整个年度相关。这就使得季度信息用于分析时的可靠性受到一定影响。

收益公告

年度和季度财务报表只有在编报完成并经过审计之后，才会提供给社会公众。其间通常会有一至六周的时滞。因此，大部分公司会以**收益公告**（earnings announcement）的形式提前发布一些关键性的摘要信息。股票交易所的交易员可以通过录音带收听收益公告，收益公告通常还会发布在财经报刊上——比如《华尔街日报》（*The Wall Street Journal*）。收益公告提供有关公司状况和业绩的关键性摘要信息，既可以是季度信息，也可以是年度信息。

---

① 作者之所以如此强调，是因为在其观念中，只有上市公司必须向证券交易委员会（SEC）提供的 10-K 表（Form 10-K）等才是真正意义上的“法定报告文件”。——译者注

尽管财务报表所提供的详细信息对财务分析是非常有用的，但研究表明，由季度财务信息所引起的股价变动许多出现在收益公告发布日而非完整财务报表的发布日。这就意味着，投资者不可能通过提前公布的摘要信息获利。通过分析详细的财务报表信息，可以深入了解公司业绩和未来前景，这是通过收益公告上的摘要信息难以企及的。

近来公司开始在其收益公告中重视投资者对**预计收益**（pro forma earnings）的关注。以持续经营（不包括终止经营、非常项目以及会计原则变更）中获得的 GAAP 收益为开端，保留在持续经营收益中的额外的暂时性项目（最突出的是重组费用）在计算预计收益时被常规性地排除在外。此外，并购费用、以股票期权形式存在的股票补偿费用、权益法下的投资收益（损失）、研发支出，以及其他一些费用也被排除在外。公司认为，进行这种重述是为了向分析师群体提供最接近“核心”（core）收益的收益数据，清除各种临时性及非经营性费用。然而事实上，正是这些信息与股票价格的决定有着最密切的关系。

GAAP 收益与预计收益之间存在巨大差异并不稀奇。例如，在 2001 年前三季度，纳斯达克（NASDAQ）百强的 100 家公司向证券交易委员会报告了 823 亿美元的合并损失，同一时间，这些公司在提供给股东的“预计”收益报告中报告了 191 亿美元的合并利润，其间差异高达 1 014 亿美元，等于每个公司平均 10 亿美元。（资料来源：John J. May，SmartstockInvestor. com，January 21，2002。）

我们通常都知道，管理层提供额外的信息披露可以帮助投资者了解股东价值的核心驱动力。由此可以获知公司对自身的分析，对确定未来发展趋势及预测未来经营成果具有重要意义。预计收益通常的作用是消除暂时性项目，增强各年数据的可比性。尽管由此而产生的收益数据具有更强的预测能力，因而被认为具有正当的理由，但一些重要的信息会在此过程中丢失。会计信息可以很好地反映管理层是否有效地履行了其对投入资本的受托责任。在此过程中被消除的资产转销、应计负债以及其他费用可以反映出糟糕的投资决策或因为对投入资本管理不当所产生的结果。投资者不应该只关注预计收益从而盲目消除不重复发生的项目或“非核心”项目。一个经过系统定义的营业收益和标准的损益表格式可以提供有效的说明，但它不能完全代替适当的努力，以及对构成全面财务报表分析的报表附注的详细考察。

其他法定报告

除财务报表外，公司还须向证券交易委员会提交其他报告。其中较重要者为：**代表权声明书**（proxy statement）——必须与年度股东大会通知一同提交；8-K 表——用以报告各种异常情况，比如更换审计师等；**招股说明书**（prospectus）——须在申请发行股票时提交。图表 2—1 列示了一些重要的法定报告及其内容。

图表 2—1　　向证券交易委员会提交的主要文件

名称	说明	与分析相关的主要内容
10-K 表	年报	经过审计的财务报表及管理层讨论与分析
10-Q 表	季报	季度财务报表及管理层讨论与分析

续前表

标题	说明	与分析相关的主要内容
20-F表	境外发行者的注册表或年度报告	将按其他国家会计准则编制的报告调整为按美国GAAP编制的报告
8-K表	近期报告	在以下事件发生后15日之内提交的相关报告： (1) 管理层控制的变动 (2) 重要资产的购买或处置 (3) 破产或破产管理 (4) 更换审计师 (5) 董事辞职
14-A文告	代表权声明书	有关董事会、管理控制权、管理层薪酬以及员工股票期权的详细内容
	招股说明书	经过审计的财务报表，有关项目计划或股票发行的信息

□ 影响法定财务报告的因素

财务报表（以及其他许多法定报告）的主要成分是财务会计信息。大部分财务会计信息是由GAAP决定的，其他决定因素包括报告编制者（管理者）和监管机构，他们对报告信息的质量和完整性提供保障。

公认会计原则（GAAP）

财务报表是依照**公认会计原则**（Generally Accepted Accounting Principles，GAAP）编制的。公认会计原则是规范财务会计的各种规则及准则的总称。这些规则决定了会计计量和确认政策，如资产计量、负债的发生、收入和利得的确认、费用和损失的发生等。它们还规定了什么样的信息须以附注方式提供。了解这些会计原则是有效地进行财务报表分析的重要基础。

在本书中我们将提到两种GAAP[①]：(1) 美国GAAP，指目前在美国实际使用的规则和惯例；(2) 国际财务报告准则（IFRS），是指由**国际会计准则理事会**（International Accounting Standards Board）制定，被美国以外的大多数国家所采用的规则和原则。这两种GAAP相互间有许多共同之处，但也存在一些重要的差别。进一步来讲，美国GAAP极为详尽，包含大量具体规则和规范；IFRS则更偏重于原则导向，细节性的指导较少。

美国GAAP 在美国，会计准则制定主要是与会计职业界有着密切关系的民间组

① 原书作者在此处将GAAP（Generally Accepted Accounting Principles的缩写，即"公认会计原则"）当做一般意义上的"会计准则"（Accounting Standards）来理解，并明确谈到本书提到的GAAP有两类，一为美国GAAP，一为IFRS，即国际财务报告准则。需要注意的是，一般意义上，GAAP特指美国的公认会计原则，包括FASB制定和发布的会计准则、会计准则指南，以及在FASB之前由会计程序委员会（Committee on Accounting Procedure，CAP）、会计原则委员会（Accounting Principles Board，APB）发布的会计研究公报和意见书。此处按本书作者的表述直接翻译，但希望读者在阅读时注意区分。——译者注

织的责任。目前负责制定会计准则的是**财务会计准则委员会**（Financial Accounting Standards Board，FASB）。FASB发布的规则和指南称为**财务会计准则公告**（Statements of Financial Accounting Standards，SFAS）。这些准则与FASB之前的准则制定机构所发布的准则一同构成美国GAAP的基础。除了这些准则之外，美国GAAP还涉及其他一些公告、意见书、解释以及实务指南。**美国注册会计师协会**（American Institute of Certified Public Accountants，AICPA）、**证券交易委员会**（Securities and Exchange Commission，SEC）等其他组织也对制定美国GAAP发挥重要作用。FASB近来在按主题对会计准则进行编集，这样可以在必要时一次性获得有关特定主题的全部最新准则。在本书中我们会不时地涉及此类准则集，但很少会涉及具体某项准则。

财务会计准则委员会有七名专职成员，代表投资者、管理者、会计师、分析师等不同的**利益集团**（interest groups）。在发布一项准则之前，FASB会先发布一个讨论稿来征求公众意见。书面意见可以直接提交给会计准则委员会，口头意见则可以在发布提议中准则的征求**意见稿**（Exposure Draft）之前举行的听证会上进行陈述。在经过进一步公开征求意见之后，FASB通常会发布最终的SFAS，有时还会发布相关的公告解释。FASB的准则制定是一个政治的过程，财务报表使用者的参与正在日益增多。从分析的观点来看，作为一个政治过程，其所产生的准则常常成为一种折中的产物，难以达到提供最相关信息的目的。

FASB制定会计准则，却没有强制执行这些准则所需的法定权威。美国GAAP的法定强制权属于证券交易委员会。证券交易委员会是一个独立的政府机构，负责《1933年证券法》和《1934年证券交易法》的执行。这些法规用于规范与公开证券发行相关的信息披露。SEC在监管有证券公开交易的公司的信息披露，以及监督并促使公司遵守公认惯例方面具有至关重要的作用。证券交易委员会可以否决、修改或采用会计报告和披露需求，是财务报告的最高权力机关。不过，它尊重会计职业界，理解制定和发展公认会计准则的困难。因此，它很少使用其制定规章制度的权威。不过，在修订FASB发布的准则方面，SEC的积极性正在日益提高。

国际财务报告准则 **国际财务报告准则**（International Financial Reporting Standards，IFRS）是美国以外的大多数国家采用的GAAP。这些准则是由国际会计准则理事会制定的。国际会计准则理事会总部设在英国伦敦，作为一个民间机构，代表着来自不同国家的会计师及其他利益集团的利益。尽管美国目前并不采用国际财务报告准则，但我们必须清醒地认识到，在美国以外的世界，IFRS的影响正在日益扩大。由于资本市场国际化程度日益加深，美国的财务分析师也必须具备有关IFRS的知识。

与美国GAAP不同，IFRS更倾向于以原则为**基础**（principle based）。这意味着IFRS更加理念化，而不是有关如何执行会计规则的“烹饪指南”。除了少数例外，IFRS规则与美国GAAP没有太大区别。此外，FASB目前正在与ISBA一起执行一个联合项目，目的在于实质性地消除两类准则之间的差异。即便如此，对于财务分析师而言，了解两类GAAP之间的关键性差异依然是十分重要的。

就像美国GAAP一样，IFRS也是通过一系列公告来作出规定。这些公告包括两种类型：一类是IASB早期发布的准则，标题前冠以IASB；另一类是后来发布的准则，是构成国际财务报告准则的主要部分，标题前冠以IFRS。我们偶尔会涉及这些公告。

管理者

财务报告必须做到公允而准确，管理者对此承担主要责任。会计系统和财务记录是构成财务报表的基础，管理者对其完整性具有最终控制权。鉴于这一事实，2002年颁布的**《萨班斯-奥克斯利法案》**（Sarbanes-Oxley Act）要求首席执行官（CEO）个人确证财务报表的准确性和真实性。

我们知道，在确定财务报表数据时需要运用各种判断。会计准则可以降低此类判断的主观随意性，但并不能完全消除。管理判断之所以增加，一方面因为会计准则允许管理者在各种替代性会计方法中进行选择，另一方面则因为获得会计数据时客观上会涉及某些估计。

财务会计中的判断包括**管理判断**（managerial discretion）。在理想的状态下，这种判断因其允许管理者利用个人经验做出良好的判断，并通过会计选择和估计进行私人信息沟通，从而可以使会计数据的经济内容得到极大改进。举例来说，管理者可以以内部信息（诸如某一重要客户财务状况的改善）为基础降低坏账准备。不过，在实践中，太多管理者会滥用这类判断进行盈余管理，粉饰财务报表。这种**盈余管理**（earnings management）可能改变财务报表的经济内涵，降低公众对报告过程的信任。识别盈余管理，对报告的数据进行适当调整，是财务报表分析中十分重要的工作。

管理者还可以通过对准则制定过程发挥集体影响力间接影响财务报告。管理者是会计准则制定中一股强大的力量。管理者还可以为准则制定中的使用者需求提供一种制衡力量。使用者关注的是一项新准则或披露所带来的利益，管理者关注的则是其成本。一般情况下，管理者会反对如下准则：（1）减少报告收益；（2）加大收益的易变性；或（3）披露有关分部、产品或计划的竞争性信息。

监管和执行机制

监管和执行机制（monitoring and enforcement mechanisms）保证财务报告的可靠性和完整性。其中包括一些依法设立的机构（如SEC）。还有一些机构则是逐渐演化而来的（如审计机构）。这些机制对保证财务报告的可信性和生存具有至关重要的意义。

审计师 外部审计是保证财务报表质量和可靠性的一个重要机制。所有上市公司的财务报表都必须由注册会计师（CPA）进行审计。审计的产物是审计报告，它是财务报告的一个必要部分。审计报告的核心是**审计意见**（audit opinion）。审计师可以：（1）发表无保留意见；（2）发表一种或多种保留意见；（3）拒绝发表意见。

分析视点

……你是审计师

你所在的审计事务所接受了一项新的审计委托。在对这家新客户进行审计的过程中，你可以如何利用财务报表分析？

公司治理 公司内部的治理机制是财务报告的另一种重要监管机制。财务报表需要经公司董事会批准。很多公司会在其董事会下设立一个**审计委员会**（audit committee），对财务报告的编报过程实施监督。审计委员会由董事会任命，其成员同时由内部管理人员和外部人员组成。审计委员会通常会被赋予广泛的权力和责任，涉及公司报告过程的许多方面，包括会计方法的监督、内部控制程序、内部审计。很多人认为，一个独立而强大的审计委员会是公司治理结构的重要特征，对提高财务报告质量具有实质性作用。大多数公司实行**内部审计**（internal audit），它是防止财务记录欺诈和误报的又一重要机制。

证券交易委员会 证券交易委员会在会计准则的监管和强制执行方面发挥着积极作用。所有上市公司必须向SEC提交经过审计的财务报表（10-K表和10-Q表）。SEC成员对这些报告进行检查，确保其符合法定要求，包括符合会计准则的规定。多年来，SEC针对许多公司的会计违规行为采取了强制行动。这类违规行为既有对准则的曲解，也有直接的欺诈和伪造账目行为。强制行为针对公司及其管理者，或要求重新编制财务报表，或罚款，甚或监禁。近来，SEC正在积极努力抑制盈余管理。

诉讼 对管理者（以及审计师）的又一重要约束是来自诉讼的威胁。在过去十年中，公司、管理者和审计师因为会计违规而遭受的损失估计达数十亿美元。因为惧怕诉讼，管理者不论在法定披露还是自愿披露中，都会采取更负责任的做法。

分析视点

……你是董事

你受命担任一家大公司的董事。你的律师曾警告你注意诉讼风险，并要求你持续性地对公司管理层和公司的财务健康实施监控。在你履行董事职责方面，财务报表分析可以提供什么样的帮助？

替代性信息来源

财务报表一直被视为使用者信息的主要来源。不过，财务报表与其他替代性信息来源的竞争也在日益加剧。替代性信息的一项重要来源是分析师的预测和推荐。另一来源则是经济、行业和特定公司的新闻。随着互联网的不断发展，投资者可以得到的信息将不断增加。本小节讨论几种主要的替代性信息来源：（1）经济、行业及公司新闻；（2）自愿披露；（3）信息中介（分析师）。

经济、行业及公司信息 投资者用经济和行业信息来更新对公司的预期。影响股市的宏观经济信息包括有关经济增长、就业、对外贸易、利率、货币兑换的各种数据。经济信息的影响因行业和公司而异，取决于行业和公司利润与风险对该消息的敏感程度。投资者还会对行业新闻做出反应，比如商品价格的变动、行业销售数据、竞争状况的改变、政府规制。此外，有关公司的特定消息也会影响使用者的行为，比如并购、资产剥离、管理层变更、更换审计师等。

自愿披露 管理者的自愿披露日益成为一种重要的信息源。避风港规则（Safe Harbor Rules）是公司自愿披露的重要催化剂。这些规则对管理者自愿披露中可能产生的无意识错误提供法律保护。

自愿披露的动机是多方面的。减轻**法律责任**（legal liability）可能是其中最重要的动机。主动披露重要消息——尤其是负面消息——的管理者被投资者起诉的可能性相对较低。另一个动机是**预期调整**（expectations adjustment）。当管理者认为市场的预期与他们自己的预期存在较大差异时，他们就会主动披露信息。还有一个动机是**信号效应**（signaling）。当管理者说要披露有关公司的好消息时，公司股票价格就会上涨。近来一个促使自愿披露增加的动机是**管理预期**（manage expectations）。据说，管理者会对市场有关公司业绩的预期进行管理，这样他们就可以时不时地“敲打敲打”市场预期。

信息中介 信息中介（或分析师）在财务报告中发挥着重要而独特的作用。他们一方面代表部分老练而活跃的使用者，另一方面又构成一种最重要的替代性信息来源。正因为如此，准则制定者通常需要考虑分析师的需求，正视他们作为竞争性信息来源所构成的威胁。

信息中介代表一个行业，该行业收集、处理、解释并传播有关公司财务情况的信息。该行业的从业者包括证券分析师、投资时事分析人员、投资顾问、信用评级机构。证券分析师是信息中介中人数最多的部分，既包括买方分析师也包括卖方分析师。买方分析师通常受雇于投资公司或养老金，如TLAA-CREF、*Vanguard*、*Fidelity*，为其提供内部服务。卖方分析师或以收费方式向公众提供分析和建议（如，*Value Line* 和 *Standard & Poors*），或向其客户提供私人服务（如 *Salomon Smith Barney* 和 *Charles Schwab* 的分析师）。简单来讲，卖方分析师的报告为外界所用，而买方分析师的报告只是内部使用。信息中介的另一重要部分是投资快报，比如《道氏理论预测》（*Dow Theory Forecasts*）、《精明投资》（*Smart Money*）。穆迪（Moody's）之类的信用评级机构也属于信息中介，其服务对象主要是信贷机构。

信息中介并不直接参与投资和信贷决策，其目标是为此类决策提供信息服务。其输出（或产品）为各种预测、建议及研究报告，输入则是财务报表、自愿披露，以及经济、行业和公司新闻。信息中介创造价值的方式是对有关公司的各种原始信息进行处理和综合，并以某种有利于商务决策的形式进行输出。一般认为，信息中介执行以下一种或多种职能：

1. **收集信息**。包括研究和收集各种不易得到的有关公司情况的信息。

2. **解释信息**。信息中介的一项重要任务就是用富有经济意义的方式来解释信息。

3. **前景分析**。这是信息中介最终且最为显见的工作，包括商务分析和财务报表分析。其产出包括收益预测和现金流量预测。

4. **意见建议**。分析师通常会给出明确的建议，比如买入、持有或卖出股票和债券的建议。

投资中介通过及时的信息供应提供重要服务，这些信息通常具有预期性，对改进投资决策有很大帮助。信息中介的发展降低了财务报表对资本市场的重要性。信息中介对财务报表有很大的依赖，同时又将财务报表视为一项重要的竞争性信息来源。

财务会计的性质和目的

在本节中，我们将讨论财务会计信息的质量、原则及惯例。以此为基础，我们可以对会计的优势和缺陷做出评价，并对它与有效分析和决策的相关性做出准确判断。

会计信息的质量特征

相关性（relevance） 指信息影响决策的能力，是会计信息两项主要特征中处于第一位的特征。相关性引出了会计信息的及时性特征。中期（季度）财务报告很大程度上就是为及时性要求所推动。

可靠性（reliability） 是处于第二位的会计信息质量特征。可靠的信息必须具有可验证性、真实性和中立性。**可验证性**（verifiability）意味着信息是可以核实的；**真实性**（representational faithfulness）意味着信息能够反映真实；**中立性**（neutrality）意味着公正无偏。

会计信息经常需在相关性和可靠性之间进行权衡。比如，报告预测信息可以增强相关性，但会降低可靠性。同样地，分析师的预测具有很高的相关性，但与以历史数据为基础的实际数相比，其可靠性低了许多。准则制定者常陷于此种权衡而难以自拔。

可比性和一致性属于次一级的会计信息质量特征。**可比性**（comparability）意味着各个公司采用同类方式进行信息计量。**一致性**（consistency）意味着在不同时间对同一业务按同样方法进行处理。信息的相关性和可靠性要求信息具有可比性和一致性。

会计中的重要原则

会计信息的质量要求是会计原则的理念基础。要想在财务分析中有技巧地使用会计数据，就必须了解会计计算中潜在的会计理念框架，包括进行资产、负债、权益、收入、费用、利得及损失计量时所采用的原则。

应计制会计

现代会计用应计制取代了原始的现金制。应计制会计在赚得时确认收入，发生时确认费用，而不管是否收到或付出现金。应计制被认为是现代会计最重要的特征，同时也是最有争议的特征。本章稍后将对应计制会计做专门研究。

历史成本与公允价值

传统会计用**历史成本**（historical cost）计量和记录资产与负债的价值。历史成本是在过去已经发生的实际交易中形成的价值，因此，历史成本会计也称为**交易基础会计**（transactions-based accounting）。历史成本会计的优势在于通过面对面的讨价还价所确定的资产价值通常是公允而客观的。然而，当资产（或负债）的价值在后来发生变动时，继续按历史成本（即最初购入资产时的成本）记录资产价值将会损害财务报表——尤其是资产负债表——的有用性。

正是因为认识到了历史成本会计的这种局限性，准则制定机构开始日益转向另外一种替代性的资产（或负债）计价概念，即所谓**公允价值**（fair value）。大体来讲，公允价值是对一项资产或负债**目前**（current）经济价值的估计。如果该资产有公开市场存在，则为该资产的目前市场价。公允价值会计目前已经被用于记录许多金融资产的价值，比如可销售证券。不过，FASB 已经认识到了公允价值概念的理论优势，而且已经基本上决定转向一种可以实质性地将所有资产和负债皆按公允价值记录的模型。对分析而言，了解公允价值会计的确切性质、其目前状况、起源，以及在信用和权益分析中的优势与局限，具有至关重要的意义。正因为如此，在本章稍后的内容中，我们将以一整节的篇幅来讨论公允价值会计问题。

重要性

按照 FASB 的定义，**重要性**（materiality）是指“会计信息遗漏和误报的程度，作为环境情势，使得一个理性人依据信息所做出的判断，可能因为遗漏和误报而改变或受到影响”。与重要性相关的一个重要问题是：财务报表编制者和审计师可能利用它来避免不必要的披露。不论是报表编制者还是信息使用者，都没有一个据以判断是否重要的确定标准。这一事实使得重要性问题变得更为复杂。

稳健主义

稳健主义（conservatism）是指当计量中面对不确定性时，以最不乐观的态度来进行报告。这一观念最普遍的体现，是各项利得必须在其实际实现之后才能予以确认（比如土地的价值增值），而损失却须立即予以确认。稳健主义至少在两个方面降低会计信息的相关性和可靠性：首先，它低估了净资产和净收益；其次，稳健主义导致在财务报表中对好消息选择性的延迟确认，对坏消息却是立即确认。稳健主义对分析具有重要意义。如果分析的目的是权益估值，则需要对财务报告中稳健偏好的程度做出估计，并通过适当调整，获得对净资产和净收益的更为适宜的计量。在进行信用分析时，稳健主义提供额外的安全边际。稳健主义同时还是一项盈余质量决定因素。尽管稳健的财务报表可能使盈余质量降低，许多使用者（如沃伦·巴菲特）却把稳健会计看做高质量收益的标志。这种看似矛盾的现象，实际上是因为稳健会计反映了管理层的责任心、可靠性和可信性。

在学术研究中，人们将稳健主义分为两种类型。**无条件稳健**（unconditional conservatism）是稳健性会计的一种形式，这种形式的应用打破了一致性界限，导致资产价值的永久性低估。R&D 会计即是无条件稳健的典型事例：R&D 支出不管其经济潜力如何，皆在发生时一次全部冲销。因此，R&D 密集型公司的净资产总是被低估。**条件稳健**（conditional conservatism）采用这样一项原则："立即确认所有损失，利得却必须在实现后才予以确认。"条件稳健的典型例证包括资产减值（比如固定资产减值或商誉减值）的处理。此类减值需在其价值遭受了经济上的损害——也即其未来现金流量潜力下降——时予以记录。反之，如果这些资产的未来现金流量潜力上升，会计师却不能立即确认其增值——财务报表只能在此类现金流量实现时逐渐反映其现金流量潜力的增加。在稳健性会计的两种形式中，无条件稳健对分析师来讲显然更有价值（尤其对信用分析师而言），因为它可以反映出有关公司潜在经济情况反向变化的信息。

□ 会计的相关性和局限性

财务会计信息的相关性

有关商务活动的会计处理是不完善的，存在一定局限性。要找出其不完善性和局限性并非难事，难的是我们无法找到一个可与之相配称的替代物。财务会计是迄今唯一一个相关而可靠的商务活动记录、分类及汇总系统。作为一个经受了时间考验的系统，它经历了不断的改进过程。任何想要进行有效财务分析的人，都必须很好地理解会计，理解其术语、惯例，理解其不完善性和局限性。

财务会计信息与分析的相关性究竟如何？回答这个问题，方法之一是考察财务会计数据是否能够很好地反映或解释股票价格。图表 2—2 以近 40 年的数据为基础，描述了盈余和账面价值对股价的解释力。图中资料显示，盈余和账面价值结合起来，可以解释 50%～75%的股价变动（20 世纪 90 年代后期是个例外。这一时期，由于网络泡沫的影响，解释力很低）。之所以出现以上情况，是因为我们在分析中针对会计数字的特点做了几种特殊的安排。首先，我们未曾考虑其他许多影响股价的因素，比如利率等；其次，我们只是从财务报表所提供的大量信息中选择了两项被认为最重要的汇总数据作为考察对象；最后，我们假定所有的公司会计数据和股票价格之间都存在同样关系。也就是说，我们并未考虑公司之间的差异，比如行业影响、预期增长率。

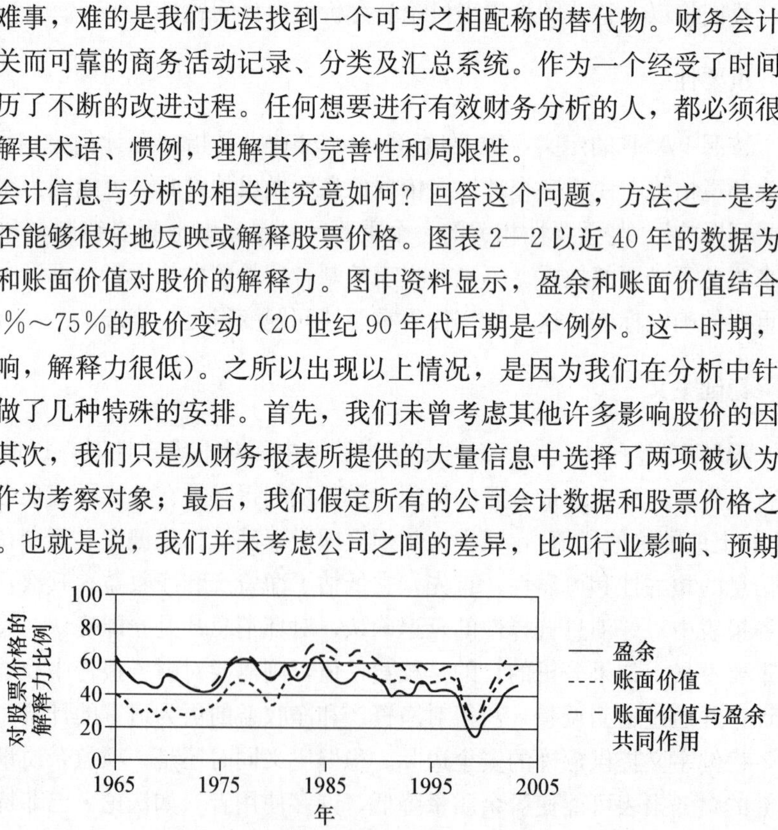

图表 2—2　会计数据与股票价格间的关系*

* 本图描绘的是对 Industrial，Full Coverage 和 Research Compustat 数据库中所有公司股票价格用每股收益和/或股票账面价值进行回归得到的 R^2。

分析研究

会计信息与股票价格

诸如盈余（净收益）之类的摘要会计数据能否解释公司的股票价格和回报？答案是肯定的。研究表明，盈余中所传达的信息与公司的股票回报之间有着明显的联系。有关盈余的好消息带来积极的股票回报，坏消息带来消极的股票回报。盈余消息越好或越坏，股价的反应也就越大。

股票回报的很大一部分与收益公告发布前出现的盈余消息相关，说明股票市场可以在正式公告发布之前对盈余消息做诸多的猜想。这一证据表明，会计信息在很大程度上发挥了一种反馈作用，它只是证实了之前市场的信念。有趣的是，收益公告发布之后的股票回报似乎也仍然与盈余信息有关。这一现象，称为**后收益公告价格漂移**（post-earnings-announcement-drift），它被认为是股票市场无效的一种形式，并被几种以投资策略为基础的力量所利用。

研究表明，会计盈余与股票价格之间的关系受多种因素影响。其中有公司因素，包括风险、规模、杠杆和可变性等降低盈余对股价影响的因素，也包括盈余增长和持续性等增加影响的因素。我们在分析中必须正确认识这些影响，因为它们可能影响到会计数据对证券分析的相关性。

研究同时还表明，盈余信息对市场的重要性已经有所降低，尤其在最近20年间。之所以会有这种下降，部分是因为报告的亏损增加、一次性费用及其他特殊事件大增，以及R&D和无形资产的重要性提高。不过，研究显示，尽管盈余对股价的解释力不断下降，账面价值的重要性却在不断增强，并在很大程度上抵消了由于盈余的解释力下降所造成的影响。

图表2—2并没有显示出会计数据与股价之间有直接的因果关系。也就是说，我们并不能从中确定会计数据可以在多大程度上直接决定股价。这是因为股票价格确定中还存在其他一些信息，比如分析师的预测、经济统计等。此外，正如我们前面曾经谈到的，相关的会计信息只具有一种反馈价值，只是用以修正或确认投资者的信念。最低限度上，这一分析通过揭示会计数据与股价之间强有力的联系，对会计信息的反馈价值提供了支持。

财务报表信息的局限性

分析师的预测、报告、建议以及其他替代性信息资源是财务信息的主要竞争者。这些替代性资源的优势，从另一方面来看也就是会计信息的局限所在。对此，我们可以确定如下三点：

1. 及时性 上司公司对外公布的财务报表最短也是按季编报，其报出时间一般为季度结束后三至六周。与此形成鲜明对比的是，分析师的预测和建议几乎可以做到实时更新——只要公司信息一发布，马上就可以更新。其他替代性信息资源如经济、行业、公司新闻，也可以很便利地通过各种途径（包括网络）获得。

2. 频率 与及时性紧密相关的是信息发布的频率。财务报表是定期编报的，以季报最为典型。替代性信息资源（包括分析师预测）却可以在各种事件发生时随时向市场发布其最新版本。

3. 前瞻性 替代性信息资源——尤其是分析师的报告和预测——使用大量前瞻性信息。财务报表包含的预测信息却相当有限。进而，历史成本会计（以及稳健主义）通常会产生**确认时滞**（recognition lags）——特定商业活动的记录在时间上往往会有一定的滞后。举例来讲，假定某公司与客户签订了一项长期合同，分析师一旦得到合同签订的消息，马上就会估计该合同对未来收益及公司价值的影响，而财务报表却要等到将来某一时期与该合同相关的商品或服务已经提供时才进行确认。

尽管有如上许多缺陷，财务报表依然是金融市场上一项极为重要的信息来源。

应计制——会计的基石

财务报表主要是按应计制原则编报的。应计制会计的支持者坚信，不论是在衡量业绩还是财务状况方面，应计制会计都要优于现金制会计。**财务会计概念说明第1号**（Statement of Financial Accounting Concepts No. 1）指出："基于应计制会计的企业盈余信息，可以比仅限于现金收支这样一个财务方面的信息更好地反映企业创造现金的目前及持续能力。"

应计制也引起了一些人强烈的批评。在批评者看来，应计制作为各种复杂而不完善的规则的混合体，模糊了财务报表的目的，即提供有关现金流量和现金创造能力的信息。极端的批评者甚至认为，应计制是一种异端，不伦不类，侵害了信息传播过程。这些批评者认为，财务分析的目的就是去除应计制会计的面纱，得到潜在的现金流量信息。他们对应计制的复杂性以及易为管理者所操纵的特性感到深深的困扰。

本节内容是对应计制会计的批判性评价。我们将讨论应计制的相关性和重要性，同时也考虑其缺点和局限，以及有关应计制与现金制的论辩对财务报表分析的意义。我们并不想站在论辩的某一方。我们认为，现金制和应计制服务于不同的目的，对财务分析都很重要。同时，我们要告诫人们不要忽视了应计制。对于分析师而言，要进行有效的财务分析，就必须了解应计制会计，这是十分重要的。

应计制会计举例

我们以举例方式来说明应计制会计及其与现金制会计的不同。假定你决定销售印花T恤，每件10美元。你经过调查认为可按每件5美元的价格购进白色T恤。印制时需要付出100美元固定费用购买印花图案，另外需要每件支付0.75美元的印制费。最初的广告宣传带来了100件T恤的订货。为此你投入了700美元，购置了白色T恤和印花图案，并完成了印制（供应商要求你用现金支付全部费用）。在你开始经营的第一周末，所有T恤都已经准备好可供销售。50件T恤的顾客已经在第一周就拿走了T恤，但只付了其中25件的货款，剩余25件的货款约定在下周付款。为了评价财务业绩，你在第一周末按照现金制编制了会计记录。

现金流量表

收入		
T恤销售		$250
支出		
T恤购进	$500	
印花图案购进	100	
印制费	75	
总支出		(675)
现金净流出		$(425)

资产负债表（现金制）

资产	
现金	$275
权益	
初始权益	$700
减：现金净流出	(425)
总权益	$275

现金制会计记录说明你赔钱了，这会让你感到奇怪。但你的现金余额确实表明你的现金亏了425美元。也就是说，你一开始投入700美元，而现在只剩了275美元。明显，现金净流出425美元。随后，你对进行这项冒险的决策做了再评价。即你对每件T恤的成本做了如下估计（假定可以售出100件）：白色T恤每件5美元，印花图案每件1美元，印制费每件0.75美元。由此得出每件T恤衫的成本为6.75美元。按每件售价10美元计算，每件T恤的预期利润是3.25美元。可是，你的账目却反映你赔钱了。

这怎么可能？经过进一步分析，你发现现金制损益表和资产负债表有如下问题：

1. 你未确认已经按赊销方式售出的25件T恤的收入（实质上是应收账款）。

2. 你已经将全部T恤的购进作费用处理。问题是：这些成本是否应该与已经售出的T恤所产生的收入相配比？

3. 同样地，你已经将全部印花图案购进费用和T恤印制费用作为当期费用处理。这些成本费用是不是也应该在与其相关的收入确认时与之相配比？

将这些因素全部考虑进去，你会发现，在第一周你实际上赚了162.50美元的利润：

损益表

收入		
T恤销售		$500.00
费用		
T恤购进	$250.00	
印花图案折旧	50.00	
印制费	37.50	
总费用		(337.50)
净收益		$162.50

资产负债表（应计制）

资产	
现金	$275.00
T恤存货	337.50
应收账款	250.00
总资产	$862.50
权益	
初始权益	$700.00
加：净收益	162.50
总权益	$862.50

现在你的收入反映了全部T恤销售，甚至包括了那些尚未收到货款的部分。此外，由于T恤仅仅售出了一半，因此只有已售部分的成本作为当期费用处理，包括250美元T恤成本，37.50美元印制成本，50美元图案成本摊销（如果我们想要生产的T恤数量在100件以上，这个比例应该是太高了）。据此算出的利润为162.5美元，权益以同样数额增加，表示在投资之外，你可以实际拿走的数额。

应计制下的损益表和资产负债表对你而言比现金制下的记录更有意义。不过，应计制下的数据会让你感到更大的不确定性。与现金流量相比，它们显得很不实在——也就是说，它们依赖过多的假定。比方说，你假定每个用赊销方式购买 T 恤的人都会如约付款。如果有些顾客不付款，你的净收益（以及资产负债表数据）就会改变。另外一个假定是作为存货尚未售出的 T 恤价值等于其成本。这一假定有何依据？如果你无法卖出它们，它们可能变得一钱不值。但如果你能卖出，它们就会每件值 10 美元。即使每件 T 恤 6.75 美元的成本是一个理由十足的折中的产物，这一数据的可靠性如何，你依然会毫无把握。总体来说，尽管应计制下的数据更“软”了些，但比现金流量更有意义。

□ 应计制会计的框架

应计制的概念

现金制最吸引人的特点是简单。现金流量计算简便，易于理解，而且是有形且确定的。它们看起来也像实在的东西，而不是会计方法的创造。遗憾的是，在衡量公司创造现金的能力方面，现金流量的用途是十分有限的。

大多数商业交易采用赊销方式。此外，公司投资数十亿美元在存货和长期资产上，其收益会发生在未来很多时期。在这样的情况下，现金制会计（无论其多么可靠）无法提供一幅有关公司财务状况和业绩的恰当画卷。

应计制的目的，是在合理的确定性水平之上，让使用者尽快知晓公司商务活动对未来现金流量的影响。为此需要在赚得时确认收入，发生时确认费用，而不管是否同时有现金流发生。这种收入和费用确认与现金流的分离是通过**应计制调整**（accrual adjustments）——调整现金流入和现金流出以产生收入和费用——而实现的。应计制调整是在做出了合理的假设和估计之后才加以记录，不会对会计信息的可靠性造成很大损害。这种调整是应计制会计的一个关键部分，有许多规则和制度机制提供可靠性保障。

接下来一小节将从界定应计项目与现金流量之间的关系开始。我们将表明，应计制会计与现金制会计的不同，主要是因为商务活动和事件所引起的现金流量变化的确认存在时间上的差异。随后，我们将解释应计制下收入和费用的确认过程，讨论长期和短期两种不同类型的应计项目。

应计项目与现金流量　要探究应计制和企业现金流量之间的关系，首先需要确定现金流量的各种不同类型。**经营现金流量**（operating cash flow）是指公司的持续经营活动所带来的现金。**自由现金流量**（free cash flow）反映因投资和处置经营资产而带来的额外影响。企业自由现金流量概念的吸引力在于它代表了可以自由地用于偿还债务及付给权益持有者的现金。我们曾在第 1 章介绍过股权自由现金流量，它会加大与企业自由现金流量相关的债务水平的变化，并因此产生可用于权益持有者的现金流量。经济学家谈到现金流量时，通常是用这些现金流量概念中的某一概念，也是我们在本书中习惯使用的概念。底线现金流量为**净现金流量**（net cash flow），是现金账户余额（注：以上各种现金流量概念中所使用的现金，皆包括现金等价物在内）的变化量。

严格来讲，应计项目是使净收益区别于净现金流量的会计调整的总和。这些调整既包括影响收益但并不涉及现金流量的项目（如赊销），也包括那些将现金流量的影响与收益相孤立的项目（如购置资产）。由于采用复式记账法，应计项目会使资产负债表中的资产或负债项目以相等金额增加或减少。也就是说，应计项目在使收益增加（减少）的同时，也会使资产增加（减少），或使负债减少（增加）。

应计项目所包含的内容取决于现金流量的定义。应计项目最普通的含义，是将经营现金流量转化为净收益时的会计调整。由此得出：净收益＝经营现金流量＋应计项目。这一定义中的应计项目包括两种类型：短期应计项目，与营运资本项目有关；长期应计项目，如折旧、折耗等。本章稍后将具体讨论这两种类型的应计项目。需要注意的是，有关应计项目的这一定义并未包括与不动产、厂场设备等长期资产相关的成本费用资本化所引起的应计项目。

应计制会计减少时间和配比问题 应计制会计与现金制会计的区别在于时间和配比方面的差异。应计制会计解决了现金制会计固有的时间和配比问题。**时间**（timing）问题是指现金流量并不与产生现金流量的商务活动在同一时间发生。比如第一季度发生的销售，相关的现金却是在第二季度才收到。**配比**（matching）问题是指一项商务活动所带来的现金流入和现金流出在时间上互相并不匹配。比如，从一个咨询项目上收到的咨询费，与付给参与该项目的咨询人员的工资在时间上并无关联。

现金流量的时间和配比问题至少由两个原因引起。首先，我们的信用经济使得交易发生时通常并不伴有即刻的现金转移。信用交易降低了现金流以及时的方式密切跟随商务活动的能力。其次，成本费用的发生常常在其收益实现之前，尤其厂场设备上的投资成本更是如此。因此，当现金流出时计量成本常常难以反映真实的财务状况和业绩。

从公司的整个生命期来看，现金流量和应计收益是相等的。这是因为当所有的商务活动全部包括在内时，时间和配比问题就会迎刃而解。然而，正如经济学家约翰·梅纳德·凯恩斯（John Maynard Keynes）所说："从长远看，我们都会死。"这就意味着计量短期财务状况和业绩具有十分重要的意义，尤其是以定期方式计量一个公司生命期内的业绩和状况。时间间隔越短，现金制会计的局限就愈显突出。

应计制处理——收入确认和费用配比 应计制会计包含两项基本原则：收入确认和费用配比，它们对公司的收入和费用确认构成具体指导。

1. 收入确认 收入是在赚得和实现（或可实现）时予以确认。当公司发出产品或服务时，即为**赚得**（earned）收入。这意味着公司完成了交易中属于自己的部分。当发出产品或服务的现金已经获得时，即为收入**实现**（realized）。收入**可实现**（realizable）是指针对已经发出的产品或服务，公司取得了一项可转换为现金的资产（通常为应收款）。确定收入于何时实现有时是比较困难的。虽然通常是在售出（发出货物）时确认收入，但也可以根据具体情况，分别在产品或服务已经准备停当、当它们已经完成或收到现金时确认收入。我们将在第 6 章进一步讨论具体的收入确认问题。

2. 费用配比 应计制会计要求费用与收入相配比。这种配比过程对两种主要的费用是各不相同的。在产品或服务生产过程中产生的费用称为**产品成本**（product cost），在产品或服务发出时确认。在产品售出之前，全部产品成本都作为存货反映在资产负债表中，产品售出时，才转入损益表的**已售产品成本**（cost of goods sold, COGS）。另一种类型的费用称为**期间成本**（period costs）。有些期间成本与产品或服务的营销有关，需要在确认与之相关的收入时做配比处理。其他期间成本如行政管理费用与产品和服务的生产、销售并无直接关系。它们需于其发生的期间做费用处理，而不管现金流出是否发生。我们将在第6章对配比的标准做进一步讨论。

长、短期应计项目 **短期应计项目**（short-term accruals）是指收益和现金流量之间的短期时间差异。这些应计项目产生资产负债表中的营运资本项目（流动资产和流动负债），因此也称为**营运资本应计项目**（working capital accruals）。短期应计项目主要源自存货和信用交易，由此导致各种类型的应收、应付款项，如：应收销货款、应付购货款、预付费用、预收账款。**长期应计项目**（long-term accruals）源自资本化。资产**资本化**（capitalization）是指将本期发生，但收益预计会在未来一定期间发生的成本费用作递延处理。这一过程中会形成各种长期资产，如厂场设备及商誉。这些资产的成本在其受益期间进行分配，构成长期应计项目的较大部分。我们将在第4章做进一步讨论。长期应计项目的会计处理比短期应计项目更复杂，主观性也更强（存货可能是个例外）。短期应计项目对现金流量的影响更直接，更容易确定。研究表明，短期应计项目对公司估值更为有用。

□ 应计制会计的相关性和局限性

本小节评价应计制会计对财务报表的影响。我们将以现金制会计为参照，讨论应计制会计在计量财务业绩、预测未来现金流量方面的理论及实际优势，说明其不足之处。

应计制会计的相关性

应计制会计理论上的相关性 应计制会计在理论上优于现金制会计，是因为以应计制为基础的损益表（以及资产负债表）对于计量公司目前和未来创造现金的能力具有更强的相关性。与现金流量相比，短期应计项目和长期应计项目与收益的相关性都更高一筹。其详情如下：

- **短期应计项目的相关性** 短期应计项目通过在赚得时记录收入，在发生时记录费用，从而使会计的相关性得以提高。这些应计项目产生的收益数据可以更好地反映盈利能力。由此产生的流动资产和流动负债信息可以更好地反映财务状况。
- **长期应计项目的相关性** 在考察长期应计项目的意义时需要注意，企业的自由现金流量是通过从经营现金流量中减去长期经营资产投资算出来的。此类投资提出了自由现金流量问题。首先，这些投资通常数额较大但并不经常发生，这就导致了自由现金流量的易变性。其次，自由现金流量采用同样方式处理资本增长和资本置换。在新项目上的投资常常预示了公司较好的情况，市场对此类资本支出通常会做出积极的反应。然而，所有资本支出都会减少自由现金流量。有关自由现金流量的这一问题，可以从公司生命周期中经营现金流量、投资现金流量及其合计数——企业自由现金流量——的典型形态中获得证据（见图表 2—3）。投资现金流量直到成熟期晚期一直是负数，而且，在成长期的大部分时间，此类现金流出一直超过了经营现金流入。这就意味着直至公司业务成熟之前，自由现金流量基本上一直为负数。在成熟期晚期和衰退期，公司开始处置其资产，从而产生了正的投资现金流量，自由现金流量也因此为正数。由此来看，公司的自由现金流量在成长期为负数，在衰退期却是正数，传达了一种有关公司前景的**反向**（reverse）信息。经营现金流量不受经营投资的影响，好像完全被忽略了一样。

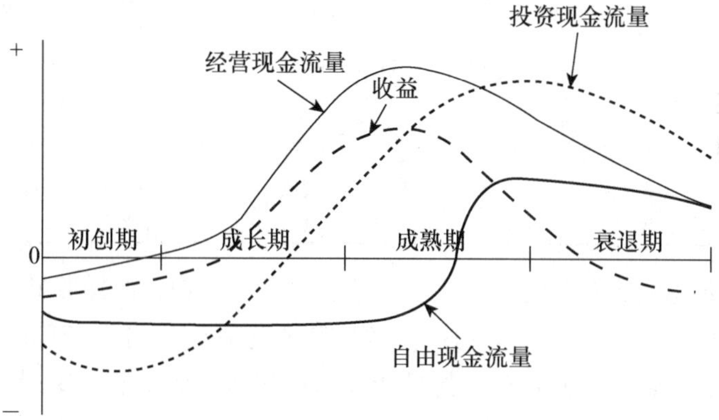

图表 2—3　企业生命周期中的现金流量和收益

应计制会计通过资本化长期资产投资，并在未来受益期分摊其成本，克服了自由现金流量的上述局限。通过资本化和分摊过程，一方面降低了收益的易变性，另一方面将长期投资成本与其收益相配比，极大地提高了收益的相关性。对应计制会计在提供有关公司财务状况和财务业绩的相关信息、预测未来现金流量方面的优势，可作如下解释：

- **财务业绩**　通过收入确认和费用配比所产生的收益数据，在评价财务业绩方面比现金流量有更大优势。收入确认保证了当期所赚得的所有收入都被考虑在内。费用配比则保证了只有与当期收入相关的费用才被记录在内。
- **财务状况**　应计制会计下生成的资产负债表可以更准确地反映公司可用于创造未来现金流量的资源水平。
- **预测未来现金流量**　对于预测未来现金流量，应计制收益远比目前现金流量更有优势。其原因有二：首先，通过收入确认，可以反映出未来现金流的结果。比如，今天的赊销预示着将于未来收回的现金。其次，应计制会计可以通过配比使现金流入和流出更好地相匹配。这就意味着收益是更稳定、更可靠的现金流量预报因子。

应计制会计实践上的相关性　应计制会计的批评者认为它可靠性太低，因而更喜欢可靠性较高的现金制会计。应计制会计的支持者则认为，应计制会计的相关性极高，并因此而弥补了它在可靠性上的不足。他们还提到了各种制度机制，比如 GAAP 和审计。这些机制的存在，至少确保了最低限度的可接受的可靠性水平。为了解应计制会计的运作情况，我们可以具体考察一下应计制收益和现金流量是否可以很好地计量公司财务业绩。

我们以两个零售商——沃尔玛（Wal-Mart）和凯马特（Kmart）——为例来考察这一问题。图表 2—4 展示了两家公司在 1989—1998 十年间经过分割调整的股价、净收益及自由现金流量数据。

图表 2—4　　沃尔玛和凯马特公司股票价格、净收益和自由现金流量比较

	1989	1990	1991	1992	1993	1994	1995	1996	1997	1998
沃尔玛										
股票价格	4.22	5.33	8.25	13.47	16.28	13.25	11.44	10.19	11.87	19.91
净收益	0.18	0.24	0.28	0.35	0.44	0.51	0.58	0.60	0.67	0.78
自由现金流量	0.04	(0.01)	(0.05)	(0.17)	(0.48)	(0.50)	(0.19)	(0.21)	0.84	0.60
凯马特										
股票价格	18.94	16.62	15.50	24.50	23.25	19.63	13.63	5.88	11.13	11.00
净收益	2.00	0.81	1.89	2.02	2.07	(2.13)	0.64	(1.24)	(0.45)	0.51
自由现金流量	1.76	(2.26)	0.20	(0.47)	(2.15)	1.29	2.71	0.48	0.61	1.35

沃尔玛的收益曲线是颇为引人注目的——公司每股净收益十年间增长了 4 倍，每年至少增长 10%。净收益的这一增长模式与股票价格中所反映的沃尔玛公司的经营业绩颇为一致。与此相反，凯马特公司的每股净收益在 1993 年达到顶点，然后开始衰败。凯马特的收益曲线反映了公司实际的经营状况，尤其是自 1994 年开始的财富的巨大反转。

与净收益不同，自由现金流量并不提供关于公司活动的情况。沃尔玛公司的自由现金流量从 1990 年到 1996 年一直是显著的负数，尽管在这一时期它的市场资本翻了一番。从 1997 年起，公司的自由现金流量开始增加。凯马特的自由现金流量更显示出其经营业绩与股票价格之间的反向关系。在 1990 至 1993 这四年中，凯马特的自由现金流量有三年都是负数，而它的股票市值增加近 50%。从 1994 年起，凯马特的自由现金流量表现为持续的正值，其市值却减少了 60%。自由现金流量似乎是业绩的反向指标：当自由现金流量为负数时，凯马特的盈利为正；当自由现金流量变为正值时，凯马特却开始衰落或放慢增长。

是什么原因造成了沃尔玛和凯马特自由现金流量与业绩之间的反向关系？为了寻找答案，我们需要再次关注图表 2—3 以及关于公司生命周期中现金流量类型的讨论。沃尔玛可能处于其成长期的末尾并即将进入成熟期。它一直产生负的自由现金流量，是因为为了追求成长，它所付出的现金一直大于从经营活动中赚得的现金流量。沃尔玛公司现金流量的表现符合公司从成长期过渡到成熟期的生命周期模型。相反，凯马特公司可能正处于衰退期，正如生命周期模型所预测的那样，凯马特的投资现金流量从 1994 年开始为正值，反映了它由于出售资产导致规模减小。凯马特公司因为处置资产产生了大量现金流量，导致自由现金流量为较大的正值，尽管在这一时期经营现金流量减少。

为了进一步了解自由现金流量的局限性及应计制收益计量财务业绩的能力，我们可以尝试用这一时期的净收益和自由现金流量模式去预测沃尔玛和凯马特的经营业绩。对于沃尔玛而言，自由现金流量描绘的是一幅凄惨的景象——一个直到最近才产生正的现金流量的可怜的公司。而另一方面，沃尔玛的净收益曲线显示了持续的发展和盈利。回头再看凯马特：自由现金流量从 1994 年开始一直为正，显示出显著的业绩上升趋势。然而，凯马特的净收益曲线显示了在过去五年已经隐约出现的财务困难。究竟哪一种方法——应计制会计还是自由现金流量——可以更好地反映公司经营的实际情况？哪一种方法对作为权益投资者的你预测股票价格更有价值？为了回答这些问题，可以比较这一时期的业绩指标与公司实际股价。通过这一比较可以显示出净收益在反映股票价格方面相对于自由现金流量有何优势。

当然，一个案例的表现并不能推广为普遍的规则。问题在于，沃尔玛与凯马特的例子是否属于特例，在其他情况下，作为价值的指示器，自由现金流量是否优于净收益？为了回答这一问题，让我们来考察一下在一个很大的企业样本中，最近 10 年来各种收益和现金流量指标与股票价格的关系。图表 2—5 展现了这一证据。从中我们可以看到业绩指标在解释股价方面的 ***R* 方**（R-squared）值。需要说明的是，在解释股票价格方面，两种收益指标（NI 和 NIBX）皆优于经营现金流量（OCF）或自由现金流量（FCF）。此外，现金流量净额（现金余额的变化）在解释股票价格方面是毫无意义的。

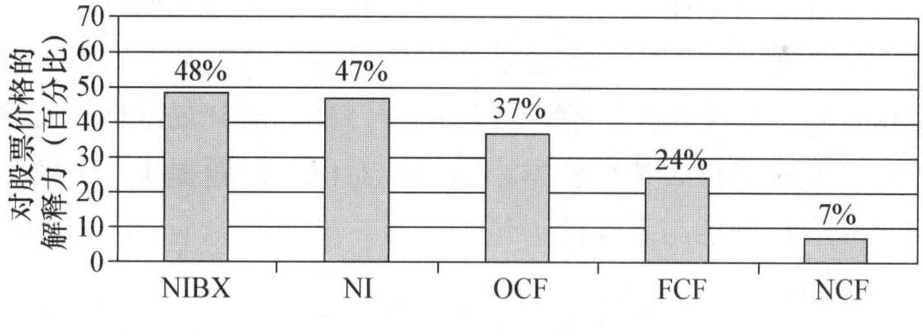

图表 2—5　股票价格与各种收益及现金流量指标之间的关系

分析中使用了来自 Compustat 数据库的 7 338 家企业 1993—2003 年的数据。本图描绘了股票价格与各种现金流量及收益指标回归的 R 方值。NIBX＝扣除非正常项目和非持续经营项目前的净收益；NI＝净收益；OCF＝经营现金流量；FCF＝自由现金流量；NCF＝现金流量净额（现金的变动额）。

应计制会计与现金制会计的一个重要区别在于确认商务活动的时间选择。应计制收益以更及时的方式确认大部分商务活动的影响。要获得有关这一点的证据支持，我们可以看一下股票回报、净收益和经营现金流量在不同时间上的关系。如果我们假设股票价格以及时的方式反映了商务活动的影响，那么，股票回报和各种业绩指标之间的关系就可以反映出这些指标的时效性。图表 2—6 提供了具体的证据，可以证明净收益和经营现金流量在季度、年度、四年期等不同时间范围解释股票回报的能力。在所有时间范围，净收益的解释力皆强于经营现金流量。尽管在较短的时间范围里，净收益的时效性并不是那么强，但它仍优于经营现金流量。经营现金流量在较短的时间范围（季度或年度）内解释股票回报的能力非常低。这一证据为应计制会计比现金制会计更及时地反映了商业活动的结论提供了证据。

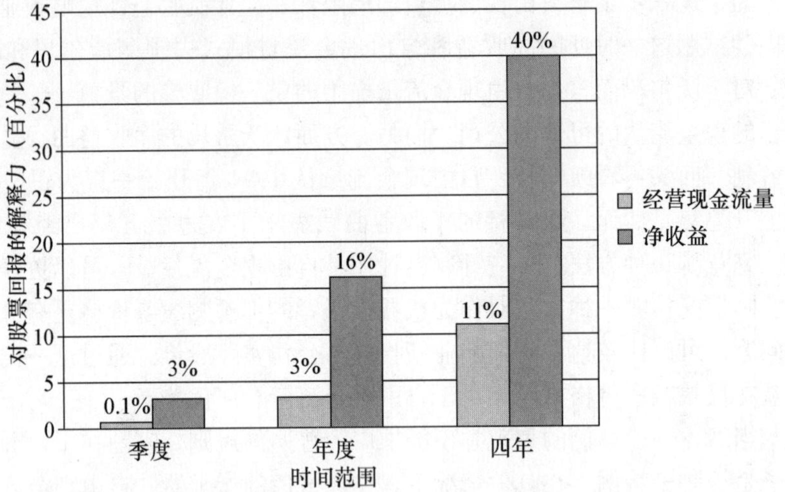

图表 2—6　不同时间范围内股票回报与净收益（NI）及经营现金流量（OCF）的关系

□ 应计制会计的分析意义

应计制会计在现代商务中的地位根深蒂固。在华尔街，人们关注的重点是应计制收益而不是现金流量。我们知道应计制会计在衡量公司业绩和财务状况、预测未来现金流量方面优于现金制会计。不过，应计制会计也有其局限性。因此，商务分析和估值中是否应该总是使用应计制会计数据？是否应该在某些时候放弃它而使用硬性的现金流量指标？如果使用应计制会计，应该怎样应对其局限性？在应计制会计的世界中现金流量究竟扮演什么角色？本小节将针对以上问题提供一些答案。我们将以对应计制和现金制会计神话与真实的讨论为起点，然后讨论应计项目和现金流量在财务报表分析中的作用。

应计项目和现金流量的神话与真实

关于应计项目和现金流量，有多种不同的看法，既有正面的也有负面的。作为分析师，必须了解哪些看法为真，哪些为假。

应计项目与现金流量的神话　关于应计制会计、收益和现金流量，有好几种神话和错觉。

- **神话 1：由于公司价值依赖未来现金流量，因此只有目前现金流量具有估值相关性。**即使我们接受公司价值仅仅依赖未来现金流量这一论断，也没有理由一定要把目前现金流量与未来现金流量联系起来。我们已经表明，与目前现金流量相比，当前收益作为未来现金流量的预测因子更为适宜。我们也曾说明，收益可以比现金流量更好地解释股票价格。
- **神话 2：所有现金流量都具有价值相关性。**很多现金流量并不影响公司价值。比如收回的应收账款。有些现金流量与公司价值是负相关的。比如，资本支出减少自由现金流量却增加公司价值。图表 2—7 提供了更多例证。

图表 2—7　　交易对收益、自由现金流量及公司价值的影响

交易	收益影响	自由现金流量影响	公司价值影响（未来股利的现值）
赊销	增加	无	增加
收回赊销现金	无	增加	无
存货降价	减少	无	减少
折旧方法从直线法变为余额递减法	减少	无	无
现金购买厂场设备	无	减少	无*

* 如果厂场资产产生高于资本成本的回报，将会增加公司价值。

- **神话 3：所有应计制会计的调整都是价值非相关的**。一些"装饰门面"的调整，比如对具有同样内涵的商务活动采用可选择的会计方法，确实不会产生不同的价值。然而，并非所有会计调整都是用来装饰门面的。应计制会计的一个主要目的就是对具有未来现金流量意义的交易进行调整——即便没有现金流入或现金流出同时发生。图表 2—7 中的赊销即为其中一例。
- **神话 4：现金流量是不可能被操纵的**。这种说法严重失实。事实上，现金流量可能比收益更容易被操纵。比如，只要延迟资本支出或费用支付，或者加速货款回收，就可以使现金流量增加。
- **神话 5：所有收益都在被操纵**。有些管理者确实在进行收益管理，而且这种做法的频率也是在增高。不过，证券交易委员会已然针对欺诈性财务报告采取了各种强制性措施，并对为数不多的上市公司以前发布的财务报表进行了重述。
- **神话 6：不可能在长期经营中始终一贯地向上管理收益**。有些使用者认为不可能年复一年地向上管理收益，因为受会计规则所支配，应计项目会实质性地反转——也就是说，应计制会计和现金制会计从长期来看是一致的。事实上，大多数公司可以在几年内管理收益使之持续向上。成长性公司可以在更长时期内向上管理收益，因为本期的向上调整可能超过以前年度较小规模调整的转回。有些公司一旦遇到不景气的时期，就会利用"巨额冲销"（big bath）：确认递延费用，或放肆地记录未来费用。这使得公司可以更便利地在未来时期向上管理收益，因为要转回的前期应计项目很少。

分析研究

现金流量和应计项目的相对效用

现金流量和应计项目在提供具有价值相关性的信息方面的能力如何，一直是许多研究关注的焦点。有些研究在考察这一问题时，以现金流量和应计项目在解释股票回报方面的相对能力作为切入点。他们假设股票价格是公司内在价值最好的指示器。证据显示，经营现金流量和应计项目都可以提供具有高度价值相关性的信息。在解释股票回报方面，净收益（应计项目和经营现金流量的合计数）更是优于经营现金流量。收益的优势从短期来看更为明显。收益和现金流量的差异主要在时间方面，因此，从长期（最好是五年以上）来看，收益和现金流量具有趋同倾向。对那些现金流量的时间和配比问题更为突出的公司，经营现金流量的表现会显得更差一些。

以股票价格作为公司内在价值的指示器受到最近一项证据的质疑。该证据认为，市场可能更看重收益的应计项目成分，其中原因，可能是由于人们将更多的注意力集中在了底线收益之上。这一证据表明，经营现金流量比应计项目更有持续性，市场可能高估了应计项目预测未来收益的能力。也就是说，购买应计项目较少的公司的股票、做空应计项目较多的公司的股票，将会带来超额收益。

研究还表明，在预测未来收益方面，收益数据是优于经营现金流量的。然而，有关收益和经营现金流量预测未来现金流量的相对能力的证据却是多样化的。尽管营业现金流在预测经营现金流量（尤其是预测短期经营现金流量）上优于收益，但是，收益和经营现金流量在这方面都是有用的。这一研究同时还显示，投资和融资现金流量对预测也是有用的。

总而言之，尽管大多数研究显示应计项目在提供具有价值相关性的信息方面比现金流量更有优势，应计项目和现金流量实质上都是很有用的。这就是说，应计制收益和现金流量应该互相补充，而不是互相取代。研究还表明，应计项目和现金流量的相对重要性有赖于另外一些特征，比如行业的成员构成、营业周期、在公司生命周期中所处的阶段等。

应计项目与现金流量的真实 不论是从逻辑的角度还是从现实的证据出发，皆可看到有关应计制会计、收益以及现金流量的一些值得注意的事实：

- **事实1：应计制会计（收益）比现金流量更具相关性**。不论是理论上还是实践上，应计制收益在计量财务状况、业绩以及估值方面，都比现金流量更具相关性。需要注意的是，这一说法并不违背未来现金流量的显著相关性。它只是说，当期现金流量的相关性低于当期收益。
- **事实2：现金流量比应计项目更可靠**。这一说法也是正确的。它意味着现金流量可以对应计项目起到重要的补充作用，而它也确实发挥了这一作用。不过，一些极端的说法则是错误的，比如“现金流量是不可能被操纵的”。在分析现金流量时，我们必须记住它比收益更加易变。
- **事实3：应计制会计数据容易失真**。会计方法的多重可选择性和盈余管理的存在，会同时降低应计制会计数据的可比性和一致性。会计规则的武断性以及各种估计错误也都会导致会计数据失真。财务分析或估值中如果忽视了这些事实，忽视了会计调整，就可能产生错误的结果。例如，一种估值方法，如果只是简单地使用按报告收益计算的市盈率，显然是不够的。
- **事实4：可以通过应计制会计数据确定公司价值**。有些人误以为公司价值只能以贴现现金流量为基础。第1章内容表明，我们也可以用当期账面价值和未来剩余收益折现的合计数来确定公司价值。

我们是否应该为了现金流量而摒弃应计制会计？

有些人因为偏爱现金流量模型而主张放弃以应计制收益为基础的估值模型。持这一态度的人认为应计制会计是不科学、不相关的。按他们的说法是现金为王。当然，这是一种极端主义的态度。

我们知道应计制会计并不是完美无缺的。武断的规则、估计错误，乃至盈余管理，都会造成会计信息失真。我们也知道应计制会计在许多方面优于现金制，不论理论上还是实践上皆是如此。因此，仅仅因为某些局限就抛弃应计制会计而只盯着现金流量，那就等于倒洗澡水连孩子也一起倒掉了。应计制会计数据中包含着无数有价值的信息。

本书对应计制会计持肯定的态度。也就是说，尽管它有缺点，但对于财务分析，它却是重要而且有用的。我们的分析方法就是在对应计制会计的局限性保持清醒认识的基础上，通过会计分析对财务报表中报告的数据进行评价和调整。通过这一过程，分析师可以体验到应计制会计的丰富内涵，同时使其失真和局限降至最低程度。现金流量对分析也很重要。利用现金流量可以对应计制会计的可靠性进行检验。脱离现金流量的收益通常是低质量的。此外，正如我们在第 1 章注意到的那样，分析资金的来源和运用（或现金流）对有效地进行财务分析具有至关重要的意义。

收益概念

上一节我们讨论了应计制会计，以及相对于现金制会计它所具有的优势。对应计制会计而言，最关键的是收益概念及其与现金流量的区别。**收益**（income），也叫**盈余**（earnings）或**利润**（profit），是一个财务术语，用以概括一定时期内企业经营活动的净影响。在金融市场这是最重要的公司信息。确定并解释一个企业在一定时期内的收益是损益表的主要目的。从理论上来讲，收益的要义，在于提供对一定时期内股东财富变化的计量，同时对企业目前盈利能力做出估计。也即是说，公司补偿其经营成本并为股东赚取回报的能力究竟如何。了解收益的这种双重作用，对于我们进行财务报表分析具有重要意义。

会计或报告收益与经济收益有很大不同。这是因为会计师用了不同的标准来确定收益。为了说明这一点，我们设想一家公司有 100 000 美元现金，该公司用它买了一栋公寓，然后以每年 12 000 美元的租金标准出租。在第一年年末，公司依旧拥有该公寓，此时其价值增值为 125 000 美元。我们通过确定各种现金流量指标来进行分析。本年的自由现金流量为－88 000 美元，经营现金流量为 12 000 美元。这些指标能否说明该公司股东究竟赚了多少钱？答案是不能。为此我们需要确定收益。首先，我们来计算经济收益。经济收益计量一定时期内股东财富的变动。显然，12 000 美元的租金收入增加股东财富。此外，该公寓年内增值 25 000 美元，也增加股东财富。因此，该年度内的经济收益为 37 000 美元（租金收入 12 000 美元加上持产利得 25 000 美元）。会计收益以应计制会计为基础，需要考虑该公寓的折旧。即，若该公寓的使用寿命期为 50 年，残值为 75 000 美元，则按直线法计算的每年折旧额为 500 美元（[＄100 000－＄75 000]/50）。按此计算的该年度会计收益为 11 500 美元（租金收入 12 000 美元减去折旧 500 美元）。这一实例说明，经济收益不同于会计收益，而这两项收益又皆不同于现金流量指标。

我们注意到了，37 000 美元的经济收益也许是缺乏持久性的。也即是说，我们不可能指望该公寓每年都能有 25%的增值。这就意味着，37 000 美元的经济收益对于预测未来收益并无太大作用。而 11 500 美元的会计收益——至少在本例中——更接近**永久**（permanent）或**可持续**（sustainable）收益，可以更好地帮助我们预测未来收益。不过，尽管 25 000 美元的持产利得可能不具有持久性，但对于预测未来收益，它并非完全没用。如果该公寓 25 000 美元的增值具有持久性（也即是说，该公寓的价值不会很快转回至 100 000 美元），则有理由认为，持有该公寓的回报（即租金收入）在未来很有可能会增加。

了解各种替代性的收益概念，并将其与会计收益相联系，对于进行商务分析是极有助益的。财务报表分析的一项主要任务是评价收益并进行必要的调整，以便更好地反映企业经营业绩，预测未来收益。在本小节中，我们将讨论各种替代性收益概念，尤其是永久性收益和经济收益。然后，我们将讨论会计收益，将其与各种替代性收益概念联系起来，并说明其分析意义。

□ 收益的经济学概念

经济收益

经济收益（economic income）通常等于当期现金流量加上预期未来现金流量现值的变动额，一般用企业净资产市场价值的变化来代表。按此定义，收益同时包括已实现部分（现金流量）和未实现部分（持产利得或损失）。这一概念与我们对某一证券或证券组合报酬的计量颇为类似。也即是说，其报酬同时包括股利和资本增值两部分。经济收益计量股东价值的变化。正因为如此，当分析的目的在于确定期内股东回报的准确值时，经济收益是很有用的。在某种意义上，经济收益是公司业绩的底线指标，因其以综合方式计量期内所有事件的财务影响。然而，正因为其综合性，经济收益同时包括了重复和非重复成分，并因此失去了预测未来收益潜力的意义。

永久性收益

永久性收益（permanent income），也称为**可持续收益**（sustainable income）或**重复收益**（recurring income），是在目前经营条件保持不变的前提下，企业可望在其整个寿命期内赚得的稳定的平均收益。永久性收益反映的是一种长期观点。因此，永久性收益在观念上类似于**可持续盈利能力**（sustainable earning power），不论对权益估值还是信用分析，这都是一个很重要的概念。沃伦·巴菲特的益友，基础分析（fundamental analysis）之父本杰明·格雷厄姆（Benjamin Graham）认为，公司价值最重要的独立指示器是其可持续盈利能力。与经济收益仅仅计量公司价值的变动不同，永久性收益直接构成公司价值。尤其是，对持续经营的公司而言，公司价值可以表示为永久性收益除以资本成本。由于这一关系，确定永久性收益是许多分析师的一项重要的诉求。不过，尽管永久性收益具有长期的隐含意义，当公司长期收益的前景改变，它也会发生改变。

经营收益

经营收益（operating income）是一个替代性概念，指来自公司经营活动的收益。财务教科书在提到这一指标时，常将其称为**税后净营业利润**（net operating profit after tax，NOPAT）。经营收益的最主要特征在于排除了所有因企业的筹资活动而产生的费用（或收入），如利息费用和投资收益。这些项目常合起来称为**非经营收益**（nonoperating income）。经营收益在估值中是一个重要的概念。其重要性源自公司理财的目的，在于将企业的经营活动与筹资活动区分开来。从理论上来讲，经营收益是一个与永久性收益极不相同的概念。经营收益可能包括特定的非重复项目（如重组费用），而有些重复项目比如利息费用却要排除在经营收益之外。

□ 收益的会计学概念

会计收益（accounting income），或称**报告收益**（reported income），是建立在应计制会计基础之上的收益概念。尽管会计收益确实反映着经济收益和永久性收益的有关内容，但它没有说要计量其中哪个收益概念的内容。除此之外，会计收益一直受计量问题所困扰，这些问题降低了它反映经济现实的能力。因此，财务报表分析的一项重要任务就是对会计收益进行调整，以更好地反映各种替代性经济收益概念。本小节描述会计师确定收益的过程，并讨论其分析意义，包括为了分析目的而进行收益调整的概念性方法。

收入确认与配比

应计制会计的一个主要目的是收益计量。收益计量有两个主要环节：收入确认和费用配比。收入确认是收益计量的起点。收入确认需要满足两项必要的条件：

- **已实现或可实现**　要确认收入，公司应该已经收到现金，或者获得了支付现金的可靠的承诺，比如有效的应收款。
- **已赚得**　公司必须已经完成了对买主的所有义务。也即是说已经完成了赚取收入的全过程。

收入一旦确认，则需将有关成本费用与已确认的收入相配比，以算出收益。需要注意的是，一项费用乃是在相关经济事件发生时发生，而不是在现金流出之时。

会计收益与经济收益

从理论上来讲，应计制会计是将现金流量转换为一项收益指标。经济收益与现金流量的不同在于它不仅包括目前现金流量，而且还包括了未来现金流量现值的变化。类似地，应计制会计力求找到一项收益指标，不仅考虑目前现金流量，而且考虑目前交易的未来现金流量意义。例如，当发生赊销业务时，应计制会计在交易已经完成但现金尚未收到之前报告收入，以反映赊销对未来现金流量的影响。因此，在某些方面，会计收益指标与经济收益之间有着一定的相似之处。不过，会计收益既不是要计量经济收益，也不是要计量永久性收益。相反，它是以经过长时期演进而形成的一系列规则为基础，去实现好几种常常互相冲突的目的。它是财务报告环境的产物，构成这一环境的，包括会计准则、强制机制以及管理者激励。它受制于各种会计规则，其中许多规则有着很强的经济上的吸引力，有些则没有。这些规则常要求进行估计，准许对同样的经济业务做不同的处理，并为经理人员为了个人利益而粉饰财务数据提供了机会。由于上述原因，会计收益与经济收益可能存在极大的区别。

会计收益之所以不同于经济收益，可能有如下原因：

- **不同的收益概念** 经济收益概念与永久性收益概念有很大不同。会计准则制定者面对的一大难题就是究竟应该强调哪个概念。虽然通过报告替代性收益指标（我们将在第6章做详细讨论），这一问题已经部分地得以解决，但是，这一难题依然会在某些时候造成会计收益指标的不一致。比方说，有些准则——如有关养老金问题的SFAS 87——采用永久性收益概念，而有些准则——如有关可销售证券的SFAS 115——却采用经济收益概念。
- **历史成本** 收益计量以历史成本为基础，造成会计收益与经济收益的极大差别。使用历史成本会在两个方面对收益产生影响：（1）损益表中无法反映目前的销售成本，比如用先进先出法（FIFO）进行存货计价所造成的结果；（2）不确认未实现持产利得和损失。
- **交易基础** 会计收益通常反映交易的结果。没有正常交易相伴随的经济后果通常不在考虑之列。例如，直到具体的交易发生之前，购买合同不会在财务报表中予以确认。
- **稳健性原则** 在稳健性原则下，导致收益减少的事件需要立即确认，即使没有具体的交易对它提供支持——比如存货跌价准备；导致收益增加的事件却一直要延迟至事件实际发生才能予以确认。由此造成会计收益的稳健性（收益减少）偏好。
- **盈余管理** 盈余管理导致会计收益失真，但丝毫不会影响经济现实。不过，盈余管理的一种形式——收益平滑——却可能在一定条件下提高会计收益反映永久性收益的能力。

正如前面我们曾经谈到的，会计准则正在由历史成本和交易基础转向公允价值会计模式。这种转变具有重要意义，因为它使底线收益（称为综合收益）更加接近经济收益概念。

永久性、临时性及价值不相关部分

我们曾经提到，会计收益力图同时包含永久性收益和经济收益的一些要素，却出现了计量错误。因此，有必要把会计收益分解为以下三个组成部分：

1. **永久性部分**（permanent component） 会计收益的永久性（或重复）部分可望永久地持续下去。它与经济学中的永久性收益概念有着相同的特征。对持续经营的企业，每一美元的永久性收益等于$1/r$美元的公司价值，其中r为资本成本。

2. **临时性部分**（transitory component） 会计收益的临时性（或非重复）部分是指那些不能指望再次发生的事件——典型的一次性事件。它对公司价值的影响，一美元就是一美元。经济收益概念既包括永久性收益也包括临时性收益。

3. **价值不相关部分**（value irrelevant component）　价值不相关部分无实质性的经济内容，它们属于会计失真。它们源自会计的不完善性。价值不相关部分对公司价值的影响为零。

□ 分析意义

调整会计收益是财务分析中一项十分重要的工作。在进行调整之前，需要首先明确分析的目的。尤为重要的是搞清楚分析的目的是不是确定公司的经济收益或永久性收益。确定这一点之所以重要，是因为经济收益和永久性收益不论是性质还是目的都有很大不同，因此，确定每项指标时所需要的调整也极不相同。本小节将简要讨论与收益调整相关的一些概念性问题。第 6 章将对此做进一步讨论。

永久性收益的调整

我们曾提及，确定公司的永久性收益是财务分析的一项重要任务。为此，分析师需要首先通过确定、排除或平滑会计收益中的临时性（非重复）成分，确定本期会计收益中的永久性（或重复性）成分。比如，分析师在确定收益的永久性部分时，可以排除因出售某一主要业务分部而获得的收益。这种经过调整的收益常被执业分析师称为**核心收益**（core earnings）。确定本期核心收益对于解释公司的市盈率（P/E）具有重要意义。它对于使用收益乘数的估值技术也是很有用的。除此之外，核心收益还可用以预测收益或现金流量，为预测提供一个很有意义的“起点”，而且有助于得出预测中使用的基本假定。

不过，需要提醒的是，当期核心收益并不总是对公司永久性收益的良好估计。要代表永久性收益，核心收益必须能够反映公司的长期盈利能力。当期核心收益可能无法反映公司的长期盈利前景，可能因为两方面原因。首先，尽管核心收益中已经排除了临时性收益成分，但依然无法保证留在核心收益中的收益成分全部属于永久性质。当公司当期业绩因为某种原因而有异常表现时，尤其容易出现这种问题。比如，在某一年度，公司的销售和盈利可能因为主要生产设施上的工人长期动荡而处于非常低的水平。其次，作为分析师必须考虑非重复收益成分中所反映的公司经营条件长期变化的影响。比如，一个公司可能因为其某一经营分部的经营条件恶化而减计固定资产价值。这种资产减计是临时性的，不应该包括在当期的核心收益中。然而，该项减计又确实反映了公司一个经营分部未来收益前景的恶化，分析师在确定永久性收益时，必须把这一信息作为一项重要因素来考虑。虽然有上述问题，然而，确定核心收益依然是估计公司永久性收益的一个重要步骤。

经济收益的调整

要通过对会计收益的调整确定经济收益，我们需要采用一种纳入法，把所有收益成分不管是重复项目还是非重复项目，全部纳入进去。观察经济收益的方式之一是因

非所有者资源（nonowner sources）而导致的股东财富变化净额，因此，它包括了使股东财富净额发生改变的所有东西。当我们进行调整以获得经济收益时，我们需要承认，经过调整的数据并不一定能够真实地代表经济收益，因为我们不能确定固定资产价值的变化，原因在于它是按历史成本记录的。要找到为经济收益调整的必要性辩护的理由，也比永久性收益更难。不过，经济收益作为股东财富变化的一种综合计量，作为当期经济业绩的底线指标是非常有用的。

经营收益的调整

在确定经营收益时，分析师常常是以排除了非经营收益成分（比如利息费用）的核心收益作为起点。不过，正如我们前面曾经提到的，经营收益包括与公司经营业务相关联的所有收入和费用，不管其是否重复发生。经营收益究竟应该包括还是排除非重复项目，至今存有争议，需要依分析目的而定。

为了保持一致性，本书中我们在提到经营收益时将一直严格把握其出处，也即是说，只能是来自经营性的商务活动，而不是来自融资功能，也不必管是否属于重复性项目。因此，我们应该把收益分类中的经营/非经营和重复/非重复划分视为独自或互相具有排他性。

公允价值会计

四百多年来，财务会计一直以**历史成本**（historical cost）模式作为主要基础。在历史成本模式下，资产和负债的价值是在过去发生的**实际交易**（actual transaction）的价格基础上确定的。比如，资产负债表上报告的土地价值就是以最初购入土地时的价格为基础；产品存货的报告价值是按生产成本来确定，而生产成本又是以生产中使用的各项投入所支付的实际价格为基础。确定收益时，主要是先确认期内赚得或实现的收入，再用成本与收入相配比。不过，因为稳健性原则，也允许对历史成本的某些背离，比如**存货用成本与市价孰低**（lower-of-cost-or-market-value，LORCOM）原则计价。

公允价值（fair value）会计是历史成本会计的替代模式。在公允价值会计模式下，资产和负债的价值以**计量日**（measurement date）——近似于财务报表日——的公允价值（一般为市场价）为基础来确定。比如，在这一模式下，资产负债表上土地的价值将表示为其在资产负债表日的市场价；产成品存货的报告价值将表示为目前市价的估计值减去可能的直接销售费用。此种模式下的收益则可以简单地表示为期内资产和负债公允价值的变动净额。

目前的会计正在以不可阻挡的趋势缓慢地转向公允价值模式。在过去 20 年间，公允价值只是在个别项目中选择性地使用，但最近，公允价值的普遍使用开始取得显著的进展。SFAS 157 为采用公允价值会计模式提供了基本的指南，SFAS 159 建议对多类资产和负债自愿采用公允价值计量。尽管公允价值会计的采用迄今依然主要限于金融资产和金融负债（比如可销售有价证券或债务工具），但已经有迹象表明，在将来有可能对所有资产和负债（包括经营资产和负债）全面采用公允价值会计。

公允价值会计的采用对财务会计的发展具有革命性意义。公允价值会计的采用将从根本上改变财务报表的性质。因此，对分析师来讲，了解公允价值会计对财务报表有何影响，评价其对财务报表分析的意义，具有至关重要的作用。因此，在本节中我们将对公允价值会计做广泛的理论上的讨论，说明其分析意义。我们将在第 5 章对 SFAS 157 和 SFAS 159 做更详细的讨论，同时还将说明这些准则所要求的实际披露。

□ 了解公允价值会计

一个实例

为了解公允价值会计的运作机理，说明其与历史成本会计模式之间的关系，我们仍以上一节有关公寓购置与出租的事例为例，并对其基本资料做一些小的补充与修改。具体为：一家公司在第 1 年筹集 10 万美元现金，其中 5 万美元来自发行权益证券，5 万美元来自发行票面利率为 6%的债券。该公司于当日用筹集到的 10 万美元购置了一栋公寓，按每年 12 000 美元的租金出租。第 1 年末，公司依然拥有该公寓，此时其价值为 125 000 美元。该债券的价值降至 48 000 美元。假定第 2 年公司赚到 12 500 美元的租金收入，该公寓年末的价值为 110 000 美元，债券价值上升为 50 500 美元。该公寓的使用年限为 50 年，最后一期期末的残值为 75 000 美元。同时假定租金收入在每年最后一天以现金收取，债券利息在每年最后一天以现金支付。

图表 2—8 为按历史成本会计模式和公允价值会计模式编报的资产负债表与损益表。显然，按两种模式编制的资产负债表在第 1 年初是相同的。其后两种模式开始出现差异。第 1 年末，历史成本会计模式下确定的公寓价值为 99 500 美元，等于其购进价（100 000 美元）减去累计折旧（500 美元）。按公允价值模式计价的公寓价值等于第 1 年末的市场价值（即其公允价值），为 125 000 美元。第 1 年末的现金余额为 9 000 美元，等于收到的租金收入（12 000 美元）减去支付的债券利息（3 000 美元）。两种模式下报告的现金余额相等。接下来我们看资产负债表的负债一方。在历史成本会计模式下，债券将始终按其 50 000 美元的发行价列报，而公允价值会计模式却要按债券的目前市价 48 000 美元列报。

图表 2—8　　历史成本与公允价值举例

资产负债表	第 1 年（年初）		第 1 年（年末）		第 2 年（年末）	
	历史成本	公允价值	历史成本	公允价值	历史成本	公允价值
资产						
现金			$ 9 000	$ 9 000	$ 18 500	$ 18 500
公寓	$ 100 000	$ 100 000	99 500	125 000	99 000	110 000
	$ 100 000	$ 100 000	$ 108 500	$ 134 000	$ 117 500	$ 128 500
负债和股东权益						
长期负债	$ 50 000	$ 50 000	$ 50 000	$ 48 000	$ 50 000	$ 50 500
股东权益	50 000	50 000	58 500	86 000	67 500	78 000
	$ 100 000	$ 100 000	$ 108 500	$ 134 000	$ 117 500	$ 128 500

续前表

损益表	第 1 年		第 2 年	
	历史成本	公允价值	历史成本	公允价值
租金收入	$12 000	$12 000	$12 500	$12 500
折旧	(500)		(500)	
利息费用	(3 000)	(3 000)	(3 000)	(3 000)
公寓的未实现利得/损失		25 000		(15 000)
债券的未实现利得/损失		2 000		(2 500)
收益（损失）	$8 500	$36 000	$9 000	($8 000)

接下来我们看损益表。租金收入和利息支出在两种模式下都是按同样的方式确认。此外，在历史成本模式下确认了 500 美元（(\$100 000－\$75 000)÷50）折旧，由此产生的第 1 年收益为 8 500 美元。公允价值模式无须确认折旧。反之，本模式下确认了 25 000 美元的未实现利得，以记录公寓在年内的价值增值。除此而外，公允价值模式下还确认了 2 000 美元未实现利得，属于债券市场价值的降低。因此，公允价值会计模式下第 1 年的收益为 36 000 美元。第 1 年末的股东权益等于股东权益的期初值加收益。

为了解公允价值会计的演化，我们可以再看看第 2 年的情况。第 2 年历史成本会计下的收益为 9 000 美元，在第 1 年的基础上增加了 500 美元，源自租金收入的增加。但在公允价值模式下，第 2 年报告了 8 000 美元的损失，一方面是因为公寓的市场价值降低 15 000 美元造成的未实现损失，另一方面是因为债券市场价值增加 2 500 美元。资产负债表上按历史成本会计报告的第 2 年公寓折余价值为 99 000 美元，债券面值 50 000 美元。公允价值会计模式下则按市价报告公寓和债券价值，分别为 110 000 美元和 50 500 美元。

历史成本模式与公允价值模式的对照

上述实例展现了历史成本和公允价值模式下资产负债表和损益表的演变。我们看到，按两种模式分别编报的财务报表有很大不同。是什么造成了这种差异？两种会计模式的逻辑背景是什么？在此我们将列示出两种模式之间的一些根本性差异，以便对上述问题做出回答：

- **交易与目前价值**　在历史成本会计下，资产和负债的价值主要是按企业实体过去发生的实际交易确定的；其价值无须反映目前的经济现实。与此相反，在公允价值会计下，资产和负债的金额是按最新的市场价确定的；价值无须以实际交易为基础。在上例中，按历史成本会计模式，公寓以其原始成本 100 000 美元来计价（以折旧方式反映其老化），用的是公寓的原始交易价格。相反，公允价值会计模式需要每期调整公寓价值，以反映其目前价值，即便是没有明确的交易发生——即公寓的出售或购进。
- **成本基础与市价基础**　历史成本价值主要是按企业实际发生的成本确定的，公允价值模式却是以市场价值（或以市场为基础的假定）为基础。比如，历史成本模式下的产成品存货主要反映产品生产成本，公允价值模式下则反映其销售净价，也即是市场将为该产品支付的价值。

- **不同的收益确定方式**　在历史成本模式下，确定收益时采用的是成本与收入配比的方式，收入必须是已经实现或已经赚得。在公允价值模式下，收益则仅仅是资产和负债公允价值变动的净额。我们在前述实例中所采用的两种模式下第 1 年的收益确定方式可说明如下：

历史成本模式

收入（租金收入）	\$12 000
减配比成本：	
折旧	500
利息费用	3 000
收益	\$8 500

公允价值模式

资产净值的变化：	
现金的增加	\$9 000
公寓价值的增加	25 000
债券价值的减少	2 000
收益	\$36 000

两种模式下不同的收益确定方法对分析而言具有极为重要的意义。历史成本会计下的收益确定是一种严格的构造，目的在于计量当期的盈利能力，也即是企业创造的收入超过成本的能力。在我们所举的例子中，我们确认了 12 000 美元的收入，与之相配比的成本包括：折旧 500 美元（公寓长期使用成本中属于第 1 年的份额），利息 3 000 美元（融资成本中第 1 年的份额）。在这种方法下，资产（或负债）的余额通常是按计量收益的方式确定的。比如，资产负债表上公寓的折余价值就是依照收益中所负担的折旧费用来确定的。与此相反，公允价值模式下收益的确定未曾离开企业资产和负债的价值，它仅仅是对资产和负债价值变化净额的一种计量。如上例所示，公允价值收益 36 000 美元，其构成为：现金增加 9 000 美元；公寓公允价值增加 25 000 美元；债券公允价值减少 2 000 美元。因此，有人可能会认为公允价值会计模式下的损益表是多余的。

理解两种模式下的收益所代表的意义是极为重要的。在公允价值模式下，会计收益近似于经济收益（参看前面有关经济收益的定义）。历史成本模式下的收益则力图计量企业的当前盈利能力，有点类似于我们例子中的永久性收益，但不完全相同。

□ 计量公允价值时的具体考虑

公允价值的定义

在对**公允价值**（fair value）做出正式定义之前，我们先来看看这一术语的直觉意义。广义来讲，公允价值意味着**市场价值**（market value）。“公允价值”一词属于一个创制品（并不仅仅是使用“市场价值”），因为即使是在某一资产或负债不存在**一级市场**（primary market）以便从中便利地获得市场价格的情况下，也依然可以通过参考**二级市场**（secondary market）或使用估值技术来获得有关“公允价值”的估计。不过，公允价值内含的观念，乃是尽可能地接近市场价值。因此，从观念上来说，公允价值与市场价值并无不同，因为它反映了目前市场参与者（比如投资者）对一项资产或负债所引起的预期未来现金流入或流出的现值的估计。

SFAS 157 将公允价值很正式地定义为**交易价格**（exchange price），即：市场参与者在计量日通过一项正常交易从出售一项资产中所获得的（或为了转移一项负债而付出的）价格。对这一定义有五点需要予以说明：

计量日 资产和负债的公允价值是在**计量日**（measurement date）确定的，也即是资产负债表日，而非最初购进资产的日期（或最初承担债务的日期）。

假定交易 构成价值基础的交易是假定的，并不需要真实地发生资产的出售（或负债的转移）。换言之，公允价值是在“假如”资产在计量日出售的情况下确定的。

正常交易 **正常交易**（orderly transaction）观点消除了在非正常情况下——比如在胁迫之下——发生的交易。如此方能保证公允价值代表正常条件下的交易价格，比如活跃市场（即频繁交易的市场）上的市场价。

基于市场的计量 公允价值是**基于市场的计量**（market-based measurement），而非**主体特定计量**（entity-specific measurement）。此为何意？它意味着一项资产的公允价值应该反映市场参与者愿意为该资产支付的价格（或对负债的偿付要求），而不是特定企业独自使用该资产而创造的价值。比如说，某出租汽车公司拥有一辆汽车，该公司盈利能力极强。由于公司经营前景很好，因使用该汽车而创造的未来净收入的现值估计将超过其预计使用期限内的总收入，将达到65 000美元。然而，该汽车的市场价值（以其市场报价为基础）仅仅是15 000美元。该汽车的公允价值应为15 000美元（即其基于市场的交易价），而不是65 000美元（即其主体特定价）。

退出价 资产的公允价值为公司可以**出售**（sell）一项资产的假定价格，即所谓**退出价**（exit price）。它并非**购买**（buy）该项资产所需付出的价格——所谓**进入价**（enter price）。同样地，对于负债而言，公允价值是企业可以将该负债转让给第三方的价格，而不是它承担该项负债可能得到的价格。

输入的级别

需要说明的是，即使不存在一级市场，无法直接获得资产（或负债）的市场价，也可以通过估计来确定公允价值。显然，估计的公允价值因为不是来自直接的市场价格，因而可靠性要低一些。正是因为认识到这一点，准则制定者确定了公允价值输入（即作为公允价值估计基础的各种假定）的级次。此类输入首先可以分为两种类别：（1）**可观察输入**（observable input），即通过独立于报告公司之外的其他来源获得的市场价，比如**可交易证券的市场报价**（quoted market price）；（2）**不可观察输入**（unobservable input），指通过报告公司提供的假定确定的公允价值，因为资产或负债并不上市交易。可观察输入可以根据是否来自一级或二级市场做进一步的分类。根据以上情况，可将输入做如下三级分类（参见图表2—9）：

- **第1级输入** 此类输入为所计价的确定资产或负债在活跃市场上的公开报价，可在计量日优先获得。这些输入为最可靠的收入，可在任何时候用于公允价值的确定。
- **第2级输入** 这些输入或为（1）类似资产或负债在活跃市场上的报价，或为（2）同一资产在非活跃（交易不频繁）市场上的报价。因此，这些输入虽然确属市场价，但这些价格可能并非所计量资产（或负债）同一资产的价格，或者，因为交易不频繁，该报价可能并非目前价格。

- **第 3 级输入**　此类输入属于不可观察输入，可在资产或负债不参与市场交易或无法确定交易的替代品时使用。第 3 级输入反映管理者自己对估值的假定，包括从公司内部获得的内部数据。

输入的等级划分具有极为重要的意义。正如图表 2—9 所示，第 1 级输入的使用最为常见，第 3 级输入则必须很谨慎地使用。SFAS 157 要求在附注中报告确定公允价值时所使用输入的级别。分析师可以用这些信息来评价所确认公允价值数据的可靠性。最后需要说明的是，对金融资产和金融负债的估价有第 1 级和第 2 级输入可用，而大多数经营资产和负债可能需要使用第 3 级输入。

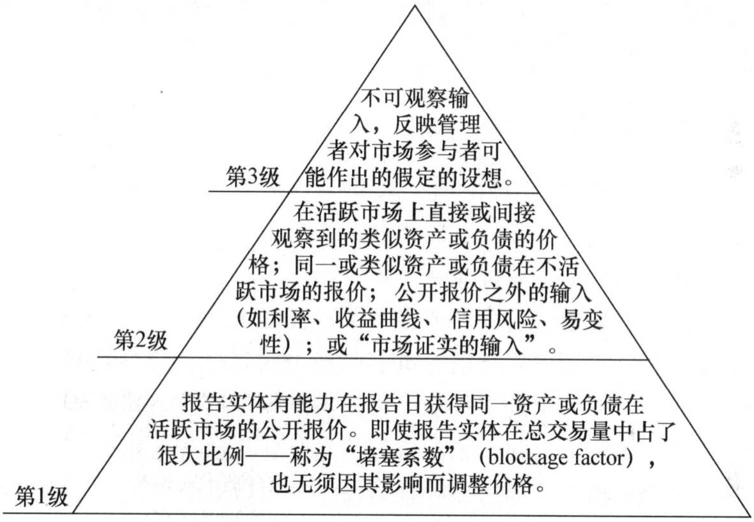

图表 2—9　公允价值输入的级别

估值技术

估值技术是否适当，关键取决于可用的数据输入。一旦选定了某种技术，则必须一贯地使用，除非环境变化允许使用更准确的公允价值确定方式。公允价值的估计有三种方法：

- **市场法**　正如其名称所示，这种方法直接或间接使用来自实际市场交易的价格。有时候，在确定公允价值时，需要对市场价格按某种方式进行转换。这种方法适用于大多数第 1 级或第 2 级输入。
- **收益法**　在这种方法下，公允价值是通过将未来现金流量（或收益）的预期值折现为当期数值的方式计量的。确定这种折现价值时应该尽可能使用目前的市场预期。其具体实例包括：以预期未来现金流量潜力为基础估计无形资产价值，或使用期权定价技术（诸如 Black-Scholes 模型之类）估价员工股票期权。
- **成本法**　成本法用于确定资产的目前重置成本，也即是确定重置一项资产的剩余服务能力所需成本。在这种方法下，公允价值是按照一个市场参与者（买方）获得或建造一项经过对技术改进、有形及无形损耗的调整之后，可以产生可比效用的替代资产的目前成本来确定。

在确定折现价值（即现值）时，有必要进行风险调整。对负债而言，风险调整需要考虑报告实体自身的信用风险。这将会产生一种奇怪的情势，在这种情势下，公司信用的恶化可能导致负债减少。

□ 分析意义

采用公允价值会计进行财务报表分析具有重要意义。在本小节中，我们将讨论公允价值会计的优缺点，以及分析师在对按公允价值会计编报的财务报表进行分析时必须考虑的问题。最后，我们将讨论运用公允价值会计的目前状况，以及 FASB 关于其未来发展的一些举措。

公允价值会计的优缺点

公允价值会计的采用引起了广泛的争议。不论是支持者还是反对者都同样发表了许多意见。

公允价值会计的主要优点在于：

- **反映现时信息** 公允价值会计可以在资产负债表上反映有关资产和负债价值的现时信息。相反，历史成本信息可能已经过时，从而导致所谓“隐性”资产或负债。比如，许多制造业公司的资产价值可能被严重低估，因其不动产的目前市场价值根本不会在资产负债表上反映出来。这显然是公允价值会计相对于历史成本会计而言最大的优势。公允价值会计通过反映现时信息，可以充分保证信息的决策相关性。
- **一致的计量标准** 准则制定者强调的另一个优势是公允价值会计可以提供唯一具有观念上的一致性的资产和负债计量标准。目前的财务会计遵循一种混杂的方法，称为**混合属性模式**（mixed attribute model）。比如，诸如土地、建筑之类的固定资产用历史成本计价，而可交易证券等金融资产按目前市价来记录。甚至对同一项目，受稳健性原则影响，也可能采用前后不一致的计价标准。比如，存货一般按成本计价，但如果市价跌到成本以下，则需按市价来计价。在公允价值会计下，可望对所有资产和负债使用一致且从理论上来说很吸引人的计量标准。
- **增强可比性** 由于采用一致的方式进行资产和负债计价，人们因此认为公允价值会计能够增强**可比性**（comparability）。也即是说，可以对不同企业的财务报表进行广泛的比较。
- **不存在稳健性偏好** 公允价值会计有望消除目前会计中存在的稳健性偏好。消除稳健性偏好可以使信息更加中性化——以没有任何偏好的方式报告信息，从而提高信息的可靠性。
- **对权益分析更为有用** 人们抱怨传统会计提供的信息太偏重于信用分析。比如，使用稳健的历史成本主要是为了提供对经营中不利风险的估计，而不是对企业潜力的评价。许多人认为，使用公允价值模式将使会计在权益分析中发挥更大的效用。

公允价值会计的不足之处主要在于：

- **客观性较差**　对公允价值会计的批评主要是说它缺乏客观性，因而可靠性较低。这一问题主要与使用的信息输入有关。虽然对第 1 级输入的客观性无人会有异议，但对第 3 级输入就很难说了。因为第 3 级输入是不可观察的，而且是以管理者个人的假定为基础。许多人担心过多地使用第 3 级输入——尤其是用于经营性资产和负债——会降低财务报表信息的可靠性。
- **易被操纵**　与客观性较差紧密相关的另一个问题是公允价值会计可能大大提高财务报表被管理者操纵的可能性。这一问题同样与使用第 3 级输入有关。在使用第 1 级和第 2 级输入时，要想操纵公允价值会有很大困难。
- **使用第 3 级输入过多**　由于第 3 级输入的客观性较差，因此，公允价值会计是否可靠，关键在于需要在多大程度上使用第 3 级输入。最近美国发生的次债危机表明，即使是对金融资产和负债，由于债务市场的流动性较差，许多公司也不得不大量采用第 3 级输入。经营性资产和负债显然更有可能使用第 3 级输入。如果第 3 级输入被广泛使用，必将有更多人相信公允价值会计模式会降低财务报表的可靠性。
- **缺乏稳健性**　许多学者和实务工作者比较喜欢稳健性会计。稳健主义主要有两方面优势：（1）它可以自然地抵消管理当局高报收益和净资产的乐观主义偏好；（2）稳健主义对信用分析和债务合同有重要意义，因为债权人偏爱能够突出负面风险的财务报表。这些稳健性会计的支持者提醒人们，公允价值模式追求无偏性，将使财务报表以一种激进的态度编报，从而降低其对债权人的实际效用，而债权人乃财务信息最重要的使用者之一。
- **收益的易变性过强**　采用公允价值模式时，人们最担心的问题之一是收益的易变性过强。正如我们曾经指出的，在公允价值会计模式下，收益简单到只是资产和负债价值变化的净额。因为资产（或负债）与收益有着莫大关系，同时也因为公允价值可能随时间而发生很大变化，资产公允价值的变化可能导致报告收益的易变性过强。收益的易变大部分是因为资产和负债的公允价值波动，而不是因为企业盈利能力改变，如此则担心收益数据的分析价值降低。准则制定机构已经认识到了这一问题，并开始着手执行一个旨在改变财务报表提供方式的计划，考虑同时报告中期收益指标（intermediate income measures）以反映企业的经营情况。

分析意义

由于公允价值会计将对财务报表产生深刻影响，它也必将波及执行财务报表分析的具体方式。在此我们将提出对按照公允价值模式编报的财务报表进行分析时需要注意的一些重要问题：

- **以资产负债表作为关注的焦点**　目前，损益表被分析者认为是最重要的报表。尤其权益分析者更是很少关注资产负债表。之所以忽视资产负债表，部分是因为在历史成本模式下它所提供的信息并不特别充分。随着公允价值会计的出现，这种情况将有所改变。资产负债表将成为重要的分析报表——即使不是最重要的。与此形成对照的是，损益表的重要性将有所降低，原因在于底线收益将仅仅计量资产和负债的变化净额。因此，财务报表分析的焦点将自然地转向资产负债表。

- **重述收益** 分析并重述收益将成为分析师的一项更为重要的工作。公允价值会计模式下的**底线收益**（bottom-line income）仅仅计量资产和负债公允价值变化的净额。这种收益计量概念上更接近经济收益，因此对于分析本期盈利能力或预测未来收益的作用将下降。分析师需要仔细分析收益，将本期经营的影响与资产和负债公允价值变化所造成的未实现利得与损失区分开来。
- **对输入的分析性使用** 如前所述，第 3 级输入可靠性较差而且更易于操纵。因此，当使用公允价值会计信息时，财务报表分析的一项主要工作是分析确定资产和负债价值时使用的输入的级别。尤其重要的是确定并量化公允价值计量中使用第 3 级输入的程度。第 3 级输入的广泛使用是财务报表质量——或质量缺陷——的一项重要指标。幸运的是，公司被要求在其报表附注中提供公允价值估计中所使用的内含假定，包括所使用输入的类别。这一信息对评价财务报表信息的质量至为重要。
- **分析金融负债** 随着借款人的信用降低，债券的公允价值将会下降。由此产生一种与直觉相违背的有关企业金融负债（即债务）的情况。企业信用的降低将导致债务的公允价值降低。债务公允价值的降低将导致确认未实现的利得，从而人为地增大当期收益。这种会计处理的理由在于，当整个资产负债表是在公允价值基础上编制时，如果没有资产公允价值相应的（更大的可能）减少，债务的公允价值就不可能降低。因此也就不可能有权益的人为的增加。

尽管这一解释合乎逻辑，但还是有一个问题，即：这一会计处理将对债务权益比率有何影响。在确定债务权益比率时，我们建议使用流通债券的**票面价值**（face value），而非其公允价值。这样将会为衡量企业偿付**固定债务**（fixed commitments）的能力提供一个更好的指标。

公允价值应用的目前状况

在本小节中我们讨论了公允价值会计的概念性问题。我们的讨论是以假定财务报表上的所有资产和负债皆采用公允价值会计为基础。尽管这种情况在将来可能成为现实，但在目前，公允价值会计尚未运用到所有资产和负债，说明这一点是很重要的。

目前，公允价值会计主要运用于所谓金融资产和金融负债。包括可销售有价证券、投资、金融工具以及债务。SFAS 157 并没有特别指明任何必须使用公允价值模式的资产或负债。不过，最近发布的 SFAS 159 允许公司以自愿方式将公允价值会计运用于个别金融资产和负债。我们将在第 5 章对这些问题做更详尽的讨论。

除金融资产和金融负债外，近来，与养老金及其他退休后福利有关的一些资产和负债也开始要求在资产负债表上按公允价值计价（SFAS 158）。然而，因这些资产和负债变动而形成的未实现利得和损失却不在净收益中确认。我们将在第 3 章对 SFAS 158 做进一步的讨论。

FASB（以及 IASB）最近开始考虑如何更广泛地采用公允价值会计模式的问题，包括在经营性资产和负债中使用公允价值模式。同时，FASB 还在考虑一项从根本上改变财务报表呈报的计划。这些改变将对财务报表分析产生重要影响。

会计分析引论

会计分析是评价公司会计数据对经济现实反映程度的过程。会计分析包括多项工作，比如：评价公司的会计风险和盈余质量；估计盈利能力；对财务报表进行必要的调整以更好地反映经济现实并对财务分析提供帮助。

会计分析是有效地进行财务分析的重要前提条件。这是因为财务分析的质量及其推论的得出，皆有赖于作为财务分析之原材料的会计信息的质量。通过应计制会计可以更深入地了解公司的财务业绩和财务状况，这是现金制会计无法企及的，但它的缺陷是可能扭曲财务报告的经济内涵。会计分析是分析师用以确定并估计公司财务报表中会计信息失真程度的过程。它同时也对财务报表进行必要的调整，通过调整减少失真，使报表可以更好地用于财务分析。

在本节中，我们将说明会计分析的必要性，明确会计信息失真的根源。随后讨论盈余管理，其动机、手段以及对分析的影响。最后考察会计分析方法及过程。

会计分析的必要性

会计分析的必要性源自两方面。首先，应计制会计以更及时的方式反映商务活动，因而比现金制会计有较大改进。但是，应计制会计可能导致某种程度的会计失真，需要采用一定方式来确定并予以调整，以使会计信息更好地反映商务活动。其次，财务报表是为了一系列各不相同的使用者和信息需求而编制的。这就意味着需要通过调整会计信息来满足特定使用者的分析需求。我们将在本节考察以上各种因素，说明其对财务报表分析的影响。

会计失真

会计失真（accounting distortions）是指财务报表中所报告的信息背离了商务活动的真实。此类失真源自应计制会计的本性，包括其所依据的准则、估计上的错误、相关性与可靠性的权衡以及应用范围。我们将分别讨论导致失真的各项因素。

会计准则　会计准则有时须为失真负责。造成此类失真的原因至少有三：首先，会计准则是一个政治过程的产物。不同的使用者群体进行院外游说以保护其利益。在这样一个过程中，准则有时也难以要求最相关的信息。其中一个典型事例是员工认股权（ESO）会计。

由会计准则引致的会计失真的第二个来源是特定的会计原则。例如，历史成本原则可能降低资产负债表的相关性，因为它不能反映资产和负债的目前市场价值。会计的交易基础导致商誉会计处理的不一致性：购买商誉作为资产记录，内部产生的商誉却不做任何记录。复式记账造成了资产负债表与损益表之间内在的联系，即许多业务会同时对两张报表发生影响。然而，一项会计规则在改进一张报表的同时，可能对另一张报表造成损害。比如，存货会计中的先进先出法（FIFO）使资产负债表中的存货账户能够反映期末尚未出售存货的目前成本，而后进先出法（LIFO）却能更好地反映损益表中销售的目前成本。

失真的第三个来源是准则中的稳健主义。举例来说，会计师经常会冲减或冲销减值资产的价值，但很少会调高资产价值。稳健主义导致了财务报表中的悲观偏好，这对信用分析可能是比较有利的，但对权益分析来讲很成问题。

估计错误 应计制会计要求对未来现金流量的结果进行预测和估计。这些估计提高了会计数据及时反映商业交易的能力。但是，这些估计也可能产生错误，扭曲应计制会计数据，使之失去相关性。我们可以赊销为例说明这一情况。在商品或服务采用赊销的情况下，会有顾客无法付款的可能。我们有两种方法来应对这种不确定性。一种方法是采用现金制会计，只在实际收到现金时确认收入。另一种方法是采用应计制会计，在发生交易时记录赊销收入，然后以收款历史、顾客信用评级以及其他事实为基础计提坏账准备。尽管应计制会计更具相关性，但由于坏账估计错误，可能导致会计失真。

相关性与可靠性 会计准则需要在相关性和可靠性之间进行权衡。强调可靠性常常会对在财务报表中确认特定商务事项或交易的影响形成阻碍，直至可对其现金流量做出合理的估计。或有损失即为其中一例。或有损失只有在可以做出合理估计的情况下，才可以予以记录。受此标准影响，很多或有损失即使在多年前其存在已经确定无疑，依然不会在财务报表中进行报告。研发（R&D）费用会计是由于强调可靠性而导致失真的另一个典型例证。R&D 是一项投资，现行会计准则却要求把它做费用化处理，原因是与厂场设备投资支出相比，R&D 支出存在较大的不确定性。

盈余管理 盈余管理可能是应计制会计所造成的最大麻烦。应计制会计使用各种判断和估计，使得管理层可以利用内部信息和经验来增强会计数据的有用性。然而，有些管理者却为了个人利益借此操纵会计数据（尤其是收益），对会计信息质量造成极大损害。盈余管理的发生有多方面原因，比如为了增加报酬、逃避债务、实现预测目标、影响股价等。盈余管理可以采用两种形式：(1) 改变会计方法，属于显见的盈余管理方式；(2) 改变会计估计或会计政策，从而影响会计数据，这是隐蔽的盈余管理方式。盈余管理是一种现实，但大多数使用者不愿承认它是应计制会计的一部分。尽管我们认为盈余管理并不像财经媒体所宣扬的那样普遍，但它无疑会损害会计信息的可靠性。下面我们将对盈余管理做更详细的讨论。

□ 盈余管理

盈余管理（earnings management）可以定义为“管理层为了达到利己的目的，对收益确定过程进行有目的的干预”（Schipper，1989）。它通常包括粉饰财务报表，尤其是底线的净收益。盈余管理可能只是**粉饰性的**（cosmetic），管理者在不影响现金流的情况下对应计项目进行人为操纵。它也可能是**真实的**（real），管理者为了达到操纵盈余的目的而直接对现金流采取行动。

粉饰性盈余管理是滥用应计制会计的潜在结果。会计准则和监管机制可在一定程度上减少这种滥用。然而，鉴于商业活动的复杂性和易变性，消除这种滥用是不可能的。应计制会计要求进行估计和判断，这就导致了确定会计数据的过程中管理判断的运用。这种判断一方面为管理者以更丰富的信息准确反映公司商务活动提供了机会，另一方面也使粉饰财务报表、操纵利润成为可能。

为了达到盈余管理的目的，管理者还会针对现金流结果采取一些反向行动。比如，即使在使用 LIFO 法可以节税的情况下，管理者依然可能通过使用 FIFO 法进行存货计价，以达到高估收益的目的。盈余管理作为激励因素，也会影响管理者的投资和融资决策。此类真实的盈余管理比粉饰性盈余管理更麻烦，原因是它所反映的商务决策常常会减少股东财富。

本节关注的主要是粉饰性盈余管理，因为会计分析可以克服它所引起的许多失真。实际盈余管理造成的失真只靠会计分析通常是难以克服的。

盈余管理策略

盈余管理有三种典型的策略：(1) 增加当期收益；(2) 通过巨额冲销大幅度减少当期收益；(3) 通过收益平滑减少盈余波动。为了达到长期盈余管理的目的，管理者有时会将各种策略结合起来使用，有时又会单独使用各种策略。

增加收益　盈余管理的策略之一是通过增加一段时期的收益，使公司看来更加喜人。用这种方式要在几个时期增加收益是可能的。在成长时期，公司当期应计项目大于应计项目转回，使当期收益增加，因此公司可以利用激进的盈余管理在较长时期内报告更高的收益。公司可以连续几年向上调高收益，然后在某一时期转回全部应计项目，作为一次性费用。这种一次性费用通常是作为“线下项目”（即是说，在损益表中列在持续经营收益线之下）进行报告，因而被认为相关性较低。

巨额冲销　巨额冲销 (big bath)[①] 是指在一个会计期间尽可能多地冲销账目。通常选择经营业绩很差的会计期间（通常是在其他公司报告业绩也不好的衰退期）或发生不寻常事件（如管理层变更、合并或重组）时进行。巨额冲销策略经常和其他年度收益的增加连用。由于巨额冲销的异常性和非重复性，使用者一般不太重视其财务影响。这就为冲销过去的全部过失，为未来收益的增加排除隐患提供了机会。

收益平滑　收益平滑 (income smoothing) 是盈余管理的一种常用方式。按照这一策略，管理者可以增加或减少报告收益，以降低其变易性。收益平滑一般是在较好的年份把部分收益隐藏起来不对外报告，形成收益储备或盈余“库”，然后在较差的年份再将这些收益释放出来。很多公司使用这种盈余管理方式。

---

① 巨额冲销 (big bath)，直译为“洗大澡”，也称“利润清洗”，是指通过操纵应计项目，把以前年度应确认而没有确认的损失或把以后期间有可能发生的损失集中在一个会计期间确认，使利润在不同的会计期间转移，以达到调节利润的目的。——译者注

盈余管理的动机

盈余管理有很多种原因，包括增加与报告收益相关的管理者报酬、提高股票价格、为申请政府补贴进行游说等。本小节将说明盈余管理的主要动机。

合同激励 很多合同使用会计数据。比如，管理报酬合同中就经常包括以盈余为基础的奖金。典型的奖金合同会有上下界限，意思是：如果公司盈余低于下界，管理者将得不到奖金；如果公司盈余超过上界，管理者也不会额外得到更多奖金。这就意味着管理者会受到一种激励，以上下限为界，以**未管理**（unmanaged）盈余为基础，增加或减少盈余。当未管理盈余处在上下限之间时，管理者会产生增加盈余的动机；当盈余高于上限或低于下限时，管理者会产生减少盈余的动机，为未来奖金的增加做储备。合同激励的另一个例子是债务契约，这种契约经常是以使用会计数据（如盈余）比率为基础。对管理者来讲，违反债务契约是要付出很大代价的，因此他们通常会通过盈余管理（通常是向上）来避免出现这种情况。

影响股票价格 盈余管理的另一动机是对股票价格发生潜在影响。比如说，为了进行并购、发行证券，或者打算出售股票、行使期权，管理者会通过增加盈余短期内推高股价。管理者也可能通过收益平滑来降低市场的风险意识，减少资本成本。与此相关的另一个动机是改变市场预期。其通常形式是：管理者通过悲观的自愿披露（预警公告）来降低市场预期，然后再通过向上的盈余管理打破市场预期。由于**动能型投资者**（momentum investor）的重要性不断增加，而他们总是对不能满足预期的股票进行极为残酷的惩罚，使得管理者所面临的压力越来越大，从而促使他们使用各种可能的手段来打破市场预期。

其他动机 盈余管理还有其他好几种原因。有时候向下调整收益是为了降低政治成本，逃避来自政府机构（如反垄断委员会、美国国内税务局）的监管。另外，公司还会向下调整收益以获得政府机构的关爱，包括争取政府补贴，以及获得针对外国公司的竞争保护。公司也会以减少收益的方式对抗工会的要求。盈余管理的另一个普遍动因是管理层变更。这通常会导致巨额冲销，其原因是多方面的：首先，它可能表现为对前任管理者的责备；其次，它标志着新任管理者将采取强硬措施改善公司状况；再次，或许最重要的，是它清除了阻碍未来收益增长的障碍。路易斯·郭士纳（Louis Gerstner）升任 IBM 公司首席执行官时，曾发生了规模庞大的巨额冲销。郭士纳上任当年便冲销了近 40 亿美元，其中大部分是与公司转向相关的费用，同时也包括了许多与未来商务费用相关的项目。分析师估计，IBM 随后几年的收益增长，很大程度上即是得益于这次巨额冲销。

盈余管理机制

本小节解释各种盈余管理机制。以下各种事项为盈余管理提供了最大的机会：收入确认、存货估价、各种准备的估计（比如坏账费用和递延税款）以及各种一次性费用（如重组、资产减值）。在此我们并不打算举例说明盈余管理的各种具体方法。有关盈余管理的细节性问题以及具体举例，将出现在本书第 3～6 章。在本小节中，我们将描述盈余管理的两种主要方法：收益转移和分类盈余管理。

收益转移　**收益转移**（income shifting）是把收益从一个时期转移到另一个时期。收益转移是通过加速或延迟收入或费用的确认实现的。这种盈余管理方式常会导致其影响在未来某一个或多个时期转回（通常是下一时期）。由于这一原因，收益转移对收益平滑最为有用。以下是收益转移的一些具体事例：

- 通过劝说经销商或批发商在年末额外购买产品来加速收益确认。这种做法称为**渠道负荷**（channel loading），在汽车制造业和烟草行业非常普遍。
- 通过费用的资本化及在未来时期的摊销递延费用确认。比如利息资本化及软件开发费用资本化。
- 通过特定会计方法把费用转移到以后各期。比如在存货计价上使用 FIFO（与 LIFO 相对照），或采用直线折旧法（与加速折旧法相对照）延迟费用确认。
- 把一些断断续续发生的费用作大额一次性费用处理，比如资产减值及重组费用。这样可以加速费用确认，并使随后的盈余看起来更好。

分类盈余管理　通过选择性分类把费用和收入列入损益表的特定部分，也是盈余管理的一种。最常用的分类盈余管理方式，是把费用移至线下——意思是说把它们和分析师通常认为不太重要的特殊和偶然发生项目放在一起进行报告。当发生如下情况，管理层会将相关费用列入损益表的偶发项目之下：

- 当公司打算结束某一部分业务时，来自该业务的收益必须作为终止经营收益（或损失）单独报告。财务分析中一般会忽略这一项目，因为代表这一项目的经营单位将不再对公司有任何影响。但是，有些公司会把一大部分公司费用（比如公司间接费用）压到已经终止经营的业务部门，由此增加公司其他部门的收益。
- 利用资产减值费用、重组费用等特殊费用使业绩飞速增长（有 40%的公司会在其报告中包含至少一项此类费用）。采用这种做法的动机来自分析师的一种习惯：他们会因其偶发性而忽略这种特殊费用。通过定期使用这种特殊费用并把营业费用纳入此类费用，公司可以使分析师忽略掉部分营业费用。

盈余管理的分析意义

既然盈余管理会扭曲财务报表，确定此类行为并对其进行调整就成为财务报表分析的一项重要任务。不过，尽管盈余管理在增加，却并不像人们想象的那样普遍。财经媒体喜欢关注盈余管理案件，是因为它读起来比较有趣，却因此给人们造成一种错觉，好像盈余管理遍地皆是。

分析师必须通过以下考察，才能确定一家公司是否在进行盈余管理：

- **盈余管理的动机**　没有动机就不会有盈余管理。我们已经讨论了盈余管理的部分动机，分析中必须对此予以考虑。
- **管理层的声誉及历史**　评估管理层的声誉和诚实度是很重要的。为此需要阅读以前年度的财务报表，了解是否有过 SEC 行政执法的记录，了解审计报告及审计师变更的情况，阅读财经报刊，从中获得有用的信息。
- **一致性**　盈余管理的目的是为了影响汇总性的底线数据（如盈余）或重要财务

比率（如负债权益比率、利息保障比率），因此有必要确定收益（或资产负债表）的不同部分是否朝确定方向一致地调整。比如说，一家公司通过收入确认政策增加了收益，同时却因为改变存货计价方法而减少了收益，该公司就很可能不是在进行盈余管理。

- **盈余管理的机会**　商务活动的性质决定了盈余管理的余地究竟有多大。如果因为商务活动的原因导致在确定财务报表数据时需要大量使用判断，就会给盈余管理提供良好的机会。

□ 会计分析过程

会计分析由多项彼此相关的工作构成。我们所要讨论的是两大领域中的会计分析，即评价盈余质量和调整财务报表。虽然我们将分别讨论其具体内容，但它们实际上是相互关联并互为补充的。我们还将在附录 2B 中进一步讨论盈余质量，并在第 3～6 章讨论财务报表调整问题。

评价盈余质量

盈余质量（或者更确切地来讲，应该是会计质量）是一个人言人殊的问题。很多分析师将盈余质量定义为公司采用稳健主义观念的具体程度。在他们看来，盈余质量高的公司，其市盈率也会相对较高。盈余质量的另一个定义与会计失真有关，也即是说：盈余质量较高的公司，其财务报表信息可以准确描述其商务活动。无论采用何种定义，都无法改变评价盈余质量属于会计分析的一项重要任务这一基本事实。本小节将主要描述评价盈余质量的基本步骤。

评价盈余质量的步骤　评价盈余质量包括以下几个步骤：

- **确定并评价主要会计政策**　评价盈余质量的一个重要步骤是确定公司所采用的主要会计政策。搞清楚这些政策比较合理还是比较激进？所采用的政策是否符合行业规范？这些会计政策对财务报表数据会有什么影响？
- **评价会计的灵活度**　评价编制财务报表时的灵活度具有重要意义。在某些行业，会计的灵活度要比其他行业为高。比如，在无形资产较多的行业，商业经营的易变性更高，生产成本大部分发生在生产之前，其收入确认方法也非同寻常，这就要求会计中有更多的判断和估计。一般来讲，这些行业的盈余质量要比会计方法简便的行业低。
- **确定报告策略**　评价盈余质量中需要确定公司采用的会计报告策略。明确公司是否采用了激进的报告方式？公司被出具的是不是无保留意见审计报告？公司是否有过会计历史问题？管理层是否诚实，或者很善于走捷径？此外还有必要考察公司盈余管理的动机及一致性类型。分析师需要评估公司披露的质量。尽管披露并不能代替高质量的财务报表，具有前瞻性的详细披露却能够在一定程度上弥补财务报表的不足。
- **确定并评价红旗**　评价盈余质量的一个重要步骤是注意**“红旗”**（red flag）。所谓红旗是指警示分析师可能存在严重问题的项目。以下是一些属于红旗的典型事例：

—糟糕的财务业绩——危急中的公司容易铤而走险。
—报告盈余持续高于经营现金流量。
—报告的税前盈余持续高于应税所得。
—非标准意见审计报告。
—审计师辞职或非正常更换审计师。
—突然或频繁改变会计政策。
—存货突然剧增（与销售相比）。
—利用一些特殊机制绕过会计规则，比如经营性租赁和应收账款证券化。
—频繁发生的一次性费用和巨额冲销。

分析视点

……你是董事会成员

你是某商家董事会的新成员，正在准备与公司的独立审计师第一次见面。一位股东给你写信，提醒你注意盈余质量。当你与审计师会面时，你会提出什么问题，就股东关心的这一问题获得答案，以履行你向股东承担的受托责任？

调整财务报表

会计分析中最后的也是最应该包括在内的工作，是对财务报表进行适当的调整，尤其是调整资产负债表和损益表。正如前面所指出，之所以要进行这种调整，一方面是因为报告数据可能存在失真，另一方面则是出于特殊的分析目的。本书随后四章将主要强调如何适当鉴别并调整会计数据。财务报表的调整通常包括如下内容：

- 长期经营性租赁的资本化处理，需要同时调整资产负债表和损益表。
- 在确定收益时确认 ESO 费用。
- 调整一次性费用，如资产减值费用、重组费用。
- 在资产负债表上确认养老金和其他退休后福利计划。
- 从资产负债表中去除选择性递延所得税负债和资产的影响。

附录 2A：盈余质量

盈余质量（earnings quality）是指盈余对于计量公司业绩的相关性。其决定因素包括公司的经营环境及会计原则的选择与应用。本附录关注盈余质量的衡量，描述盈余质量的损益表和资产负债表分析，说明外部因素对盈余质量的影响。

盈余质量的决定因素

我们知道盈余（收益）的计量和确认涉及对企业交易与事件的估计及解释。我们在前面分析收益时强调，会计盈余并非一项孤立的数据，而是有赖于所使用的假设和采用的原则。

应计制会计中需要使用估计和解释，已经让一些人对所有应计制指标的可靠性产生了质疑。这是一种极端且很不明智的反应，因为应计制指标提供了大量相关信息。

我们知道应计制会计要通过对现金流量的调整获得可以普遍接受的概念：已赚得收入和已经发生的费用。我们在分析中需要关注所采用的假设和原则，以及为了分析目的而进行的适当的调整。我们应该使用应计制信息来获得竞争优势，更好地理解公司当期及未来业绩。在依赖收益时，我们必须同时警惕会计和审计风险。会计和审计的改进降低了财务报表发生欺诈和误导的概率，却远不能消除管理舞弊和误报，审计失败也时有发生（如安然、世通、施乐等案件）。我们在分析中必须估计会计和审计风险，包括管理层在估计盈余时的品质和倾向。

要衡量盈余质量，就必须比较不同公司的盈余，确定就估值而言的质量差异。盈余质量究竟如何构成，并无一致意见。本小节考虑三项因素，属于一般较为认同的盈余质量决定因素，同时还将通过一些实例来说明其估计。

1. **会计原则** 盈余质量的第一项决定因素是管理层选择公认会计原则的意愿。这一意愿可以是激进（乐观）的，也可以是稳健的。一般认为，采用稳健的会计原则得出的收益质量更高，因为与采用激进的会计原则得出的收益相比，高估当期和未来业绩的可能性更小。稳健主义降低了高估收益和随后进行追溯调整的可能性。然而，如果过于稳健，虽然暂时对盈余质量有好处，却会降低长期收益的可靠性和相关性。考察所选择的会计原则可以为研究管理层的倾向和态度提供一定线索。

2. **会计应用** 影响盈余质量的另一项决定因素是应用公认会计原则的意愿。管理层可以通过应用会计原则来决定收入和费用，达到高估收益的目的。各种酌量性支出如广告费、销售费、维护修理费以及研究开发费等，可以通过时间选择来调整报告收益（或损失）的水平。盈余中如果反映了与经营或企业状况无关的时间因素，则会损害盈余质量。我们进行分析的任务之一，就是确定管理层应用会计原则的意义并估计其动机。

3. **商业风险** 盈余质量的第三项决定因素是盈余与商业风险之间的关系。包括商业周期及其他商业力量对收益水平、稳定性、来源及易变性的影响。比如，收益的易变性通常是与人们的意愿相悖的，会加大对盈余质量的伤害。较高的盈余质量总是与那些商业风险隔离度高的公司相关联。虽然商业风险并非管理层自由选择的结果，但高超的管理策略可以降低此类风险。

□ 盈余质量的损益表分析

决定盈余质量的最重要因素是管理层对会计原则的选择和应用。本小节将通过讨论几项重要的酌量性支出来帮助我们评价盈余质量。**酌量性支出**（discretionary expenditures）是管理层可以在各个时期之间转移，以形成资源储备和/或影响报告收益的费用支出。基于这一原因，我们在分析中应该给予其特别关注。这类支出通常报告在损益表或其附注中，因此，对这些项目的评价涉及的是盈余质量的损益表分析。以下是两个重要例子：

1. **广告费用** 大部分广告费支出的影响超出当期。由此造成广告费支出与短期业绩的相关性较低。这也就意味着管理层可以在特定情况下减少广告支出而无须担心对销售的即时影响。然而，长期销售会受广告费降低的影响。分析中必须注意观察广告费支出的年度变化，以准确评价其对未来销售和盈余质量的影响。

2. **研发费用** 研发费用是财务报表中最难分析和解释的费用之一。它之所以重要，并不一定是因为金额巨大，而是因为对未来业绩的影响。令人感兴趣的是，在分析中，研发费用对生产潜力的影响已经得到了普遍认同，并大大超越了以往经验对生产力的保证作用。在遗传学、化学、电子、摄影和生物学等领域，存在着数不清的成功的研究开发案例。然而，每一个成功的项目也都经历了无数的失败。这些失败代表了巨额的费用或冲销，而不见有可计量的利益。我们的目的在于确定目前的研发支出中能够带来未来利益的部分。这种利益通常是通过将研发费用与销售的增长和新产品的开发相联系的方式来计量的。

其他酌量性费用的分析

除上述项目之外，还有一些未来型酌量性费用，如培训费、销售费、管理开发费、维护修理费。虽然这些支出通常都在发生当期做费用化处理，但具有未来效用。由于这些费用是在损益表或财务报表附注中单独披露的，我们在进行分析时必须估计其对当期收益和未来前景的影响。

□ 盈余质量的资产负债表分析

报告资产的稳健性

报告资产的价值（除少数例外如现金、持有至到期投资、土地之外）总是与最终作为报告费用确认相关联。我们可以据此得出如下命题：

当资产被高估时，累计收益也会被高估。

本命题为真，是因为收益是一种费用支出的免除，是将这些资产的价值减计至可实现价值之必须。具体的实例包括延迟对资产减值的确认，诸如，过时的存货、丧失生产能力的厂场和设备，以及坏账准备的低估。与此相反的命题也是成立的，即：当资产被低估时，累计收益也会被低估。按初始收购价记录的收购业务中的未确认增值即为实例。

报告准备和负债的稳健性

我们在分析中必须对与准备和负债价值与收益之间关系相关的陈述保持警醒。一般来说，

当准备和负债被低估时，累计收益就会被高估。

本命题为真，是因为收益作为一种费用支出的免除，是将准备和负债提高到其市场价值所必需的。例如，对产品保修准备和环境负债的低估导致对累计收益的高估。

相反，对当期及未来负债或损失的**过度准备**（overprovision）会导致低估收益（或高估损失）。高估计划中重组的遣散费用即为此类实例之一。

我们将在第6章详述对未来费用和损失的准备如何将成本费用负担从未来损益表过度地转移至当期。记住了有关资产和负债报告价值收益影响的命题，我们就知道了，对这些价值的分析是评价盈余质量的一项重要因素。

□ 外部因素与盈余质量

盈余质量也受公司外部因素的影响。这些外部因素会使收益的可靠性提高或降低。因素之一为国外收益的质量。国外收益质量受资金汇回的难易程度和不确定性影响，也受货币波动、政治和社会条件以及当地惯例与法规的影响。在有些国家，公司没有开除员工的自主权利，这使得人工成本变成了固定成本。另一项影响盈余质量的因素是法规。比如，公用事业行业所面对的法律环境可能影响其盈余质量。一个毫无同情心的、敌意的法律环境，会影响成本和销售价格，通过增加未来利润的不确定性降低盈余质量。收益来源的稳定性和可靠性也会影响盈余质量。与政府防卫相关的收入依赖于高度紧张的国际局势，在和平时期则受政治事件影响。物价水平变动也会影响盈余质量。当物价上涨时，"存货利润"或对折旧之类费用的低估会降低盈余质量。最后，由于经营的复杂性所导致的不确定性，多元化经营的企业集团的收益也被认为是质量较低的。

分析视点参考答案

审计师 审计师的主要目标，是根据公认会计原则对财务报表的公允性发表意见。作为审计师，你希望能够保证财务报表不存在错误和不规范之处。财务报表分析有助于确定会对报表产生影响的各种错误和不规范。此外，财务报表分析也可促使审计师基于一定的经济和产业条件，了解公司的经营情况及业绩。财务报表分析可以是一种很有用的初步审计工具，把审计师引向变化最大、存在无法解释的业绩的领域。

董事 作为公司董事会成员，你的责任是监督管理层并保护股东利益。因此，董事在公司中的利益是广大而且危险的。为了降低风险，董事会需要使用财务报表分析监督管理层，估计公司的盈利能力、增长及财务状况。董事因其独特的地位，可以几乎毫无限制地接近公司内部财务及其他记录。通过分析财务报表，董事可以获得以下各方面的帮助：(1) 确定商务活动和事件间的因果关系；(2) 帮助董事关注公司整体，而不是迷宫般的财务细节；(3) 鼓励在财务状况发生改变时积极地而不是被动地做出计量。

董事会成员 你关注公司的盈余质量，重点是保证盈余能准确反映公司的回报和风险特征。盈余质量低意味着扩大了盈余（回报）并/或低估了风险，未能反映回报或风险的真实状况。对于盈余（回报）的扩大，你可以问审计师，是否有证据表明管理层使用了慷慨的会计原则或实务，是否有随意使用应计制原则、高估资产或低估负债。对于低估风险，你可以问盈余的来源、稳定性、易变性及趋势。此外，还可以问一些与风险相关的问题，重点是管理层的品质或倾向、监管环境、总体经营风险。

思考题

2—1　从以下几方面描述美国财务报告环境：

a. 影响法定财务报告内容的力量；

b. 制定公认会计原则（GAAP）的团体及监管机构；

c. 财务信息的使用者，以及法定财务报告之外的其他选择性信息资源；

d. 提高法定财务报告完整性的行政执法机构及监管机构。

2—2　为什么收益公告要在财务报表之前发布？它包含哪些信息？与财务报表有何区别？

2—3　说明向证券交易委员会提交的财务报告（至少四种）的内容和目的。

2—4　当代公认会计原则由哪些内容构成？

2—5　说明会计准则是如何制定的。

2—6　谁对公司财务报告的公允性和准确性负主要责任？

2—7　试说明哪些因素导致了财务报告编报过程中管理判断的运用。

2—8　试说明有哪些力量对管理层操纵财务报表构成限制。

2—9　说明投资者和债权人在法定财务报告之外可以得到的其他替代性信息来源。

2—10　说明财务中介的工作对财务报告使用者有何作用。

2—11　解释历史成本会计模式和公允价值会计模式，说明导致历史成本会计向公允价值会计转变的原因。

2—12　什么是稳健主义？其优势何在？

2—13　稳健主义有哪两种类型？哪种类型对分析而言更有用？

2—14　说明有哪些经验证据可以表明财务会计信息具有决策相关性。

2—15　说明财务报表信息的主要局限。

2—16　受时间和配比问题的限制，在短期经营中要单独用现金流量来计量公司经营业绩是极为困难的。试描述各个问题，并举例说明。

2—17　说明企业记录收入时需要执行的确认标准。

2—18　说明成本支出应在何时确认为费用。

2—19　区别长、短期应计项目。

2—20　说明为什么用现金流量指标计量业绩不如用应计制指标。

2—21　请解释是什么因素使应计制会计优于现金制会计。

2—22　应计制会计信息在理论上比现金流量信息更具相关性。试说明一些能够对应计制会计的优越性构成支持的经验例证。

2—23　应计制会计信息、现金流量信息以及分析师预测都是投资者可以得到的信息。试比较这些信息来源的相关性和可靠性。

2—24　定义收益。说明收益与现金流量的区别。

2—25　经济学收益包括哪两个基本概念？它们有何分析意义？

2—26　“经济学收益计量价值的变化，而永久性收益本身即是价值的构成部分。”试解释这一论断。

2—27　说明会计师如何计量收益。

2—28　“会计学收益同时包括永久性收益和经济学收益。”试解释这一论断。

2—29　区别收益的永久性成分和临时性成分，分别举例说明，并说明各项成分如何影响分析。

2—30　定义收益的价值不相关成分，并举例说明。

2—31　确定核心收益是估计永久性收益的重要一步。试释之，并说明为了估计核心收益，需要对净收益做哪些调整。

2—32　确定经济学收益时需要对净收益做哪些调整？

2—33　试说明在特定情况下，会计原则如何造成财务报表信息与经济现实之间的差异。

2—34　历史成本会计模式与公允价值会计模式的主要区别是什么？

2—35　说明历史成本会计模式和公允价值会

计模式下的收益各代表什么。两种模式下如何确定收益？

2—36 对公允价值做出正式定义，并说明定义中包含的关键要素。

2—37 公允价值是基于市场的计量，而非主体特定计量，试举例说明之。

2—38 解释确定公允价值时使用输入的级别。使用哪一个级别的输入会降低公允价值估计的可靠性？

2—39 哪种类型的资产/负债更易于采用公允价值计量，金融资产还是经营性资产？参照有关输入级别的内容做出解释。

2—40 说明用以估计公允价值的三种基本估值方法。说明估值方法与输入级别之间的联系。

2—41 讨论公允价值会计的优缺点。

2—42 按照你的观点，历史成本和公允价值模式哪一个产生的信息更为相关和可靠？说明具体理由。

2—43 分析师在分析按照公允价值会计模式编制的财务报表时需要考虑的主要问题有哪些？

2—44 说明财务报表编制者的估计和判断如何造成财务报表信息与经济现实之间的差异。

2—45 什么是会计分析？试释之。

2—46 实施会计分析的步骤是什么？

2—47 什么因素导致了会计失真？试释之。

2—48 为什么管理者有时会进行盈余管理？

2—49 流行的盈余管理策略有哪些？试释之。

2—50 解释“盈余管理”一词的含义，说明管理者进行盈余管理的动机。

2—51 说明应计制会计信息和现金流量信息在你自己的公司估值模型中所扮演的角色。

2—52 说明会计观念、准则，以及以之为基础编制的财务报表如何受个人判断和动机的影响。

2—53 如果某公司提供的会计信息未经审计，你是否愿意购买该公司的股票？

2—54A 什么是盈余质量？为什么财务报表信息使用者要评价盈余质量？决定盈余质量的主要因素有哪些？

2—55A 什么是酌量性支出？酌量性支出对盈余质量分析的重要性表现在哪些方面？

2—56A 报告资产价值与报告收益之间有何联系？报告负债（包括准备）与报告收益之间有何联系？

2—57A 资产负债表分析如何进行收益有效性和盈余质量检查？

2—58A 外部因素对盈余质量有何影响？

2—59A 说明盈余管理如何影响盈余质量。如何区分盈余管理与欺诈性报告？

2—60A 确定并解释可降低盈余质量的盈余管理的三种类型。

2—61A 什么因素或动机促使公司（管理层）进行盈余管理？这些激励对财务报表分析有何影响？

练习题

2—1 会计的统一化

有些财务报表使用者认为，会计的统一化本身是一项理智的诉求，但是，在复杂的现代社会中，受经济社会中市场力量的影响（至少也是部分受其影响），会计的统一化是行不通的。

要求：

a. 说明国内或国际会计统一化的缺点（至少三点）；

b. 说明会计的统一化是否必然意味着可比性。

2—2 收益公告与市场反应

对刚刚过去的一个季度的收益公告，不管报告的是好消息还是坏消息，在公告发布当天，股票价格的非正常变动通常都相当小。

要求：

a. 讨论公告前几天或几周的股票价格变动怎样解释这一现象；

b. 讨论在收益公告发布之前市场可能得到的信息的类型；

c. 公告发布当天股价的微小反应与之前几天或几周内观察到的变化有何关系？

2—3 财务报表的时效性

有些财务报表使用者对年度财务报表的时效性

提出了批评。

要求：

a. 说明为什么损益表上的汇总信息不是公布年度报告时的最新信息；

b. 说明损益表中的哪些信息对财务报告使用者来说属于发布年报时的最新信息。

2—4　季报的可靠性

SEC要求公司编报的法定财务报告既包括年报也包括季报。季报被称为10-Q表。

要求：

说明财务分析师在进行季报分析时必须关注的两项可能形成误导的因素。

2—5　SEC报告中的信息

证券交易委员会（SEC）要求上市公司提供各种法定报告。

要求：

说明从哪种SEC报告中可以发现如下信息。

a. 管理层对该会计年度财务成果的讨论；

b. 有关首席执行官（CEO）报酬的规定，以及上一会计年度付给首席执行官的报酬总额；

c. 都有谁是董事会成员，他们来自公司内部还是外部；

d. 董事提供服务的报酬数额；

e. 公司二季度末的经营成果和财务状况；

f. 公司为什么更换审计师；

g. 有关即将发生的首次公开募股的详细情况。

2—6　财务报告的监管机构

管理者有责任保证财务报告的公允性和准确性。管理者同时又有内部信息帮助他们对未来结果做出估计。然而，管理者也面临着为了他们的最高利益策略地报告信息的激励。

要求：

试说明，当一家上市公司的管理者试图用不适当的欺诈性方式确认收入时，监管机构会对管理者进行怎样的处罚。

2—7　自愿披露的动机

管理者自愿披露的动机是各式各样的。你是否认为管理者会以自愿披露的方式公布以下信息（分别考察每一种情况）：

a. 一家公司计划在下一年第二季度出售一个表现极差的分部，届时将会带来很大的亏损；

b. 一家公司目前的销售极差，因此，预计本季度末报告的收益会是很令人失望的；

c. 一家公司计划报告本季度特别优异的收益；

d. 管理层认为分析师的预测略高于管理层的预计；

e. 管理层坚信，按照目前的股票价格，公司价值是被严重低估了的。

2—8　财务报表信息与分析预测

财务报表是有关公司信息的主要来源。分析师的预测、报告和建议是颇为流行的替代性来源。

要求：

a. 说明对经营决策人员而言财务报表信息有何优势；

b. 说明对经营决策人员而言分析师的预测有何优势；

c. 说明上述两种信息来源之间有何关系。

2—9　历史成本与公允价值

财务报表正在以不可逆转的势头转向对所有资产和负债皆按公允价值计价。

要求：

a. 讨论历史成本与公允价值的概念差异；

b. 讨论两种替代性计价模式的优缺点；

c. 哪类资产（或负债）更适合使用公允价值计价？我们能否设想所有资产全部按公允价值计价？

d. 采用公允价值模式对报告收益有何影响？

2—10　应计制会计与现金流量

a. 说明为什么应计制会计下的损益表比基于现金流量的损益表对分析企业业绩更为有用；

b. 说明基于现金流量的资产负债表的资产方报告哪些项目，并与应计制会计下的资产负债表相对照；

c. 应计制会计的优势之一在于其决策相关性，现金流量信息的优势在于其可靠性，试说明什么因素使得应计制会计更相关，现金流量会计更可靠。

2—11　分析师预测与财务报表

分析师提供收益预测及其他一些前瞻性信息。这些信息与财务报表信息相比既有优点也有缺点。

要求：

a. 说明你是否认为对商务决策而言分析师预测比财务报表信息更相关；

b. 说明你是否认为分析师预测比财务报表信息更可靠。

2—12　应计制会计的计量错误

应计制会计需要对未来结果做出估计。比如，坏账准备就是对当期应收款中最终可能无法收回的金额的一种预测。

要求：

会计信息因何会与经济真实相背离？试列举其中三方面的原因并进行解释，同时针对每一种原因举出一个交易实例。

2—13　秘密准备会计

SEC前主席曾经指出，资产负债表上的秘密准备就像“糖果盒”里的存货，在收益好的时候增加，在收益不佳时再取出来以平衡收益。

要求：

秘密准备常来自（1）坏账、（2）存货，以及（3）与重组费用相关的大额应计项目。

a. 对以上每一类交易，说明秘密准备是何时以及如何产生的；

b. 对以上每一类交易，说明秘密准备是何时怎样用于平衡收益的。

2—14　银行与秘密准备

在过去十年中，好几家大型“资金中心”银行（money center bank）大规模增加了其贷款损失准备。比如花旗银行就曾一次增记贷款损失准备30亿美元。受新增贷款损失准备影响，这些银行出现了巨额亏损。尽管大部分分析师认为这些额外的准备是有道理的，但也有许多人认为银行的准备超过了必要的水平。

要求：

a. 说明为什么银行要计提额外的贷款损失准备，甚至超过必要的水平；

b. 说明如何将多计的贷款损失准备在将来用于管理盈余。

案例题

2—1　分析高露洁公司的报表

使用本书附录A中高露洁公司的年报资料回答下列问题：

a. 由谁来负责编制高露洁公司的财务报表和附注，并对其做一体化处理？这一责任在年报中是在哪里说明的？

b. 高露洁公司在哪一条附注中说明了其在编制财务报表时所使用的会计政策？

c. 年报中报告的是何种类型的审计意见？属于谁的意见？

d. 年报中是否有哪些数据是基于估计的？如果答案为是，高露洁公司又是在何处对其进行讨论的？

2—2　工业会计及分析：历史案例

石油钻探成本有两种潜在的会计处理方法：完全成本法和成功努力法。在完全成本法（full-cost method）下，不管打出的油井是否出油，钻探公司都会把其成本做资本化处理。这意味着它会在资产负债表上把全部成本作为资产处理。公司会将这一成本全部归由采集并出售石油所获得的收入来负担。在成功努力法（successful-efforts method）下，公司会将不出油的枯井的成本在其发生时做费用处理，直接归当期损益负担。只有出油的油井的成本才会做资本化处理。许多中小型钻探公司采用完全成本法，因此，会有数百万美元的钻探成本在资产负债表上列报为资产。

为此，SEC对完全成本法会计实行了一定程度的限制。在此方法下，资本化成本不得超出一个最高限度，该限度等于公司储备的现值。超过该限度的成本需作为费用处理。石油公司（主要是小公司）在游说SEC准许保持完全成本法作为一种替代性方法方面获得了成功，尽管会计职业界更喜欢采用成功努力法。因为有关资本化成本的限度是在油价较高的时期获得接受的，公司接受该做法，并认为该方法对油价并无实质性影响。

当石油价格实质性降低，许多公司发现其资产负债表上作为资产列示的钻探成本超过了很低的最高限度。这就是说，它们面临着冲减资产的问题。石油公司因为担心大幅度冲减资产会影响其经营，因此开始采用激烈的行动，游说SEC改变会计规则，以避免大幅度的冲减资产价值降低其盈余及权益资本。SEC人员支持中止这样的规则，他们认为，油价还会上升，而且，公司还是会被要求对其石油储备的市场价值和账面价值之间的差异进行披露。石油公司的提议暂时有所放松，等待 SEC 所实施的一项有关是否改变或废除该项最高限度测试的专门研究的结果出来。该提议将暂缓要求在计算限度金额，以确定是否应该要求冲减储备时使用目前价格。SEC 最终否决了该提议。而该提议本能够让 250 家国内石油及天然气公司延缓冲减，减缓其石油和天然气储备价值的下跌，承认该决策可能会触发银行贷款违约。SEC 主席谈道："在紧张时刻，该规则是没有弹性的。"

Tenneco 公司找到了一条途径以应对 SEC 拒绝批准延缓冲减资产所造成的影响。该公司宣称改用成功努力法会计，将近 10 亿美元的支出归由以前年度盈余负担。其影响是，Tenneco 公司将把目前反映在资产负债表上的未出油油井的未摊销钻探成本转归以前年度收入负担。这些成本将仅仅影响以前年度的财务成果，而不会表现为目前报告收益的冲减额。

要求：

a. 说明从石油及天然气行业会计方法的演进中，分析师可以得出什么结论。

b. 说明 Tenneco 公司的处理方法对其近几年财务成果的报告会有什么样的潜在影响。

2—3A　盈余质量与会计政策变更

加拿大钢铁公司生产钢铸件和金属预制件，出售给生产厂家用以制造重型建筑机械及农用设备。在第 3 年初，公司总裁向财务副总裁寄送了如下一份备忘录：

致：财务副总裁 Robert Kinkaid

发自：总裁 Richard Johnson

主题：会计及财务政策

对我们而言，第 2 个会计年度是十分艰难的一年，这种情况并可能延续至第 3 年。整个行业都在经受煎熬，由于会计及商务政策失当，我们可能遭受不必要的磨难。特别是：

(1) 我们的大部分固定资产（铸造设备）因为采用"吨产量"法，因而超期服役。为税务目的则采用加速折旧法和较短的寿命期估计。为了财务报告目的，则转为直线法，以便 (a) 在资产负债表上消除递延税款负债，(b) 假如第 4 年业务回暖则可调节利润。

(2) 数年前你曾劝我将存货计价方法从先进先出法（FIFO）改为后进先出法（LIFO）。由于通货膨胀目前已降低至每年 4%的水平，而在我们目前的环境中，保持资产负债表的强势极为重要，我估计，假如我们转回先进先出法，可以使股东权益增加 200 万美元，营运资本增加 400 万美元，使第 3 年的盈余增加 50 万美元。这一调整是真实的，因为这些利润确实是我们在过去几年中赚得的，应该予以确认。

(3) 如果改变存货计价政策，我们的股票回购计划也可以继续。去年曾以每股 100 美元的价格向我们出售 50 000 股股票的股东，可以继续依该价向我们出售 20 000 股股票。不过，要再向银行融资，我们必须把流动比率保持在 3∶1 或更好的水平。如果资产回报率无法令人满意且行业继续衰落，降低资本化水平似乎将是一个审慎的选择。另外，由于利率较低（基本利率为 11%），如果省去每股 3 美元的股利，每年可以税后节省 60 000 美元。

上述做法可以很好地影响我们的获利能力及流动性比率，如下面所列第 3 年度预估损益表及资产负债表所示（单位：百万美元）：

	第 1 年	第 2 年	第 3 年估计
销售净额	$50.6	$42.3	$29.0
净收益（损失）	$2.0	$(5.7)	$0.1
净利润边际	4.0%	—	0.3%
股利	$0.7	$0.6	$0.0
资产回报率	7.2%	—	0.4%
股权回报率	11.3%	—	0.9%
流动资产	$17.6	$14.8	$14.5
流动负债	$6.6	$4.9	$4.5
长期负债	$2.0	$6.1	$8.1
股东权益	$17.7	$11.4	$11.5
发行在外的股票（单位：千股）	226.8	170.5	150.5
普通股每股：			
账面价值	$78.05	$66.70	$76.41
市场价幅度	$42～34	$65～45	$62～55

请对我的提议尽快做出回应。

要求：

假定你是该公司财务副总裁 Robert Kinkaid，请对总裁的各项提议是否有理做出评价。你可以重点强调每一项会计或商务决策对盈余质量有何影响。请用比率分析对你的回应提供支持。

第3章

融资活动分析

回顾

第1、2章对财务报表分析和财务报告做了总括介绍。表明了如何通过财务报表来报告融资、投资及经营活动。我们还介绍了会计分析，阐明了其对于财务报表分析的重要意义。

本章要点

本章描述对融资活动的会计分析，涉及债务融资和股权融资。我们对债务融资的分析将同时考虑经营性负债和融资性负债。经营性负债的分析将包括对退休后福利的深入研究（以附录方式呈现）。融资性负债分析针对租赁和表外融资，以及债务融资的传统形式。我们还将分析股权融资的构成及账面价值的相关性。

前瞻

第4、5章将会计分析扩展至投资活动。我们将分析经营性资产，如流动资产，不动产、厂场及设备，以及证券投资与公司间购并。第6章分析经营活动。

学习目标

- 了解债务融资并评价其分析意义
- 分析并解释租赁，阐明其意义及财务报表的调整
- 分析或有负债的披露，说明其风险
- 辨别表外融资，说明其对风险分析的影响
- 解释股本，分析说明其突出特征
- 描述留存收益，说明如何通过发放股利对其进行分配
- 分析并解释介于权益边缘的负债
- 分析退休后福利的披露，估计其对企业估值及风险的影响（附录3B）

章前引例

特殊目的实体的后安然时代

安然公司（Enron）曾采用一种特殊的融资手段——特殊目的实体（special purpose entities，SPE），隐藏数百亿美元的债务，逃避投资损失的确认。这些实体是资本很少的空壳公司（shell companies）。安然公司利用SPE按夸大的价格购置资产，以达到推高利润的目的。

更为糟糕的是，安然公司将这些特殊目的实体作为其套期保值活动的对手方。这些特殊目的实体在价值下降时为安然公司提供担保以保护其投资。由于这些特殊目的实体的实体资本薄弱，又受安然公司高层所控制，所以安然公司实际上是自己为自己提供保险。

绝大部分SPE作为合法的融资手段已经有几十年历史，而且迄今仍在普遍使用。比如，许多零售商可能向某一SPE出售私人标签信用卡应收款（private label credit card receivables），该SPE则用向投资大众发售债券获得的资金购买零售商的信用卡应收款。投资者收到一项高质量的投资，公司则可以即刻收到现金。更多情况下，SPE是许多大公司（如塔吉特、Capital One、通用汽车，花旗集团，戴尔等）普遍使用的重要融资工具。

然而，安然的败落使投资者遭受了巨大损失，推动了对严格监管的呼唤。美国国会因此颁布了《萨班斯–奥克斯利法案》，FASB发布了FIN 46①。FIN 46的影响更为深远，因为它要求在编制报表时把特定的SPE与被认为是主要受益人（primary beneficiary）的发起公司相合并。这样，财务报表就可以在反映发起公司情况的同时反映设立SPE的情况。

> FIN 46对SPE成本及生存性的影响至今尚不十分清楚

在新的会计规则之下，如安然那样滥用SPE将不大可能。不过，它们对SPE作为一种

① FIN 46是指FASB Interpretation No. 46（revised December 2003），Consolidation of Variable Interest Entities，an interpretation of ARB No. 51。——译者注

合法融资工具的生存及成本究竟有何影响，至今尚不十分清楚。

本章概览

商务活动通过负债或权益方式，或者同时通过两种方式来融资。**负债**（liabilities）是需要在未来用现金、服务或其他资产偿付的义务。它是外人对公司目前和未来资产与资源的主张权。负债就性质而言既可以是融资负债也可以是经营负债，其权利通常高于权益持有者。**融资负债**（financing liabilities）是指各种形式的信用融资，包括长期票据和债券、短期借款、租赁。**经营负债**（operating liabilities）是由于营业活动而形成的义务，如应付账款、退休后福利等。负债按期限长短（通常以一年为界）分为**流动**（current）负债和**非流动**（non-current）负债。**权益**（equity）是指所有者对公司净资产的主张权。所有者的主张权低于债权人的主张权，也就是说，他们所享有的是在全部资产满足债权人的主张权之后的**剩余索取权**（residual claim）。权益持有者面对公司最大的风险，同时也享有获得公司所有剩余报酬的权利。其他一些特定证券，比如可转换债券，是一种兼具负债和权益双重性质的混合融资形式。本章将详细说明以上各种融资形式，说明公司如何进行其会计处理和报告，以及对财务报表分析的实际意义。

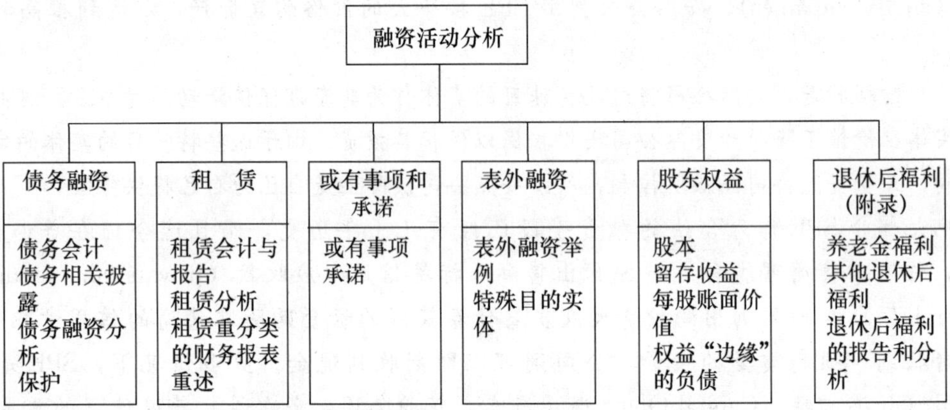

债务融资

债务融资，或者叫融资负债，是指公司从各种资金提供者手中以借款方式筹集资金。公司可以通过发行有价证券（比如债券）的方式直接从投资者手中借入资金，这样的借款称为**公共债务**（public debt）。公司也可以从金融机构（比如银行）以借款方式举借债务，此类借款称为**私人债务**（private debt）。借款具有明确的借款成本，其典型形式是支付利息。这也就是为什么融资负债也称为**附息负债**（interest-bearing liabilities），这也是它与应付账款之类经营负债的区别之处。经营负债在大多数情况下并无明确约定的利息。债务与股权相区别的另一重要特征，是它有**固定期限**

(fixed term)，也就是债务的到期时间。也即是说，所借入的金额（或本金），到期(maturity) 必须偿还。

期限在一年以上的债务称为**长期债务**（long-term debt)，如面向社会公众发行的债券、债权证、票据（公共债务）；长期贷款及长期票据（私人债务）。公司举借长期债务是为长期项目筹措资金，或者满足持续性的资金需求。在资产负债表中，长期负债归类为非流动负债。不过，将在按资产负债表日来计算的一年内到期的那部分长期负债，需归类为流动负债，称为**一年内到期的长期负债**（current portion of long-term debt)。

公司也需要举借短期债务。除了具有灵活性之外，短期借款的利率也较长期借款为低。不过，短期借款因为需要在较短时期内偿还，所以其风险也相对较大。短期借款包括短期周转借款、贴现票据、商业票据。短期借款主要用于为营运资本及其他流动性需求筹资。短期借款归类为流动负债，在资产负债表中包含在称为**银行借款、商业票据或短期票据**（bank borrowing，commercial paper，or short-term notes）的线上项目中。

循环信用额度（revolving lines of credit)，也称**短期周转借款**（revolvers)，是指向银行借入用以满足营运资本融资需求的短期借款。信用额度的运作方式有时有点像信用卡。那就是，一家公司可以在核定的最大借款额限度内根据实际需要借入资金，并按实际借入的金额计算支付利息。最大借款限额是按照合同约定的最大信用额度及作为**贷款担保物**（collateral）的实有流动资产的价值来确定的。还有另外两种短期融资方式需要提及。有时，公司会把从第三方（比如客户）获得的短期期票出售给银行，以在其到期之前换取现金，并在该期票金额中扣除一定贴现利息。此即所谓**票据贴现**（bill discounting)。此外，信誉卓著的大型公司会在全球金融市场向投资者发行短期无担保票据。这类票据称为**商业票据**（commercial paper)。

最后，还有一种间接的长期借款形式，即租赁。有些公司，尤其是航空和零售等特定行业的公司，可能通过租赁获得其大部分资产。尽管它常被构造成租赁协议的形式，租赁依然是债务融资的一种重要形式。我们将在下一节考察租赁的内容。

□ 债务会计

长期债务会计机制举例

假定某公司发行面值为 100 000 美元的 3 年期债券，票面利率 6%，按年付息。**面值**（face value）是指公司承诺债券到期时返还给债权人的金额。**票面利率**（coupon rate）是公司同意的支付利息的约定比率。此项支付的金额称为**派息额**（coupon payment)。在本例中，每年的派息额为 6 000 美元。

有效利率（effective interest rate）是市场在发行债券时指定给债券的利率。该利率决定了债券在发行时的现值，等于公司从债券发行中收到的现金收入。有效利率是由市场在考虑了各种相关因素的基础上确定的，这些因素包括现行无风险利率、债券的期限和风险。票面利率和有效利率之间并不存在必然的联系。比方说，公司可以发行零利率债券，债券到期时，公司只需要付给投资者面值即可。这样的债券同样要按某种有效利率计算现值。

要了解债券及其会计处理的相关机制，我们可以考虑三种不同的有效利率：6%，3%，及 10%。图表 3—1 说明了不同利率水平下的情况。首先考虑 6%的利率。本例中，发行时（以年度为 0 来表示）债券的现值恰好等于 100 000 美元。[①] 因为公司筹集到的资金正好等于面值，所以我们说该债券是按面值（par）发行的。在这种利率水平下，每年的利息费用（有效利率×期初现值）正好等于 6 000 美元（6%×＄100 000）的派息额。

图表 3—1　　债券会计机制举例

按面值发行			利率＝6%			
年度	票面利息	现值	溢价/（折价）	利息	摊销	合计
0		100 000	0			
1	6 000	100 000	0	6 000	0	6 000
2	6 000	100 000	0	6 000	0	6 000
3	6 000	100 000	0	6 000	0	6 000
合计	18 000			18 000	0	18 000

溢价发行			利率＝3%			
年度	票面利息	现值	溢价/（折价）	利息	摊销	合计
0		108 486	8 486			
1	6 000	105 740	5 740	3 255	2 745	6 000
2	6 000	102 913	2 913	3 172	2 828	6 000
3	6 000	100 000	0	3 087	2 913	6 000
合计	18 000			9 514	8 486	18 000

折价发行			利率＝10%			
年度	票面利息	现值	溢价/（折价）	利息	摊销	合计
0		90 053	(9 947)			
1	6 000	93 058	(6 942)	9 005	(3 005)	6 000
2	6 000	96 364	(3 636)	9 306	(3 306)	6 000
3	6 000	100 000	0	9 636	(3 636)	6 000
合计	18 000			27 947	(9 947)	18 000

折价发行：公允价值会计						
年度	票面利息	利率	公允价值	利息	未实现损失	费用合计
0		10%	90 053			
1	6 000	7%	98 192	9 005	5 134	14 139
2	6 000	3%	102 913	6 873	3 847	10 721
3	6 000		100 000	3 087	0	3 087
合计	18 000			18 966	8 981	27 947

① 10 000 美元正好是第 1、第 2、第 3 年分别收到的 6 000 美元、6 000 美元和 106 000 美元按 6%折现的现值。

接下来考虑有效利率为 3%的情况。在这种情况下，发行债券时的现值是 108 486 美元。由于市场按现值对债券进行评价，因此，公司发行债券时收到的款项高于 100 000 美元面值，有 8 486 美元**溢价**（premium）。此时的利息费用远低于派息额。比如，在第 1 年为 3 255 美元（3%×＄108 486）。因此，当公司向债权人按 6 000 美元派息时，就像是在同时偿还本金 2 745 美元（＄6 000－＄3 255），这会使债券现值减少。我们将这 2 745 美元称为**债券溢价摊销**（amortization of bond premium）。需要注意的是，每年的利息费用和溢价摊销额是不一样的，但此二项之和始终等于派息额。

当有效利率远高于票面利率时，则会出现与“溢价”相反的现象。此时，发行时的现值为 90 053 美元。因此，公司按照低于面值的价值发行债券，或者说是以 9 947 美元的**折价**（discount）发行。每年的利息费用高于派息额，就像公司每年借入了更多款项，债券现值因而增加。比如，第 1 年，理论上的借入额——我们称之为**债券折价摊销**（amortization of bond discount）——为 3 005 美元（＄9 005－＄6 000）。

到此为止，我们使用市场利率对发行时的现值进行了估计。然而，在现实中，因为市场利率随时间而变动，债券的价格也会发生波动。债券的**公允价值**（fair value）是债券按**现行**（current）利率而非发行时市场利率折现的现值。它有时也会恰恰等于债券的现时市场价值。比如，在前述折价发行的情况下，如果利率于第 1 年末从 10%下降至 7%，第 1 年末债券的公允价值将为 98 192 美元（剩余两期的派息额与债券面值按 7%折现的现值）。如果利率在第 2 年末降低到 3%，第 2 年末的公允价值将为 102 913 美元（剩余一期的派息额与债券面值按 3%折现的现值）。

会计处理

我们从此刻开始考察长期债务会计处理的主要特征。第一，在资产负债表上，长期负债是按现值而不是票面价值报告的。这一现值称为**摊余成本**（amortized cost）。比如，在前例中折价发行的情况下，资产负债表上将显示第 0 年末的债券现值为 90 053 美元，第 1 年末的债券现值为 93 058 美元。第二，损益表反映的是利息费用而非派息额。对前例中的折价发行而言，第 1 年的利息费用为 9 005 美元，第 2 年的利息费用为 9 306 美元。第三，6 000 美元的派息额属于现金流出，需从经营活动产生的现金流量中扣减。第四，债券折价的摊销额——第 1 年为 3 005 美元——需加到债券的持有价值上去，如此，债券的持有价值所反映的将是更新后的现值。[①] 在溢价发行的情况下，溢价的摊销额需从债券现值中减去。在应计制会计下需按如下方式确定各个项目的属性（等式中用的是折价发行中第一年的数据）：

利息费用	＝	现金流出	＋	债券折价摊销额
（减少权益）		（减少资产）		（增加长期负债）
（＄9 005）		（＄6 000）		（＄3 005）

① 第 1 年末的现值 93 058 等于第 0 年的现值加上债券折价的摊销额，也等于第 1、2 年后分别收到 6 000 美元和 106 000 美元按照 10%折现的现值。

这些会计规则对美国GAAP和IFRS都是通用的。同样原则也可同时用于公共债务和私人债务。不过，票面利率和实际利率间的差异只存在于私人债务，尽管这种差异只是偶尔才出现。鉴于此，对私人债务而言，摊余成本与票面价值不同的情况极少出现。

与长期债务不同，短期债务通常是按票面价值报告。为什么短期债务要按面值来报告，背后的道理其实很简单：因为短期债务的短期性，其票面价值很少会偏离现值。

美国GAAP和IFRS皆鼓励（但并非强制要求）公司按公允价值报告长期债务。当一家公司采用公允价值会计时，资产负债表按现时公允价值确认债权，债券公允价值在一定时期内的全部变化需作为未实现债券收益和损失包含在损益表的净收益项目中。举例来说，假如在之前举例中折价发行的情况下，利率从10%降至7%，第1年末资产负债表上按公允价值计量的债券持有价值为8 192美元。第1年的净收益中将包含5 134美元（＄98 192－(＄90 053＋＄9 005－＄6 000)）的未实现损失。除了9 005美元（10%×＄90 053）的利息费用外，额外有14 139美元总费用需由第1年的收益来负担。假如利率继续下降，到第2年末降至3%，债券的持有价值（公允价值）将为102 913美元，由第2年净收益负担的费用将为10 271美元，包括利息费用6 873美元（7%×＄98 192）、未实现损失3 847美元（＄102 913－(＄98 192＋＄6 873－＄6 000)）。第3年，将有3 087美元（3%×＄102 913）的利息费用由净收益负担。需要注意的是，在整个时期内，在公允价值会计下应由净收益负担的总费用为27 947美元，这一数字正好等于传统会计处理中负担的费用额。然而，各个年度负担的费用额会有所不同。

□ 债务相关披露

按规定，公司必须在财务报表附注中披露有关其长短期债务的详细情况。除对资产负债表中确认的金额作出解释之外，还需在附注中提供其他有用的信息，包括债务的预计未来到期时间、具体的合同条款诸如担保及约定、尚未使用的信用额度，以及与公司某项债务相关的其他重要信息。

图表3—2是Alliance One国际公司附注披露的摘要，与之一起的还有简要的损益表及资产负债表。其附注由两个基本部分所组成：(1) 一张明细表，用以解析资产负债表中所报告的发行在外的债务情况；(2) 对公司所发行主要债务的具体评价。

图表3—2　　债务相关披露——Alliance One国际公司　　单位：百万美元

简要损益表			简要资产负债表		
3月31日为止的财政年度	2010	2011	3月31日	2010	2011
收入	2 308	2 094	流动资产	1 383	1 317
营业费用	2 074	1 944	非流动资产	528	491
债务清偿费	40	5	资产总计	1 911	1 808
利息费用	114	103			

续前表

简要损益表			简要资产负债表		
3月31日为止的财政年度	2010	2011	3月31日	2010	2011
利息收入	5	7	应付银行票据	189	231
税金	(4)	107	长期债务——流动		1
净收益	79	(72)	其他流动负债	281	238
			流动负债合计	470	470
			长期债务	789	884
			其他长期负债	257	138
			股权	395	316
				1 911	1 808

票据披露

下表摘要反映该公司2010和2011年3月31日的债务融资情况：

	2010	2011			支付计划	
	发行	发行	可用额度	利率	年度	到期金额
高级担保项目（短期周转借款）		148	142	3.1%	2012	1
高级票据					2013	155
10%，2016到期	642	612		10.0%	2014	1
8½%，2012到期	30	6		8.5%	2015	116
	672	766	142		2016	
次级可转换票据					2017	612
5½%，2012到期	115	115		5.5		
其他长期债务	2	4		8.0%		
应付银行票据	189	231	553	3.5%		
总负债	978	1 116	695			
长期：						
流动		1				
非流动	789	884				
	789	885				
短期	189	231				
总负债	978	1 116				

公司长期债务的摊余价值和估计公允价值分别为：2011年，8.85亿美元和9.05亿美元；2010年，7.89亿美元和8.46亿美元。

高级担保信用项目（短期周转借款）

2009年3月，公司与一家银行集团签署协议，设定一个高级担保信用项目——一项短期周转借款，期限为三年零三个月，额度2.7亿美元。初始应计利息率为同业拆解利率（LIBOR）加2.5%。该项短期周转借款的利率可以按照合并利息保障比率定价矩阵增加或减少。2009年，公司将短期周转借款增加至2.9亿美元。该协议曾数度修订，包括准许额外发行1亿美元高级担保票据。该短期周转借款项目下的最大借款额为约定额与营运资本两项金额中之较小者。

财务约定：这项协议所包含的具体要求及财务比率如下：

合并利息保障比率的最小值不低于1.90～1.00（2011年第2、3、4季度分别为1.65，1.65，1.80）；

合并利息保障比率的最大值不高于在一份计划表中所确定的每个季度的具体数值（2011年第1季度为5.85，2011年第3季度为峰值7.50，2012年第4季度降至4.75）；

高级债务合并总额与营运资本额的比率最大不超过0.80～1.00；

2012年3月31日为止的财政年度年度资本支出的最大值为5 500万美元，其后每年为4 000万美元。

公司保持了对这些协议条款执行情况的持续性监控。在2011年3月31日，以及整个财政年度内，公司是按这些约定执行的。

续前表

高级票据

2009 年 7 月，公司发行 5.7 亿美元的 10%高级担保票据（简称"高级票据"），2016 年到期，发行价为面值的 95.1%。2009 年 8 月，公司又额外按面值的 97.5%的价格发行了 1 亿美元高级票据，2016 年到期。这些票据由重要的国内子公司的资产提供担保。2011 年间，公司在公开市场购买了 3 500 万美元此类票据。所有购入的证券已经注销，至 2011 年 3 月 31 日，发行在外的 10%高级票据剩余 6.35 亿美元（其中 2 300 万美元为发行时的折价）。

可转换高级次级票据

2009 年 7 月，公司发行了 1 亿美元 5½%可转换高级次级票据，2014 年到期（简称为"可转换票据"）。票据期满时，持有者可以将其所持有的可转换票据，按照规定的转换率转换为公司普通股。初始转换比率为每 1 000 美元可转换票据本金可转换 198.8 股普通股股票。实际转换比率可根据可转换票据所依据的协议条款中所描述的特定事项的发生而进行调整。

国外季节性信用额度

公司为向其国外业务融资，在国外获得了未承诺未担保短期季节性信用额度。这些业务额度在性质上来讲是属于季节性的，按照各地烟草公司经营周期的季节性特点，期限从 180 到 270 天不等。这些额度通常是未承诺的，提供者可以在任何时间发放贷款或要求还款。这些贷款通常需要在每个烟草季节开始时进行更新。截至 2011 年 3 月 31 日，公司使用的此类信用额度为 2.31 亿美元，最大的容量总计为 7.99 亿美元。

股利限制

我们的高级信用协议，对以 2008 年 4 月 1 日以来的合并净收益和合并净损失，以及自该日期以来所进行的具体的限制性投资的金额为基础支付股利，进行其他分配或限制性支付的能力形成制约。此外，我们必须严格遵守高级信用协议所规定的各项条款——包括财务约定，以便支付股利、回购股票、进行其他分配或限制性支付。进而，用以管理我们所发行高级票据的协议，也会包含同样的限制，假如我们无法做到合并 EBITDA 与固定支出的比率保持至少 2.0 至 1.0，将会禁止支付股利或进行其他分配。2011 年 3 月 31 日，我们确实没有达到这项固定费用保障比率要求。在很多时候，我们都可能无法达到这一要求。

Alliance One 国际公司 2011 年资产负债表表明，公司的长期负债总额为 8.85 亿美元，其中 100 万美元因在一年内到期，归入流动负债。流动负债中还包括 2.31 亿美元对银行的应付票据。从附注中可以看到，长期债务主要由以下项目构成：（1）一项高度担保的"短期周转借款"，金额为 1.48 亿美元。（2）2016 年到期的 10%担保票据 6.12 亿美元；（3）2014 年到期的 5½%可转换票据 1.15 亿美元。2.31 亿美元短期票据代表公司使用国外季节性信用额度的程度。除此之外，该表还表明另外还有 6.95 亿美元的可用信用额度，其中 1.42 亿美元源自短期周转借款，5.53 亿美元源自国外信用额度。因为 Alliance One 的业务具有季节性，这些信用额度可能在旺季得到更充分的使用。

除了提供有关已发行及可用债务的详细情况外，这还是一张反映未来数年到期债务详细情况的支付表。对 Alliance One 公司而言，2017 年 3 月到期的财政年度将是偿债高峰期，因为在该财政年度，将有 6.12 亿美元的 10%票据到期。

此外，公司还报告了其债务的公允价值。2011 年，公司债务的公允价值为 9.05 亿美元，高于其 8.85 亿美元的摊余成本。公允价值之所以会这样高，主要是因为自贷款启动以来利率持续降低。

有关各类债务的注释提供了有关债务发生时间、到期时间、债务性质以及其契约性保护（抵押、担保、约定）等详细情况。图表 3—2 中有关于注释的摘要。注释中最重要的部分是有关的约定限制。我们将在后面对其做进一步讨论。

□ 债务融资分析

摊余成本与面值

在资产负债表上，债务通常是按摊余成本列报的。这与作为到期金额的面值有所不同。比如，Alliance One 公司 10%高级票据的面值是 6.35 亿美元，而资产负债表上的持有价值仅为 6.12 亿美元。假定没有其他差异，仅仅因为这一原因，Alliance One 公司长期债务合计的面值将是 9.08 亿美元，与此相对照，摊余成本仅为 8.85 亿美元。

金融理论认为，对未来现金付款额而言，现值是更适当的计量。如果真的如此，则必须注意，现值有可能低估公司未来现金付款额。比如，尽管 Alliance One 公司报告的 2017 年到期与其 10%高级票据相关的债务为 6.12 亿美元，但当该项债务到期时，真正的现金付款额是其面值 6.35 亿美元。这是因为，当债务到期时，需要偿还给债权人的是面值。许多信用分析师在测定公司债务—股权或保障倍数比率时使用债务的面值数据，因为它计量的是与公司债务相关的付款额（commitment）。对分析师而言，在进行现金流量预测时，考虑未来到期债务的面值也是非常重要的。

在票面利率与有效利率相同的情况下，面值与摊余成本将不会有实质性的不同。在目前低利率时代，公司发行债务的票面利率与现行利率很接近。不过，在高利率环境下，现金极度短缺的公司有可能发行派息额非常低的债务（有时派息额甚至为零）。在这种情况下，摊余成本与面值可能有极大的不同。

公允价值会计

公允价值也能反映债务的现值。不过，公允价值与摊余成本不同，因为它们反映现时利率，而不像摊余成本反映的是发行债务时的利率。比如，Alliance One 公司披露其长期债务合计数的公允价值为 9.05 亿美元，高于其 8.85 亿美元的摊余成本。债务的公允价值会计不是目前所需要的。不过，美国 GAAP 和 IFRS 都鼓励公司在资产负债表中确认债务的公允价值。目前，许多金融机构选择按公允价值报告其特定类型的债务。

公允价值的支持者十分肯定其相对于其他计量的理论优势，但分析师对其在债务会计方面的适用性存在分歧。通常情况下，公允价值计量债务的**清算价值**（liquidating value）。假如公司计划立即偿还债务，这一数据是很有用的。但对持有至到期的债务，公允价值作为债务的计量指标用处很小。要理解这一问题，我们可以返回到图表 3—1 中的举例。第 1 年末，我们在资产负债表中报告的债务价值为 98 192 美元，包括已经确认的未实现损失 5 134 美元。然而，需要注意的是，这项损失只是一项**机会损失**（opportunity loss），而非真实的损失，除非公司立即清偿债务。这一点在考察利息费用的类型时得到了进一步肯定。比如，在假定利率为 3%的情况下，第 3 年的利息费用为 3 087 美元。不过，3%的利率只是一项**估计利率**（notional rate），而非实际利率。这项债券的实际利率是 10%，是其发行时的利率。因此，在公司希望将债务持有至到期的情况下，公允价值会计是否会改进债务的会计处理尚属未知。

最后，将公允价值会计运用到债务方面可能导致将未实现收益或损失记入报告收益。对分析师而言，重要的是在估算可持续收益时辨别出这类项目并予以移除。更为重要的是，公司有可能在自身信用质量恶化时确认一项收益，也即是说，当公司的信誉降低时，其债务的市场价值将会下降。在公允价值会计下，这将会导致在净收益中记录未实现利得。近来，有许多银行记录了此类利得。分析师在分析公司收益时必须排除此类利得。

对公允价值会计最有感觉的可能是金融机构。最典型的是银行，其资产和负债对整个经济中的利率变动都相当敏感，因而需要通过按市场情况来标价使其资产和负债的价值与市场相“匹配”。一家银行，如果能使其资产的到期情形与负债适当匹配，当其资产负债表的左右两方都按市场价来标记时，其债务—股权比率将保持较为稳定的状态，尽管其资产和负债的价值可能与利率运动相关，表现出一定的波动性。

未来债务偿还

分析师需要很仔细地考察公司未来债务偿付计划。其最基本意义在于，可以为现金流量预测提供帮助。在更深层次上，分析师需要评估公司是否有偿付其到期债务的能力，因为倘若不能偿还到期债务，很可能会导致破产。通常情况下，公司很可能通过举借新的债务来偿还到期债务。但是，分析师不能简单地认为债务可以很容易获得再融资，尤其是对那些财务状况不是很好的公司。无法为债务获得再融资的公司通常会与银行协商，争取债务展期。不过，此类协商需要付出很大的代价，最典型是要负担很高的利息，或者支付各种罚款。

图表 3—2 表明，Alliance One 公司的全部长期债务（面值 9.08 亿美元）将在未来 5 年内到期。大概分析一下公司的损益表和资产负债表，要靠公司内部产生的资金偿还全部债务几乎是不可能的。因此，公司必须再融资。然而，该公司财务上似乎并不稳健，资产负债表上有很多的债务。进而，通过进一步阅读编表附注发现，该公司已经陷入了与债权人的纠纷之中，公司业务已经因此受到多方面的限制。所有这些，表明公司未来几年在债务再融资方面可能会面临一些问题。

未使用信用额度

图表 3—2 表明 Alliance One 公司有 6.95 亿美元的未使用信用额度。它表明公司有可能大幅度增加借款，但事实上公司并不会这样做。所有可用信用额度都是采用营运资本融资的形式。因此，这些额度只能用于为营运资本的资金需求而融资。相应地，公司可借款的程度大体相当于其所拥有的流动资产如存货及应收款的规模。此外，Alliance One 公司的经营具有季节性，因此，其营运资本的资金需求可能在高峰季节大幅度增加，此时它才会充分使用其信用额度。通过对公司季度报告的分析可以进一步核实这一猜想。

□ 保护

债权人通常会与借款公司签订明确的合同，以保护其借出款项的安全。通常情况下，债权人有以下三种方式提供对自身的保护：(1) 优先顺序；(2) 担保；(3) 条约。年度报告附注中的信息可以提供有关这些保护性措施的详细情况。在分析中，了解这些保护性措施的性质及具体含义是非常重要的，尤其对那些财务状况并不是很好的企业而言。

优先顺序

优先顺序（seniority）是指当一家公司结束其经营时偿付各方债务的顺序。高级别的主张权将在较低级别的主张权之前优先得到满足。特定主张权的优先顺序是由法律来确定的。比如，政府的主张权（如应付税款）和员工个人的主张权（如未付工资）应该在其他主张权之前予以满足。此外，股权持有者的主张权只有在其他所有主张权业已付清之后才能得到满足，因此，普通股权是所有主张权中级别最低的。在同样级别的主张权中，比如在债权人大类中，优先次序可以通过合同条款来明确规定。比如，Alliance One 公司的所有长期债务都是高级别债务，意味着这些主张权会在其他主张权（如应付账款）之前优先得到满足。在各种不同类别的债务中，7.66 亿美元的高级债务在图表 3—2 中被单独分离出来列示在表中最上方，这些债务要在其他列在表中下方的债务之前优先偿还。

担保

担保（security 或 collateral）是指在偿付某一具体的主张权之前特别提出的资产。有担保物在背后作为支撑的主张权称为被担保债权。在公司解散的情况下，这些特别主张权的所有者可以卖掉担保资产来满足其主张权。提供作为担保物的特定资产需要在借款合同中做出具体规定。比如，短期融资通常以诸如存货之类的流动资产作为担保。Alliance One 公司高级担保项目（短期周转借款）是以流动资产及一些非流动资产作为担保。

条约

债权人之所以订立条约，是为了保护其投资安全。条约可以是肯定性的也可以是否定性的。**肯定性条约**（affirmative covenants）[①] 指明管理层为了保持债务处在良好状态而需采取的行动。有关肯定性条约的例证之一，是要求公司必须提交经过审计、与特定时期会计准则相符的财务报表。倘若不能提交经过审计的财务报表，债权人有权要求立即偿还贷款。

否定性条约（negative covenants）对管理层可能损害债权人权益的行为实行限

---

① 也译作肯定盟约、肯定性条款等。——译者注

制。此类条约通常由两部分组成：(1) 限制，说明什么样的情况下公司会违反条约。(2) 惩罚或管制，将在条约被违反的情况下实施。通常情况下，违反条约是**技术性违约**（technical default）的基础，会给予债权人要求立即偿还其债务的法定权利。尽管在实践中债权人很少会要求立即偿还债务，但他们可以提出新的条件对公司加以限制，这可以是发生技术性违约的情况下重新进行谈判的内容之一。否定性条款也可以在发生违约时对管理层行为实施限制。这种限制可以是限制发放股利、限制进一步举债、限制发行高级债务、限制资本性支出以及限制公司购并。此类限制的目的，在于通过限制管理层将资产分配给新老股东或新债主的能力，防止净资产被摊薄。借此可使目前债权人提供给公司的资金获得安全保护。

有关公司在什么时候会违反一项条约的限制条件，通常与公司财务健康的某些形式相关。这些条件通常是以财务报表信息的形式来说明。最常见的限制条件是将借款金额与有关财务业绩或财务状况的一些重要指标联系在一起。比如，有些条约中会列明留存收益的最低限额、债务—股权比率的最大值、债务与 EBITDA 比的最大值。一旦公司比率超过了所指明的最大或最小值，则被认为违反了条约。

有关条约的详细资料，常见于财务报表附注、债务协议或发债说明书。比如，Alliance One 公司的高级信用项目（短期周转借款）就包含了条约，列出了一系列限制条件，包括利息保障率的最小值、杠杆（债务—股权）比率的最大值、高级债务与营运资本比率的最大值。另外，还有一项条约将公司的资本性支出限制在每年 5 500 万美元。Alliance One 公司高公共债务（10%高级债务）的契约条款也有一项条约，列明了 EBITDA 与固定支出比率的最小值，如若违反，将禁止支付股利。当下，公司已违反了这一条件，因此已被禁止发放股利。

对债权人而言，条约是一种早期预警机制，所以，它们可以一种前瞻的方式对其投资提供保护。换言之，因为这些条约，债权人可以在危险的苗头出现之初就开始实施对借款人的监督和控制，在情况真正恶化之前，促使情况好转。在最坏的情况下，条约可以准许债权人引用技术违约的有关规定，要求对方立即偿还债务。对公司和管理层而言，违约的代价是很大的，因此，借款人会采取各种办法（包括盈余管理）防止违反条约。

对各种保护性措施的分析

对分析师来说，研究债权人可用的各种保护性措施，了解其意义，是非常重要的。对信用分析师而言，分析保护性措施的重要性更是不言而喻。不过，了解其含义，特别是那些与条约相关者，对权益分析也是很重要的。

- 高级债务的风险低于低级债务，因为公司解散时它会首先偿付。显然，这意味着，相对于低级主张权，信用分析师更偏爱高级主张权。然而，还有两个问题必须要注意的。首先，高级债务的出现，使得低级债务比其他债务风险更大。这是因为高级主张权有权先于其他权利从公司资产中获得支付。在不存在高级主张权的情况下，低级主张权也可以获得一定份额的偿付。其次，一些特殊债权如应交税金、应付工资优先于所有其他主张权。因此，即便是高级债权人，如果公司有巨额应交税金或应付工资，也可能遭遇无法偿付之命运。

• 担保债务的风险较低，原因是有明确的资产（抵押资产）与之相对应，一旦公司解散，则可转归担保债务的持有者。因此，信用分析师会在排序中将担保债务排在未担保债务之前。不过，有以下数点是务必考虑的：首先，担保债务的安全性如何，取决于抵押资产的价值。2007 年美国房地产泡沫破灭时发生的事实，一定是所有人惨痛的记忆。因为作为抵押物的房屋价值严重下跌，得到了很好的抵押担保的债务也变得风险十足。作为分析师必须对此有充分的认识。比如，用一家行将破产的公司的存货作为担保的债务，是得不到保护的，因为对其产品可能已经不存在市场需求。其次，在存在担保债务的情况下，未担保债务的风险变得更大。这是因为作为担保物的特定资产已经从普通资产中移出，用于偿付普通主张权。再次，有时，优先偿还权（尤其是由法律规定的优先偿还权）可能会推翻安全保障。比如，2009 年，美国政府为了给通用汽车公司雇员的未来退休后福利提供保护，强制推行一项政策，导致担保债权人也遭受了损失。

• 矛盾的是，通常情况下，担保债务所负担的利息也高于未担保债务，表明其风险更大。之所以是这样，因为只有风险最大的公司才会发行担保债务。大多数情况下，担保债务的出现会是一项指标，表明公司财务状况很差，甚至公司无法负担未担保债务所要承担的极高的利息。Alliance One 国际公司即是这种情况。

• 对债权人来说，条约是一种预警机制。与优先顺序和担保不同的是，条约常常对所有级次的债权人提供保护。这是因为，对任何特定条约的违反都会触发某种限制，作为对大多数债权人利益的保护。唯一的例外是技术性违约，在此情况下，某一特定债权人可以要求立即偿还债务。但是，技术性违约难得发生，在大多数情况下，债权人在限制性管理行为发生之后会就借款条件重新进行协商。不过，通常情况下，违反条约会终止财富从股东向债务持有人的转移。这是因为，保护债权人权益通常都会损害股东权益。比如，限制股利发放的有关条款会减少对股东的支付。因为违反条约对公司而言可能是一种破坏稳定大局的潜在危险事件，因此，在财务分析中，条约分析是一项十分重要的工作。

• 作为分析师，不只是要随时关注违反条约的情况，还必须估计**条约弛度**（covenant slack，或称安全边际），该指标用以计量公司距离违约究竟有多远。计量条约弛度需要使用目前财务报表信息计算一些有关条约的特定比率，然后将这些数值与将潜在地触发违约的数值进行比较。

租　赁

租赁是一种比较流行的融资形式，特别是在某些特定行业。**租赁**（lease）是作为所有者的**出租人**（lessor）和作为使用者的**承租人**（lessee）之间的一种契约性协议。它通过一些租赁条件，赋予承租人使用所有权属于出租人的某项资产的权利。作为回报，承租人支付租金，称为**最低租赁付款额**（minimum lease payments，MLP）。

租赁条件要求承租人承担在未来一定期限内进行一系列租金支付的义务。租赁合同可能很复杂，其有关租赁期限、所有权转移以及提前终止等具体事项的条款可能各不相同。有些租赁只是简单的出租合同（比如两年的电脑出租）的展期，有些则类似于附有嵌入式融资计划的完全销售，比如一幢租期为50年，租赁期满后所有权自动转移的建筑物租赁。

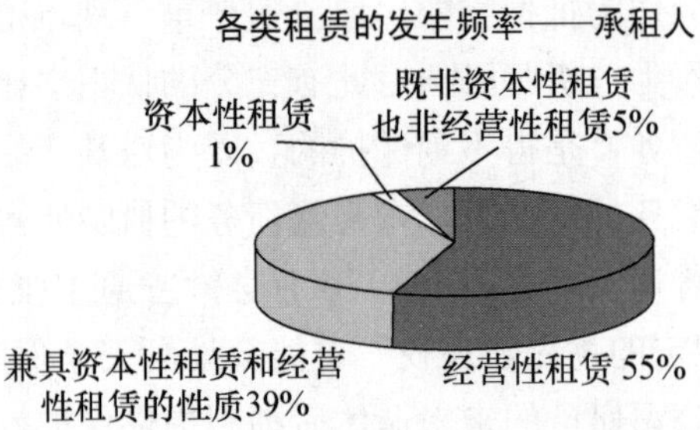

两种不同的租赁会计方法反映了租赁合同的不同。一项租赁，如果与所有权相关的全部收益和风险实质性地发生转移，则按承租人取得资产并发生负债做会计记录。与此相类似，出租人将此种租赁做销售和融资业务处理。这种租赁称为**资本性租赁**（capital lease）。其他各种类型的租赁则统一作为**经营性租赁**（operating leases）。在经营性租赁中，承租人（出租人）将最低租赁付款额记作租金费用（收入），资产负债表中不确认任何资产和负债。

当一项租赁的经济特点更接近于资本性租赁时，承租人常会构造一项合同，使之可以当作经营性租赁进行会计处理。这即是所谓表外融资。**表外融资**（off-balance-sheet financing）是指，当一项租赁作为经营性租赁进行会计处理时，尽管与所有权相关的收益和风险大部分已经转移给了承租人，却不在资产负债表上反映租赁资产和相应的负债。一项租赁究竟是做资本性租赁还是经营性租赁处理，此项决策对财务报表具有重大影响。分析师必须仔细考察公司租赁的经济特点，必要时可以从分析的角度对其做重分类。

租赁发生的频率和范围都在不断增长。统计显示，差不多1/3的厂场资产融资是以租赁方式实现的。租赁是零售业、航空业和公路运输业主要的厂场资产融资方式。租赁融资之所以受欢迎，原因是多方面的。首先，卖方可以利用租赁，通过给买方提供融资而促进销售。租金收入通常是此类销售商的一项重要收入源。其次，租赁是买方为其资产购置行为融资的一种极为便利的手段。在租赁中，税务方面的考虑也发挥了重要作用。也即是说，当租赁资产的所有权在**边际税率**（marginal tax bracket）较高的一方时，总的纳税支出将会降低。再次，如上所述，租赁可以作为表外融资的一项来源。依此施为，租赁就成了**粉饰**（window-dress）财务报表的手段。

关于租赁融资的讨论，将从解释租赁分类对损益表和资产负债表的影响开始。随后，将以百思买的资料为例来分析租赁披露。我们将提供一种在其经济特征提供支持的情况下，为了达到分析的目的，通过重分类将经营性租赁转作资本性租赁的方法。还将在讨论中考察租赁分类对财务报表的影响，以及租赁重分类对财务报表分析的意义。我们的讨论主要以承租人为主。附录3A将从出租人角度讨论租赁会计及分析。

□ 租赁会计与报告

租赁的分类与报告

承租人（资产租入方）要将一项租赁视为资本性租赁并做相应的会计处理，必须满足如下任一条件：（1）租赁期满，财产所有权转归承租人；（2）租赁中包含按对买主有利的价格（bargain price）购买资产的优先选择权；（3）租赁期限为资产预计经济寿命的 75%以上（包括 75%）；（4）租期开始时，最低租赁付款额的现值占租赁资产公允价值的 90%以上（包括 90%）。一项租赁，如果无法满足上述条件中的任何一项，则做经营性租赁处理。公司通常会有效地进行租赁构造，使之最终能够归入经营性租赁。

当一项租赁被归为资本性租赁时，承租人会按照相当于整个租赁期内最低租赁付款额现值的金额——不包括**执行成本**（executory cost），如保险费、维修费以及由出租人支付的记入 MLP 的税金——来进行记录（同时记录资产和负债）。租赁资产必须按照与承租人正常折旧政策一致的方式计提折旧。同样地，由此造成的负债要像其他带息负债一样计算利息费用。不过，在进行经营性租赁会计处理时，承租人要在 MLP 发生时将其作为费用处理；资产负债表中不确认任何与之相关的资产和负债。

按照会计准则的要求，承租人必须披露以下信息（通常是在会计报表附注中）：（1）分别披露未来五年内资本性租赁和经营性租赁每年各自负担的最低租赁付款额，以及其后的总额；（2）损益表中所报告的每期租赁费用。

租赁会计举例

本小节举例说明资本性租赁会计和经营性租赁会计的不同影响。我们将通过如下资料来具体探查其对承租人损益表和资产负债表的影响：

- 某公司于 2005 年 1 月 1 日租入一项资产，此时该公司没有其他资产或负债。
- 该项租赁资产的预计经济寿命为 5 年，5 年后预计残值为零。公司将在该资产的经济寿命期内按直线法计提折旧。
- 此项租赁为不可撤销的 5 年期固定期限，每年的最低租赁付款额为 2 505 美元，于每年末支付。
- 租赁的年利率为 8%。

我们先为这项租赁资产编制一份摊销表，如图表 3—3 所示。编表的第一步是确定这项租赁资产（以及租赁负债）在 2005 年 1 月 1 日的现值（市值）。通过查年金现值系数表，可以算出其现值为 10 000 美元（即 3.992×2 505）。然后可以算出每年的利息和本金摊销额。利息等于年初的负债额乘以利息率（2005 年为＄10 000×0.08）。本金金额等于支付总额减利息（2005 年为＄2 505－＄800）。表中数据显示，其利息的类型有点像固定抵押支付，利息随着时间和本金余额的减少而不断减少。随后是确定折旧。由于该公司采用直线法计提折旧，因此每年的折旧额为 2 000 美元（＄10 000/5）。这样我们就有了考察这项租赁业务下两种不同的租赁会计方法对损益表和资产负债表影响的必要信息。

图表 3—3 租赁摊销表

年度	期初负债	利息和本金 最低租赁付款额的构成			期末负债
		利息	本金	合计	
2005	＄10 000	＄800	＄1 705	＄2 505	＄8 295
2006	8 295	664	1 841	2 505	6 454
2007	6 454	517	1 988	2 505	4 466
2008	4 466	358	2 147	2 505	2 319
2009	2 319	186	2 319	2 505	0
合计		＄2 525	＄10 000	＄12 525	

首先来看对损益表的影响。当一项租赁被看做经营性租赁时，最低租赁付款额被报告为定期租金费用。这意味着该公司每年的租金费用为 2 505 美元。当一项租赁被当作资本性租赁来处理时，公司必须同时确认定期利息费用（参看图表 3—3）和折旧费用（本例中为每年 2 000 美元）。图表 3—4 总括反映了这项租赁业务在两种租赁方式下对损益表的不同影响。在全部 5 年期内，两种方法下的总费用是相等的。但是，资本性租赁在前期报告的费用较多，在后期则相对较少。这是因为随着租期的增加利息费用在下降。其结果是，在租赁的前几年，资本性租赁下的净收益低于经营性租赁，在后期则相反。

图表 3—4 不同租赁会计方法对损益表的影响

年度	经营性租赁	资本性租赁		
	租金费用	利息费用	折旧费用	总费用
2005	＄2 505	＄800	＄2 000	＄2 800
2006	2 505	664	2 000	2 664
2007	2 505	517	2 000	2 517
2008	2 505	358	2 000	2 358
2009	2 505	186	2 000	2 186
合计	＄12 525	＄2 525	＄10 000	＄12 525

接下来我们考察两种不同方法对资产负债表的影响。首先考虑经营性租赁。由于这家公司没有其他资产或负债，因此，其资产负债表上的期初资产和负债为零。在第一年年末，公司支付了 2 505 美元的最低租赁付款额，导致现金减少，余额为负。由于最低租赁付款额被记为租金费用，所有者权益因此减少相同数额。这一过程每年持续，直至租赁期满。租赁期末的累计费用为 12 525 美元（与所有者权益中所反映金额相同），等于累计现金付款额（反映为负的现金余额）。这一金额也等于图表 3—3 中所示的租期内最低租赁付款额合计数。

图表 3—5　资本性租赁对资产负债表的影响

年/月/日	现金	租赁资产	租赁负债	权益
2005/1/1	$0	$10 000	$10 000	$0
2005/12/31	(2 505)	8 000	8 295	(2 800)
2006/12/31	(5 010)	6 000	6 454	(5 464)
2007/12/31	(7 515)	4 000	4 466	(7 981)
2008/12/31	(10 020)	2 000	2 319	(10 339)
2009/12/31	(12 525)	0	0	(12 525)

我们现在再来分析一下资本性租赁方法下对资产负债表的影响（见图表 3—5）。首先需要注意的是，在租赁期末，两种方法下的资产负债表是相同的。这个结果说明，两种方法的净会计影响在租期末是等效的。不过，在租赁期满之前的各个年度，两者之间存在重大差异。最值得注意的是，在租赁期开始之初，在资本性租赁下，需要确认一项等于租赁现值（$10 000）的资产和负债。在第一年（包括以后各年）末，负的现金余额反映了两种方法下等额的最低租赁付款额，这等于说两种不同的会计方法并不会影响现金流量。在资本性租赁下，除了在租期初和租期末之外，每年的租赁资产和租赁负债是不相等的。存在差异的原因是当租赁负债随着本金的摊销（例如，2005 年为 1 705 美元，见图表 3—3）而下降时，租赁资产也随着折旧（每年 2 000 美元）而不断减少。2005 年权益的减少额为 2 800 美元，为当期折旧和利息费用的合计数（见图表 3—4）。这一过程在整个租赁期间持续进行。之所以会发生这种情况，是因为在任何一个时期，累计折旧都大于本金减少的累计数。

这个例子揭示了不同租赁会计方法对财务报表的重要影响。从对损益表和资产负债表的总体影响来看，经营性租赁会计方法比较简单，资本性租赁会计从理论上讲则要优越一些。从资产负债表的角度来看，资本性租赁会计确认了租赁业务所带来的利益（资产）和义务（负债）。与此相反，经营性租赁会计忽略了这些利益和义务，只是在租赁期末才全面反映这些影响。这就意味着在经营性租赁方法下，资产负债表无法反映公司的租赁资产和义务。

租赁的披露

会计准则要求有资本性租赁业务的公司在资产负债表上报告租赁资产和负债的情况。进而，所有公司还必须披露其全部未来租赁承诺，包括资本性租赁和不可撤销的经营性租赁。这些披露对分析是极为有用的。

在此我们将分析百思买公司 2004 年年报中的租赁披露。当年末，尽管该公司将租赁作为其许多零售店的重要融资手段，但百思买公司资产负债表中报告的资本性租赁负债仅为 1 600 万美元（其总负债为 52.3 亿美元）。其结果是，其租赁资产中只有很小一部分得以在资产负债表中反映。图表 3—6 该公司年报中有关租赁的附注，属于典型的租赁披露。百思买的许多资产都是租来品，包括大部分的公司办公室、几乎所有零售店、大部分分销设施以及一些设备。租赁期限大多为 20 年。除了支付租金外，这些租赁还要求百思买公司支付执行成本（不动产税、保险费、维修费等）。需要特别注意的是，随后的现值计算中，只是考虑了按基本租期（不包括廉价续租选择权（renewal options））计算的最低租赁付款额，而未曾包括执行成本。

公司将绝大多数租赁归入经营性租赁，并在财务报表附注中提供了未来租赁费用计算表。百思买公司将在2005年支付租金4.54亿美元，在2006年支付租金4.24亿美元，如此等等。

图表3—6　　百思买公司的租赁披露

租赁承诺

我们租赁部分公司设施，并通过租赁的店铺来执行绝大多数零售及分销业务。这些租赁除支付租金外，还需支付不动产税、保险费和维修费。大多数租赁都包含有廉价续租选择权和自动调整条款。一些特定店铺的租赁还要求以收入的一定比例为基础支付或有租金。有些租赁包含与维持相关财务比率相关的条款。与财产售后回租相联系的交易成本及各种相关损益需在租赁期内进行确认。财产售后回租的收益须包括在其他流动资产中。此外，我们还以不可撤销经营性租赁及资本性租赁方式租赁特定设备。我们租约的期限一般以20年为上限。

在2004财务年度，我们开始执行一项资本性租赁协议，租入总计2 600万美元的销售点终端设备。这项租赁属于一项非现金交易，因此未曾包含在公司的合并现金流量表中。公司过去三年间全部经营性租赁的租金费用构成、转租净收益，包括财产和设备租赁的有关资料如下：

单位：百万美元

	2004	2003	2002
最低租金	$ 467	$ 439	$ 366
或有租金	1	1	1
持续经营的总租金费用	$ 468	$ 440	$ 367

公司自2004年2月28日之后资本性租赁和经营性租赁的未来最低租赁付款额、转租净收益（不包括或有租金）如下（单位：百万美元）：

会计年度	资本性租赁	经营性租赁
2005	$ 14	$ 454
2006	3	424
2007	—	391
2008	—	385
2009	—	379
其后	—	2 621
小计	17	
减：被转嫁的利息	(1)	
资本租赁义务的现值	$ 16	

□ 租赁分析

本节考察经营性租赁和资本性租赁对财务报表分析的影响，并对如何调整应按资本性租赁处理的经营性租赁财务报表提出明确的指导。

在具体讨论如何将经营性租赁转换为资本性租赁之前，需要首先提请注意的是，

FASB 和 IASB 正在准备联合发布一项准则，淘汰掉经营租赁的会计处理。该准则的草案可望在不久发布，该准则的最终版本应该会在一两年内完成。一旦该准则生效，在美国 GAAP 和 IFRS 下，所有租赁将皆被视为资本性租赁。这一准则将消除一种最重要的表外融资形式。

经营性租赁的影响

会计准则允许采用选择性方法，以更好地反映租赁业务潜在的经济实质。这一规定常常被承租人误用。他们通过构造租赁合同的方式来达到使用经营性租赁法的目的。这种做法降低了财务报表的有用性。此外，由于各个公司资本性租赁和经营性租赁所占比重各不相同，租赁会计就会影响我们对不同公司财务报表进行比较的能力。

承租人之所以将租赁构造为经营性租赁，其动机与经营性租赁和资本性租赁对资产负债表与损益表的影响不同有关。这些影响可概括如下：

- 经营性租赁将租赁融资作为表外融资处理，因而可以低估负债。这样不仅可以在资产负债表中隐瞒负债，而且可以增大通常会在信用分析中使用的偿债能力比率（如权益负债率）。
- 经营性租赁低估资产，这样就可以同时虚增投资回报率和资产周转率。
- 相对于资本性租赁，经营性租赁可以延迟费用确认。这意味着经营性租赁可以在租赁期初高估收益，而在后期低估收益。
- 经营性租赁可以通过将本金支付中的流动部分做表外处理，达到低估流动负债的目的。这样就可以虚增流动比率及其他流动性指标。
- 经营性租赁将利息计入租赁费用（一项营业费用）。如此可以同时低估营业收益和利息费用。这样就可以虚增利息保障比率，如已获利息倍数。

经营性租赁可以对信用分析和盈利能力分析中使用的关键性比率产生积极的影响，这就给承租人追求这种表外融资提供了重要激励。承租人还认为，将租赁归类为经营性租赁有助于他们达到债务条款的要求，并提升额外融资的能力。

鉴于租赁分类对财务报表和财务比率有如上多方面影响，分析师在进行分析前必须对财务报表做出调整。许多分析师将经营性租赁全部转化为资本性租赁。其他人则比较有选择性。我们建议在必要时对租赁进行重分类，并要小心不加选择的调整。也就是说，我们认为，只有当承租人的分类与租赁的经济特征表现出不一致时，才需进行重分类。

分析研究

租赁的动机

财务理论认为租赁是债务的完美替代。然而，很少有经验证据对这种替代假设提供支持。事实上，证据显示的恰恰是相反的结论。也即是说，有租赁业务的公司反而比没有租赁的公司以更高的比例进行额外的债务融资。由此导致了所谓租赁困惑。更进一步讲，公司之间在将租赁作为一种融资方式方面在程度上有相当大的差异。那么，选择租赁的动机究竟是什么？

一种答案是和税有关。一项资产的所有权可以给所有者提供税收上的利益。这是说拥有较高边际税率的实体持有资产所有权会享受更多税收利益，拥有较低边际税率的实体将倾向于租赁这些资产。经验证据支持这一税收假设。构成租赁动机的其他经济因素包括：(1) 预计使用期低于资产的经济寿命期；(2) 出租人通过资产的再销售可以获得更大好处，且拥有可以迫使购买方进行租赁的市场力量；(3) 资产对公司而言专用性并不很强，也不容易被误用。

财务报告因素也对租赁之所以比其他债务融资方式更受欢迎提供了一种解释。在财务会计和税务报告无须相同的情况下，若要为了税务目的而追求资本租赁利益，使用经营性租赁就会成为一种不必要的障碍。由此揭示了一些财务报告之所以选择资本性租赁的原因。不过，由于经理人偏好表外融资，经营性租赁因此成为更佳选择。资本性租赁会使偿债能力比率下降，同时也为额外筹资造成一定困难。例如，证据显示，资本性租赁使债务契约变得更加严苛，因此，经理人试图通过经营性租赁来使债务契约有所放宽。尽管有一些证据表明私人债务协议反映了不同的租赁会计选择，但更多证据显示，债权人并没有对替代性租赁会计方法进行充分的补偿。

经营性租赁转换为资本性租赁

本小节介绍如何将经营性租赁转换为资本性租赁。具体步骤如图表3—7所示，其中所用数据来自百思买公司租赁附注。需要强调的是，这种方法提供了合理的估计，但没有精确量化租赁重分类对财务报表的影响。

第一步是估计百思买对经营性租赁的分类是否合理。为此，我们必须估计附注中披露的5年之后剩余期间的长度，即图表3—6百思买公司附注中标为“其后”的部分。具体来讲，我们是把后来几年的最低租赁付款额除以最后一年的最低租赁付款额。对百思买公司而言，我们用报告的后几年的最低租赁付款额26.21亿美元（该数据为2004年报告的经营租赁）除以2009年的最低租赁付款额3.79亿美元，结果多出了6.9年。把这一数字加到已经报告的5年上，我们得到的一个估计值即剩余的租赁期限，为12年。这些结果表明，我们需要通过重分类把百思买公司的经营性租赁作为资本性租赁处理。也就是说，其12年的承诺义务作为经营租赁太长，这是不能忽视的。需要特别提出的是，当剩余的租赁期（承诺）具有重要意义时，需要把经营性租赁转做资本化处理。

图表3—7　　确定预计经营性租赁付款额和租赁摊销的现值　　单位：百万美元

年度	付款额	贴现系数	现值	利息	租赁应付款	租赁余额
2004						\$3 321
2005	\$454	0.945 18	\$429	\$193	\$261	3 060
2006	424	0.893 36	379	178	246	2 814
2007	391	0.844 39	330	163	228	2 586
2008	385	0.798 10	307	150	235	2 351
2009	379	0.753 45	286	136	243	2 108

续前表

年度	付款额	贴现系数	现值	利息	租赁应付款	租赁余额
2010	379	0.712 99	270	122	257	1 851
2011	379	0.673 90	255	107	272	1 579
2012	379	0.636 96	241	92	287	1 292
2013	379	0.602 04	228	75	304	988
2014	379	0.569 04	216	57	322	666
2015	379	0.537 84	204	39	340	326
2016	347	0.508 36	176	21	326	0
合计	$4 654		$3 321			

要将经营性租赁转为资本性租赁，我们需要估计百思买公司经营性租赁债务的现值。首先需要估计出可用于对预计租赁付款额进行贴现的利息率。确定经营性租赁的利息率是一项具有挑战性的工作。对同时有资本性租赁和经营性租赁的公司，可以估计出资本性租赁的内含利息率，并假设经营性租赁采用同样的利息率。资本性租赁的内含利率可以通过**试错法**（trial and error）推断出来，它应该与根据预计租赁付款额和资本租赁现值算出的利息率相近。这两项数据在租赁附注中都有披露。

根据资本性租赁披露的有关信息来推断利息率会产生两个问题。首先，对那些未曾报告资本性租赁详细资料的公司是不可能用到这种方法的。在这种情况下，我们要确定公司长期负债或具有相同风险组合的债务的收益率，并用它来代表经营性租赁的利息率。第二个问题会在资本性租赁与经营性租赁的利息率显著不同时（这可能是因为经营性租赁和资本性租赁发生的时间不同，其间利率也有很大差异）凸现。在这种情况下，我们需要调整资本性租赁的利息率，以更好地反映经营性租赁的利息率。

百思买公司债券的信用评级为 BBB，主要是因为 2005 年的 10 年期借款实际成本为 5.8%。在下面的例子中，我们用 5.8%作为确定预计租赁付款额现值的贴现率。图表 3—7 反映的即是这种分析的结果。这项分析要求使用租赁附注中披露的 2005—2009 年的租赁付款额。2009 年之后的估计付款额假设与 2009 年相同，并且持续 7 年之久。在最后的 2016 年，预计付款额为 3.47 亿美元。对这些预计租赁付款额按 5.8%的贴现率进行贴现，得到现值 33.21 亿美元。这是需要加到百思买公司报告的负债上去的。

分析的下一步是计算经营性租赁资产的价值。前面提到，资本性租赁资产的价值常常低于相应的负债价值，但究竟低多少很难估计，因为需要考虑租赁期限、资产的经济寿命以及承租人的折旧政策。因此，为了对经营性租赁进行分析，我们假设租赁资产的价值等于估计负债。对百思买公司，这意味着 2004 年的租赁资产和负债估计值皆为 33.21 亿美元。还可以进一步将经营性租赁负债分割为流动负债和非流动负债，分别为 2.61 亿美元及 30.6 亿美元。

一旦我们确定了经营性租赁的负债和资产，接下来就须估计租赁重分类对报告收益的影响。有两项费用是与租赁的资本化相关的，即利息和折旧。利息费用需通过利息率和租赁负债的现值来计算。对百思买公司来说，其利息费用2005年的估计数为1.93亿美元，即33.21亿美元的5.8%（见图表3—7）。折旧费用等于租赁资产价值除以剩余租赁年限。在假设没有残值的条件下，对价值33.21亿美元的租赁资产在12年内按直线法进行折旧，每年的折旧费用为2.77亿美元。因此，百思买公司2005年的总费用估计为4.70亿美元（1.93+2.77），与4.54亿美元的预计租金费用相比，增加了1 600万美元（税前）。

□ 租赁重分类的财务报表重述

图表3—8展示了百思买公司按图表3—7所显示的结果进行经营性租赁重分类前后的资产负债表和损益表。经营性租赁的重分类对百思买公司2004年的损益表并无太大影响。使用图表3—7中有关2005年折旧和利息费用的计算数据，可以对百思买公司2004年的损益表做如下改动：

- 经营费用减少1.77亿美元（扣除4.54亿美元的租金费用，加上2.77亿美元的折旧费）。
- 利息费用增加1.93亿美元（从800万美元增至2.01亿美元）。
- 2004年净收益减少1 000万美元（1 600万美元税前收益×(1−0.35)——假设的公司边际所得税率）。

对资产负债表的影响更具实质性。总资产和总负债在2004年底都显著增加到了33.21亿美元，即经营性租赁负债的现值。负债的增加包括流动负债增加2.61亿美元，非流动负债增加30.6亿美元。

图表3—9列示了百思买公司对租赁进行重分类前后的一些比率。其流动比率从1.27略降至1.20。然而，重分类使偿债能力比率发生了很大改变。总负债权益比率增加65%，达到了2.50，长期负债权益比率从0.21跃升至1.11。百思买公司的利息保障比率（已获利息倍数）从163.0（因为重分类前的利息费用很小）降至7.37，即使在做了经营性租赁调整之后，依然保持了很强的态势。

图表3—8　百思买公司2004年将经营性租赁转化为资本性租赁后重新表述的会计报表

单位：百万美元

损益表	之前	之后
销售收入	$24 547	$24 547
营业费用	23 243	23 066
息税前营业收益	1 304	1 481
利息费用（收入）	8	201
所得税	496	490
持续经营收益	800	790
非持续业务收益	(95)	(95)
净收益	$705	$695

续前表

资产负债表	之前	之后		之前	之后
流动资产	$5 724	$5 724	流动负债	$4 501	$4 762
固定资产	2 928	6 249	长期负债	729	3 789
	——	——	股东权益	3 422	3 422
总资产	$8 652	$11 973	负债及权益总计	$8 652	$11 973

图表 3—9　百思买公司 2004 年将经营性租赁转为资本性租赁后对重要财务比率的影响

财务比率	之前	之后
流动比率	1.27	1.20
总负债权益比率	1.53	2.50
长期负债权益比率	0.21	1.11
期末权益报酬率	20.6%	20.3%
资产报酬率	8.1%	5.8%
已获利息倍数	163.0	7.37

权益报酬率因为税后收益变化不大而没有受到很大影响（意味着权益没有受到重分类的显著的影响）。不过，有些盈利能力指标受到了很大影响。由于期末资产增加，并影响到总资产周转，期末资产报酬率从 8.1%降到了 5.8%。财务杠杆增高在一定程度上抵消了这些减少，使得权益报酬率基本没有发生变化。尽管权益报酬率（ROE）未受影响，但对于如何达到这一报酬有不同的推论。在租赁资本化后我们发现，百思买公司显然需要更多的资本投资（这是周转率降低的主要原因），而且，其之所以实现较高的权益报酬率，是因为调整后有了比调整前更高的财务杠杆水平。

分析研究

经营租赁与风险

分析研究鼓励将不可撤销的经营性租赁资本化。经营性租赁资本化的主要影响是提高负债权益率等类似比率，同时也相应地提高公司的风险估计。一个重要的问题是，表外经营性租赁是否真的导致风险增加。人们通过估计经营性租赁对**权益风险**（equity risk）的影响，对这一问题进行了研究。所谓权益风险，是指股票报酬的易变性。证据表明，非资本化经营性租赁现值影响负债权益比率和资产报酬率（ROA）的变化，从而导致权益风险增加。

分析研究还显示，只有未来 MLP 的现值会对权益风险发生影响。进而表明，分析师根本未曾考虑租赁付款额中所包含的或有费用。这一证据更倾向于支持会计准则中所采用的租赁资本化方法，而不是另外一种用租赁费用付款额乘以一个常数的替代性方法。

或有事项和承诺

□ 或有事项

或有事项（contingencies）是指潜在的收益或损失，其最终确定取决于一个或多个未来事件。或有损失是对公司资源的潜在主张权，称为**或有负债**（contingent liabilities）。或有负债可能因多种原因而产生，包括：法律诉讼、被没收的威胁、应收账款回收、产品担保或缺陷而引致的主张权、业绩担保、核定税款、自保风险、财产意外损失等。

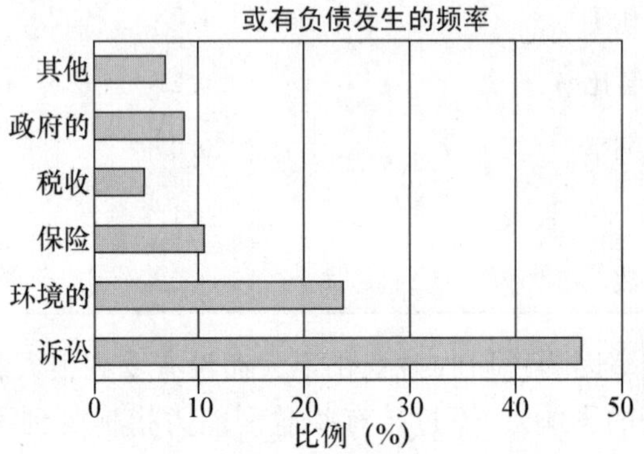

只有在满足如下两项条件之后，公司才可以将一项或有损失登记入账：第一，一项资产的损害或一项负债的发生必须**可能**（probable）。这一条件隐含的意思是说必须有可能通过某一未来事件的发生来证实这些损失。第二个条件是损失的数额可以**合理地估计**（reasonably estimable）。能够同时满足这两项条件的实例通常包括：由于无法收回的应收账款而产生的损失，以及产品担保所产生的债务。在这些情况下，需要同时在资产负债表上记录估计负债和损失。

如果因为一项或两项条件都没有满足，从而未曾对或有损失进行记录，但有至少一项**合理的可能性**（reasonable possibility）会有损失发生，公司就必须在附注中对该或有事项做出披露。这样一项附注需要报告该或有事项的性质，并对可能的损失或发生损失的范围做出估计——或者说明损失是无法估计的。

与财务报告的稳健性原则一致，公司不会在财务报表中确认或有收益。不过，当该项收益实现的可能性较高时，公司可以在附注中对或有收益做出披露。

或有负债的分析

对诸如服务保证和担保之类的项目报告的或有负债属于估计值。我们对此类负债的分析只能做到与其潜在估计一样准确。这些估计通常是由公司在以往经验和未来预期的基础上做出。我们必须审慎地接受管理层对这些或其他或有负债的估计。例如，Manville 公司直到破产，一直声称它有实质性的办法应对与石棉诉讼相关的法律主张。

我们同样需要对附注中有关或有损失（和收益）的披露进行分析。比如，附注中对间接债务担保的披露（诸如预付资金或替另一实体负担固定费用）对我们的分析具有重要意义。附注中的或有事项披露通常包括：

- 有关或有负债及其风险程度的描述。
- 或有事项的潜在金额，以及确定风险时对其他参与者的考虑。
- 估计的或有损失可能带来的收益所需负担的费用（如果有的话）。

我们在分析中必须承认，公司有时会低估这些负债，或者在确认这些负债方面出现问题。[①] 以下是一个有关或有负债披露的例子：

分析摘录

在通常的商业活动中曾经出现过各种毁谤性行为和其他法律事件，现在则是针对公司的未决事项。在这样的事件中，实际支付的数额往往大大超出要求支付的数额。在回顾一些这类事件并听取各种劝告之后，管理层的意见是，由此类事件所产生的最终负债，将不会对合并财务报表发生实质性的负面影响。

——《纽约时报》

另一个有关或有负债的例子是**飞行常客里程积分**（frequent flyer mileage）。尚未兑现的飞行常客里程积分使航空旅客有权享受上亿英里的免费旅程。飞行常客计划保证了旅客的忠诚度，并带来并非毫无成本负担的市场利益。由于这些负债很可能实现并可以预先估计，因此必须在资产负债表和损益表中予以确认。

有关未来损失的准备是另一种需要详细审查的或有事项。会计中的稳健性原则要求公司在可以确定或预见到损失时对其进行确认。然而，在有些时候，特别是在业绩较差的年份，公司将倾向于高估或有损失。这种行为被称作“巨额摊销”，通常包括由资产处置、资产重新配置以及关闭工厂所造成的损失。高估这些损失可以将未来成本转移到当期，这是公司管理或平滑收益的一种手段。只有在提供给 SEC 的选择性报告中，才会有时披露有关这些损失估计（也称为“损失准备”）的详细资料。即使在这里，也没有有关详细披露的确定要求。尽管如此，我们在分析中依然应当努力获得有关损失准备的详细资料，包括其种类和金额。

对此，可以有两种有用的信息来源：(1) 财务报表附注；(2) 管理层讨论和分析中的信息。依照《美国联邦税法典》(U. S. Internal Revenue Code)，只有很少一些预期损失具有减税作用。因此，递延税款成为我们分析的第三种信息来源。这种分析可以揭示未披露的未来损失准备，所有无法在税收中扣减的损失都会体现在递延（预付）税款调整中。还必须记住，损失准备并不能改变风险暴露，不会有现金流量后果，也不可能代替保险。

作为一家财产和人寿保险公司，Cigna 公司的经历向我们展示了准备的估计过程是多么不足信。就在最近某一年，Cigna 公司声称它可以回看到 10 年间极为稳定的

---

① 一项针对 126 个上市公司诉讼失败案件的研究表明，近 40%的公司未在其年报中披露诉讼损失。表明公司并不愿披露未决诉讼，即便在诉讼导致损失的风险很高的情况下。

索赔模式（保险准备就是为索赔提供资金）。然而，在紧随其后的一年中，索赔的发生率和严重程度急剧恶化。Cigna 公司认为这一年只是发生了特殊情况，因此并没有针对未来的索赔增加准备。然而，在随后两年中，为了将保险准备调整到适当水平，Cigna 公司在收益中加入了超过 10 亿美元的费用。由此看来，Cigna 公司早些年的准备明显被低估了，并因此而高估了净收益。

审计师报告为我们提供了有关或有事项的另一种视界。审计师可能无力就或有事项的影响表示审计意见。例如，上面提到的 Cigna 公司那些年的审计报告中，审计师出具的就是无保留意见。另一个典型事例来自审计师对 Harsco 公司的审计报告，审计师在报告中对或有事项进行了注释，如下所示：

分析摘录

公司要受到政府部门在特定合同下行使某种额外选择权的影响。如果政府部门行使了该项选择权，公司就会发生额外的损失。另外，公司也已经按照特定合同的规定向政府部门申请（或者正在提出申请的过程中）行使各种主张权。这些事情的最终结果如何，目前尚难预料。因此，所附财务报表中未曾反映因这类主张权（除与联邦货物税及相关要求权有关的主张权之外）可能发生的潜在损失提留的准备，也没有确认从这些主张权中可能获得的收益。

需要注意的是，这份审计报告有意采用了很含糊的表述。

银行发生或有损失的风险实际上特别大，但它们常常会低估这种风险，或者限制在附注中进行披露。与此相关的一个常见事例是国际贷款损失，有证据表明它会对资产造成极大损害，但银行和审计师都没有对其影响做出恰当的披露。另一个例子是银行的表外承诺。此类承诺是多种多样的，如备用信用证（standby letter of credit）、公债及商业票据担保、货币互换（currency swap）、外汇合约。与贷款不同，这类承诺等于答应银行可以（但并不确定）不承担相关责任。银行在财务报表中不会有效地报告这些承诺。这进一步加大了无法全面确定银行风险暴露程度的可能性。

□ 承诺

承诺（commitments）是指由协议约定的对公司未来业绩资源的潜在主张权。各种承诺并不会在财务报表中予以确认，原因在于诸如签订可执行合同或签发订单之类的事项并非已经完成的交易。有关这方面的其他事例还包括：按特定价格购买产品或服务的长期不可撤销合同、要求在建设期间付款的固定资产购置合同。下面是有关 Intermec 公司的一项承诺事例：

分析摘录

公司与原来的手动激光扫描设备供应商签订了一项特许权协议。协议规定公司可以制造并销售自己设计的激光扫描产品，公司支付少量特许权使用费给该供应商，并从该供应商处购买少量其他产品。

在许多情况下，租赁协议也是承诺的一种形式。

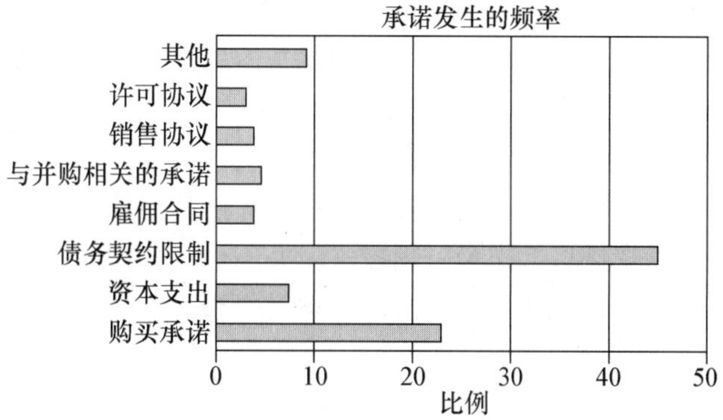

所有承诺都要求披露与其债务相关的各种重要因素，包括金额、条件、时间等。从下面取自富国银行报表附注的资料中，可以看到承诺应该有多么慎重：

分析摘录

承诺及或有负债。在正常的商业活动中，存在着各种承诺，其未支付债务和或有负债并不会在所附财务报表中得到适当反映。因这些承诺而产生的损失，即使有，也不会认为有多重要。下面是这类承诺所涉及金额的近似反映（单位：百万美元）：

备用信用证	$2 400
商业及类似信用证	400
扩大贷款的承诺*	17 300
购买期货和远期合约的承诺	5 000
购买外币及美元的承诺	1 500

*不包括信用卡和其他周转性信用贷款。

备用信用证包括大约4亿美元的参与权买入和大约3亿美元的参与权净卖出。发行备用信用证是为了覆盖履行偿付债务的义务，包括那些处在金融工具（金融担保）之后的债务。

表外融资

表外融资（off-balance-sheet financing）指未曾记录的特定融资债务。我们已经考察过一些具有这一特征的业务，比如经营性租赁。除租赁以外，还有其他一些表外融资契约，从简单到复杂，应有尽有。这些契约是一个不断变化的领域中一个特殊的部分，对此人们正在提出具体的会计要求，以更好地反映因为表外融资业务所引起的债务。在这方面，不断地有创新性的方法涌现。

表外融资举例

进行房产、厂场及设备融资的一种有效方式，是由一个外部当事人出面获得这些资产，公司同意使用这些资产，并提供足够的资金来偿还债务。**购买协议**（purchase agreements）和**输送协议**（through-put agreements）是这种契约的典型事例，在这类协议中，一家公司会同意购买一项处理设备所出产的产品，或负责经营该设备所产出的一定量的商品。还有所谓**提取或支付契约**（take-or-pay arrangements），公司不管是否需要，都要保证为一定具体数量的商品支付货款。这些契约的一个变种，是设立一个独立的实体，然后提供不超过 50%所有权的融资——比如合资或有限合伙。公司进行这些活动，是将其作为一项投资，并不会和公司的财务报表进行合并。这就意味着将其排除在公司负债之外。考虑以下两个事例：

分析摘录

Avis Rent-A-Car 设立了一个独立的信托机构，通过它来借入款项，用融入的资金购进汽车，再将车租赁给 Avis，作为其出租车队。因为该信托机构是独立于 Avis 的，因此其 4 亿美元的债务保持在资产负债表外作为表外项目处理。公司首席会计官声称："表外融资的最大优点之一，是我们可以通过它从银行获得另行的借款来补充经营资本，这是我们从其他渠道无法获得的。"作为公司两个最大的竞争对手，Hertz 和 National Car Rental 是自己购买，而不是租入汽车。

分析摘录

石油公司经常将设立 50%以下所有权的联营企业，作为输油管道建设和经营筹资的重要手段。尽管在这种情况下，债务服务已经成为石油公司的最终责任，公司却可能只是在报表附注中简单地说明，公司可能要预先筹集资金，帮助输油管道联营企业偿还债务。尽管筹集这些资金所需的原油尚未输送。

许多零售商也会将其私人信用卡所产生的应收款项出售给专门为此目的设立的信托机构。信托机构通过销售债券筹集资金，用收到的现金支付购买应收账款所应支付的款项。

□ 特殊目的实体

特殊目的实体（special purpose entities，SPE）因安然公司的败落而变得声名狼藉。但它曾经是过去几十年中一种合法的融资方式，迄今依然是公司融资的一个组成部分。其概念简单易懂：

- 特殊目的实体由发起公司设立，以权益投资方式获得资本，其中必须有一部分来自独立的第三方。
- 特殊目的实体通过从信贷市场借款使权益投资杠杆化，并从发起公司购买（或者为发起公司购买）盈利资产。
- 来自盈利资产的现金流量用于偿还债务，并为权益投资者提供投资回报。

以下是一些特殊目的实体的实例：

- 一家公司向特殊目的实体销售应收账款。这些应收账款可能来自公司的私人信用卡。这种信用卡提供给顾客，是希望他们能够在将来光顾公司的生意（比如塔吉特公司的信用卡）。公司将这些应收账款从资产负债表上移走，并收到可以投资到其他盈利资产上的现金。SPE 以该应收账款为它在信用市场销售的债券提供担保，用销售债券收到的现金在公司信用卡组合增长时，在持续经营的基础上购买额外的应收款。这一过程称作**证券化**（securitization）。像 Capital One 这样的消费融资公司是**应收款担保债券**（receivable-backed bonds）的重要发行者。图表 3—10 提供了使用特殊目的实体的过程中资金流动的情况。

图表 3—10　出售应收账款特殊目的实体说明

● 一家公司想要建造一个制造厂。它先签订了一份购进该厂产品的合同，然后设立一个特殊目的实体，以这份合同和财产进行债券抵押，通过出售债券筹集工厂建设资金。公司获得了该制造厂的利益，但在资产负债表上并没有确认资产或负债，因为按照 GAAP，担保合同（承诺）无须进行记录，也不构成需要在资产负债表中确认的衍生产品（参见第 5 章）。

● 一家公司想建一栋办公楼，但既不想在资产负债表上记录资产，也不想记录负债。一个 SPE 同意出资建造大楼，然后通过一份经营性租赁协议将其租给该公司使用，称为**合成租赁**（synthetic lease）。如果构造合理，则该公司资产负债表上既不会反映租赁资产，也不会出现租赁债务。

特殊目的实体之所以盛行，主要有两方面原因：

（1）特殊目的实体可以提供一种比直接从信用市场借款成本更低的替代性融资方式。这是因为特殊目的实体的活动是受限的，因此，投资者购买的是一种获得了良好担保的现金流，这种投资无须承担直接向发起公司提供资本所要承担的经营风险。

（2）在现行 GAAP 下，只要构造合理，特殊目的实体就会被看做一个独立实体，无须和发起公司进行报表合并（参见第 5 章关于合并报表的讨论）。因此，公司可以通过特殊目的实体将某些业务置于表外，从而达到从资产负债表上移除资产、负债，或同时移除资产和负债的目的。由于公司可以持续获得这类业务的经济利益，从而使经营业绩比率（如资产报酬率、资产周转率、杠杆比率等）得到极大提高。

美国 GAAP 指南涉及有关特殊目的实体的会计处理，ASC 810 和 ASC 860 中规定了特殊目的实体与发起公司报表合并的具体规则。按规定，当一个实体建立了对另一个实体的“控制”，特别是当特殊目的实体不发行普通股股票时，则需纳入合并范围。

许多特殊目的实体并非公司，并不具有股权。对这些实体的控制需要通过法律文件（而不是通过股权）来实施，对此，50%股权的合并门槛并不适用。FASB 目前将此类特殊目的实体归类为**可变利益实体**（variable interest entities，VIE）。如果其总权益面临风险，不足以为业务提供资金（通常为低于资产的 10%），或者不具备如下某一条件：（1）作出决策的能力；（2）可吸收损失的债务；（3）获得回报的权利，则该VIE要与有能力作出决策、有债务可吸收损失并有权获得回报的实体（称为主要受益人）进行合并。合并结果是将主要受益人和VIE的财务报表加在一起，以此来消除因为把VIE做表外处理而获得的任何利益。

我们以四个有关特殊目的实体使用的例子来结束对特殊目的实体的讨论。

Capital One案例 Capital One是一家消费金融公司，公司拥有总资产537亿美元，大部分为消费贷款和信用卡应收款。公司使用作为信托机构的SPE，用以购买其大部分的消费贷款投资组合。该信托机构通过销售担保债券为购买应收款融资。

Capital One管理着800亿美元消费贷款，但只有380亿美元在资产负债表上报告，其余420亿美元被卖给了该信托机构（SPE）。2004年，公司报告的消费贷款净增加190亿美元。公司同时还报告了与贷款证券化相关的现金流入110亿美元。

Capital One属于使用SPE实现合法融资并进行充分披露的公司。只有当SPE进行了合理的构造并具有充分的第三方权益，当公司售出了所有没有来源的资产——也就是说解除了应收款可能带来的全部损失风险，当它放弃了对SPE（一个合格的特殊目的实体）的全部控制时，才能够将应收款从资产负债表上移除。在这种情况下，应收款的转移可以确认为一项销售，其所引起的收益（损失）会在损益表中反映，并将资产从资产负债表上移开。

Capital One对其表外融资活动做了充分披露，因此，分析师可以考虑其对评价公司财务状况的影响。以下是Capital One年度报告摘录。

分析摘录

表外证券化 为了达到筹资目的，公司积极进行表外证券化交易。公司从第三方投资者那里收到发行证券收入。这些证券是公司的证券化工具，由公司投资组合中的转移应收款作为担保。截至2004年12月31日，公司未偿付证券总计412亿美元，代表通过包销和私人配售交易方式出售的消费贷款应收款共同储金中的未分配利益。消费贷款证券化是公司流动性的一个重要来源。公司坚信它有能力继续利用表外证券化契约作为其流动性来源。不过，如果公司表外证券化剧减甚或结束，公司将不得不降低现有的流动性并/或通过发行担保借款或未担保债务获得另外的资金，并通过额外增加存款或降低资产增长来抵消或满足流动性需求。

表外证券化涉及公司消费贷款应收款共同储金的转移，这种转移是通过按照SFAS 140应该当作销售的交易由公司转向一个或多个第三方信托机构、或合格的特殊目的实体。消费贷款应收款共同储金中特定的未分配利益作为资产担保证券，以公开包销或私人配售交易方式出售给投资者。来自表外证券化的收入要由信托机构在考虑已转移的消费贷款应收款的基础上分配给公司。每项新的表外证券化都会导致消费贷款本金应收款转移，其金额等于来自公司合并资产负债表（表外贷款）的共同储金未分配利益的销售，需要确认特定的留存剩余利益和销售收益。共同储金中的剩余未分配利益，以及未付的账单化融资费用和与公司本金应收款中的未分配利益相关的应收费用，应由公司作为留存，在公司合并资产负债表上记作消费贷款。当账户持有人支付本金以及所选择账户发生新的费用时，剩余未分配利益金额会发生波动。该公司2004年和2003年12月31日的留存消费贷款应收款金额分别为103亿美元和83亿美元。

eBay 公司案例　eBay 公司 2000 年在加利福尼亚州的圣何塞建造了部分办公设施，总成本 1.264 亿美元。该资产属一个名为 eBay Realty Trust 的独立实体所有，租给 eBay 公司使用。这项交易的构造（称为合成租赁）是极为独特的，它让 eBay 成了为财务报告目的而发生的经营性租赁的承租人，同时又是缴纳联邦所得税的财产所有者，可以其利息和财产折旧作为纳税时的扣减项目。这类合成租赁日益流行，是因为它提供了表外融资，同时又使组织可以作为所有者保留全部税收利益。

eBay Realty Trust 是以名义投资的形式建立的。它同意为 eBay 建造一栋建筑，并将该建筑完整地租给 eBay。该建筑的建设资金来自出借人 Chase Manhattan 银行。该项贷款以该建筑和一份租赁协议作为抵押。此外，eBay 还同意在一个现金担保账户上存入 1.264 亿美元，并保证所有者——出租人在租赁期满时有最小的余额，并能出售该项财产。

从特殊目的实体会计的视角来看，合成租赁已江河日下。这类实体称为可变利益实体（VIE），要求进行合并。eBay 曾在其 2002 年的 10-K 表中讨论过采用特殊目的实体会计的可能影响，其最终开始合并是在 2004 年的 10-K 表中。图表 3—11 是其摘录。合并使 eBay 公司资产负债表上的财产增加了 1.264 亿美元，债务增加了 1.225 亿美元，还有 390 万美元非控制股权（noncontrolling interest），代表非控制股东的投资。

图表 3—11　　**eBay 租赁附注**

2002 年 10-K 表：2000 年 3 月 1 日，我们开始执行一份 5 年期的租约，租赁位于加利福尼亚州圣何塞的总部办公大楼。这项租约为一般所称的合成租赁，代表的是一种表外融资方式。其中，一个不相关的第三方为该项财产提供了 100%的资金，并将资产出租给了作为承租人的本公司。……2003 年 1 月，财务会计准则委员会（FASB）发布了第 46 号解释（FASB Interpretation No. 46，FIN 46）《可变利益实体的合并》。这项解释主要是针对第 51 号会计研究公报“合并财务报表”。解释主要致力于特定可变利益实体的合并问题。如果可变利益实体的财务利益受到控制，或可变利益实体没有充足的权益，没有来自其他方面的额外的财务支持，存在可能无法为其活动筹集资金的风险，则需要进行合并。……我们希望通过采用 FIN 46，可以把圣何塞的办公大楼租赁以及潜在的投资有效地纳入公司 2003 年 7 月 1 日的合并财务报表之中。

2004 年 10-K 年：依照 2003 年 7 月 1 日起生效的 FIN 46《可变利益实体的合并》，我们已经将租赁圣何塞总部办公大楼的租赁协议纳入合并财务报表。按照这项准则，我们 2003 年和 2004 年 12 月 31 日的资产负债表额外反映土地和建筑总计 1.264 亿美元，租赁负债 1.225 亿美元，非控制少数股东权益 390 万美元。我们 2003 年度合并损益表反映，公司在圣何塞的总部办公大楼租赁应付款经过重分类由经营费用转为利息费用。自 2003 年 6 月 30 日后的每个季度需负担税后累计折旧 540 万美元，每个季度的折旧费用增量接近 40 万美元（税后净额）。我们自 2003 年 7 月 1 日起采用 FIN 46 的有关条款，但并未对以前时期进行重述。因为采用 FIN 46 而引起的会计原则变化的累积影响已经反映在 2003 年净收益中。

戴尔公司案例　戴尔公司以贷款和租赁方式为购买其计算机提供融资。不过，戴尔公司并非自己提供融资，而是通过一家与 CIT 联合设立的合资企业（Dell Financial Services，DFS）。这是一家消费融资公司，该公司提供融资服务，并与戴尔公司分享利润。该联合投资协议的好处是，戴尔公司尽管拥有其 70%的经济利益，却并不对该企业实施控制，因而也不需要将其合并到自己的财务报表中。在 FIN 46 下，该实体成为可变利益实体。现在，戴尔必须将 DFS 纳入报表合并范围。图表 3—12 是戴尔公司 10-K 表附注摘录，其中涉及 DFS 的处理。

有趣的是，正如其附注的结尾所述，戴尔公司已经就其联合投资协议重新进行了谈判，准许将其财务应收款出售给一个新的“无须合并的合格特殊目的实体”。合格特殊目的实体（qualifying special purpose entity，QSPE）是为了逃避 FIN 46 的管制而构造的 SPE，因此可以不要求合并。QSPE 的构造要求一个独立的、有偿债能力的实体，对所购置的资产有总体上的控制权。因此，资产的转移被视为向独立方的销售，相关资产需要从资产负债表上移除，并在损益表中确认收益（损失）。当公司开始认识到 FIN 46 下合并的不利影响时，可能会有更多公司建立 QSPE，作为 SPE 的替代品来维持资产转移的表外处理。

图表 3—12　　戴尔公司：融资服务

戴尔公司目前是 DFS 的合伙人，该企业是与 CIT 公司联合投资的合资企业。通过该联合投资，戴尔公司可以向顾客提供各种融资替代品，而 CIT 公司通常是为 DFS 和客户之间的特定交易提供资金。戴尔公司 2005，2004，2003 会计年度确认的以贷款和租赁方式实现的融资交易销售收入分别为 56，45 及 36 亿美元。

戴尔目前拥有 DFS 70%的权益。自 2004 年第三季度起，戴尔公司开始依照 FIN 46 对 DFS 的财务结果做合并处理。按照 FIN 46 的规定，如果一个实体属于某一可变利益实体（VIE）的主要受益人，该 VIE 的资产、负债和经营成果就应该纳入该实体的财务报表合并范围。依照 FIN 46，戴尔公司认为，DFS 属于一家 VIE，戴尔公司是其预期现金流量的主要受益人。在将 DFS 的财务成果纳入合并范围之前，戴尔公司在 DFS 的投资按权益法进行处理，因为公司在历史上没有对 DFS 实施过控制。因此，将 DFS 纳入合并范围对戴尔的净收益或每股盈余并不会产生影响。CIT 公司 2005 年 1 月 28 日在 DFS 净资产中的权益为 1 300 万美元，作为少数股东权益包含在戴尔公司合并财务状况的其他非流动资产项下。合并并没有改变合伙协议，也没有改变戴尔公司和 CIT 公司之间的风险分担契约。

2005 年第三季度，戴尔公司和 CIT 公司协议决定将联合投资的期限延长至 2010 年 1 月 29 日，并对其中一些条款进行了修改。在执行展期协议之前，CIT 公司提供 DFS 和客户之间交易所需的全部融资。展期协议给了戴尔公司同样权利从 2005 年第四季度起参与这样的融资，但并不构成债务。2005 年第四季度，戴尔公司开始向一家完全属戴尔公司所有，无须合并的合格特殊目的实体出售特定的贷款和租赁融资应收款。该合格特殊目的实体属于独立的法律实体，其资产和负债完全独立于戴尔公司的资产和负债。该实体与一多资产出售方渠道（multiseller conduit）签订了一项融资协议，向资本市场出售资产担保债务有价证券。融资应收款的转让按照 SFAS 140《金融资产转让和服务以及债务解除的会计处理》（Accounting for Transfers and Servicing of Financial Assets and Extinguishment of Liabilities）的有关规定进行处理。这些贷款和租赁融资应收款的出售对戴尔公司 2005 年的合并财务状况、经营成果或现金流量无实质性影响。

安然公司案例　我们的第四个案例——安然公司——表明了特殊目的实体的误用。按照安然公司 CFO 的说法，由于存在稀释作用，安然公司不可能通过发行普通股股票实现实质性增长。同时，由于担心危及信用评级，公司也不可能通过发行债务提高财务杠杆。结果，公司选择通过 SPE 大量注销债务并巨量高估盈利。

为了避免确认资产损失，安然公司建立了一系列特殊目的实体。为了对投资进行套期保值而设立的 Rhythms NetConnections 就是其中一例，它同时也是滥用这一融资技术的典型案例。1998 年，安然公司按每股 1.85 美元的价格向 Rhythms 投资 1 000 万美元。次年，Rhythms 的股票上市。由于事前的协议，安然公司被禁止出售股票，而它同时也希望在该投资的潜在损失中隐藏其 3 亿美元的未实现收益。

这项交易虽然很复杂，实质上却是安然公司以自己的股票作为出资，设立了一个特殊目的实体，以远期合约的方式在可能的下跌中为其投资提供保护。该特殊目的实体作为合约的一方（一个保险公司）为安然在 Rhythms 的投资套期保值，在可能的价值下跌中为公司提供保护。如果投资价值下跌，理论上，安然公司将可以要求特殊目的实体的保护以弥补损失。

如果这项交易是由某个自身拥有充分权益的第三方来执行，安然公司将有效地实现投资的套期保值，而且不必在投资价值下降时报告损失。然而，问题是，该特殊目的实体的构造中并不存在任何其他外部权益，其全部资产都是由安然公司的股票所构成。这样，套期保值就仅仅成了一种伪装。安然公司进而利用了这些特殊目的实体不必在其年度报告中合并的特点。这就意味着，特殊目的实体的任何负债都将不会在安然公司的合并资产负债表中进行反映。

按照合并规则的要求，如果特殊目的实体想要避免合并，就必须做到真正的独立。这就是说，特殊目的实体的资本应该是由外部权益所提供，而且，外部权益方可以对其实施有效的控制。安然公司却违反了所有这些规定。首先，在许多情况下，是安然公司对其"外部"投资者的投资提供担保。这就意味着投资者不存在所要求的损失风险。其次，特殊目的实体的管理层通常都是由安然公司的雇员所构成，外部投资者根本没有管理的能力。在2001年第三季度进行的对1997—2000年财务报表的重述中，安然公司将所有特殊目的实体纳入合并范围，表内因此出现了巨额债务，同时记录的还有约10亿美元的资产损失、12亿美元的股东权益减损。重述的结果摧毁了投资者的信心，引发了对债务条款的严重违反，最终导致公司破产。

从安然公司的年报中，投资者可以学到多少有关特殊目的实体活动的知识？图表3—13是安然公司2000年（破产前一年）的年报摘录。唯一提及SPE的是在一条有关关联方的附注中。安然公司对其投资（商务）组合的套期保值进行了描述，说明SPE的资本皆是来自安然公司的普通股。其中还提到，SPE的管理合伙人是安然公司一位高管。在一条名为"关联方"的独立附注中，对此有总的说明。从事后的经验来看，这些披露实际上具有极为重要的意义。由于安然公司的崩溃导致了数十亿美元的损失，分析师现在对这些披露的细节给予了特别的关注。

图表3—13　　安然公司关联方交易附注

1999年、2000年，安然公司与一家具有关联方关系的有限合伙企业进行交易，这家企业的管理合伙人是安然公司一名高管，其他有限合伙人则与安然公司没有任何关系。管理层认为，与该关联方交易的条件，与和其他非关联的第三方经过协商确定的条件相比是合理的。

2000年，安然公司与该关联方发生交易，以达到为特定商业投资和其他资产套期保值的目的。作为交易的一部分，安然公司（1）为新设立的实体公司提供价值约12亿美元的资产，包括1.5亿美元的安然公司应付票据、发行在外的安然公司普通股中370万股限制型股票、在2003年3月（在特定的情况下）收到1 800万股发行在外的安然公司普通股股票的权利（附特定条件）；（2）将约3.09亿美元的资产转移给实体公司，包括5 000万美元应付票据和对一个实体的一项投资，这项投资是间接持有的可转换为安然公司普通股股票的担保证券，按权益法进行核算。安然公司依次收到多项来自实体公司的经济利益，包括3.09亿美元的应收票据（其中2.59亿美元是在安然公司的零结转基础（carryover basis of zero）上记录的），以及实体公司以12亿美元应收票据的形式所做的一项特别分配，这项分配涉及安然公司参与另外的衍生工具的运用时所导致的应付金额本金的变化。实体公司的现金大约有1.726亿美元投入了安然公司所需要的票据中。另外，安然公司花1.23亿美元从实体公司手中购买了2 170万股安然公司普通股股票的股份结算期权（share-settled option）。实体公司付给安然公司1 070万美元来结束1 460万股发行在外安然公司普通股股票的结算期权。2000年后期，安然公司与实体公司缔结了1 540万股安然公司普通股的股份结算环形契约（share-settled collar arrangements）。这种契约在结算时会被当作权益交易处理。

2000 年，安然公司与实体公司缔结了一份联合名义金额约 21 亿美元的衍生交易合约为特定的商业投资和其他资产做套期保值。受衍生交易溢价影响，安然公司的应收票据余额减少 3 600 万美元。安然公司确认了因衍生金融工具市场价值变动而产生的收益约 5 亿美元，从而抵消了特定商业投资和价格风险管理活动的市场价值的变动。此外，安然公司还确认了实体公司应收票据利息收入 4 450 万美元及利息费用 1 410 万美元。

股东权益

权益是指所有者（股东）对公司的融资。它被视为所有者对公司净资产主张权的反映。权益性证券持有者的地位仅次于债权人，也就是说，必须首先满足债权人的主张权。权益持有者对净资产的主张权其实也有不同。权益持有者面对着公司的最大风险。与此同时，他们也有获得最大回报的可能，因为一旦债权人的要求满足，所有回报将全部归权益人所有。

我们对权益的分析，必须考虑许多有关所有者权益计量和报告的标准。此类分析应该包括：

- 权益融资主要渠道的分类和区分。
- 考察各类股东的权利及清偿时的优先权。
- 评估对权益分配的法律限制。
- 考察对留存收益分配的各种限制，包括合同限制、法律限制及其他限制。
- 对可转换债券、股票期权及其他潜在地涉及股票发行的合约的条件和有关规定进行评价。

对我们来讲，仔细区分负债和权益工具，了解其风险和报酬差异，具有极为重要的意义。对那些同时具有两方面特征的融资工具尤其重要。我们必须面对一些十分困难的问题：

- 像可赎回优先股或公司普通股看跌期权——即公司有在确定金额时赎回的义务——这样一些融资工具，究竟是负债，还是权益工具？
- 认股权证（stock purchase warrant）或员工股票期权——即公司有按确定金额发行股票的义务——这样的融资工具，是债务还是权益工具？
- 按确定金额发行或回购公司股票的权利是资产还是权益工具？
- 如果一项融资工具同时具有债务和权益的特征，是否可以进行有效的区分，以保证能够分别加以表述？如果是，表述的标准是什么？

以下各小节将帮助我们回答财务报表分析过程中可能面对的这些及其他问题。在本书其他章节，当进一步描述其分析意义时，我们也会再次回到这些问题上来。本小节首先考虑股本和留存收益，这是构成权益的两个主要部分。

□ 股本

股本的报告

股本的报告包括对股票数量变化的解释。这部分信息在财务报表或相关附注中会有所披露。下面列示了股本增减变化的原因：

发行在外的股本增加的途径：

- 发行股票；
- 债券和优先股转换为股票；
- 发放股票股利或进行股票分割；
- 并购中发行股票；
- 行使股票期权或认股权证。

发行在外的股本减少的途径：

- 股票购买和回收；
- 股票回购；
- 反向股票分割。

进行股本分析的另一个重要方面是对其他人拥有的股票期权进行评价。行使期权时，由于发行在外的股票数量增加，从而会使所有权被稀释。这些期权包括：

- 债券和优先股向普通股转换的权利。
- 认股权证使持有者可以在确定条件下将其转换为股票。
- **带有补偿和红利的股票期权计划**（stock option with compensation and bonus plans）要求在一定时期内按固定价格发行股票。比如：**有限制的股票期权计划**（qualified stock option plan）和**员工股票所有权计划**（employee stock ownership plan）。
- 发行股票的承诺。比如合并协议，可能要求在特定情况下（比如达到某一具体的盈利水平）额外考虑有条件的股票发行。

之所以分析这些披露，主要是提醒我们发行在外的股票数量可能增加。盈余和股票账面价值被稀释的程度取决于多种因素，包括被认可的数量，或者在转换时被放弃的其他权利。我们必须认识到，稀释是公司一项真实的成本，一项在财务报表中丝毫没有获得正式确认的成本。在第 6 章附录中我们将考察稀释对每股盈余的影响。

缴入资本　**缴入资本**（contributed capital）是指从所有者手中收到的作为股本的资金。缴入资本通常分为两部分。一部分是股票的**面值**（par）或**设定价值**（stated value）：普通股和/或优先股（如果股票没有面值，则记入总资金）；另一部分是**缴入资本超过面值或设定价值**（contributed capital in excess of par or stated value）的部分，也称为资本公积（additional paid-in capital）。这些账户合在一起，反映股东为企业融资活动投入的全部资金。所有者权益中实收资本部分的其他账目源自各种资本交易中的费用或债务，包括：（1）出售库藏股份；（2）企业合并导致的资本变化；（3）接受捐赠资本，常单独列示为捐赠资本；（4）股票发行成本和合并费用；（5）通过发放股票红利的方式使留存收益资本化。

库藏股　**库藏股**（treasury stock）是指先前发行并已足额付款后又被公司购回的股份。公司获得库藏股会同时减少资产和所有者权益。与这项交易相一致，库藏股并不是资产，而是一个**权益抵销账户**（contra-equity account）（负权益）。库藏股一般按成本记录，通常的表述方式是从所有者权益中扣除库藏股成本。当公司按面值记录库藏股时，一般会将其作为同类别股票的抵销项（扣减）进行报告。

股本的分类

股本（capital stock）是为了获得资产和服务而向权益持有人发行的股份。股本有两种基本类型：优先股和普通股。其中又有很多不同的变化。

优先股 **优先股**（preferred stock）是一类特殊的股票，具有不同于普通股的优先权和特征。优先股具有如下典型特征：

- 股利分配的优先权，包括分享及累积特征。
- 清算的优先权。这种权利具有特别重要的意义，原因在于优先股面值和清算价值之间可能存在巨大的差额。例如，Johnson Controls 发行的优先股面值为 1 美元，而其清算价值高达 51.20 美元。
- 可赎回或转换为普通股。SEC 要求，当优先股具有某些债券的特征（比如赎回要求）时，应该将其单独列报。
- 无投票权。因此只能随着其他项目（比如拖欠红利）的变动而变。
- **召回条款**（call provision）。主要是针对提前赎回向优先股股东提供保护（召回溢价随着时间而下降）。

由于优先股股东通常优先于普通股股东，优先股股东对获取股利的权利通常是固定的。而且，其获取股利的权利是可以累积的，即在普通股股东获得任何股利之前，他们有权优先获得以前年度拖欠的股利。

在各种优先股中，我们发现了多种与股利和清偿权相关的优先条件。这些特征，包括优先股股利固定的特性，常常让优先股看起来更像是一种负债。优先股股东和债权人的最大区别在于，优先股股东通常无权赎回其股份。不过，有些优先股会设定赎回日期，并设立相应的偿债基金，即为预期支付而累积的资金。有一些权利会使优先股与普通股更为接近，包括分享股利的权利、选举权以及转换为普通股的权利。优先股常常有面值，但不一定等于初始发行时的价值。

普通股 **普通股**（common stock）是代表所有权利益，承担最终风险，并享有公司业绩回报的一类股票。普通股代表剩余利益（residual interests），没有优先权，但可以获得剩余净收益，或承担净损失。普通股可以带面值；如果不带，则可以赋予设定价值。普通股的面值只具有法律和历史意义，对现代财务报表分析并不是很重要。

股本分析

股东权益的构成项目对收益决定通常并无显著影响，因此对收益分析并不十分重要。对分析而言，更重要的是有关资本账户构成和限制性条件的信息。权益构成的重要性，主要在于与之相关的各种条款可能影响普通股的剩余权利，进而影响权益投资者的权利、风险和回报。此类条款包括股利分享权、转换权以及常常在合并协议下发行的各种复杂证券的期权和条件，其中大部分都会构成对普通权益的稀释。因此，对我们来讲，重构并解释这些资本账户的变化就有重要意义。

分析视点

……你是资金经理

你在寻找一个投资机会。你把自己的搜索范围限定在有两种不同证券的公司：普通股及10%优先股。两种证券过去几年的回报率（包括股利和股价上涨）一直保持在10%左右。你会投资于哪种证券？

□ 留存收益

留存收益（retained earnings）是公司赚得的资本。留存收益账户反映公司自成立以来未分配收益或损失的累积。它与股东缴入资本如股本和资本公积形成对照。留存收益是股利分配的主要来源。美国有些州允许从资本公积中向股东进行分配，这种分配代表的是资本分配而非收益分配。

现金股利与股票股利

现金股利（cash dividend）是向股东分配的现金。这是最普通的股利分配方式。一旦宣布，将成为公司的负债。股利的另一种形式是**实物股利**（dividend in kind），或财产股利。这种股利是以公司资产、商品或持有的其他公司股票来支付。此类股利按所分配资产的市场价值来计价。

分析摘录

Ranchers Exploration & Development Crop. 用金条来发放实物股利。Dresser Industries 发放实物股利——“公司每五股普通股分配一股 INDRESCO 公司股票”。

股票股利（stock dividend）是按原先的持股比例将公司自己的股票作为股利分配给股东。实际上意味着对收益的永久性资本化。通过留存收益在资本账户中的重新配置，股东获得另外的股份。**小额度（或普通）股票股利**（small (or ordinary) stock dividend）——一般低于发行在外股份的20%～25%——会计要求按股权登记日的市价对股票股利进行计价。**大额度股票股利**（large stock dividend）(或称为“以股利方式进行的完全析产分股”(split-ups))，一般大于发行在外股份的25%，要求按所发行股票面值对股票股利进行计价。我们千万不能被误导认为股票股利有实质性价值。公司出于自利的目的，往往希望人们这样想。

分析摘录

Wickes 公司宣布以股票股利“来代替按季度支付的现金股利”，管理层声称这种股票“股利让 Wickes 公司保持了88年不间断持续支付股利的记录”。

分割与分离

公司经常会对子公司进行剥离，或者完全出售，或者作为对股东的分配。出售子公司就像出售其他资产一样：按照收到报酬与子公司投资账面价值之间的差额来确认销售收益（损失）。向股东分配子公司股票可以采用如下形式：

分割（spin-offs）子公司股票作为股利分配给股东；资产（在子公司的投资）和留存收益一同减少。

分离（split-offs）用公司持有的子公司股票来交换股东持有的公司股票；资产（在子公司的投资）减少，从股东那里收到的股票作库藏股处理。

如果这类交易按等比例（相等的）基础进行，在子公司的投资将按账面价值进行分配。如果不是等比例分配（非等比例基础），则要先按市场价调整投资价值，由此产生一定的分配损益，然后将投资的市场价值分配给股东。

例如，AT&T 公司为了将其下属子公司 Wireless 分离为一家独立的公司，将 AT&T 公司持有的 Wireless 子公司股票与公司股东所持有的 AT&T 股票进行了置换。由于该置换并非等比例置换，因此在交换以前，股票按市场价进行记录，产生了 135 亿美元的收益，如下所示：

分析摘录

2001 年 7 月 9 日，AT&T 公司完成了对其下属子公司 Wireless 的分离，使之成为一家独立的上市公司。AT&T Wireless 集团跟踪股（tracking stock）全部按 1∶1 的比例转换为 AT&T Wireless 普通股，AT&T 公司持有的 113.6 万股 AT&T Wireless 普通股股票被按照每一股 AT&T 公司外发股份送 1.609 股 AT&T Wireless 股票的方式，分配给了 AT&T 普通股股东。AT&T 普通股股东收到的是 AT&T Wireless 股票的整数股，不足一股的零碎股份则以现金支付。按照美国国税局（IRS）的规定，AT&T 交易属于免税范围，其股东在这项交易中获得的股票收益也免交联邦所得税（因零碎股份而收到的现金除外）。对 AT&T Wireless 的分离产生了具有非持续经营性质的免税非现金收益 135 亿美元，为分离日 AT&T Wireless 集团跟踪股公允价值与该股票在 AT&T 账簿上的账面价值之间的差额。

为了实施与 Comcast 公司之间的购并，AT&T 公司随后又分割了旗下的子公司 Broadband。分割中按非等比例方式向股东分配股份，因此按公允市价进行记录，出现了 13 亿美元的收益。详情如下：

分析摘录

2002 年 11 月 18 日，AT&T 公司将旗下的 AT&T Broadband 分割给了 AT&T 的股东。AT&T Broadband 主要是 AT&T 的宽带分部。美国国税局认为，AT&T 的这项交易符合免税条件，除零碎股份的现金收入外，公司股东在这项交易中获得的股票收益免交联邦所得税。由于按非等比例方式进行 AT&T Broadband 的分割，因此按公允价值调高了 AT&T Broadband 净资产的账面价值，由此导致 13 亿美元的非现金收益。这一价值等于分割日 AT&T Broadband 经营的公允价值和 AT&T 公司账面上所反映的 AT&T Broadband 账面价值之间的差额抵消分割所引起的特定费用及其所得税影响后的净额。这些费用包括因为加速行使股票期权而发生的补偿费用，以及为了增强激励计划而发生的费用。

上述两项交易都是按非等比例方式进行的，也就是说，交易中对 AT&T 公司股东的不同群体采取了区别对待的政策。如果这些交易是按等比例基础（所有股东在分配中都按其持股比例同等对待）进行，子公司的股票将按账面价值进行分配，无须确认收益。在评价收益时，必须对这些暂时性的非现金收益保持清醒认识。

累计其他综合收益

净收益中并不包括资产和负债的持有价值所发生的特定变化（未实现利得或损失）。反之，这部分价值变化被当做**其他综合收益**（other comprehensive income）的一个独立部分，然而加在净收益上，最终构成**综合收益**（comprehensive income）。以下是其他综合收益中所包含的一些具体项目：

- 归类为可用于销售的有价证券的可销售证券所发生的未实现利得或损失。
- 需要用套期保值会计进行处理的衍生金融工具的未实现利得或损失。
- 退休金及其他退休后福利调整（OPEB adjustments）。
- 外汇折算调整。

依照美国 GAAP 和 IFRS，其他综合收益需要做累积处理，在留存收益之外，作为股东权益的一部分在**累计其他综合收益**（accumulated other comprehensive income）标题下单独列示。尽管该项目单独列示，大多数情况下，从分析的角度可以将累计其他综合收益看成留存收益的一部分来处理。第 6 章中将对其他收益做更详细的介绍。

分析视点

……你是股东

你拥有一家公司的普通股。该公司股价在过去 12 个月中已经翻番，目前市价为 66 美元。今天，该公司发布公告称，公司将以三送一的形式发放股票股利。你将如何解释这一公告？

每股账面价值

每股账面价值的计算

每股账面价值（book value per share）是指按资产负债表上报告的金额进行公司清算所产生的每股金额。**账面价值**（book value）是反映净资产价值的常规术语，即资产总额减去对资产的求偿权。**普通股账面价值**（book value of common stock）等于按资产负债表上报告的资产总额减去负债和对优先于普通股的证券（如优先股）的求偿权（但也可以包括未记录在账的优先证券求偿权）。计算账面价值的一种简单方法是把所有普通股权益账户加总后减去未在资产负债表上反映的优先求偿权（包括延期支付的优先股股利、清算溢价或赋予优先股的其他资产优先权）。

下面是 Kimberly 公司第 4 年和第 5 年末股东权益部分的内容，可以作为每股账面价值计量的一个实例：

	第5年	第4年
7%累积优先股，票面价值$100		
（额定股数4 000 000股，发行在外3 602 811股）	$360 281 100	$360 281 100
普通股，票面价值$16.67		
（额定股数9 000 000股，第5年12月31日发行在外54 138 137股，第4年12月31日发行在外54 129 987股）	902 302 283	902 166 450
留存收益	2 362 279 244	2 220 298 288
所有者权益总额	$3 624 862 627	$3 482 745 838

注：优先股不参与分配，价格达到105美元时可赎回。第5年的股利未付。

根据以上资料，计算第5年末普通股和优先股每股账面价值如下：

	优先股	普通股	合计
优先股*（面值$100）	$360 281 100		$360 281 100
未付股利（7%）	25 219 677		25 219 677
普通股		$902 302 283	902 302 283
留存收益（扣除未付股利后的净额）		2 337 059 567	2 337 059 567
合计	$385 500 777	$3 239 361 850	$3 624 862 627
发行在外股票的股利	3 602 811	54 138 137	
每股账面价值	$107.00	$59.84	

*在计算每股账面价值时没有考虑赎回溢价，因为赎回条款属于公司期权。

每股账面价值的相关性

账面价值在财务报表分析中有着十分重要的作用，可广泛运用于以下各个方面：

- 账面价值，包括一些潜在的调整项目，常会用于估价兼并条件；
- 对公司主要资产流动情况（融资、投资、保险和银行机构）的分析要广泛地依赖账面价值；
- 分析高级别债券和优先股的情况对资产偿付具有极为重要的意义。

运用每股账面价值资料进行分析时，必须注意其特殊的会计考虑，包括：

- 资产的持产价值（carrying value），尤其是像房产、厂场设备这样一些长期资产的持产价值，通常是按成本计价，因此会与市场价值有显著不同；
- 账面价值中通常不包括内部生成的无形资产，也不包括极有可能发生的或有资产。

除此之外，还有必要做一些其他调整。比方说，如果优先股具有负债的性质，则应将其视为债务按现行利率进行处理。总之，账面价值是一个很有价值的分析工具，但在使用时必须有所分别，做到充分理解。

□ 权益“边缘”的负债

可转换债券

有时，公司会发行到期可以转换为股份的债券，此种债券称为**可转换债券**（convertible debt）。可转换债券属于典型的混合证券，是债权和股权两种特征的综合体。通常，可转换债券准许持有人有一种按照某一固定价格进行转换的选择权。因此，只有当债券到期股票价格高于转换价格时，债券持有人才会实施转换。否则，债券持有人会要求偿还本金。

目前的会计准则，包括美国 GAAP（ASC 470-20）和 IFRS（IAS 32）都认可可转换债券的混合属性。具体来说，发行可转换债券的公司在发行之日就必须分别考虑负债（债券）和权益（转换期权）。分配给负债的金额属于估计数，需按照与该可转换债券在其他方面完全相同的某种纯债券的公允价值来确定。一旦负债的金额已估定，分配给权益的金额就简单地只是该可转换债券的剩余价值。

试举一例说明。某公司发行 100 万份 10 年期可转换债券，面值 100 美元，票面利率 3%。每份债券准许持有人到期换购公司 4 股股票。一种到期时间和风险与该可转换债券相同的纯债券的有效利率为 8%。该债券的发行收入为 1.05 亿美元。

要估计该债券的权益和债务部分的价值，首先需要确定具有同样到期时间和票面利率的纯债券的价值。该可转换债券每一份的票面利息为每年 3 美元，期限为 10 年。在有效利率为 8%的情况下，该债券的现值为 66.45 美元。因此，分配给负债的金额为 6 645 万美元，债券发行的折价为 3 355 万美元（1 亿美元－6 645 万美元）。这一贴现额按照图表 3—1 中所示的方式在债券有效期内摊销。因为该债券的发行收入为 1.05 亿美元，3 855 万美元（1.05 亿美元－6 645 万美元）的溢价要归属于权益——假定无递延所得税影响。

分析摘录

2007 年 3 月，Xilinx Inc. 发行 10 亿美元 3.125% 可转换次级债券，2037 年 3 月到期。该债券每 1 000 美元的本金可以转换 32.076 股普通股，有效转换价为每股 31.18 美元。该公司在支付 2 000 万美元发行费用后，实际收入 9.8 亿美元。2009 年，该公司用 1.932 亿美元价格，回购了面值为 3.103 6 亿美元的债券，债券剩余面值为 6.896 4 亿美元。

在 2010 财政年度，Xilinx Inc. 公司对其可转换债券追溯性地采用了新准则（ASC 470-20)，并将持有金额拆分为债务和权益两部分。在 2010 年 4 月 3 日（该财政年度的截止日），Xilinx Inc. 公司按如下方式对该债券进行计价（单位：百万美元）：

债券本金	689.64	
减未摊销的折价额	335.69	这些金额列报在资产负债表上。需要注意的是未摊销折价分配给了权益，而递延所得税负债要列在资产负债表上。
债券的持有价值	353.95	
权益部分的持有价值	229.51	
递延所得税负债	106.18	
	335.69	

公司发行债券时有时会在其上附带一种认股权证。该认股权证使债券持有人享有在债券到期时按固定行权价购买债券发行公司股票的权利，相当于一种购买选择权。

这与可转换债券有所不同，因为债券和认股权证皆属独立的有价证券，可以分别出售。权证的会计处理与可转换债券相类似。也即是，债券作为债务而权证作为权益按发行日各自的公允价值入账。

可赎回优先股

对那些附有强制性赎回条款的权益性证券（以优先股最为典型），分析师必须予以特别注意，它们更像是债务而非权益。这些证券要求公司在特定日期付出资金。真正的权益性证券是不会这样要求的。许多公司都有这种以优先股的形式作为伪装的证券。Tenneco 公司的年报中就曾提到其优先股的赎回条款，如下所示：

> **分析摘录**
>
> 2001 年 12 月 31 日发行在外的优先股今后 5 年内的到期金额为：2002 年，无；2003 年，1 000 万美元；2004，2005，2006 年各 2 300 万美元。

SEC 认为，可赎回优先股与通常的权益资本不同，不应该纳入股东权益，也不应该与其他非赎回权益证券并在一起。SEC 还要求披露赎回条件及 5 年内的到期数据。会计准则要求披露资产负债表日后 5 年内可赎回股票的赎回要求。非上市公司不属于 SEC 规则的管辖范围之内，可以继续将可赎回优先股作为权益进行报告。当然，我们在分析中还是应该按其实质来对待，即一项需要在未来某一日期付出现金的债务。

少数股东权益

一家公司可能拥有另一家公司的控制性股权（通常在 50%以上），但并非其全部股份。拥有控制性股权的公司称为**母公司**（parent），在这种情况下所拥有的公司称为**非全资子公司**（partially owned subsidiary）。**少数股东权益**（minority interest）也称**非控制性权益**（noncontrolling interest），是指非全资子公司的股东权益中属少数（外部）股东所有的部分。它是一种真正的中间资本形式。因为它不属于母公司的股东，不能视为母公司股东权益的一个组成部分。不过，尽管其属外部人所有，但就性质而言它仍属股权，因此不能归类为负债。

母公司按规定必须对其所拥有子公司的财务报表做合并处理。在合并报表中，子公司的资产和负债（以及收入和费用）需要与母公司的相关数据加计在一起。当子公司只是部分拥有时，股东权益不能加计在一起，因为子公司的权益并非全部属于母公司所有。按照美国 GAAP 和 IFRS 的规定，母公司必须在合并资产负债表中将少数股东权益作为一个独立的线上项目进行列报，该项目并不是作为母公司股东权益的一个组成部分。不过，大多数公司将少数股东权益作为权益总计数的一个部分来报告。与此相类似，非全资子公司净收益中属于少数股东所有的部分，在合并损益表中也是作为一个独立的线上项目来列报，称为少数权益（或非控制性权益）。

图 3—14 举例说明少数股东权益（非控制性权益）在资产负债表和损益表中究竟

是如何列报的。

图表 3—14 **百时美施贵宝公司：少数股东权益的报告** 单位：百万美元

资产负债表		损益表	
权益：			
普通股，面值	220	净盈余	5 260
股本溢价	3 114	属于非控制性权益的净盈余	1 551
留存收益	33 069	属于百时美施贵宝公司的净盈余	3 709
累积其他综合损失	(3 045)		
按成本计价的库藏股	(17 402)		
百时美施贵宝公司股东权益总计数	15 956		
非控制性权益	(89)		
权益总计	15 867		

财务报表分析中应该将少数股东权益包括在内还是排除在外，取决于分析目的。举例来说，假如想确定一家公司股东的 ROCE，就必须在计算比率时同时在分子（收益）和分母（权益）中将少数股东权益排除在外。但如果目的是计算构成一家公司的全部联合经营实体的 ROCE，在必须在计算中将少数股东权益包含在内。在图表 3—14 所举实例中，百时美施贵宝公司股东的 ROCE 是 23%（＄3 709 ÷ ＄15 956），但百时美施贵宝公司包括其子公司在内的全部业务的 ROCE 则是 33%（＄5 260 ÷ ＄15 867）。

国际财务报告准则下的股东权益报告

国际财务报告准则（IFRS）下股东权益报告的具体要求与美国 GAAP 有一定不同，因此需要做些讨论。总体来说，IFRS 将股东权益分为三种类型：发行的股本、准备金，以及累积利润/损失（留存收益）。然而，对于股东权益中如何报告线上项目，它给予了较大自由度，从而导致实务中存在很大差异。总的来说，可以观察到如下常见类型：

- 股本，作为一个独立的线上项目而报告；
- 大多数公司报告留存收益，但也有少数公司将留存收益包括在准备金内。
- 准备金，包括累计其他综合收益、期权补偿（option compensation）、股本溢价，在有些情况下甚至还包括留存收益。
- 少数股东权益（非控制性权益），在母公司股东权益之外单独列示，但依然作为权益总计数的一部分。
- 有些公司会在资产负债表上详细列示以上各个部分所包含的具体内容，有些公司则只是报告每一类的总数。

图表 3—15 提供的是 IFRS 下股东权益报告的实例。需要注意的是其在术语使用和分组上的不一致。最有趣的是中国东方航空公司的例子。该公司将累积损失（留存

收益）、累计综合收益项目（重估价准备、套期保值准备）、资本准备、股本溢价全部归总在“准备金”项下。把发行资本（股本溢价）与赚得资本项目（如累积损失）加计在一起是否合适，是值得质疑的。

图表 3—15　　**IFRS 下股东权益的报告**

Gerdua Sa（巴西）		中国东方航空公司（中国）		德意志银行（德国）	
（百万雷亚尔）	2009	（百万人民币）	2009	（百万马克）	2009
权益		权益		权益	
资本	14 184	股本	9 582	普通股	1 589
库藏股	(125)	准备金	(8 347)	额外付入资本	14 830
法定准备	200	归属于本公司股权持有者的权益	1 235	留存收益	24 056
股票期权	10	少数股东权益	442	库藏股	(48)
留存收益	5 796	权益总计	1 677	损益表中未确认的利得(损失)净额	(3 780)
其他准备	(1 558)			股东权益合计	36 647
归属于母公司股东的权益	18 507			少数股东权益	1 322
非控制性权益	3 497			权益总计	37 969
权益总计	22 004				

作为分析师，我们必须了解美国 GAAP 与 IFRS 在股东权益报告方面有何不同。同样重要的是当进行公司间比较时，注意实务的多样性。

附录 3A：租赁会计与分析——出租人

许多制造业公司出租其产品而非直接对外销售。比如 IBM、卡特彼勒等，皆采用这种经营方式。另一些公司如通用电气之类，则扮演财务中介的角色，从制造商手中购买资产后出租给最终用户。租赁因此成为产品销售中一个重要的组成部分，也因之成为财务报表分析中一项十分重要的因素。本附录主要从出租人的角度对租赁会计和租赁分析做简单的描述。出租人对租赁的会计处理与承租人颇相类似。出租人也是将租赁分为经营性租赁和资本性租赁，从而与承租人的分类达成了一致，极少例外。如果被划归经营性租赁，租赁资产将仍在出租方的资产负债表上列报，租金收入作为收益，出租人继续记录出租资产的折旧费用。租金收入与折旧费用之间的差额为出租人从租赁中获得的利润。

如果租赁被归为资本性租赁，出租人将从资产负债表上转出租赁资产，同时记录一项等于预计最低租金付款额的应收款。应收款和转移资产价值间的差额作为一项负债，即未赚得收益，应在租赁期限内定期作减记处理，并记作已赚得收益。从出租人的角度来看，两种类型的租赁皆具有重要意义：

1. **销售式租赁**　在这种情况下，租赁资产的成本和其在租赁日的公允市价是不同的。这种情况可能发生在像IBM这样的公司，它制造计算机，然后将其租赁给客户使用。在这种情况下，会计师会认为资产已经销售出去，IBM公司由此进入了一个与承租人的后续性融资交易。作为其结果，IBM公司会在执行租赁业务的同时，记录销售收入、销售成本和毛利。因此，IBM公司会记录计算机租赁的毛利，并在租赁期限内把签署租赁协议时所记录的未赚得收入做分期记录。进而，由于租赁资产已从资产负债表上转出，IBM公司将不再记录折旧费用。

2. **直接融资租赁** 通用电气资本公司（General Electric Capital Corporation）之类的公司从事直接融资租赁业务。在这种情况下，公司扮演了银行的角色。它从制造商手中购买资产并将其直接出租给客户。此时的租赁价值（应收租赁付款额的现值）等于所购买资产的成本，无须记录销售收入和毛利。通用电气资本公司会在整个租赁期间逐渐确认租赁收入。

分析意义

租赁的分析意义与各种信用衍生产品的内涵意义颇为相似。各种信用产品都有其内在风险。首先要做的是通过与出租人的损失经历相比较，对无法收回的租赁应收款准备是否充分进行分析。其次是确认需要在一定年度内收回的租赁应收款，并将租赁组合的平均寿命期与公司负债的平均寿命期相互进行比较。也就是说，用中等期限的固定利率租赁为短期浮动利率负债融资是不恰当的。

出租人通常会将服务合同与租赁协议打包以获得额外收益。在GAAP下，来自服务合同的收入必须在合同期内按比例确认。为了扩大当期收入和利润，公司通常会加速服务合同收入的确认，方法是提高租赁合同的初始确认金额，从而增加本期收入和毛利，降低服务合同的未来付款额。施乐公司（Xerox）就是第一家因为这种做法而受到SEC调查的公司。分析师必须特别留心这种可能性，并仔细考察公司总收入中租赁收入和服务收入混合的相关成分。

售后回租

售后回租（sale-leaseback）交易是指将自有资产出售之后再租回。公司通常通过售后回租方式用现有资产（主要是不动产）来缓解现金压力。一般情况下，因为出售资产而实现的利润必须做递延处理，并在租赁期内分期确认，作为租赁费用的扣减项目。

附录3B：退休后福利

雇主常在雇员退休后为其提供福利，这种**退休后福利**（postretirement benefits）有两种形式：（1）**养老金福利**（pension benefits），是雇主允诺退休后支付给雇员的现金福利；（2）**其他退休员工福利**（other postretirement employee benefits, OPEB），是雇主在雇员退休后提供的其他形式的福利（通常为非现金形式），主要包括健康和人寿保险。这两种类型的福利都对会计和分析提出了挑战。现行会计准则要求提供退休后福利的成本在雇员服务期间予以确认，而不是等实际支付福利时再行确认。应计福利现值的估计数应由雇主作为负债进行报告。由于这些福利不论时间还是范围都具有很大的不确定性，因此，退休后福利的成本（包括负债）需要以各种**精算假设**（actuarial assumptions）为基础进行估算，包括：平均寿命（life expectancy）、雇员离职率（employee turnover）、报酬增长率（compensation growth rates）、保健成本（health care costs）、预期回报率（expected rates of return）、利息率。

养老金和其他退休后福利构成公司负债的一个重要部分。养老金也是整个经济中储蓄和投资的一个重要部分。目前估计养老金计划的总资产超过4万亿美元，覆盖人数将近5 000万。同时，养老基金控制了NYSE股票约25%的市值，近1/3的日常交易量。OPEB的范围略小——尤其是其中的保健成本，但依然是公司雇员成本的一个重要部分。大约1/3的美国工人加入了退休后保健计划，形成一项无基金负债（unfunded liability），总额达2万亿美元。随着人口增加和平均寿命的提高，养老金和其他退休后福利负债都将呈增长态势。

过去几年中，养老金计划一直是媒体关注的焦点。21世纪初，由于利率下降、股市走熊，引发了一场毋庸置疑的养老金计划风暴，并最终形成所谓“养老金危机”。许多公司的养老金出现了严重不足。许多公司，比如美国联合航空公司（United Airlines），因无力承担养老金义务而提出破产申请。养老金会计也因为未能及时对这一问题做出反应而被牵扯进了这场危机。为此，FASB对养老金会计进行了改革，目前的有关规定，包括美国GAAP（ASC 715）和国际财务报告准则（IFRS）（IAS 19）下的规定，似乎都已较为明确地解决了养老金会计问题——至少是部分地解决了问题。

下面我们将首先分别说明养老金会计和其他退休后福利会计，然后讨论有关披露要求及其分析意义。

□ 养老金福利

养老金会计要求理解养老金业务的经济内涵。为此，在讨论养老金会计的具体要求之前，我们首先考察养老金业务的性质及养老金会计内含的经济意义。

养老金义务的性质

公司的养老金义务通过养老金计划得以正式表达。**养老金计划**（pension plan）是一项由雇主向雇员提供养老金的协议。它涉及如下三个方面：（1）雇主，属于计划的资金供应者；（2）雇员，享受福利的人；（3）养老基金。**养老基金**（pension fund）独立于雇主，由**受托人**（trustee）负责管理。养老基金收到雇主的出资后，以通常方式进行投资，而后向雇员支付其应得福利。这一过程可以图示如下（图表 3B—1）：

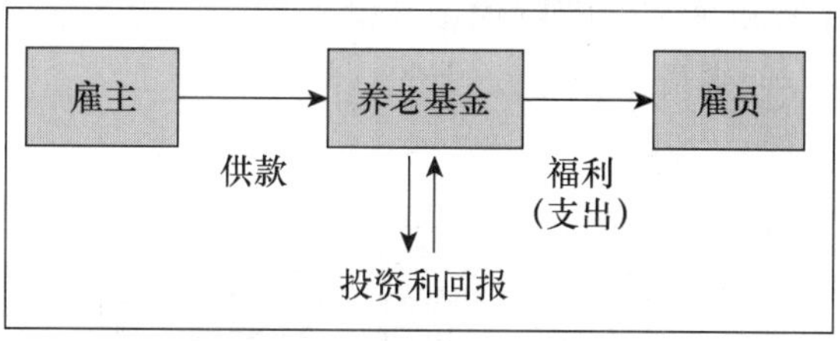

图表 3B—1　养老金程序的构成要素

养老金计划明确地确定了雇主和雇员的利益、权利及债务。养老金计划可以分为两种基本类型：固定收益计划和固定供款计划。**固定收益**（defined benefit）计划指明了雇主向退休人员提供养老**收益**（benefits）的数量。在这种计划下，由雇主来承担养老基金的业绩风险。**固定供款**（defined contribution）计划指明雇主向养老金计划**供款**（contributions）的数额。在这种情况下，退休人员得到的养老金的实际数量取决于养老基金的业绩状况。在固定供款养老金计划下，雇员承担养老基金的业绩风险。

在两种计划下，雇员的养老金收益通常都是通过一项与工资相关的公式来计算确定。固定供款养老金计划要求雇主按雇员当期报酬的一定比例立即（immediately）供款，固定收益养老金计划则要求雇主在雇员退休后（after retirement）定期向雇员支付既定数额的养老金，直至雇员去世。

养老金的支付还受赋予受领权条款（vesting provisions）的影响。**赋予受领权**（vesting）是指无论雇员是否还在公司，他都拥有享有其养老金福利的权利。这一权利通常是在雇员为雇主服务了一个确定的最小期限后赋予的。

对固定收益养老金计划而言，养老金负债一经确定，管理层就需决定如何筹集这些费用，此时需要考虑法律和税收两方面因素。为了保护退休人员的利益，税法明确规定了最低的筹资要求。对基金超额的养老金计划（overfunded pension plan），税法还规定了税款抵扣限制。《员工退休收入保障法》（Employee Retirement Income Security Act，ERISA）中也存在有关最低筹资要求的规定。公司有权选择严格按计划筹资（通过向计划受托人提供资产的方式，相当于养老负债），或者按高于或低于计划的水平筹资。

我们将把注意力集中在固定收益计划上，原因在于，相对于固定供款计划而言，固定收益计划下的财务报表分析更具挑战性。[①] 图表 3B—2 描述的是一项简单的固定收益养老金计划的积累和支付年表。此例涉及的员工将在 15 年后退休，退休后 10 内每年固定收到 20 000 美元的养老金。每年的贴现（利息）率假设为 8%，同时还假设雇主严格按计划进行了资金储备。尽管比较简单，本图表依然反映了固定收益养老金计划内含的经济意义。为了在将来向雇员提供养老金福利，雇主必须于当期进行投

① 固定供款计划下的会计处理和分析是直截了当的。也即是说，雇主定期供款会在供款期内确认为费用。没有其他需要特别注意的负债。

资。对会计的挑战是，估计雇主的养老金计划负债，并确定当期的养老金费用（成本），这与雇主提供资金（实际供款）是不同的。为了这一目的，会计师需要依赖被称为精算师的专业人员所作出的假设。

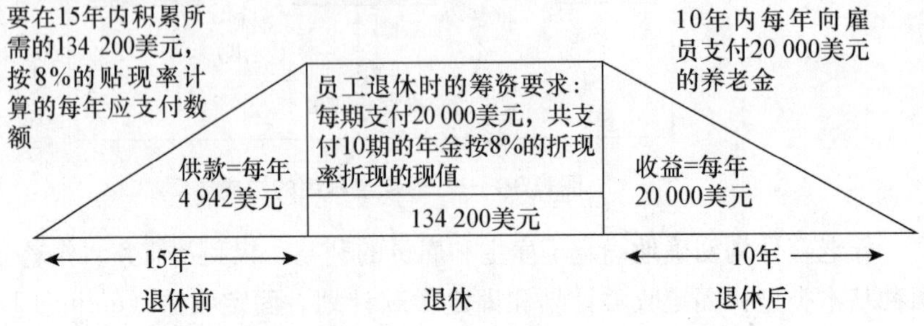

图表 3B—2 一项固定收益计划养老金的积累和支付

养老金会计的经济意义

固定收益计划会计中最大的挑战是要估计负债，以及因为现金付出而发生的费用，这种付出多年发生并直至未来。在此，我们将讨论影响养老金会计的潜在经济问题。附录3C将通过一个很全面的例子，对养老金会计做极为详尽的解释。

让我们再次回到图表3B—2中的例子。如果该雇主需要在员工退休后的10年内每年支付20 000美元，他就必须在退休日已经筹集了134 200美元资金。这一数额是如何得出的？它是未来10年每年支付20 000美元按8%的贴现率（利息率）折现的现值。因此，雇主在退休日的债务（或负债）是134 200美元。我们可以按此逻辑来确定前15年的债务。比如，雇主在积累期开始时——距退休日15年——的债务是多大？答案是42 305美元，即15年后退休时的134 200美元按8%的贴现率折现的现值。这就是说，雇主在15年积累期开始前的债务是42 305美元，我们称之为**养老金债务**（pension obligation）。

现在考虑一年以后的情况。第二年开始时（也即是第一年末），雇主的养老金债务增加到45 609美元，即14年后到期时的134 200美元按8%的贴现率折现的现值。应该注意到，随着时间的推移，养老金债务在一年后增加了3 655美元（$45 960－$42 305），我们将养老金债务的这一增加称为**利息成本**（interest cost）。与此同时，该雇主向养老金计划供款4 942美元（见图表3B—2）。由于这些供款进入了资本市场，我们称这些已经贡献（投资）的资金为**计划资产**（plan assets）该雇主的债务净额因此成为41 018美元，即养老金债务（45 960美元）和计划资产（4 942美元）之间的差额。我们将养老金计划的净资产（也就是计划资产－养老金债务）称为**资金状况**（funded status）。由于养老金债务大于资产价值，该计划被认为是**资金不足**（underfunded）。如果资产价值超过养老金债务，资金状况将被视为**资金过剩**（overfunded）。

接下来看再过一年之后的情况，也就是经过两年积累后的情况。此时，养老金债务为49 345美元（$134 200按13年计算的现值），由此导致当年的利息成本为3 385美元。雇主的计划资产将如何？在资产方面有两件事情发生。首先，雇主再次供款4 942

美元。其次，第一年的供款已经赚得395美元（8% × $4 942）的回报。我们称这项回报为**计划资产回报**（return of plan assets）。因此，第二年末的计划资产为10 279美元（$4 942＋ $4 492＋ $395）。此时的资金状况为资金不足39 066美元（$49 345－ $10 279）。以会计的观点来看，资金状况39 066美元应该在资产负债表上表现为一项负债。对损益表有何影响？该年度的**养老金成本**（pension cost）净额为2 990美元（利息成本3 385美元减去计划资产回报395美元）。

当然，现实中的养老金计划要比这个例子复杂很多。比如，在典型的固定收益养老金计划中，对雇员的养老金应付款总是和雇员的服务年限相关。因此，雇员每多服务一年，雇主的债务就会相应增加一些（与利息成本对现值的影响没有关系），养老金成本的另外一个被称为**服务成本**（service cost）的部分也就会增加。服务成本是养老金成本最重要的部分，因为养老金成本只会通过雇员的服务而增加，如果没有雇员的服务，也就不会有支付养老金的债务。

此外，养老金债务计算中所包含的各种精算假设——包括贴现率（或利息率）、报酬增长率、平均余命、雇员离职率等——也都是会变的，使得养老金债务的价值发生较大波动。这类变化使养老金成本中出现了一个非经常性部分，称为**精算损益**（actuarial gain or loss）。有时，雇主需与雇员重新就养老金合同进行磋商，追溯过往利益，从而使事情变得更为复杂，并由此产生了另外一项非经常性费用，称为**前期服务成本**（prior service cost）。最后，需要注意的是，资本市场的回报可能是极为易变的，因此，计划资产的实际回报可能会有较大的波动。由于以上种种原因，真实经济中的养老金成本可能随时间而有较大变动。正如我们随后将会看到的，养老金会计之所以比较复杂，主要也是因为要尽量减轻净收益中所包含的养老金成本的易变性。

最后，我们需要了解养老金计划中的实际现金流入和流出对资金状况有何影响。养老金计划主要的现金流入来自**雇主供款**（employer contributions），它会使计划资产的价值增加。主要现金流出为面向退休雇员的**收益支付**（benefit payments）。收益支付会使计划资产（因为已经从计划资产中付出现金）和养老金债务（因为给雇员承诺的款项已经部分支付）等额减少。因此，收益支付不会影响养老金计划的资金状况净额。

养老金会计的要求

目前有关退休后福利的会计规则（美国GAAP下的ASC 715和IFRS下的IAS 19）不论对养老金还是OPEB，都是很相近的。因此，我们将只讨论养老金会计。养老金会计关注的一个核心问题，在于获得一项稳定的养老金费用指标。为此，养老金费用被纳入净收益之内，称为**定期养老金成本净额**（net periodic pension cost），其目的在于通过递延和摊销程序来推迟养老金费用的确认，以达到平滑养老金成本易变部分（如精算损益、前期服务成本、计划资产实际报酬等）的目的。不过，资产负债表要报告养老金计划的确切经济状况，也就是其资金状况。为了厘清资产负债表与损益表的关系，递延的数额计入当期的其他综合收益，累计起来作为股东权益的累计其他综合收益项目。（有关综合收益的详细讨论，请参见第 6 章。）图表 3B—3 提供了有关目前养老金会计的总体说明。读者想要进一步了解养老金计划的经济意义以及养老金会计的规则，请参看附录 3C 相关内容。

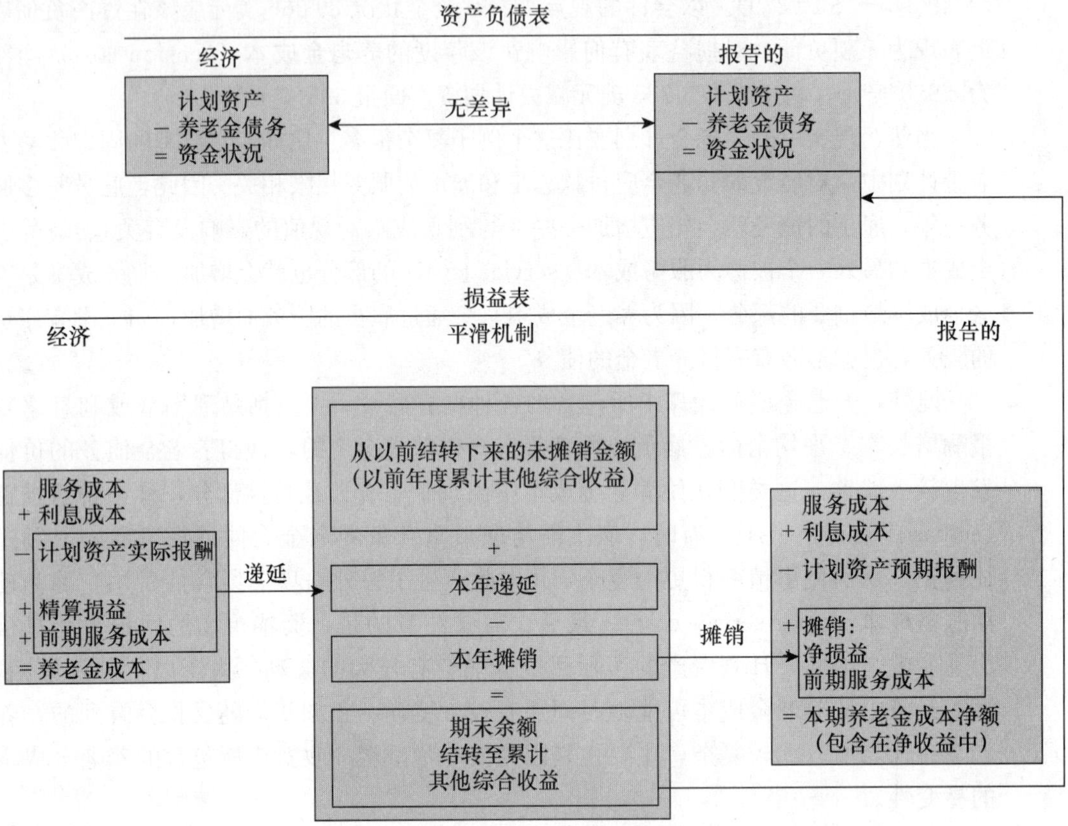

图表 3B—3　养老金经济与会计概观

资金状况在资产负债表上的确认

当前的养老金会计在资产负债表上确认养老金计划的资金状况。资金状况是养老金计划资产的目前市值与养老金债务的差额。正式使用的养老金债务概念是**预计给付义务**（projected benefit obligation，PBO）。PBO 以雇员退休时报酬（而非目前报酬）的估计数为基础，后者又是以假设的报酬增长率为基础作出的估计。PBO 的计算可具体参见附录 3C。关于资产负债表上资金状况的报告，有两个细节性问题需要说明：首先，养老金资产和债务是共为一体的（如资金状况），而不是作为资产和负债分别报告。其次，公司在资产负债表中并不把养老金计划的资金状况作为一个线上项目独立报告，而是分别列入各种资产和负债之中。

养老金成本的确认

如前所述，在净收益中确认养老金成本（即定期养老金成本净额）是对当期实际经济福利成本的平滑。平滑过程是将易变的、一次性的项目如精算损益和前期服务成本等做递延（即递延确认）处理。同时，在报告的养老金费用中确认的并非可能很易变的计划资产实际回报，而是确认**计划资产预期回报**（expected return on plan assets），它是计划资产长期回报的估计值。实际回报与预期回报之间的差异也做递延处理。这些被递延的金额通过摊销在收益中逐渐得以确认。因此，定期养老金成本净额包括服务成本、利息成本、计划资产预期回报以及递延项目摊销。

资产负债表与损益表影响的结合

因为资金状况（在资产负债表中确认）的全部变化并不能包括在确认的养老金成本之中，养老金对资产负债表和损益表的影响将无法结合起来。要结合这两种影响，需将当期的**递延净额**（net deferral）（即递延金额减去摊销的数额）记入当期其他综合收益，而将**累计递延净额**（cumulative net deferral）记入作为股东权益一个构成部分的累计其他综合收益。因此，当前的养老金会计所采用的平滑程序允许将养老金费用的易变部分直接转入股东权益而不影响当期净收益。

□ 其他退休后员工福利

其他退休后员工福利（other postretirement employee benefits，OPEB）是雇主提供给退休人员及其指定亲属的其他福利。OPEB 最重要的部分是保健福利。此外，公司还提供人寿保险，个别情况下还会有住房补助。OPEB 的经济意义和会计处理与养老金极为类似。具体来讲，像养老金一样：（1）OPEB 成本是在发生时而非实际付出时确认；（2）OPEB 计划的资产要与 OPEB 债务相抵消，来自这些资产的回报也要与 OPEB 成本相抵消；（3）精算损益、前期服务成本、计划资产实际回报超过预期回报的差额等做递延处理，随后进行摊销。

OPEB 也在经历着和养老金一样的会计挑战，但有一些重要的差异。差异之一在其筹资方面。因为对 OPEB 的筹资没有明确的法律要求（对养老金筹资，《雇员退休收入保障法案》中有关于最低筹资要求的规定）；同时，筹资不能作为税收扣减项（这一点又是和养老金供款不同的）。因此，很少有公司明确地为此类退休后负债进行专门筹资。公司的这类债务以资产负债表上的资产作为依托，OPEB 基金受托人对这些资产没有丝毫控制权。另一个重要差异是，OPEB 常采用承诺**服务**（services）的形式（如保健福利），而非提供货币报酬。因此，这些福利债务的估计具有较大难度，要求有一些不同的精算假设。比如，保健成本趋势和医保范围就会影响有关保健责任的估计。

□ 退休后福利的报告

公司并不在资产负债表中报告筹资状况，也不在损益表中报告退休后福利成本。不过，当前的会计规则特别强调在报表附注中做广泛的披露，包括有关筹资状况和退休后福利成本的经济意义及报告数额的详细情况，有关精算假设及其他相关信息的详细情况。

图表3B—4摘要反映了AMR公司（美国航空公司，American Airlines）年度报告中退休后福利附注的资料。该公司以同样格式报告养老金和OPEB。该附注由五个主要部分构成：（1）对资产负债表中所报告状况的解释；（2）定期福利成本净额的详细情况；（3）有关精算及其他假设的信息；（4）有关资产配置和筹资政策的信息；（5）预期未来供款和福利支付。需要注意的是，尽管该公司以单独的一组数据来报告有关养老金和OPEB的情况，事实上这些数据是许多不同计划的汇总。我们在讨论中将主要涉及其总额，也即是有关养老金和OPEB的总计数。

该公司资产负债表中有关报告数据的信息包括两大部分：（1）退休后福利计划资产和义务的变动，以及资金状况的确定；（2）退休后福利在资产负债表中是如何报告的，包括累计其他综合收益的报告情况。2011年，AMR报告的养老金计划资金状况为93.53亿美元资金不足。这恰好是资产负债表中确认的数额，其中1.49亿美元归入流动负债，其余92.04亿美元归入长期负债。

累计递延金额，即净损益（精算损益和计划资产实际回报与预期回报之间差异加总后递延的数额）与前期服务成本之和作为累计其他综合收益的一部分，计入股东权益。通常情况下，累计综合收益的所有数据都是按税后基础来报告。不过，正如我们接下来会看到的，AMR是一个例外。2011年，该公司累计综合收益的期末余额为负38.87亿美元（使股东权益减少），其中，累计前期服务成本为1.11亿美元，累计净损益39.98亿美元。

通过解释养老金债务和计划资产的变化，期初和期末资金状况得以协调。养老金债务的变化等于经济上的一些重复和非重复发生成本减去支付的福利。2011年，AMR的养老金总成本（服务成本＋利息成本－精算收益＋前期服务成本）使养老金债务增加25.49亿美元。由于支付福利，养老金债务减少9.24亿美元。导致养老金债务最终净增16.25亿美元（从160.65亿美元上升至176.90亿美元）。再来看资产的情况。AMR公司养老金资产的实际回报为6.08亿美元。此外，公司向养老金计划供款6.46亿美元。不过，由于付出9.24亿美元福利，导致计划资产净增3.30亿美元（从80.07亿美元到83.37亿美元）。16.25亿美元的债务净增额中，只有很小一部分被计划资产的净增额抵消，最终导致资金状况为净减少12.95亿美元（资金不足额从80.58亿美元增至93.53亿美元）。

AMR公司还对定期福利成本净额（即报告成本）的算法做了解释。如图表3B—4所示，报告的退休后费用包括重复发生成本（服务成本和利息成本），减去计划资产预期回报，加上递延非重复项目的摊销额。2011年，AMR公司养老金计划的服务和利息成本分别为4.47亿美元和9.31亿美元，养老金计划资产的预期回报为6.77亿美元。其摊销项目有二：前期服务成本1 500万美元，净（收益）损失1.45亿美元。这些项目的合计数即为2011年定期养老金福利成本净额，为8.31亿美元。该成本由当年净收益负担，不过并没有在损益表上作为独立的线上项目列示。

图表 3B—4 **AMR 公司退休后福利附注摘录**

下表反映了公司 2010，2011 年养老金和 OPEB 债务变化的调节，以及各该年度 12 月 31 日计划资产的公允价值，以及当日的资金状况（单位：百万美元）。

	养老金		OPEB		合计	
	2011	2010	2011	2010	2011	2010
养老金债务的变化：						
1 月 1 日福利债务	12 968	12 003	3 097	2 827	16 065	14 830
服务成本	386	366	61	60	447	426
利息成本	757	737	174	165	931	902
计划修正（前期服务成本）	0	1	(3)	(78)	(3)	(77)
精算（收益）损失	1 237	442	(63)	263	1 174	705
福利支付	(780)	(581)	(144)	(140)	(924)	(721)
12 月 31 日福利债务	14 568	12 968	3 122	3 097	17 690	16 065
计划资产的变化：						
1 月 1 日计划资产公允价值	7 773	7 051	234	206	8 007	7 257
计划资产实际回报	614	837	(6)	17	608	854
雇主供款	525	466	121	151	646	617
已付福利	(780)	(581)	(144)	(140)	(924)	(721)
12 月 31 日计划资产公允价值	8 132	7 773	205	234	8 337	8 007
计划的资金状况	(6 436)	(5 195)	(2 917)	(2 863)	(9 353)	(8 058)
减未确认金额：	(2)	(8)	(147)	(173)	(149)	(181)
流动负债	(6 434)	(5 187)	(2 770)	(2 690)	(9 204)	(7 877)
长期负债	(6 436)	(5 195)	(2 917)	(2 863)	(9 353)	(8 058)
累计其他综合收益（损失）中确认的金额：						
前期服务贷项（成本）	(68)	(81)	179	205	111	124
净收益（损失）	(4 179)	(3 052)	181	128	(3 998)	(2 924)
	(4 247)	(3 133)	360	333	(3 887)	(2 800)

下表提供的是 2010，2011 年末定期福利成本净额的构成（单位：百万美元）：

	养老金		OPEB		合计	
	2011	2010	2011	2010	2011	2010
服务成本	386	366	61	60	447	426
利息成本	757	737	174	165	931	902
计划资产预期回报	(657)	(593)	(20)	(18)	(677)	(611)
前期服务成本摊销	13	13	(28)	(19)	(15)	(6)
净（收益）损失摊销	154	154	(9)	(10)	145	144
定期福利成本净额	653	677	178	178	831	855

	养老金		OPEB	
	2011	2010	2011	2010
加权平均精算假设：				
贴现率	5.20%	5.80%	4.89%	5.69%
报酬增长率	3.78%	3.78%	3.78%	3.78%
预期计划资产回报率	8.50%	8.50%	8.50%	8.50%
保健成本趋势比率			7.50%	8.00%

续前表

	其他退休后给付义务		其他退休后福利报告成本	
	增加	减少	增加	减少
保健成本趋势比率变动 1%的影响（单位：百万美元）	248	(251)	20	(22)

至 2011 年 12 月 31 日，在目标资产配置下，公司计划资产长期回报率估计为 8.25%。长期债券的预期回报率是按年末持有的到期债券的收益率来算的。其他资产的预期回报率是长期历史回报率、计划资产在过去 10 年中实际达到的回报率、目前及预计市场条件，以及通过积极的管理、货币外包和证券出借计划产生的预期价值的综合。公司 2011 年 12 月 31 日为止的计划资产 10 年期回报率的年度回报率接近 8.58%。

公司各年 12 月 31 日按资产类别区分的养老金计划加权平均资产配置情况如下：

	2011	2010	目标
长期债券	38%	36%	35%
美国公司股票	21%	22%	25%
国际股票	21%	23%	19%
新兴市场股票	3%	3%	8%
选择性（私人）投资	13%	11%	9%
现金等价物及其他投资	3%	4%	4%
	100%	100%	100%

公司对每类资产都进行了积极的管理，过去 10 年中产生的回报扣除管理费用后超过了预期回报率。购买股票和新兴市场债券是为了实现多元化投资，可望产生高于美国长期债券的长期回报率。公开市场股票采用价值投资法进行管理，以预测股票的长期回报率，同时降低年度易变性。购买长期美国债券是为了对资产进行局部套期保值，以规避利率下降风险。购买选择性（私人）投资是为了获得高于公开市场的长期回报率。另外，公司还聘请了货币外包经理（currency overlay manager），以求在美元的相对价值上升时为非美元名义资产提供保护，增加回报。公司还参与了证券出借计划，以便在一个充分担保的基础上将计划资产出借给借款人以产生额外收益。这些计划需承担市场风险。

依照《雇员退休收入保障法案》（Employee Retirement Income Security Act，ERISA）、《2004 养老基金权益法》和《2006 养老金保护法》的要求，公司必须向其固定福利养老金计划提供最低供款额。受《美国破产法》第 11 章影响，截至 2012 年 1 月 13 日，AMR 公司向其固定福利养老金计划供款 650 万美元，其时间范围涵盖了自 2011 年 11 月 29 日至 2011 年 12 月 31 日的申请后时期。因为在所要求的供款中只是为申请后时期提供了资金，为此，养老金福利担保公司针对公司的特定资产签发了扣押文件。公司 2012 年向其固定福利养老金计划的供款陷入了《美国破产法》第 11 章的破产诉讼中。

以下是未来福利支付的估计数，同时也反映了未来的服务（单位：百万美元）：

	2012	2013	2014	2015	2016	2017—2021
养老金	513	687	733	813	823	5 337
OPEB	147	155	162	168	178	1 071

附注中还包括另外一些定量和定性信息。下面我们首先考察与养老金和 OPEB 福利债务及定期福利成本计算相关的一些重要的精算假设。2011 年，AMR 公司将其有关贴现率的假设由 5.8%降低到了 5.2%，其报酬增长率假定维持 3.78%的水平不变，预期计划资产回报率保持在 8.5%的水平。最后，公司将其保健成本趋势比率由 2010 年的 8.0%降低到了 2011 年的 7.5%。公司还在附注中对保健成本趋势假设的改变对 OPEB 债务和报告成本的影响作了敏感性分析。附注中最后对 AMR 公司的精算假设选择作了解释。

附注的下一部分提供了有关 AMR 公司计划资产配置的信息。该公司将 38%的资产配置在债券上，45%配置在权益证券上，其中24%配置在国际市场。最后，有13%的资产用于私人投资，另有3%的养老金资产处在现金及现金等价物形态。其目标配置为债券35%，权益证券52%，选择性（私人）投资9%，现金及现金等价物4%。由此来看，目前的配置与目标配置相比过于偏重权益投资。AMR公司还对其投资管理情况进行了说明，并特别指出其实际投资回报超过了预期。

附注的最后部分提供了有关AMR公司预期供款和估计福利支付的信息。比如，AMR公司附注中披露，公司2012年向其养老金和OPEB计划的预期供款，陷入了《美国破产法》第11章的破产诉讼。受其影响，公司未曾披露2012年的预期供款额。此外，公司还提供了一张预计未来10年福利支付表。AMR公司未来10年中预计支付养老金福利90亿美元以上，支付OPEB福利稍低于20亿美元。

退休后福利的分析

退休后福利披露分析是一项很重要的工作。一方面因为这些债务牵涉的范围极广，另一方面是因为其会计处理相当复杂。在此，我们将提供一种有关退休后福利分析的五步程序：（1）确定并调节报告的和经济的福利成本与债务（或资产）；（2）对财务报表做出必要的调整；（3）评价精算假设及其对财务报表的影响；（4）考察养老金风险；（5）考虑退休后福利计划的现金流量意义。

调节经济及报告数据

图表3B—5是对养老金、OPEB及二者作为总体的养老金经济和报告成本的调节。为简明起见，我们只讨论合计数。AMR公司的经济福利成本为19.44亿美元。这一数据涵盖了除福利支付和供款之外与养老金计划相关的资金状况的全部变化。它包括重复成本（如服务成本4.47亿美元、利息成本9.31亿美元）和非重复成本（精算损失11.74亿美元）。它还包括计划资产的实际回报6.08亿美元，作为上述成本的抵消项。对比来看，定期福利成本净额（包含在净收益中的报告费用）仅为8.31亿美元。之所以会有这种差异，是因为在计算定期福利成本净额时出现了以下情况：（1）非重复性的精算损失11.74亿美元被排除在外；（2）用计划资产的预期回报6.77亿美元代替了计划资产实际回报6.08亿美元；（3）净收益负1.45亿美元和前期服务成本1 500万美元也包含在内。这些因素结合起来，产生了该年度11.10亿美元的递延净额。需要说明的是，这一递延采用了费用的形式（收益的扣减项）。

每年的递延净额包含在该年度的其他综合收益中，它们累计起来，作为累计其他综合收益（其为股东权益的一部分）的一个组成部分。图表3B—5还表明与退休后福利相关的累计其他综合收益的变动情况。2011年，与退休后福利相关的累计其他综合收益期初余额为−28亿美元（负数意味着扣减股东权益）。我们将递延总额11.10亿美元加到该年度的期初余额上，得出该年度的期末余额为−39.10亿美元。累计其他综合收益中报告的期末余额为−38.87亿美元。这一金额很接近我们估计的39.10亿美元，但其间依然有2 300万美元的差额。在其综合收益表中，AMR公司报告了一项与退休后福利相关，应由其他综合收益负担的费用，其金额为 1 086 万美元。需要注意的是，这一金额与递延净额 2 400 万美元的基调也有不同。[①]

11.1 亿美元的递延总额是按税前数来算的。对一般公司而言，包含在其他综合收益中的仅仅是此项递延的税后部分（最终需要转入累计其他综合收益）。其中税款需要调整计入递延税款项目。AMR 公司是一个例外。AMR 公司其他综合收益中之所以包含的是税前递延，原因在于该公司已经宣告破产，无须再缴纳所得税。

最后，需要提请注意的是，资产负债表所报告的是退休后福利计划经济状况（资金状况）的净额。2011 年，其金额为净负债 93.53 亿美元，其中 1.49 亿美元为流动负债，92.04 亿美元为非流动负债。

图表 3B—5　　调节经济和报告数据——AMR 公司　　单位：百万美元

2011 年经济和报告退休后成本

	养老金			OPEB			总计		
	经济	递延净额	报告	经济	递延净额	报告	经济	递延净额	报告
服务成本	386		386	61		61	447		447
利息成本	757		757	174		174	931		931
计划资产回报	(614)	43	(657)	6	26	(20)	(608)	69	(677)
精算损益	1 237	1 237		(63)	(63)		1 174	1 174	
计划变动（PSC）					(3)			(3)	
摊销：									
净损益		(154)	154		9	(9)		(145)	145
前期服务成本	___	(13)	13	___	28	(28)	___	15	(15)
合计	1 766	1 113	653	178	(3)	178	1 944	1 110	831

2011，2010 年资产负债表上的经济及确认数额

	2011			2010		
	养老金	OPEB	总计	养老金	OPEB	总计
计划资产	8 132	205	8 337	7 773	234	8 007
福利负债	14 568	3 122	17 690	12 968	3 097	16 065
资金状况（经济）	(6 436)	(2 917)	(9 353)	(5 195)	(2 863)	(8 058)

调节累计递延净额在 2011 年的变动

	养老金			OPEB			总计		
	净损益	前期服务成本	合计	净损益	前期服务成本	合计	净损益	前期服务成本	合计
期初余额	(3 052)	(81)	(3 133)	128	205	333	(2 924)	124	(2 800)
2011 年递延净额	(1 126)	13	(1 113)	28	(25)	3	(1 098)	(12)	(1 110)
未解释	(1)	___	(1)	25	(1)	24	24	(1)	23
期末余额	(4 179)	(68)	(4 247)	181	179	360	(3 998)	111	(3 887)

① 通过考察其构成，发现这一差异主要涉及与 OPEB 计划相关的净损益，该项目有 2 500 万美元的差异。另外 100 万美元的差异可能是因为凑整造成的差错。要准确地确定这一差异的原因是很困难的，但它可以与一些非常项目联系在一起，比如税务调整，此类项目尚未作为退休后福利注释的一部分予以报告。

损益表和资产负债表的调整

资金状况反映养老金计划的真实经济状况，因此是对退休后福利计划净资产的适当计量。鉴于资金状况属于资产负债表中报告的项目，所以表面上来看是不需要调整的。前曾述及，养老金计划的资金状况是用预计给付义务（PBO）来计量的，而预计给付义务又是根据雇员退休时的预期工资来确定的。然而，在法律上，雇主只能以目前工资为基础负担养老金义务。这种义务称为**累积给付义务**（accumulated benefit obligation，ABO）。对分析师而言，他感兴趣的是估计公司净资产的清算价值，ABO因此成为有关养老金负债的一项较好的计量。可惜的是，公司未被要求披露ABO，因此大多数公司都不会披露该项目。这就意味着，作为分析师，必须至少承认，在确定公司清算价值时养老金债务是被高估了的，因此需要主观地进行向下的调整。

分析师还需确定，要适当地编制资产负债表，是应该把计划资产与负债（与目前报告的相同）联系起来，还是独立地披露计划资产和计划负债。这远不止是一个如何表述的问题。比如，如果计划资产未曾与负债相联系，AMR公司的总负债权益比率和长期负债权益比率将会变得很大。是否能做到适当表述，关键在于养老金计划的潜在经济意义。有一种观点认为，雇主的负债仅限于资金不足的程度，雇主并不能控制养老基金的资产，因为这些资产是由独立的受托人负责管理。这种观点喜欢把基金资产与其负债连接起来。

乍看起来，损益表上反映的适当成本，似乎应该是经济福利成本。然而，经济福利成本中包含一些易变及短暂的成分，比如精算损益。鉴于此，目前的会计规则推迟了此类短暂的项目，在净收益中包含了一种平滑版的养老金费用。此外，经济福利成本的易变性如此之强，如果将其计入损益，将会掩盖公司业务获利能力的真实情况。因此，如果分析的目的是为了确定该期公司业务的获利能力或估计公司的可持续收益，报告的养老金成本将是更适当的计量。

不过，经济福利成本却是对退休后福利计划的**经济收益**（economic income）的正确计量，它所计量的是一定时期内股东财富的变化。经济福利成本因此反映为综合收益的一个组成部分，属于会计师对经济收益的计量。对此，可具体参考第6章有关收益的各种选择性定义，以及会计师对各种不同类型收益的计量。

另外一个问题是退休后福利成本是否属于公司营业收益的一个组成部分。想来退休后福利应该是雇员补偿的一个内在组成部分，性质上属于经营。因此，可以把退休后福利成本完全地包含在经营收益之内。然而，深入分析发现，并不是退休后福利成本的所有组成部分都具有经营属性。当然，服务成本以及与之相关的非重复发生部分比如优先服务成本属于经营性质。但利息成本、计划资产的投资回报，以及与之相关的非重复发生部分，比如净损益，其性质属于融资，不应该列入公司的营业收益中。

分析研究 **养老金的市场估价**

要更好地反映养老金计划的经济现实，必须进行多项调整。我们认为，一项计划的资金状况乃是其“真实的”经济状况。我们还认为，持续经营中恰当的养老金负债是其预计给付义务（PBO），其正确的资产负债表表达则是将养老金负债与计划资产相结合的资金状况。我们坚持认为，定期养老金成本净额（报告的养老金成本）与分析更为相关。这些断言无疑是合理的，但更重要的是如何证实其有充分根据。研究者力图通过考察股票价格来证实其有效性。有证据表明，股票市场将未备基金的养老金债务（即资金状况的负数）作为正确的养老金负债。这既适用于确定公司价值也适用于估计系统性风险。市场同时还将养老金资产和债务视为单独的公司资产和负债，而不是简单地将其当作一个净额。我们还发现市场认同PBO的所有成分，表明PBO是养老金债务的适当计量。不过，市场附着在每1美元PBO上的价值超过了1美元。最近的研究还表明，与包括了非重复项目在内的经济福利成本相比，定期养老金成本净额（即经过平滑的报告养老金成本）属于更好的计量。事实上，把非重复项目包括在养老金成本中可能降低财务报表反映公司市场价值或其债务风险的能力。

精算假设和敏感性分析

把公司福利计划中的净经济状况（或经济成本）看做对其潜在经济基础的可靠估计是十分诱人的想法。实际上并非如此。尽管计划资产价值乃是基于可验证数据（最典型的是市场价值），福利债务却依然是使用一系列精算假设（比如贴现率）而获得的估计数。进而，报告成本（定期福利成本净额）也具有对精算假设（如计划资产预期回报）的敏感性。由于这种敏感性，管理者可能会通过操纵这些假设来粉饰财务报表。因此，在分析退休后福利时，一项非常重要的工作就是评价雇主所使用的精算假设的合理性，包括考察精算假设变更对经济及报告数据的影响。图表3—15用以说明贴现率、计划资产预期回报率、报酬（及保健成本）增长率等精算假设变更对报告和经济状况及成本数据的影响。

图表3B—6　　精算假设变更对福利债务和成本的影响

假设	变化方向	影响的方向		
		资金状况	经济成本	报告成本
贴现率	+	+	−	不确定
	−	−	+	不确定
预期回报率	+	无影响	无影响	−
	−	无影响	无影响	+
增长率	+	−	+	+
	−	+	−	−

说明：增长率既涉及报酬增长也涉及保健成本趋势。

贴现率是一项十分重要的假设。贴现率的变化既影响养老金债务也影响养老金经济成本。降低贴现率会使福利债务增加，并导致资产负债表上的资金状况数据降低。降低贴现率还会使当年的经济福利成本增加。贴现率影响报告福利成本，尽管其影响方向不明（这是因为提高贴现率降低服务成本却增加利息成本）。尽管公司一般是按具有同样风险的公司债券的优势利率来确定贴现率（最典型的是 AA 级的长期公司债券），在其确定中依然有一定的自由度。较高的贴现率通常意味着更为激进的会计政策。AMR 公司 2011 年将其贴现率从 2010 年的 5.8%降低到了 5.2%。这是极为合理的，因为它代表了当时美国经济中的优势利率。不过，贴现率降低既提高了 AMR 公司的福利债务，也提高了公司当年的经济福利成本。AMR 公司 2011 年 11.74 亿美元精算损益中的绝大部分就是源于贴现率的这一降低。

预期回报率假设影响报告的福利成本，是盈余管理的一项有效工具。预期回报率取决于多项因素，如计划资产构成、不同等级资产的长期回报等。提高预期回报率属于激进的会计行为，因为它可以降低报告福利成本，并因此增加净收益。AMR 公司 2011 年的预期回报率为 8.5%，与 2010 年呈现的比率相一致。回报率缺乏变化表明该公司进取心不足，不过，分析师还需要参照 AMR 公司福利计划资产的配置来对这一假设作出评价。2011 年，AMR 公司将 38%的资产配置在债券上，而将 45%的资产配置在权益证券上。假定美国债券和权益的长期回报率分别为每年 6%和 10%，AMR 公司的资产配置意味着 8.2%的期望报酬率，由此来看，其假设的回报率还是有一定进取心的。不过，从下图来看，这并没有超出大多数公司假设回报率的一般水平。而且，AMR 公司也曾特别说明了，其过去的投资业绩是高于假设回报率的。

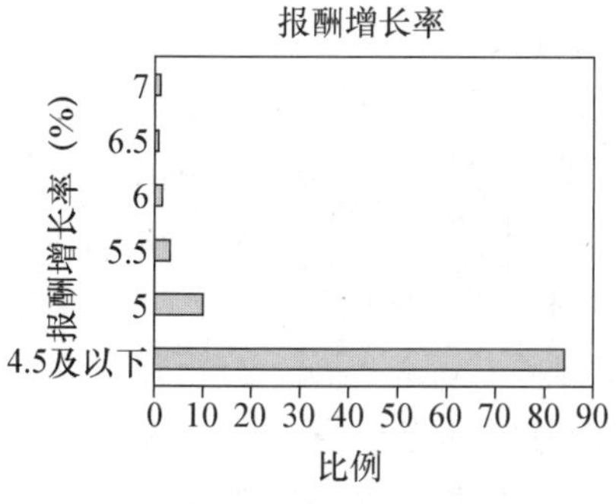

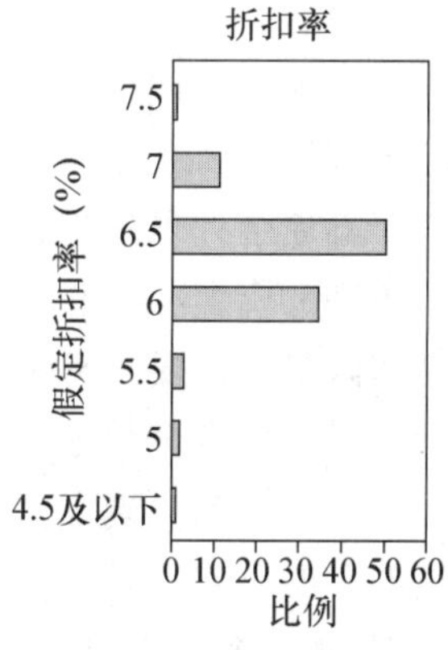

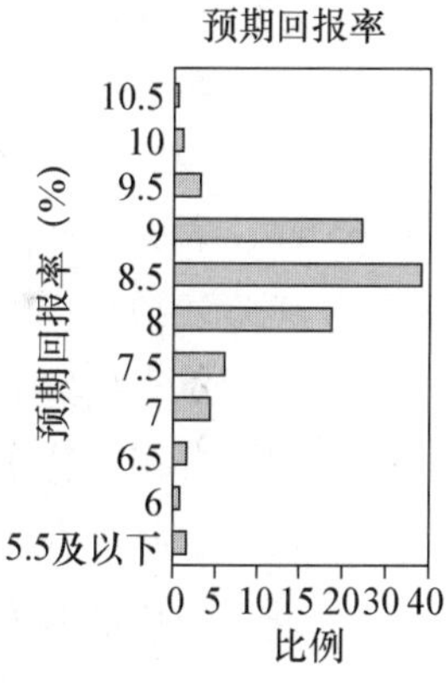

与其他两项假设相比，对增长率假设人们可能不是那么太关注。其趋势更为稳定，也更具预测性。尽管如此，公司对报酬增长率还是会有所担心，因为它会影响劳动谈判。

分析研究

管理者会操纵养老金假设吗？

管理者是否通过操纵养老金假设来粉饰财务报表？研究表明，管理者会策略地选择（或调整）养老金假设，以达到粉饰资产负债表上报告价值及养老金资金状况的目的。具体来讲，管理者会策略地选择贴现率来降低养老金资金不足的程度，并因此降低权益负债率。他们所选择的贴现率会略高于同样风险证券的优势利率。这表明他们具有低估养老金债务的企图。进而，OPEB 的贴现率和保健成本趋势率也表明了他们低报其他退休后给付义务的意图。在濒于违反债务条款的公司中，这种情况表现得尤为明显。此外，预期回报率假设与（1）资产构成（较高的权益比例意味着较高的预期回报率）及（2）实际基金业绩之间也无多大关系。总体来看，确实有证据证明管理者通过操纵养老金假设来粉饰财务报表。

养老金风险暴露

养老金计划可能让公司暴露在重大风险之下。这种风险是由于与养老金债务相比，计划资产有着极为不同的**风险状况**（risk profile）。当计划资产市场价值的变化与养老金债务价值的变化之间不存在相关关系时，这种差异会更大。养老金债务的价值对贴现率的变化较为敏感，贴现率的变化反映了公司债券的收益率（利息率）。因此，养老金债务价值的变化与债券价格相关。由于这一原因，公司将养老金资金主要投资于债务性有价证券（比如公司债券），可以很好地防范风险，因为计划资产价值将与养老金债务价值的变动发生联动。由于债券投资的回报大大低于权益投资，许多公司选择将大部分计划资产投资于权益性证券。遗憾的是，权益性证券的风险状况与债券有着很大不同，很多公司因此暴露在巨大的养老金风险之下。

21 世纪初，养老金风险暴露成为一个重要问题，被称为养老金危机。在这一时期，利率急速下调，使得养老金债务价值剧增。同一时期，由于股市走熊，计划资产价值下降。这些因素共同作用，使养老金的筹资水平大幅度下降。许多公司的养老金计划面临严重的资金不足，导致一些公司违背其养老金承诺，有些公司甚至不得不申请破产保护。

在分析养老金风险之前，我们首先需要明确究竟什么是养老金风险。从技术的角度，我们可以将养老金风险定义为公司无法偿付其目前养老金债务的可能性。很明显，养老金风险取决于养老金计划的资金状况。养老金计划的资金越是不足，养老金风险就越高。然而，单纯的资金状况并不能就如下两项因素提供任何信息，而这两项因素对于确定养老金风险具有重要意义：（1）**养老金强度**（pension intensity），即相对于公司其他资产的规模，养老金债务（或计划资产）规模的大小；（2）养老金资产的风险状况在多大程度上无法与养老金债务的风险状况相匹配。分析师在评价公司的养老金风险暴露程度时，必须对这两项因素分别进行估计。

养老金强度可以通过计算养老金计划资产和养老金债务分别占公司总资产的比例来计量。养老金资产（或债务）占总资产比例较高的公司，养老金的风险暴露程度也较高，因为即使其价值发生较小的变化，也会对公司偿债能力造成很大影响。如果将资产与债务相联结，就可能隐瞒由于养老金强度而导致的风险暴露程度。鉴于此，有些分析师认为，在资产负债表上必须分开反映养老金计划资产和养老金债务。

要准确计量养老金资产的风险状况在多大程度上无法与养老金债务的风险状况相匹配，具有更大的难度。如前所述，如果公司将计划资产主要投资于债务性有价证券，公司的风险暴露将会较小。只有当公司将大比例的资产配置在非债务性投资上时（如权益或不动产），风险才会扩大。因此，计划资产在非债务性投资上配置的比例为衡量因风险状况无法匹配而导致的风险提供了一项良好的估计。

我们现在来评价 AMR 公司的养老金风险暴露。AMR 公司养老金计划的资金不足为 64.36 亿美元，占总资产的 27%。其计划资产和养老金债务分别为 81.32 亿美元和145.68亿美元，分别占总资产的34%和61%。养老金强度是相当高的。其计划资产的很大部分（62%）配置在非债务有价证券上。综合以上因素，可以认为，AMR公司的养老金风险暴露程度是很高的。

在得出最后结论之前，还需讨论OPEB的风险暴露问题。我们曾经讲过，对于OPEB债务筹资，并无明确的法律要求，因此在满足这方面承诺上具有较大的灵活性。此外，由于OPEB债务很少做基金化处理，因此并不存在风险状况匹配问题。不过，作为分析师，应该同时评价公司退休后福利计划（即养老金加OPEB）的资金不足程度和强度。对AMR公司而言，退休后福利计划的总体资金不足为93.53亿美元，占总资产的39%。总福利债务为176.90亿美元，占总资产的74%。这说明，AMR公司退休后福利计划总体上的风险暴露是极高的。

分析摘录

被退休后福利所耗尽

有关退休后福利强度的最极端例子来自通用汽车公司（GM）。该公司拥有世界上最大的公司养老基金。2006年，GM的退休后给付义务为异常巨大的1 760亿美元，与之相匹配的计划资产为大约1 300亿美元，由此产生的净债务（即资金不足）为460亿美元。比较2 000亿美元左右的总资产，以及大约100亿美元与退休后福利无关的权益，GM的退休后给付义务竟然占到总资产的87.5%，权益的17.5倍！事实上，由于重新进行有关OPEB的谈判，GM的退休后给付义务2006年已经减少了差不多250亿美元。2005年，该公司的退休后福利净债务接近700亿美元。2006年，公司报告的退休后福利成本高达135亿美元，是其营业损失76亿美元的近两倍，当年净损失19亿美元的7倍。其计划资产实际回报170亿美元，几乎是其汽车业务毛利的两倍！作为GM公司退休后福利强度畸高的证明，当它开始在2006年资产负债表上确认退休后福利计划的资金状况时，其股东权益全部被抹掉了。最后的事实是：2006年，公司支付80亿美元养老金福利，等于付给股东红利的15倍。这正应了一位分析师的调侃之言：通用是一项巨大的养老金计划，造车只是偶然之事。

退休后福利的现金流量意义

退休后福利的现金流量意义是很直接的。也就是，现金流量等于公司对计划提供的供款。2011年，AMR公司向其退休后福利计划（养老金加OPEB）供款总额为6.46亿美元（见图表3B—4）。当期现金流量数据对评价公司盈利能力和财务状况，以及预测未来现金流量都不是很有用，原因在于公司只会向计划提供必要的供款。例如，AMR公司2011年对养老金的供款仅为5.25亿美元，尽管其支付的福利达到7.80亿美元。如果公司计划资金过剩，通常将不需要提供任何供款。例如，GE在过去20年中，几乎未曾向其养老金计划提供过任何供款。因此，本期供款数据并无很大信息意义。

不过，退休后福利附注（见图表 3B—4）提供的信息可以帮助分析师预测与养老金计划相关的未来现金流量。大部分公司都会提供有关其未来数年需供款估计数的信息。AMR 公司并未提供任何估计。原因在于该公司已经在申请破产，以减少其退休后福利支付。因此，AMR 公司未来的供款是不确定的，其结果将取决于破产法庭的最终裁定。

分析视点

……你是劳动谈判专家

作为一项劳动合同的工会谈判专家，你要求管理层增加雇员退休后福利。管理层回应说养老金并未增加，但会尽力保证为之前所承诺的退休后养老金提供充分的资金保证。这些资金会委托独立的信托机构进行管理。你感到迷惑的是，在资产负债表上，已经存在很大数额的退休后义务。这些福利是否具有同样的合法地位？

附录 3C：退休后福利会计的详细说明

养老金会计的经济意义

在本附录中，我们将考察**固定收益养老金计划**（defined benefit pension plan）会计的内在经济意义。我们将在讨论中使用以下实例：

- 考虑一份只有一名雇员的养老金计划。该雇员名为 J. 史密斯（J. Smith）。史密斯于 5 年前（2001 年 1 月 1 日）加入该养老金计划，将于 2025 年 12 月 31 日退休，退休后可望再活 10 年。
- 史密斯目前每年的报酬为 10 000 美元。精算估计表明在随后 20 年中，他的报酬预计每年将增长 4%。
- 该养老金计划按以下公式确定雇员的养老金福利："每年的养老金等于退休时一周的报酬乘以在养老金计划下工作的年数。"雇员在加入计划 4 年后获得了有关权利。
- 2005 年 12 月 31 日，养老金资产的公允价值为 2 000 美元。2006 年，雇主向养老基金供款 200 美元。
- 2006 年，养老金资产的回报率为 22%。长期回报率可望达到每年 10%。
- 贴现率为每年 7%。

养老金负债

图表 3C—1 说明对上述史密斯实例的养老金债务计算。我们首先确定 2005 年 12 月 31 日的养老金债务。这一计算可以通过"2005 公式"下的内容得到解释。在此我们将介绍有关养老金债务的两种选择性定义：

图表 3C—1 不同假设下养老金债务的确定——史密斯实例

	2005 公式		2006 公式		
	实际	预计	预计	假设改变	
				精算	计划
2025 年 12 月 31 日（退休）					
每年薪金	$10 000	$21 911	$21 911	$26 533	$26 533
每年养老金	962	2 107	2 528	3 061	4 592
养老金的现值	6 753	14 798	17 757	21 503	32 254
2005 年 12 月 31 日					
养老金的现值	1 745	3 824			
2006 年 12 月 31 日					
养老金的现值		4 091	4 091	5 946	8 919

1. 累积给付义务 **累积给付义务**（accumulated benefit obligation，ABO）是以目前报酬和迄今为止的服务为基础计算的未来对雇员的养老金福利应付款的精算现值。精算（actuarial）一词是指该计算以诸如平均余命和雇员离职率等假设为基础。这一现值表示假如马上终止该计划，雇主应该承担的目前义务。史密斯实例中 ABO 的计算在图表 3C—1 中“实际”栏目下予以说明。由于史密斯加入该计划已逾 5 年，按目前报酬来计算，年度养老金福利应为 962 美元（5/52×$10 000）。这一养老金福利可以视为 10 年期内每年 962 美元的固定年金。在假定年贴现率为 7%的条件下，这些养老金福利在退休时的价值为 6 753 美元（7.023 6×$962）。这意味着全部未来养老金福利的流入可以汇总表示为 2025 年 12 月 31 日金额为 6 753 美元的一项单独的支付。这一金额在 2005 年末的现值 1 745 美元（6 753×0.258 4），即为累积给付义务（ABO）。

2. 预计给付义务 **预计给付义务**（projected benefit obligation，PBO）是以预期未来报酬和迄今为止的服务为基础计算的未来对雇员的养老金福利应付款的精算现值。这一估计是对养老金债务更为现实的估计。在我们的实例中，史密斯的薪金可望每年增长 4%。史密斯实例中 PBO 的计算在图表 3C—1 中“预计”栏目下予以说明。2005 年 12 月 31 日的 PBO 为 3 824 美元。ABO 和 PBO 之间唯一的差异是我们在计算定期养老金支付额时用退休时的预期薪金（21 911 美元）代替了史密斯目前的薪金（10 000 美元）。预期薪金是按照每年 4%的报酬增长率估计的（$10\,000\times1.04^{20}$）。由于使用目前薪金，ABO 实际上低估了养老金债务。

养老金资产与资金状况

史密斯实例中，2005 年 12 月 31 日计划资产的市场价值为 2 000 美元。资产价值虽然超过了 ABO，但低于 PBO。计划资产价值与 PBO 之间的差额称为**计划的资金状况**（funded status），代表着其经济状况净额。当养老金资产的价值超过 PBO 时，我们认为该计划资金过剩；当养老金资产的价值低于 PBO 时，我们认为该计划资金不足。史密斯计划为资金不足，不足额为 1 824 美元（$3 824－$2 000）。

资金过剩的原因是多方面的，包括资金的免税累积、优异的公司业绩，或高于预期的基金投资业绩。公司掠夺者有时会将资金过剩的养老金计划当作他们为置业筹资的资金来源。养老金计划资金过剩时可以做如下处理：

● 公司可以停止或减少向养老基金供款，直至养老金资产等于或低于 PBO。减少或停止供款会影响损益表和现金流量。

● 公司可以抽回过剩资产。抽回资产需要缴纳所得税。由于公司常将养老基金作为一种避税手段，因此要征收转回消费税。

资金不足的原因同样是多方面的，包括糟糕的投资业绩、养老金规则的变化（比如承认追溯福利）以及雇主供款不足等。不过，雇主必须遵守法律所规定的最低资金要求。

养老金成本

经济福利成本（或费用）是当期经济状况（或资金状况）净额的变化所导致的净成本。① 经济福利成本既包括重复（或正常）部分，也包括非重复（非正常）部分。养老金计划资产所带来的任何收益，皆作为这些成本的抵减项，以确定经济福利成本净额。

重复性养老金成本（recurring pension cost）由两部分构成：

1. **服务成本**（service cost）是雇员在养老金福利公式的基础上所赚得的养老金福利的精算现值。它是雇员每多工作一个时期所导致的预计给付义务的增加额。只有在那些以服务期作为养老金金额的计算基础的计划下，才会出现服务成本。

2. **利息成本**（interest cost）是当每个时期终了时进行养老金支付的情况下所导致的预计给付义务的增加额。之所以会产生这一成本，是因为 PBO 是未来养老金福利的现值，由于货币时间价值的作用，该成本随时间而增加。利息成本等于初期 PBO 乘以折现率。

此类重复性成本依然可以根据史密斯实例中的资料来做出解释。具体参看图表 3C—1 中“2006 公式”下的“预计”一栏。2006 年末的 PBO 为 4 910 美元——在 2005 年 3 824 美元的基础上增加了 1 086 美元。什么原因导致了这一增加？具体来看有两项因素。首先，尽管史密斯的报酬未变，2006 年的养老金福利还是有所增加（从 2 107 美元增加到 2 528 美元）。之所以增加，是因为 2006 年史密斯的养老金是按 6 周的报酬而不像 2005 年是按 5 周的报酬来计算的。这一变化的影响，可以通过比较分别按 2005 年和 2006 年公式计算的 2006 年 12 月 31 日养老金福利的现值来确定。具体来看，按 2005 年公式计算的现值为 4 091 美元，低于按 2006 年公式计算的现值 819 美元。这就是说，由于史密斯多服务了一年，他的 PBO 增加了 819 美元。因此，我们称之为服务成本。随后，比较用 2005 年公式计算的 2005 年和 2006 年末的现值。同样的未来福利的现值——以 2025 年末同一的汇总金额 14 798 美元来表示——从 2005 年的 3 824 美元增加到了 2006 年的 4 091 美元。267 美元的增加额

---

① 我们在此处将成本称为“经济”成本，主要是为了与下一节所讨论的 GAAP 下的报告养老金成本相区别。

源自货币的时间价值，因此称之为利息成本（利息成本也可以按7%×3 824美元的方式来计算）。

非重复性养老金成本（nonrecurring pension cost）源自精算假设或计划规则等的变化，也由两部分构成：

1. **精算损益**（actuarial gain or loss）是在估计PBO时修正一种或多种精算假设而引起的PBO变化。折现率的修正是其中最为常见的修正因素，因为它是以现实经济中的优势利率为基础。其他可能做出修正的假设包括死亡率、雇员离职率、报酬增长率。改变这些假设可以对PBO产生很大影响，并因此影响到经济福利成本。

2. **前期服务成本**（prior service cost）源自有关PBO的养老金计划规则的变化。前期服务成本包括在启动养老金计划时承认追溯性养老金福利，或因为修改计划而产生的福利，一般发生在集体磋商或劳动谈判之时。这些改变通常是追溯性的，要为雇员的前期服务承担债务。

这些非重复性成本同样可以在史密斯实例中获得解释。我们首先来考虑精算假设的改变：假定报酬增长率从4%上升至5%。由于这一假设改变，史密斯退休时的报酬由21 911美元增至26 533美元（参看图表3C—1中“假设改变——精算”一栏）。这一改变也使2006年末的PBO增加了1 036美元（从4 910美元增加到了5 946美元），代表精算损失。

除此之外，我们还可以假定养老金公式改变为每服务一年按1.5周来计算（代替原来每服务一年算一周的假定）。这一影响反映在图表3B—1中“假设改变——计划”一栏下。受此变化影响，每年的养老金福利增加50%，从3 061美元增至4 592美元。PBO也因此而相应地增加2 973美元（$8 919－$5 946）。因为这一变化对史密斯的前期服务提供了补偿，因此它代表了前期服务成本。

要获得最终的经济福利成本，还需对计划资产的实际回报进行调整：

- **计划资产实际回报**（actual return on plan assets）是养老金计划的收益。计划资产收益由以下项目构成：**投资收益**（investment income）——资本增值、收到的股利和利息——减去管理费用，加上其他计划资产的已实现和未实现增值（或减去折旧）。计划资产回报通常降低养老金成本（除非回报为负数，才会使养老金成本增加）。在史密斯实例中，计划资产2006年的实际回报为440美元（2 000美元的22%）。

按史密斯实例中数据确定的经济福利成本净额的最终数额汇总反映在图表3C—2的底部。

养老金成本与资金状况的联系

本小节讨论经济福利成本与资金状况的联系。这一联系源自应计制会计下资产负债表、损益表和现金流量表的内在关系。了解这一联系有利于提高养老金会计分析的水平。

图表3C—2用T型账形式来表明史密斯实例中的联系。我们假定2006年的精

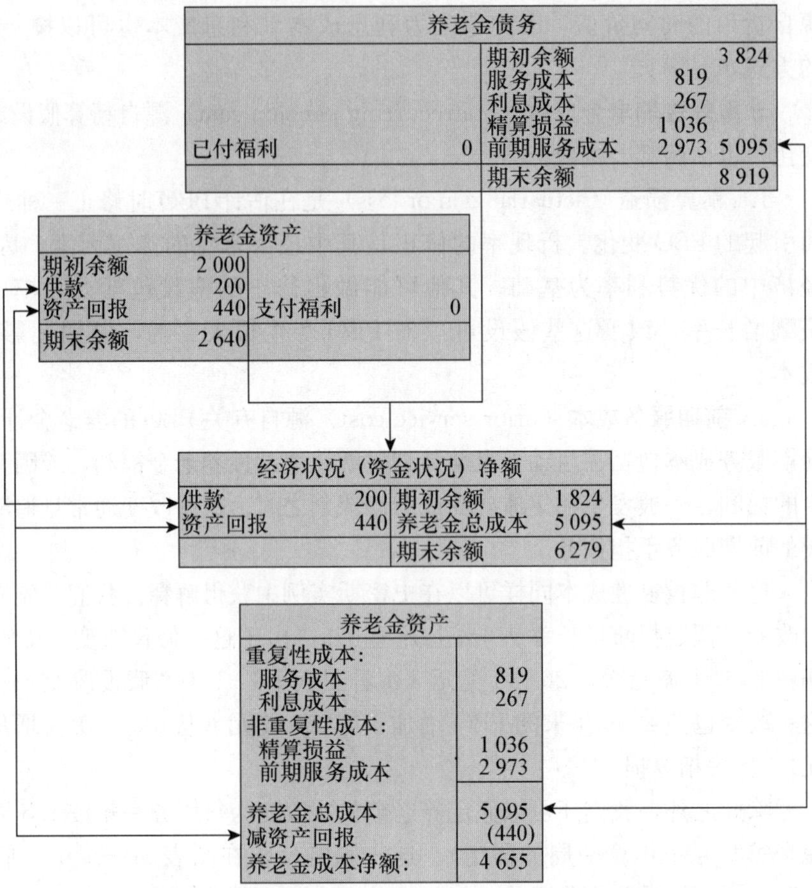

图表 3C—2　经济状况（资金状况）净额与经济福利成本的联系：史密斯实例

算假设和前期服务成本都发生了改变。养老金债务的期初余额为 3 824 美元（即图表 3C—1 中 2005 年末的 PBO），期末余额为 8 919 美元（即同时考虑了精算假设和前期服务成本影响之后的 2006 年末 PBO）。养老金债务的变化完全可以通过总的养老金成本获得解释。福利的实际支付会减少养老金债务，不过本例中并未发生福利支付。

养老金资产的初始余额 2 000 美元增加到 2006 年末的 2 640 美元。这一变化源自雇主的供款（200 美元）和资产的实际回报（440 美元）。任何形式的福利支付都会以相等的金额减少养老金资产和 PBO，不过，本例中依然未曾发生任何形式的福利支付。经济状况（或资金状况）净额为养老金资产价值与预计给付义务之间的差额。史密斯实例中的经济状况从 1 824 美元的资金不足恶化到了 6 279 美元的资金不足。资金状况的变化在图表 3B—2 中有总括的反映。

□ 养老金会计的要求

经济福利成本净额的很大一部分是由非重复项目所构成。在史密斯的实例中，4 655 美元的净成本合计中有 4 009 美元（精算损益 1 036 美元＋前期服务成本 2 973 美元）属于非重复项目。此外，440 美元计划资产回报也包括了很大的非重复成分——你不可能指望养老金资产每年都能赚得 22%的回报！这些非重复成分造成了养老金成本净额的极度易变性。正是因为认识到了这一问题，目前养老金会计的有关规定（ASC 715-30 和 IAS 19）创造了一种精微的平滑机制，据此可将经济福利成本易变和非重复成分的确认通过递延及随后的摊销做递延处理。不过，资产负债表中需要确认计划的资金状况。通过在其他综合收益中确认经济福利成本与平滑后结果（包括在净收益中）之间的差异，可以将损益表与资产负债表的影响联系在一起。下面我们将用史密斯实例中的资料较为详细地解释目前养老金会计的运作。

养老金成本的确认

图表 3C—3 将经济福利成本（以养老金资产和负债的实际波动为基础确定）与净收益中确认的金额（名为定期养老金成本净额）进行了比较。其中用计划资产的预期回报代替了实际回报。此外，精算损益（源于计算养老金债务时所采用假设的改变）也没在当期收益中确认，而是做递延处理，只有很小一部分通过摊销记入了当期。前期服务成本的处理也与此类似。虽然本例中的经济福利成本等于 4 655 美元，报告的养老金成本却仅为 1 064 美元，原因在于 3 591 美元（3 769 美元递延费用减去 178 美元摊销额）与养老金相关的费用通过平滑机制做了递延。递延净额 3 591 美元将计入当年的其他综合收益。

经济福利成本		平滑	报告养老金成本（定期养老金成本净额）	
服务成本	$ 819		服务成本	$ 819
利息成本	267		利息成本	267
实际回报	(440)	$(240)	实际回报	(200)
精算损益	1 036	1 036		
净损益		796		
前期服务成本	2 973	2 973	摊销:	
		(22)	净损益	22
		(156)	前期服务成本	156
合计	$4 655	$3 591		$1 064

图表 3C—3　经济福利成本与报告养老金成本——史密斯实例

下面我们将详细考察各项递延：

● 计划资产预期回报。由于资本市场短期波动性较大，因此长期回报更具有预测价值。养老金计划投资是为了长期投资，因此，计算养老金成本时最好采用比较稳定的计划资产预期回报（而不是波动性很大的实际回报）。因此，预期回报与实际回报之间的差额需做递延处理。计划资产预期回报的计算是用计划资产的预计长期回报率乘以计划资产的期初市场价值。在史密斯实例中，预期回报为 200 美元，等于计划资产预计回报率（10%）×计划资产期初市场价值（2 000 美元）。实际回报 440 美元减去预期回报 200 美元，差额 240 美元做递延处理。

● 精算损益的递延。精算损益源自精算假设的改变。最常见的改变是折现率的改变，与现实经济中的利率波动有关。由于精算损益具有非重复性，因此也做递延处理。史密斯实例中递延的精算损益为 1 036 美元损失。

● 净损益的摊销。首先，将递延精算损益与预计回报和实际回报之间的差额相抵，确定**净损益**（net gain or loss）。[①] 其次，将相抵后的净额加计到任何可能从以前结转下来的摊余金额之上（即本期期初的累计递延净额减去累计摊销额），以确定未确认的净损益总计数。然后，再运用**通道法**（corridor method）确定未确认的净损益是否应该摊销，摊销多少。此通道为本年年初 10%的计划资产与 10%的养老金负债（PBO）中之较大者。只有未确认净损益超出通道的部分需按直线法在计划雇员的平均剩余服务期内摊销。在史密斯实例中，净损益为 796 美元，仅为当年未确认的部分，因为没有以前年度结转下来的余额。期初 PBO 和计划资产价值分别为 3 824 美元 和 2 000 美元，因此，通道应为 10%×3 824 美元=382 美元。适于摊销的金额为 414 美元（＄796－＄382）。史密斯的剩余服务年限为 19 年，因此，净损益的本期摊销额近似地等于 22 美元（＄414÷19）。

- 前期服务成本的递延和摊销　前期服务成本属于追溯福利，主要源自对养老金合同的再次磋商和谈判。它们可能持续多期，但并不具有重复性。因此，养老金会计把前期服务成本做递延处理，并在计划雇员的平均剩余服务期内按直线法进行摊销。这种递延确认使得这种追溯性福利与可望因之而实现的未来经济福利相配比。在史密斯的实例中，前期服务成本 2 973 美元在 19 年内进行摊销，每年摊销 156 美元。

养老金资金状况在资产负债表上的确认

按照现行养老金会计准则，养老金计划的资金状况需在资产负债表上予以确认。在史密斯的实例中，资产负债表上报告的金额应为净负债 6 279 美元。与此相关，需要说明两个问题。首先，公司并不将养老金负债（或资产，正如本例中所示）作为一个独立的线上项目在资产负债表中进行报告。比如，高露洁公司的养老金供款就是分别反映在流动和非流动负债，以及非流动资产中（参见附录 A）。其次，由于损益表中确认的金额（即定期养老金成本净额）包括了递延项目，它将无法与资产负债表上所反映的资金状况联系起来。递延净额最后将计入其他综合收益，并在资产负债表的累计综合收益部分予以反映，属于股东权益的一部分。在史密斯实例中，将有 3 591 美元于当期记作其他综合损失，在资产负债表中亦将出现同等金额的累计其他综合损失（因为累计其他综合收益项目中并无期初余额）。

在史密斯的实例中，损益表和资产负债表之间存在如下联系：

资产负债表中的期末资金状况	＄6 279
资产负债表中的期初资金状况	1 824
资金状况的变动（负债增加）	＄4 455
归因于：	
留存收益减少（养老金费用）	＄1 064
累计综合收益减少	3 591
现金减少（供款）	(200)
	＄4 455

① 之所以将这两个项目做抵消处理，是因为假如将计划资金投资于有价证券，作为养老金债务具有同样的风险组合，因此会自然地倾向于相互抵消。

OPEB 会计概观

其他退休后福利会计与养老金会计颇为类似。下面考察有关它的一些细节问题。

资金状况在资产负债表上的确认

确定 OPEB 债务的第一步是估计**预期退休后给付义务**（expected postretirement benefit obligation，EPBO），即与雇员相关的未来 OPEB 支付的现值。财务报表中并不会立即确认全部 EPBO。EPBO 总额需于雇员在公司中的预计服务期内进行分配。因此，在某一具体时点的资产负债表中确认的债务只是 EPBO 中与雇员当期所提供服务相配称的一部分。这一部分按比例分配的债务，称为**累计退休后给付义务**（accumulated postretirement benefit obligation，APBO），需在资产负债表上予以确认。也就是说，APBO 是 EPBO 中雇员因为在一定日期提供服务已经“赚得”的部分。OPEB 的资金状况为 APBO 与指定用于偿付这部分债务的资产（如果有的话）公允价值之间的差额。

OPEB 成本的确认

净收益中确认的 OPEB 成本包含如下要素：

● 服务成本。为雇员当期赚得福利的精算现值，也即是 EPBO 中归属于当年的部分。EPBO 一般需按直线法在雇员预计服务期内各年间进行分配。

● 利息成本。指使用某一假定折现率推算出的 APBO 在一定时期内的增长额。

● 计划资产预期回报。等于 OPEB 计划资产的期初公允市价乘以这类资产的预计长期回报率。

● 净损益的摊销。就像养老金一样，一旦修正精算假设（比如保健成本趋势比率），就可能出现精算损益。精算损益需要加计到计划资产实际回报与预期回报的差额之上，加总后的净额（称为净损益）做递延处理。累计净损益需按直线法在雇员服务期内进行摊销，摊销时也需采用养老金处理中那样类似的 10%的通道。

● 前期服务成本的摊销。由于修订计划而导致的追溯福利的变化（或前期服务成本）需做递延处理，并按直线法在雇员预计剩余服务期内进行摊销。

资产负债表与净收益的联系

与养老金一样，平滑后的退休后福利成本净额将无法与资产负债表中资金状况的变化联系在一起。一个年度内的递延净额也将像养老金处理中一样，计入当年的其他综合收益，累计递延净额将包括在累计其他综合收益中。

分析视点参考答案

资金经理　你的决策同时涉及两个方面：风险　　和回报。从风险的角度来讲，优先股通常是对公司净资产的高级主张权。这意味着在发生清算事件时，优先股要先于普通股东优先支付。从回报的角度来讲，决策就不是那么清晰。普通股的回报包含现金股利和价格上涨两部分，而优先股的回报主要涉及现金股利。如果最近的回报能够反映未来的回报，你可能会更喜欢优先股，因为它有相当的回报同时又会降低风险暴露。

股东 你对此项股票拆分的解释可能是积极的。这源于此类公告中通常所内含的"信息信号"。此外，较低的价格常常会使股票更容易为广大的购买者所接受，并在交易时降低购买成本。当然，如果价格过低，也会带来一些问题。因此，股票拆分通常会被认为是一种信号，表明管理层期望（预测）将以同样或者更好的水平步入未来。我们必须承认，一项拆分公告并不具有有形的股东价值，也即是说，它并不会给股东带来收益。不过，会有一定金额的留存收益转为普通股。

劳动谈判专家 我们首先必须了解，当退休后福利在资产负债表上记作负债（并在损益表上记作费用），其资金供应总是少于保证的数额。从管理层的意见来看，很明显这家公司并没有给退休后福利提供足够的资金，说明从会计上来讲并不需要为这些福利提供足够的资金。当公司破产时，这种资金供应不足的状况会使雇员遭受实质性的损失，你根本无法迫使公司为此类债务准备资金。作为劳动谈判专家，你有时需要以较高的目前工资来换取诸如退休后福利之类的报酬，并保证为那些福利提供充足的资金。从公司的角度来讲，会希望限制所记录的负债及其筹资承诺，因为它会耗竭资源。作为劳工方的代表，你的任务是争取获得更多的退休后福利并为这些福利争取更多资金保障。相应地，当你需要权衡利弊时，应该认真对待管理层的出价，将其作为真实的雇员福利。

思考题

3—1 说明融资的主要形式及其特点。

3—2 说明经营负债与融资负债间的差异。

3—3 融资负债主要有哪些形式？何为长期？何为短期？

3—4 债券折价和溢价通常是如何产生的？在资产负债表和损益表中应作何考虑？

3—5 有关长期负债的公允价值会计是如何运作的？其与使用摊余成本的目前会计有何不同？

3—6 我们是如何考虑短期负债的？这种方法道理何在？

3—7 说明长期负债的主要披露要求。

3—8 说明分别按（1）面值，（2）摊余成本，（3）公允价值报告长期负债的作用及问题所在。

3—9 债权人在债务契约中加入了哪些不同形式的保护性措施？

3—10 高级债务有何含义？分析师在分析高级债务时应注意什么？

3—11 何为担保债务？分析师在分析担保债务时应注意什么？

3—12 债务合同通常会对公司使用资源和从事商务活动的能力做出限制，此类限制通常被称为债务条约。

a. 说明可以从哪里找到有关此类限制的信息。

b. 说明债务条约作为一种早期预警机制，是如何对保护债权人投资发挥作用的。

c. 何为技术缺陷？

3—13 对债务合同中所使用的安全边际做出定义，说明安全边际是如何影响有关公司风险相对水平的估计的。

3—14 公司常发行可转换债券或附认股权债券。

a. 何为可转换债券？

b. 何为附认股权债券？它与可转换债券有何不同？

c. 公司为什么要发行可转换债券？

d. 我们该如何处理可转换债券？

e. 可转换债券有何分析意义？

3—15 说明承租人进行租赁分类的分类标准，编制一份承租人租赁会计概要。

3—16A 说明出租人对租赁的不同分类，并说明其分类标准。解释出租人的租赁会计程序。

3—17A　说明不动产租赁的有关规定。

3—18　租赁会计对财务报表分析有何意义?

3—19A　当一项租赁被租赁双方都作为经营性租赁处理时，说明租赁双方的资产负债表上会对租赁负债和租赁资产作何反映。

3—20A　当一项租赁被租赁双方都作为资本性租赁处理时，说明租赁双方的资产负债表上会对租赁负债和租赁资产作何反映。

3—21　说明承租人损益表上如何反映经营性租赁和资本性租赁的租赁设备成本。

3—22A　说明出租人损益表上如何反映经营性租赁和资本性租赁的租赁收益。

3—23　公司可以通过多种不同的融资方式避免在资产负债表上报告债务。确定并说明一些表外融资的具体方法。

3—24　举例说明什么是或有损失。说明在收益中记录或有损失必须具备哪两项条件。

3—25　何为承诺? 试举出三个公司承诺的实例。

3—26　说明一项承诺什么时候会变成需要记录的实际负债。

3—27　界定表外融资，并举三个实例予以说明。

3—28　说明对具有表外损失风险的金融工具的财务报表披露要求。如何将这些披露用于协助进行财务分析?

3—29　说明公司将一项应收款作为资源转让时在账面上做销售进行记录必须具备的条件。

3—30　说明从财务分析的角度如何处理表外融资项目。

3—31　说明与债务相类似的权益证券的种类。

3—32　说明几种为了可能的损失或费用而提留的准备或备抵的种类。

3—33　说明为什么分析中需要特别注意有关未来损失的会计准备。

3—34　区别资产负债表上不同种类的递延贷项，并说明如何对这些账户进行分析。

3—35　确定资产负债表中权益部分的分类目标及附注披露目标。说明这些披露与财务报表分析有何关系。

3—36　说明优先股具有哪些特征使它与债务相类似。说明哪些特征使它更像普通股。

3—37　说明披露优先股清算价值的意义。对分析而言，它与账面价值和设定价值有何不同?

3—38　说明为什么小额度股票股利会计要求按股权登记日股票的市场价值而不是票面价值来登记留存收益。

3—39　许多公司在合并资产负债表的长期负债和股东权益之间报告“在子公司中的少数权益”，有些公司则将其作为股东权益的一部分。

a. 说明何为少数股东权益。

b. 说明在资产负债表上将其列在哪个位置最合适。说明各种不同的列报方式分别代表了什么样的观点。

3—40B　说明固定收益养老金计划与固定供款养老金计划有何不同。这两类计划的会计处理如何相区别?

3—41B　用纯粹经济学的观点来界定以下项目分别是如何构成的：(a) 养老金债务；(b) 养老金计划资产；(c) 养老金计划的经济状况净额；(d) 经济福利成本。

3—42B　养老金成本的非重复要素主要有哪些? 说明现行会计准则下这些项目的递延和摊销处理。

3—43B　净收益中包含的养老金成本是定期养老金成本净额。它与经济福利成本有何不同? 在收益中确认平滑的定期养老金成本净额而不是经济福利成本，道理何在?

3—44B　按照现行养老金会计 (SFAS 158)，资产负债表中应确认什么? 与以前 (SFAS 87 下) 的确认相比有何不同?

3—45B　现行养老金会计 (SFAS 158) 使资产负债表中确认的经济状况 (资金状况) 净额与损益表中确认的平滑后定期养老金成本净额形成了什么样的联系?

3—46B　何为其他退休后员工福利 (OPEB)? OPEB 与养老金有何区别?

3—47B　退休后福利附注中披露的信息主要有哪几类?

3—48B　因为退休后福利而调整财务报表 (资产负债表和损益表) 时，必须考虑哪些因素?

3—49B　退休后福利中包含哪些主要精算假设? 说明管理者可以如何操纵这些假设以达到粉饰

财务报表的目的。

3—50B 定义并说明养老金风险暴露。哪些因素的结合导致了21世纪初的养老金危机？在评价养老金风险时，分析师应该着重检查哪三方面的问题？

3—51B 什么因素决定了公司与养老金和OPEB相关的现金流？为什么与养老金相关的目前现金流出并非一项好的有关未来现金流量的预测指标？

3—52C 说明有关养老金债务的选择性指标。哪项指标属于硬性的法定指标？

3—53C 说明用以精算损益和计划资产回报递延及摊销处理的“通道法”。使用这一方法的道理何在？

3—54C 什么是OPEB债务？如何确定？

练习题

3—1 解释并分析债务披露

参考附录A中金宝汤公司的财务报表。

要求：

a. 确定第11年度长期负债的变动净额。

b. 分析讨论金宝汤公司债务融资的构成。在你看来，金宝汤公司是否存在偿债能力或流动性问题？相对于权益而言，该公司的负债应该更多还是更少些？（或者说，该公司目前的融资战略是否适当？）如果金宝汤公司为了一个具有很大吸引力的商业机会而发行债务进行融资，是否会遭遇困难？

3—2 评价承租人的租赁会计处理

第8年1月1日，Von公司签订了两份不可撤销的租赁新机器设备的协议，租入设备用于本公司生产经营。第一份租赁协议不包括承租人优惠购置权，租期为该设备预计使用寿命期的80%。第二项租赁协议包括承租人优惠购置权，租期为该设备预计使用寿命期的50%。

要求：

a. 请解释承租人要将特定的长期租赁资本化需要哪些理由。不要把讨论仅仅局限在资本性租赁分类的具体标准之内。

b. 描述承租人开始时应如何考虑资本性租赁。

c. 说明承租人如何记录资本性租赁下每次的最低租赁付款额。

d. 说明Von公司应如何对上述两项租赁进行分类，并提出理由。

3—3 区分资本性租赁和经营性租赁

资本性租赁和经营性租赁是租赁的两种主要类型。

要求：

a. 说明承租人在租期开始时和租赁的第一年如何记录资本性租赁。假定在租期末租赁资产的所有权会转移给承租人。

b. 在假设承租人在租期内每个月初支付相等金额的条件下，说明承租人在租期开始时和租赁的第一年如何记录经营性租赁。说明当租金不是按直线法支付时会计处理上会有什么样的变化。

注：不用讨论资本性租赁和经营性租赁的区分标准。

3—4 分析并解释销售式租赁和融资租赁

销售式租赁和直接融资租赁是从出租人的角度来看的两种常见的租赁类型。

要求：

从以下方面比较销售式租赁和直接融资租赁：

a. 租赁的投资总额。

b. 未赚得利息收入的摊销。

c. 制造商或经销商的利润。

注：无须讨论销售式租赁、直接融资租赁和经营性租赁之间的区分标准。

3—5 确认未记录的负债用于分析

以下资料摘自《福布斯》杂志刊登的一篇文章：

> 超强的偿债能力。没有债务不再是老顽固的标志，它有太多优势。优势之一是每当遇到困难，你总有足够的担保物可以借到足够的款项。另一点优势是，如果一项商务投资情况恶化，你无须为你的错误而支付利息……没有债务，哪怕是基准利率再次涨到12%，你也无须为之担忧。你甚至会为之

叫好。因为你可以按那个利率把多余的资金借给别人。

该文章随后列出了 92 家公司，这些公司资产负债表中所报告的非流动负债占总资金的比例在 5%以下。

要求：

解释所谓无债务公司（就像该文章中所谈到的那样）要怎样才能拥有实质性的长期负债或未记录的非流动负债。请提供具体例证。

3—6　解释或有损失的披露

几乎所有公司都面临着各种形式的或有损失。

要求：

a. 说明必须满足什么条件，才可以将一项或有损失记录为与收益相配称的支出。

b. 说明当一项或有损失未能达到记录为与收益相配称的支出的条件时，在什么情况下会要求予以披露，需要披露哪些内容？

3—7　分析或有损失

诉讼是或有损失的典型情况之一，在不利的裁决或判决之下，将很可能发生损失。许多烟草公司目前正面临着诉讼。如果有可能发生损失并可以对其做出估计，就应该记录烟草诉讼的或有损失。"可能的"、"可估计的"之类的概念用起来有很大难度，给经理人员提供了很大程度的随意性。

要求：

a. 请列举两方面的原因，说明为什么在这种情况下经理人可能抵制将损失造成的负债量化并做预计处理。

b. 说明在什么情况下，经理人会一改过去抵制的态度，愿意预计或有负债。

3—8　分析权益和账面价值

参考附录 A 中金宝汤公司的财务报表。

要求：

a. 确定第 11 年度股东权益增加 1.016 亿美元的原因。

b. 计算第 11 年度回购库藏普通股的平均价格。

c. 计算第 11 年度末普通股股票的账面价值。

d. 比较普通股的每股账面价值和该年度回购的库藏普通股股票的平均价格（该指标反映该年度内普通股股票的平均市场价值）。这些数据为什么会不同？请举出其中部分原因。

3—9　解释股东权益交易

公司的所有者权益既在资产负债表的股东权益中报告又在股东权益表中报告。

要求：

a. 列举出减少留存收益的主要交易和事项（不包括留存收益的分配）。

b. 资产负债表上的股东权益部分将实收资本和留存收益作了区分。说明这种区分的重要意义。

c. 库藏股的买价和售价之间往往存在差异。然而，实际工作者认为公司购买或销售自身的股票不能给公司带来利润或损失。说明为什么公司不将库藏股买价和卖价之间的差异记为利润或损失。

3—10　解释股本

股本是公司权益的一个主要部分。"股本"一词既包含普通股也包含优先股。

要求：

a. 说明普通股所有权中内含的基本权利，并说明所有者如何行使这些权利。

b. 说明什么是优先股，指出优先股提供了哪些优先权。

c. 在对公司权益证券的分析和解释中，术语的理解具有非常重要的意义。定义并描述下列权益项目：(1) 库藏股；(2) 认股权；(3) 认股权证。

3—11　股利及股本

Presidential Realty 公司就其普通股分配做了如下报告："对普通股的现金分配源自资本公积，因为母公司自成立以来（除了在特定子公司未分配收益中的权益之外）一直未能形成盈余积累。"

要求：

a. 说明这种现金分配是否是股利。

b. 推测一下 Presidential Realty 公司为什么要做这种分配。

3—12　股利与库藏股

购买库藏股（通常称为股票回购）正在日益频繁地代替发放股利。

要求：

a. 解释为什么从公司角度来讲股票回购类似于发放股利。

b. 试说明，相对于发放股利，经理人员为什么更喜欢回购库藏股。

c. 说明为什么投资者喜欢企业以超额现金回

购库藏股超过支付股利。

3—13 现金余额养老金计划

IBM公司最近宣布它将开始提供一项现金余额养老金计划。现金余额养老金计划是固定供款养老金计划的一种形式。IBM公司并不是孤立的，因为最近明显有一种偏爱固定供款养老金计划的倾向。

要求：

a. 说明固定收益养老金和固定供款养老金的收益和现金流量在水平和易变性方面有何不同。

b. 你为什么认为经理们更喜欢固定供款养老金计划？

c. 在什么情况下，相对于固定供款养老金计划，员工会更喜欢固定收益养老金计划？

3—14 理解固定福利养老金计划

Carson公司发起了一项固定福利养老金计划。该计划提供按年龄、服务年限、薪酬确定的养老金福利。该公司所确认的养老金福利成本净额由服务成本、利息成本、计划资产实际回报所组成。

要求：

a. 说明固定福利养老金计划所面临的挑战(至少两种)。为什么会出现这些挑战？

b. Carson公司怎样确定养老金成本净额中的服务成本？

c. Carson公司怎样确定养老金成本净额中的利息成本？

d. Carson公司怎样确定养老金成本净额中的计划资产实际回报？

案例题

3—1 解释并分析债务融资

下面是Revlon公司2011年度的资产负债表、损益表及相关附注：

Revlon 公司

合并资产负债表			合并损益表		
单位：百万美元	2011	2010	单位：百万美元	2011	2010
资产			销售净额	1 381.4	1 321.4
流动资产	518.7	476.1	营业费用	1 162.5	1 109.6
厂场设备	98.9	106.2	折旧	21.5	19.5
递延税款	232.1	229.4	利息费用——债务	84.9	90.6
商誉	194.7	182.7	利息费用——可赎回优先股	6.4	6.4
其他	112.7	92.3	债券发行成本摊销	5.3	5.9
资产总计	1 157.1	1 086.7	提前偿债损失	11.2	9.7
负债和权益			持续经营活动带来的税前收益	89.6	79.8
流动负债	335.4	318.5	所得税准备（利益）	36.8	(247.2)
长期负债	1 165.4	1 159.3	持续经营收益	52.8	327.0
其他长期负债	300.8	257.2	终止经营	0.6	0.3
可赎回优先股	48.4	48.1	净收益	53.4	327.3
总负债	1 850.0	1 783.1			
股本	1 014.6	1 012.5			
库藏股	(8.6)	(7.2)			
留存收益	(1 498.0)	(1 551.4)			
累计其他综合收益	(200.9)	(150.3)			
总权益	(629.9)	(696.4)			
负债和权益总计	1 157.1	1 086.7			

2011年和2010年的资本性支出分别为1 320万美元和1 590万美元。

附注信息

短期借款

Revlon 公司 2011，2010 年的银行短期借款分别为 590 万美元和 370 万美元。该借款在 2011 年 12 月 31 日和 2010 年 12 月 31 日的加权平均利率分别为 6.0%和 5.9%。

长期负债和可赎回优先股

（百万美元）	2011	2010
2011—2017 贷款额度，折扣后净额	787.6	—
2010—2015 贷款额度，折扣后净额	—	782.0
2011—2016 循环贷款额度	—	—
2010—2014 循环贷款额度	—	—
9¾% 2015 到期高级担保票据，折扣后净额	327.4	326.9
2014 到期的高级次级定期贷款	58.4	58.4
	1 173.4	1 167.3
减去流动部分	(8.0)	(8.0)
	1 165.4	1 159.3
可赎回优先股	48.4	48.1
	1 213.8	1 207.4

长期债务到期日

（百万美元）	
2012	8.0
2013	8.0
2014	66.4
2015	338.0
2016	8.0
2016 以后	756.0
长期负债总额	1 184.4
折扣	(11.0)
长期负债总额，折扣后净额	$1 173.4

2011 年循环贷款额度

2011 年循环贷款额度的利率属于可变数，是基于基准利率的增高。需要按照贷款额度尚未使用部分平均数的 0.375%计算承诺费，作为应付款处理。2011 年循环贷款额度于 2016 年 6 月 16 日到期。不过，倘若 Revlon 公司 9¾%高级担保票据在 2015 年 8 月 15 日之前没有做再融资或全额再支付，则 2011 年循环贷款额度将于 2015 年 8 月 15 日到期。

2011 年循环贷款额度的可用性因借款基数而各不相同，该借款基数取决于符合条件的应收账款、存货、厂场设备在不同时间的价值。如果符合条件的资产不足以对 1.4 亿美元的借款基数构成支撑，Revlon 公司将无法充分使用 2011 年循环贷款额度。

循环贷款到期之前，需要用以下各个项目预付（整体承诺数并不因此而有任何减少）：(1) 因为出售 Revlon 公司或其下属子公司所拥有的循环贷款第一置留权抵押获得的现金收入净额；(2) Revlon 公司或其下属子公司发行额外的债务获得的收入净额；此类收入在履行了 Revlon 公司在 2011 年定期贷款额度下所承担的义务之后还有一定的剩余。

当某一具体期间借款金额与借款基数（1.4 亿美元）之间的差异小于 2 000 万美元时，Revlon 公司需要将固定费用补偿率（即每一时期息税折旧摊销前利润减资本支出后的差额与现金利息费用的比率）保持在最低 1.0 的水平。

2011 年定期贷款额度

利率是多变的，基于欧元利率加每年 3.5%，或替代基准利率加 2.5%。贷款于 2017 年 11 月 19 日到期。不过，倘若 Revlon 公司 9¾%高级担保票据在 2015 年 8 月 15 日之前没有做再融资或全额再支付，则 2011 年定期贷款额度将于 2015 年 8 月 15 日到期。

每个季度末，Revlon 公司需支付 200 万美元定期贷款本金。此外，2011 年定期贷款额度下的定期贷款需要用以下各个项目预付：(1) 每年通过出售 Revlon 公司所拥有的定期贷款第一置留权抵押所收到的现金超过 1 000 万美元的净额；(2) Revlon 公司或其下属子公司发行额外的债务获得的收入净额；(3) Revlon 公司“超额现金流量”的 50%，作为下一年前100天的应付款的部分。

定期贷款中包含一项财务约定，限定Revlon公司的第一置留权高级担保杠杆率（即具有作为2011年定期贷款额度担保的置留权的高级担保贷款与息税折旧摊销前利润之比率）在连续的四个财务季度内每期不得超过4.0∶1.0。

用于2011年循环贷款额度及2011年定期贷款额度的准备

2011年循环贷款额度和2011年定期贷款额度（以下简称为“2011年贷款额度”）由Revlon公司及其下属子公司提供担保支持。Revlon公司在2011年贷款额度下所形成的义务以及因为此类担保所形成的义务，由Revlon公司及其下属子公司的全部资产形成实质性保证。包括：（1）公司所拥有的不动产形成抵押，包括Revlon公司在牛津、北卡罗来纳的不动产；（2）Revlon公司及其下属子公司66%具有投票权的股本，以及100%不具有投票权的股本；（3）Revlon公司及其下属子公司所拥有的知识产权及其他无形资产；（4）Revlon公司及其下属子公司所拥有的存货、应收账款、设备、投资、储蓄存款等资产。

存货、应收账款、储蓄存款、投资、不动产、设备、器具以及特定的无形资产的置留权（循环贷款第一置留权抵押）对2011年循环贷款额度构成第一级优先担保基础，对2011年定期贷款额度构成第二级优先担保基础，对9¾%高级担保票据构成第三级优先担保基础。Revlon公司及其下属子公司股本和知识产权及其他无形资产的置留权（定期贷款第一置留权抵押）对2011年定期贷款额度构成第一级优先担保基础，对2011年循环贷款额度和9¾%高级担保票据构成第二级优先担保基础。以上所提到的置留权可在不同时间因为Revlon公司所发生的其他义务或担保而分享，比如外汇及利率的套期保值义务以及外币营运资本构成。

2011年贷款额度包含各种严格的条件限制，除了个别例外，Revlon公司及其下属子公司在以下各方面受到限制：（1）发生另外的债务或担保；（2）向Revlon公司或其他子公司分红、做其他支付或贷款；（3）出售或转移Revlon公司或其子公司资产；（4）从事合并或收购交易；（5）提前支付或修改其他债务的条件；（6）进行投资；（7）与Revlon下属子公司进行累计支付额超过1 000万美元的交易。

2011年贷款额度下的违约事件包括以下违反约定的常见事件，但不仅限于此类事件：（1）到期时未支付本金、利息及其他费用；（2）未能遵守一些债务所规定的约定：（3）Revlon公司发起（或陷入）了针对本公司的破产诉讼；（4）Revlon公司或其下属子公司在债务到期支付时发生拖欠；（5）Revlon公司或其下属子公司未能执行特定的法律判决；（6）Revlon公司管理中的控制权发生实质性改变。

9¾% 2015年到期高级担保票据

2009年，Revlon公司发行了面值为3.30亿美元的9¾%高级担保票据，该票据2015年到期，按面值的98.9%发售，收到发行收入3.198亿美元。该9¾%高级担保票据的实际利率为10%。发行中公司共付出与发行相关的各种费用1 050万美元，全部做资本化处理，并将在该票据剩余的期限内分期摊销。

9¾%高级担保票据属于Revlon公司的高级义务，在支付权方面与Revlon公司的全部现有及未来高级债务以同等的地位排列，包括2011年贷款协议下所形成的债务。相对于Revlon公司属于支付权下的全部目前及未来债务，这种票据在支付权方面也是高级的。9¾%高级担保票据由以下项目形成担保：（1）与2011年循环贷款额度一起（在一种平等且按比例的基础上），由从属于2011年定期贷款协议下的第一优先置留权的二级优先置留权抵押提供担保；（2）由从属于2011年循环贷款协议下的第一优先置留权的三级优先置留权抵押提供担保。

9¾%高级担保票据可以在依照9¾%高级担保票据契约约定的条件到期前因Revlon公司期权得到补偿。因为控制权的变化（如该协议中所规定的那样），93/4%高级担保票据的每位持有者将有权要求Revlon公司按相当于本金加至回购日的应计及未付利息（倘若有的话）总额101%的价格回购全部或部分此类持有者所持有的9¾%高级担保票据。

9¾%高级担保票据契约除了一般内容外，应包含一些限制性条款，对以下方面形成限制：（1）Revlon公司不得发行额外的债务及补偿性股票；（2）形成置留权；（3）Revlon公司下属子公司不得发行债务和优先股；（4）Revlon公司及其下属子公司不得为股本支付股利或进行股本赎回；(5) Revlon公司不得出售资产及子公司股票；(6) 与 Revlon 公司的关联方进行交易；(7) Revlon公司的全部资产都不得参与联合、购并和转移；(8) Revlon公司下属子公司资产的转移或分配也要受到一定限制。

9¾%高级担保票据契约中包含一些有关此类债务工具的违约事件的规定，要求提留一种交叉加速准备，可以在 Revlon 公司或其下属子公司债务到期无法偿付发生违约时使用。它会因为违约而被债务的持有者加速。一旦发生此类违约事件，持有者可以要求所有此类票据到期并立即支付。

高级次级定期贷款协议

高级次级定期贷款是 Revlon 公司的无担保债务，与公司其他所有目前或未来的高级债务相对，在支付权方面它是次级的，目前包括以下项目之下的债务：(1) Revlon 公司的 2011 年贷款协议；(2) Revlon公司的 9¾%高级担保票据。高级次级定期贷款的支付权等同于 Revlon 公司其他任何目前或未来高级次级债务的支付权。

高级次级定期贷款协议包含一些限制性条款，限制 Revlon公司及其下属子公司的以下能力，包括：举借额外的债务、支付股利、赎回或回购股票、出售特定资产、从事特定类型的投资及其他限制性支付、与下属企业发生特定交易、限制下属子公司发放股利或进行支付，或用资产创造置留权。

高级次级定期贷款协议要求提留一种交叉加速准备，可以在 Revlon公司或其下属子公司债务到期无法偿付（如此类协议中所规定的）发生违约时使用。它会因为违约而被债务的持有者加速。

一旦控制权发生任何变化，Revlon公司将被要求全部偿还高级次级定期贷款。假如 Revlon 公司在全部偿还完此类贷款前进行任何形式的权益资金募集，并且高级次级定期贷款的持有者也参与募集活动，高级次级定期贷款的持有者既可以用现金支付，也可以用所持有的债权面值加应计但未付的利息计价来支付，一美元对一美元，也可以现金和此类债权合起来支付。

可赎回优先股

2009 年，Revlon 公司发起了一次自愿交换募股交易，公司所发行的所有 A 级普通股，可按 1∶1 的比例，换取一股最新发行的 A 系列优先股，每股面值 0.01 美元。Revlon 公司共发行了 9 336 905 股优先股，以交换同等数量的 A 级普通股。Revlon公司最初将该优先股按其公允价值 4 790 万美元作为长期负债记录。Revlon 公司到期应付的总金额约 4 860 万美元，代表了 2009 年交换募股中发行的9 336 905 股优先股每股 5.21 美元的优先清算权。每一股优先股因其优先清算权，每年可收到 12.75%的现金股利，并可于 2013 年 10 月 8 日按 5.21 美元的价格用现金强制赎回。

如果 Revlon 公司实施一项改变控制权的特殊交易，优先股持股人将有权收到一项特别的戴帽股利，其合计现金支付金额将达每股 12 美元。

如果 Revlon 公司无法支付优先股所要求的股利，此种未付股利的金额将加计到优先股赎回时应付给持有者的金额上去。此外，从 Revlon 公司无法支付股利到付清全部未付股利的期间内，Revlon 公司将被禁止向排在优先股之后的所有股票（包括 Revlon 公司普通股）发放股利或做任何形式的分配。

假如 Revlon 公司发生清算、解散或停业清理，优先股持有者将享有每股 5.21 美元的优先清算权，加上累计未付股利。如果公司资产不足以支付全部优先清算权，优先股持有者将按持有股份的比例参与资产分配。优先股并不具有优先购买权。如果 Revlon 公司可以合法地筹集到影响此类赎回所需的资金，则应在 2013 年 10 月 8 日赎回优先股。

要求：

a. 计算 Revlon 公司 2010，2011 年度主要财务比率：(1) 权益回报率；(2) 资产回报率；(3) 总负债—权益比率；(4) 长期负债—权益比率；(5) 已获利息倍数；(6) 流动比率。对 Revlon 公司的财务业绩、财务状况及风险做出评价。

b. Revlon 公司选择以债务取代权益作为为资产融资的主要来源渠道。你是否赞同这一决策？为什么 Revlon 公司要以这种财务结构来取代全股权结构？Revlon 公司在其资本结构中特别强调债务，理由何在？

c. 附注中描述了 Revlon 公司采用的四种主要类型的债务。试编制一份表格，针对每种类型的债务说明如下情况：(1) 利率；(2) 总的期限及剩余期限；(3) 支付的细节；(4) 有关 (a) 级次，(b) 担保，(c) 契约的保护性条款（若有的话）。对各种类型债务的相关条件做出评论，尤其是保护性条款。在“权势等级”中，哪种债级别最高，并因为有合同性准备而比其他债更安全？

d. 作为（c）中分析的一部分，回答下列问题：

（1）债权人把一些在 Revlon 公司正常的经营决策（比如财务决策、资产出售、购并活动）之外的契约摆在了 Revlon 公司面前。为什么这些契约不将关注的重点贴近与 Revlon 公司日常业务相关的决策？你认为这些契约会对 Revlon 公司开展商务活动的方式有何影响？

（2）Revlon 公司在其 2011 年循环贷款额度下允许借款的金额是多少？从各种迹象来看，Revlon 公司可能在 2011 年借到多少？

（3）如果 Revlon 公司无法在 2015 年 8 月份偿还 9¾％高级担保票据或为其再融资，会发生什么？

e. 尽你所能计算契约中使用的比率，分析 Revlon 公司的安全边际和契约宽裕度。假如你无法准确地确定契约中使用的比率，则尽你所能计算出一种最接近契约所使用比率的比率。

f. 回答下列与可赎回优先股有关的问题：

（1）为什么可赎回优先股在分类上归为债务？

（2）Revlon 公司的可赎回优先股与 Revlon 公司发行的其他长期债务有何不同？这些差异在每种证券的利息/股利比率中如何反映出来？

（3）Revlon 公司可赎回优先股的有效利率是多少，假定公司希望在每个年度末同样地支付股利？Revlon 公司应该确认的这种可赎回优先股的年度利息费用是多少？Revlon 公司在发行优先股后的第一年应摊销多少利息费用？

g. 为什么 Revlon 公司要因为提前还债而在损益表中确认损失？

3—2 分析并解释负债

参考附录 A 中金宝汤公司的年度报告。

要求：

a. 确定金宝汤公司负债的主要类别。说明这些负债中哪些需要确认利息费用。

b. 调节第 11 年度长期借款账户中的活动。

c. 使用第 19 项附注，说明金宝汤公司长期负债账户的构成。

3—3 分析并解释权益

参考附录 A 中金宝汤公司的年度报告。

要求：

a. 确定第 11 年度金宝汤公司普通股的每股账面价值。

b. 确定金宝汤公司普通股的面值。确定第 11 年度末公司核准、发行及流通在外的普通股数量。

c. 确定第 11 年度金宝汤公司回购了多少普通股作为库藏股。确定金宝汤公司回购这些股票的价格。

3—4 航空业的租赁

航空业是最不稳定的产业之一。20 世纪 90 年代初，该行业一改之前历史上一直报告盈余的状况。泛美航空（Pan American Airlines）和东方航空（Eastern Airlines）终止营业，大陆航空（Continental Airlines）、环球航空（TWA）、美国航空（US Air）进入破产保护。20 世纪 90 年代中期，由于美国经济繁荣及能源价格走低，该行业出现反弹。自 1996 年以后，航空业的盈利能力大幅增强，权益回报率超过 25％。从那时开始，许多航空公司的市场资本倍增，股票市场也认可了该行业盈利能力的增长。

航空业盈余的不稳定源自其需求的易变性、成本构成，以及竞争性定价的综合影响。航空旅行的需求具有周期性，并对整体经济的绩效十分敏感。航空业的成本构成中占统治地位的是固定成本，导致极高的营业杠杆。大多数航空公司的损益平衡点为 60％的上座率，离开此点，盈余朝不同方向上下飙飞。航空业的价格竞争也很激烈。因为其特殊的成本构成（变动成本很低而固定成本奇高），在需求下降时，航空公司会降低票价以增加市场占有。此类降价常导致价格战，并因此而降低平均单位收入。因此，机票价格与需求量成正相关，并导致了航空业收入的易变性。收入的易变与高企的固定成本相结合，造成收益的不稳定。

航空公司常以租赁方式获得各种类型的固定资产，包括飞机、机场设施、不动产、经营及办公设施。租赁期从 1 年到 25 年不等。许多公司的资产负债表上会报告资本性租赁，大多数公司在不断设计和完善其资产租赁结构，包括长期与短期（作为经营性租赁的构成）。下面是 AMR（American Airlines）、达美航空，以及美国国联合航空公司（United Airlines，UAL）1997，1998 年简要资产负债表、损益表及租赁附注摘要。

单位：百万美元

	AMR		达美航空		UAL	
	1998	1997	1998	1997	1998	1997
资产负债表						
资产						
流动资产	$ 4 875	$ 4 986	$ 3 362	$ 2 867	$ 2 908	$ 2 978
自有保有资产（净额）	12 239	11 073	9 022	7 695	10 951	9 080
租赁资产（净额）	2 147	2 086	299	347	2 103	1 694
无形及其他资产	3 042	2 714	1 920	1 832	2 597	1 742
资产总额	$ 22 303	$ 20 859	$ 14 603	$ 12 741	$ 18 559	$ 15 464
负债和权益						
流动负债						
资本性租赁的流动部分	$ 154	$ 135	$ 63	$ 62	$ 176	$ 171
其他流动负债	5 485	5 437	4 514	4 021	5 492	5 077
长期负债						
租赁负债	1 764	1 629	249	322	2 113	1 679
长期借款	2 436	2 248	1 533	1 475	2 858	2 092
其他长期负债	5 766	5 194	4 046	3 698	3 848	3 493
优先股			175	156	791	615
股东权益						
实收资本	3 257	3 286	3 299	2 896	3 518	2 877
留存收益	4 729	3 415	1 776	812	1 024	300
库藏股	(1 288)	(485)	(1052)	(701)	(1 261)	(840)
负债和权益总额	$ 22 303	$ 20 859	$ 14 603	$ 12 741	$ 18 559	$ 15 464
损益表						
营业收入	$ 19 205	$ 18 184	$ 14 138	$ 13 594	$ 17 561	$ 17 378
营业费用	(16 867)	(16 277)	(12 445)	(12 063)	(16 083)	(16 119)
营业收益	2 338	1 907	1 693	1 531	1 478	1 259
其他收益和调整	198	137	141	91	133	551
利息费用*	(372)	(420)	(197)	(216)	(361)	(291)
税前收益	2 164	1 624	1 637	1 406	1 250	1 519
所得税准备	(858)	(651)	(647)	(561)	(429)	(561)
持续经营收益	$ 1 306	$ 973	$ 990	$ 845	$ 821	$ 958

* 包括优先股股利。

	AMR		达美航空		UAL	
	资本性租赁	经营性租赁	资本性租赁	经营性租赁	资本性租赁	经营性租赁
摘自 1998 年租赁附注						
到期最低租赁付款额（MLP）						
1999	$ 273	$ 1 012	$ 100	$ 950	$ 317	$ 1 320
2000	341	951	67	950	308	1 329
2001	323	949	57	940	399	1 304
2002	274	904	57	960	341	1 274
2003	191	919	48	960	242	1 305
2004	1 261	12 480	71	10 360	1 759	17 266
到期最低租赁付款额（MLP）合计	2 663	$ 17 215	400	$ 15 120	3 366	$ 23 798
减利息	(745)		(88)		(1 077)	
MLP 的现值	$ 1 918		$ 312		$ 2 289	
摘自 1997 年租赁附注						
到期最低租赁付款额（MLP）						
1998	$ 255	$ 1 011	$ 101	$ 860	$ 288	$ 1 419
1999	250	985	100	860	262	1 395
2000	315	935	68	840	241	1 402
2001	297	931	57	830	314	1 380
2002	247	887	57	850	277	1 357
2003 及以后	1 206	13 366	118	9 780	1 321	19 562
到期最低租赁付款额（MLP）合计	2 570	$ 18 115	501	$ 14 020	2 703	$ 26 515
减利息	(806)		(117)		(853)	
MLP 的现值	$ 1 764		$ 384		$ 1 850	

资本性租赁和经营性租赁都是无法取消的。租赁的利息从 5%到 14%不等。（假定三家公司的边际税率为 35%。）

要求：

a. 计算 1998 年主要的流动性、偿债能力及投资回报比率（包括流动比率、总负债—权益比率、长期负债—权益比率、已获利息倍数、资产回报率、权益回报率）。对这三家公司的财务业绩、财务状况及风险做出评论——既作为一个群体做整体上的评论，也作为个体分别进行评论。

b. 了解较高的营业杠杆对航空公司盈利易变性的影响，进行如下敏感性分析：假定航空业成本中变动成本占 25%，也即是说，营业收入每增加（或减少）1%，营业成本只会增加（或减少）0.25%。在假定营业收入按 5%和 10%的不同比例降低的情况下重编损益表。当收入水平如此降低时，盈利会发生什么状况？请在有关收入水平的此类假定下计算主要比率。对这些公司的经营风险做出评论。

c. 在你看来，为什么航空公司会这样严重地依赖租赁作为融资手段？还有哪些融资方式是航空公司可以考虑的？对照租赁，讨论其优势及劣势。

d. 检查租赁附注。你认为这些公司采用的租赁分类是否合理？为什么？

e. 将所有经营性租赁重分类为资本性租赁，并对 1998 年的资产负债表和损益表进行必要的调整。（提示：（1）使用本章内介绍的程序；（2）假定经营性租赁和资本性租赁的利率相同；（3）不要力图把损益表和资产负债表联系起来，也即是说，分别对资产负债表和损益表进行调整，而不必总体上考虑对两张表的影响；（4）使用 35%的边际税率对所得税准备进行调整。因为从纳税的角度所有租赁都是当做经营性租赁来处理的，将经营性租赁转换为资本性租赁将产生递延所得税负债。不过，因为我们不考虑损益表和资产负债表之间的勾稽关系，因此，对资产负债表的递延所得税影响可以忽略不计。

f. 在对租赁进行重分类时，你会做出什么样的假定？对这些假定的合理性做出评价，并说明为了提高分析的可靠性，可以采用哪些替代性方法。

g. 使用 e 中重述后的财务报表数据重新做比率分析。讨论租赁分类对比率有何影响，并对公司盈利能力和风险做出解释（既有总体的也有分别的）。

h. 使用 g 中的分析结果，讨论航空公司对租赁融资的依赖及其租赁分类。从这个案例中你可以就会计分析对财务分析的重要性得出哪些结论？

本案例建议用 Excel 表格的形式来完成。在本书网站上可以获得 Excel 格式的案例数据。

3—5　或有负债分析——菲利普·莫里斯公司

针对菲利普·莫里斯公司（Philip Morris）的法律诉讼大都涉及吸烟对个人的影响。以下摘自菲利普公司第 8 年度财务报告的信息就是针对这一问题。

与烟草产品相关的待决诉讼通常有三类：(1) 有关吸烟与健康的案件，代表个人的原告指控受到人身伤害；(2) 有关吸烟与健康的案件，声称代表一个集体的原告指控受到人身伤害；(3) 健康成本补偿案，由政府及非政府原告提起诉讼，寻求对因吸烟而导致的健康支出进行补偿。政府原告包括地方、国家及特定国家的政府机构。这些案例中的非政府原告包括健康及福利联合信托基金、蓝十字/蓝盾集团、卫生维护组织(HMO)、医院、美洲印第安人部落、纳税人以及其他组织。一些吸烟及健康类行动和健康成本补偿案的损害赔偿诉求额往往高达数十亿美元。下面将讨论原告要求补偿的理由以及这类案件中的辩护理由。

近年来，有关吸烟和健康问题的诉讼案有实质性的增加。截止到第 8 年度 12 月 31 日，在美国代表个人提起的针对菲利普公司的吸烟及健康问题诉讼案近 510 起，比较而言，截止到第 7 年度 12 月 31 日，此类案件总数为 375 起，而截止到第 6 年度 12 月 31 日仅有 185 起。此类案件大多集中在佛罗里达、西弗吉尼亚、纽约等州。在个人诉案中，有 15 起是个人控告吸烟环境造成的各种伤害。

此外，截止到第 8 年度 12 月 31 日，在美国代表集体提起的针对菲利普公司的吸烟及健康问题的行动近 60 起，比较而言，截止到第 7 年度 12 月 31 日，此类行动总数为 50 起，而截止到第 6 年度 12 月 31 日仅有 20 起。此类行动大部分是在第 6 年度 5 月之后，因为第五巡回上诉法院在 Castano 案中否决了一家联邦地区法院对据说是代表一些吸烟成瘾的个人的全国性集体行动给予许可而引起。

在第 7、第 8 年，菲利普公司与美国其他一些烟草生产厂家缔结协议，以应对全美 50 个州及美国国内其他一些团体和地区的健康成本补偿及其他诉求（不管是否提出）。其解决方案部分正在等待法院批准，部分受到一些第三方机构的挑战。截止到第 8 年度 12 月 31 日，在美国有关健康成本补偿的行动共有 95 起（不包括解决方案中所包含的案件在内），截止到第 7 年度和第 6 年度 12 月 31 日健康成本补偿行动分别为近 105 起和 25 起。

在美国之外，也有不少针对菲利普公司下属子公司的与烟草相关的诉讼。截止到第 8 年度 12 月 31 日，由个人单独或共同发起的针对吸烟和健康问题的诉讼共 27 起，其中阿根廷 20 起、巴西 1 起、加拿大 1 起、意大利 1 起、日本 1 起、苏格兰 1 起、土耳其 2 起。与吸烟及健康相关的集体行动 6 起，其中巴西 2 起、加拿大 3 起、尼日利亚 1 起。此外，在各地还发生了健康成本补偿行动，包括以色列、马绍尔群岛共和国、英属哥伦比亚、加拿大。玻利维亚共和国、危地马拉、巴拿马、尼加拉瓜也有此类行动。

待决及即将到来的审判：截止到第 9 年度 1 月 22 日，正在进行中的涉及菲利普公司的审判，包括佛罗里达州的 Engle 吸烟及健康集体诉讼案（下文将做具体讨论），以及加利福尼亚州和田纳西州的个人吸烟及健康诉讼案。此外还有一些案件安排在第 9 年度审判，包括俄亥俄州（2 月）、华盛顿（9 月）、纽约州（9 月）的 3 起健康成本补偿案，伊利诺伊州（8 月）、亚拉巴马州（8月）的两起吸烟及健康集体诉讼。此外，还有12起针对菲利普公司的个人吸烟及健康诉讼案将安排在第9年度审判，具体审判日期还未定。

个人讼案中的裁决：在过去三年中，陪审团在三起个人吸烟与健康诉讼和1起吸烟环境对个人影响的诉讼中裁定原告胜诉。第8年度6月，一家佛罗里达上诉法院驳回了第6年度8月陪审团判定另一家美国烟草制造商赔偿75万美元的判决。原告打算向佛罗里达最高法院提起上诉。同样是在第8年度6月，佛罗里达的一个陪审团在一项针对另一家美国卷烟厂的吸烟与健康诉讼案中，判定该厂向致死烟民的家人提供补偿性赔偿50万美元，赔偿医疗费用52 000美元，并处以45万美元惩罚性赔偿。一家佛罗里达上诉法院裁定这个案件的审判地是错误的，相应地，被告人提出撤销裁定，另在正确的地点重审。在巴西，一家法庭在第7年度的一宗吸烟与健康诉讼案中，判定赔付相当于81 000美元的巴西货币，并支付律师费，以及相当于致死烟民最后一个月2～3倍工资的35年年金。还好在这些判例中，没有一个案例涉及菲利普公司，不管是总公司还是下属单位。

诉讼和解：第8年度11月，菲利普公司连同美国其他一些烟草公司与美国46个州、哥伦比亚特区、波多黎各联邦、关岛、美属维尔京群岛、美属萨摩亚，以及北马里亚纳签订了《总和解协议》（Master Settlement Agreement，MSA），以就已经提出和尚未提出的健康成本补偿及其他诉求达成和解。菲利普公司和其他一些烟草公司之前已经就密西西比州、佛罗里达州、得克萨斯州、明尼苏达州提出的诉求（连同MSA构成《国家和解协议》(State Settlement Agreement)），以及代表航空业服务人员提出的ETS吸烟与健康集体诉讼达成和解。《国家和解协议》与其他一些补充协议包含在提交给证券交易委员会（SEC）的各类公司报告中，报告中需要对此类协议及ETS和解做出详细讨论。

第8和第7年度，菲利普公司财务报告中记录的因烟草和解协议而形成的应由公司负担的固定及已有确定比例的义务所构成的费用支出分别为30.81亿美元和14.57亿美元。此外，在第8年度，还有3亿美元的费用支出，源自向一项烟草种植者信托基金的供款协议而形成的无条件义务。截止到第8年度12月31日，菲利普公司因和解协议及与烟草种植者之间的协议而形成的应计成本合计数已达13.59亿美元，需要在第10年度末之前付讫。和解协议要求国内烟草商依照如下金额每年做出大量支付（因与烟草种植者之间的协议而形成的未来年度支付不包括在内。这些金额已经在考虑数项因素的基础上做了调整，包括：通货膨胀、市场份额、产业规模）：第9年度，42亿美元（其中27亿美元关系到MSA并已由该行业付清）；第10年度，92亿美元；第11年度，99亿美元；第12年度，113亿美元；第14至17年度，84亿美元；其后94亿美元。此外，国内烟草行业还要因为和解每年支付原告律师费5亿美元，除此而外，每年还有另外一些支出：第9年度，4.5亿美元；第10年度，4.16亿美元；第11、12年度，2.5亿美元。这些支付义务是要每个和解被告人各自负担的，而不是大家的联合义务。菲利普公司在未来调解支付和法律费用中究竟该占多大比例，目前尚难估计，需要依进行支付前一年公司占国内烟草货运量的份额来定。在第8年度，菲利普公司在国内烟草运量中的占比大约为50%。

《国家和解协议》还包括其他一些限制性条款，包括：对广告营销的限制、特定行业文件的公开披露、限制挑战烟草控制及限制未成年人吸烟的有关法律以及其他一些规定。截止到第9年度1月22日，MSA已获41个州及哥伦比亚特区、波多黎各联邦、关岛、美属维尔京群岛、美属萨摩亚，以及北马里亚纳法院批准。如果截止到第11年度12月31日，MSA某一方面的司法管辖权尚未获得批准，本协议在各方面将会被终止。

作为MSA的一部分，作为调解中被告方的烟草公司希望通过与烟草种植者团体的合作来消除MSA对该社团在经济上的负面影响。最终，在第9年度1月，包括菲利普公司在内的美国国内四大烟草公司达成协议，设立一项51.5亿美元的信托基金，由种植烟草的各州共同管理。人们希望该信托基金可以由自第9年度开始的12年内烟草行业的从业者来出资。菲利普公司已经答应在第9年度向该基金注资3亿美元，这项支出将在第8年度营业收入中列支。以后各个年度行业的支付额需根据几项因素进行调整，包括通货膨胀及美国的烟草消费，并将以每个烟草商的市场份额为基础来计征。

公司相信，《国家和解协议》将对公司业务、规模、经营成果、现金流量或财务状况及未来数年的发展产生很大的负面影响。具体的影响程度，将有赖于（但并不局限于）美国优质烟和折价烟市场销售额下降的比率、菲利普公司在国内优质烟和折价烟市场所占的份额，以及因为未能加入MSA及其他国家和解协议而导致的成本劣势的影响。截止到第9年度1月22日，代表了第8年度几乎全部国内运量的制造商已经同意服从MSA的条款。

要求：

a. 菲利普公司把遇到的未决烟草诉讼分为三大类。它们是哪三类？第8年度末各个类别的诉讼主张额是多少？

b. 你能否确定第8年度12月31日每种类别的未决诉讼所记录的负债是多少？并解释之。

c. 你能否确定因为或有烟草诉讼损失而应归由第8年度盈利负担的费用是多少？并解释之。

d. 你是否相信最终的实际损失将超过资产负债表上目前所记录的损失？并解释之。

e. 说明假如有投资者要对菲利普公司做财务分析，反映出对低于或高于应计损失的估计，需要对菲利普公司的财务报表作何调整。

3—6B　解释退休后福利披露

参考附录A中高露洁公司的年度报告，回答下列问题：

要求：

a. 高露洁公司对其大多数员工采用了哪种类型的养老金计划？高露洁公司对其员工提供了哪些主要的其他退休后福利计划（OPEB）？

b. 分别就固定福利养老金（美国和国际的）和OPEB，同时就2011年和2010年情况回答下列问题：

（1）该计划在期末的净经济状况如何？是净资产还是净负债？

（2）资产负债表上报告的期末金额是多少？是净资产还是净负债？

（3）所报告的金额列在资产负债表的哪个位置？

（4）确定累积给付义务（ABO）和预计给付义务（PBO）的金额。资产负债表上确认的金额是多少？哪一个更贴近高露洁公司的法定义务？

（5）假如计划终止，每种计划的净经济状况如何？

（6）计划资产的期末价值是多少？高露洁公司以何种比例投资于何种资产？

（7）该年度净收益中报告的福利成本是多少？其构成如何？

（8）确定并量化该年度做递延处理的非重复性金额。

（9）高露洁公司计划资产的实际回报率是多少？该年度确认的金额是多少（在确认报告福利成本时）？

（10）确定报告成本与资产负债表中所包含的净状况之间有什么样的关联。（提示：资产负债表中已确认或尚未确认的递延项目净额是多少？）

（11）高露洁公司所采用的主要的精算假定是什么？高露洁公司的精算假定在第11年度有无改变？这些改变对高露洁公司的经济和报告状况与成本有何影响？

（12）与高露洁公司退休后福利计划相关的现金流量是多少？2012年度的估计现金流量是多少？

3—7B　分析退休后福利披露

参考附录A中高露洁公司的年度报告，回答下列问题：

要求：

a. 请做出必要的财务调整，以反映2011年和2010年度资产负债表上养老金及OPEB计划的影响，以及收益中的经济福利成本。这些调整对以下比率有何影响：（1）负债权益比率；（2）长期负债—权益比率；（3）ROE；（4）ROA？从不同的分析目的出发，讨论以什么样的方式在资产负债表和净收益中列报（或确认）退休后福利最为合适。

b. 评价高露洁公司在2011年和2010年度所做出的关键性精算假定的合理性。为什么这些假定对国内和国际养老金计划有所不同？2011年度精算假定的变化对财务报表有何影响？

c. 高露洁公司养老金和OPEB计划的风险暴露是何性质？对该风险进行量化，检查其资金不足的程度、养老金（OPEB）强度，以及计划资产与负债的风险组合不配称的可能性。

d. 考察高露洁公司养老金计划供款的性质。目前的供款对估计未来供款有多大用处？是否有可能对2012及其后年度福利计划的现金流量做出估计？

第4章

投资活动分析

回顾

有关会计分析的讨论，始于对财务活动的分析和解释。我们讨论了融资活动、经营活动与投资活动间的交互影响，以及相对于权益融资而言，债务融资的重要性。

本章要点

在本章，有关会计分析的讨论将扩展至投资活动。我们将分析各类资产如应收款、存货、不动产、设备，以及无形资产。我们将表明这些数据如何反映公司业绩和融资需求，以及如何调整这些数据以改进分析。

前瞻

第5章将投资活动分析扩展至公司间投资。对公司投资活动的分析和解释要求了解各种不同级次投资会计处理间的差异。第6章关注经营活动及收益计量。

学习目标

- 定义流动资产，说明其与分析的相关性
- 解释现金管理及其分析意义
- 分析应收账款、坏账准备及应收账款证券化问题
- 阐明各种存货计价方法在不同条件下的影响
- 解释长期资产概念及其分析意义
- 阐释厂场资产和自然资源的估值及成本分配
- 描述、分析无形资产及其披露
- 分析财务报表中未曾记录的无形资产和或有项目

章前引例

管好经营资产！

戴尔公司（Dell）的存货管理名扬四海。《财富》杂志（2005）报道称："戴尔公司和竞争对手之间最根本的区别，在于戴尔公司的每一台机器都是按明确的订单制造，其他公司则按销售预测生产。戴尔公司由此获得了巨大优势。据业内人士透露，戴尔公司仅有两天的存货，而IBM和惠普的存货分别为20天和28天。显然，较低的存货为戴尔公司释放了大量现金，IBM和惠普却将大量现金绑死在了存货上。"

戴尔公司实行有效的精益制造（lean manufacturing）。据《财富》杂志（2005）报道，戴尔公司"敦促其供应商——包括从英特尔的驱动器制造商开始的所有供应商——尽可能接近其工厂来储存存货。所有可与供应商'分享'（其实应该解读为'转嫁'）的成本都尽可能分享。（这是否对总部位于本顿维尔①的某位零售商有所启示呢?）如果去参观戴尔公司的工厂，你会看到工人把供应商送来的零部件几乎直接卸在装配线上"。戴尔公司利用制造商来降低自己的原材料存货量，并通过流水线生产来减少在产品存货。

经营资产的有效管理是关键

戴尔公司的经营中，长期资产的拥有量比惠普和IBM少3～5倍。通过降低资本投资释放的大量现金被用于各种创造性活动。它同时降低了间接费用（如折旧费、保险费、维修费等），从而极大地提高了盈利能力。

此外，虽然戴尔公司为客户提供融资，但无须在资产负债表上反映与之相关的应收款。它与CIT公司（消费融资公司）达成协议，由该公司负责这些应收款的签单和管理。戴尔得到销售额，CIT处理信用事务赚取费用。

有效的经营资产管理是获取良好业绩的关键。在这一点上，没有人比戴尔做得更好。这使戴尔公司获得了高达42%的权益报酬率，比IBM高了50%，比惠普高出近5倍。

① 美国阿肯色州的本顿维尔市（Bentonville），沃尔玛公司总部所在地。

本章概览

资产（assets）是公司为了创造利润而控制的资源。总体上可分为两大类：流动资产和非流动资产。**流动资产**（current assets）是指可在一个营业周期内便利地转换为现金的资源，主要包括现金、现金等价物、应收款、存货及预付费用。**长期（或非流动）资产**（long-lived（or noncurrent）assets）是预期可使企业长期受益的资源，主要包括不动产、厂房、设备、无形资产、投资和递延费用。从分析的角度，经常选择另一种分类方法，即将资产分为金融资产和经营资产。**金融资产**（financial assets）主要由可交易证券及在非经营性资产上的其他投资所构成。它们通常按公允（市场）价值计价，期望能够产出等于经过风险调整的资本成本的收益率。**经营资产**（operating assets）构成公司的绝大部分资产。它们通常按成本计价，期望获得大于加权平均资本成本的收益率。本章讨论与资产计价相关的会计处理（公司间投资除外）及其后的成本分摊问题。我们将解释资产会计对信用分析、盈利能力分析以及权益估值的意义。本章内容和结构如下：

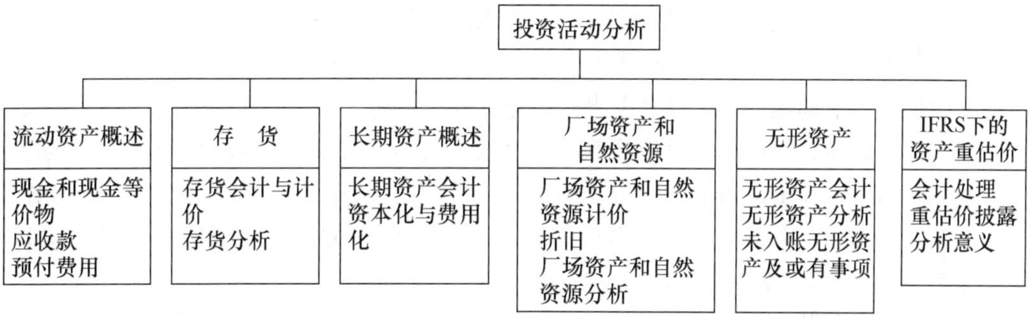

与有价证券、合并及非合并分支机构上的股权投资相关的资产，将与衍生证券投资一起在第 5 章中讨论。

流动资产概述

流动资产（current assets）包括现金和其他资产，是指那些可以在公司的一个营业周期内转换为现金的资产。**营业周期**（operating cycle），如图表 4—1 所示，是指从投入现金进行采购到通过销售商品或服务收到现金的时间。这是企业将其现金转化为短期资产，然后重新转回现金的过程，是企业持续经营活动的一部分。对生产企业而言，就是购买原材料，将材料转化为产成品，再通过销售从应收款中收回现金。现金代表了营业周期的起点和终点。利用营业周期可将资产（及负债）划分为流动和非流动两部分。流动资产是预计可在一年或超过一年的一个营业周期内变现或耗用的资产。[①] 流动资产一般包括现金、现金等价物、短期应收款项、短期证券、存

① 同样地，流动负债是指需要在一年或超过一年的一个营业周期内偿付的债务。

货和预付费用。

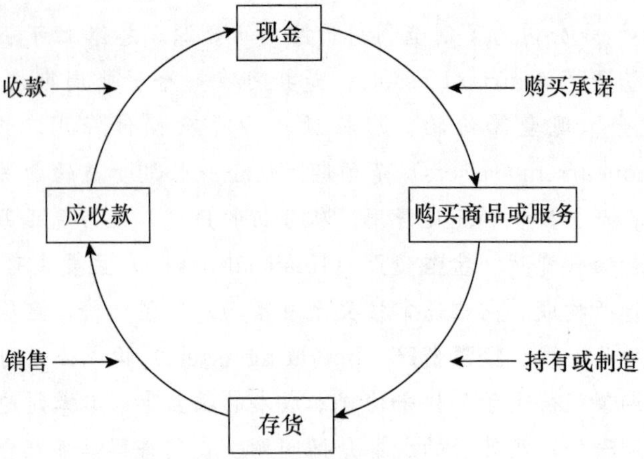

图表 4—1 营业周期

流动资产超过流动负债的部分称为**营运资本**（working capital）。营运资本是把双刃剑：一方面，企业的有效运转需要营运资本，另一方面营运资本需要付出成本，因为它必须通过融资而获得，并且会引出其他经营成本，如应收账款信用损失，以及仓储与物流成本。许多公司试图通过应收款的信用包销（credit underwriting）和代收、准时制存货管理（just-in-time inventory management）等方法来降低流动资产投资，增强盈利能力和现金流量。除此而外，很多公司还通过流动负债方式（应付账款、应计项目等）来筹集流动资产所需的大部分资金，以降低营运资本。

由于流动资产（和流动负债）对流动性和盈利能力具有很大影响，流动资产（和流动负债）分析因而成为信用分析和盈利能力分析的重要部分。对此，我们将在以后章节做更详细的讨论。本章中我们将仅仅局限于流动资产的会计方面，特别是其计价和费用处理。

□ 现金和现金等价物

现金（cash）是流动性最强的资产，包括货币和存款两部分。**现金等价物**（cash equivalents）是指流动性很强的短期投资，其特点有：(1) 可以随时转换成现金；(2) 因为很快到期所以因利率变动而引起价格变动的风险极小。这类投资的到期时间通常在 3 个月以内。现金等价物通常包括短期国债、商业票据，以及货币市场基金。现金等价物通常是作为多余现金的储藏形式。

在财务报表分析中，**流动性**（liquidity）是一个极为重要的概念。我们用流动性来表示企业手头所拥有的现金和现金等价物，以及可以在短时间内筹集到的现金数。流动性为企业利用市场条件变化的优势及应对竞争对手的战略行动提供了一定的机动性。流动性也与企业偿付到期债务的能力有着密切关系。由于流动性不足，许多财务报表优良的企业（其总资产有大量的权益资本为支持）照样可能陷入严重的困境。

不同企业资产负债表上反映的流动资产金额可能有很大差别。如下图所示，现金和现金等价物占总资产的比例从 2%（塔吉特公司）到 22%（戴尔公司）不等。造成此类差异的原因很多。总体而言，处于能动性行业（dynamic industry）的公司要求较高的流动性，以抓住机遇，应对迅速变化的竞争环境。

现金和现金等价物占总资产的比例

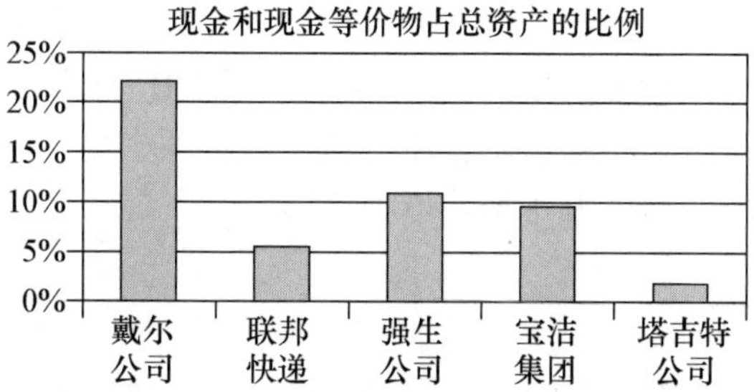

除了考察企业可资利用的流动资产总额以外，分析师还须考虑如下情况：

1. 现金等价物究竟有多少被投资于权益性证券。当这些投资的市场价值下降，企业将面临流动性降低的风险。

2. 有些时候，现金和现金等价物会被用来作为支持现有借款合约的补偿性余额，或者作为债务的抵押品。例如，eBay 公司就曾被要求从其 4 亿美元现金和证券投资中拿出 1.26 亿美元为一项租赁协议做抵押。这些投资将因此无法用以满足公司正常经营需要。

□ 应收款

应收款（receivables）是公司由于销售产品或劳务，或因为向其他公司借出资金而应收回的款项。**应收账款**（accounts receivable）是指公司因出售产品或劳务而应收取的款项。**应收票据**（notes receivable）是对应收账款的正式书面承诺。还有一些其他应收款项通常需要按其来源分别进行披露，包括来自关联企业的应收款项，以及来自公司高级管理人员、董事及员工的应收款项。公司应收款的确立并不一定有债务人出具的正式票据。比如，在**正价加固定附加费合同**（cost-plus-fixed-fee contract）或一些其他类型的合同下产生的累积成本，只要赚得，就记作应收款，即使尚未向客户出具票据。退税申请通常也是同样列为应收款。预计在一年或超过一年的一个营业周期内收回的应收款列为流动资产。

应收款估价

应收款对公司资产状况和收益流具有重要影响，因此，对应收款进行分析具有特别重要的意义。这两个方面的影响彼此相关。经验表明，并非所有应收款都可以全部收回。尽管在任何时候都可以对应收款项的可收回性做出判断，但真正要从总体上对应收款项的可回收性做出最佳估计，必须是以过去的经验为基础，并适当考虑当前的经济环境、行业状况及债务人条件。这种分析的风险在于过去的经验可能并非有关未来损失的最为恰当的预测因子，或者我们对目前条件考虑不够充分。应收款项可能发生实质性损失，并因此对当前资产和当期及未来净收益造成较大影响。

在实务中，企业按可实现净值对应收款进行报告，即：应收款总额减去无法收回账款的准备（坏账准备）。管理层必须在综合考虑经验、客户财产状况、经济和行业预期，以及收款政策等因素的基础上，对无法收回账款的准备做出估计。无法收回的账款将通过坏账准备进行冲销（在资产负债表上通常表现为应收账款的抵减），并将预期损失计入当期营业费用。我们对盈余质量的估计常常会受到应收款项及其可回收性分析的影响。分析中必须十分注意坏账准备的变化，搞清其计算究竟是与销售额、应收款项，还是与行业及市场环境相关。

应收款分析

尽管独立审计师的无保留意见能够给应收款项的有效性提供合理的保证，我们在分析中依然需要对应收款的最终收回做出错误判断的可能性保持清醒的认识。我们还必须警惕管理层报告较高收益和资产的动机。在这方面，我们需要面对三个重要问题：

收款风险 虽然坏账准备考虑了当前和未来经济、行业与债务人状况，但绝大多数准备还是建立在过去经验的基础之上。在实务中，管理层可能更看重过去的经验。这不是因为别的原因，只是由于经济和行业环境太难预测。我们在分析中必须记住，虽然用公式来计算坏账准备既简便又实用，但它反映的是机械的判断，很可能发生错误。因此，在分析中必须依靠对行业条件的了解，对坏账准备做出可靠的估计。

财务报表中通常并不包含有关应收款项**收款风险**（collection risk）估计的充分信息。必须通过其他来源渠道，或通过公司来获得有用的信息。以下是一些可用于可回收性调查的分析工具：

- 比较竞争对手和所分析企业应收款占销售收入的比例；
- 检查客户的集中程度——当应收款项集中在一个或极少几个客户时，风险会增加；
- 计算、调查应收账款平均回收期的发展趋势，并与该行业的常规信用条件进行比较；
- 确定应收款项中属于前期应收账款或应收票据续借部分所占比例。

Brunswick 公司的案例对应收款估价及其对分析的重要性作出了极好的说明，这是一个很有趣的案例。在以前的一份年报中，Brunswick 公司为“可能发生的应收款损失”提留了一项“特殊准备”，涉及金额 1 500 万美元。管理层对此做如下解释（日期做了修改）：

分析摘录

保龄球设备分期收款中的问题，主要与一些大型连锁店账户有关，一直处在很难令人满意的水平。占分期收款应收款 80% 的非连锁账户，付款情况却总体较好……在 20×6 年最后一个季度，每个公司的保龄球业务相对于 20×5 年同期都有较大下降，致使某些账户的收款问题变得更为严重。受 20×6 年后期货款回收下降影响，管理层决定增加准备。在额外增加了 1 500 万美元准备之后，公司全部应收款项未来可能损失的准备总计达到 6 600 万美元。

要很精确地确定到了哪一刻，应收款项收回的不确定性就大到了需要计提准备的程度，实际上是不可能的。由此产生的问题是，我们是否能够通过分析确定一项准备是否适当。在Brunswick公司的案例中，在20×5年，通过了解行业情况，就应该已经可以从分析中了解到当时坏账准备的不足。Brunswick公司的收益在20×5年达到顶峰，很可能并非巧合，而是因为坏账准备计提不足（坏账准备不足导致坏账费用过低，收益虚增）。

我们在对通过流动比率等指标所反映的当前财务状况和企业偿还短期债务的能力进行分析时，还必须注意营业周期在应收款分类中的重要性。利用营业周期观念，可以将好几年甚至几十年都无法收回的分期收款销售应收款列在流动资产项中。我们对流动资产及其与流动负债关系的分析，必须认识到这些**时间风险**（timing risk）并作出相应的调整。

分析视点

……你是审计师

你的客户在报告初步财务成果时，显示其盈余增长了15%。这一增长水平与管理层之前的预期相吻合。你在审计中发现，管理层将应收账款坏账准备金计提比例从占应收账款总额的5%降低到了2%。排除这一改变的影响，盈余增长比率将显示为9%。对这一估计的改变你有何看法？

应收款的可靠性 财务报表或报表附注中有关应收款项的描述，通常并不足以为判断应收款的真实性、适当性及可实现性提供必要的线索。要增加其可信度，必须更多地了解行业状况，获得额外的信息来源。影响应收款可靠性的因素之一是**退货权**（right of merchandise return）。有些行业的顾客（比如杂志、教材或玩具行业）享有实质性的退货权。我们在分析中必须充分考虑这种特权。退货权过大会削弱应收款质量。

应收款还会受到各种或有事项的影响。通过分析可以揭示或有事项是否削弱了应收款项的价值。O. M. Scott & Sons公司财务报表附注中揭示了如下或有事项：

分析摘录

应收账款：扣除坏账和销售退回准备后的应收账款净额为472 000美元。应收账款中包括在延期付款计划（deferred payment plan）下形成的大约4 785 000美元已装运货物。按照该计划，货物只要一装运就转为经销商所有。不过，公司对此种商品依然保有抵押物权，直至经销商售出商品。当经销商以零售方式售出商品时，对公司的付款义务才正式形成。按照贷款和担保协议规定，此种应收款的金额在任何时候都不能超过11 000 000美元。

与那些不具有或有事项性质的应收款相比，这样的应收款通常会有更大的收款风险。

应收款的证券化 当公司将全部或部分应收款让售给某一第三方时，就会出现另外一个重要的分析问题。该第三方一般以在资本市场出售债券的方式为购买应收款融资。应收款的收回为债券提供了收益源。这一做法称为**应收款的证券化**（securitization）（将应收款让售给银行或商业融资公司称为**保理**（factoring）①）。应收款让售给购买方时既可以带**追索权**（recourse），也可以不带追索权。追索权是指对可回收性的担保。带追索权的应收款让售无法将拥有应收款的风险从卖方转移出去。

企业让售应收款时，只有将对该项应收款的控制权全部转移给买方，该应收款才可以作为表外项目不在资产负债表上进行反映。这就意味着，只要买方拥有任何形式的追索权，或卖方公司在该项应收款上依然保留着任何权益，则作为出让方的公司必须在账上继续记录资产及已售金额的**补偿性负债**（compensating liability）。

应收款证券化经常通过设立特殊目的实体（SPE）的方式来实现（如案例 4—1 中的信托机构）。SPE 从公司中购买应收款，并通过在金融市场销售债券为购买活动融资。第 3 章中曾经讨论过 Capital One 金融公司应收款证券化的案例。在该案例中，消费融资公司转让了其 800 亿美元债务组合中的 420 亿美元，并承认应收款项证券化是它的一个很重要的融资渠道。

西尔斯—罗巴克公司（Sears，Roebuck and Company）也采用这种手段从资产负债表上移走了相当规模的应收款，并为了解应收款证券化对表外融资的影响提供了一个很好的事例。不过，这种处理方式是目前的会计准则所不容许的。将应收款让售给 SPE 时，只有在该 SPE 无须纳入出让方合并报表的情况下，才可以将该应收款从出让方的资产负债表上移除。编制合并报表是将出让方与 SPE 的资产负债表进行加总，因此会抵消证券化所带来的好处。

有关 SPE 的合并规则比较复杂。如果 SPE 构造不当，就需将 SPE 纳入出让应收款公司的报表合并范围。SFAS 140《金融资产转让和服务以及债务解除的会计处理》和 FIN 46R《可变利益实体的合并》对将应收款证券化视为应收款出售及将应收款从资产负债表上移除提出了新的要求。从根本上来说，为了避免合并（合并要求继续在资产负债表上将应收款作为资产进行报告），出让方不能在应收款转让后保留任何追索权，或与已出让应收款有任何其他牵连；购买方必须作为独立的实体，有足够的资本（通常要求必须保持至少 10%以上的权益）在没有外部支持的条件下为其业务融集资金。按照这一准则，西尔斯公司现已改变了原有做法，开始将其应收款信托机构纳入报表合并范围，并把原先未曾合并的信用卡应收款及相关借款 80 亿美元在资产负债表上进行了确认。该公司现将该证券化视做担保借款处理。

案例 4—1

Syntex 公司将 4 亿美元不带追索权的应收款整体让售给一家信托机构。该信托机构通过发行债券为购买该项应收款筹集资金。Syntex 公司从其资产负债表上移除了该应收款，并获得现金 4 亿美元。现将三种情况下 Syntex 公司的资产负债表及主要财务指标列示如下：

---

① Factoring，一般译为保理，实质是承购应收账款。——译者注

(1) 证券化之前；

(2) 证券化之后——按GAAP以表外融资报告方式报告；

(3) 证券化之后——将证券化作借款反映（反映分析师的调整）。

需要注意的是，相对于第三种情况下所反映的真实经济状况，第二种情况下是如何通过隐匿部分流动负债来粉饰资产负债表的。

资产负债表　　单位：百万美元

	前	后	调整		前	后	调整
资产				**负债**			
现金	\$50	\$450	\$450	流动负债	\$400	\$400	\$800
应收款	400	0	400	非流动负债	500	500	500
其他流动资产	150	150	150				
流动资产合计	600	600	1 000	**权益**	600	600	600
非流动资产	900	900	900				
资产总计	\$1 500	\$1 500	\$1 900	负债和权益总计	\$1 500	\$1 500	\$1 900

主要比率			
流动比率	1.50	1.50	1.25
总负债权益比率	1.50	1.50	2.17

□ 预付费用

预付费用（prepaid expenses）是在服务或货品尚未收到之前提前支付的款项。比如提前支付的租金、保险费、办公用品费、财产税等。预付费用通常归入流动资产，因为它们代表的是无须再付出流动资产的预期服务。

存　货

□ 存货会计与计价

存货（inventories）是为了出售而持有的货品，是企业正常经营活动的一部分。除了某些特殊的服务性企业以外，存货是企业最基本也最重要的资产。我们考察存货，是因为它是企业经营资产的一个重要组成部分，且直接影响收益的确定。

存货成本计价方法对存货计价具有重要意义，因为它对净收益和资产计价具有重要影响。存货成本计价方法用于将可供销售的商品成本（期初存货加购货净额）在已售商品成本（收益的扣减项）和期末存货（一项流动资产）之间进行分配。因此，存货成本分配同时影响收益和资产计量。

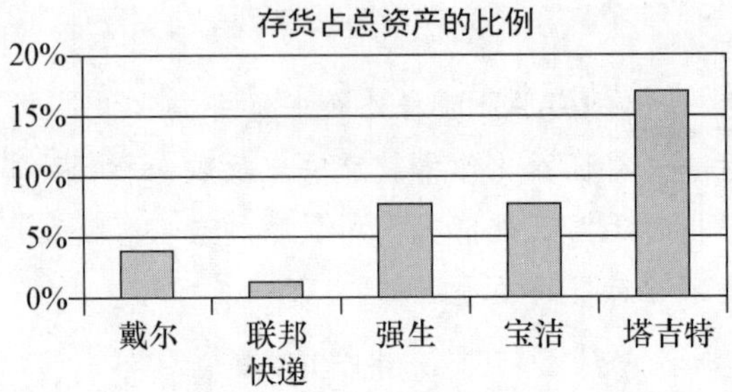

盘存等式（inventory equation）对于理解存货流转是很有用的。对商业型公司而言：

期初存货＋购货净额－已售商品成本＝期末存货

这一等式高度概括了公司中的成本流转。它还可以按如下方式进行表述：

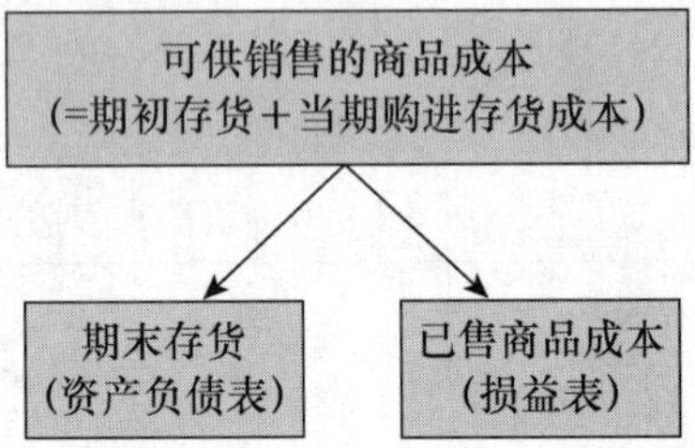

存货成本最初反映在资产负债表上。随着存货被售出，这些成本从资产负债表上流出，作为已售商品成本（COGS）进入损益表。成本不可能于同一时间出现在两个地方。要么留在资产负债表上（作为一项未来的费用），要么在当期损益表上进行确认，与销售收入相配比，降低盈利能力。

成本流转是存货会计中一个很重要的概念。如果当期购进或生产的存货全部售出，COGS将等于当期进货或生产成本。如果期末依然有存货留存，则需确定哪些是已售存货，哪些成本需要保留在资产负债表上。GAAP为企业提供了多重选择，据以确定哪些成本应该从资产负债表上转出，并在损益表中予以确认。

存货成本流转

为了对成本流转假设进行说明，我们假定某企业的存货记录如下：

第2年，1月1日期初存货	40单位，单价500美元	$20 000
当期购入存货	60单位，单价600美元	$36 000
当期可供销售存货成本	100单位	$56 000

假设当期以800美元的单价售出了30单位存货，销售收入总计24 000美元。GAAP允许企业在确定与销售收入相配比的成本时有以下三种可选择的方法：

先进先出法（first-in，first-out，FIFO）这种方法假定最先购入的存货最先售出。在本例中，最先购入的存货是期初存货。按先进先出法，可计算公司毛利如下：

销售收入	$ 24 000
已售商品成本（30 单位，单价 500 美元）	15 000
毛利	$ 9 000

由于价值 15 000 美元的存货已被转出，资产负债表上报告的期末存货将为 41 000 美元。

后进先出法（last-in，first-out，LIFO）按照后进先出的存货成本计价假设，最后购入的存货将最先被售出。因此，毛利计算为：

销售收入	$ 24 000
已售商品成本（30 单位，单价 600 美元）	18 000
毛利	$ 6 000

由于价值 18 000 美元的存货被转出作为已售商品成本，资产负债表上报告的期末剩余存货将为 38 000 美元。

平均成本法（average cost）这种方法假定存货售出时并不考虑购入时的先后顺序，并通过简单加权平均来计算已售商品成本和期末存货：

销售收入	$ 24 000
已售商品成本（30 单位，单价 560 美元）	16 800
毛利	$ 7 200

其中：已售商品成本＝可供销售的存货总成本÷可供销售的存货数量（$ 56 000÷100＝$ 560）。资产负债表上报告的期末存货余额为 39 200 美元（70 单位×$ 560/单位）。

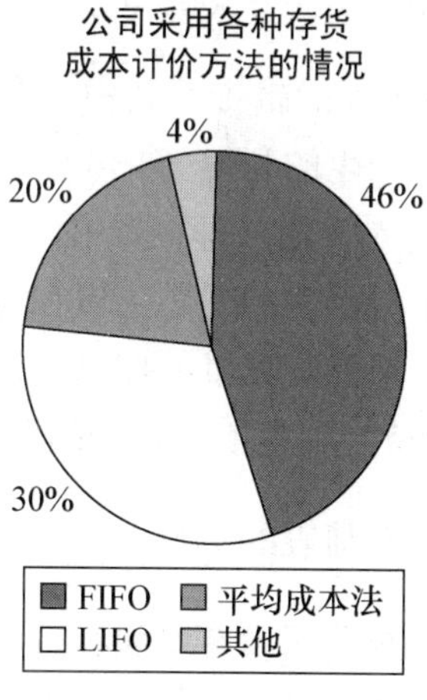

□ 存货分析

存货成本计价对盈利能力的影响

用上述三种方法计算的财务成果可以汇总如下：

	期初存货	本期购进	期末存货	已售商品成本
FIFO	$ 20 000	$ 36 000	$ 41 000	$ 15 000
LIFO	20 000	36 000	38 000	18 000
平均成本法	20 000	36 000	39 200	16 800

三种方法下的损益表主要数据如下：

	销售收入	销售成本	毛利
FIFO	$ 24 000	$ 15 000	$ 9 000
LIFO	24 000	18 000	6 000
平均成本法	24 000	16 800	7 200

如上例所示，公司对存货成本计价方法的选择会影响到毛利。在价格上升时期，用 FIFO 算出的毛利会比用 LIFO 高，因为在 FIFO 下，与按目前市价计算的销售收入配比的是较低的存货成本。这一结果有时称为 **FIFO 的虚拟利润**（FIFO's phantom profits），原因是这时的毛利实际上是**经济利润**（economic profit）和**持产利得**（holding gain）之和。经济利润等于售出存货数量乘以售价与存货重置成本（近似地等于最近购入存货的成本）的差额，即

经济利润＝$ 30×(800－600)＝$ 6 000

持产利得是存货自购入以来重置成本的增加，等于售出存货数量乘以存货现行重置成本（用最近购入存货的成本来代替）与最初购入时成本的差额。

持产利得＝$ 30×(600－500)＝$ 3 000

这就是说，在 9 000 美元的报告毛利中，有 3 000 美元是公司早期以较低价格购入的存货因为物价上涨而产生的利得。

持产利得是企业存货周转期（即商品在货架上放置的时间）和通货膨胀率的函数。尽管它曾经是一个十分严重的问题，但在过去几十年里，由于低通胀以及管理者通过改进生产过程加强了对存货数量的控制，使得这种利得有所减少。不过，在通胀率较高的国家，FIFO 的持产利得依然是个问题。

存货成本计价对资产负债表的影响

在物价上升时期，如果公司没有对储存过久的存货进行过清理，按 LIFO 计算的期末存货将大大低于重置成本。因此，采用 LIFO 的企业资产负债表上所反映的存货价值并不能准确代表企业存货的目前投资。比如，迪尔公司（John Deere）按 LIFO 报告的近期存货近 20 亿美元。如果用 FIFO 法对所报告存货进行计价，则其总金额为 30 亿美元，增加了 50%。这就是说，在资产负债表上，有 10 亿多美元的投入资本消失不见了。

分析研究　**利用存货水平进行预测**

我们能否用公司存货水平的变化来预测未来销售和盈利？从某个角度来说，存货增加意味着管理层销售预期的增长。从另一个角度来讲，存货增加也可能是由于销售意外下降导致存货过剩。分析研究指出，对存货水平的变动我们必须审慎地做出解释，有时甚至需要从行业乃至某一大类存货的变化方面寻求解释。

对于制造业公司，产成品存货增加意味着销售上升但盈利下降。也就是说，公司降低价格，以较低的边际利润来处理多余存货。如果在随后几个时期中产成品存货增加的趋势没有发生根本性改变，则意味着未来的销售和利润难以恢复到以前的水平。与此相反，原材料和在产品存货增加可能是销售和盈利持续增加的先兆。

来自商贸公司的证据略微有所不同。具体来说，商品存货增加意味着未来销售增加，但盈利会减少。这种趋势源于需求不足，随之而来的将是降低存货价格处理多余存货，其结果将是毛利降低。

这些研究结论对我们分析存货可能是很有用的。此外，在确定存货价值水平时，绝对不能忽视存货成本计价方法和各种估计的作用。我们必须综合考虑后面这些因素的影响，并根据这些研究的意义作出相应的调整。

存货成本计价对现金流量的影响

FIFO 下毛利的增加会造成税前利润上升，从而导致较高的税负。在价格上升时期，公司可能因为较高税负以及以更高成本购置存货，出现现金流转上的困难。这可能导致流动性问题。在 20 世纪 70 年代高通胀时期，这一问题尤为严重。

经常被援引作为使用 LIFO 的理由之一的，是 LIFO 在价格上升时期的减税作用。不过，按照国内税务局的要求，使用 LIFO 报税的企业，在财务报告中也必须使用 LIFO。这叫做 **LIFO 一致性规则**（LIFO conformity rule）。

使用 LIFO 进行存货成本计价的企业，需要同时披露按 FIFO 计算的存货价值。两项数值之间的差额称为 **LIFO 准备**（LIFO reserve）。分析师可以利用这一数据来计算由于使用 LIFO 对现金流量造成的累积影响和当期影响。比如，迪尔公司在最近的年报中提供了如下数据：

单位：百万美元

	2004	2003
原材料和物料用品	$589	$496
在产品	408	388
已完工机器和零部件	2 004	1 432
FIFO 总价值	3 001	2 316
减 LIFO 价值调整	1 002	950
存货	$1 999	$1 366

该公司资产负债表中报告的 2004 年 LIFO 法下的存货为 19.99 亿美元。如果公司采用 FIFO 进行存货计价，则报告存货为 30.01 亿美元。两者之间的差额 10.02 亿美元即为 LIFO 准备。这是因为采用 LIFO 而造成的存货和税前收益被低估的数额。假定所得税率为 35%，则可以看到，迪尔公司由于使用 LIFO 存货成本计价法而节省了 3.50 亿美元（10.02 亿美元×35%）以上的税金。在 2004 年，LIFO 准备增加了 5 200 万美元（从 9.50 亿美元上升到 10.02 亿美元）。因此，2004 年，由于采用 LIFO 存货成本计价法，税前收益降低 5 200 万美元，所得税降低 1 800 万美元（5 200 万美元×35%）。2004 年收益净减少额为 3 400 万美元。

分析研究

LIFO 准备与企业价值

LIFO 准备与企业价值有何关系？一项普遍的假定认为，LIFO 准备是一项未被记录的资产。按这种观点，LIFO 准备的大小反映了对存货的现值调整。分析研究对这一问题进行调查，得出了极为有趣的结论。

与“未记录资产理论”相反，来自实务界的证据表明，LIFO 准备与企业市场价值呈负相关。这意味着，LIFO 准备越高，企业价值越低。为什么会是这样一种关系？“经济影响理论”认为，当预期减税额的现值超过 LIFO 的使用成本（如行政管理成本），企业就会采用 LIFO。如果假定预期减税额的现值与通货膨胀对存货成本的预期影响有关（一项合理的假设），这种负相关关系可能反映了预期通货膨胀造成的企业真实价值的下降。因此，在分析中必须考虑到，使用 LIFO 的公司与使用 FIFO 的公司之间可能存在本质的不同，用 LIFO 准备进行调整反映了这一差异。

存货计价中的其他问题

LIFO 清算 企业被要求将每一成本水平作为一个独立的存货集（如我们最初举例中的 20 000 美元和 36 000 美元成本集）。企业因经营不佳或缩减规模造成存货数量减少时，会浏览以前的成本层（cost layer）来与现行的销售价格相配比。对于 FIFO 存货成本计价，这不是一个严重问题，因为期末存货是以最近获得的存货的成本报告的，且早期存货成本与现行成本并无很大不同。然而，对于 LIFO 存货成本计价，由于期末存货是按很早以前的存货成本报告的，因此可能大大低于或高于现行成本。在价格上升时期，存货数量的这种减少——被称为 **LIFO 清算**（LIFO liquidation）——会使毛利增加，其效果与 LIFO 存货计价相同。但在价格下降时期，由于是较高的存货成本与当期销售相配比，所以存货数量的下降会造成报告毛利减少。

在 Stride Rite 公司最近一份年报的存货附注中，我们可以看到 LIFO 清算的影响。该公司指出，由于存货数量减少，当期产品销售成本按低于现行成本的以前年度存货成本进行计算。受其影响，当期净收益增加 4 700 万美元，上年净收益增加 1.41 亿美元。而在两年前，由于存货数量下降，导致净收益减少 1.20 亿美元。LIFO 清算对盈利能力的这种影响，分析师必须予以高度重视。

从LIFO到FIFO的分析性重述 当财务报表采用LIFO，而LIFO也是我们在分析中最为偏爱的方法时，则无须对损益表做大的调整，原因在于销售成本与现行成本十分接近。然而，在LIFO法下，资产负债表上反映的存货按早期成本计价，通常会低估成本。这会使许多指标（如流动比率、存货周转率）的有用性大打折扣。我们曾经表明，当价格上升时，LIFO会低估存货价值。因此，LIFO会低估企业的偿债能力（各种指标如流动比率等反映的结果），高估存货周转率。为此，我们使用一种分析性技术对使用LIFO的财务报表做出调整，近似地得出使用FIFO时的情形。只要企业披露了现行成本超过LIFO下存货报告成本的金额——即LIFO准备，就完全可能实现对资产负债表的这种调整。需要调整的内容包括三部分：

（1）存货＝LIFO下的报告存货＋LIFO准备

（2）递延应付税款增加额＝LIFO准备×所得税率

（3）留存收益＝报告留存收益＋［LIFO准备×（1－所得税率）］

下面我们以附录A中金宝汤公司的财务报表资料为例，对存货重述中的调整做具体说明：

案例4—2

金宝汤公司财务报表附注14“将存货调整为以LIFO为基础”（LIFO准备）显示，公司第11年和第10年的调整额分别为8 960万美元和8 460万美元。为了对第11年的LIFO存货按FIFO进行重述，公司使用了如下分析性分录（所谓分析性分录是指为了实现会计分析目的而作的调整）（单位：百万美元）：

存货(a)	89.6	
递延应付税款(b)		30.5
留存收益(c)		59.1

(a) 存货增加8 960万美元后，近似地等于现行成本（注意：如果FIFO法下的存货不能反映现行成本，算出的周转率将会过低）。

(b) 由于存货价值增加，应该相应地增加未来所得税准备。按附注9中34%的所得税税率计算，为3 050万美元（8 960万美元×34%）。之所以用递延税款，是因为分析分录反映的会计方法，与出于报税目的的计算有所不同。

(c) 期末存货余额增高意味着已销商品成本降低，流入留存收益的累计（税后）净收益因此较高。计算过程为：8 960万美元×(1－34%)。

同样，为了将第10年的存货从LIFO调整为FIFO，我们使用以下分析分录：

存货	84.6	
递延应付税款		28.8
留存收益		55.8

我们很容易可以算出从LIFO到FIFO的存货调整对损益表的影响，见案例4—3。

案例 4—3

为了估计存货重述对金宝汤公司第11年收益的影响，我们做如下计算（单位：百万美元）：

	第11年		
	LIFO	差异	FIFO
期初存货	\$819.8[a]	\$84.6[b]	\$904.4
+当期购进（P）[c]	P	—	P
−期末存货	(706.7)[d]	(89.6)[b]	(796.3)
=已售商品成本	P+\$113.1	\$ (5.0)[d]	P+\$108.1

(a) 见资产负债表，附注14。

(b) 财务报表附注14。

(c) 不管使用LIFO还是FIFO，都不会影响购进（P），所以无须对它进行调整。如果愿意，我们可以计算第11年的购进如下：\$4 095.5（损益表中的商品成本）+\$706.7（期末存货）−\$819.8（期初存货）=\$3 982.4。

(d) 重述使已售商品成本降低5.0美元，导致收益增加3.3美元，即：\$5.0×(1−0.34)（使用34%的所得税率）。

由案例4—3可知，从LIFO到FIFO进行存货重述后金宝汤公司第11年的税后收益为330万美元。这一数额与第11年和第10年的分析分录（参见案例4—2）中所包含的对留存收益（重述资产负债表中的）的调整是一致的：

第10年留存收益贷方发生额	一第11年留存收益贷方发生额	=第11年收益增加额
\$55.8	\$59.1	\$3.3

一般来讲，当价格上升时，LIFO下的收益比FIFO下要低。不过，任何一个年度重述的净影响，皆取决于期初及期末存货的变化，以及其他因素如LIFO成本层清算的综合影响。

从FIFO到LIFO的分析性重述 令人遗憾的是，从FIFO到LIFO的调整涉及一个极为重要的假设，极有可能被证实是错误的。应该记得，FIFO下的利润包含一项期初存货的持产利得。把这项利得看作期初存货（BI_{FIFO}）与该存货持有期内通货膨胀率的乘积，是很有帮助的。我们设这一比率为r，则当期FIFO利润中包含一项持产利得，等于$BI \times r$。这就意味着FIFO下的已售商品成本被低估$BI_{FIFO} \times r$。因此，要计算LIFO下的已售商品成本（$COGS_{LIFO}$），只需在$COGS_{FIFO}$的基础上加上$BI_{FIFO} \times r$即可：

$$COGS_{LIFO} = COGS_{FIFO} + (BI_{FIFO} \times r)$$

需要注意的是，通胀率因子r并非一般意义上的通货膨胀率如CPI或产品价格指数，而是与企业持有的具体存货直接相关的通胀指数。如果企业持有的存货种类很多，则需分别估计其价格变动指数。

估计 r 的方法有三种。首先，分析师可以使用美国商务部发布的行业指数；其次，如果企业从事的是商品经营业务，则可使用商品价格指数。对存货中其他非商品性项目，则可在原材料成本的基础上加上不同的比例来确定价格变动；再次，分析师可以考察企业竞争对手使用的通胀率。如果发现有哪个企业产品线相同，并使用 LIFO 进行成本计价，则可按 LIFO 准备增加额除以竞争对手上年末 FIFO 存货的方式，来估算通胀率，即

$$r=\frac{\text{LIFO 准备的变化}}{\text{上年末 FIFO 存货}}$$

分析研究　　**存货计价方法的选择**

为什么并非所有企业全都使用 LIFO，FIFO 或者其他存货计价方法？企业存货计价方法的选择能否对我们分析公司情况形成指导？对存货的分析研究就此类问题给出了一定答案。具体来说，有关企业存货计价方法选择的信息，对我们了解企业及其环境提供了一些启示。

选择 LIFO 的企业，往往具有如下特征：

- 节税预期更高；
- 存货余额较大；
- 需要结转的税损（tax loss）较小；
- 存货余额变动较小；
- 存货过时的可能性小；
- 规模大；
- 财务杠杆低；
- 流动比率高。

因此，通过企业存货计价方法选择可以揭示有关企业特征和环境的信息，而其他数据或业务由于过于复杂，反而会使这些情况变得更加模糊。

制造业公司的存货成本计价与扩大生产的影响

制造业的存货成本由三部分构成：

1. 原材料——生产过程中使用的基本材料成本；
2. 人工——产品生产成型的过程中所要求的直接人工成本；
3. 制造费用——生产过程中发生的间接费用，如：生产设备折旧、管理人员工资以及办公用品等。

公司可以通过设计说明书和装配线上的时间动作研究对前两项成本做出相当准确的估计。制造费用通常是产品成本中最大的部分，也是产品层面上最难计量的部分。总体而言，制造费用必须分摊到所生产的所有产品上去。问题是各部分产品各应分摊多少？会计师通常认为，消耗资源最多的产品（也就是使用最昂贵的生产设备或消耗最多工时），应该负担绝大部分制造费用。制造业公司的存货成本计价属于管理会计

的内容，超出了本书的范围。不过，作为分析师必须明确地意识到，制造费用的分摊并不是精确的科学，而是高度依赖所使用的各种假设。

分析师还需理解生产水平对盈利能力的影响。制造费用被分配到各种产品上之后，并不是直接记作当期费用，而是进入存货成本，在资产负债表上留存。直到存货售出，才会最终在损益表上以已售商品成本形式体现出来。如果生产水平上升造成期末存货余额增加，将有更多制造费用留存到资产负债表上，盈利能力将因此而提高。以后年度中，如果存货数量下降，利润表将不仅要负担当期制造费用，还要负担从存货中转移出来的以前年度制造费用，利润将因此而下降。鉴于此，分析师需要注意生产水平变化对报告利润的影响。

成本与市价孰低

成本与市价孰低（lower of cost or market）是一项公认的存货计价原则。这个简单的短语掩盖了它所针对问题的复杂性和应对方式的多样性。它对期间收益和存货价值具有显著影响。成本与市价孰低原则意味着，无论什么原因导致存货的市场价值低于其成本——包括过时、损坏或价格变动，都应冲减存货价值以反映这些损失。这种价值的减损必须由损失发生当期的收入来有效地负担。由于禁止从成本调高至市价（除非是恢复损失至初始成本），因此，存货计价是典型的稳健主义。

市价被定义为通过购买或再生产来获取存货的现行重置成本。不过，市场价值既不能超过**可变现净值**（net realizable value），也不能低于可变现净值减去正常的边际利润。市场价值的上限——即可变现净值，反映的是与该项目销售相关的完成及处置成本。下限要求将存货价值由成本冲减至市价时，冲减后所达到的数值能够保证在随后的销售中依然有正常的毛利。成本被定义为存货的获得成本。它是通过使用某种可接受的存货成本计价方法计算出来的，比如FIFO，LIFO或平均成本。我们分析存货，必须考虑到成本与市价孰低原则的影响。当价格上升时，这一原则会趋向于低估存货，无论采用何种成本计价方法。流动比率将会因此而降低。在实务中，有些公司会自愿披露存货的现行成本，不过一般会是以附注的形式。

分析摘录

Toro公司对除雪机的首次投资不太成功。Toro公司曾分析除雪机应该是其割草机业务的一项很好的补充，尤其近年来持续多雪，应该更有利于这一业务的发展。基于这一判断，Toro公司开始生产除雪机，好像除雪必然是一项不断增长的业务，而且雪会不断地下，就像草不断长一样。然而，它投产的当年，却是一个少雪的冬季，Toro公司和它的经销商突然陷入存货过剩的状况。许多经销商面临了很大的财务压力，因为他们要为即将来临的夏季储备割草机，却无法为此筹集必要的资金。

分析摘录

Regina公司最近由于产品质量问题而导致退货率奇高。有关这一问题的最初征兆是产成品存货和应收款增长近两倍，销售增长却大大低于预期。尽管如此，当这一消息公之于众时，许多投资者、债权人及其他人都十分惊讶。

分析视点

……你是采购代理人

你正在试着与一家供应商就提供生产所需原材料达成协议。为了求得高价，该供应商提供了一份损益表，显示其之前的毛利率低于 20%。你在对该损益表进行分析时，发现有一项附注说明在本期内存货的市场价值下跌了 200 万美元，因此，在期末进行存货重估价时，存货价值调低了同样数额。这项附注与你的谈判是否相关？

长期资产概述

到此为止，我们已对流动资产分析问题进行了阐释。本章接下来的内容将是讨论长期资产。长期资产是用以在多个时期创造营业收入（或降低营业成本）的资源。通常情况下的长期资产包括**有形固定资产**（tangible fixed assets），比如不动产、厂房及设备。长期资产还包括**无形资产**（intangible assets），比如专利权、商标权、版权及商誉。本节讨论与长期资产相关的理论问题。我们将分别讨论有形资产和自然资源、无形资产以及未入账资产的会计与分析问题。

□ 长期资产会计

本小节解释长期资产的概念，以及资本化、摊销和减值的处理过程。

资本化、摊销和减值

长期资产的会计处理过程包含三项各不相同的活动：资本化、摊销和减值。**资本化**（capitalization）是对某项当期发生，但其收益预期将延续至未来一个或多个期间的成本进行递延的过程。资产账户正是因资本化而生。**摊销**（allocation）是将递延成本（资产）在一个或多个未来预期收益期定期作费用化处理的过程。这一摊销过程在有形资产称为折旧，在无形资产称为摊销，在自然资源则称为折耗。**减值**（impairment）是在资产的预期现金流量已经不足以弥补其在资产负债表上报告的剩余成本时，减记其账面价值的过程。本节将分别讨论这三种会计活动。

资本化 长期资产是通过资本化过程而产生的。资本化意味着将资产列入资产负债表中，而不是立即将其成本在损益表中作费用化处理。对厂场设备之类的硬资产，这一过程非常简单，只需将资产按其购买价记录。对研发费用、广告费、工资费用等软资产，资本化则存在多方面问题。尽管这些成本全都无可辩驳地会产生未来利益，符合是否可作为资产记录的有关测定，然而，不管是未来利益的金额，还是其使用寿命期，都不是可以可靠地计量的。因此，内部开发软件资产的成本通常立即作费用化处理，而不是记入资产负债表。

对会计职业界而言，软件开发成本的资本化曾是一个极为棘手的问题。GAAP 对两种不同的开发成本做了区分，即企业内部使用软件的开发成本，以及用于销售或出租的软件的开发成本。企业内部使用的计算机软件的开发成本作资本化处理，并在预计使用期内进行摊销。确定软件使用期限的最重要因素是软件的预计退废期。为向他人销售或租赁而开发的计算机软件的开发成本，只有当该软件达到**技术上的可行性**（technological feasibility）之后才能资本化并作摊销处理。在此之前，软件的开发只能视为处于研发阶段，其相关支出作费用化处理。

摊销 摊销是在预计受益期内将资产价值定期分摊计入费用。有形固定资产的成本摊销称作折旧，无形资产称作摊销，自然资源称作折耗。我们必须记住，成本摊销是将资产成本与其收益相配比的过程，而不是一个估值过程。资产的结存价值（资本化价值减去累计成本摊销）并不需要反映公允价值。

成本摊销的具体金额取决于三项因素：受益期（通常称为使用年限）、残值、摊销方法。对这些因素我们只做简单的讨论。不过，必须注意的是，所有这些因素都要求进行估计，估计中必然涉及管理判断。为此，分析师必须考虑这些估计对财务报表的影响，尤其当估计发生改变之时。

减值 当预期（未贴现）现金流量低于资产结存价值（成本减去累计折旧）时，则可认为资产发生了减值，需要将其账面价值减记至公允市价（贴现的预期现金流量）。其结果是资产负债表上资产的结存价值减少，盈利能力也在一定程度上下降。该资产的公允价值将由此成为新的成本价，在剩余使用年限内逐渐转为折旧。即使后来预期现金流量增加也不会再转回。从分析的角度来看，资产减值会带来两种形式的信息失真：

1. 稳健性偏好扭曲了长期资产的估值，因为资产只反映减值而不考虑增值。
2. 确认资产减值所产生的短期影响虽然潜在地提高了资产负债表上资产价值的有用性，却扭曲了净收益。

需要注意的是，资产减值仍然只是一个摊销过程，而不是为了估值。也就是说，只有在经理人希望从资产价值低于结存价值中获得预期未来收益时，才会在账面上记录资产减值。这就意味着，目前冲减账面价值，乃是为了使未来成本摊销与未来收益更好地配比。

□ 资本化与费用化：财务报表与比率效应

资本化是现代会计的一个重要组成部分。它同时对财务报表和财务比率发生影响。它还使得盈余作为财务业绩的计量指标具有超过现金流量的优势。本小节考察资本化（及其后的摊销）和费用化对收益计量和比率计算的影响。

资本化对收益的影响

资本化对收益有两方面的影响。首先，它延迟成本的确认。这就是说，与成本的费用化相比，资本化会使获得资产的当期收益增高，其后各期的收益却会降低。其次，资本化导致更为平滑的收益序列。为什么即期费用化会造成易变的收益序列？答案是：这种易变源自资本支出的“波浪起伏”的特点，即它往往是突然发生，没有持续性，而与这些支出相关的收入却是在一定时期内稳步赚得。将资产成本在受益期进行摊销所产生的应计制收益数据是公司业绩更为稳定的计量，具有更为丰富的意义。

资本化对投资回报率的影响

资本化降低了收益指标的易变性，对投资回报率指标也具有同样影响。它同时影响投资回报率的分子（收益）和分母（投资基数）。相比较而言，资产成本的费用化会使投资基数降低，并增加收益的易变性。分子（收益）的易变性由于分母（投资基数）的减小而进一步放大，使得投资回报率指标更为易变，可用性降低。费用化还会造成对收益指标的偏好，因为在购置资产的当年收益会被低估，而在随后各期中可以高估收益。

资本化对偿债能力比率的影响

在将资产成本作即期费用化处理时，偿债能力比率（比如权益负债率）会有更差的表现。这是因为成本的即期费用化低估了拥有许多生产性资产的企业的权益。

资本化对营业现金流量的影响

当资产成本即期费用化时，它们会被报告为营业现金流出。反之，当资产成本资本化时，它们会被报告为投资现金流出。这就意味着，相对于资本化而言，资产成本的即期费用化会高估获得资产时的营业现金流出而低估投资现金流出。

厂场资产和自然资源

不动产、厂场和设备（或称为厂场资产）是在从事制造加工、商品经营或服务性活动的过程中用以在多个期间创造收入和现金流量的非流动有形资产。这些资产的预计受益期（使用年限）为一个以上的期间。企业购置这些资产是为了在经营活动中使用，而不是为了销售。其价值或服务能力会随着使用而逐渐下降。一般情况下，这类资产属于全部经营性资产中最大的部分。其中，**不动产**（property）是指企业所拥有的各种不动产的成本；**厂场**（plant）是指房屋建筑及各种经营设施；**设备**（equipment）是指经营中所用的机器。不动产、厂场和设备也称为**生产资产**（productive assets）、**资本资产**（capital assets）及**固定资产**（fixed assets）。

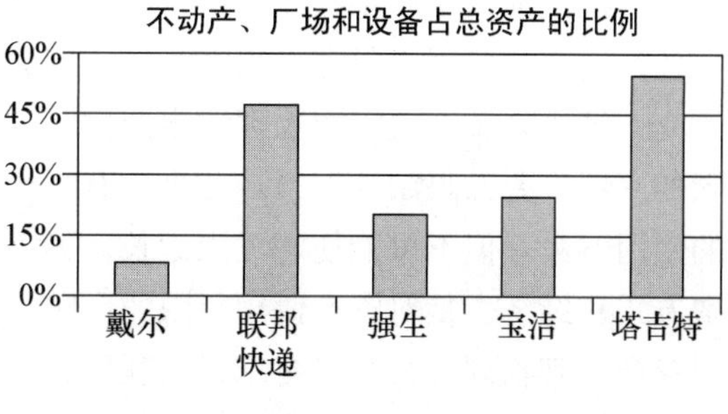

□ 厂场资产和自然资源计价

本小节讨论厂场资产和自然资源的计价问题。

不动产、厂场和设备计价

不动产、厂场和设备采用历史成本原则计价。历史成本计价意味着公司对资产的初始计价是按其购买成本来进行。这一成本包括为了使该资产达到可使用或可服务状态及地点所必需的各种费用，如运费、安装费、税金、调试费等。与资产购置和前期准备相关的全部成本皆在资产账户余额中予以资本化。之所以采用历史成本计价，主要是因为其客观性。厂场资产持续使用历史成本计价，通常不会带来严重的信息失真问题。本小节讨论的是在资产计价时产生的一些特殊问题。

自然资源计价

自然资源，也称**递耗资产**（wasting assets），是开采或耗用某种自然资源的权利。比如矿山、木材、天然气和石油的开采权。公司通常按历史成本加勘探及开发成本来报告自然资源。在发现自然资源以后，通常会相继发生大量成本，这些成本需在资产负债表中作资本化处理，只有在后来资源被移动、消耗或出售时，才可以将这些成本费用化。企业通常按预计可获得的全部储量来摊销自然资源成本。这种摊销过程称为折耗，将在第 6 章中讨论。

□ 折旧

确定收益的一项基本原则是，因使用长期资产而产生的收益，必须负担相同比例的资产成本。折旧是在使用年限内对不动产、厂场和设备成本进行摊销的过程（土地不计提折旧）。尽管在现金流量表中，折旧要作为一项非现金费用予以加回，但折旧本身并不能为资产重置提供资金。这其实是一种普遍的误解。为资本性支出筹资是通过经营现金流量和融资活动实现的。

折旧率

折旧率取决于两项因素：使用年限和摊销方法。

使用年限 各种资产的使用年限存在很大差异。有关资产使用年限的假定是以经济状况、工程研究、经历以及有关资产物理和生产性能的各种信息为基础。实物磨损是资产使用年限的一项重要的限制性因素，几乎所有资产都会受制于它。有效的维护可以延长资产的使用寿命，但不可能使它无限延长。另一项限制因素是退废，它是指技术进步、消费方式和经济力量对资产使用年限的影响。通常情况下的退废是由于技术进步使得一项资产在其物理寿命尚未终结以前就已经变得低效和不经济。当需求发生革命性变化或根本性转移，则会出现非正常退废。高技术设备一直以来都非常容易遭受快速的退废。折旧和收益确定的完整性，取决于对使用年限合理准确的估计与及时订正。这些估计和订正的最理想状况，是不受管理层有关收益确认时机的动机影响。

摊销方法　资产的使用年限一经确定，折旧费用的定期计算将完全取决于摊销方法。折旧因方法选择而有显著不同。在此我们将考察两种最常见的折旧方法：直线法和加速折旧法。

- **直线法**（straight-line）　直线法是将资产成本在使用年限内平均分摊的方法。图表 4—2 举例说明了一项价值 110 000 美元的资产的摊销。该资产的使用年限为 10 年，残值为 10 000 美元（残值为资产在使用期满时预计可出售的价值）。10 年中每一年的摊销额均为资产价值减去残值后的 1/10，计算公式：(110 000－10 000)/10 年。

图表 4—2　**直线法折旧**

时期	折旧	累计折旧	资产账面价值
			\$110 000
1	\$10 000	\$10 000	100 000
2	10 000	20 000	90 000
⋮	⋮	⋮	⋮
9	10 000	90 000	20 000
10	10 000	100 000	10 000

直线法折旧的逻辑依据，在于它假定资产的物理磨损是随着时间的推移而均匀发生的。这一假定对各种固定设施比如房屋建筑更为合理有效，对机器设备来说，更重要的则是其利用程度。至于折旧的另外一项决定因子——退废，则不一定是随时间均匀发生的。当缺乏有关折旧率的必要信息时，直线法显然是最简便的折旧方法。正是这一属性导致它的普遍流行。

我们在分析中必须注意直线折旧法在理念上的缺陷。直线法隐含了在初始年份和后来各年折旧相同的假设，但实际上后来的年份可能效率更低且需要更多维护。直线法折旧的另一缺陷，也是研究中尤感兴趣的一个问题，是对回报率的扭曲。即按直线法折旧会使回报率随时间的推移产生更为严重的偏差。举例来说，假设图表 4—2 中的资产在考虑折旧因素之前每年可产生 20 000 美元的收益。由于采用直线法计提折旧，导致资产回报率的偏差越来越大，如下所示：

时期	折旧前收益	折旧	净收益	期初账面价值	账面价值回报率
1	\$20 000	\$10 000	\$10 000	\$110 000	9.1%
2	20 000	10 000	10 000	100 000	10.0
3	20 000	10 000	10 000	90 000	11.1
⋮	⋮	⋮	⋮	⋮	⋮
10	20 000	10 000	10 000	10 000	100.0

虽然逐渐增加的维护成本会使折旧前的收益减少，从而在一定程度上修正这一偏差，它却并不能从整体上改变回报率随时间上升的影响。当然，相对于日趋老化的资

产，回报率上升所反映的并非大多数企业的真实状况。

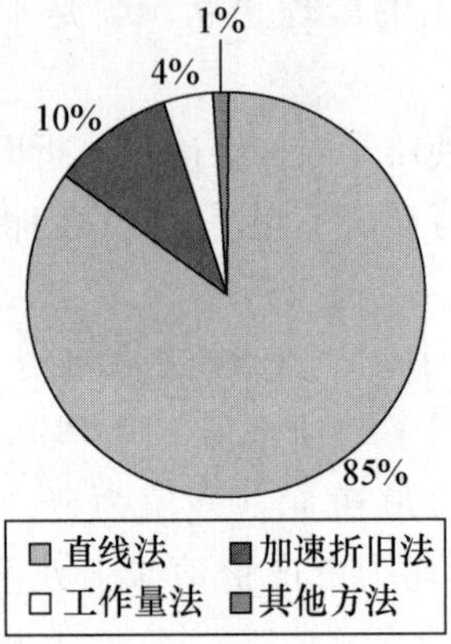

● **加速折旧法**（accelerated） 加速折旧法将资产成本按递减方式在使用年限内进行摊销。这类方法在《美国国内税收法案》（Internal Revenue Code）中被认可更进一步促进了其普遍使用。从税收的角度来看，该方法通过加速成本摊销导致应税所得的递延。为了税务目的越是快捷地冲销一项资产，递延到未来期间的税负就越多，当前经营可用的资金也越多。对加速折旧理念上的支持，则是因为随着时间的推移，递减的折旧可以补偿：（1）修理和维护成本的递增；（2）收入和经营效率的下降；（3）老化资产在其最后几年中所创造收入的不确定性（由于退废的原因）。

余额递减法和年数总和法是两种最常见的加速折旧法。**余额递减法**（declining-balance method）对下降的资产余额（账面价值）使用固定的折旧率。在实务中，人们通常以直线法下折旧率的一定倍数（通常为两倍）作为递减折旧率的近似值。比如，一项使用年限为 10 年的固定资产在双倍余额递减法下的折旧比率就是 20%，计算公式为：2×(1/10)。**年数总和法**（sum-of-the-years'-digits method）是对资产成本减去残值后的净额采用递减的折旧率。比如，一项在 5 年内折旧的资产在计提折旧时所采用的比例，分母为 5 年的年数总和（1＋2＋3＋4＋5＝15），也可以用$n(n+1)/2$来计算，其中 n 为资产使用年限。由此得到第一年的折旧率为 5/15，第二年为 4/15，依此递减，直至第五年（也是最后一年）为 1/15。

图表 4—12 举例说明了加速折旧法应用于价值 110 000 美元，残值 10 000 美元，使用年限为 10 年的资产时的折旧计算。由于资产不能被折旧至低于残值以下，所以企业必须保证余额递减法不违反这一规则。当用余额递减法计算的折旧费用降到了直线法之下，通常将会对剩余年份使用直线法计算折旧。

图表 4—3 加速折旧

时期	折旧		累计折旧	
	双倍余额递减法	年数总和法	双倍余额递减法	年数总和法
1	$ 22 000	$ 18 182	$ 22 000	$ 18 182
2	17 600	16 364	39 600	34 546
3	14 080	14 545	53 680	49 901
4	11 264	12 727	64 944	61 818

续前表

时期	折旧		累计折旧	
	双倍余额递减法	年数总和法	双倍余额递减法	年数总和法
5	9 011	10 909	73 955	72 727
6	7 209	9 091	81 164	81 818
7	5 767	7 273	86 931	89 091
8	4 614	5 455	91 545	94 546
9	4 228*	3 636	95 773	98 182
10	4 227*	1 818	100 000	100 000

*转为直线法。

- **特殊方法** 在一些特殊行业比如钢铁业和重型机械制造业，会发现一些特殊的折旧法。其中最常见的方法是将折旧费用与具体的**作业**（activity）或资产的使用强度联系起来。比如，假定一项设备在寿命期内的总使用时数为10 000小时，折旧费用将按照具体使用时数来计算，而非按时期计算。当使用作业法（也称工作量法）计算折旧时，最重要的是要定期根据条件变化来重新考察对使用寿命的估计。

折耗

折耗（depletion）是对根据开采或生产情况对自然资源的成本进行摊销的过程。折旧与折耗的不同在于，折旧通常是按时间因素对生产资产成本进行摊销，折耗则是根据自然资源（比如煤炭、石油、矿石、木材）的开采量进行成本摊销。折耗取决于生产，没有生产就没有折耗。举例来说，假定某矿区的总价值为500万美元，总储藏量为1 000万吨，每吨矿石应负担的折耗则为0.5美元。如果当期的矿石产销量为10万吨，则当期应摊销的折耗为5万美元，扣除折耗后该资产账户的期末余额为495万美元。我们在分析中必须注意，如同折旧一样，折耗也会带来一些复杂的问题，比如可开采资源估计数的可靠性问题。企业必须定期对这一估计进行复查，以确保其反映全部信息。

减值

厂场资产和自然资源一般按使用寿命进行折旧。折旧以摊销原则为基础。也就是说，长期资产的成本要在使用时分摊到各个时期。折旧的目的在于收益确定；它是一种将长期资产的成本与使用过程中所产生的收益相配比的方法。需要强调的是，折旧并非一种计价行为。换言之，折旧资产的结存价值（即资产成本减去累计折旧）并不是为了反映资产的目前价值。

按照现行会计规制，资产负债表上是否能反映资产的目前价值？是的，它们确实能反映，但通常会是在一种比较保守的基础上。也即是说，当资产负债表上所反映的一项资产的公允价值低于其折余价值时，则要降低其折余价值至公允价值。长期资产价值的这种减记（或冲减）称为**减值**（impairment）。在可能的范围内，公允价值是以资产或某项类似资产的市场价值（交换价值）为基础。倘若不能使用市场价值，则可依据公司内部在用资产所产生的估计未来现金流量的现值（使用价值）来确定公允价值。

确定资产减值的有关规则大部分类似于 US GAAP（ASC 360）和 IFRS（IAS 26）下的有关规定，没有大的例外。在 IFRS 下，如果资产的公允价值增加，超过了之前做了减值之后的持有价值，则可以**转回**（reverse）之前的减值。此外，在特定情况下，IFRS 还准许公司进行长期资产重估价，使其价值高于折旧后的历史成本（IAS 16）。这些问题将在本章后面的内容中予以讨论。

所有减值都会导致收益中出现巨大的一次性费用。了解如何处理此类一次性费用是分析中一个重要问题，对此将在第 6 章展开详细讨论。

厂场资产和自然资源分析

厂场资产和自然资源计价强调历史成本的客观性。遗憾的是，历史成本与估计重置价值或确定未来的经营资产需求并不特别相关。此外，它们并不能形成不同企业报告之间的可比性，也无法用于衡量各种处置的机会成本，或用于评价资金的替代性使用。进而，当物价水平发生变动时，它们所代表的将是一系列具有不同购买力水平的支出。

分析研究 **资产价值的冲减**

近年来，由于规模和频率不断增加，资产减值问题变得日益突出。这些减记的价值对于一个企业的目前及未来经营前景究竟是一种好的还是不好的信号？这些减值对财务分析有什么样的含义？减值与证券估价是否相关？减记价值是否会改变用户的风险暴露？通过分析研究，我们可以对这些问题做深入的思考。

有证据表明，以前时期曾经减记过价值的企业更有可能在当期和未来时期也报告减值。这一结果进一步加大了我们分析和解释盈余的难度。分析研究中还考察了企业是否会利用资产减值的随意性来进行盈余管理，以达到目标数据。有关这一问题的证据表明，管理层倾向于将资产减值安排在企业财务业绩相对于竞争者来说已经处于低位的时期。这一证据与企业将在盈余状况不佳的时期摊销巨额的做法是一致的（被称为巨额摊销），它同时也是与管理层因盈利潜力下降而适当减少资产价值的做法相一致的。总之，当我们所分析的企业财务报表中包含了资产减值时，我们必须联系目前的经营条件和公司业绩来考虑其具体含义。

将厂场资产的价值高记至市场价并非可接受的会计处理方法。不过，当价值发生永久性减损时，稳健主义的处理方式却允许减记资产价值。资产减值减轻了未来期间经营活动的负担。Amerada Hess 公司年报中曾包含有关资产减值的如下报告：

分析摘录

公司在盈余中记录了高达 536 692 000 美元（税后为 432 742 000 美元，或每股 5.12 美元）的特殊费用。这项特殊支出包括 146 768 000 美元的海上油轮账面价值减值，以及 389 924 000 美元超过市场费用率的海运成本准备。

虽然企业的现实显现出无数的不确定性，包括会计估计错误，我们在分析中依然要求对此类特殊费用进行详细审查。有关长期资产减值的会计规则要求企业定期考察各种事件或环境变化，以确定是否存在可能的减值。然而，公司依然可以延缓减值确认，在管理层首次觉察到减值存在之后才进行有关会计处理。在这种情况下，随后的减值记录可能会扭曲报告结果。依照目前的准则，公司应该通过“可恢复性测试”（recoverability test）确定是否存在减值。也就是说，公司必须估计可望从该资产及其最终处置中获得的未来净现金流量。如果这些预期净现金流量（未折现）低于资产的结存价值，则发生了减值。减值损失等于资产结存价值超过公允价值的部分，其中公允价值为市场价值或预期未来净现金流量的现值。

折旧和折耗分析

大多数企业在经营活动中使用长期生产资产，折旧因此成为一项主要的费用。经理人必须就折旧基数、使用年限和折旧方法等做出决策。这些决策会产生各不相同的折旧费用。不论是有效地估计盈余，还是对公司盈余进行比较分析，都需要包含有关这些因素的信息。

分析的重点之一是对资产使用年限的修正。尽管此类修正可以使资产成本的分摊更为可靠，我们在分析中却仍然需要对每一项修正进行仔细的审查，原因在于这种修正有时会被用来在不同时期之间转移或平滑收益。下面通用汽车公司（GM）的修正就对收益有很大影响：

分析摘录

公司修正了其厂场设备及一些专用工具的预计使用年限……这些修正是根据对实际使用年限和已使用年数的研究做出的，按照对资产预计使用年限的最新估计，折旧和摊销费用将减少 12.366 亿美元，相当于每股 2.55 美元。

在这个案例中，GM 所谓“对实际使用年限的研究”是很不精确的，因为三年后，为了补偿当时要关闭的几家工厂及几年后才关闭的其他一些工厂的折旧费用，GM 一次性计入了 21 亿美元的费用。进一步的分析发现了一些有关盈余管理的证据，正如新任董事局主席的解释，这种做法是“GM 为了提高其北美业务的竞争力和盈利能力而实施的长期战略计划的一个重要部分”。这就是说，通过将本来需要由未来时期折旧负担的 21 亿美元工厂成本一次性计入当期收益，GM 减少了未来费用，增加了未来收益。

公司年报中有关折旧方法的信息质量差异很大，而且通常不如呈报给 SEC 的文件中那样完整。此外还有一些更为详细的信息，包括企业所采用的折旧方法，以及各类资产的使用年限。然而，即使是这些信息，其效用也是有限的。仅仅知道所使用的折旧方法，而无法获知有关各种方法使用程度及资产因此所受影响的量化信息，是很难做出有价值的推断的。正如下面陶氏化学公司（Dow Chemical）的典型披露所示，有关使用年限和摊销方法的基本信息对我们的分析并无多大价值：

分析摘录

12月31日	预计使用年限
土地	—
土地和排水系统改造	15～25年
建筑	5～55年
机器设备	3～20年
辅助设施	5～20年
其他	3～30年

对折旧率与资产规模及折旧率与折旧方法之间的关系通常并无披露。在直线法下，我们可以对未来的折旧做出估计，但在加速折旧法下，这种估计变得不再可靠，除非我们能够得到额外的信息，但此类信息通常是不披露的。

我们在分析中还将面对另外一种挑战，原因在于财务报告和报税中可能使用不同的折旧方法。通常有如下三种可能：

1. 财务报告和报税都使用直线法。

2. 财务报告使用直线法，报税采用加速折旧法。较高的计税折旧会带来有利的税务影响，财务报告中可以通过税负的跨期分摊抵消这种影响。第6章将对此做详细讨论。有利的税务影响源自所得税支付的延迟，相当于提供了部分免费资金。

3. 财务报告和报税都使用加速折旧法。这会使开始几年的折旧费用较高，对处于扩张中的企业，这种情况可以持续多年。

对以上各种可能性的影响，通常并无充分的披露。比较充分的是各种替代性折旧方法下的折旧费用信息披露。如果一个企业披露了由于使用加速折旧法报税而产生的递延税负，我们在分析中可以将递延税负除以当前税率来估计因为采用加速折旧而增加的折旧额。我们将在第6章讨论如何利用这些有关递延税负成分的扩展性披露。

虽然存在如上各种局限，但我们在分析中并不能因此而忽略折旧信息，也不能仅仅关注折旧前收益。需要注意的是，折旧费用产生于过去的现金耗费，并不要求在本期付出现金。由于这一原因，有少数分析师将折旧前利润当成了现金流量。这是一种极为不幸的过度简化，因为它忽略了构成现金流量的其他许多因素。它是对现金流量的一项拙劣估计，因为它只包含选择性流入，而没有考虑公司各种可能的流出承诺，如工厂重置、投资或股利支付。对现金流量的这种简化理解还引出了另外一种错误观念，认为与人工成本、原材料等费用不同，折旧只是一项“账面费用”，因此可以不予考虑，或者可以不像其他费用那样重视。我们在分析中必须尽量避免犯这种错误。之所以会有这种错误认识，原因之一是当期无须发生任何现金流出。购买一台使用年限为5年的机器设备，实际上等于为享受5年的机器服务而支付了一项预付费用。举例来说，假定有一台机器，有个工人每天用这台机器工作8小时。如果我们与该工人签订5年的用工合同，并一次性支付全部报酬，我们将在随后的5年时间内逐渐摊销这项报酬支出。第一年末，将有1/5报酬计入费用，剩余4/5报酬代表对未来服务的索取权。用工合同和机器之间有着明显的共通之处。在第二年，虽然没有现金流出，但人工成本的存在是不容置疑的。机器折旧与此并无二致。

分析折旧时需要评估其充分性。为此，我们采用折旧占总资产价值的比率，以及折旧占其他与规模相关的因素的比率作为衡量指标。此外，还有一些与厂场资产使用年限相关的指标，这些指标对不同时期、不同公司折旧政策的比较是很有用的。包括：

平均总寿命跨度(average total life span)＝厂场设备资产总额/当年折旧费用
平均寿命(average age)＝累计折旧/当年折旧费用
平均剩余寿命(average remaining life)＝厂场设备资产净值/当年折旧费用

这些指标为使用直线法的公司提供了合理的估计，但不太适用于采用加速折旧法的公司。对我们的分析而言还有另外一个更为有用的指标：

平均总寿命跨度＝平均寿命＋平均剩余寿命

以上各项指标都可以帮助我们对公司的折旧政策和相关决策进行跨时期评价。厂场设备平均寿命对于评价边际利润和未来融资需求是很有用的。比如，设备严重老化的资本密集型企业，其边际利润无法反映出老化设备更新较高的成本要求。同样地，此类公司的资本结构也常常难以反映出资产更新的融资需要。最后，当这些分析性指标被用作企业间比较的基础时，必须十分仔细。因为折旧方法和有关使用年限及残值的假设不同，折旧费用也会有很大不同。

减值分析

减值分析需要注意三方面问题：(1) 评价减值额是否适当；(2) 评价减值时机是否适当；(3) 分析减值对收益的影响。

评价减值额是否适当是减值分析中最艰难的工作。作为分析师需要考虑如下问题：首先，确定减计资产的类别；其次，计算减值资产所占的百分比；最后估计减计金额对该类资产是否适当。对此，报表附注中有关减值原因的详细说明可以提供一定帮助。如果减值是因为行业或市场衰退，则可将本企业减值比例与同行业中其他企业的同一比例进行比较。

评价减值时机是否适当也十分重要。需要特别说明公司是否及时进行减值处理，是否有意推迟减值。关于这一问题也可以与同行业其他公司进行比较。此外，尚需注意的是公司是否在某一特定时期大规模冲减资产价值，作为用“巨额摊销”进行盈余管理的一种手段。

最后是减值对收益的影响，这是分析师必须关注的一个重要问题。我们将在第 6 章对此进行详细讨论。

无形资产

无形资产 (intangible assets) 是所拥有或控制的权利、特权及利益。无形资产有两项基本特征，即未来收益的高度不确定性及缺少实物形态。图表 4—4 列示了各种重要的无形资产项目。无形资产通常（1）无法与公司或其某个部分相分离，（2）受益期不甚明确，且（3）可能随竞争环境的改变而经历大幅度的价值变动。购入无形资产也以历史成本作为基本计价原则。但无形资产会计与有形资产会计存在重要区别。也即是说，如果一家公司用原材料和人工构建一项有形资产，这些成本将被资本化，并在受益期内进行摊销。与此相对照，如果一家公司花费资金做产品广告或培训销售人员（创造自创无形资产），虽然这类支出很可能带来未来收益，却通常不能做资本化处理。只有外购无形资产才能在资产负债表上进行反映。这种会计处理乃是出于稳健性考虑。大概是因为相对于有形资产如厂房建筑和设备可能带来的收益而言，诸如广告、培训之类的无形资产可能带来的收益具有极大的不确定性。

图表 4—4　　无形资产分类举例

- 商誉
- 专利权、版权、品牌及商标
- 租赁、租赁权和租赁物的改进
- 开采权和自然资源开发成本
- 特殊的配方、工艺、技术和设计
- 特许权、专营权、会员资格、客户名单

□ 无形资产会计

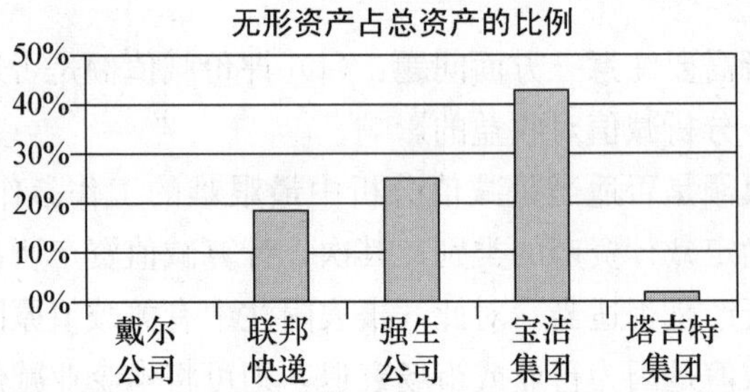

可辨认无形资产

可辨认无形资产（indentifiable intangibles）是指可以单独确定，并与有限收益期的具体权利或特权相联系的无形资产。包括专利权、商标权、专营权。公司按成本对其进行记录，并在受益期内进行摊销。将可辨认无形资产的全部成本在获得资产时一次性费用化是严格禁止的。

不可辨认无形资产

不可辨认无形资产（unindentifiable intangibles）是指来自内部开发或购入，但无法单独确认，也无确定受益期的无形资产。商誉即为一例。当一家公司收购另一家公司或其某一部分时，需要按照公允市价将所付金额分摊到所有可辨认资产（包括可辨认无形资产）和负债上。分摊之后的剩余部分归为不可辨认无形资产，称为商誉。商誉可能是一项规模庞大的资产，但只有在整体购入另一实体或某一分部时才予以记录（内部开发的商誉不在资产负债表上反映）。商誉的构成千差万别，它既可以是吸引并留住顾客的能力，也可以是企业经营活动的某种内在特质，如组织、效率、效力等。商誉意味着盈利能力。换言之，商誉可以转换为未来的超额收益，这里所谓超额收益，是指高于正常水平的收益额。超额收益与第 1 章中所讲的**剩余收益**（residual income）颇为类似。

无形资产摊销

当成本资本化为可辨认有形和无形资产时，它们必须于随后在资产受益期内进行摊销。受益期的长短取决于无形资产的种类、需求状况、竞争环境，以及其他法律、契约、规则或经济上的限制。比如，专利权是政府授予发明人的一种在一定期限内独占的权利。类似地，版权和商标权传达的也是一种在一定期限内独占的权利。租赁权和租赁物改良是因租赁而设定的占有利益。如果一项无形资产的价值发生了实质性下跌（通过可恢复性测试进行了检查），则要做减值处理。正如第 5 章中将要讨论的那样，按照现行会计准则，商誉是不能摊销的，但要每年进行减值测试。

□ 无形资产分析

分析师在做财务报表分析时，常以怀疑的眼光看待无形资产。许多分析师将无形资产与风险联系在一起。我们希望在评价无形资产时能够保持谨慎，同时有更多的理解。无形资产通常是公司所拥有的资产中最有价值的项目之一，其价值可能被严重错估。

通过分析商誉可以揭示出一些很有趣的事实。因为只有购买商誉才会记录入账，因此，绝大部分商誉可能存在于表外。我们知道商誉最终会在超额收益中体现。如果没有超额收益，那么商誉——无论是购入还是自创，都将没有多大价值，或者根本毫无价值。为了说明这一点，我们可以来看看传媒巨头 Viacom 公司的商誉减值报告：

分析摘录

> 经过减值测试之后，公司在 2004 年第四季度合并经营情况表中记录了 180 亿美元的减值费用。其中包括无线广播分部的商誉减值 109 亿美元，户外分部的商誉减值 71 亿美元，此外还有无线电分部与联邦通讯委员会（FCC）特许权相关的无形资产减值 2 780 万美元。

在分析商誉以外的其他无形资产时，同样需要注意管理层在摊销问题上的自由度。由于减少摊销额可以增加报告盈余，因此，管理层可能会尽量延长摊销期，使之超过实际受益期。我们甚至可以大胆假定，在这个问题上的任何偏差，总是在降低摊销率方面。如果我们拥有有关无形资产受益期的可靠信息，则可以对摊销率做出调整。

在对无形资产的分析中，必须对其价值做出自己的估计。需要记住，商誉无须进行摊销。对审计师而言，无形资产是一个很头疼的问题，而商誉更为棘手。他们会发现，要对尚未摊销的无形资产的持续价值做出估计是极为困难的。

我们在分析中必须注意商誉的构成、计价和处置。当超额盈利能力消失，证明商誉已经不复存在时，就要冲销商誉价值。商誉的处置或冲销通常会被管理层安排在对市场影响最小的时段。

分析视点

……你是环境问题专家

你正在参加国会听证会，就对造纸企业实行较高的污染控制标准提供证明。该行业发言人坚持认为不应该采用过高的标准，并不断指出应该将资产负债率略高于 1.0 作为财务脆弱的标志。你以该行业存在价值被低估或未曾入账的无形资产为理由进行反驳。发言人坚持认为，公司之外的无形资产是毫无价值的，财务报表做了公允的呈报，并经过了独立审计师的检查鉴证。对听证而言，无形资产是不相关的。你将如何对发言人的辩解做出反驳？

□ 未入账无形资产及或有事项

我们有关资产的讨论，必须在考虑了未入账无形资产及或有事项之后，才算最终完成。自创商誉是此类资产中最重要的一个项目。在实务中，与自创商誉相关的费用支出是在发生的当期作费用化处理。当自创商誉已经形成，可以出售或者具有超额收益能力，受与商誉开发相关的费用影响，公司的当期收益可能会被低估。与此相类似，其资产也将无法反映出未来的收益能力。我们在分析中必须认识到这些问题，并相应地调整资产和收益。

另一类重要的未入账资产与服务或创意有关。比如电视节目（诸如《宋飞正传》、《星际迷航》之类），它所具有的可能只是**应摊成本**（amortized cost）（或什么都没有），但可以持续赚取数百万美元的特许费收入。还有一些依然在用的药品，其开发可能花费了很多年，但其成本可能早在多年前就已经摊销完毕。其他例子还有成熟的品牌如可口可乐、麦当劳、耐克、柯达、舒洁等。图表 4—5 是一些品牌的价值估计。

图表 4—5　　品牌价值估计

排序	品牌	国别	行业	品牌价值（10 亿美元）
1	Coca-Cola	美国	饮料	71.86
2	IBM	美国	商业服务	69.91
3	Microsoft®	美国	计算机软件	59.09
4	Google™	美国	网络服务	55.32
5	GE	美国	多元化经营	42.81

续前表

排序	品牌	国别	行业	品牌价值（10 亿美元）
6		美国	餐饮	35.59
7	intel	美国	电子	35.22
8		美国	电子	33.49
9	Disney	美国	媒体	29.02
10	hp	美国	电子	28.48

资料来源：Interbrand Website。

IFRS 下的资产重估价

在美国，经营性资产（包括有形资产和无形资产）在资产负债表上是按成本与市价孰低原则计价的。通常情况下，资产是按其历史成本减去累计折旧的净额报告。不过，所有资产都需要定期进行检查，看是否发生减值。如果发生减值，则需要将其价值调整为公允价值。按照美国 GAAP，在任何情况下都不准向上调整资产价值。

IFRS 与这种稳健主义的传统做法有较大差距。在 IFRS 下，公司可以采用**重估价模型**（revaluation model）选择性地报告任一类型的经营资产（不论是有形资产还是无形资产）。重估价模型准许公司定期进行资产重估价，并按公允价值报告其价值，即便重估价金额高于资产的折余价值也无不可。

会计处理

IFRS 允许在两种情况下上调资产价值。首先，IFRS 允许公司通过设立重估价盈余的形式对其资产进行重估价，使重估价后的价值高于资产的折余价值。其次，IFRS 允许公司转回之前所记的减值，只要上调后的价值不超过折余价值即可。尽管这两种情况下都可以提高资产的重估价值，其细节却有所不同，以下分述之。

前期减值转回

在 IFRS（IAS 26）下，如果减值资产的价值实质性地上升，则可以将以前确认的减值转回（有形资产和无形资产皆可）。之所以发生这种转回，原因是多方面的。首先，由于市场的变化，之前价值下跌的资产可能发生反转。比如，在经历过大跌之后，不动产的价值可能有所恢复。其次，引起资产减值的不利条件自某一时日起有所改进。再次，公司可能找到一项资产的替代性用途，导致其使用价值增加。如果公司确定一项发生减值的资产的公允价值发生了实质性的增加，则可以转回其前期所确认的减值。需要注意的是，在转回资产减值时，不能使转回后的价值超过该资产的折余价值。此外，IFRS 禁止商誉减值转回。

减值转回对财务报表有如下影响：首先，减值转回的资产将在资产负债表上按上调后的价值列示。其次，转回所导致的收益计入当期净收益，计算在留存收益内。最后，未来时期的折旧将按上调后资产价值的一定比例来计算，其数额高于转回之前的折旧。

重估价模型

IFRS（IAS 16）准许公司上调资产持产价值，甚至可以超出折余价值之上。为此，公司必须对全部各类资产总体上采用重估价模型。依照重估价模型，公司需要定期确定全部资产的公允价值，不断上调或下调资产价值，以反映目前的公允价值。

重估价模型意味着公司资产负债表上必须一直按公允价值来报告资产价值。这种定期重估价需要通过设立**重估价盈余**（revaluation surplus）的方式来实现。重估价盈余是资产负债表上资产的持有价值超过其历史成本的数额。它将包含在股东权益中作为一个独立的线上项目来列示。因为定期重估价而产生的收益或损失并不包含在当期净收益内。此类损益需要直接调整权益，计入当期的综合收益。

对于采用重估价模型的资产，需要重新确认其折旧。但是，只有与其历史成本相关的部分折旧，才可以计入当期净收益。与超出历史成本部分的价值相关的折旧，将直接从重估价盈余中扣除。

如果资产的公允价值下跌至历史成本之下，则必须立即停止使用重估价模型。一旦出现这种情况，则需要启动减值规则，必要时还会转回之前的减值损失。

□ 重估价披露

图表 4—6 所反映的是从 TAM Linhas Aereas S. A. 公司损益表、资产负债表及报表附注中摘录的有关资产重估价的信息。附注信息中反映了固定资产及重估价转回账户变动的详细情况。

图表 4—6　　TAM Linhas Aereas S. A.（巴西）公司——IFRS 下的资产重估价　　单位：百万雷亚尔

损益及综合损益表				资产负债表			
	2009	2008	2007		2009	2008	2007
收入	9 766	10 513	8 019	流动资产	3 794	3 671	4 127
营业费用	(9 596)	(9 954)	(7 698)	非流动资产			
燃料衍生品公允				固定资产	6 910	9 663	5 781
价值的变动	316	(1 273)	130	其他	1 440	1 117	425
飞机的重估价已				资产总额	12 144	14 451	10 333
确认收益	(1 208)	242	(225)	流动负债	4 455	4 238	3 203
营业利润（损失）	(722)	(472)	226	非流动负债	7 191	8 886	5 221
净财务收益（成本）	1 371	(1 596)	252	权益	498	1 327	1 909
所得税	(213)	634	(146)		12 144	14 451	10 333
该年度的利润（损失）	436	(1 434)	332				
固定资产重估价（税后）	(1 017)	886	(17)				
货币折算收益	(20)	13	(4)				
综合收益（损失）总额	(601)	(535)	311				

附注信息

固定资产价值的变动				重估价转回的变动			
	2009	2008	2007		2009	2008	2007
期初余额	9 663	5 781	4 281	2007.01.01 余额	494	(168)	326
附加值	719	3 776	2 410	通过权益处理的重估价价值	(26)	9	(17)
折旧	(600)	(446)	(247)	折旧	(37)	12	(25)
收益中的重估价价值	(1 208)	242	(225)	2007.12.31 余额	431	(147)	284
直接计入权益的重估价价值	(1 541)	1 342	(26)	通过权益处理的重估价价值	1 342	(456)	886
其他	(123)	(1 032)	(412)	折旧	(36)	12	(24)
期末余额	6 910	9 663	5 781	2008.12.31 余额	1 737	(591)	1 146
				通过权益处理的重估价价值	(1 541)	524	(1 017)
				折旧	(20)	7	(13)
				2009.12.31 余额	176	(60)	116

TAM 是巴西最大的航空公司之一。2008 年，巴西放弃巴西 GAAP 转而采用 IFRS，由此导致 TAM 公司航空设备价值上调约 15 亿巴西雷亚尔，差不多是其固定资产总额的 25%。让人惊奇的是，就在下一年，该公司又将设备价值下调 27.5 亿巴西雷亚尔，为其固定资产总额的 30%。通过考察固定资产价值的变动，我们发现该公司资产重估价价值大幅下降，其金额如下（税前）：

百万雷亚尔	2009	2008
通过净收益反映的重估价价值	(1 208)	242
直接通过权益反映的重估价价值	(1 541)	1 342
合计	(2 749)	1 584

TAM 公司资产的重估价价值变动同时通过净收益和直接调整权益（即通过综合收益）两种方式来反映。需要注意的是，通过净收益反映的重估价价值属于减值损失或转回，发生在重估价价值低于资产折余历史成本的情况下。所有使资产价值高于折余历史成本的重估价价值通过直接调整权益来处理（通过综合收益得以实现）。这些情况可以通过考察损益表和综合收益表得以证实。需要注意的是，综合收益表中所反映的是税后金额。

重估价价值剩余的变动报告在附注信息中。需要注意的是，重估价价值的剩余额表明 TAM 公司航空设备的报告价值高于其成本的部分。这一金额列于毛收益一栏中。净收益栏目中反映的是重估价剩余的税后影响，其为包含在股东权益中的金额。其税额反映在递延所得税负债中。2008 年初的重估价剩余为 4.3 亿雷亚尔，到 2008 年底上升到 17.4 亿雷亚尔，但至 2009 年底又下降至 1.8 亿雷亚尔。这也反映了资产重估价对股东权益的影响。2008 年，通过资产重估价，TAM 公司资产和权益增长额分别超过 17 亿雷亚尔和 11.5 亿雷亚尔。

□ 分析意义

资产重估价，不论是向上还是向下的调整，都会给财务报表造成重大影响。图表 4—7 显示的是消除资产重估价影响之后 TAM 公司的资产负债表和损益表。2008 年，受资产重估价影响，TAM 公司的总资产增加 14%，固定资产增加 22%，TAM 公司该年度的营业亏损因此降低 34%。不过，真正最具戏剧性的影响是在股东权益方面，受资产重估价影响，几乎增长 8 倍之多，从 1.7 亿雷亚尔升至 13.27 亿雷亚尔。2009 年发生的减值使 TAM 公司该年度的收益降低超过 60%，股东权益降低一半以上。图表 4—7 还表明资产重估价是如何影响关键性比率的。如在 2008 年，受资产重估价影响，债务股权比率由 73.9 降至 9.9，ROE（损失）由 941%降低至 108%。总体上，我们看到在 2008 年，因为资产重估价，TAM 公司的财务状况得到显著的改善。

图表 4—7　　TAM Linhas Aereas S. A.（巴西）公司——重估财务报表和比率　　单位：百万雷亚尔

重估损益及综合损益表				重估资产负债表			
	2009	2008	2007		2009	2008	2007
收入	9 766	10 513	8 019	流动资产	3 794	3 671	4 127
营业费用	(9 596)	(9 954)	(7 698)	非流动资产			
燃料衍生品公允				固定资产	7 925	7 909	5 575
价值的变动	316	(1 273)	130	其他	1 440	1 117	425
飞机的重估价已				资产总额	13 159	12 697	10 127
确认收益	0	0	0	流动负债	4 455	4 238	3 203
营业利润（损失）	486	714	451	非流动负债	7 524	8 289	5 148
净财务收益（成本）	1 371	(1 596)	252	权益	1 180	170	1 776
所得税	(612)	714	(220)		13 159	12 697	10 127
该年度的利润（损失）	1 245	(1 596)	483				
固定资产重估价（税后）	0	0	0				
货币折算收益	(20)	13	(4)				
综合收益（损失）总额	1 225	(1 583)	479				

比率

	2009		2008		2007	
	报告	重估	报告	重估	报告	重估
债务股权比	23.4	10.2	9.9	73.9	4.4	4.7
ROE	87.60%	105.50%	(108.10%)	(941.10%)	17.40%	27.20%
ROA	5.90%	3.70%	(3.30%)	(5.60%)	2.20%	4.50%

财务分析师在对采用国际财务报告准则（IFRS）的公司进行考察时，必须深刻认识资产重估价的影响。在对资产重估价进行分析时，需要考虑如下问题：

● 当由于合法原因进行资产重估时，资产重估价可以实质性地改善资产负债表数据。当转回以前的资产减值时尤其如此。美国 GAAP 准许减值，但禁止前期减值转回，由此形成资产负债表保守主义的偏好。对于负债契约，这是极为有用的，但对权益分析毫无用处。国际财务报告准则准许转回之前的减值，使得资产负债表上的财务呈报少了些保守。

● 因为资产重估价而导致的暂时性的巨大金额，不管是向上还是向下，对收益数据具有反向影响。分析师必须对此有所认识，并从所报告的损益数据中剔除其影响，确定当期经营获利能力或预测未来收益时尤应如此。

● 重估价通常都是在管理层的动议下进行的。许多公司并不对其资产进行重估价。因此，在进行公司间比较时，消除资产重估价的影响是很重要的。为达此目的，最好的办法是转回作为比较群体的全部公司的重估价价值，无论是上调还是下调。如果无法做到这一点，则至少应该转回上调的资产重估价价值，原因在于大多数公司，包括在 IFRS 下，都会选择用保守的方式来报告资产。

● 不同时期的比较也会受资产重估价影响。比如，资产重估价会影响 TAM 公司的收益和比率，对其产生平滑的效果。没有重估价时的现实更加易变。

最后，作为分析师，必须以怀疑的态度对所有向上的重估进行审查。比如，TAM 公司资产重估价的动机就是很值得怀疑的。事实上，TAM 公司之所以决定在 2008 年采用 IFRS，主要是为了扩大其资产价值。该公司资产重估增值额在下一年度几乎全部转回，这一事实使得公司的动机更加可疑。

必须注意的是，公司经营中所用的资产很少会有市场价，因此，大多数的资产重估价都是以公司资产未来现金流的预期值为基础所作出的主观估计。（以公允价值的术语来讲，所有这些重估价都是以第 3 级的输入为基础）因为这一原因，向上的资产重估价属于一个很容易发生盈余管理或其他方式粉饰财务状况的区域。缺少市场价的情况下的公允价值会计以过去的交易价格为基础，永远需要以极其警惕的目光去对待。对这个关键点，重要的是记住早在 21 世纪初安然公司就已经作为先锋，对其资产负债表中的大多数资产使用了主观的（第 3 级）公允价值。而且，安然公司也已经不幸成为有史以来最大的会计欺诈案的主角之一。

分析视点参考答案

审计师 作为审计师，你关心的是各种估计的变化，尤其是当那些变化与管理层之前的预测完全一致时。审计师必须确定，有关无法收回账款的估计在目前的产业、经济及顾客条件下是有充分理由的。

采购代理人 作为一名采购代理人，你无须因为可能比较糟糕的采购决策而对供应商有所补偿。供应商所报告毛利的 20%会被 200 万美元已售商品成本市场价的调整所淹没。购货商应该从已售商品成本中去除市场价调整的影响，并将其计入损益表的营业费用项目中。相应地，供应商的毛利会增大 200 万美元，购货商也会因此而有更大的优势通过谈判得到一个更低的价格。

环境问题专家 这是一个极具挑战性的案例。一方面，发言人有关无形资产不具有相关性的主张是错误的——无形资产会给公司带来实质性的经济利益，而且无形资产本身也常常构成公司资产的很大一部分。进而，该发言人依赖审计师来确定财务报表是否按照公认会计准则做公允的反映，也具有误导性。因为会计准则不允许将内部形成的无形资产做资本化处理，也不要求按市场价调整无形资产，不计算许多无形资产项目（比如人力资源、客户/买主关系）的价值，因此，审计师的鉴证，并不足以证明无形资产的价值。另一方面，该发言人对公司之外的无形资产的价值提出质疑是正确的。如果不是出售公司或其某个部分，来自无形资产的现金流将是间接地源自高于正常的盈余水平。另外，许多提供贷款的机构在做出信贷决策时，也不接受将无形资产作为抵押品。总之，解决这一听证问题时必须承认无形资产的存在，承认无形资产的价值和持久性有时具有很高的不确定性，承认除非部分或全部清算一家公司，否则其无形资产的价值将是有限的，最后，之所以需要一项“政治”决策，反映的是社会的需求。

思考题

4—1 公司常将贷款协议所要求的补偿余额作为非限定用途现金，并列为流动资产。

a. 这种分类对财务报表分析是否有用？请做出解释。

b. 说明你将对补偿余额作何评价。

4—2 a. 解释企业经营周期概念，并说明其含义。

b. 举例说明经营周期对资产负债表上有关流动项目和非流动项目的划分有何重要意义。

c. 经营周期概念对衡量公司的短期偿债能力及营运资本的流动性有何作用？

d. 说明经营周期概念对以下行业的流动资产分类有何影响：（1）烟草行业；（2）饮料行业；（3）零售业。

4—3 a. 说明应收账款分析中需要考虑的主要问题。

b. 说明在估计应收账款无法收回的风险时，除财务报表信息之外还应收集哪些信息。

4—4 a. 应收账款让售或证券化有什么意义？

b. 带追索债权的应收账款让售是什么意思？不带追索权的让售是什么意思？

c. 应收账款让售（尤其是带追索权的让售）如何潜在地扭曲资产负债表？

4—5 a. 说明各种可接受的存货计价方法对存货成本记录和收益确定的影响。

b. 对实务中存货成本构成的差异做出评价，说明造成这种差异的原因。

4—6 a. 说明作业水平对制造业企业单位产品成本的影响。

b. 间接费用分配需要使用一定的假设。举例说明成本费用分配及与作业水平的联系。

4—7 说明后进先出存货会计的主要目的。从财务报表分析的角度说明后进先出法对利润计量和存货计价的影响。

4—8 说明存货计价方法的现行披露要求及其分析意义。从分析的角度还要求哪些额外的存货披露？

4—9 公司常使用成本与市价孰低法（LCM）进行存货计价。

a. 对存货计价中的成本做出定义。

b. 对存货计价中的市价做出定义。

c. 说明 LCM 规则背后的理性基础。

d. 列举出有关 LCM 规则的反对性观点。

4—10 对比说明后进先出和先进先出存货成本计价法对通货膨胀时期收益的影响。

4—11 制造业企业的报告存货包括原材料、在产品和产成品等几种形式。针对每一类存货，说明存货的增加在什么情况下可以作为未来业绩的正面或负面指示器。

4—12 有人认为：对分析而言折旧会计是不完善的。试对此做出评论。

4—13 分析师不能毫不含糊地接受折旧额。他必须估计固定资产的年限和效率，还需比较折旧（当期折旧和累计折旧）与固定资产总额，并与同类型的公司进行比较。分析师不可能用精确的折旧数字对收益进行调整，分析师不要求精确。对这些观点做出评论。

4—14 确定可用于评估折旧费用的分析工具。说明它们为什么有用。

4—15 分析师在财务报表分析中必须警惕商誉的哪些方面?

4—16 说明一项支出什么时候应该资本化，什么时候应该费用化。

4—17 区别“硬资产”和“软资产”，并举数例予以说明。

4—18 从事自然资源开发的公司的净收益有时与其资产负债表上报告的自然资源的数额几乎毫无关联。

a. 说明为什么收益和自然资源资产之间会缺乏关联。

b. 说明在什么情况下二者之间可能存在经济上更为敏感的关系。

4—19 从财务报表使用者的角度，说明以历史成本作为无形资产计价基础的目的。

4—20 a. 确定用于无形资产计价的基本会计程序。

b. 区分自创商誉和外购商誉（以及无形资产）的会计处理方法。

c. 说明区分可辨认无形资产和不可辨认无形资产的重要意义。

d. 对无形资产摊销的原理做出说明。

4—21 说明现行会计程序对商誉分析的意义。

4—22 确定五类递延支出，并说明每一类支出做递延处理的合理性。

4—23 a. 说明至少两种不在资产负债表上反映的资产。

b. 说明分析师可怎样对未记录资产做出评价。

练习题

4—1 分析无法收回应收款项的坏账准备

第 1 年 12 月 31 日，Carme 公司在财务报告中报告了其来自赊销的应收账款数据。Carme 公司使用备抵法，以赊销收入为基础来估计坏账。根据以往经验，Carme 公司的赊销收入中有 1% 无法收回。预计这种趋势还会继续。

要求：

a. 讨论以赊销收入为基础用备抵法估计坏账的合理性，将这一方法与以应收账款余额为基础的备抵法相对比。

b. Carme 公司应该怎样在第 1 年 12 月 31 日的资产负债表上报告它的坏账准备；说明 Carme 公司第 1 年的损益表上可用于披露坏账费用的选择性方法（如果有）。

c. 说明评价 Carme 公司坏账准备合理性时的分析目标。

4—2 估计存货成本和市场价值

K2 运动用品公司是一家已有两年从业经验的批发商，它从不同的供应商那里购入存货。两年内它每一次都是以低于前一次的价格购入存货。K2 公司用先进先出成本与市价孰低法进行存货计价。原始存货成本超过了重置成本，但低于可实现净值（且可实现净值减去正常边际利润后的余额低于存货重置成本）。

要求：

a. 在确定存货成本时应使用哪些标准?

b. 为什么在存货计价中使用成本与市价孰低原则?

c. K2 公司应在资产负债表上报告的存货金额是多少? 解释在这种情况下应如何使用成本与市价孰低原则。

d. 如果该公司使用平均成本与市价孰低，而不是先进先出成本与市价孰低原则，会对第 2 年的期末存货和净收益造成什么影响? 解释之。

4—3 解释存货计价法

存货成本应该用能最好地反映各期收益的存货成本流法来确定。

要求：

a. 说明（1）平均成本法、（2）先进先出法和（3）后进先出法中的存货成本流假定。

b. 说明在通货膨胀经济中管理层使用 LIFO 的常见理由。

c. 当有证据表明，通过正常的商务程序进行处置时，存货的价值低于其成本，应如何进行会计处理？什么理念可以为此提供支持？

4—4 LIFO 和 FIFO 存货披露的用途

LIFO 成本流假定下的存货及销售成本数据与 FIFO 成本流假定下的数据可能相去甚远。

要求：

a. 作为分析师，你是否认为使用 LIFO 或 FIFO 计算的期末存货资产价值更有用？解释之。

b. 作为分析师，你是否认为使用 LIFO 或 FIFO 计算的销售成本更有用？解释之。

c. 假设一家公司使用 LIFO 成本流假定。试确定某些可用于分析目的的用 FIFO 计算的价值，并说明如何用财务报表信息进行此计算。

4—5 从 LIFO 到 FIFO 重述存货

参照附录 A 中金宝汤公司财务报表资料。

要求：

a. 按 FIFO 法计算第 10 年度已售商品成本和毛利。（注：第 9 年末按 LIFO 法计算的存货为 8.16 亿美元，按 FIFO 法计算的存货超过按 LIFO 法计算的存货 8 800 万美元。）

b. 说明上面从 LIFO 到 FIFO 做存货重述有什么用。

c. 计算 FIFO 法下第 10 和第 11 年的期末存货。

d. 说明为什么 c 中按 FIFO 法计算的存货更有用。

4—6 LIFO 和 FIFO 的财务影响

在一个存货成本上升，出厂价不变的时期，试说明按 LIFO 和 FIFO 计算的净收益和总资产会有何不同。如果存货成本下降而出厂价不变，上述问题的答案又将如何变化？

4—7 确定账外资产

资产负债表原本是为了公允地反映企业的财务状况，但常被指责未能反映公司所控制的全部资产。

要求：

举出五个没有被包含在资产负债表中的资产实例。讨论账外资产对财务报表分析的意义。

4—8 成本的费用化与资本化

分析师必须通晓收益的确定。一个经营实体的报告收益取决于收入和费用的恰当确认。在有些情况下，成本会在产品销售时确认为费用；在另一些情况下则需做资本化处理，并在将来某一时期再确认为费用。

要求：

a. 在什么情况下应将成本资本化为资产而不是做费用处理？解释之。

b. 有些费用需要按系统而合理的基础分配到特定的会计期间。说明按这种基础确认费用的理由所在。

4—9 分析厂场资产指标

参照附录 A 中高露洁公司财务报表资料。

要求：

a. 应用高露洁公司 2006 年数据计算下列指标：

(1) 厂场设备的平均寿命期。

(2) 厂场设备的平均已用年限。

(3) 厂场设备的平均剩余使用年限。

b. 讨论这些指标对分析高露洁公司财务情况的重要意义。

4—10 分析厂场资产指标

参照附录 A 中金宝汤公司财务报表资料。

要求：

a. 应用金宝汤公司第 10 和第 11 年的数据计算下列指标：

(1) 厂场设备的平均寿命期。

(2) 厂场设备的平均已用年限。

(3) 厂场设备的平均剩余使用年限。

b. 讨论这些指标对分析金宝汤公司财务情况的重要意义。

4—11 鉴别资产

下述项目中哪些应该在资产负债表中作为资产披露？

a. 折旧； b. CEO 的薪金；
c. 现金； d. 递延所得税；
e. 分期收款应收款（3 年内收回）；
f. 资本撤回（股利）； g. 存货；
h. 预付费用； i. 递延支出；
j. 在产品存货； k. 折旧费用；
l. 坏账费用； m. 官员借款；
n. 借自官员的款项； o. 训练有素的销售人员；
p. 子公司普通股； q. 购入商标；
r. 自创商誉； s. 免费获得的特许权协议；
t. 内部开发的电子商务系统。

案例题

4—1　电影业的存货估值

哥伦比亚影业公司的财务报表包括如下附注：

存货　电影故事片和电视节目的成本，包括独立制片人费用、贷款利息、发行费用，需要按预期收入流比例进行摊销。

电影发行的总成本需要在剧场院线和电视系统两方面根据来自不同来源的预期收入比例来分配。分配给院线的电影成本总体上要按座位比例分摊，自发行之日起，22 周内摊销 62%，52 周内摊销 85%，104 周内摊销 100%。两个最初按座位量发行的院线产品的成本按照最终从院线和电视系统获得租金的估计数比例进行分摊。由于电视系统故事片市场的不景气，以及本年度后期发行的一些院线电影被接受水平较低，公司为近期发行电影以及尚未向电视系统授权的电影的额外摊销提留了特别准备，以减少这些电影对目前估计已实现价值净额的影响。

要求：

a. 确定哥伦比亚影业公司电影故事片、电视节目、一般发行类故事产品估值的决定因素。

b. 该公司所采用的估值基础是否合理？试析之。

c. 请指明作为哥伦比亚影业公司的未担保贷款人会希望获得哪些有关该公司存货价值的额外信息，以及此类贷款人会希望做什么样的分析。

4—2　LIFO 和 FIFO 的财务报表影响

Falcon. Com 公司按目前市场成本购入其商品，加价 20 美分后再卖出其产品。本年度内存货成本一直很稳定。下面是其存货的期初库存量、本期购进及销售量：

年初存货数量（单位成本为 1 美元）	1 000 件
本年度购进量（单位成本为 1.5 美元）	1 000 件
本年度销售量（单位售价 1.7 美元）	1 000 件

该公司年初资产负债表报告情况如下：

存货（1 000 件，单位成本 1 美元）	$1 000
总权益	$1 000

要求：

a. 分别用 LIFO 法和 FIFO 法计算 Falcon. Com 公司的税后利润。假定该公司除了已售商品成本外无其他费用，所得税率为 50%。所得税按应计制原则在本期处理，其支付则在下一年度。

b. 假如全部销售和购进都采用现金结算，分别编制按 LIFO 法和 FIFO 法进行存货计价的年末资产负债表。

c. 试说明，在一个成本呈上升趋势的时期内，分别用 LIFO 法和 FIFO 法进行存货计价对收益确定及财务状况的影响。

d. 对于编制中期财务报表及进行分析，LIFO 法会遇到什么问题？

4—3　替代性存货计价方法对财务报表的影响

Droog Co. 公司是一家出售单一产品的零售商。本年度 1 月 1 日的期初存货为零，本年度的营业费用为 5 000 美元，公司流通股股票为 2 000 股。下面是本年度进货情况：

	数量	单位成本	总成本
1 月	100	$10	$1 000
3 月	300	11	3 300
6 月	600	12	7 200
10 月	300	14	4 200
12 月	500	15	7 500
合计	1 800		$23 200

12 月 31 日的期末存货数量为 800 件。排除存货后的年末资产为 75 000 美元，其中 50 000 美元为流动资产。流动负债为 25 000 美元，长期负债等于 10 000 美元。

要求：

a. 确定以下各种存货计价法下本年度的净收益。假定产品销售单价为 25 美元，无所得税。

(1) FIFO；

(2) LIFO；

(3) 平均成本法。

b. 分别计算上述三种存货计价法下的下列各项比率：

（1）流动比率；

（2）负债权益比率；

（3）存货周转率；

（4）总资产回报率；

（5）毛利率；

（6）销售利润率。

c. 以以上计算结果为基础，讨论存货会计方法对财务报表分析的影响。

4—4 投资活动分析

参照附录A中金宝汤公司年度报告。

要求：

a. 计算第11年度末该公司的营运资本。

b. 金宝汤公司报告的应收款净额总计超过5.27亿美元。该公司究竟扩大了对谁的信用，针对这些应收款，该公司提留了多少坏账准备？应收款总额中可能无法收回的占多大比例？

c. 金宝汤公司对存货采用了哪一种成本流假定？其存货减值政策是什么？

d. 存货周转率是一项考察存货周转效率的重要指标。计算金宝汤公司的存货周转率指标，并说明可以采用什么方法改进该比率。

e. 金宝汤公司的LIFO准备是多少？金宝汤公司因为采用LIFO存货成本流假定在第11年度末实现的所得税利益总额是多少（假定所得税率为35%）？

f. 假如选用FIFO，金宝汤公司第11年度的税前收益将是多少？

g. 金宝汤公司的厂场资产占总资产投入多大比重？该公司采用的固定资产折旧方法是什么？累计折旧占这些资产历史成本的多大比例？折旧占比对分析师了解固定资产实际情况有何意义？

h. 金宝汤公司报告的第11年度末无形资产总额约为4.36亿美元。导致这一项目金额上升的主要交易是什么？

4—5 分析折旧

Toro制造公司是在第5年1月1日组建的。在第5年中，提供给管理层的财务报告中采用直线法计提固定资产折旧。作为该公司的顾问，你于11月8日主持召开了一次会议，与Toro公司的主管人员讨论折旧方法问题，从税务和财务报告两方面考虑折旧方法选择。Toro的总裁建议采用一种他认为比直线法更适宜的新折旧方法，因为他认为公司的产能预计将会很快地扩张。他以一项原始成本为32 000美元，预计使用寿命期为5年，残值为2 000美元的固定资产为例，通过如下计算说明他建议的方法可能造成的影响：

年份	已使用年限	折旧率	折旧费用	年末累计折旧额	年末账面价值
1	1	1/15	$ 2 000	$ 2 000	$ 30 000
2	2	2/15	4 000	6 000	26 000
3	3	3/15	6 000	12 000	20 000
4	4	4/15	8 000	20 000	12 000
5	5	5/15	10 000	30 000	2 000

Toro公司的总裁喜欢这一新方法，他认为，该方法可以：

1. 在维护和重置成本较高的情况下，在资产寿命期快结束时比较集中地将资金收回。

2. 增加最后一些年份的减值额，并因此减少税收。

要求：

a. 折旧会计的目的以及潜藏在其后的原则是什么？

b. 该总裁的建议是否在公认会计原则所允许的范围之内？试分析可能适用或不适用该方法的环境条件。

c. 该总裁要求你就如下问题做出回答：

（1）折旧费用是恢复还是创造现金？请做出解释。

（2）假如IRS接受该总裁提议的折旧方法，该方法用于财务报告和税务目的，该方法对经营活动可产生的现金有何影响？

第 5 章

投资活动分析：公司间投资

回顾

第 3、4 两章重点关注融资和投资活动的会计分析，解释并分析了反映在财务报表中的此类活动，并从公司业绩预期的角度对其进行了释解。

本章要点

本章将分析的重点扩展到了公司间投资活动。在分析公司间投资的同时，从投资公司的角度对企业合并进行讨论，阐明了对公司间投资活动的披露进行分析对财务报表分析的重要意义。以对衍生证券投资会计处理的讨论作为本章的结束。

前瞻

第 5 章将投资活动分析扩展至公司间投资。对公司投资活动的分析和解释要求了解各种不同级次投资会计处理间的差异。第 6 章关注经营活动及收益计量。

学习目标

- 分析公司间投资的财务报告
- 分析投资证券的财务报表披露
- 阐释合并财务报表
- 分析企业合并会计中购买法与权益结合法的意义
- 阐释因企业合并而产生的商誉
- 描述衍生证券及其分析意义
- 分析金融资产和金融负债的公允价值选择权
- 解释国外子公司和外币折算的合并（附录5A）
- 描述投资回报分析（附录5B）

章前引例

商誉骤减

2004年，Viacom公司一次性报告了175亿美元的损失（占权益的28%），主要是因为公司在资产负债表上列示的无线广播分部和户外分部的商誉减值180亿美元。公司认为，“来自其他广告媒体（包括网络广告和有线电视）的竞争，降低了无线广播分部和户外分部的增长率”是造成这次减值的直接原因。简言之，来自这些投资的现金流量预计将低于收购这些投资时的预期，导致其价值大幅度缩减。

商誉的这种冲减是按照2001年通过的一项有关企业合并的会计准则进行的。在此之前，商誉需要在长达40年的期限内进行摊销，这种做法在一定程度上拖累了公司盈利，许多公司抱怨其全球竞争力因此受到伤害。按照目前的会计准则，商誉不再进行摊销，而是每年进行减值测试。正是通过这种测试，Viacom公司认为其商誉发生了如上减值。

偶然一次冲减就是前所未有的比例，此中错误是显而易见的

对此我们该作何解释？尽管公司和华尔街的分析师一般皆强调商誉的减值是一次性的，由于不涉及现金支出，因而不会对公司经营和现金流量造成伤害，但许多会计专家对此持有异议。这些专家认为，冲减意味着管理层承认公司的投资价值已经值不了其账面记录。Prudent Bear Fund经理人大卫·泰斯（David Tice）谈道：“我们将证实，正有上千亿美元的股东资本被浪费、被毁掉。”

由于相信自己的增长传奇并欣赏较高的股票估值，让它们能够以高价股票来进行收购交换，公司的收购往往都是以前所未有的巨大金额进行。它们所支付的价格，许多是盲目且过分的。“许多公司进行的系列收购并不能产生他们所预期的收入。这等于说管理层进行了一些极为糟糕的交易。”——雷曼兄弟公司（Lehman Bros.）的会计专家罗伯特·威伦斯（Robert Willens）如是说。商誉不是有序地进行摊销，偶然一次冲减就是前所未有的比例，此中错误是显而易见的。

本章概览

公司间投资在商务活动中的作用正在变得日益重要。公司从事公司间投资，原因是多方面的，比如多元化经营、扩张、创造竞争机会、追求高额回报等。本章对财务报表中所反映的此类商务活动进行分析和阐释，并对财务报表中对投资证券的披露进行分析。我们从分析的角度考虑当前的报告要求，说明它们究竟告诉了我们些什么，又有什么是它们未曾告诉我们的。我们将说明当前的披露与财务分析的相关性，以及如何有效地对这些披露进行分析性调整。我们将对与公司间投资相关的未入账资产和负债予以特别的关注。我们还将具体说明衍生证券及其分析意义。

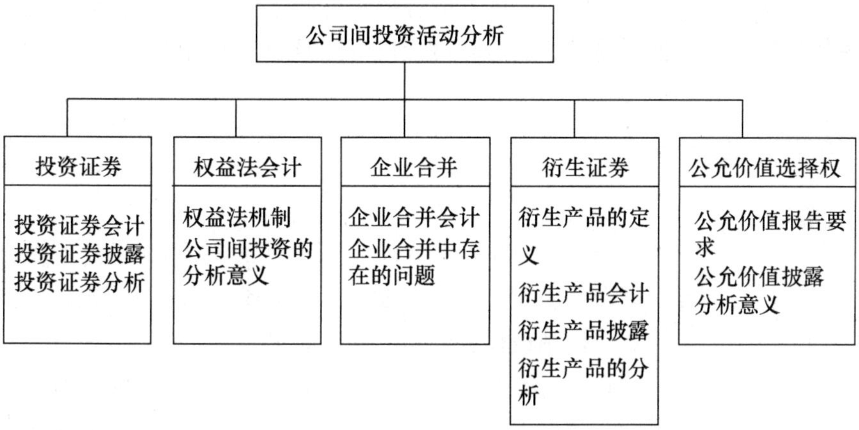

投资证券

公司将资产投资于**投资证券**（investment securities）（也称为**有价证券**（marketable securities））。投资证券可以因公司投入证券的种类及投资的目的而有很大不同。有些投资只是把有价证券作为多余现金的存放形式。它们也可以包括等待投资于厂场设备和其他经营资产的资金，或者准备用于偿付债务的资金。以这种形式临时存放资金，目的是将闲置现金配置在生产性方式上。其他投资，比如参股于某一附属企业，则通常属于公司核心活动的一个必要的组成部分。

投资证券既可以采用债务形式，也可以采用权益形式。**债务证券**（debt securities）是代表了与另一实体之间债务关系的证券，比如公司债券、政府公债、票据及市政证券（municipal securities）。**权益证券**（equity securities）是代表在另一实体中的所有权利益的证券，比如普通股和不可赎回优先股。公司根据特定证券的投资范围，将投资证券分别归为流动资产和/或非流动资产。

对大多数公司而言，投资证券在总资产中所占比重相对较小，唯一的例外是对附属企业的关联方投资，这种投资属于财务投资，而不是业务或资产投资。也就是说，这些投资通常并不构成公司经营活动的一个内在的组成部分。不过，对金融机构和保险公司而言，投资证券属于重要的经营资产。

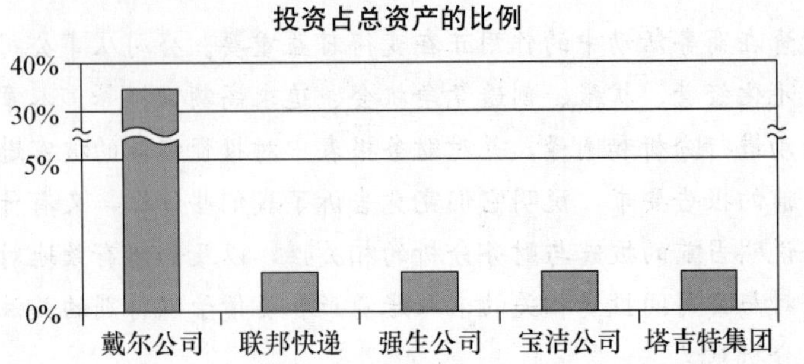

本节中我们将首先解释投资证券的分类和会计处理，随后以微软公司的资料为例来说明投资证券的披露要求。最后将讨论投资证券的分析问题。

□ 投资证券会计

美国 GAAP 下的 ASC 320 和 ASC 825，IFRS 下的 IAS 39 规范了投资证券的会计处理。投资证券在资产负债表上按成本或公允（市场）价值进行报告，具体依证券的类别及投资公司影响或控制被投资公司的程度而定。

资产的公允价值是熟悉情况的交易双方在目前正常情况下自愿进行资产交换的金额。如果一项资产属于常规交易的范畴，其公允价值可以根据公开市场价便利地确定。如果该资产不存在公开市场价，则需要按历史成本来确定其公允价值。关于公允价值的详细讨论参见第 2 章。

投资证券的会计处理方式需依其类别而定。图表 5—1 说明投资证券可能的类别。投资证券总体上分为债务证券和权益证券。债务证券还可以按投资目的做进一步分类。权益证券则按利益的涉入程度——也即是投资方的所有权进入被投资方，并因此而产生影响或控制的程度——来分类。在被投资方没有重大所有权利益的权益证券可

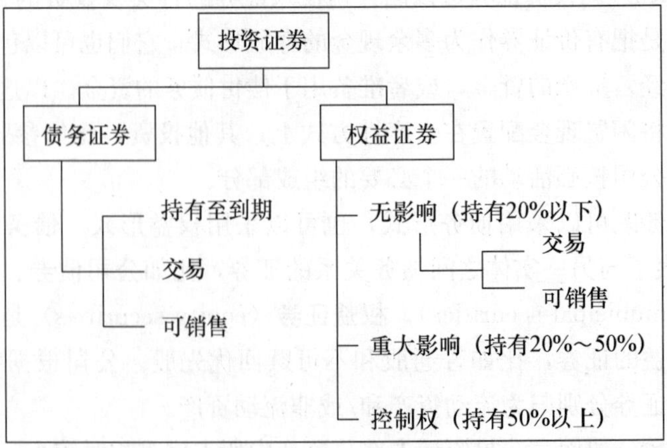

图表 5—1 投资证券分类

以进一步按照投资目的进行分类。债务证券和权益证券的会计处理各不相同，因此我们将分别进行解释。

债务证券

债务证券代表与其他实体的债务关系，如政府公债、市政债券、公司债券和票据，以及可转换债券。债券可分为交易债券、持有至到期债券、可销售债券。各种不同类型债务证券的会计处理各不相同。图表 5—2 说明债务证券的分类标准和各类债务证券的会计处理。

图表 5—2　　**债务证券的分类和会计处理**

		会计		
			损益表	
分类	描述	资产负债表	未实现利得和损失	其他
持有至到期	同时要具备持有至到期的打算和能力	应摊成本	在净收益和综合收益中都不确认	在净收益中确认已实现损益和利息
交易	购入债券主要是为了短期或交易收益（通常期限在三个月以内）	公允价值	在净收益中确认	在净收益中确认已实现损益和利息
可销售	既不是为了交易也不是为了持有至到期的债券	公允价值	不在净收益中确认，而是在综合收益中确认	在净收益中确认已实现损益和利息

持有至到期证券　**持有至到期证券**（held-to-maturity securities）是管理层打算持有至到期，同时也有能力持有至到期的证券。它既可以是短期证券（作流动资产处理），也可以是长期证券（作非流动资产处理）。公司在资产负债表上按成本报告短期持有至到期证券，按应摊成本报告长期持有至到期证券。这类证券的未实现利得和损失在收益中不予确定。利息和已实现损益（包括长期证券溢价或折价的摊销）需包含在收益中。可持有至到期的分类仅仅适用于债务证券。

交易证券　**交易证券**（trading securities）是公司购入打算通过积极的管理在不久的将来销售出去，以赚取利润的那部分债务（或非影响性的权益）证券。交易证券属于流动资产。公司需要按每个资产负债表日的总计公允价值对其进行报告。其未实现利得和损失（所持有证券公允价值的变化）计入净收益。公司所持有的债券形式的交易证券的利息收入要记为已获收益（以权益形式持有的交易证券的红利收入则在赚得时予以记录）。这一分类可同时用于债务证券和权益证券。

可销售证券　**可销售证券**（available-for-sale securities）是持有至到期证券和交易证券之外的其他债务（或非影响性的权益）证券。这类证券要根据其到期时间和/或管理层对其销售的打算具体确定应该归入流动资产还是非流动资产。此类证券在资产负债表上以公允价值列报。不过，其公允价值的变化并不包括在净收益中，而是包含在综合收益中（第 6 章对综合收益有具体定义）。可销售债务证券的利息收入及其溢价或折价摊销，需在赚得时记录。可销售权益证券的红利收入需在赚得时计入收益。可销售证券的已实现损益包含在收益中。这一分类可同时用于债务证券和权益证券。

各种分类间的转换 当管理层持有投资证券的打算或能力发生重大改变时，通常需要对证券进行重分类（变为另一类别）。通常情况下，分类为持有至到期的债务证券不能转换为其他类别，除非环境条件发生了重大变化，比如发生并购、资产剥离、信用评级严重恶化或发生其他意外事件。将可销售证券转化为交易证券通常也是被禁止的。不过，当各类证券之间真的发生转换时，则必须将证券调整为按其公允价值计价。这一公允价值必须能够确保公司证券转换中的公允价值变化立即得以（在其损益表中）确认。这样做还可以降低公司通过将证券转换为另一种不在损益中确认公允价值变化的证券，从而突出公允价值变化的可能性。图表5—3说明各种不同类别证券之间进行转换的会计处理。

图表5—3　　各类证券转换的会计处理

转换		对资产负债表上	
从	到	资产价值的影响	对损益表的影响
持有至到期	可销售	按公允价值报告资产，代替原应摊成本	转换日未实现利得和损失计入综合收益
交易	可销售	无影响	转换日未实现利得和损失计入净收益
可销售	交易	无影响	转换日未实现利得和损失计入净收益
可销售	持有至到期	转换时无影响，但以后要按（应摊）成本取代公允价值列报资产	转换日未实现利得和损失计入综合收益

权益证券

权益证券代表在另一实体中的所有权利益。包括普通股、优先股，以及获得或处置所有权利益的各种权利，如担保权、股权、买入和卖出期权（call and put options）。可赎回优先股和可转化债券不属于权益证券（在分类上它们属于债务证券）。公司购入权益证券主要出于两种动机：（1）对另一实体（如供应商、客户、下属子公司）的董事会和管理层施加影响，或（2）获得红利或股票价差收益。公司按照影响或控制被投资方活动的能力来进行有关权益证券投资的列报。有关这种能力的具体证明一般是投资公司控制的具有投票权的证券的比例。这一比例是指针，但也可能被其他因素推翻。比如，即使在所有权中所占比例不是很大，也依然可以通过协议方式授予施加重大影响的权力。图表5—4为权益证券分类和会计处理的概括反映。

图表5—4　　权益证券的分类和会计处理

	无影响			
属性	可销售	交易	重大影响	控制权益
所有权	低于20%	低于20%	20%～50%	50%以上
目的	长期或中期投资	短期投资或交易	对业务有较大影响	全面控制业务
计价基础	公允价值	公允价值	权益法	合并
资产负债表上资产的计价	公允价值	公允价值	按照在被投资方留存收益中所占比例调整购并成本，并适当摊销	合并资产负债表
损益表：				
未实现收益	计入综合收益	计入净收益	不确认	不确认

续前表

属性	无影响		重大影响	控制权益
	可销售	交易		
其他收益影响	在净收益中确认股利和已实现损益	在净收益中确认股利和已实现损益	在净收益中确认占被投资方净收益的份额减去适当的摊销	合并损益表

无影响——持有股份低于 20%　当权益证券属于无投票权的优先股，或投资方拥有的被投资方有投票权股份比例低于 20%，该所有权被界定为无影响的所有权。在这种情况下，投资方对被投资方活动的影响最小。此类投资按照管理层的打算和能力分别归类为交易证券或可销售证券。这类证券的会计处理在债务证券的同一类别中已经做过说明。

重大影响——持有股份为 20%～50%　持有的有投票权股票即使在 50%以下，投资方依然有能力对被投资方的经营活动施加重大影响。投资方对被投资方经营活动施加重大影响的能力可以体现在多个方面，包括通过协议方式使管理层获得代表、参与或影响的权力。在没有反对证据的情况下，持有被投资方有投票权的股份在 20%以上（低于 50%），则被认为具有施加重大影响的能力。投资方用权益法进行此类投资的账务处理。

权益法（equity method）要求投资者在开始时按成本记录投资，随后按在被投资方股份中所占比例在投资方获得收益（或损失）及从被投资方分得股利时调整账面记录。我们将在本章的下一节对这一过程中所涉及的各个方面进行解释。

控制权益——持有 50%以上股份　持有 50%以上股份称为控制权益，这种情况下的投资方称为**控股公司**（holding company），被投资方称为**子公司**（subsidiary）。持有股份超过 50%时需要编制合并财务报表。本章后面将对合并报表问题进行解释。

分析视点

……*你是竞争对手*

玩具反斗城（Toys “R” Us）是一家玩具及游戏零售商，正在为一位竞争对手最近的一桩交易而担心。具体来讲，漫威（Marvel Entertainment）是一家漫画连环画图书公司，该公司获得了 Toy Biz 公司 46%的权益证券，条件是授予 Toy Biz 公司在全球范围内在玩具和游戏中广泛使用漫威公司人物形象（比如蜘蛛侠、绿巨人、雷神等）的权利。玩具反斗城究竟在担心什么？漫威公司投资 Toy Biz 公司权益证券的动机是什么？

公允价值选择权

最近的准则允许公司选择性地按公允价值报告持有至到期证券和可销售证券。如果公司作如此选择，所有可销售证券和持有至到期证券的会计处理将类似于交易证券的处理。具体而言，所有投资证券，包括交易证券、可销售证券和持有至到期证券，将会（1）在资产负债表上以公允价值作为结存价值，并且（2）所有未实现利得和损失都将包含在净收益中。公司可以按照选择性方式自愿将公允价值运用于各类投资证券，但是，一旦对某一类别的证券选择了使用公允价值，则不能再做相反的选择。本章下一节将详细讨论公允价值选择权问题。

这种公允价值选择权对需要纳入合并范围的权益投资并不适用。对采用权益法进行会计处理的证券一般也不允许做这种选择。

□ 投资证券披露

本小节重点关注在附注中的披露要求。图表 5—5 摘录了微软公司报表附注中有关债务和可销售权益证券（持有比例在 20%以下）的披露资料。微软公司将其大部分债务和权益投资归类为可销售证券，每类证券都分别报告了其投资的购入成本、公允价值和未实现利得和损失。2004 年 6 月 30 日，微软公司可销售证券的公允价值为 728.02 亿美元，包括 107.29 亿美元权益证券和 620.73 亿美元的固定收益证券（债务和现金）。这些证券的成本为 712.75 亿美元，其累计未实现利得和损失 15.27 亿美元（包括 18.20 亿美元未实现毛收益和 2.93 亿美元未实现毛损失），记在股东权益中的累计其他综合收益（OCI）账户。此外，公司还拥有一些限制或非公开交易证券，根据 GAAP 按成本进行了记录。按照公司自己的估计，此类证券公允市价超过其报告成本 4.70 亿美元。这项未实现利得和损失在资产负债表和 OCI 中皆未作反映，因为该证券是按成本报告的。

图表 5—5　　微软公司的投资证券披露

投资

权益及其他投资包括债务和权益投资。债务证券和公开上市的权益证券列为可销售证券，用个别辨认法按市价记录。未实现利得和损失（临时性减值除外）在 OCI 中反映。除了用权益法记录的投资外，其他所有投资皆按成本记录。投资的构成如下：

2004 年 6 月 30 日（百万美元）	成本基础	未实现利得	未实现损失	记录基础	现金和现金等价物	短期投资	权益及其他投资
固定期限证券							
现金	$1 812	$—	$—	$1 812	$1 812	$—	$—
货币市场共同基金	3 595	—	—	3 595	3 595	—	—
商业票据	7 286	—	—	7 286	4 109	3 177	—
定期存单	415	—	—	415	330	85	—
美国政府及机构证券	20 565	26	(54)	20 537	4 083	16 454	—
外国政府债券	4 524	41	(60)	4 505	—	4 505	—
抵押证券	3 656	21	(42)	3 635	—	3 635	—
公司票据和债券	15 048	122	(50)	15 120	1 010	12 629	1 481
市政证券	5 154	39	(25)	5 168	1 043	4 125	—
固定期限证券合计	62 055	249	(231)	62 073	15 982	44 610	1 481
权益证券							

续前表

2004 年 6 月 30 日（百万美元）	成本 基础	未实现 利得	未实现 损失	记录 基础	现金和现 金等价物	短期 投资	权益及 其他投资
普通股和等同普通股	7 722	1 571	(62)	9 231	—	—	9 231
优先股	1 290	—	—	1 290	—	—	1 290
其他投资	208	—	—	208	—	—	208
权益证券合计	9 220	1 571	(6)	10 729	—	—	10 729
总计	$71 275	$1 820	$(293)	$72 802	$15 982	$44 610	$12 210

2004 年 6 月 30 日，未实现损失 2.93 亿美元，主要是由于利率变动。根据对截至 2004 年 6 月 30 日的各种证据的评价，管理层认为除临时性减值之外，并不存在其他任何未实现损失。

限定在一年以上的普通股、优先股及其他投资，或非公开交易的投资皆按成本记录。2003 年 6 月 30 日，这些投资的记录基础为 21.5 亿美元，估计公允价值为 25.6 亿美元。2004 年 6 月 30 日，这些投资的记录基础为 16.5 亿美元，估计公允价值为 21.2 亿美元。上述估计公允价值乃是以公开得到的市场信息或管理层的其他估计为基础。

投资收益（损失）

投资收益（损失）的构成如下：

6 月 30 日（百万美元）	2002	2003	2004
股利和利息	$2 119	$1 957	$1 892
已确认投资净收益（损失）	(1 807)	44	1 563
衍生产品净损失	(617)	(424)	(268)
投资收益（损失）合计	$ (305)	$1 577	$3 187

公司损益表中报告的最近一年投资收益为 31.87 亿美元。财务报表附注显示，这些收益包括股利和利息收入 18.92 亿美元，已确认投资净收益 16.63 亿美元，金融衍生品净损失 2.68 亿美元。

□ 投资证券分析

投资证券分析至少有两重主要目的：(1) 将经营业绩与投资（及财务）业绩相分离；(2) 辨析因与投资证券相关的会计规则和/或盈余管理而引起的会计失真。我们的分析将仅限于债务证券和非影响（可销售）权益证券。其余权益证券的分析将在稍后进行讨论。

区别投资资产和业绩与经营资产和业绩

一个公司的经营业绩和投资业绩必须分别进行分析。因为公司的投资业绩可以扭曲其真实的经营业绩。为此，分析师在评价经营业绩时，必须从中剔除所有与投资活动相关的收益（和损失），包括股利、利息收入，以及已实现和未实现利得和损失。分析师在确定净经营资产回报率（RNOA）时，还需区别经营和非经营资产。

按常规，所有债务证券和可销售非影响权益证券及其相关收益流，皆被视为投资活动。即便如此，分析师在将各项投资具体区分为经营或投资活动之前，还须考察公司业务的性质，以及潜藏在不同投资之后的具体目的。下面两种情况，即是经验规则所无法适用的：

- 金融机构以投融资活动为中心。这就意味着，对金融机构而言，所有投融资收益和资产都与经营相关。
- 有一些非金融机构，其绝大部分收益也是源自投资活动。比如像通用电气、通用汽车这类大公司，其下属财务公司有时是最盈利的经营单位。对这些公司，必须将来自财务（和投资）单位的业绩与公司核心业务的业绩相区别，尽管这类重要活动的收益不应该作为辅助收益。

如何确定投资证券（及相关的收益流）在性质上究竟属于投资还是经营，并无一定之规。这一分类必须以对投资的基本估计为基础，即：究竟是作为公司经营战略的一部分，还是仅仅出于投资的目的。

分析证券的会计失真

ASC 320 在投资证券公允价值会计方面迈出了重要的一步。不过，该准则并没有完全接受公允价值会计。该准则在历史成本和公允价值之间进行了折中，结果造成很多遗留问题，给盈余管理留下了很大余地。为此，分析师必须详细考察与投资相关的披露，以确定因为会计方法和盈余管理造成的潜在会计信息失真。在对金融机构和保险公司的分析中，这一点尤为重要，因为投资活动属于其经营的核心并为其提供了巨额收益。在此我们列出了一些因投资证券会计处理而引起的可能的失真，分析师必须对此予以特别关注：

- **为利得交易提供了机会**　该准则为可销售证券和持有至到期证券的**利得交易**（gains trading）提供了机会。由于可销售证券和持有至到期证券的未实现利得和损失被排除在净收益之外，公司可以通过出售有未实现收益的证券，或继续持有有未实现损失的证券而增加净收益。不过，该准则要求可销售证券的未实现利得和损失作为综合收益的一个组成部分进行报告。因此，分析师必须考察综合收益披露，查明是否有未销售可销售证券的未实现损失存在。
- **按成本确认负债**　投资证券会计被认为具有一定的片面性。也就是说，既然公司按公允价值报告其投资证券，为什么负债不按公允价值列报？对许多公司，尤其是金融机构，对资产状况的操纵是离不开负债的。会计产出的盈余数据因此具有很强的易变性，远远超出其真实的经济意义。这一考虑让监管者把可销售证券的未实现持有利得和损失排除在了收益之外。这一举措影响了我们对损益表的分析，却不影响对资产负债表的分析。可销售证券的未实现持有利得和损失迄今依然只是在综合收益中列报。
- **权益证券的定义不一致**　对权益证券的定义是武断的且缺乏一致性。例如，可转换债券被排除在权益证券之外，而可转换债券正是因为其可转换的特性获得了更大价值，其性质也是更像权益证券而不是债务证券。这就是说，作为分析师必须对将可转换债券排除在权益之外是否妥当有所考虑。可赎回优先股也是被排除在权益证券之外，同样需要在分析中对其特征进行考察，以确定这种分类是否合理。
- **以管理层的打算作为分类的基础**　投资证券的分类（及会计处理）取决于管理层的打算，而这种打算又与管理层安排证券的目的相关。同一种债务证券可能因此被分别归入交易证券、持有至到期证券及可销售证券。由此造成证券市场价值变化会计处理的随意性。为此，分析师需要通过考察持有至到期证券的“提前”销售来估计管理层打算的可信度。当有提前销售的事例发生时，管理层的可信度就会降低。

分析研究　　公允价值披露能否解释股票价格和回报？

研究者对投资证券的公允价值披露是否有助于解释股票价格和/或股票回报的差异进行了调查。证据表明，公允价值披露确实能够提供超出账面价值的有用信息，用以解释股票价格变动。对金融机构来讲，这一点更为明显。研究还表明，有关可销售投资证券未实现利得和损失的披露能够提供有关股票价格和股票回报的解释性信息，其价值在净收益之上。

权益法会计

权益法会计（equity method accounting）是在投资方可以施加重大影响，但不能控制被投资方的情况下要求对公司间投资采用的会计处理方法。与本章前面所讨论的消极投资不同，权益法投资要求在资产负债表上按调整后的成本列报，而不必采用公允价值。假如最初是按账面价值购入，报告金额将等于在被投资方股东权益中投资者所拥有的份额。权益法会计通常适用于持有一家公司有投票权的权益证券在20%～50%之间的情况。不过，采用权益法的判断标准，却是投资公司能否对被投资公司施加重大影响，而不管所持有股票的比例有多大。

一旦投资公司能够控制被投资公司，就需编制合并报表。编制合并报表要求以被投资公司的资产负债表代替权益法下的投资账户。相应地，权益法有时会被称为**单行合并**（one-line consolidation）。合并报表与权益法的主要区别在于财务报表报告的详细程度，因为报表合并过程既不影响股东权益总额，也不影响投资公司的净收益。

分析视点

……你是分析师

可口可乐公司有三种类型的罐装商：(1) 独立所有的罐装商，可口可乐公司在该公司中没有任何所有权；(2) 可口可乐公司投资并拥有非控制性所有权；(3) 可口可乐公司投资并拥有控制性所有权。与公司的长期罐装战略相适应，可口可乐公司会定期对纳入合并范围的罐装商进行检查，降低控制权。在其年度报告的附注2中，可口可乐公司报告其在全球部分最大的罐装商中拥有24%～38%的股权。可口可乐公司是否可以通过调解所有权比例“控制”这些罐装商？可口可乐公司是否应该将这些公司纳入其年报的合并范围？合并这些罐装商对公司的周转和偿债比率有何影响？

在对非合并附属公司、联营及合伙企业投资的处理中，权益法会计的运用十分广泛。当公司希望通过公司联盟有效地利用资产并获得竞争优势时，这类投资显著增加。因此，要了解财务报表中究竟报告了什么，又有什么是未曾报告的，就必须了解与权益法会计相关的各种机制。

□ 权益法机制

我们以讨论权益法会计机制为开始。假设 Global 公司以 50 万美元现金购得 Synergy 公司 25%的权益，代表购并当日 Synergy 公司 1/4 的股权。此次投资是按账面价值获得的。Synergy 公司购并当日的简化资产负债表如下：

流动资产	$ 700 000
不动产、厂场和设备	5 600 000
资产总计	$ 6 300 000
流动负债	$ 300 000
长期负债	4 000 000
股东权益	2 000 000
负债和权益总计	$ 6 300 000

初始投资在 Global 公司账簿上的记录如下：

投资	500 000	
现金		500 000

Global 公司在资产负债表上将该项投资列为非流动资产。这 50 万美元投资代表了在一家拥有 630 万美元总资产，430 万美元总负债的被投资公司 25%的股权。

在合并日之后，Synergy 公司报告了 10 万美元的净收益并支付了 2 万美元股利。Global 公司按在 Synergy 公司收益中所占份额及收到的股利做了如下记录：

（1）记录在被投资方收益中所占份额

投资	25 000	
在被投资方收益中的权益		25 000

（2）记录收到的股利

现金	5 000	
投资		5 000

Global 公司的收益因在 Synergy 公司净收益中的份额而增加。这一收益将记在 Global 公司损益表的其他收益项中，与利息收入的处理相类似。与本章前面曾经述及的可销售证券和交易证券的会计处理不同，此例中所收到的股利不是记为收益，而是作为对 Synergy 公司的投资回报减计投资。

Global 公司的投资账户和 Synergy 公司的股东权益之间存在如下对应关系：

Global 公司
投资

期初余额	500 000	
	25 000	5 000
期末余额	520 000	

Synergy 公司
股东权益

	期初余额	2 000 000
2 000 000		100 000
	期末余额	2 080 000

Global 公司对 Synergy 公司的投资依然保持了该公司股东权益的 25%。

权益法会计的要点如下：

- 投资账户列报的金额等于在被投资方股东权益中所占份额。因此，除非被投资公司被纳入报表合并范围，否则无须在资产负债表上记录实质性资产和负债。这一点对分析投资方情况具有重要意义。
- 在分析投资方收益时，除非投资是为了某种战略目的，否则应该将投资收益（在被投资方收益中所占份额）与核心业务收益区分开来。
- 与本章前面讨论过的可销售证券和交易证券的报告不同，权益法下的投资需按调整后的成本而非市场价进行记录。因此，大量未实现利得不会在资产或股东权益中反映（不过，确已发生的价值损失必须作为投资减值处理并在损益表上记录相关损失）。
- 当投资价值减少为零时（可能是因为被投资方发生亏损），投资方应该停止使用权益法，且不能在账面上记录额外的损失，除非投资方曾经为被投资方的债务做过担保，或曾经承诺对被投资方提供进一步的经济支持。只有当被投资方的累计亏损已通过其收益全部弥补之后，才可以再次恢复使用权益法。
- 如果初始投资额超过占被投资公司账面价值的份额，超出部分需分配至可辨认有形或无形资产上，并在资产的预计使用年限内进行折旧或摊销。由此发生的额外费用需冲减投资收益。不按此种方式处理的超出部分将作为商誉处理，并不再进行摊销。

□ 公司间投资的分析意义

我们的分析将继续关注与公司间投资相关的一些重要问题。本节讨论的是公司间投资分析更为重要的寓意。

被投资方收益的确认

权益法会计假定被投资方赚得的一美元等同于投资方赚得的一美元，即使投资方可能并不收到现金。然而，即使不考虑母公司收到子公司汇回收益时应负担的潜在的纳税义务，也无法保证收益具有美元对美元的等值效应。其原因包括：

- 监管机构有时会对子公司的股利政策进行干预。
- 公司经营地所在国家可能对收益汇返实现严格限制，其币值也可能迅速下跌。政治风险也会对真正取得收益造成进一步的障碍。
- 贷款合约中对股利的限制也会妨碍收益的获得。
- 少数股权稳固而强大，可能降低母公司在制定股利或其他政策时的决断力。

在估计子公司赚得的一美元是否等于投资方赚得的一美元时，我们必须考虑上述因素的影响。

未确认资本投资

投资账户常常被视为单行合并，这是因为它代表了投资方在被投资公司股东权益中所享有的权益份额。在这一投资余额背后，是被投资公司潜在的资产和负债。被投资公司可能存在大量未入账资产和负债，在投资方资产负债表上是不会反映出来的。

以可口可乐公司为例，该公司拥有作为其罐装商之一的 Coca-Cola Enterprises（CCE）公司约36%的股份。公司按权益法对该投资进行记录，2004年12月31日报告的投资余额为16.79亿美元，近似于它在CCE公司54亿美元股东权益中所占份额。CCE公司资产负债表呈报的总资产为264亿美元，总负债为210亿美元。可口可乐公司资产负债表上的投资余额占总资产的5%，掩盖了一项更大的投资，同时也歪曲了财务杠杆。

分析师所要面对的困惑是如何处理这一相当可观的表外投资。财务比率分析是否应该只是在可口可乐公司财务报表的基础上进行？分析师是否应该把CCE的财务报表与可口可乐公司财务报表合并起来，并以合并财务报表为基础来计算财务比率？从分析的角度，是否应该把在可口可乐公司在CCE公司资产和负债中所占的份额记入投资账户？在开始分析之前，必须对这些问题做出回答。

子公司未分配利润的纳税准备

当子公司的未分配利润需计入母公司税前会计收益时（或通过合并，或通过权益法会计），可能同时需要**计提纳税准备**（provision for taxes）。这项准备依母公司的行动和意图而定。目前的会计实务假定所有未分配利润均会转移到母公司，因此由母公司在当期计提纳税准备。不过，如果有确凿证据表明子公司已经或将要把未分配利润做永久性投资，或者将通过免税清算免除收益，这一假定将不再成立。在分析中我们应该注意，未分配利润是否需要缴税主要由管理层决定。

企业合并

企业合并（business combination）是指企业两两合并，或者一家企业收购另一家企业。它发生在一家公司获得一家或多家其他公司的大部分权益证券之时（本节中我们将主要讨论收购被投资公司股票的情况。如果是收购资产，则与其他资产的购置并无不同，需按购进价进行记录）。企业合并要求随后的财务报表报告新实体的联合活动。企业合并会计要求对如何进行新实体资产和负债计价做出决策。这一决策可能是对收购的所有资产和债务按市场价进行全面的重估，这会对当前和将来的财务报表产生很大影响。这一会计决策与本章前面部分所讨论的公司间投资有很大不同。公司间投资关注的不是“合并”的会计处理，而是投资本身的计价和会计处理。分析企业合并时，必须搞清管理层的动机、合并的会计意义，以及对新实体的财务报表进行评价和解释的需要。

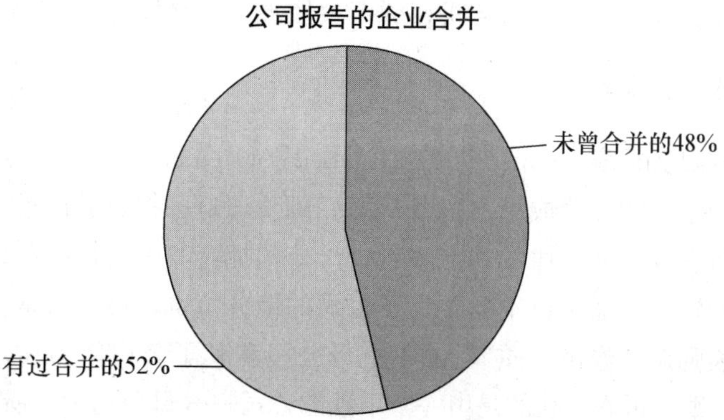

出于经济考虑的企业合并已经有很长历史。企业合并的经济原因包括：(1) 获得各种资源，如原料、生产设施、技术、营销渠道或市场份额；(2) 保护或获得财务资源；(3) 强化管理；(4) 提高经营效率；(5) 促进多元化经营；(6) 迅速进入市场；(7) 实现规模经济；(8) 获得税务优势。我们还须注意企业合并的一些无形的原因。在某些情况下，此类无形因素可能是对收购中之所以支付高成本的最佳解释，包括管理层的声望、报酬及津贴。考虑这些动机可以使我们更好地理解管理层在记录企业合并时的会计选择。

不过，企业合并也可以作为一种强化公司形象、发挥企业增长潜力、促进公司繁荣兴旺的手段，并作为一种增加报告收益的手段。尤其是，金融工程师可以利用企业合并会计的各种方法传达一种盈利增长的景象，而这种景象很大程度上只不过是一种假象。造成盈利增长假象的方法包括：

- 将一家市盈率较高的公司与另一家发展前景不是很好的公司进行合并，并用高增长公司的股票作为支付手段。这种交易可以造成每股盈余的进一步增长，而且能够强化甚至进一步提高并购公司的市盈率。市场有时并不会充分考虑购并盈余潜在的低质量。这是市场评价机制中一个内在的暂时性问题，但是很难被监管方轻易弥补的。
- 企业合并会计使用的自由度。这与因合并而产生的实际经济优势截然不同。下一节中我们将考虑企业合并会计的备选方法。

□ 企业合并会计

对企业合并的会计处理，不论是 US GAAP（ASC 805）还是 IFRS（IFRS 3），都要求以购买法（acquisition method，与早期的 purchase method 相类似）进行企业购并的会计处理。这种方法的主要目的是在资产负债表上确认购买资产时所付出的价格。其目标通过以下两个步骤来达成：(1) 购入公司所有资产（有形和无形）和负债按收购日的**公允价值**（fair value）确认；(2) 收购价与被收购公司净资产公允价值之间的差额确认为**商誉**（goodwill）。在将来，需要对所有长期资产（有形或无形）计提折旧（或进行摊销），商誉除外。商誉无须摊销。作为替代，需要每年检测其减值额。一旦发现商誉的持有价值（即资产负债表上的价值）超过其公允价值，则需将其差额作为减值损失处理，并在资产负债表上将商誉的价值减计至目前的公允价值。倘若没有此类减值发生，商誉将在资产负债表上一直保持其最初价值。

合并财务报表

合并财务报表（consolidated financial statements）在同一组报表中报告母公司和其下属子公司的经营成果与财务状况。母公司财务报表通过投资账户来反映在子公司的股票所有权。从法律的观点来看，母公司拥有其子公司的股票。但母公司并不拥有子公司的资产，通常也不需要为子公司的债务负责，虽然常常会对其进行担保。合并财务报表强调"经济实质"，并不把母公司和其子公司作为独立的法律实体。也就是说，合并财务报表反映的是由一个单独的公司——母公司——所控制的经营实体。

合并机制

报表合并涉及两个步骤：聚合和抵销。首先，合并财务报表需要将子公司的资产、负债、收入和费用与母公司财务报表中相应的项目聚合在一起。第二步是抵销公司内部交易（或对应账户）以避免重复计算或提前确认收入。比如，在编制合并资产负债表时，需要同时抵销母公司对子公司的应付账款和子公司与母公司之间的应收账款。公司内部存货销售的销售额和销售成本也需进行抵销。

资产负债表合并的最终结果是按购并当日的公允市价来对购入的子公司进行报告。也就是说，子公司的所有有形资产和可单独辨认的无形资产，皆需按其评估价值进行报告。可辨认资产购并价超过公允市价的价值，记作商誉。

我们以以下资料为例来说明合并报表的编制过程：

第一年12月31日，Synergy公司用10 000股本公司普通股股票（面值5美元，市场价77美元）换入Micron公司全部普通股，获得该公司100%的所有权，使Micron公司成为其全资子公司。购并当日Micron公司的账面价值为620 000美元。Synergy公司之所以愿意支付770 000美元的市价，是因为它觉得Micron公司的不动产、厂场及设备（PP&E）价值被低估20 000美元，其未确认商标价值30 000美元，此外还有企业合并所带来的无形收益（公司协同效应、市场地位等）100 000美元。为此，购买价可分配如下：

购买价	$ 770 000
Micron公司的账面价值	620 000
超值额	$ 150 000

超值分配		使用寿命	年折旧/摊销额
低估的PP&E	$ 20 000	10	$ 2 000
商标权	30 000	5	6 000
商誉	100 000	无限	0
	$ 150 000		$ 8 000

商誉只有在所有有形资产（PP&E）和可辨认无形资产（商标）的公允市价确定之后才可以确认。Synergy 公司按如下分录对此项购并做了记录：

对 Micron 公司的投资	770 000	
普通股		50 000（面值）
股本溢价		720 000

第二年，Micron 公司获利 150 000 美元，未曾支付股利。按权益法计算的 Synergy 公司第二年 12 月 31 日投资账户账面余额如下：

期初余额（12/31/Y1）	$ 770 000
投资收益	150 000
股利	0
超值摊销（如上）	(8 000)
期末余额（12/31/Y2）	$ 912 000

按照现行 GAAP，商誉无须摊销，Synergy 公司确认的投资净收益为 142 000 美元，包括它在 Micron 公司盈余中所占份额（本例中为 100%）扣除 PP&E 超值折旧 2 000 美元和商标摊销 6 000 美元。以下为第二年末 Synergy 公司和 Micron 公司的试算表、合并工作底稿，以及合并的总计数：

Synergy 公司及其子公司
第二年 12 月 31 日试算表与合并财务报表
（基于购买法编制）

	Synergy	Micron	借方	贷方	合并
收入	$ 610 000	$ 370 000			$ 980 000
营业费用	(270 000)	(140 000)			(410 000)
折旧费用	(115 000)	(80 000)	[4] $ 2 000		(197 000)
摊销费用	0	0	[4] 6 000		(6 000)
投资收益	142 000	0	[3] 142 000		0
净收益	$ 367 000	$ 150 000			$ 367 000
留存收益，1/1/Y1	$ 680 000	$ 490 000	[1] 490 000		$ 680 000
净收益	367 000	150 000			367 000
股利支付	(90 000)				(90 000)
留存收益，12/31/Y2	$ 957 000	$ 640 000			$ 957 000
现金	$ 105 000	$ 20 000			$ 125 000
应收账款	380 000	220 000			600 000
存货	560 000	280 000			840 000
对 Micron 的投资	912 000	0		[1] $ 620 000	0
				[2] 150 000	
				[3] 142 000	
不动产、厂场和设备（净值）	1 880 000	720 000	[2] 20 000	[4] 2 000	2 618 000
商标权	0	0	[2] 30 000	[4] 6 000	24 000
商誉			[2] 100 000		100 000

续前表

	Synergy	Micron	借方	贷方	合并
资产总计	$ 3 837 000	$ 1 240 000			$ 4 307 000
负债	$ 780 000	$ 470 000			$ 1 250 000
普通股	800 000	100 000	[1] 100 000		800 000
股本溢价	1 300 000	30 000	[1] 30 000		1 300 000
留存收益	957 000	640 000			957 000
负债和权益总计	$ 3 837 000	$ 1 240 000	$ 920 000	$ 920 000	$ 4 307 000

购买日投资账户的初始余额（770 000 美元）代表了 Micron 公司的市场价值。它包括 Micron 公司报告净资产加先前未确认的商标公允市价及购并商誉。四项合并分录分别为（金额见上表）：

1. 用所获得资产（在起始年份的）账面价值替代投资账户中 620 000 美元的金额。如果拥有子公司股份低于 100%，投资账户贷方金额应等于所拥有的账面价值的比例，贷方金额的剩余部分属于一个称为少数股权的负债账户。在分析的角度，无论资产负债表中如何报告，少数股权账户都将被视为权益的一个组成部分。最近颁布的会计准则（SFAS 160）要求将少数股权作为股东权益的一部分。

2. 为了按公允市价充分反映 Micron 公司资产的价值，用公允价值调整数替代投资账户上 150 000 美元的记录。

3. 消除 Synergy 公司的投资收益记录，用 Micron 公司的损益表代替该账户。如果拥有子公司股份低于 100%，Synergy 公司报告的投资收益应等于它在 Micron 公司收益中享有的份额，Micron 公司收益中的少数股权则作为额外费用处理。

4. 记录 Micron 公司不动产、厂场和设备（PP&E）公允价值调整的折旧及商标的摊销额。需要注意的是，在现行 GAAP 下，无须进行商誉的摊销。

理解合并过程必须把握如下要点：

- 合并资产负债表中需要包括合并当日 Synergy 公司的账面价值和 Micron 公司公允市价，减去 Micron 公司市场价值高于其账面价值部分的折旧/摊销额。投资方资产负债表中的投资账户用被投资方资产负债表来代替。此外，购并中获得的额外的有形及无形资产要确认为当前报告资产结存价值的增加项（调高 PPE），并作另外的资产（商标权和商誉）处理。
- 合并损益表需同时包括 Micron 和 Synergy 两家公司的损益表。Synergy 公司在其账面上记录的投资收益要由 Micron 公司的损益表取代。此外，折旧费用应该包括 Micron 公司按其应折旧资产账面价值记录的折旧费用，加上在合并时记录的公允市价超过账面价值部分的折旧费用。新创造的商标权资产要在其使用期限内摊销，由此产生了 6 000 美元的额外费用。购并中确认的商誉将不进行分期摊销。
- 商誉只有在所有已获得的有形及无形资产的公平市场价被确认后才可以入账。公司需对购并中所获得的任何无形资产进行确认。这些无形资产必须有可辨别的使用年限，可以做摊销处理。

商誉的减值

合并中入账的商誉没有确定的使用年限，因此不进行摊销，但必须每年进行减值测试。测试分两步进行。第一步，比较 Micron 公司的公允市价与 Synergy 公司账簿上相关投资账户所记录的账面价值（第 2 年 12 月 31 日为 912 000 美元）。Micron 公司的公允市价可用多种方法确定，如可比企业的市场报价或折现自由现金流量估值法。如果当前市价低于投资账户余额，则认为商誉发生了减值，需在合并财务报表中反映减值损失。

假设第 2 年 12 月 31 日 Micron 公司的公允市价估计为 700 000 美元，有形资产净额和可辨认无形资产的公允市价为 660 000 美元。由此导致 60 000 美元的减值损失，其计算如下：

Micron 公司的公允市价		$ 700 000
流动资产	$ 520 000	
不动产、厂场和设备	570 000	
商标权	20 000	
负债	(450 000)	
净资产		660 000
隐含的商誉		40 000
商誉的账面余额		(100 000)
损失		$ 60 000

为此需要在 Synergy 公司账簿上做如下记录：

商誉减值损失	60 000	
对 Micron 公司的投资		60 000

Synergy 公司合并损益表的经营业务部分将单列一行报告减值损失。此外，Synergy 公司的投资账户中包含的部分商誉将被冲销，合并资产负债表中的商誉余额也相应减少。同时，还必须对导致减值的事实及环境条件做详细说明，同时说明 Synergy 公司用以确定 Micron 公司公允市价的具体方法。

□ 企业合并中存在的问题

或有对价

在某些企业合并中，合并双方有可能难以就价格获得一致意见。由此产生了或有对价（contingent consideration）概念，它意味着，如果合并后的公司能够实现其未来业绩目标，购买方就要向出售方支付额外的价款。按照目前的会计处理方法，未来的盈利能力支付（earn-out payment）需在付款时确认为额外的购买成本（一般是作为商誉的增加）。FASB 已经提出对企业合并准则进行修订，其中包括了有关或有对价的新的会计处理方法。依照提议中的准则，必须按照购并日的情况来确定被收购企业的公允价值。购并协议中必须包含购买方或有对价责任的公允价值。该金额应该纳入购买价之中。也就是说，有关未来支付的协议必须在购并日按公允价值确定其价值，然后在每个季度进行重估价以反映实际业绩。这将导致或有对价重估价时收益的易变性。

总成本的分配

公司确定了所兼并实体的总成本后，必须进一步将该成本分摊到各项资产上去。企业合并中所获得的所有可辨认资产和所需承担的负债，都必须分摊一定比例的总成本，一般等于其在购并日的公允价值。可辨认资产包括有形资产和无形资产两部分。SFAS 141 要求公司确定各种无形资产并分别进行计价。这些无形资产包括：

1. 商标及其他与营销相关的资产。

2. 非竞争协议（noncompetition agreements）。

3. 客户名单、合同及其他与客户相关的资产。

4. 与艺术相关的无形资产，如文学作品、音乐作品、录像和视听材料（包括电视节目和音乐磁带）等。

5. 与契约关系相关的无形资产，如许可、版权、广告和管理合同，租赁或特许协议，广播报道权，雇用合同等。

6. 专利权、计算机软件、数据库、商业秘密或配方，以及其他技术型无形资产。

只有当购买价已被分摊到所有有形和可辨认无形资产公允市价，并减去所承担负债的公允市价之后，才可将部分购买价分摊至商誉。原因在于，除商誉以外的其他所有资产均有一定的使用年限，可导致折旧和摊销费用。商誉却没有明确的使用年限，因而无须摊销。

购并中所获得的可辨认资产的市场价值或估价减去需承担的债务以后，有可能超过兼并公司的成本，形成**负商誉**（negative goodwill）。在此类罕见的情况下，这些差额会减少所取得的除在有价证券上的长期投资之外的非流动资产的价值。如果此外还有剩余，则在损益表上记作税后非常收益。

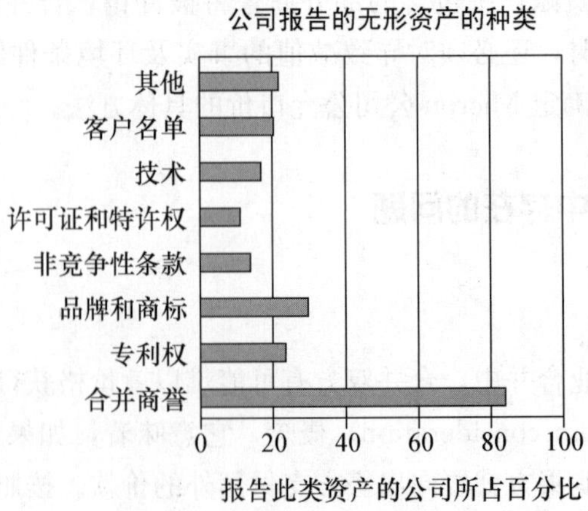

未完研发

有些公司把被兼并公司成本的很大一部分作为购买研发费用冲销。在过去十年中，此类冲销在数量上有了戏剧性增长，尤其在高技术产业中。在先前的GAAP下，这种方法颇引人注目，因为它允许实施兼并的公司减少将购买价分摊到商誉上，甚至完全取消此种分摊，这样可以减少（乃至于完全避免）未来收益因商誉摊销而负担的费用。

在进行未完研发（in-process research and development，IPR&D）冲销的情况下，公司在冲销之前首先需要对被收购公司的IPR&D资产进行估价。不过，对如何进行这种估价，却没有任何明确的指导。为了避免将IPR&D确认为商誉，公司会在IPR&D估价中尽可能增高冲销额，以减少甚至完全消除随后的商誉摊销。这种冲销导致了对盈余质量的关注，主要是考虑是否高估了IPR&D，因为高估IPR&D将导致低估资产，高估未来权益（及资产）回报率。

对IPR&D冲销的滥用引起了证券交易委员会（SEC）的注意，SEC对IPR&D的运用情况进行了调查。有些并购因此受到挑战，相关公司被要求对历史财务报表进行重述。FASB最近提出将IPR&D资本化并进行摊销，而不再做费用化处理。

合并财务报表中的债务

合并财务报表中的负债并不能作为共同财产的置留权。作为债权人，无论是否有担保，在拖欠事件中只对导致债务的特定公司所拥有的资产享有追索权。如果母公司对子公司的负债进行了担保，债权人可将担保作为追索条款的额外保障。合并资产负债表并不能帮助我们对债权人所享有的安全边际做出评估。要评估负债的保障程度，我们需要在分析中考察每个子公司的个别财务报表。我们需要记住的是，法律上的约束并不总是可以作为衡量负债安全性的有效指标。比如，美国快递（American Express）最近抵偿了旗下一家子公司的债务，其原因并非出于法律责任，而是出于对自身名誉的考虑。

分析视点

……你是律师

你的一位客户因为法律事务打电话给你。该客户将她所有储蓄投资购买了NY Research Labs公司的普通股。她的担心源自NY Research Labs公司前一天发布的财务报表。这是该公司第一次发布合并报表，报表中涉及对名为Boston Chemicals Corp. 的子公司的合并。因为Boston Chemicals Corp. 面临好几项很大的法律诉讼，有些诉讼甚至有可能导致其破产。你的客户担心她在NY Research Labs公司的投资面临巨大的风险。你会对你的客户提出什么样的建议？因为报表合并，她是不是应该更加关注在NY Research Labs公司的投资？

子公司首次公开募股收益

Tyco国际有限公司下属全资子公司Tycom有限公司在首次公开募股（initial public offering，IPO）中将其先前未发行的股票出售给外界各方。此次出售行为导致的结果是，Tyco国际有限公司对Tycom有限公司的所有权从100%降低到了89%，与此同时，母公司合并损益表中记录了21亿美元的税前收益（税后为10.1亿美元）。当公司想要使所持有的子公司股票的未确认收益变为现实，同时又继续保持对子公司的控制权时，子公司的IPO就变得日益普遍。

从下面实例中我们可以看出按这种方式进行收益处理的理由：假定Synergy公司拥有Micron公司100%的股权，股东权益的账面价值为1 000 000美元，Synergy公司账面记对Micron公司投资1 000 000美元。Micron公司出售先前未发行的股票，收到价款500 000美元，Synergy公司的所有权因此减少为80%。这样，Synergy公司就拥有了子公司80%的所有权，此时子公司的账面价值为1 500 000美元，Synergy公司的投资额变为1 200 000美元。也就是说，其投资账户的价值提高了200 000美元。FASB肯定了对这种“收益”的处理，将其作为实收资本的额外部分。不过，SEC对此看法略有不同。它在第51号专门会计公报中允许公司按两种不同的备选方式进行这部分收益的处理：或记作额外的实收资本，或记作收益。对Synergy公司股东权益的影响也与此相同。不过，在第一个备选方案中，股东权益会因为额外实收资本的增加而增加。在第二个备选方案中，股东权益增加则是因为将收益从净收益中结转至留存收益，并在损益表上记录了该项收益。

购并前销售和收益

当对子公司的收购发生在年中时，公司只记录自购并日起其在子公司收益中的权益。不过，在GAAP会计研究公报51中，对此有两种方法可用：

1. 公司可以发布一份合并损益表，反映自并购日起该子公司的销售收入、费用和收益。

2. 公司可以在合并损益表中报告子公司全年的销售收入和费用，从中剔除购并前的收益，合并净收益中所包含的就只是购并后的收益。

两种方法对合并净收益的影响是相同的，即：合并收益中所包含的，仅仅是自购并日之后被购并公司的净收益。不过，合并损益表中的首行数据（销售收入）可能因购并日期的不同及被收购公司销售收入的多少而有显著不同。如果公司收入增长主要来自购并（与“有机”增长或内部增长相对），将给分析师带来很大麻烦。

并购前的收益可能没有多大实质性意义，因而被作为其他费用处理，而不是单独列示。要了解所采用的会计方法，最好是看看购并附注中有关预计披露的要求。如果被购并公司整个年度的资料都被纳入合并报表，则需要报告预计销售和收益。通过比较预计销售和报告合并销售，可以洞悉管理者在此一领域中的会计选择。

下推会计

购买法（purchase accounting）要求将购入公司的资产和负债按市价列入购买方

的合并财务报表。随之而来的一个存有争议的问题是，被购买公司在其独立的财务报表中如何报告这些资产和负债（前提是该公司作为一个独立实体存在并公开上市）。SEC 要求，当一项购并交易使得一个实体实质性地为另一实体所完全拥有（如规则 S—X 所规定的那样），如果被兼并公司在公开市场上发行证券，则需要为购并资产和负债建立新的会计基础。例如，如果 A 公司通过一次或一系列购并交易实质性地获得了 B 公司全部普通股股票，B 公司财务报表就必须反映因其被 A 公司收购所引起的新的会计基础。若所有权处在母公司控制之下，则不管该实体是继续存在，还是已经并入母公司业务，购买资产和负债的会计基础应该是一样的。这就是说，A 公司收购 B 公司的成本被“下推”，用以在 B 公司的独立财务报表中建立一个新的会计基础。SEC 承认，子公司发行在外的公开债务、优先股或较大的少数股权可以影响母公司对所有权的控制能力。在这种情况下，SEC 并不坚持下推会计（push-down accounting）。

合并财务报表的其他局限

合并财务报表通常能够很好地反映母子公司所构成实体的财务状况和经营成果。然而，除了以上所讨论部分之外，合并财务报表尚存在其他一些局限。

- 构成大型实体的各个公司的财务报表并不总是按可比基础来编制的。会计原则、估价基础、摊销率及其他因素上的差异，可能制约财务比率、趋势及其他分析的同质性，并对其有效性造成损害。
- 合并财务报表并不能显示使用各个子公司的现金时所受到的约束，也没有揭示公司间的现金流，以及此类现金流量所受到的限制。这些因素模糊了资产的流动性与所要偿付债务之间的关系。
- 财务状况较差的公司与财务状况很好的公司合并，会使财务分析变得模糊不明。因为合并实体中某一成员的资产并不能随意拿来用以偿还另一成员的债务。
- 公司间内部交易处在不明状态——除非对编制合并报表的过程中所采用的具体程序有详细说明。但合并报表一般只揭示结果。
- 金融和保险类子公司的合并会计处理可能带来多方面的分析问题。不同类型的子公司汇集起来，可能扭曲财务比率及其他关系。比如，金融类子公司的流动资产通常并不能用来偿付母公司的流动负债。各个独立实体的资产和负债是不能互换的，合并财务报表因此会模糊债权人求偿权的优先顺序。

商誉会计的结果

企业购并中所获可辨认净资产购买价高出市场价的部分，代表着为了获得超额（超常）收益而付出的代价。超额收益源自品牌及其他可带来优越竞争地位的项目。优越的竞争地位是指在各种经济和环境条件下自如的应变能力。通过自身的努力和对机会的把握，公司可以保持优越的地位。然而，商誉并不具有永久性意义。

商誉的剩余计量带来了潜在的计量问题。比如，由于激烈的竞争性投标中的估计错误，或者由于错误地估计所有者或债权人资源而导致的过高的支出，都会一揽子计入商誉。这些支出甚至还会包括中间人佣金（finder’s fee）、业务招待费（legal cost）、投资银行佣金（investment banker fees）以及中期财务成本（interim financial costs）。伯克希尔·哈撒韦公司董事局主席沃伦·巴菲特在致公司股东的信函中曾经谈及商誉的剩余计量，他写道："当过度兴奋的管理层以愚蠢的高价收购一家企业时……愚蠢的结果将最终聚集在商誉账户中。考虑到对于创设这一账户缺乏任何管理规训，在此情形之下，这一账户最好是贴上这样一个标签：no-will①。"这一问题的关键症结在于：商誉是否真的代表了获得超额利润的能力，且其利益可以延伸至未来时期？我们在分析中必须承认，在很多情况下，答案是否定的。

如果公司确实在面对所购入公司的实质性损失时冲销商誉，冲销的时间选择很少能够反映这一损失在价值中的及时确认。下面案例可以明显地反映出这一点。

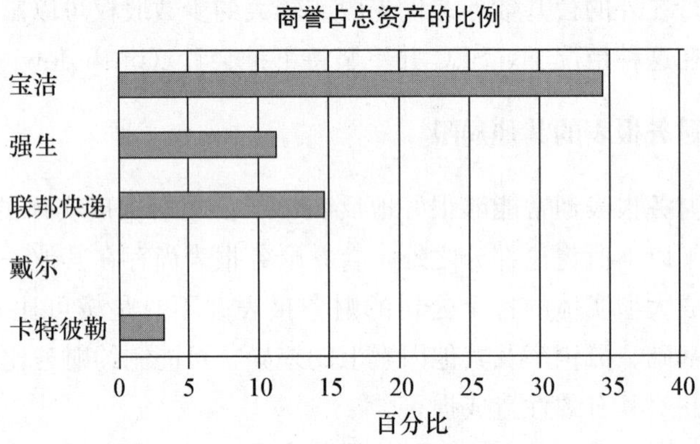

分析摘录

Bangor Punta 公司收购 Piper Aircraft 公司时，所付价款中有很大一部分属于商誉。然而，时间最终证明该公司付巨款购入的并非超额收益，而是超额损失。在一个会计期间，Bangor Punta 公司在合并基础上赚得了 310 万美元，Piper Aircraft 公司却损失了 2 240 万美元。只是当随后面对 Piper Aircraft 公司的 3 850 万美元经营损失时，Bangor Punta 公司才作为总的合并损失冲销了 Piper Aircraft 公司 5 470 万美元的商誉。Bangor Punta 公司这样做，似乎也有进行"巨额冲销"的意思。也就是说，对冲销额的确认被有意延迟，直至它所产生的影响能够被 Bangor Punta 公司自己的损失所抵销（一次经受所有冲击）。这种冲销也有好的一面，即它可以使 Bangor Punta 公司的未来收益不再受商誉摊销费用影响。

为了更好地理解商誉及其分析意义，我们可以比较一下会计界对商誉的定义和分析师通常使用的商誉定义：

商誉的会计定义 商誉是指购并交易中所获净资产的成本超出公允市价的部分。人们不会尝试去精确确定这一资产的构成或分配给它们的经济价值。购并中不管是因为什么而付出，只要不能单独辨认，即分配做商誉。

① 英文中"商誉"一词为"goodwill"，意为"良好的声誉"。巴菲特用"no-will"作标签，用"no"取代"good"，旨在强调愚蠢的高价收购所导致的并不良好的事实。——译者注

分析师的商誉定义　商誉反映真实的经济价值，比如品牌所需的开发和维护成本。商誉也可以反映由于不现实的期望、无原则的狂热或缺乏理智的判断和适当的分析而导致的过度支付。对商誉进行估价时，需要联系经营情况仔细分析公司的市场竞争地位和获得超额收益的能力。商誉代表一种非永久性的优势。这一优势必须通过超额收益能力表现出来。失去了超额收益能力，商誉也就不复存在。

对商誉的分析始终具有挑战意义。公司资产负债表上的商誉动辄几十亿。在有些公司，它代表净资产的一个实质性部分，甚至超过权益总额。为超额收益能力而付款是正当的。但分析中依然必须注意，在许多情况下，商誉只是在一点不考虑价值回报的前提下对会计规则的机械运用。以下有关 RJR Nabisco 公司控制权的争战，说明了数十亿美元的金额是如何作为商誉被放置于资产负债表之上的：

分析摘录

在开始拍卖 RJR Nabisco 公司之前，市场（实际上由持有其 40%股份的金融机构把持着）对该公司的定价约 120 亿美元。一个由 RJR Nabisco 公司首席执行官率领的竞标小组以高出市场定价 50 亿美元的出价（170 亿美元），开启了竞价之战。RJR Nabisco 公司最终以 250 亿美元卖出，其中包括 130 亿美元商誉。毫无疑问，记入这一账户的，包括在这次价值不菲的拍卖活动中所发生的各种费用，包括巨额财务费用、专业人员和投资银行人员费用，以及其他费用。分析中需要考虑的一个重要问题是，商誉究竟在多大程度上反映了（或者根本没有反映）未来剩余收益（超额收益）的现值。

最后，我们在分析中还须认识到，公司资产负债表上的商誉通常难以反映公司总的无形收益能力（归因于市场地位、品牌或其他所有权优势）。也就是说，在公认会计原则下，公司内部形成的商誉不能作为资产入账。这一点可以在 Altria 集团公司案例中得到证明。

分析摘录

Altria 公司以 58 亿美元收购了通用食品公司，其中 28 亿美元是为商誉而支付。通用食品公司的品牌是值得付这么多款的。在 Altria 公司的资产负债表上，商誉占权益的比例接近 80%。就这样，也还是没有把 Altria 公司自己可观的品牌价值包含在内。

衍生证券

公司总是面对不同类型的**市场风险**（market risks）。之所以会出现这些风险，是因为公司业务的盈利能力对好几个领域——诸如商品价格、汇率、利率——的波动极为敏感。为了降低此类风险，公司进行**套期保值交易**（hedging transactions）。**套期保值**（hedges）是为了使公司免遭市场风险而签订的合约。套期保值在概念上与保险单相类似，公司通过订立协议按一确定数额付款，无论市场如何变化。诸如**期货**（futures）、**期权**（options）、**互换**（swaps）之类的金融工具都可以一般地作为套期保值工具使用。这些金融工具称为**衍生金融工具**（derivative financial instruments）。**衍生产品**（derivative）是一种金融工具，其价值来自另一种（一类）资产，或来自诸如股票、债券、商品价格、利率、汇率之类的经济变量。不过，当衍生产品通过缔约成为套期保值工具，会使公司面对很大的风险。这是因为，很难找到一种衍生产品在风险暴露中能够做到完全的套期保值，因为衍生契约的相关方很难了解此类工具的潜在风险，或因为**对方**（counterparty）——即套头合约中的另外一方——财力不够雄厚。衍生产品也被公司用作投机的工具。

衍生产品的使用在过去十年中激增。衍生合约的价值目前达数万亿美元之巨。由于衍生产品的使用急剧增加，也因为其巨大的复杂性和风险，已使衍生产品会计成为FASB议事日程中一个极为重要的项目，并连续发布了一系列有关规则。SEC也要求公司在年报中对与衍生产品相关的风险进行特别的披露。有关衍生产品会计的规定及相关披露要求集中反映在SFAS 133之中。本节将讲述衍生产品的定义和分类，描述其会计及披露要求，最后讨论的是有关衍生产品分析的内容。

分析摘录

——可口可乐公司

我们已经建立了严格的对方信用规则，而且仅与投资级或更好的金融机构进行交易。我们对对方的风险暴露每日进行监控，一旦信用评级有所下降，立即进行重新考虑。如果对方的信用评级下降，我们有明确规定，要求以美国政府证券为我们的全部交易提供担保。

□ 衍生产品的定义

套期保值中使用多种金融工具，包括：

- **期货合同**（futures contract） 是由双方或多方签订的在某一未来日期（称为结算日）按确定价格购买或销售特定商品或金融资产的协议。许多商品和金融资产都有期货交易。它也可能是以某一特定金融指数（如S&P 500股票指数）的期货合约作为购买对象。
- **互换合同**（swap contract） 是由双方或多方签订的交换未来现金流量的协议。通常是为了进行风险的套期保值，特别是规避利率和外汇风险。**利率互换**（interest-rate sawp）即为其中一例。公司可能会希望将固定利率债务转换为可变利率债务（本节后面将讨论金宝汤公司的此类活动）。公司通过中间人（通常为银行）寻找拥有浮动利率债务，想要换为固定利率债务的另一公司。两家公司互换（sawp）利率，银行收取一定的交易手续费。**外汇互换**（foreign currency swap）与利率互换相类似，不同的是，其目的在于规避汇率风险而非利率风险。

● **期权合同**（option contract）　期权合同给予某一方执行特定交易的权利，而非义务。例如在未来某一日期按一具体合同价购买一定证券的权利。只有当该日证券价格高于合同价时才行使这种权利。期权可具体分为**认购期权**（call option）和**认沽期权**（put option）。①认购期权是在结算日或结算日之前按确定价格购买一定证券（或商品）的权利；认沽期权是在结算日或结算日之前按确定价格出售一定证券（或商品）的权利。

□ 衍生产品会计

图表 5—6 按会计目的对衍生产品进行分类。所有衍生产品，不管性质或目的如何，皆在资产负债表上按市价记录。然而，与投资证券的公允价值会计仅将资产按市价处理不同，衍生产品会计下，交易双方皆按市场价进行处理。这就是说，如果一项衍生产品属于有效的套期保值，就应抵销掉公允价值变化的影响，使对利润和股东权益的影响最小化。图表 5—7 概括列示了各种衍生产品会计处理的要点。衍生产品会计的差异取决于公司对衍生产品的分类。首先，衍生产品可以分类为公允价值、现金流量或外汇套期保值。随后是那些衍生产品和与之相关的资产或负债一同进行会计处理。

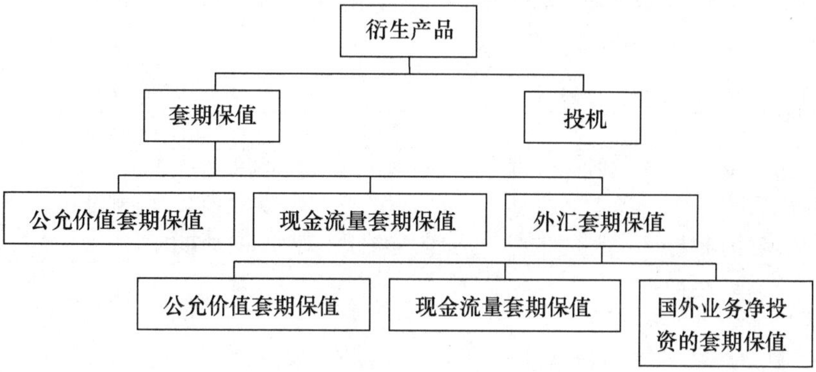

图表 5—6　衍生产品会计的分类

图表 5—7　**衍生产品会计**

衍生产品	资产负债表	损益表
投机	衍生产品按公允价值记录	未实现利得和损失计入净收益
公允价值套期保值	衍生产品、套期保值资产和/或负债	衍生产品、套期保值资产和/或负债的未确认
皆按公允价值记录	利得和损失皆计入净收益	
现金流量套期保值	衍生产品按公允价值记录（由累计综合收益补偿）	衍生产品有效部分的未实现利得和损失在其他综合收益中记录至结算日，然后结转至净收益；衍生产品无效部分的未实现利得和损失计入净损益

① 也可分别译为购买选择权和卖出选择权。——译者注

续前表

衍生产品	资产负债表	损益表
外汇公允价值套期保值	与公允价值套期保值相同	与公允价值套期保值相同
外汇现金流量套期保值	与现金流量套期保值相同	与现金流量套期保值相同
国外业务净投资的套期保值	衍生产品（和累计未实现利得和损失）按公允价值记录（累计外币折算调整部分计入累计综合收益）	未实现利得和损失在其他综合收益中报告，作为外币折算调整的一部分

公允价值套期保值及相关资产或负债的未实现利得和损失计入收益，影响当前盈利能力。只要套期保值有效，这一会计处理就不会对利润和股东权益产生实质性影响。因为资产负债表和损益表的影响大部分会被抵销。案例 5—1 提供了一个套期保值会计实例。

案例 5—1

Helix 公司拥有 5 000 股 Prima 公司的股份，作为可销售有价证券。2005 年 10 月 1 日，Helix 公司以每份 5 美元的价格购入 5 000 份 2006 年 3 月的 Prima 认沽期权（50 份合约），行权价为 50 美元（Prima 2005 年 10 月 1 日的市场价格为 58 美元）。2005 年 12 月 31 日，Prima 股票的交易价为 53 美元，认沽期权价为 7 美元。Helix 公司 2005 年第四季度资产负债表和损益表影响如下：

资产负债表		
	10/1/05	12/31/05
投资证券	$ 290 000	$ 265 000
认沽期权	25 000	35 000
对资产总额的影响	$ 315 000	$ 300 000

损益表	
证券的未实现损失	$ (25 000)
认沽期权的未实现利得	10 000
对净收益的影响	$ (15 000)

2005 年第四季度的净影响，对净收益而言是 15 000 美元的费用，与之相匹配，是资产总值的减少。说明该认沽期权并不是一项完美的套期保值。

因现金流量套期保值而引起的未实现利得和损失作为其他综合收益的一部分报告（作为股东权益的一个成分，而不是作为当期收益），直至该交易的实施日期，其后将转到收益并由交易自身的实际影响来抵销（需要注意的是，投机套期保值的未实现利得和损失立即在收益中报告）。案例 5—2 是现金流量套期保值举例。

案例 5—2

Ace 公司 2005 年 1 月 1 日从一家银行获得一笔 5 年期浮动利率贷款，金额 500 万美元（利息于每年 12 月 31 日支付）。2006 年 1 月 1 日，Ace 公司对此项贷款的未来可变利息支付做了利率互换，互换利率为 8%固定利率。2006 年 12 月 31 日，公司按互换合约支付了 40 万美元（500 万美元的 8%）利息，该贷款的实际利息为 30 万美元（500 万美元的 6%）。这就是说，2006 年的互换结果是多付出 10 万美元。这一因互换而引起的预期超额利息支付 2006 年 12 月 31 日的现值为 267 300 美元（其计算为再加三年每年 10 万美元支付额按每年 6%折现）。与此项利率互换合约相关，Ace 公司 2005 年和 2006 年 12 月 31 日资产负债表影响如下：

	12/31/05	12/31/06
互换负债的公允价值	$0	$267 300
累计其他综合收益	0	(267 300)
对负债和权益总计的影响	$0	$0

此项互换合约对 Ace 公司 2006 年损益表的影响为：

对净收益的影响（利息费用）* $（100 000）

对其他综合收益的影响（可销售证券未实现损失）** (267 300)

* 该年度已实现损失——2006 年多付利息。

** 该年度未实现损失——累计综合收益中反映的未来超额利息支付的现值变化。

最后，衍生产品利得或损失需与其成本一起反映在净收益中，不论是在公允价值还是现金流量套期保值会计之下都需按此方式处理。各种套期保值会计处理的差异主要是利得或损失确认的时间不同，也就是说，该利得或损失究竟是在当期收益中确认，还是在其他综合收益中做递延处理直至交易完成。

□ 衍生产品披露

公司需要披露有关衍生工具的定性和定量信息。既需要在报表附注中披露，也需要在其他地方（通常是管理层讨论和分析中）披露。这类披露的目的是让分析师了解衍生证券的潜在风险。

定性披露

主要是披露有关公司所参与套期保值活动的类型及所采用会计方法的信息资料。许多公司用衍生工具进行利率和外汇的套期保值，以规避相关风险。

定量披露

金宝汤公司在其年度报告的管理层讨论和分析部分披露了有关利率和外汇套期保值活动的定量信息。图表 5—8 是其披露的具体内容。

利率风险曝露

金宝汤公司的套期保值关系到利率，主要是以互换协议的方式来保持固定利率债务与浮动利率债务之间合意的关系。公司在年报中说明，已将 8.75 亿美元的债务做了固定对浮动的利率互换，以提高浮动利率债务的水平。由固定至浮动的利率互换使固定利率债务降低到了 16.74 亿美元（25.49 亿美元－8.75 亿美元），并使浮动利率债务增加到了 16.79 亿美元（8.04 亿美元＋8.75 亿美元）。

为什么金宝汤公司要提高浮动利率债务的比例？一般来说，浮动利率债务的利息要比固定利率债务低。因此，通过利率互换，公司可以降低利息支出，但需因此而承担风险。不过，问题并不像表面看起来那样严重。公司可以安全吸收的浮动利率债务的金额取决于息税前利润加折旧（EBITDA）和利率的协方差。协方差越高，公司可以举借的浮动利率债务的比例越大，报告利润受未来利率波动影响的风险也不会太大。金宝汤公司 MD&A 披露中浮动利率债务目标水平的确定即是以此为基础。

外汇风险曝露

金宝汤公司报告，受外币交易、对子公司投资以及子公司外币债务影响，公司同样面临着外币风险。因此，公司利用货币互换和远期交易合约来进行外币资产和负债的套期保值，其外币互换总额达 10.04 亿美元。当美元对外币的地位增强（减弱），以该外币形式存在的资产（负债）会遭受价值损失（或获得收益）。资产和负债的这些损失（收益）可以通过外币套期保值的收益（损失）抵销，从而使收益的可变性减小。

图表 5—8　　金宝汤公司 MD&A 的对市场风险的敏感性一节

对市场风险的敏感性

公司面对的主要市场风险来自商品、利率及汇率变动。此外，公司还面临与员工报酬义务相关的权益价格变动风险。公司应对利率风险的办法，是通过利率互换使浮动利率债务保持在目标范围之内，从而优化浮动利率债务与固定利率债务结构。公司的国际业务构成 2004 年销售净额的近 36%，主要集中在澳大利亚、加拿大、法国、德国和英国。公司通过借入外汇、实行汇率互换和远期外汇合同的方式来规避外汇风险。互换和远期外汇合同是根据外汇风险暴露的具体情况而缔约的。公司没有为了投机目的而签订此类合约，也没有使用杠杆工具。

公司的原材料（包括特定商品和农产品）采购采用订单和各种长短期供应合同相结合的方式。必要时，公司也通过签订商品期货合同的方式来降低因为商品（如玉米、可可、大豆、豆油、小麦等）价格波动所造成的易变性。2004 年 8 月 1 日和 2003 年 8 月 3 日，商品期货合同的名义价值和未实现利得和损失并不具有实质性意义。

下面摘要反映的是公司 2004 年 8 月 1 日与债务及其他重要的金融工具相关的市场风险。所披露的可变利率代表的是期末的加权平均利率。利率互换合同的名义价值和相关利率是按到期会计年度来表示。对互换合约，其可变利率为各项合约期限内远期利率的加权平均。

预计到期年度　　单位：百万美元

	2005	2006	2007	2008	2009	其后	合计	公允价值
债务								
固定利率	$6	$1	$606	$1	$301	$1 634	$2 549	$2 736
加权平均利率	2.87%	6.19%	6.20%	6.35%	5.88%	6.23%	6.17%	
可变利率	$804						$804	$804
加权平均利率	3.30%						3.30%	
利率互换								
固定到可变			$200[2]	$175[3]	$500[4]	$875		$—
平均付出利率[1]			5.11%	5.50%	5.15%	5.21%		
平均收到利率			6.20%	5.88%	4.95%	5.42%		

1. 加权平均支付利率是用远期 LIBOR 利率①加应用扩散（applicable spread）针对整个互换期而估计的。
2. 对 1 亿美元票据按 5.5%的利率，对 1 亿美元票据按 6.9%的利率套期保值到 2007 年。
3. 对 1.75 亿美元票据按 5.875%的利率套期保值到 2009 年。
4. 对 3 亿美元票据按 5.0%的利率，对 2 亿美元票据按 4.875%的利率套期保值，分别到 2013 年和 2014 年。

截至 2003 年 8 月 3 日，公司近 26 亿美元固定利率债务的平均利率为 6.7%，近 10 亿美元可变利率债务平均利率为 2.07%。至 2003 年 8 月 3 日，公司将 4.75 亿美元固定利率债务通过利率互换转换为可变利率债务，这些互换在剩余互换期内的平均收到利率为 5.24%，平均付出利率估计为 4.89%。此外，公司还将 3 亿美元浮动利率债务互换成固定利率债务。此项互换将于 2004 年到期。

由于存在国际业务，公司还要承受汇率变动风险，包括按非功能货币计算的公司间债务及对子公司的净投资。

下表概括反映了至 2004 年 8 月 1 日的外汇互换，其目的在于规避汇率风险。各币种的名义金额和相关的加权平均远期利率也在货币互换表中一同列示。

货币互换表　　单位：百万美元

	期限	利率	名义价值	公允价值		期限	利率	名义价值	公允价值
付可变 SEK	2005	4.01%	$18	$（1）	付固定 CAD	2009	5.13%	$61	$（5）
收可变 USD		4.22%			收固定 USD		4.22%		
付固定 SEK	2005	5.78%	$47	$（15）	付固定 GBP	2011	5.97%	$200	$（44）
收固定 USD		5.25%			收固定 USD		6.08%		
付可变 Euro	2005	2.71%	$137	$6	付固定 GBP	2011	5.97%	$30	$（1）
收可变 USD		2.38%			收固定 USD		5.01%		
付可变 Euro	2006	3.06%	$32	$1	付固定 GBP	2011	5.97%	$40	$1
收可变 USD		3.12%			收固定 USD		4.76%		
付可变 GBP	2006	6.35%	$125	$（11）	付固定 CAD	2014	6.24%	$61	$（5）
收可变 USD		3.80%			收固定 USD		5.66%	—	—
付可变 CAD	2007	4.89%	$53	$（3）	合计			$1 004	$(154)
收可变 USD		4.32%							
付固定 Euro	2007	5.46%	$200	$（77）					
收固定 USD		5.75%							

2003 年 8 月 3 日未偿付的货币互换合约，包括两项付固定 SEK 收固定 USD 的互换合约，名义价值分别为 3 100 万美元和 4700 万美元；一项付固定 Euro 收固定 USD 的互换合约，名义价值 2 亿美元；一项付固定 GBP 收固定 USD 的互换合约，名义价值 2 亿美元。这些互换合约 2003 年 8 月 3 日的合计公允价值为−9 700 万美元。

公司还因为与特定子公司之间的非功能货币交易（包括子公司债务）而面临着汇率风险。公司利用远期外汇买卖合同规避此类风险。

□ 衍生产品的分析

使用衍生产品的目的

确定公司使用衍生产品的目的具有重要意义，原因在于为投机而使用衍生产品的

① LIBOR 利率，即伦敦同业拆借利率，是国际市场上制定美元借贷利率的基准。——译者注

风险远高于套期保值风险。在套期保值中并不会因为策略选择而招致风险。套期保值的风险来自与套期工具相关的问题：或因为套期保值本身的不完善性，或因为不可预见的事项。对投机而言，公司本身就是在通过策略选择来承担市场变动的风险。有些公司主动承担此类风险，因为他们处在一种可以使风险多样化的状态（采用与保险公司相类似的方式）。更多时候，管理者会进行投机，是因为对市场变化有很好的“预感”。我们必须认识到，许多公司即使当他们认为是在用衍生产品进行套期保值时，实质上却是在进行投机。之所以如此，原因之一是当公司在为某一项具体风险而进行套期保值时，并不能使公司因为套期保值而从总体上免遭风险（参看下面的讨论）。

风险暴露与套期保值策略的效用

一旦分析师认定公司是在用衍生产品进行套期保值时，则必须对公司潜在的风险、公司的风险管理策略、其套期保值活动及套期保值业务的有效性进行评价。遗憾的是，目前按 SFAS 133 进行的披露并不总是能够为进行此类全面的分析提供充分有效的信息。比如，金宝汤公司为了使其可变利率债务达到目标比例，使用了固定到可变的互换，在这一过程中，公司承担了利率变动的风险。可是，公司并没有提供信息来说明它据以达到目标比例的方法，也没有说明它在此过程中所承担的风险水平。除此而外，公司也没有提供有关外汇风险暴露程度的信息，也没有说明通过使用外币互换和远期合同减轻风险的程度。

SFAS 133 的目的主要是为读者提供衍生工具的目前价值，以及这些价值对报告的盈利能力的影响。不过，对于这种披露，公允市价通常并不是很重要，名义价值也不能提供评价公司套期保值活动所需的信息。公司并没有被要求对通过套期保值活动想要减轻的风险暴露程度做量化披露，如果披露了，则可使投资者和债权人更好地理解套期保值策略的效用。

交易的个别风险与公司总的风险暴露

公司通过套期保值来规避各项交易、承诺、资产和/或负债的个别风险。尽管对各项具体风险的套期保值常常降低一项经济变数带给公司的总的风险暴露，但公司很少以规避公司范围内的总的风险为目标来使用套期保值。此外，会计规则也只是允许针对具体的可辨认资产、负债、交易或承诺的套期保值采用套期保值会计。这就提出了一个广泛的问题：套期保值的最终目的究竟是什么？如果套期保值的目的是通过降低公司现金流量（或资产净值）对具体风险因素的敏感度从而降低总体经营风险，那么，对具体风险暴露的套期保值能否达成这一目标？答案是：有可能，但不一定。案例 5—3 说明对一项具体风险暴露的套期保值如何增加了公司对该风险的总体暴露。

案例 5—3

Dynamics 公司按成本加成方式签订了一项政府合同。也就是说，Dynamics 公司可以在成本基础上加上一固定比例作为毛利。利息为其中一项重要的成本因素。Dynamics 公司主要通过可变利率借款为其经营活动融资。为了降低利息支出的易变性，Dynamics 公司参与了一项浮动向固定的利率互换。这项套期保值对Dynamics公司现金流量的易变性有何影响？回答这一问题，首先需要记住Dynamics公司的毛利等于成本的固定比例，且利息属于成本的一部分。这就意味着，利息的任何增加都会自动通过成本加成合同达到套期保值的效果，其毛利与利息呈正相关。因此，如果Dynamics公司通过利率互换对其可变利息进行套期保值，则其现金流量对利率变动的风险暴露反而会增加。

与此相关的分析性问题是，理性的管理者是否会订立增加公司总体风险的衍生合约。在有些情况下答案是会的。之所以会有如此行动，是现代经营的规模和复杂性，以及通过公司不同部门达成一致目标的难度所致。比如，公司财务部门负责控制融资现金流量，因而会参与利率互换以降低利息支出的易变性，尽管这些利息支出与公司的经营活动现金流量呈负相关关系。同样地，一家公司的美国分部和欧洲分部也可能通过外币互换进行外币业务的套期保值，但其目标可能是冲突的，因为每个部门只是考虑自己的风险暴露，而不管公司的总体风险。分析师必须分析衍生产品对公司的总体影响，并记住，具体风险暴露的套期保值并不能保证规避公司总体风险。

是否计入经营或非经营收益

衍生产品分析中的另一个问题是，是否应该将未实现（及已实现）衍生工具的利得和损失视为经营或非经营收益的组成部分。如果衍生产品属于套期保值工具，则未实现和已实现利得和损失不包括在经营收益中。此类衍生产品的公允价值也应排除在经营资产之外。就对利率的变动进行套期保值的衍生工具而言，这一分类是很清楚的，因为暴露的潜在内容（通常是利息费用或利息收入）本身属于非经营性项目。对于其他类型风险的套期保值，诸如外汇及商品价格风险，这一分类却不是很清楚。

这就是说，当套期活动不是公司经营的核心部分，且将套期保值的影响纳入经营收益会掩盖经营收益或现金流量的易变性时，衍生产品的利得和损失（及公允价值）做非经营性项目处理。如果公司将风险管理服务作为其业务的核心部分（像许多金融机构那样），我们就必须把所有投机的利得和损失（及公允价值）视作经营收益（以及经营资产和负债）的组成部分。

分析研究 **衍生产品真能降低风险吗？**

研究人员对管理层使用衍生产品的动机进行了调查，同时还调查了衍生工具的使用对公司风险的影响。尽管有一些混合性证据证明公司使用衍生工具是为了套期保值和投机的目的，但绝大多数证据认为管理者使用衍生工具是为了规避公司总体上的风险。投资于衍生工具的公司其风险显著降低，具体体现在股票投资回报的波动性降低。各类潜在风险（诸如利率风险暴露、汇率风险暴露）的降低更引人注目。总体来看，证据表明，管理者使用衍生工具一般是为了对具体的风险暴露进行套期保值，并最终达到降低公司总体风险的目的。

公允价值选择权

近年来，FASB 在按公允价值报告金融资产和负债方面取得了很大进步。SFAS 157（目前为 ASC 820）为公允价值会计提供了一个统一框架。SFAS 159（目前为 ASC 825—10—25）为公司提供了按公允价值报告金融资产和负债的选择权。两项准则皆提出了详细的披露要求。我们在第 2 章中介绍了公允价值概念，并对公允价值会计做了概述。本小节将介绍有关金融资产和金融负债按公允价值报告和披露的最新要求。

公允价值报告要求

适用公允价值选择权的资产和负债

US GAAP 允许公司按公允价值报告一系列金融资产和负债，包括债务和权益证券投资、金融工具、衍生产品以及各种类型的金融义务。不过，以下各项目却不能使用公允价值进行报告（尽管它们也具有金融资产和负债同样的性质）：（1）需纳入报表合并范围的对子公司投资；（2）退休后福利资产和债务；（3）租赁资产和债务；（4）特定类型的保险合同；（5）贷款约定；（6）特定条件下的权益法投资。

选择性运用

公司在对各项具体资产和负债运用公允价值选择权方面享有充分的灵活性。这种灵活性甚至体现在同一类别的资产中。比如，公司可能将公允价值选择权运用于可销售证券，却不用到其他证券。不过，一旦对某项特定资产（或负债）运用了公允价值选择权，就不能再随意改变。

报告要求

假如一家公司对某项资产或负债选择了公允价值计价，则需执行以下报告规则：

- 该资产（或负债）资产负债表上的结存金额在计量日必须一直按公允价值计价。
- 该资产（或负债）公允价值的变化，包括未实现利得和损失，必须计入净收益。换言之，所有采用公允价值计价的资产和负债需按与交易证券相同的方式处理。
- 未实现利得或损失以何种方式计入净收益，并未做明确确定。公司可以选择与现金流要素（如利息、股利、已实现利得/损失）不同的方式来报告未实现利得或损失，或者将二者一同进行报告。

公允价值披露

图表 5—9 提供的是富国银行（Wells Fargo）2007 年 9 月 10-Q 表公允价值附注的详细资料。我们同时还报告了该银行 2007 年 9 月 30 日的缩略资产负债表及截至

2007 年 9 月底 9 个月的损益表。该银行在以下方面采用了公允价值：(1) 为了再销售而持有的主要住房按揭 (MHFS)；(2) 与住房贷款出售和证券化相关的特定利息。在邻近的表上，富国银行报告了在资产负债表上所记录的各种资产和负债的详细情况。并非所有项目都采用了公允价值计价。比如，住房按揭服务权 (MSR) 按照一项较早的准则 (SFAS 156) 的要求采用公允价值进行记录。更重要的是，交易证券和可销售证券在资产负债表上按公允价值进行记录。富国银行是否对投资证券行使了公允价值选择权？损益表显示，富国银行在其他综合收益中列示了可销售证券的未实现损失 2.26 亿美元，表明它并没有对这些投资采用公允价值。因为，如果行使了公允价值选择权，未实现损失就应该计入净收益。我们在考察资产负债表时也可以看见，富国银行并没有对所有 MHFS 和 MSR 都采用公允价值计价。总计 296.99 亿美元的 MHFS 中，仅有 267.14 亿美元采用了公允价值。总计 186.83 亿美元的 MSR 中，也只有 182.33 亿美元采用了公允价值。这就证明了，富国银行在决定哪些金融资产按公允价值报告方面有很大的随意性。

富国银行还提供了对公允价值的分解，它在确定公允价值时，以所使用输入的类型为基础，分为如下三级：第一级，精确地以所估值证券的报价为基础；第二级，以类似证券的报价或来自非活跃市场的报价为基础；第三级，以工具公司的假定来确定的难以观察到的输入数据为基础。根据此类信息可以对富国银行公允价值计量的可靠性做出估计。在按公允价值记录的总额为 1 107.35 亿美元资产中，第一级占 32% (349.28 亿美元)，第二级占 48% (532.39 亿美元)，第三级占 20% (225.68 亿美元)。第三级输入中的最大一部分涉及按揭服务权 (MSR)，它是按第三级输入估价的。由于第三级输入不甚可靠，接下来一张表详细说明了其公允价值的变化，包括这种变化中有多少被计入了净收益。按揭服务权的公允价值增加了 6.32 亿美元，从 175.91 亿美元增加到了 182.23 亿美元。这一增加是因为净购入 15.83 亿美元，以及计入净收益的价值损失 9.51 亿美元。进一步信息揭示，富国银行还在净收益中记录了因为这些证券而发生的未实现利得 13.41 亿美元。

最后，富国银行揭示，2007 年前 9 个月，由于行使公允价值选择权，在净收益中记录了有关全部金融资产的净利得 4.45 亿美元，其中包括为销售而持有的住房按揭利得 4.77 亿美元，其他利益损失 3 200 万美元。

图表 5—9 **富国银行的公允价值披露**

截至 2007 年 9 月末前 9 个月的缩略财务报表

单位：百万美元

资产负债表		损益表	
资产		利息收入	$ 25 935
现金及短期投资	$ 16 746	利息费用	10 449
交易资产	7 298	贷款损失准备	2 327
可销售证券	57 440	扣除准备后的净利息收入	13 159
为销售而持有的按揭（公允价值 $ 26 714）	29 699	非利息收入	
为销售而持有的贷款	1 011	佣金、服务费、租赁费	7 872
扣除损失准备后的贷款净额	359 093	银行按揭	2 302

续前表

资产负债表		损益表	
按揭服务权（公允价值$18 223）	18 683	保险	1 160
房屋和设备	5 002	可销售投资净利得	661
商誉	12 018	其他	1 704
其他资产	41 737		13 699
	$548 727	行政管理费用	16 754
负债和股东权益		税前收益	10 104
存款	$334 956	所得税准备	3 298
短期借款	41 729	净收益	$6 806
长期债务	95 592	其他综合收益	
其他负债	28 712	外币折算损益	$24
	500 989	养老金调整	17
股东权益	47 738	可销售证券未实现损失	(226)
	$548 727	衍生证券未实现利得	174
		综合收益	$6 795

附注16　资产和负债的公允价值

自2007年1月1日SFAS 159《金融资产和负债的公允价值选择权》（包括FASB第115号公告的修订）正式生效，我们决定对为销售而持有的按揭（MHFS）按公允价值进行计量。对于新的主要住房MHFS创设，若有活跃的二级市场，并有便利的市场价存在，可以对用公允价值定价模型进行此类贷款的计价构成可靠的支持，也打算采用公允价值计价。我们还决定对所持有的与住房贷款销售和证券化相关的其他特定利益按公允价值进行重新计量。我们相信，有关MHFS及所持有的其他权益（目前已与独立衍生产品及MSR一同进行了套期保值）采用公允价值的决定将会减少特定的时间性差异，使这些资产价值的变动更好地与对这些资产进行经济保值而使用的衍生产品的价值变动相配称。对MHFS采用SFAS 159时并不会出现转换调整，因为对在2007年所形成的MHFS我们将继续使用成本与市价孰低原则计价。在采用SFAS 159时，我们还会继续采用SFAS 157《公允价值计量》。此外，在2006年1月1日SFAS 156《金融资产服务的会计处理》开始生效时，我们就已经对MSR采用了公允价值计价。

下表反映的是按公允价值计量的资产和负债余额：

	2007年9月30日			
（单位：百万美元）	合计	第一级	第二级	第三级
交易资产	$7 298	$1 403	$5 385	$510
可销售证券	57 440	32 734	20 969	3 737
为销售持有的按揭	26 714	—	26 636	78
按揭服务权（住房）	18 223	—	—	18 223
其他资产	1 060	791	249	20
合计	$110 735	$34 928	$53 239	$22 568
其他负债	$（3 079）	$（1 936）	$（822）	$（321）

第三级资产和负债公允价值的变化摘要列示如下表：

（单位：百万美元）	交易资产（衍生产品除外）	可销售证券	为销售持有的按揭	按揭服务权（住房）	衍生资产和负债净额	其他负债（衍生产品除外）
2007年前9个月数						
期初余额	$360	$3 447	$—	$17 591	$（68）	$（282）
期内净损失合计，包括：						

续前表

（单位：百万美元）	交易资产（衍生产品除外）	可销售证券	为销售持有的按揭	按揭服务权（住房）	衍生资产和负债净额	其他负债（衍生产品除外）
净收益	(31)	—	(1)	(951)	(259)	(47)
其他综合收益	—	(8)	—	—	—	—
购进、销售、保险及结算净额	181	298	16	1 583	297	54
转入/转出第三级净额	—	—	63	—	4	—
期末余额	$510	$3 737	$78	$18 223	$ (26)	$ (275)
包括在净收益之内，与截至2007年9月30日所持有的资产和负债相关的未实现利得（损失）净额	$15	$—	$ (1)	$1 341	$ (22)	$ (48)

公司资产最初是按SFAS 159的要求开始公允价值计量。初始计量和随后公允价值变动的利得和损失在盈余中确认。与初始计量相关的公允价值变动和随后公允价值的变动包括在至2007年9月30日为止前9个月的收益中，其构成如下：(1) 为销售而持有的按揭4.77亿美元的利得包含在银行按揭非利息收益中；(2) 所持有的其他利益3 200万美元的损失包含在其他非利息收益中。

□ 分析意义

公允价值计量的可靠性

分析中一项十分重要的工作，是评价公允价值计量的可靠性及对财务报表的影响。我们注意到，富国银行的公允价值指标只有32%采用第一级输入，20%采用第三级输入。此外，我们还看到，第一级输入大部分是用于其证券投资组合，而这些项目该银行是决定不行使公允价值选择权的。一旦投资证券被排除，使用第一级输入的公允价值指标还不到2%，使用第三级输入的却会升高至40%。第三级输入使用的比例这样高，自然使人对富国银行公允价值估计的可靠性十分怀疑，并必定要小心应对了。

第三级输入主要是用于按揭服务权。我们已曾注意到，在截至2007年9月底的净收益中，包含了与MSR相关的损失9.51亿美元。进一步的信息（见富国银行10-Q表附注15，图表5—9中并没有列出）表明，这项损失包括两部分：13.41亿美元是因改变用于确定MSR的公允价值的假定而造成的未实现利得，22.92亿美元是为这一时期对美国经济造成打击的按揭危机（mortgage crisis）的预计损失计提准备而造成的损失。因假设改变而造成的公允价值的变动是很值得怀疑的。在本例中，我们不能排除富国银行为了减轻按揭危机对净收益的不利影响而改变假设的可能性。

SFAS 159的机会主义应用

SFAS 159（目前为ASC 825—10—25）允许公司在选择具体对哪些资产或负债行使公允价值选择权方面有很大的自由度。因此，分析师需要确证公司的公允价值选择是否为了粉饰财务报表从而带有机会主义倾向。富国银行选择对主要的为再销售而持有的住房按揭（MHFS）和与住房贷款销售及证券化相关的特定利益行使公允价值选择权。富国银行的公允价值选择究竟对其财务报表有何影响？因为按 SFAS 159 的要求行使公允价值选择权而造成的计入净收益的利得为 4.45 亿美元（截至 2007 年 9 月底）。然而，与可销售证券相关的 2.26 亿美元未实现损失却没有包括在净收益之内，原因在于公司并未选择对投资证券行使公允价值选择权，尽管投资证券公允价值的估计可靠性更高——起码比行使了公允价值选择权的那些项目可靠性要高。由此证明，富国银行在选择使用公允价值选择权的资产方面是机会主义的。

另外，收益中还包含因假设改变而造成的按揭服务权（MSR）公允价值变动利得 13.41 亿美元，对这一项目，富国银行是按照 SFAS 156 行使了公允价值选择权（需要说明的是，在尚未采用公允价值会计之前，还应该计提与 MSR 相关的损失准备 22.29 亿美元）。正如我们在前面已经说明的那样，由于改变假设而造成的未实现利得（或损失）是极度不可靠的，必须仔细进行分析。

总的来说，在截至 2007 年 9 月末的 9 个月内，富国银行通过使用公允价值会计——通过公允价值选择权的选择性应用和改变计量假设——进行了非常严重的盈余管理。

附录 5A：国际活动

国外子公司的合并

许多国外子公司用本国货币从事各种商务活动，包括进行销售、购置资产、承担并偿付债务。因此，其财务报表也是按本国货币编制。当一个境外子公司与美国本国的母公司进行报表合并时，必须先将按国外货币编制的财务报表转换为按美元编制。

目前的会计准则规定有两种外币折算方法：**现行汇率法**（current rate method）和**时态法**（temporal method）。其中以现行汇率法使用最为普遍。如果子公司相当独立，则采用现行汇率法；如果子公司与母公司紧密相连，则采用时态法。处在高通胀国家（三年的累计通胀率超过 100%）的子公司，亦须采用时态法。

折算方法的选择具有重要意义。如果采用现行汇率法，折算调整额将计入其他综合收益（OCI），不会影响本期收益。如果采用时态法，这些调整额将在损益表中作为重计量（remeasurement）损益披露。跨国公司大多采用现行汇率法，因此会将这些折算损益在拥有子公司的时期内尽可能递延。

外币报表折算涉及四种汇率：

1. 历史汇率——交易最初发生时的汇率；
2. 现行汇率——会计期末的汇率；
3. 个别汇率——具体交易发生时的汇率；

4. 加权平均汇率——会计期内有效汇率的加权平均。

下表是现行汇率法与时态法的比较：

	折算中使用的汇率	
	现行汇率法	时态法
账户		
现金和证券	现行汇率	现行汇率
存货	现行汇率	历史汇率
PP&E 和无形资产	现行汇率	历史汇率
流动负债	现行汇率	现行汇率
长期负债	现行汇率	现行汇率
股本	历史汇率	历史汇率
留存收益	取得数据	取得数据
股利	个别汇率	个别汇率
收入	平均汇率	平均汇率
费用	平均汇率	平均汇率
已售商品成本	平均汇率	历史汇率
折旧/摊销	平均汇率	历史汇率
折算调整	其他综合收益	
重计量损益		损益表

在现行汇率法下，所有资产和负债按报告日的现行汇率或**即期汇率**（spot rate）折算。股东权益按历史汇率，股利按股利宣告日个别汇率折算。在整个会计期间都有发生的损益表项目按加权平均汇率折算，非重复项目如资产出售的损益则按发生时的个别汇率折算。最后，累计折算调整在其他综合收益中进行报告，与当期盈利能力无关。它需做递延处理，直至国外子公司被卖出。

时态法要求货币性资产和负债（现金、应收款、长短期债务）按现行汇率折算。其他所有资产和股东权益账户按历史汇率折算，股利按股利宣告日个别汇率折算。会计期间均衡发生的收入和费用按加权平均汇率折算，不过，与按历史成本折算的资产相关的费用，亦需按同一历史汇率进行折算。比如，折旧是以固定资产最初的资本化成本为基础计算的，因此需按最初获得资产时的汇率进行折算。存货是按购入时的历史汇率折算，已售商品成本是使用被资本化的成本和公司所使用的现金流假定（先进先出或后进先出）来计算。最后，重计量损益作为折算过程的结果要在当期收益中反映，因此会影响公司当期盈利能力。

外币折算会计

下面我们来说明现行汇率法下外币折算的具体机制，因为它是最常用的折算方法。BritCo 是 DollarCo 公司旗下一家全资英国子公司，纳入公司旗下时的汇率为 £1＝$1.10，纳入之后股本未曾发生过任何变化。

折算所需的额外信息：

1. BritCo 的试算表进行了调整，以符合 DollarCo 公司的会计原则。BritCo 的功能货币为英镑（£）。

2. 第 5 年 12 月 31 日累计外币折算调整账户的余额为 30 000 美元（贷方）。

3. 留存收益账户第 5 年 12 月 31 日的金额为 60 000 美元。

4. 有关汇率如下：

第 6 年 1 月 1 日	£1＝$1.20
第 6 年 12 月 31 日	£1＝$1.40
第 6 年平均	£1＝$1.30

5. 所有应收账款、应付账款，以及非流动负债的金额皆是按本国货币表示。BritCo 第 6 年 12 月 31 日的试算表为：

	借方	贷方
现金	£100 000	
应收账款	300 000	
存货，成本	500 000	
预付费用	25 000	
不动产、厂场及设备	1 000 000	
长期应收票据	75 000	
应付账款		£500 000
长期负债的流动部分		100 000
长期负债		900 000
股本		300 000
留存收益，第 6 年 1 月 1 日		50 000
销售		5 000 000
销售成本	4 000 000	
折旧	300 000	
其他费用	550 000	
合计	£6 850 000	£6 850 000

6. 销售、采购以及全部经营费用都是在整个年度内均衡发生，因此使用平均汇率作为折算汇率。在本例中，销售成本也是使用平均汇率进行折算。

7. 本例中未曾考虑所得税因素。

图表 5A—1 为根据试算表折算后得到的资产负债表和损益表。资产负债表中将折算调整作为股东权益的单独一个项目进行列示。通常这一项目是按一个名为累计其他综合收益（损失）的更为总括的项目来列示。通过考察 BritCo 的折算后财务报表可以发现：

（1）所有损益表项目皆是按年度内的平均汇率折算。

（2）所有资产和负债项目皆是按资产负债表日的现行汇率折算。股本按历史汇率折算。如果一国外实体的全部资产和负债都是按功能货币计量并按现行汇率进行折算，则汇率变动的净会计影响将只是表现在该实体的净资产方面。这一会计结果可与作为净投资观基础的经济套期保值概念相比较。也就是说，套期保值资产不产生利得或损失，未套期保值净投资增加或减少的美元等价物将体现为功能货币的优势或弱点。

（3）需要注意的是，当第 6 年的折算后净收益 195 000 美元被加到资产负债表的留存收益中之后，必须在资产负债表中插入 85 000 美元的折算调整。当本期的折算调整 85 000 美元（贷方）被加到累计外币折算调整账户的期初贷方余额 30 000 美元上后，期末余额为 115 000 美元（贷方）。这一余额将成为该账户第 7 年的期初余额。

图表 5A—1

BRITCO

折算后资产负债表和损益表

第 6 年 12 月 31 日

	£	汇率	折算代码或解释*	$
资产负债表				
现金	100 000	1.4	C	140 000
应收账款	300 000	1.4	C	420 000
存货，成本	500 000	1.4	C	700 000
预付费用	25 000	1.4	C	35 000
不动产、厂场及设备（净值）	1 000 000	1.4	C	1 400 000
长期应收票据	75 000	1.4	C	105 000
资产总计	2 000 000			2 800 000
应付账款	500 000	1.4	C	700 000
长期负债的流动部分	100 000	1.4	C	140 000
长期负债	900 000	1.4	C	1 260 000
负债合计	1 500 000			2 100 000
股本	300 000	1.1	H	330 000
留存收益：				
第 6 年 1 月 1 日余额	50 000		B	60 000
本年净收益	150 000	F		195 000
第 6 年 12 月 31 日余额	200 000			255 000
累计外币折算调整：				
第 6 年 1 月 1 日余额			B	30 000
本年折算调整			G	85 000
第 6 年 12 月 31 日余额				115 000
股东权益合计	500 000			700 000
负债和权益总计	2 000 000			2 800 000
损益表				
销售	5 000 000	1.3	A	6 500 000
销售成本	(4 000 000)	1.3	A	(5 200 000)
折旧	(300 000)	1.3	A	(390 000)
其他费用	(550 000)	1.3	A	(715 000)
净收益	150 000			195 000

* 折算代码或解释：C=现行汇率；B=期初美元余额；H=历史汇率；F=由损益表转入；A=平均汇率；G=使报表保持平衡所需金额。

折算损益分析

使用现行汇率法进行折算时，在折算后资产负债表上产生了 85 000 美元的平衡数，即为本期折算收益。BritCo 的这项 85 000 美元的折算收益需加记到权益类的累计外币折算调整账户。汇率变动并不会影响按历史汇率进行折算的账户，因为这类账户指定按初始金额进行计价。因此，折算损益实际上只来自按现行汇率折算的资产和负债项目。由于公司按历史汇率折算权益账户，使得按现行汇率折算的剩余净资产不得不面对汇率变动风险。如果美元相对于外币而言比较强势，国外净资产的美元价值就会降低并产生汇兑损失。如果美元相对于外汇而言处于弱势，外币净资产的美元价值就会上升并产生兑换收益——BritCo 公司第 6 年就是处在这种情况。

BritCo 公司 85 000 美元的折算收益是间接计算的。它也可以直接计算。计算时以 350 000 英镑的净资产初始值（300 000 英镑股本＋50 000 英镑留存收益）为起点。接下来，我们将净资产初始值乘以汇率在年度内的变化额，即期末汇率与期初汇率之间的差额——本例中为每英镑 0.20 美元（1.40－1.20）的升值。由于第 6 年的净资产有所增加，整个初始余额因此面临着汇率变动风险，这部分净资产带来了70 000 美元的汇兑收益（计算方法为：350 000 英镑×0.20 美元/英镑）。第二部分涉及净资产在年内的变化额。在此，我们可以用这一变化额乘以年末利率（＄1.40）与变化发生时的利率之间的差额。在 BritCo 公司案例中，我们知道变化的发生源自收益的赚得。收入和费用是按平均汇率（＄1.30）折算的。因此，我们以净资产的增加额乘以年末利率与平均利率间的差额 0.10 美元（1.40－1.30）。最后直接计算汇兑收益如下：

初始净资产的折算收益[￡350 000×(＄1.40－＄1.20)]	＄70 000
第 6 年净资产增加额的折算收益[￡150 000×(＄1.40－＄1.30)]	15 000
折算收益合计	＄85 000

当该年度净资产的变化是由于与经营无关的其他原因所致，公司需要确定除折算汇率变动之外的其他原因。这些调整因素通过与上述程序相同的程式，进入折算损益的计算。

母公司对国外子公司投资会计

当母公司用权益法核算其对国外子公司的投资时，母公司需要记录其在折算调整中所占的份额。在我们前面的举例中，DollarCo 公司第 6 年需做如下分录（以美元入账）：

（1）记录在 BritCo 公司收益中的权益（￡150 000×1.3）

对 BritCo 公司的投资	195 000	
在子公司收益中的权益		195 000

（2）记录当年折算调整

对 BritCo 公司的投资	85 000	
折算调整		85 000

如果 DollarCo 公司在第 7 年 1 月卖出它在 BritCo 公司的投资，则需做如下记录：（1）记录售出金额与投资报告（账面）价值之间的差额所造成的损益；（2）将累计外

币折算调整账户的贷方余额 115 000 美元转入收益。

□ 外币折算的分析意义

外币折算会计依然存有争议，部分是因为折算的困难和复杂性。我们在进行分析时，必须理解据以评价和预测汇率变动对公司财务状况影响的经济基础和会计机制。

时态法对历史成本会计模式而言是最可靠和最为一致的。在这种方法下，非货币性项目如不动产、厂场及设备和存货是按购进当日折算的美元金额表述的。折旧和已售商品成本的折算同样也是按这些历史美元成本为基础。由于汇率波动不影响这些非货币性资产，资产负债表上的折算损益因此只是按现行汇率折算的货币性资产超出（或低于）货币性负债的差额。比如，在时态法下，如果国外子公司的货币性负债超出货币性资产（高负债状况），则存在如下关系：

美元与当地货币的相对状况	资产负债表折算效果
美元强势	损失
美元弱势	收益

公司通常并不喜欢由于经济环境变化所带来的折算损益。它们更不喜欢将这些无法预期的损益记录在净收益中，加大收益的易变性。不过，当折算过程造成的是收益而非损失时，公司的批评就不是那么强烈了。

除以下两种情形之外，公司在目前的实务中一般不会采用时态法：

1. 国外实体只是母公司的一个扩展部分。

2. 高通胀使得按现行汇率折算的非货币性资产报告价格严重低于实际。外币会因此失去其可用性，需要使用一种更为稳定的货币。

目前实务中一般使用现行汇率法。这一方法选择性地引入了现值会计。它还允许损益绕过净收益（作为替代，折算损益在综合收益中报告）。由此使得当前业务可以免遭国际业务的特定风险影响及汇率变动风险。然而，现行汇率法虽然隔绝了收益与资产负债表上的折算损益，却带来了另外的折算问题。也就是，在时态法下，我们用货币性资产和货币性负债之间的差额来计量折算损益，在现行汇率法下，却要用净投资的规模。这是因为所有资产负债表项目，除权益之外都是按现行汇率折算。我们通过下面举例来说明这一问题。

SwissCo 公司是 AmerCo 公司旗下一家子公司，它在第 1 年 1 月 1 日开始经营。开始经营时的欧元资产负债表如下：

	欧元		欧元
资产		负债和权益	
现金	100	应付账款	90
应收款项	120	股本	360
存货	90		
固定资产	140		
资产总计	450	负债和权益总计	450

第 1 年的损益表：

	欧元
销售收入	3 000
销售成本（包括 20 的折旧）	(1 600)
其他费用	(800)
净利润	600

第 1 年 12 月 31 日的资产负债表：

	欧元		欧元
资产		负债和权益	
现金	420	应付账款	180
应收款项	330	股本	360
存货	270	留存收益	600
固定资产（净值）	120		
资产总计	1 140	负债和权益总计	1 140

适用汇率：

第 1 年 1 月 1 日	$1=€2.0
第 1 年 12 月 31 日	$1=€3.0
第 1 年平均	$1=€2.5

期初和期末资产负债表按如下方式折算成美元：

	第 1 年 1 月 1 日			第 1 年 12 月 31 日		
	欧元	转换	美元	欧元	转换	美元
资产						
现金	100	÷2.0	50	420	÷3.0	140
应收款项	120	÷2.0	60	330	÷3.0	110
存货	90	÷2.0	45	270	÷3.0	90
固定资产（净值）	140	÷2.0	70	120	÷3.0	40
资产总计	450		225	1 140		380
负债和权益						
应付账款	90	÷2.0	45	180	÷3.0	60
股本	360	÷2.0	180	360	÷2.0	180
留存收益	—		—	600	*	240
折算调整						(100)
负债和权益总计	450		225	1 140		380

* 来自损益表。由于每个损益表项目都是按平均汇率折算，美元净收益为 600 欧元÷2.5=240 美元。

折算调整账户（作为权益的一个组成部分在综合收益中列示）是按如下方式单独计算的：

	欧元	美元
权益总计（等于净资产）：		
第1年12月31日按欧元计算	960	
按年末汇率折算为美元（÷3.0）		$320
减：		
第1年12月31日股本，来自折算后资产负债表（按美元计）		(180)
第1年12月31日留存收益余额，来自折算后资产负债表（按美元计）		(240)
折算调整——损失		$ (100)

从上例中可以得出一些重要的见解。首先，折算调整（第1年为100美元损失）是按年末对SwissCo公司的投资净额（960欧元）乘以汇率的变化额而得到的。股本的汇率由期初的2.0欧元/美元下跌到了期末的3.0欧元/美元，留存收益的汇率也从2.5欧元/美元下跌到了期末的3.0欧元/美元，最终使得按美元表示的欧元投资损失了100美元。这是很直观的，当一项投资按外币表示时，如果该外币对美元处于相对弱势，该投资的价值（按美元表示）将会下跌；如果该外币处于强势，情况则相反。

其次，在现行汇率法下，外币折算会影响权益（但不会影响收益）。因此，这一方法会影响债务权益比率（潜在地危及债务契约），影响折算后资产负债表上的每股账面价值（但不会影响外币资产负债表）。由于在这种方法下，权益资本代表着资产负债表折算损益暴露的计量，这种暴露比在时态法下更具实质性意义，对低负债高权益融资的子公司更是如此。在分析中可以通过期末权益乘不同时期间汇率变动估计值的方式来估计折算调整的影响。

再次，可以考察汇率变动对损益表折算的影响。如果假定第2年SwissCo公司的报告收益与上一年度相同，但欧元进一步贬值到3.5欧元/美元（年平均），折算后的收益将为600欧元÷3.5=171美元，或降低（在第1年240美元的水平上）69美元。这一损失将反映在折算后损益表上。反之，如果欧元升值至2.0欧元/美元（年平均），折算后的收益则为600欧元÷2.0=300美元，或在第1年240美元的基础上发生了60美元的收益。这一收益需反映在净收益中，由此可以认为，公司所赚得的欧元值更多美元。在现行汇率法下，折算后收益直接随汇率的变动而变。这就使得估计损益表折算影响的工作变得更加容易。

我们在分析中必须明白，净收益中还包括已经完成的外币业务的结果。进而，子公司对母公司短期应付款（不具有长期性质）的折算损益会通过净收益流入。

当美元对诸多重要货币的汇率发生实质性下跌时，会使纳入报表合并范围的国外子公司报告净收益上升。在特定情况下，它也常常会使权益实质性地增加。这一影响会使诸如权益报酬率之类的指标降低。如果美元的价值恢复，则会出现相反的结果并使报告净收益降低。

尽管相对于汇率的波动而言，目前的实务使得净收益的波动较小，但权益会因累计折算调整账户而发生实质性的改变。对那些权益基数很大的公司，这些变化并不是很大。但对权益基数较小的公司，这些变化会进一步减少权益，从而对负债权益比率及其他比率造成重要影响。这会给公司带来违反债务契约的风险，或使其面临其他会计限制。累计折算调整账户变化的程度取决于国外子公司净资产的汇率变动暴露程度。公司可以通过减少国外子公司净资产来降低这种风险暴露。通过发放股利或用债务代替权益的方式撤回国外投资，即可达到这一目的。我们必须认识到，累计折算调整账户借方余额增加，通常表明未能对外汇风险实施有效的管理。其中最重要的原因，是在货币持续处于弱势的国家投资过多。

附录 5B：投资回报分析

□ 财务报表调整

我们在确定经济收益（economic income）和永久性收益（permanent income）时需要就投资证券做哪些调整？经济收益包括股东财富的全部变化。这就意味着各类投资证券投资收益的所有成分（利息、股利、实现及未实现利得和损失）在确定经济收益时都必须包括进去。由于综合收益中所包含的仅仅是交易证券和可销售证券的未实现收益，因此我们必须对综合收益进行调整，将持有至到期证券的未实现利得和损失也包括进去。[①] 持有至到期证券的未实现利得和损失在报附注中披露。

确定永久性收益是更必要的，其计算如下：

永久性投资收益＝预期 ROI×(投资的期初公允价值＋投资的期末公允价值)/2

公司持有的证券组合的预期投资回报率（ROI）计算如下：预期 ROI＝要求的 ROI＋已实现 ROI 与要求的 ROI 之间的历史背离度。要求的 ROI 是公司投资组合在给定风险和资产构成条件下的加权平均资本成本。历史背离度反映公司的投资业绩。要消除这一因素的暂时性影响，必须使考虑的历史时期有足够的长度（我们将在下一节讨论已实现 ROI 的计算）。

接下来应对资产负债表做何调整？交易证券和可销售证券目前已经是按公允价值报告的，按成本报告的是持有至到期证券。为了进行分析，我们希望所有投资证券（包括持有至到期证券）在资产负债表上都按公允价值进行报告。因此，我们想把持有至到期证券调整为公允价值。必须记住同时对权益做抵销调整，以反映任何可能的公允价值调整。

□ 投资业绩评价

评价投资业绩是一项重要的分析工作。对投资收益在总收益中占比重较大的公司，这一分析尤为重要。比如，对银行、保险公司及其他金融机构而言，投资业绩是其成功的最重要因素之一。评价投资业绩用的是投资回报率（ROI）指标，我们可以简单地将其定义为已实现投资收益除以平均投资额：

---

① 有人认为将持有至到期证券的未实现利得和损失包括进去是不正确的，因为在到期之前，公司并不会出售此类证券，因此这类证券的市值波动并无实质性影响。这种观点是错误的。确实，一项并不打算出售的证券的未来价值会是固定不变的。然而，这些未来价值的现值却会随着利率的变化而变化，这种变化会在证券的目前市价中反映出来。

$$已实现ROI=\frac{投资收益}{(投资的期初公允价值+投资的期末公允价值)/2}$$

作为分子的投资收益由三部分构成：利息（及股利）收入+已实现利得和损失+未实现利得和损失。投资证券的ROI以公允价值为基础，既用以确定投资收益（通过加入未实现利得和损失），也用以计量平均投资基数（通过使用投资的公允价值）。这就意味着，投资业绩的评价并不仅仅局限于分析已实现金额。

图表5B—1列示的是可口可乐公司的投资回报率计算。首先确定公司的投资收益如下：公司损益表报告的利息和股利收入加已实现利得和损失（披露在附注中），再加上综合收益表中报告的未实现利得和损失。我们还用公司适用的33%的所得税率做了税务调整。其次根据期初和期末公允价值计算平均投资基数。最后计算可口可乐公司的ROI。该公司全部证券的税前投资回报率为7.5%，税后投资回报率为5%。7.5%的总税前投资回报率是由持有至到期证券14.5%的税前投资回报率和可销售证券−14.8%的税前投资回报率所构成。可销售证券投资损失主要来自对包装公司的权益投资。其持有至到期证券14.5%的税前投资回报率看起来特别高，其大多数此类投资的到期时间很短，使之更显特殊。这可以做如下解释：(1) 损益表上报告的利息收入包括来自其他方面的利息收入；(2) 持有至到期证券在本期资产负债表上的公允价值可能大大低于日常余额。第二种可能更符合可口可乐公司的情况，特别是因为这类证券大多属于短期证券。

我们应该如何评价可口可乐公司——或者其他任一公司的投资业绩？方法之一是以投资组合中各类资产的构成和风险为基础比较已实现ROI和要求的ROI（加权平均资本成本）。不过，这种方法把暂时性市场波动的影响也归入了投资业绩。另一种方法是将已实现ROI与基准ROI（benchmark ROI）进行比较。此处所谓基准ROI，是指具有同样风险组合的另一投资组合在分析期内所实现的ROI。

图表5B—1　　可口可乐公司投资业绩评价

	持有至到期证券投资	可销售证券投资	合计
投资收益（第9年）			
利息及股利收入	\$219	\$—	\$219
已实现利得和损失	—	—	—
未实现利得和损失	—	(70)	(70)
税前收益合计	219	(70)	149
所得税调整（33%）	(72)	23	(49)
税后收益合计	\$147	\$ (47)	\$100
平均投资基数（第8年）			
第8年公允价值	\$1 591	\$526	\$2 117
第9年公允价值	1 431	422	1 853
平均	\$1 511	\$474	\$1 985
投资回报率（ROI）			
税前	14.5%	(14.8%)	7.5%
税后	9.7%	(9.9%)	5.0%

分析视点参考答案

竞争对手 玩具反斗城公司担心的是漫威/Toy Biz的协议对其未来玩具和游戏销售的威胁。有关这一协议的财务报表披露很有用，并不只是对那些对漫威和Toy Biz公司感兴趣的人，还涉及像玩具反斗城公司这样的竞争对手（有些时候这些人更加关心）。因为这项协议，基于漫威漫画人物的玩具将成为未来儿童玩具的领导性产品，而且，Toy Biz公司最近已经引入了漫威漫画连环画的CD版。Toy Biz公司已经毫无争议地成为增长最快的玩具及游戏类公司，并已经在纽约证券交易所挂牌上市。漫威公司收购Toy Biz公司46%的权益证券，动因在于对Toy Biz公司的商务活动施加一定影响，尤其是对与漫威公司业务相关联的产品。漫威公司也可以借此机会利用Toy Biz公司已有的专业人才扩展自己的业务，从而降低投资风险。

分析师 公司需要在报表中合并第二类的罐装商，即可口可乐公司拥有非控制所有权的公司。要准确地判断出合并对公司的偿债能力比率会有何影响，是很困难的。不过，通过合并可能会产生对可口可乐公司不太有利的偿债能力比率。

律师 你的客户需要了解“经济实质观”与“法律责任观”之间的区别。合并财务报表意味着在一个中央控制下承认整个企业实体。经济实质观认为，受同一母公司控制的所有子公司，母公司都要为其负责并按此来报告——编制合并报表。法律责任观则不同。像你客户（以及NY Research Labs）之类的股东无须为Boston Chemical Corporation在法律诉讼中发生的损失承担责任。股东的风险总体上以他在一家公司股票上的投资为限。总的来说，NY Research Labs并不因为编制合并报表而对Boston Chemical Corporation的诉讼负责。但NY Research Labs在Boston Chemical Corporation普通股股票上的投资额，却要承担因为这些法律诉讼而导致的风险。

思考题

5—1 说明用于长期投资计价和列报的会计程序。区别以下两种情况下权益证券投资的会计处理：(a) 投资方拥有被投资方有投票权的流通股份20%以下；(b) 投资方拥有被投资方有投票权的流通股份20%以上。

5—2 a. 从财务报表分析师的角度评价持有20%～50%权益证券的情况下投资方的投资会计处理；

b. 何时确认长期证券投资损失？对有关此类损失处理的会计程序做出评价。

5—3 从分析的角度说明长期证券投资会计的缺点和不一致性。

5—4 许多投资者将无影响股票投资（即为了赚取回报而不是为了达到影响另外一个实体的战略目的而购入股票）视为出售股票的信号。为什么这种无影响股票投资会被看作有关公司前景的负面信号？

5—5 区分衍生产品的套期保值和投机活动。

5—6 描述一份期货合同。

5—7 描述一份互换合同。公司通常是如何使用互换合同的？

5—8 描述一份期权合同。期权可能会于何时被行使？

5—9 何为套期交易？

5—10 衍生证券何时符合套期会计处理的条件？

5—11 给出一个现金流量套期保值实例，一个公允价值套期保值实例。

5—12 描述公允价值套期保值和现金流量套期保值的会计处理。

5—13　描述投机性衍生产品的会计处理。

5—14　从分析的角度评价以下说法："一个母公司无须对其下属子公司的负债负责，也不拥有子公司的资产。因此，合并财务报表扭曲了法律现实。"

5—15　说明母公司和子公司的个别财务报表中可能披露，但不会出现在合并报表中的重要信息。

5—16　说明合并财务报表的一些重要局限性。

5—17　下面附注出现在 Best 公司第 1 年 12 月 31 日的合并财务报表中：

第 1 年 12 月 31 日后事项：第 2 年 1 月，Best 公司通过发行 48 063 股普通股，并购了 Good Products 公司及其旗下子公司。被购入公司的净资产总额为 1 016 198 美元，第 1 年度的净收益为 150 000 美元。被购入公司要在未来五年里赚得 1 000 000 美元以上的收益，Best 公司需要额外再发行不超过 151 500 股股份，且市场价限定在 2 000 000 美元以内。

a. 说明这一披露是否必要和适当。

b. 如果 Good Products 公司是在第 1 年 12 月购入的，Best 公司该以什么样的价格对这一并购进行记录？（注：并购当日 Best 公司股票的交易价为 22 美元。）

c. 说明附加条件所造成的或有事项。

d. 如果或有事项达到了最大限度，Best 公司该如何记录这一投资？

5—18　说明在下列情况下，你将如何确定购入资产的价值：

a. 资产是以负债方式购入。

b. 资产是用普通股交换所得。

5—19　从分析的角度来看，权益结合法会计和购买法会计哪个更好一些？参考资产负债表和损益表做出解释。

5—20　假定一家公司以适当方式确定了一个购入实体的总成本。说明该公司应如何将购入总成本分配到以下资产：

a. 商誉；

b. 负商誉（讨价还价购入）；

c. 可销售证券；

d. 应收款项；

e. 产成品；

f. 在产品；

g. 原材料；

h. 厂场设备；

i. 土地和矿藏；

j. 应付账款；

k. 被购入公司记录的商誉。

5—21　当一项并购按购买法进行处理时影响了股票或其他权益证券，试说明我们在分析中需要对哪方面的问题保持警惕。

5—22　Resource 公司正在实施一项颇具攻击性的计划，打算通过换股方式收购竞争公司。

a. 说明该收购计划对 Resource 公司的每股收益增长率可以有何助益；

b. 说明如何对以前年度的损益表进行调整，以反映合并后公司潜在的未来收益趋势。

5—23　当一份资产负债表报告了大数额的商誉时，我们在分析中应该作何考虑？

5—24　指出可以改变无形资产受益期估计的因素。

5—25A　确定并讨论有关外币折算会计的主要规定。

5—26A　讨论现行外币折算会计实务的主要目的。

5—27A　确定并讨论外币折算会计对财务报表分析的意义。

练习题

5—1　投资证券分类的动机

投资证券会计中一个很重要的问题是长期投资和短期投资的区分。

要求：

a. 为什么大多数公司持有的投资组合中既有短期投资也有长期投资？

b. 分析师在评价可销售权益证券投资分类为短期或长期投资是否适当时，应该考虑哪些因素？这些因素对未实现损失的会计处理有何影响？

5—2 分析微软的投资

参照图表 5—5 中的资料回答下述有关微软公司投资的问题：

a. 微软公司的报告中有未实现证券利得和未实现证券损失。相应地，投资成本也需按市价来标记。作为其结果，哪类账户会增加或减少？（资产账户、负债账户、其他利得账户、其他损失账户、或权益账户。）

b. 如果微软公司的投资是交易性证券，当投资按市价标记时，哪类账户会增加或减少？

c. 如果微软公司将其证券投资组合指明为可供出售的有价证券，公司有可能用什么方式通过投资来进行盈余管理？

5—3 投资证券

一家公司可以有消极利益（无影响）投资、重大影响投资或者控制利益投资。消极利益投资可以是交易性投资、可供出售投资或持有至到期投资。

要求：

a. 说明以上各类投资在资产负债表上列报的计价基础。

b. 如果该类投资按公允价值计价，指明应在何处报告其价值波动（净收益或综合收益）。

c. 持有至到期证券按成本计价的理由何在？其理由是否有经济意义？

5—4 解释企业合并会计

Spellman 公司在一次企业合并中获得了 Moore 公司 90%的股份。总对价已达成共识，但 Spellman 公司支付的确切性质尚未完全确定。此次企业合并被视为收购。而且，购并当日的公允价值可望超过 Moore 公司资产减去负债的净额。Spellman 公司希望编制一份包括 Moore 公司财务报表在内的合并财务报表。

要求：

a. 说明企业合并的会计方法对是否报告商誉有何影响。

b. 如果会计账上记录了合并商誉，请说明商誉金额是如何确定的。

c. 用理论的观点来解释为何要编制合并财务报表。

d. 从理论的角度来确定在编制合并财务报表之前必须具备的第一个必要条件。

5—5 分析并解释公司间投资

下图表示 X 公司（母公司或投资公司）和它的两个子公司 C1 与 C2，以及一个“拥有 50%以下股权”的子公司 C3。每个公司只有一种流通股，而且，不论 C2 和 C3 都没有其他大股东。四家公司均从事工商业活动。

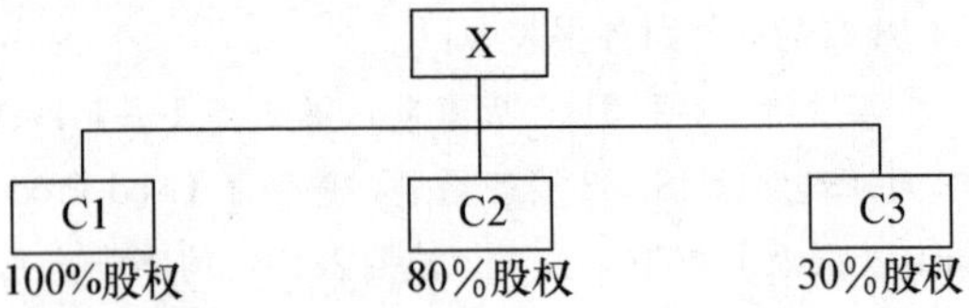

要求：

a. 说明各个公司是否要保持各自独立的会计记录。

b. 确定各个公司所需编制财务报表的类型。

c. 假设你有能力提出管理要求，请说明你将要求这些公司（分别或联合）提供的财务报表信息的类型。

d. 说明 X 公司在其报告资产中会涉及有关 C1 子公司的什么信息。

e. 在合并资产负债表中，X 公司未曾拥有的 C2 子公司的 20%股份应如何列报？

f. 确定必须通过什么交易然后才可以将 C3 子公司在合并报表中逐行列报。

g. 如果编制有关 C1 和 C2 两个子公司的联合报表，需要做哪些抵销分录？

5—6A 解释功能货币的作用

Bethel 公司拥有一家国外全资子公司——HomeBrite 公司。母公司采用现行汇率法计算累计折算调整。

要求：

说明使用现行汇率法对下述各个项目有何影响：

a. Home Brite 公司报告的销售收入和收益。

b. 折算损益的计算。

c. 折算损益的报告。

案例题

5—1 公司间投资合并的会计主体

第4年12月31日，Axel公司100%收购了Wheal公司股票。下面是Wheal公司收购日的财务信息：

	账面价值	公允价值
现金	40 000	40 000
应收账款	60 000	55 000
存货	50 000	75 000
厂场资产（净额）	100 000	200 000
秘密配方（专利）	—	30 000
资产总额	$ 250 000	$ 400 000
应付账款	$ 30 000	$ 30 000
应计员工养老金	20 000	22 000
长期负债	40 000	38 000
股本	100 000	—
其他实收资本	25 000	—
留存收益	35 000	—
负债和权益总额	$ 250 000	$ 90 000

为了完成该收购交易，Axel公司向Wheal公司的股东发行了面值为11万美元的本公司股票（第4年12月31日的市值为35万美元），Wheal公司由此成为Axel公司的全资子公司，纳入Axel公司的报表合并范围。

要求：

a. 用购买法编制Axel公司收购Wheal公司的会计分录。

b. 分别用（1）权益结合法，（2）购买法编制第4年12月31日Axel公司合并资产负债表的工作底稿，抵销对Wheal公司股票的投资。

c. 计算第4年12月31日的合并留存收益（Axel公司当天的留存收益为15万美元），假定：

（1）Axel公司用权益结合法处理本项合并。

（2）Axel公司采用购买法收购Wheal公司。

5—2 分析TYCO：攻击还是出局？

TYCO国际在《商业周刊》1999年11月号上发表了一篇文章，介绍其所采用的购并会计方法。1999年10月中旬，该公司市值大跌23%，原因是有分析师指控TYCO国际利用会计政策扩大其增长前景，并有传言TYCO的审计师将因此请辞。在过去3年中，TYCO公司花费300亿美元做股权交易，其中230亿美元以股票支付。该公司关注各种技术，包括安全系统、电子连接器、工业阀门、保健产品等。TYCO公司报告声称其1999财务年度的特殊费用前净收益与之前相比翻了一番，达26亿美元，销售收入大幅上涨83%，达225亿美元。在指控发生之前，TYCO公司的市值从1992年的17亿美元快速上涨到1999年的800亿美元以上。

一些分析师指控TYCO公司利用并购大肆进行盈余管理，制造出了令人瞠目的财务数据。华尔街的短线客早就对TYCO公司的会计政策有所非议。TYCO被称为“盘旋上升”的公司，它利用自己高耸的股价抢购PE倍数较低的公司，由于股价现在开始处于下跌状态，其购并策略开始面临风险。TYCO公司的问题主要在于其与购并相关的会计政策具有攻击性，包括对购并前被购并公司的财务成果做向下的重述，以使其未来的成果变得比较好看。人们认为，TYCO公司大规模购并大都采用权益结合法。这就意味着，TYCO公司会对其财务情况进行重述，实质性地反映出被购并公司早在购并业务结束之前的很长时间，其业务就已经是TYCO公司业务的一个组成部分。这些重述使得不同时期之间的比较变得十分困难。除了这种混乱，在近几年，TYCO公司与购并相关的费用支出高达40亿美元，并将其财务年度的结束时间由12月改到了9月，将公司总部由美国迁到了百慕大以降低税负。有位分析师称，TYCO公司通过巨额费用的处理形成一个“饼干盒”（cookie jars），作为对未来营业费用的特殊储备。

确实，要不是因为这些巨额开支，TYCO公司的盈余看起来真是很不错。然而，一旦考虑了这些支出，情况就全不是那么回事了。考虑这些支出后，TYCO公司1996和1997财务年度都会表现出巨额亏损，1999财务年度前9个月的净收益也下降高达83%。不过，按华尔街的惯例，此类开支是被忽略的，因此有关预估盈余的数字所提供的，是一幅有关“正常”盈余的很好看的图画。

TYCO公司否认了对它的所有指控。其CEO说，证券交易委员会对公司过去两年中三项最大的购并交易文件从法律和会计方面进行了全面检查。他还谈到，在最近的120项购并交易中，仅有6项采用权益结合法，尽管其中最大的一些交易都是用了这种方法。倘若把会计问题搁置一旁，TYCO公司在降低成本方面还是很有办法的。比如，TYCO公司自1988年收购美国Surgical公司后，其年度营业成本降低了2亿美元。不过，美国Surgical公司的前高管和竞争对手认为，TYCO公司之所以能做到这点，是因为它放弃了保证其在未来发展医药供应业务所需的某些革新。美国Surgical公司的一位高管曾讲：“我们曾经拥有许多很有趣的产品，但TYCO全部终止了这些产品。”

要求：

a. 说明购并相关的会计方法如何对用户利用会计报告进行不同时期之间的比较形成制约。

b. 说明为什么保持较高的市盈率对TYCO公司的购并策略是至关重要的。

c. 为什么购并相关费用可以潜在地使一家公司有能力浮夸其未来营业利润？作为财务报表用户应该如何判断是否有这种情况发生？

d. 购并中的许多短期收益源自降低成本。降低成本可能造成哪些潜在的长期损害？

e. TYCO公司的论战是一场有关盈余质量的辩论。TYCO公司实际上是有策略地利用了GAAP的谨慎。为什么市场对这场指控的反应会如此强烈？

f. 许多公司报告预估收益，其中会排除一次性的购并成本，并且越来越多地会连商誉的摊销也排除在外。对财务报表分析中使用预估收益做出评判。

5—3A 分析折算财务报表和公司间投资

下面是SwissCo Ltd. ——一家瑞士公司的试算平衡表（单位：欧元）：

	借	贷
现金	50 000	
应收账款	100 000	
坏账准备		10 000
存货，第8年1月1日	150 000	
厂场设备（净额）	800 000	
应付账款		80 000
应付票据		20 000
股本		100 000
留存收益，第8年1月1日		190 000
销售收入		2 000 000
购进（存货）	1 000 000	
折旧费用	100 000	
其他费用（包括税金）	200 000	
	2 400 000	2 400 000

额外信息：

1. SwissCo采用定期盘存制，存货计价及已售商品成本计算采用先进先出法（FIFO）。第8年12月31日的存货余额为120 000欧元，为FIFO成本。

2. SwissCo的股本为6年前公司初创时所发行。当时的汇率为1欧元＝0.30美元。公司的厂场设备为5年前购置，当时汇率为1欧元＝0.35美元。应付票据也是同一时间签发给当地一家银行的。

3. 收入和费用（包括已售商品成本）是在第8年均匀发生的。第8年12月31日的存货是在第8年后半年购入的。

4. 第7年12月31日该公司的资产负债表（按美元编制的）反映的留存收益为61 000美元。

5. 第8年欧元的时点汇率为：

第8年1月1日	0.32美元
第8年平均	0.37美元
第8年后半年平均	0.36美元
第8年12月31日	0.38美元

6. 管理层确定的SwissCo的功能货币为欧元。因此采用现时汇率法进行折算。

要求：

a. 用美元编制SwissCo第8年12月31日的试算表。

b. 用美元编制SwissCo第8年度损益表及第8年12月31日资产负债表。

c. 假定Unisco Corporation（一家美国公司）

于第 8 年 1 月 1 日按账面价值购买了 SwissCo 75%的所有者权益，试编制 Unisco 公司第 8 年 12 月 31 日的会计分录，记录其在 SwissCo 第 8 年收益中的权益。Unisco 公司用权益法进行其对 SwissCo 投资的会计处理。

5—4A　分析折算财务报表

第 8 年 12 月 31 日，美国 Dental Supplies 公司创建了一家全资国外子公司，Funi，Inc.（FI），位于 Lumbaria。Funi 公司按当地货币 Pont 编制的第 8 年 12 月 31 日资产负债表如下：

FUNI，INC. 资产负债表

第 8 年 12 月 31 日

单位：百万 Pont

资产	负债和权益
现金	股本
固定资产（净额）	
总资产	

FUNI，INC. 资产负债表

第 9 年 12 月 31 日

	Pont（百万）	汇率（Pont/US$）	US$（百万）		Pont（百万）	汇率（Pont/US$）	US$（百万）
资产				**负债和权益**			
现金	82	4.0	$20.5	应付账款	532	4.0	$133.0
应收账款	700	4.0	175.0	股本	600	3.0	200.0
存货	455	3.5	130.0	留存收益	465		112.5
固定资产（净额）	360	3.0	120.0	负债和权益总额	1 597		$445.5
资产总额	1 597		$ 445.5				

FUNI，INC. 损益表

第 9 年度

	（百万 Pont）	汇率（Ponts/US$）	US$（百万）
销售收入	3 500	3.5	$1 000.0
销售成本	(2 345)	3.5	(670.0)
折旧费用	(60)	3.0	(20.0)
销售费用	(630)	3.5	(180.0)
折算收益（损失）	—		(17.5)
净收益	465		$112.5

美国 Dental Supplies 公司随之要求 Funi 公司采用 Pont 作为功能货币。应用的汇率（每美元 Pont 数）如下：

第 9 年 1 月 1 日	3.0
第 9 年平均	3.5
第 9 年 12 月 31 日	4.0

Funi 公司最初采用美元作为其功能货币，将其第 9 年的资产负债表和损益表按照美国会计实务进行折算。下面是复制的该公司会计报表：

要求：

a. 编制一份 Funi 公司第 9 年 12 月 31 日预估资产负债表，一份第 9 年度损益表。两张表都按美元编制，使用 Pont 作为 Funi 公司的功能货币。

b. 分析比较分别以美元和 Pont 作为 Funi 公司功能货币的影响：

（1）第 10 年度 12 月 31 日的美元资产负债表。

（2）第 10 年度美元损益表。

（3）第 10 年度美元财务比率。

第 6 章

经营活动分析

回顾

前面三章对描述融资和投资活动的会计数据进行了分析。我们将重点放在其评价和解释方面。我们也从未来业务发展的角度对这些活动进行了分析。

本章要点

本章将分析的重点扩展至经营活动。我们对有关收入和费用的应计制指标进行分析，以确定净收益。重点强调对收入和费用确认方法的理解。我们还将对损益表进行解释，说明其各个构成部分对财务分析的意义。

前瞻

第 7 章将分析的重点扩展至经营及其他商务活动的现金计量。我们将通过分析现金流量表对这些活动作出解释。我们将表明如何通过有关经营活动的应计制及现金制指标来增强对财务报表的分析。

学习目标

- 解释收益计量概念及其对经营活动分析的意义
- 描述并分析非重复性项目的影响，包括非常项目、部门停业、会计变更、冲销及重组费用
- 分析收入和费用确认及它给财务报表分析造成的风险
- 分析递延支出，包括研发费用及勘探费用
- 解释增补员工福利，分析员工股票期权（ESO）的披露
- 描述并解释利息成本及所得税会计

章前引例

盈余的旋转之城①

"什么时候异常费用会成为常规，不再异常？如果该公司是伊斯曼-柯达（Eastman Kodak），这将永无可能。在过去12年中，柯达公司每年都发生一次性重组费用，自1992年以来，事实上已经使其114亿美元经营利润中的一半化为乌有。"（《商业周刊》，2004）

显然，公司已经在将重组费用做常规性处理。不过，胆小的投资者会担心多年的巨额冲销日益扭曲盈余，以至于连盈余数据的含义都成了问题，其作为业绩计量指标的价值也遭到践踏。

……巨额摊销使盈余日益遭到扭曲……

重组费用有两个问题。首先是其发生的时间。重组费用意味着资产冲销及未来负债如解职费用的应计制处理。由于两方面数据皆出自估计，过度保守的公司可能早早地提前负担此类费用。这无疑会使目前的损益表负担过重而有利于未来损益表的收益实现。这种做法被称为"巨额摊销"。其次是如何解释的问题。这类费用应该作为正常经营费用还是作为临时性费用处理？柯达公司是作后者处理。"柯达公司在考虑一次性费用之前的每股经营收益在2.25～2.55美元之间。以此计算的市盈率为13倍，低于标准普尔（Standard & Poor）500股票指数18倍的平均水平。但在考虑了4亿美元重组费用后，其每股收益骤降至80美分～1.30美元，市盈率增至38倍。"

公司可能将各种正常的经营费用隐藏在这些一次性费用之中。柯达公司可能试着将这类变化悄悄地一抹而过，但投资者会特别留神。重组费用并不是简单地售出老化的设备和工厂并因此而承担损失。现金也将随之飘飞窗外——每年2亿美元以上，用以支付解职费用及其他实际成本。"

"重复发生的重组费用是否应该在损益表中单独列示，并从新闻稿的预计经营收益中予

① *Spin City*是一部颇受欢迎的美国情景喜剧，中文译名为《政界小人物》，也译为《旋转城市》。*Spin*一词有"旋转"、"编造"等意。这里用作标题，是取其易变、编造等综合意义。——译者注

以删除？”许多公司做如此考虑。“有些人认识到这样一个事实，如果你把某些东西作为重组费用，立马就能得到投资者的谅解，”Waste Management 公司非执行主席罗伯特·S·米勒谈道，“我们几乎要搞不清什么是盈利什么是一次性费用了。”

本章概览

收益是收入和利得减去费用和损失后的净额，是按应计制会计确定的一项经营活动指标。收益表①报告一定时期内的收益及收益构成要素，包括：收入、费用、利得和损失。我们分析收益及其构成，是为了估计公司的业绩及风险暴露，预测未来现金流量的金额、时间及不确定性。“底线”净收益是分析的基础，收益的构成要素则是构成有关公司经营活动经济图景的关键性构件。本章即是讨论对这些收益构成要素的分析和解释。我们将考虑收益要素的现行报告要求及其分析意义，说明如何对收益要素及相关披露做分析性调整以强化分析。我们将特别注意收入确认和主要成本费用的记录。本章的内容和组织如下：

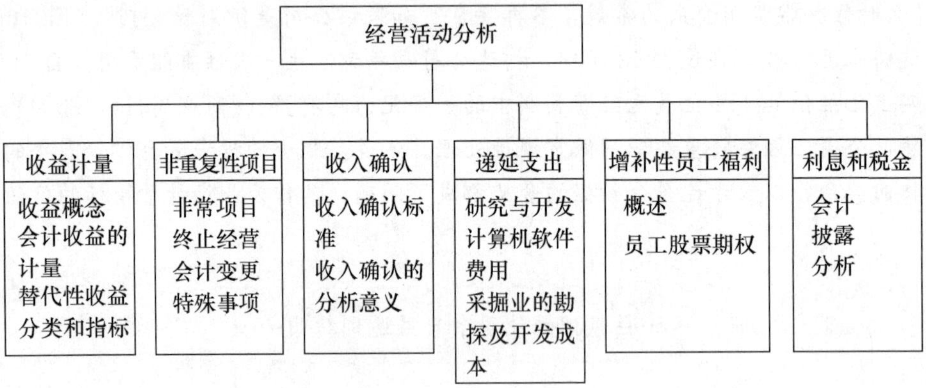

收益计量

收益概念

收益是企业经营活动财务成果的综合反映。报益表的目的在于通过分别列示各项重要的收益要素，说明收益究竟是如何确定的。第2章中我们介绍了经济学收益和会计学收益概念，并讨论了其与现金流量的区别。本小节将在第2章讨论的基础上进一步突出某些要点。不过，建议读者在具体学习有关收益计量的内容之前，最好再浏览一下第2章中有关收益的内容。

关于收益，有两个选择性概念：经济收益和永久性收益。**经济收益**（economic

① Income Statement，直译为收益表，国内习惯于译为损益表。本书其他地方沿用这一译法。此处为了与上句中的“收益”概念保持一致，译为“收益表”。——译者注

income）计量一定期间内股东财富的变化净额，通常等于该时期内的现金流量加上预期未来现金流量现值的变化。**永久性收益**（permanent income）是在假定目前业务状况保持不变的条件下，企业在其整个寿命期内可能赚得的稳定平均收益的估计值。永久性收益——也称为可持续收益（sustainable income）或经常收益（recurring income），在概念上与可持续盈利能力（sustainable earning power）相类似，分析的一项主要任务就是搞清楚它应该如何确定。经济收益计量股东价值的变化，永久性收益则是价值的均衡化。

会计（报告）收益以应计制会计为基础，通过收入确认及费用与收入的配比计算而得。会计收益所计量的既不是经济收益，也非永久性收益。此外，会计收益可能出现计量上的错误，源于武断的规则、盈余管理及估计错误所导致的会计失真。基于上述原因，可以认为会计收益是由以下三部分所构成：（1）永久性或经常性部分，其每一美元等于 $1/r$ 美元的公司价值（r 为资本成本）；（2）临时性部分，其一美元只等于一美元的公司价值；（3）价值不相关部分，与公司价值毫不相关。

分析中的一项主要任务就是确定报告收益中的永久性或经常性部分。准则制定者深知区分收益的经常性和非经常性项目的必要性。因此，损益表各项目的排列采用的是一种对分析师确定非经常性项目而言极为便利的方式。作为确定永久性收益的第一步，分析师需要确定**核心收益**（core income），即排除非经常性项目（或价值不相关部分）之后的当期报告收益。

当今会计正在以势不可当的态势逐渐采用公允价值会计模式。在公允价值会计下，报告收益将在概念上更类似于经济学收益，由于资产和负债公允价值变动而产生的大量以未实现利得和损失形式存在的非经常性项目亦将被纳入报告收益中。随着公允价值会计的使用日益普遍，对收益的分析，以及从中分离出永久性部分的工作将变得更加重要。

□ 会计收益的计量

收入（及利得）和费用（及损失）是会计收益的两项主要成分。本小节即是讨论有关这两项成分的内容。图表 6—1 是一份一般的损益表，其中包括主要的线上项目，以及一些替代性收益指标。

收入和利得

收入（revenues）是公司的持续经营活动所赚得的，或者预期将会赚得的现金流入。包括现金销售获得的现金流入，以及因赊销而带来的预期现金流入。**利得**（gains）是与公司的持续经营活动无关的交易或事项而引致的已赚得现金流入或预期将会赚得的现金流入。图表 6—1 中包括一项利得，具体来讲，是因为出售一个终止经营的部门而发生的利得。收入和利得的区分是以产生收入的持续经营活动为基础。收入可望因为持续经营而无限期地发生。与此相反，利得却是非经常性的。这一区别对分析来讲具有重要意义，特别在确定可持续收益时。

收入确认方法对报告收益有重要影响。随着电子商务日益发展，收入确认变得更加困难。这也是一个会计准则甚少涉及的领域，由此为盈余管理提供了更多机会。也因此，对收入确认实务的分析在财务报表分析中具有重要意义。正因为如此，本章随后将专辟一节来讨论收入确认问题。

图表 6—1　Amber 公司及子公司合并损益表　单位：百万美元

	2012	2011	2010
收入	$ 14 314	$ 12 716	$ 13 033
已售商品成本	(8 270)	(7 454)	(7 943)
毛利	6 044	5 262	5 090
费用			
销售及行政管理费用	(2 964)	(2 478)	(2 396)
研究开发费用	(1 234)	(899)	(855)
重组费用	—	(1 016)	—
利息费用	(725)	(715)	(654)
税前收益	1 121	154	1 185
所得税	(336)	(351)	(355)
持续经营所带来的收益	785	(197)	830
债务消失造成的利得	38	—	—
终止经营造成的损失	—	—	(23)
出售终止经营部分造成的利得	—	—	66
净收益	$ 823	$ (197)	$ 873
外币折算调整	82	(54)	(31)
可销售证券的未实现持有利得	24	22	6
退休后福利调整	(0)	(4)	—
综合收益	$ 929	$ (233)	$ 848

费用和损失

费用（expenses）是公司的持续经营活动所引起的现金流出预计现金流出或过去现金流出的分配。**损失**（losses）是由于次要或偶然业务所引起的公司净资产的减少。费用和损失的会计处理通常涉及其在报告期分配的金额和时间选择。所谓时间选择主要是说它们在何时发生，常需要考虑与相应收入的配比问题。

另一个重要问题是费用的递延（或多期分配）。会计师需要将在多个时期受益的成本费用做资本化处理。这些费用需要系统地分配到未来多个时期。与此相反，有许多成本费用是在确认的同一时期发生的。（与费用和损失相关的现金流出并不需要在确认的同一时期发生。）

□ 替代性收益分类和指标

在分析中，适当的收益分类是极为重要的。收益可以做两种分类：（1）经营收益与非经营收益；（2）经常性收益与非经常性收益。许多时候，两种分类是作为同义词使用的。比如，有些分析师（甚至包括一些公司）会提到一项收益指标，把所有非经常性项目排除在经营收益之外。确实，有不少经营收益项目是经常性的，但依然必须注意，这两种分类不论在性质还是目的上，都是有区别的。例如，因火灾而导致的存货损失属于非经常性项目，但也是经营损失。同样地，作为非经营性项目的利息收入就性质而言也可能是经常性的。经营收益与非经营收益的区分主要考虑收入或费用的来源，也就是说，它究竟是来自持续经营活动，还是来自证券交易或融资活动。经常性收益与非经常性收益的区分则主要看收入或费用的行为方式，也就是说，它是会持续发生，还是仅仅属于一次性事件。作为分析师，必须搞清这些分类之间的差异。图表 6—2 强调说明这些分类之间的区别。

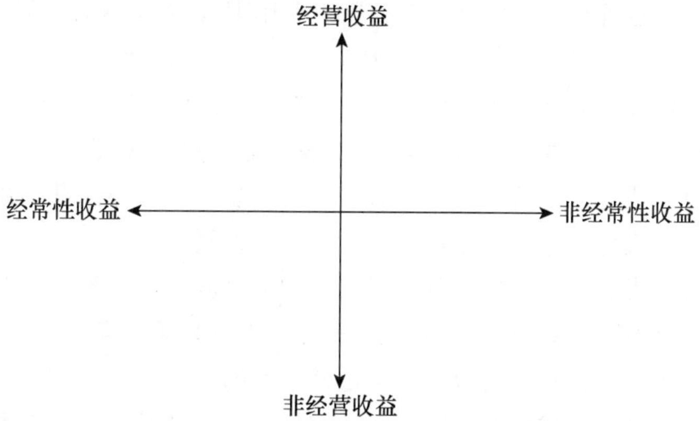

图表 6—2 收益分类

经常性收益与非经常性收益

将收益分为经常性收益与非经常性收益，主要是为了确定永久性收益和临时性收益的构成。本小节将讨论财务报表中报告的替代性收益指标及其分析意义。

会计收益的替代性指标 损益表一般报告三种替代性收益指标：(1) 净收益；(2) 综合收益；(3) 持续经营收益。净收益通常被视为最终的收益指标，事实上却并非如此。净收益声称能够代表当期发生的交易中所产生的最终收益。然而，净收益中排除了反映在资产负债表上的资产和负债价值的变化所引起的未实现（持有）利得和损失，比如公司所持有的并非为了投机性目的而持有的投资证券（但尚未出售）价值的增加。包含了此类未实现利得和损失的最终收益指标称为**综合收益**（comprehensive income）。综合收益差不多可以反映除了所有者自身活动（如发放股利及发行股票）之外全部的权益变动。这就是说，综合收益才是真正的最终收益指标，也是会计师使用的经济学收益的代表物。遗憾的是，US GAAP 只允许公司在股东权益变动表中报告综合收益，而不是在损益表中。只有少数美国公司作为其损益表的一部分来报告其综合收益。不过，图表 6—1 中的损益表同时包括了两项收益指标。

会计师还会报告一项中间收益指标，称为持续经营收益。**持续经营收益**（income from continuing operations）是一项从净收益中排除了非常项目、会计变更的累积影响及终止经营的影响之后的指标。由于这一原因，持续收益常被称为非常项目前的收益终止经营前的收益或者会计变更的累积影响前的收益。没有这些项目的公司不需报告持续经营收益，因为它等于净收益。需要指出的是，紧挨在持续经营收益之上的，是税金费用，因此，在持续经营收益之上的所有项目，都是按税前基础报告的，而处在持续经营收益之下的项目，都是按税后基础报告的。图表 6—1 中将持续经营收益列为一项单独的线上项目。

许多分析师计算另一项有时被称为**核心收益**（core income）的收益指标。核心收益是一项排除了所有在损益表中作为独立的线上项目报告的非经常性项目之后的收益指标。在图表 6—1 中，2012 年和 2010 年的核心收益等于报告的持续经营收益。在 2011 年，核心收益有所不同，它排除了 10.16 亿美元重组费用的税后影响。在本例中，核心收益等于持续经营收益加重组费用乘 1 减 35%的边际所得税率，为 4.63 亿美元(－＄197＋(1－0.35)×＄1 016)。

分析意义 会计准则要求提供替代性收益指标，这样，用户可以确定可持续性收益和非可持续性收益。许多分析师比较喜欢用与某一报告指标一致的，或存在一些差异——排除或加入了特定线上项目——的收益指标，却由此引出了有关何为“正确”收益指标的激烈争论。对这种争论，我们要说明两点。

首先，没有指明明确的分析目的，就不可能有正确的收益指标。如前所述，收益担负着两项重要而艰巨的任务：计量权益的净变动，提供有关可持续盈利能力的估计。没有哪项收益指标可以同时满足两个目的。

其次，各种替代性会计收益指标仅仅源自纳入或排除特定线上项目。这就是说，它们依然是收益的报告指标，属于会计失真的范畴。从最好的角度来说，这些替代性会计收益指标是估计可持续收益能力所需的更详细会计分析的起始点。比如，综合收益是确定经济学收益的自然起点。

经营收益与非经营收益

许多公司会报告一项叫做**经营收益**（operating income）的指标。经营收益计量的是公司从其正常的经营活动中所获得的收益。经营收益中排除了所有与非重复性商务活动和与公司的主要商务活动无关的项目。通常情况下，经营收益需要从持续经营收益中排除以下项目：(1) 从公司外围活动中所获得的利得和损失，比如在处置资产或设备的过程中所获得的利得和损失，从证券投资中获得的已实现或未实现利得和损失；(2) 因为减记经营性资产如存货、固定资产、无形资产等价值而导致的减值损失；(3) 非常规性或非经常性项目，如资产重组支出，罢工或停工所造成的影响等；(4) 其他收入或费用，如利息收入、利息费用、股利收入。当然，已经被排除在持续经营收益中的项目如非常项目、非持续经营，以及包括在综合收益中的未实现利得和损失，也要排除在经营收益之外。**非经营收益**（nonoperating income）包括所有不包括在经营收益之内的项目。

遗憾的是，不论是美国 GAAP 还是 IFRS，都未对经营收益做出界定。因此，各个公司在计量经营收益方面存在很大差异，公司为了达到盈余管理的目的而排除或包括某些项目，也就变得极为常见。此外，公司报告经营收益的方式也是多样化的。比如，有些公司不报告经营收益，有些公司报告税前经营收益，有些公司则报告税后经营收益。

分析意义 经营收益的用途源自公司财务活动中一项重要目的。那就是，想要把诸如资本预算之类的投资（和经营）决策与诸如股利政策之类的融资决策区别开来。由于这一目的，有必要确定有关公司收益的一项综合指标，独立于公司融资和证券投资决策。经营收益即是这样一项指标。需要说明的是，税前经营收益类似于**息税前盈余**（earnings before interest and taxes，EBIT），税后经营收益则类似于税后净经营利润（net operating profit after taxes，NOPAT）。

遗憾的是，因为多方面原因，公司报告的经营收益并不能很好地服务于这一目的。首先，目前有关经营收益的定义，将有关分类的经营与非经营维度与经常性与非经营性维度混淆在了一起。正如之前曾解释过的，这两个维度在收入和费用分类方面是截然不同的。因为这一原因，报告的经营收益并不能准确地计量 NOPAT（或按税前基础计算的 EBIT）。比如，经营收益中会排除重组支出，而它却是 NOPAT 的一个必须的成分。其次，在确定 NOPAT 时，需要调整利息对税务的影响——通常称之为利息的税盾效应（interest tax shield）。确定经营收益时却无须做此项调整。再次，如前面所指出，公司用以计量和报告经营收益的方法极少一致性。因此，公司所报告的经营收益，很难很好地为我们的分析目的提供服务。

最后，当分析师通过损益表重排及适当的所得税调整确定经营收益时，有时需要利用附注中的信息做更仔细的调整。比如，当一家公司有经营性租赁时，整个租金都是作为经营费用处理，尽管租金支付中包含一定的利息成分。在这种情况下，经营收益将被低估，除非分析师能够根据附注信息做必要的调整。如何正确地计算 NOPAT，不在本章讨论范围。我们将在第 8 章中再次回到这一议题。

综合收益

如前所述，作为终极指标的收益是综合收益。**综合收益**（comprehensive income）被定义为可以反映除所有者自身活动（如发放股利及股本的变化）以外的全部股东权益变化的收益指标。它是一项反映一定期间内股东财富净变动的指标，因此是属于会计师所使用的经济收益指标。

综合收益的计量 综合收益是通过调整净收益来确定的，其所依赖的是税后基础。一些未实现利得和损失则合起来称为**其他综合收益**（other comprehensive income）。以下是一个典型公司的综合收益确定过程：

净收益		\$1 205
其他综合收益		
+/－ 未实现可销售证券持有利得（损失）	\$305	
+/－ 未实现衍生工具利得或损失	945	
+/－ 外币折算调整	(12)	
+/－ 退休后福利调整	(17)	1 221
综合收益		\$2 426

在美国 GAAP（ASC 220）下，其他综合收益通常由四部分构成：(1) 可销售投

资证券的公允（市场）价值变动所导致的未实现持有利得或损失；（2）现金流量套期保值（衍生产品）的有效部分所引起的未实现持有利得或损失；（3）外币折算损益；以及（4）未包含在净收益中的退休后福利资金状况的变动。在IFRS下，除了这些项目之外，其他综合收益还可能包括经营资产按其公允价值进行重估价所产生的影响。不论是有形资产（IAS 16下的厂场设备）还是无形资产（IAS 38下的专利权或商标权），都可以按这种方式进行重估价。所有这些项目就其性质而言都属于未实现（持有）利得或损失。这些成分属于除正常交易（arm's-length transactions）之外的其他因素所引起的资产和负债价值变动。有关这些成分的详细讨论显然超出本小节的范围。具体可参看第3章有关退休后福利调整的讨论，第4章有关外币折算调整及IFRS下资产重估价的内容，以及第5章有关投资证券和衍生金融工具未实现利得和损失的讨论。

在资产负债表中，其他综合收益也像净收益一样包括在股东权益之内。不同的是，净收益包括在留存收益内，而其他综合收益则是按其累计数作为一个独立的项目，在股东权益中单独列示，名为**累计其他综合收益**（accumulated other comprehensive income）。

当一项证券的未实现利得或损失得到实现——也即是说该证券被卖出时，所实现的利得或损失（销售收入与其初始购进金额之净差额）计入净收益。因为将已实现利得或损失计入净收益，会造成一个问题，因为该利得或损失中有一部分之前是在其他综合收益中被确认为未实现利得和损失的。为避免重复计算，先前确认的有关该证券的未实现利得或损失（也即是已经计入上一时期的累计综合收益中），需要在本期其他综合收益中通过一个称为**重分类调整**（reclassification adjustment）的项目抵消。这一重分类调整的净影响包括：（1）当期净收益和留存收益反映该证券总的已实现利得或损失，其中部分在之前时期属于未实现利得或损失；（2）当期的综合收益确认因为该证券在当期由于价格变动所造成的利得或损失；以及（3）当期的累计综合收益不包括归属于该证券的利得和损失。

分析意义 综合收益之所以对财务报表分析具有重要意义，是因为它被会计师用做经济学收益的替代品。综合收益优于净收益，因为后者既不能用于估计经济学收益，也不能用于估计可持续收益。

有些分析师认为净收益要比综合收益重要，因为净收益是以交易为基础而综合收益却不是。然而，这一观点并非完全正确。比如，净收益中包括交易证券、公允价值套期保值以及现金流量套期保值的无效部分的未实现持有利得或损失。进而，有些收益要素来自正常交易这一事实作为一个重要的区别点，与经济观点并无关系，因为未实现利得和损失是经济学收益的一个合理成分。

对于确定经济学收益而言，综合收益是一个很好的起始点。不过，极为重要的是，在确定经济学收益时，必须对综合收益进行调整。比如，来自被归类为持有至到期证券的投资证券的未实现利得或损失，是不包含在综合收益内的，但它们是公司经济学收益的一个必然部分（参看第5章有关内容）。

有些分析师认为，其他综合收益的构成要素不具有相关性，因为它们缺乏持续性。这种说法有一定道理。其他综合收益中包含一些利得或损失，就其性质而言确实是短暂的。因此，对确定公司的可持续性收益而言，此类项目确实是无用的。但是，并不能因此说这些项目是不相关的。投资证券和衍生工具的未实现利得或损失可以提供有关公司未来潜在利得或损失的极为重要的信息，只要证券被售出，这些利得或损失就是可预期的。对金融机构而言，此类信息尤为重要。如前所述，其他综合收益对于确定经济学收益是极为重要的。经济收益在分析中具有极为重要的作用，与可持续性收益极不相同。

最后，需要强调指出的是，大多数公司并不在提供损益表时同时报告综合收益。大多数公司将其作为股东权益表的一个组成部分进行报告，尽管也有不少公司将综合收益及其构成作为一个独立报表进行报告。由于综合收益通常并不在损益表的表面上进行报告，有关投资证券未实现利得和损失的极为重要的信息，很可能被分析师所忽略。各个公司，尤其是金融机构，很有可能利用综合收益披露在位置上的优势，隐藏有关投资证券未实现利得和损失的负面消息。鉴于此，作为分析师，必须要深入研究财务报表，认真鉴别与综合收益有关的信息。

非重复性项目

本节讨论几个非重复性项目（nonrecurring items），包括非常项目、终止经营、会计变更、重组费用、特别项目，同时介绍其分析和解释。

非常项目

非常项目的主要特点在于其独特的性质，以及超低的发生频率。最大的非常项目是早期退休债务的利得或损失。在损益表中，非常项目归为独立的一类。由于分类标准过严，非常项目实际上是比较罕见的。图表6—3反映非常项目的频率和重要性。报告非常项目的公司占比通常在6%以下，但最高曾到过12.4%。非常项目发生时占销售收入之比，通常在3%以下。正负非常项目的比例大致相同。

非常项目的会计处理

一个项目想要作为非常项目，必须同时满足两个条件：性质独特，不常发生。两项条件可作如下解释：

- **性质独特** 是指一项事件或交易具有高度的反常性，与公司的普通或典型活动毫无关系，或者只是在偶然情况下才会有所联系。
- **不常发生** 一项事件或交易没有理由预期会在可以预见的将来发生。

非常项目在损益表上是作为一个独立的线上项目，按除税净额在持续收益后列报。当一家公司报告非常项目时，持续收益被称为非常项目前的收益（income before extraordinary items）。所有不能同时满足上述两项条件的项目，都不能列为非常项目。

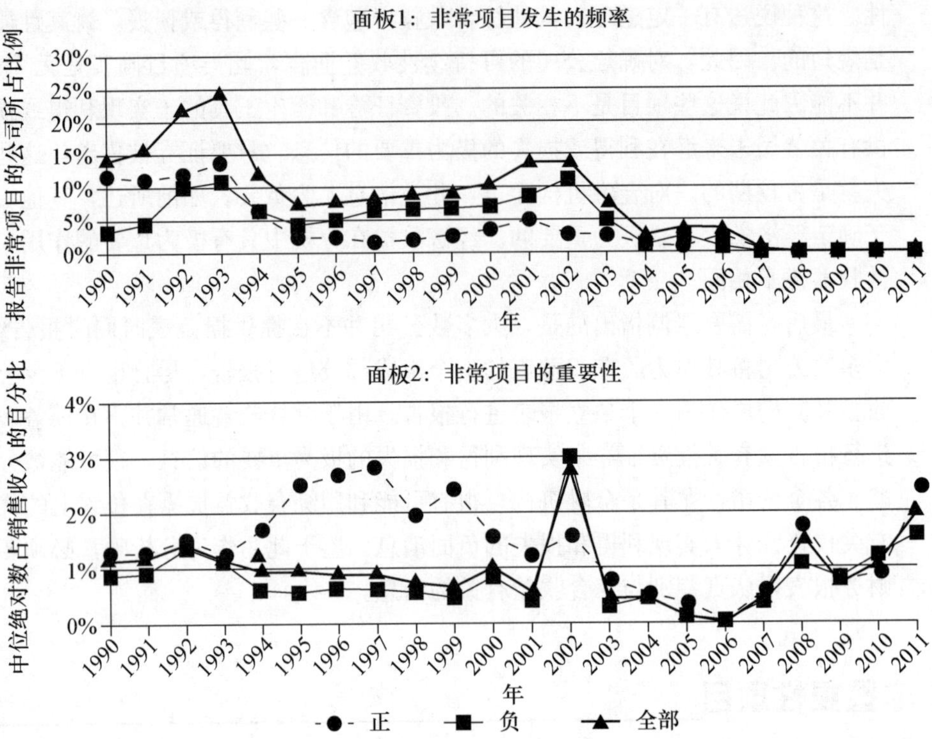

图表6—3 非常项目的重要性和发生频率

实务中要求公司不能把一些性质不甚独特，或者可以预期作为惯常及持续经营活动的结果而发生的利得和损失作为非常损失列报。包括：

- 应收款、存货、出租设备、递延R&D费用或其他无形资产的增记或减记。
- 处置某个业务部门的利得或损失。
- 出售或废弃不动产、厂场、设备的利得或损失。
- 某种侵袭的影响，包括来自竞争对手和主要供应商的侵袭。
- 长期合同的应计项目调整。

非常项目分析

非常项目具有非重复性。因此，分析师在计算永久性收益时需要排除非常项目。当进行不同时期、不同公司之间的比较时，也需要从收益中排除非常项目。然而，尽管非常项目只是临时性项目，但会给公司带来成本（或利益），货真价实。因此，分析师在计算经济收益时，必须把非常项目的全部金额包括在内。

非常项目常属于经营性项目。然而，它们与通常的经营收入和费用又有所不同，因为它们具有非重复性。例如，因火灾而发生的存货损失属于公司经营的一部分（并显示出公司经营中内含的风险性），但它不可能经常发生。因此，在计算经营收益时需将公司经营业务所导致的非常项目包括在内，但在计算永久性收益时必须排除在外。非常项目也显示出公司的风险程度。此种风险可能很遥远，然而它一旦发生，就意味着在将来某一时日有再次发生的可能。大多数非常损失都数额巨大，因此，尽管其发生并不频繁，但在分析中依然需要加倍注意。在有些情况下，非常项目可能再次发生，尽管其发生的频率并不很高。例如，临近海滨的仓库受台风影响，每隔几年就有可能发生一次水毁损失。分析师在评价可持续盈利能力时必须考虑这些因素。

分析视点

……你是供应商

你的公司为芝加哥建筑公司供应原材料。你的工作是每年评估客户的信用条件和政策。芝加哥建筑公司本年度的净收益下降了 12%。你通过分析该公司财务报表发现，其净收益的这一下降归因于建筑工地一场火灾所造成的非常损失。排除这项非常损失后，收益上升 23%。你将对芝加哥建筑公司的信用作何估计？

□ 终止经营

公司有时会处置掉整个部门或整条生产线。当这种处置涉及的是可独立辨认的业务分部时，我们称之为终止经营（discontinued operations）。终止经营需在损益表和资产负债表中独立列报。图表 6—4 表明在过去 20 年中终止经营的重要性和频率。在 20 世纪 90 年代中期，近 2%的上市公司曾在损益表中报告过终止经营。从那时起，这些项目发生的频率大幅度上升，至 2004 年达到 12%。不过，终止经营的重要性，按占销售收入的比例来算，一直稳定保持在约 2%的水平。然而，由于收益的减少大于

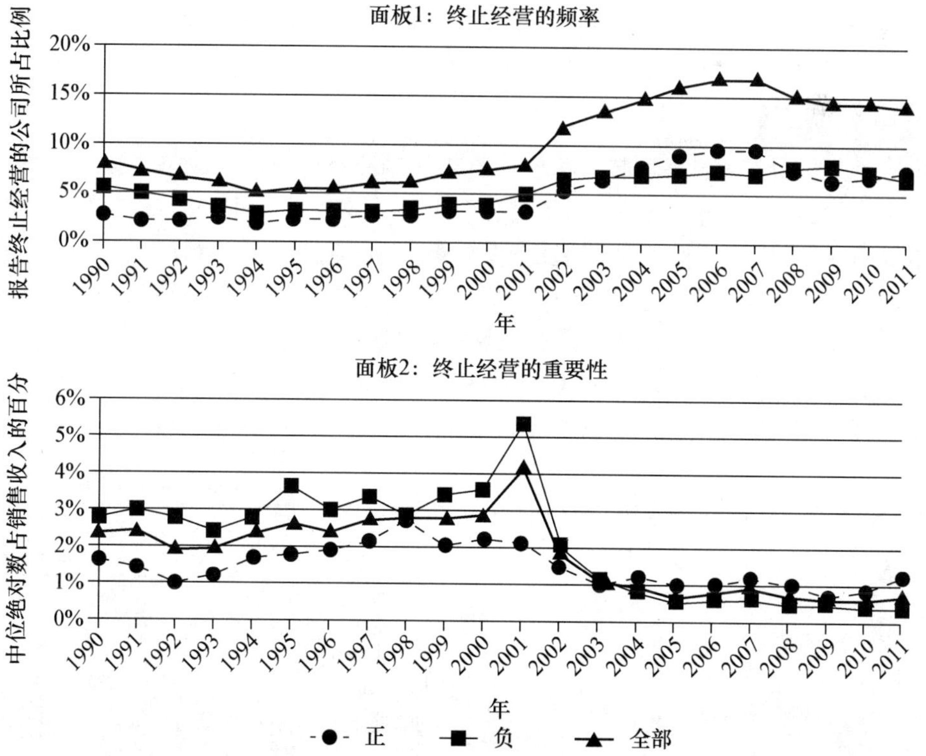

图表 6—4 终止经营的重要性和频率

终止经营的影响，导致了净增加。终止经营在其发生之时，可以构成净收益的一个实质性部分。

终止经营的会计处理

要作为终止经营处理，终止部分的资产和经营活动必须能够清楚地从余留实体的资产和经营活动中分离出来，而且，这种分离必须同时是物理上和经营上的分离。这种部分可以是一个经营单元、一个报告单位、一个独立的分部，甚至一组独立的资产。在确定一项终止经营由什么所构成时需要运用判断，因为它取决于一家公司经营的性质和范围。对一家公司而言属于终止经营的活动，对另一家公司却并不一定构成终止经营。公司在售出其所持有的合并子公司股份时（不管是全部还是部分），需要记录因为终止经营而造成的利得或损失。

在 US GAAP（ASC 225）和 IFRS（IFRS 5）下，终止经营会计和报告需做双重处理。首先，在从线上项目中扣除了终止经营的影响，确定了持续经营收益之后，需对本期及前两年的损益表进行重述；其次，终止经营的利得或损失需要单独列报，扣除所得税影响后列在持续经营收益之下。在美国，公司报告终止经营的影响（本期和前两年的）时，需将其分为两类：（1）**终止经营的收益或损失**（income or loss from discontinued operations），指到管理层承诺进行该项处置时为止终止的部分经营所带来的经营收益或损失；（2）**处置利得或损失**（gain or loss on disposal），包括在结束经营的过程中所发生的经营收益或损失。不过，在 IFRS 下，需要在损益表中报告一项与终止经营相关的单独的合并金额。案例 6—1 提供的是一个终止经营报告实例。

案例 6—1

凯马特公司同意出售所持有的合并子公司 Builders Square 公司的绝大部分股票。相应地，凯马特公司在第 6 年报告了处置终止经营所导致的税后损失 3.85 亿美元，并重述了前两年的损益表，以全面反映这项终止经营业务。重述导致上年一项 2.6 亿美元的损失，这是 Builders 公司当年的经营损失。下面报表摘录的左边部分是凯马特公司损益表（来自第 6 年年报）的低计部分，右侧部分是第 5 年的原始及重述损益表，以及对 2.6 亿美元终止经营损失的解释。需要说明的是，终止经营所导致的损失第 6 年为 6 100 万美元（4.46 亿美元减去 3.85 亿美元），第 5 年为 3 000 万美元，涉及除 Builders Square 公司以外的其他终止经营。

损益表的低计部分

	第 6 年	第 5 年
来自非常项目前的持续经营净收益（损失）	$231	$（230）
来自终止经营的损失，税后净额	（5）	（260）
处置终止经营，税后净额	（446）	（30）
非常项目	—	（51）
净收益（损失）	$（220）	$（571）

第 5 年原始及重述损益表

	原始	重述（Builders）	差异
来自非常项目前的持续经营净收益（损失）	$（490）	$（230）	$（260）
来自终止经营的损失，税后净额		（260）	
处置终止经营，税后净额	（30）	（30）	
非常项目	（51）	（51）	
净收益（损失）	$（571）	$（571）	

终止经营的分析

分析是具有预见性和决策导向性的。因此，为了达到分析的目的，必须从当期及过往收益中剔除终止经营的全部影响。不管分析的目的是为了确定经济或永久性收益，还是为了确定经营或非经营性收益，都必须坚持这一原则。由于公司按要求必须重述损益表并单独报告终止经营所带来的收益或损失，因此需要对当期及过去两年的损益表老老实实地进行调整。有关以前年度的此类现成信息并不存在。有些公司会对过去十年的摘要财务信息（包括收益信息）进行重述，我们可以直接使用。还有一些公司会单独报告过去几年终止经营的信息。尽管如此，在绝大多数情况下，我们是无法得到此类信息的。在这种情况下，分析师在进行不同时期之间的比较分析（比如评价不同时期的收益类型）时，必须格外小心仔细。

在有关公司财务状况的反映方面，分析师必须把终止经营的资产和负债从资产负债表上移除（如果尚未移除的话）。有关此类资产和负债的信息一般是在报表附注中予以披露。不过，因终止经营而导致的累计利得或损失却不能从权益中移除。

□ 会计变更

由于某些原因，公司可能会改变会计方法和财务报表内含的假设。有时候，改变会计方法是因为出台了新的会计准则。其他时候，改变会计方法和/或假设是为了更好地反映公司业务活动或状况的变化。公司经理人也可能为了粉饰财务报表——特别是为了进行盈余管理——而改变会计方法。为了阻止经理人员在没有正当理由的情况下随意变更会计方法，会计准则要求“在编制财务报表时，必须有这样一项假定，即：某项会计原则一经采用，就不能在进行同类事件或交易的会计处理时随意改变。……只有当企业有充分理由可以证明使用替代性会计原则更为合理时，不能随意改变会计原则的假定才可以被打破”。

会计准则将会计变更分为四种类型：(1) 会计原则的改变；(2) 会计估计变更；(3) 报告主体的变更；(4) 错误更正。下面讨论与各类变更相关的报告要求，考察其分析意义。

会计变更的报告

会计原则的改变　当公司从一项公认会计原则转为另一项公认会计原则时，就会发生会计原则的改变。**会计原则**（accounting principle）既指所使用的会计准则和惯例，也指使用这些准则和惯例时所采用的具体方法。折旧方法由直线法变为加速折旧法，即是会计原则变更的典型事例。

按照现行会计准则（ASC 250），会计原则的改变需要在财务报表中予以反映，并作追溯调整，将其运用到本期及该原则生效的以前时期。这就意味着，损益表和资产负债表中所包含的全部本期及以前时期的信息，都将反映新原则的影响。通常情况下，这将意味着本年及前两个年度的损益表以及本年和上一年度的资产负债表将反映新准则的影响。

目前这种做法才刚刚用了不多几年。在此之前，会计原则的改变是通过以下方式反映的：(1) 按新原则报告本期的会计报表；(2) 通过一个一次性的调整项目来调节对以前年度的累积影响。该项目称为**会计原则改变的累积影响**（cumulative effect of change in accounting principle)，在损益表中列在持续经营收益之下。对分析师而言，了解会计变更的影响具有特别重要的意义，其原因有二：首先，公司过去的财务报表可能依然反映原有准则的影响。其次，新准则的可行性依然存在争议，尤其是在依法采用新准则从而引起会计原则改变的情况下。因为这一原因，原有的处理方式很可能以某种有限的方式回归。

会计估计变更 应计制会计要求对诸如资产使用年限、担保费用、存货过期、养老金假定、无法收回的应收账款等做出估计，即所谓**会计估计**（accounting estimates)。会计估计是对未知的未来状况的一种近似的表达。正因为如此，会计估计是可变的。当会计估计发生变更时，必须按规定要求进行会计处理和披露。包括：

- **前瞻性应用**——在变更发生的当期就要考虑进行改变，而且，在可能的条件下，还应考虑对未来时期的影响（无须做回顾性重述)。
- **附注披露**——即使在会计估计变更会对未来时期发生影响的情况下，也只是在变更发生的当期披露会计估计变更对净收益和非常项目前收益（包括每股收益）的影响。

案例 6—2 为一个会计估计变更实例：

案例 6—2

达美航空公司以前按 15 年对其飞行设施计提折旧，残值率为 10%。去年第四季度，公司变更了其折旧政策，将折旧年限改为 20 年，残值率改为 5%。由于这一变更，使公司第四季度的折旧费用减少 3 600 万美元，最终导致年度净收益增加 2 200 万美元。

依照最新的提议中准则，除了有关使用寿命期、残值的估计外，折旧政策的改变（比如说由直线法变为余额递减法）也将被作为会计估计的改变。

会计变更的分析

分析师在分析会计变更时，有几点需要考虑。第一，会计变更是用于“装点门面的”，不论是目前还是将来，都不会产生现金流量。这就意味着会计变更并不会影响公司的财务状况。

第二，尽管会计变更只是装点门面，但有时它确实能够更好地反映经济现实。比如，公司决定提高设备的折旧年限，可能是为了使成本更好地与实际使用情况相匹配。原则上，要改变会计方法，一项必须的条件是通过改变可以更好地反映潜在的经济意义。

第三，作为分析师，必须对盈余管理保持必要的警醒。在采用新的会计准则时，盈余管理将不再成为问题。管理者会选择最佳时机采用有关准则，以产生最佳效果

（或使其危害减到最小）。尽管如此，在自愿进行会计变更的情况下，盈余管理仍然可能成为一个重要的动机。尽管管理者有时会通过改变会计原则进行盈余管理，但最流行且最精明的方法却是改变会计估计。改变会计原则的影响会在损益表中直白地反映，有关会计估计变更的信息却是隐藏在附注中。从案例 6—2 有关达美航空公司改变折旧政策的事例中，我们可以明显看到其动机所在。该公司随后各年的经营收益数据为：第 2 年，－6.75 亿美元；第 3 年，－5.75 亿美元；第 4 年，－4.47 亿美元。这些数据表明，该公司的业绩在逐年不断改进，每年的亏损都在按 13%的比例减少。然而，当我们按原折旧方法对报告的收益数据进行重述，则会看到另一组数据：第 2 年，－6.75 亿美元；第 3 年，－6.09 亿美元；第 4 年，－5.83 亿美元。比较两组数据可以发现，由于改变折旧政策，使第 3 年的收益增加了 0.34 亿美元，第 4 年增加了 1.36 亿美元。按原数据计算，每年亏损下降的幅度仅为 5%。

与会计变更相关的另一事实是利润操纵。与盈余管理仅仅是在公认会计原则的限制范围之内粉饰利润不同，利润操纵是在可接受实务之外的犯罪。SEC 的工作人员一旦发现公司有进行利润操纵的事实，则会要求公司重述财务报表。此种重述需按《会计执法公告》（Accounting Enforcement Releases，AERs）的要求进行，意味着公司的会计实务过分地具有侵略性。尽管有时候确实会有无意之失，当一家公司被 SEC 勒令重述财务报表时，分析师还是应该特别留意。最低限度，它可能反映出盈余质量不佳，在分析此类公司的财务报表时，分析师必须格外小心。

第四，分析师必须通过纵向比较估计会计变更的影响。在此，必须注意可比性问题。也就是说，必须确保所有比较（尤其是纵向比较）都是在一致的会计规则基础之上进行。如果公司在报表附注中说明了会计变更对前几年会计数据的影响，则可对收益史进行调整。如果没有此类信息，分析师必须注意所有纵向比较潜在的局限性。这一点是很重要的，因为公司有时改变会计估计，就是为了粉饰盈余历史。

第五，分析师有可能希望评估会计变更对经济学收益和永久性收益的影响。对于估计永久性收益，分析师可以使用按新方法编报的会计数据而忽略其累积影响。对于估计当期经济学收益，则必须同时考虑当期及累积影响。一般情况下，分析师需要估计会计变更能否更好地反映经济真实。如果变更是武断的，或者有可能损害数据反映经济真实的能力，我们则可以利用附注信息来排除变更的影响。

□ 特殊事项

特殊事项是指不同寻常或不经常发生的事件或交易，但并不同时具有上述两个特性。这类项目一般作为线上项目在损益表中单独列报，位置在持续收益之前。特殊事项一般为非常规项目，不符合非常项目的分类要求。

特殊事项构成非经常性项目中最常见而且最重要的一类。正如图表 6—5 中所见，其频率在日益提高。特殊事项的频率增长极快，报告此类事项的公司比例从 20 世纪 80 年代的 1%提高到了现在的近 48%。此类增长绝大部分集中在减少收益的特殊事项上，其中以重组费用尤为重要。特殊事项占销售收入的比例一直比较稳定地保持在

2%的水平，在绝对数值上，负面影响一直高于正面影响。这些项目的发生对报告利润有非常显著的影响，常会使一个盈利的年度转为亏损。在源自持续经营的收益中，它们通常是最为短暂的项目。

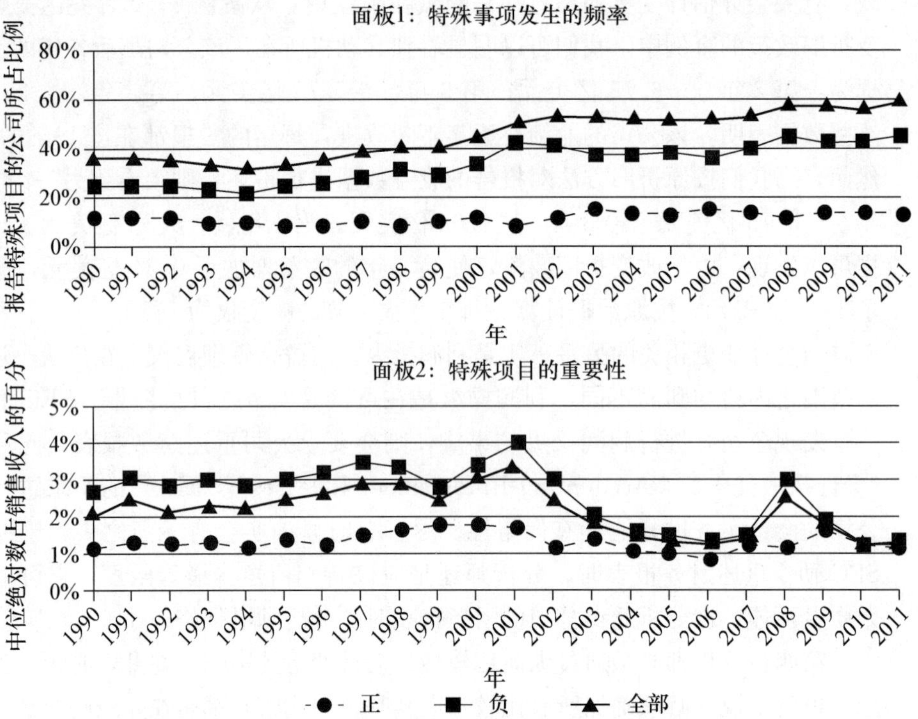

图表6—5　特殊事项发生的频率及重要性

图表6—6表明了一次性特殊费用的构成，既包括其发生频率，也包括其金额。重组费用和商誉、存货、不动产、厂场及设备资产的减值构成此类费用的绝大部分。在所有项目中，长期资产减值和重组费用构成特殊事项的两个主要类别。它们的区别在两方面：其一，重组费用与公司的重大重构相关，可能是在全公司范围之内的活动，也可能只是在一个部门之内。重组通常涉及公司经营战略、融资渠道的改变，或者企业实体的重构。另一方面，资产减值的范围则相对单一，涉及某一类资产的减记或冲销。其二，资产减值主要是应计制会计调整，重组费用却涉及实质性的现金流承诺，或在当时，或在将来。

特殊事项对分析而言是一种挑战。首先，特殊事项（如重组费用）的经济意义复杂；其次，许多特殊事项是自行确定的，因此可能服务于盈余管理的目标。本节剩余篇幅将集中讨论两类重要的特殊事项：资产减值和重组费用。我们将描述其会计和报告要求，讨论其分析意义。

资产减值

长期资产减值　当长期资产的公允价值（市场价值或公司内部使用的价值）低于其结存价值（资产负债表上的账面价值），即认为发生了减值。发生资产减值的原因是多方面的，包括：资产市场价值下跌、对该资产产出产品的市场需求下降、技术上

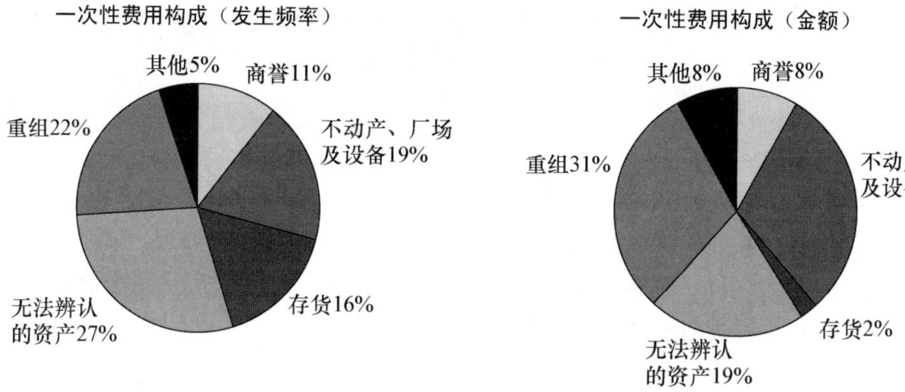

图表 6—6　一次性费用（特殊事项）的构成

过时、公司经营战略改变等。资产减值是稳健主义原则下按成本与市价孰低法报告资产价值的副产品。公认会计原则不允许调高资产价值。

资产减值必须与资产重组和部门处置相区别。我们已经讨论过重组与资产减值的不同。资产减值与企业业务部门的处置也不相同，不论是其会计处理，还是经济意义。在处置过程中，公司会卖掉一项或多项资产，或者整个业务部门，处置资产将退出经营。与此不同，减值的资产虽然也可以按任何方式卖出或出售，但通常依然保留在公司内，或者低水平运营、或者闲置、或者废弃。从会计的观点来看，业务部门的处置可以按终止经营处理，我们在前面已经做过讨论，资产减值则要记作特殊事项。

US GAAP（ASC 360）提出了一种通过两个步骤来确定减值金额的程序。首先，当一项资产的未来预期现金流量的**未折现**（undiscounted）价值低于该资产的结存价值，则确认资产减值；其次，在满足了前一条件后，进而计算减值损失的金额，等于资产结存价值与公允价值之间的差额。如果无法从市场获得该资产的公允价值，则按该资产未来预期现金流量的折现值计算。IFRS（IAS 36）并不赞同这种两步骤的减值确认程序。按照国际财务报告准则的要求，公司必须找出可能发生资产减值的事项和具体情境。如果公司认为减值已经发生，则需要通过比较持产价值和资产预期未来现金流量的折现值，直接计量减值金额。

该准则并没有要求披露减值额是如何确定的，也没有要求披露可能发生的资产减值。对于何时以多少金额核销资产价值，该准则允许有较大的灵活性，而且，该准则也没有要求提供资产处置计划。案例 6—3 提供的是一项典型的资产减值披露。

案例 6—3

Chiron 公司在损益表中报告了 3 130 万美元的减值损失，涉及在波多黎各的生产设备。公司在报表附注中披露了如下信息："鉴于公司近年来产品开发对公司生产需求的累积影响，管理层认为，公司目前的生产能力已经超过了设计需求。具体来说，管理层认为，受制造工艺改进和竞争性产品侵入影响，公司在波多黎各的闲置药物过滤和终端处理设施——原来是作为干扰素 β-1b（Betaseron）的次级生产场所——将被拆除……由于该设备以前是作为合同生产单位，管理层发现很难为这些设备找到新的用途。为此，公司根据 SFAS 121 对波多黎各设备及相关机器设备的账面价值进行了检查，考虑资产的减值问题。最终……公司通过分项评估，在确定各项波多黎各设备及相关机器设备公允市价的基础上，记录了 3 130 万美元的减值损失。”

其他资产减值 除长期资产减值以外，公司有时还会冲减其他类型资产的价值，包括应收款、存货、商誉。存货和应收款的价值皆可准确确定，商誉价值的冲减却需要经过评估，因此具有一定的主观性（参看第 5 章）。

重组费用

与资产减值不同，重组费用通常是与公司经营和战略的重大变化相关联。重组常常会扩展为公司组织结构的大幅度变动，包括剥离经营单位、终止合约协议、终止产品线、辞退工人、管理层变更，以及与厂场、技术和人力资源投资相关的资产冲减。同时资产减值冲销通常是和对新的工厂、技术、人力进行的投资相关联的。重组总是伴随着成本：剥离的经营单位通常是亏损出售；辞退员工要给予补偿；冲减存货和固定资产价值会产生损失；租赁买断是很昂贵的；新增投资和设备改良需要付出代价。公司通常会对重组项目提留成本准备，包括应计解雇费用（severance accruals）、应计资产减记费用等。这项准备是通过重组费用而形成的，需在本期损益表中作为一个特殊项目列示。有时，重组计划的成本需要在损益表中结合在好几项线上项目中，包括已售商品成本，销售、一般及行政管理费用（SG&A）等。重组项目的执行有时要花费好几年的时间，在此过程中发生的实际成本需在发生时冲抵准备。准备的剩余金额作为重组准备金列示。项目完成时，如果准备金还有余留，则需在收益中做冲转记录。近来，有关重组费用会计处理的制度规定有所收紧。现在要为重组提留准备是很难的，除非对各种准备的使用有十分明确的计划（ASC 420）。

我们以柯达公司为例来说明重组费用处理的有关情况。柯达公司在 2003 年和 2004 年进行了大规模重组，累计重组费用超过 11 亿美元。这些费用使公司 2003 年的持续经营收益减少 60%以上，2004 年则由盈利转为亏损。

正如柯达公司在其 MD&A 中所提到的，柯达公司重组的主要目的是为了降低成本。在 2004 年年报中，柯达公司对其重组活动做了如下说明：“目前，公司正经受着数字化改造项目所带来的负面影响。在公司为了改变经营条件而持续进行经营模式调整的过程中，可能需要不断地开展降低成本的活动。”

特殊事项分析

在会计分析中，特殊事项分析是一项极具挑战性的工作。估计的使用给盈余管理造成了极大机会。同时，挑战也来自对特殊事项——尤其是重组费用——潜在经济意义的理解。特殊事项之重要性，源自其发生的频度，以及对过去、现在及未来净收益的影响。本小节中我们将解释特殊事项因何成为流行的盈余管理工具。我们还将说明特殊费用的意义，以及对财务报表进行调整的必要性。

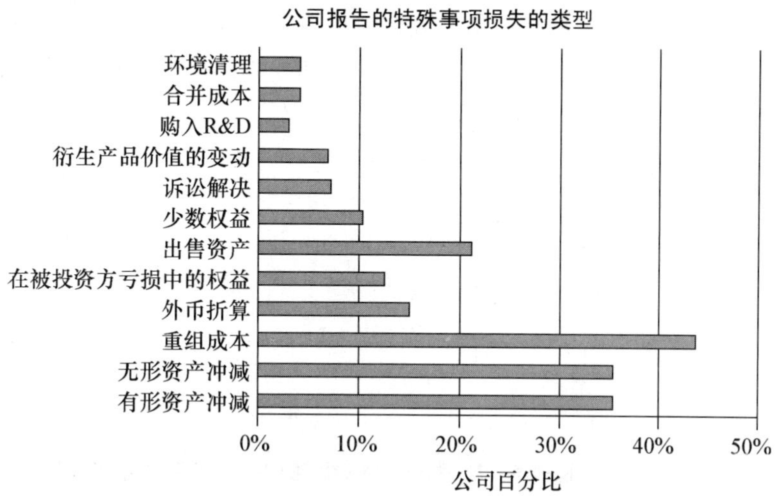

盈余管理与特殊费用 图表 6—5 表明，特殊事项中的很大一部分，不论是从频率还是重要性的角度来看，都是收益减少型的。进一步来看，报告收益减少型项目的公司所占比例也是在不断增加。特殊费用的这种增加很是令人不安，并已引起证券交易委员会的关注。证券交易委员会曾经警告：诸如“巨额摊销重组费用”之类的盈余管理技术，正在吞噬人们对财务报告的信心。

报告特殊费用的动机何在？答案是：在假定一次性费用具有非经常性，因而不会持续至未来的前提下，它将不甚为投资者所关注。如果被分析师归类为临时性（非经常性）项目，对股票价格的影响将大大降低。

例如，假定某公司获得了每股 2 美元的永续收益。若资本成本为 10%，则该公司的价值为 20 美元（$2/0.10）。现在，我们再假定该公司连续四年高估了 1 美元/股的收益，第 4 年发现后，作为单项费用做了冲回记录。有关资料如下：

（单位：美元/每股）	第 1 年	第 2 年	第 3 年	第 4 年
经常性收益	$3	$3	$3	$3
特殊费用	0	0	0	(4)
净收益	$3	$3	$3	$ (1)

这样一个净收益模式表明：该公司每年的永久性收益为每股 3 美元，第 4 年有一项临时性费用，金额为－4 美元/股。我们在前面曾经讲过，1 美元永久性收益对公司价值的影响等于 1 美元除以资本成本，而 1 美元临时收益的影响就等于 1 美元。由此，许多分析师会天真地认为该公司的股票价值为 26 美元（3/0.10－4）。进而，如果像有些分析师所建议的那样，完全忽略一次性费用的影响，公司股票估值将为 30 美元（$3/0.10）。这一估值与目前的实际价值（20 美元）存在很大差异。

图表 6—7 以图示方式说明了这一点。图中重估线反映从第－9 年到第 0 年每股两美元的“真实”收益。报告线表明报告收益受向上盈余管理的影响呈逐渐向上的趋势，只是在第－3 年发生了巨额费用。在第 0 年末，累计报告收益和累计“真实”收益相等，因为全部盈余管理将于此时冲回。虚线部分是第 0 年后以过去收益时间序列为基础的“真实”收益和报告收益预测。从图中我们可以看到，由于规则的向上盈余

管理（比如通过延迟资产减值和其他应计项目的减记）及以一次性特殊费用方式冲回应计项目，创造了虚假的永久性收益较高和收益增长的趋势。

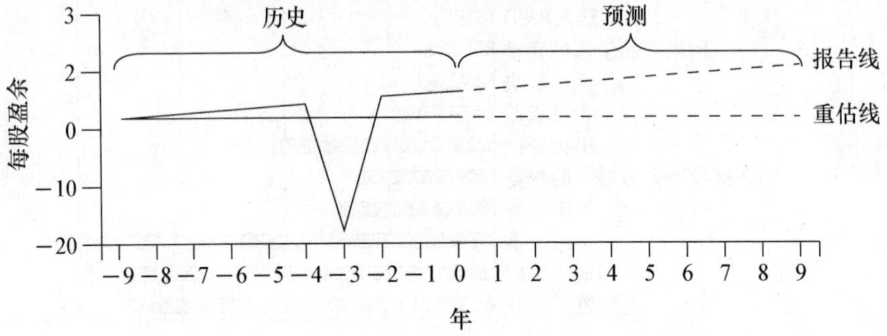

图表 6—7　用一次性费用管理盈余水平和增长观念

以上图式表明，在分析时只关注收益的经常性部分而忽略非经常性费用时，管理者正是利用这一方式来进行盈余管理。从图中我们还可以看到，我们必须警惕特殊费用。对于经常有一次性费用重复发生的公司，我们必须通过深入的调查来确定这些费用是否属于公司盈余管理的结果。

损益表的调整　正如图表 6—7 所揭示的，一次性费用可以严重扭曲收益模式和趋势。因此，对于分析师来说，为了确定特殊费用的影响——尤其是对永久性收益的影响，进行必要的调整是十分重要的。在此我们将讨论如何通过调整来确定公司的永久性收益，以及如何通过调整来确定经济学收益。永久性收益应该反映公司在正常情况下的盈利能力。绝大部分特殊费用属于经营费用的组成部分，需要反映在永久性收益中。从最基础的角度看，特殊费用所反映的，或者是过去费用的低估，或者是为了改进未来盈利能力而做的“投资”。

为了说明这一点，我们设想有一家公司投资 4 000 万美元购买设备生产一种药品。公司期望在尚余 8 年的专利期内，从事该药品的生产和销售活动。公司在未来 8 年采用直线法对机器设备进行折旧（假定没有残值），每年的折旧费用为 500 万美元。然而，在第 4 年末，由于一种全新产品的出现，该药品完全失去了市场。公司不得不在第 4 年末停止该药品的生产，设备同时被废弃。公司为此确认了 2 000 万美元的资产减值损失（第 4 年末设备的结存价值）。公司将这项减值报告为无重复发生可能的一次性费用。我们是否应该认同公司的这种估计？首先来看看造成这项减值的原因。根本上来看，之所以发生这项减值，是因为公司过高地估计了该药品——进而是该设备——的经济寿命。由此导致前 4 年的使用中折旧费用的低估。在对这种情况做了适当分析之后，应有的处理应该是假定折旧年限为 4 年，并按此来调整折旧费用，重述过去（及本期）收益。具体来讲，我们将减少本期收益 500 万美元（如果是在分析收益趋势，连带地还应调整前 3 年的收益）。

Chiron 公司波多黎各生产设备 3 130 万美元的减记（参见案例 6—4）与此颇相类似。该设备由于技术进步和新产品的进入而被闲置，因此确认了一项减值损失。必须说明的是，波多黎各设备的成本属于正常的经营费用，这些成本应该在设备的整个运行期内进行分摊。该设备的运行期应该可以通过过去的财务报告来确定，如果无法确定，则可以根据使用情况比较随意地确定一个摊销期，比如5年。

有时，特殊费用是为了改善未来盈利能力而做的“投资”。为了说明这一点，我们假定一家公司对其采购程序进行精简。精简的结果是减少了采购部门20%的劳动力，可望在将来每年为公司节约130万美元。对辞退的员工，公司共支付了420万美元的辞退补偿。公司决定将这笔费用作一次性费用处理。表面看来，这一会计处理是合情合理的。然而，我们应该注意到，由于裁员，今后每年将减少130万美元的费用。如此看来，420万美元的辞退补偿就像是一笔长期投资，这笔投资可望在将来每年产生130万美元的收入（或降低成本）。这就意味着，最恰当的会计处理，应该是把这420万美元的支出于利益实现时在本期及以后各期进行摊销。如果无法确定确切的摊销期限，我们可以用一个估计数，比如说5年。

绝大多数重组费用至少部分地在形式上属于一种投资。重组计划的目的之一是为了精简公司业务，以改进未来盈利能力。一项重组计划，如果包含了诸如辞退补偿之类的现金流出，以及资产冲销之类的应计项目，则属于一类为了提高未来盈利能力而进行的投资。相应地，我们在进行分析时，应该将重组费用中的这一部分在未来可望从该重组计划中受益的时期内进行摊销。

一项附加说明：由于重组费用通常会影响到好几个年份，为此，分析师需要通过考察以前年度的财务报告来估计分摊过去的重组费用对确定永久性收益有何影响。分析师必须确定公司的正常盈利能力，在确定经济学收益时，需要计量当期发生的所有事件对权益的影响，这一点与永久性收益有所不同。这就意味着，在确定经济学收益时，必须将所有特殊费用的全部金额都包括在内。重组费用通常包括对重组计划的未来估计成本提留的准备。整个费用需在启动计划的当年做一次性处理，虽然实际费用将在以后几年内逐渐发生。在这种情况下，确定经济收益的一种替代性方法就是仅调整每年实际发生的费用，而不是整个费用。例如，AT&T公司2004年有一笔9.23亿美元的重组费用，其中只有5.5亿美元与2004年相关，其余3.73亿美元将由以后各年负担。在采用这种方法时，重要的是记住将与过去的重组计划相关的实际成本也包括在内。

资产负债表的调整 资产减值准则关注的另一个焦点是资产负债表。与损益表会被一次性费用扭曲不同，这些费用（尤其是存货和长期资产减记），因为可以使所报告的资产价值更接近可实现净值，因而可以进一步提高资产负债表反映业务真实的能力。

尽管如此，尚有两点需要注意。首先，正如前面已经提到的，大多数重组费用总有一部分常常是以准备的形式存在。这就意味着，对资产和负债的影响会随着实际费用的发生逐渐反映出来。由此产生的一个问题是：资产负债表应该包括全部准备，还是应该反映重组准备的剩余金额（反映尚未发生的成本）相对于权益的净额？答案取决于分析目的。如果分析是为了考虑持续经营状况，则最好将该项准备保留在资产负债表中，因为它可以更好地反映长期资产和负债的真实状况。如果分析的目的是为了确定公司的清算价值，则最好将重组准备与权益相抵消。需要注意的是保证经济学收益的确定与资产负债表的处理保持一致。需要注意的第二点是，资产减记在资产和负债的报告中加入了稳健主义的偏好。由于在美国不允许调高资产的账面价值（在有些国家，比如英国，这种做法是允许的），资产负债表会因为资产减值而受到稳健主义的扭曲。

收入确认

收入（revenues）一般被定义为由一家公司的“主要的或核心的持续经营活动”所带来的“一个实体资产的流入（或其他形式的增强）或者负债的清偿”。另一方面，**利得**（gains）则是由于公司的“非主要的或偶然的交易”所带来的净资产（权益）的增加。收入和利得的区别在于公司经营活动的特点。由于我们在分析中按不同的方式来处理此类项目（即收入是可持续的，利得却不是），其区分变得十分重要。同样重要的是知道公司何时确认收入和利得。我们有时使用收入确认信息通过分析性调整来修正收益数据。一个重要的问题是：在公司所从事的据以赚取收入的活动序列中，何时（或者说哪个时点）才是确认收入和利得已经赚得的适当时机？这是本节所要讨论的核心问题。

收入确认标准

从分析的角度来看，由于收入（和利得）确认不当，将可能导致一种或两种不尽如人意的结果：

1. 如果公司提前或推迟记录收入，收入的划期将会发生错误。

2. 如果公司在能够合理地确定其实现之前记录了收入，收入在记入一个时期之后，很可能在其后另一时期被取消或冲转。这将导致前一个时期高估收入而后一时期低估收入。

上述结果会对收益计量产生负面影响。为此，会计上运用了极为严格而稳健的规则来确认收入。通常，收入是在已经实现（或可实现）并且已经赚得时予以确认。图表 6—8 列示了确认收入时必须达到的标准。这些标准看起来简单明了，但总有一些特例，在实践中可以用不同的方式进行解释。为了从分析的角度理解其间的差异，在下一节我们将进一步考虑这些标准在特定环境下的应用。

图表 6—8　收入确认标准

- 创造收入的活动已经基本完成，不再需要花费很大的努力去完成交易。
- 销售的所有权风险已经有效地转移给买方。
- 收入及相关费用可以相当准确地计量或估计。
- 已确认收入通常会使现金、应收款或有价证券增加。在特定情况下会导致存货或其他资产增加，或者使负债减少。
- 收入交易是与无关联关系的独立方之间的交易（不是与被控制方的交易）。
- 收入交易是不可撤销的（诸如退货权）。

收入收回的不确定性

公司以计提坏账准备的方式来应对采用赊销方式形成的应收账款回收中的不确定性。公司需要根据具体情况来判断什么时候它将不再能够合理地保证应收款项的收回。这一判断可以是稳健的，也可以使用无偏的或乐观的假定。当回收无法得到合理的保证时，按惯例会依照一种一般的程序延迟收入确认，直至收到现金为止。

有退货权的收入

当买方享有退货权时，只有在满足以下条件的情况下，才可以确认收入：

- 价格基本上固定或在销售当天可以确定。
- 买方已经付款或承担了向卖方支付的义务（不存在转卖的可能）。
- 即使发生产品被盗或毁损事件，买方对销货方的义务也不会改变。
- 买方与卖方在经济上是实质性地相分离的。
- 销货方对与该销售相关的未来业绩无重大责任。
- 退货的可能可以合理地估计。

如果能满足这些条件，就可记录销售收入和销售成本，不过要作出一定的扣除，以反映可能的退货及相关费用。如果不能满足上述条件，收入的确认就要延迟。

特许权收入

有关特许权的会计准则规定，只有当特许权持有人已经实质性地完成了与该销售相关的服务，或已满足有关条件，才可以确认来自特许销售的特许费收入。这一规定也适应于持续的特许费收入、持续的产品销售、代理销售、重获特许（repossessed franchise）、特许成本、混合收入（commingled revenue）、特许双方的关系。以下为典型的特许费安排：

分析摘录

申请、许可及特许权使用费 与特许权业务相关的全部特许费收入需计入已赚得收入。管理层加速了特许申请费的收入确认，确认时间包括从批准选址或开始建造起直到收到现金的整个期间。管理层认为，这种方法可以更准确地将收益确认与相关服务的业绩联系在一起。……许可费是在商店开张时赚得。已收取的未赚得许可费需计入流动负债。特许权使用费以特许证有者的收入为基础，在赚得相关收入的期间确认。

——Church's Chicken

产品融资安排

产品融资安排（product financing arrangement）是一项协议，涉及存货的转让或获得，尽管它有时构成存货的销售，但实质上是一种存货融资手段。比如，有家公司将存货转让（“出售”）给另一家公司，同时同意在其后某天回购该存货，这项交易就可能是一项产品融资安排而不是销售，也不同于购买存货。实质上，如果一方承担了存货所有权转让给购买方的风险和报酬，并在相关交易中同意在一具体时间按确定价格回购产品，或为将该产品销售给外部第三方的具体转卖价格提供担保，这种安排就是一项产品融资安排，并需按此进行处理。在这种情况下，存货依然保留在销货方的资产负债表中，销货方不能确认收入。

长期合同下的收入

与建筑、飞机、船舶、重型机械等建造项目相关的长期建造合同会计提出了一些与收入和利润确定相关的理论问题。GAAP要求公司在可以对完成合同的成本和合同的进度做出合理估计的情况下，采用**完工百分比法**（percentage-of-completion method）确认收入。一种常用的利润估计方法是按已发生成本占预计总成本的比例，计算并记录估计总利润中的已实现部分。此外还有其他一些可用的估计方法，是以已完成单位、工程估计或已发送单位为基础。在这种方法下，当期发生的损失或预期损失必须在最初确认的时期内全部予以确认。Johnson Controls公司是这样描述其收入确认的：

分析摘录

收入确认。公司按会计中的完工百分比法确认Controls集团公司长期系统安装合同中的收入。在其他情况下，公司在产品已发运且权利已转给客户时，或在服务已经提供时确认收入。

长期合同。对于长期合同，我们采用完工百分比法，根据已发生的实际成本占估计总成本的比例来确认已完成工作的收入和毛利。当对合同总成本和合同价值的估计发生变更时，则调整收入和毛利。估计损失在确定时立即予以记录。针对客户的主张权在解决时确认为收入。一年后到期的应收账款数目并不很大。

未赚得收入

在需要长期履行的合同下，比如产品保修合同、软件维护合同，常会出现预收收入。此时，收入须在整个合同期按比例确认。这种会计处理的逻辑是，尽管这种情况下的收入是**可实现的**（realizable），但在合同规定的服务期满之前，收入是尚未赚得（earned）的。尚未确认的收入作为负债出现在资产负债表上，称为未赚得收入（unearned revenue）。

□ 收入确认的分析意义

对于公司的分析和估价，损益表具有非常重要的意义。本表对管理层亦有重要意义，原因在于：（1）在以会计为基础的契约中，它发挥着重要作用；（2）管理层面临着收益成就的巨大压力；（3）管理层的报酬与收益相联系；（4）股票期权的价值。考虑到管理层的动机，我们很自然地预期管理层会选择运用可以更好实现其自身利益的会计原则，不过，必须保持在可接受的会计惯例范围之内。收益报告目标并不总是与管理层这方面的动机相联系。在分析时，必须警惕管理层在这方面的癖好，注意会计的随意性。

分析摘录

Datapoint 公司记录了一笔数额巨大的销售。这笔销售的实质是销售代表要客户提前预订了价值几百万美元的计算机设备，货款要在几个月之后才能支付。在许多此类情况下，Datapoint 公司甚至在设备尚未制造完成之前就记录了销售。据报道，该公司的销售代理面临着很大的压力，需要完成很不合理甚至根本无法达到的目标。Datapoint 后来冲销了这些销售记录，并向证券交易委员会保证以后不再发生类似行为。

在收益确定中，收入的记录至关重要。我们在分析中必须注意弄清会计方法是否可以适当地反映经济现实。例如，假如一个制造商记录直接面向零售商的销售所获得的利润，我们在分析中就必须查询零售商的存货和市场条件，因为真正能够赚取利润的活动是向最终消费者的销售。

由于管理者存在收入管理的倾向和动机，会计监管机构因此发布了多项有关收入确认的公告。尽管如此，我们在分析中依然需要警惕会计方法是否在实质上（如果不是字面上）规避这些公告。下面的摘录提供了一个典型事例：

分析摘录

Prime Motor Inns 公司的收益大部分不是来自核心业务，而是来自旅馆销售、建筑收费和利息。在记录这些非经常性收入时，公司大大放松了确认标准，不但接受了价值可疑的票据和应收款，而且向其旅馆的购买方和银行提供担保，确定一定水平的未来收益。它们在记录收入时，并没有记录与这些收入相关的或有负债。

对这些收入确认问题，SEC 提出了自己的看法，当购买方资本不足、杠杆很高，或购买方资产主要由购自销售方的货物所构成，销售方在交易中所收到的非现金收入能否实现，就会存在很大的不确定性。这些特征使收入确认是否适当也成了问题。以下环境条件造成了收入确认问题：

- 购买方缺少实质性的权益资本，有的只是销售方提供的资产。
- 存在或有负债，如：债务担保、要求销售方在特定条件下向买方注入资金的协议。
- 资产销售或经营在历史上从来没有产生过足以偿付债务和支付股利的现金。

即使公司已经收到现金收入，如果有担保或其他要求销售方向买方注资的协议存在，依然会影响收入确认的有效性。在满足下列条件之前，不应该确认收入：（1）来自经营活动的现金流量足以满足偿还债务和支付股利的需要（在应计制基础之上）；（2）公司在买方的投资为现金，或者可以很容易地转换为现金，在任何债务担保或其他要求对买方进行额外投资的协议之下公司也不会承担进一步的义务。所有递延收入，包括递延利息收入或递延股利收入，一般要在资产负债表上作为相关资产账户的扣减项予以披露。财务报表附注中通常都会提供有关各种承诺、或有事项，以及所采用会计方法的说明。

> 分析摘录
>
> Thousand Trails公司作为一家经营野营地业务的公司，在新会员最初签约时记录会费收入。尽管这些会费近90%会如约支付，但还是有不少会在签约后几天内被取消。当其收入确认方法被公开之后，Thousand Trails公司的股票价格出现了大幅下跌。

目前实务一般不允许提前确认销售收入，也不允许确认各种财产（如土地、设备、建筑）市场价值的增加，不允许确认林地或自然资源的价值增长，或存货价值的增加。销售确认的时间选择也是一个重要问题，一定程度上在于管理层的判断。这给管理层确认收入提供了一定的自由度，正如下面事例所证实：

> 分析视点
>
> ……你是银行家
>
> Playground设备公司向你申请长期贷款以扩大经营。尽管你是该公司的业务银行，但该公司刚刚经历了管理层变动，对你而言是一家新客户。你在审核该公司贷款申请时查阅了该公司的财务报表。你注意到该公司是在生产过程中确认收入。该公司在财务报表中宣称："我们在生产过程中确认收入，是因为对公司的营利过程而言，生产活动是最关键的事项。推迟收入确认会实质性地损害财务报表的有用性。"你就此征询一位同事的意见，她认为该公司的收入确认方法太过自由。她说她更倾向于在销售时，或者在可能的情况下，在收到货款时确认收入。你是否会要求该公司重述报表？处理此项贷款会有什么风险？

递延支出

递延支出（deferred charge）是指做递延处理的已发生成本。之所以做递延处理，是因为其收益会延伸至未来时期。由于商务活动的复杂性不断提高，递延支出的数量和类型有了很大扩展。最典型的是研究开发费用和计算机软件支出。递延支出和无形资产的区分通常是很模糊的。在大多数情况下，源自经营活动的成本费用被归类为递延支出，而那些来自投资活动的则归类为无形资产。

将成本费用做递延处理，目的是使成本费用更好地与预期收益相配比。长期资产的资本化也是出于这一动机。如果本期发生的成本费用会使未来某一（些）时期受益——或增加收入或减少成本，则将这些成本费用递延到未来时期。例如，某公司为了使用一些更新、更好、效率更高的设施，发生了一些试运行成本，则可以将这些成本做递延处理，并通过摊销与未来的受益期相配比。

□ 研究与开发

公司开展研究、探索和开发活动，原因是多方面的。其中一些活动是为了维持已有产品，其他活动则是为了开发新产品和新工艺。研究的目的是为了发现，开发则是进行研究成果的转化。持续经营中常规或定期的更改、市场研究和测试活动皆不包括在研究与开发（R&D）活动范围之内。

研究与开发的会计处理

研究与开发费用的会计处理问题颇多。它之所以如此困难，原因是多方面的：

- R&D 活动的最终收益具有很高的不确定性。
- R&D 活动从开始到最终成功需要很长一段时间。
- 大多数 R&D 活动在性质上是无形的，因此造成估价上的问题。

R&D 活动的这些特点造成了会计上的困难。美国会计准则要求在研发成本发生时当即费用化。只有那些可以在将来做替代性使用（在 R&D 项目或其他场合）的材料、设备和设施成本才资本化为无形资产。

与此相对，IFRS 允许公司将在活动的最后阶段发生的 R&D 做资本化处理（IAS 38）。其逻辑如下：早期阶段（研究阶段）发生的 R&D 利益有很大的不确定性，因此，最好的处理方式是将其作为费用冲销。然而，在最后阶段（开发阶段）发生的 R&D 活动，比如现有产品的增强与改进，具有更确定且可以量化的未来利益。因此，这样的 R&D 成本需做资本化处理，在资产负债表上作为无形资产列报。随后，可将无形资产价值在其寿命期内做摊销处理。资本化的关键是公司能够证明技术上的可行性，并确实有能力售出产品。

分析研究　**R&D 支出的估价**

研发（R&D）支出是否属于资产？研发支出是否会使发生当期以外的其他时期受益？分析研究表明，研发支出的估价与长期资产颇为类似。对仅使当期受益的支出，市场会即刻减少公司价值。如租金支出、公共事业费及税金支出。如果一项支出可使未来时期受益，并且收益超过成本，市场就不会减少公司价值——事实上，该支出会增加公司价值。研究发现，市场在评估研发支出时会采用与评估长期资产（如不动产、厂场及设备）相类似的方法。在好几个案例中，我们发现，市场在估价研发支出时认为它比许多长期资产更具未来价值。市场对研发支出的评价与其会计处理很不一致。研发支出一般在发生时作费用化处理。为什么会有如此差异？会计处理是用便捷的方式来解决一个艰难的估价问题。在对研发支出做可能的资本化处理之前，需要做更多研究以准确估计其净收益。更为重要的是，我们需要通过研究获得一个计量系统，更好地估计研发支出的未来收益。研发支出并非完全相同，研发会计的进步需要通过更好的技术确定这些差异，并更好地进行有关处理。

R&D活动的可辨识成本包括：

- 为了一项具体的R&D项目特别购置或建造的原材料、设备和设施；或者购入的不能在将来做替代性使用（在R&D项目或其他场合）的无形资产。
- R&D活动中耗用的原材料；设备或设施折旧；R&D活动中使用的可在将来做替代性使用的无形资产的摊销。
- 参与R&D活动的人员工资及其他相关成本。
- 与R&D活动相关的其他人员提供的服务。
- 间接费用分摊，不包括与R&D活动无关的一般及行政管理费用。

研究与开发的分析

R&D支出的分析非常具有挑战性。它们通常对保证公司目前及未来收益分析的细致性具有重要意义。R&D支出会计是用一种简单的方式来解决一个复杂的问题。未来收益无疑是靠许多研发活动来创造的，而且，从理论上来讲，研发支出不应该在发生的当期作费用化处理。正是因为收益的不确定性限制了研发支出的资本化，R&D支出的费用化又损害了收益的有用性。例如，当一家公司为了未来收益而发生重大研发支出时，收益将会降低，而市场会同时提高对公司股票价格的估值。我们在分析中发现，尽管目前的会计处理事实上保证了研发资产不被高估，但它同时也没有能够获得合理的、可与来自R&D活动的收入相配比的支出计量。R&D会计忽略了许多持续性研发活动的生产性价值。不过，它确实保证了R&D活动会计处理的统一性，同时也避免了与资本化和递延处理相伴随的艰难的判断问题。然而，目前R&D活动"非会计"① 化处理的状态，却难以有效地为财务报表用户的需求和利益服务。

尽管存在会计问题，但依然可以认为，公司开展R&D项目，是为了获得积极的回报。公司通常都有明确的回报预期，它究竟能否实现，可以随着R&D项目的进展而进行监控和估计。R&D成本递延政策为管理层和独立审计师（他们定期进行有关不确定性的考察，做出相关估计）传达有用的R&D支出信息提供了机会。目前的R&D支出处理方式等于认为它们不会带来未来利益。因此，无论以多好的状态提供此类信息，都不能使我们的分析获得任何裨益。

要评估R&D支出的质量和潜在价值，我们需要了解的不只是定期的R&D费用。我们需要知道研究的类型，需要知道分类R&D支出，知道其技术可行性、商业化能力以及通过定期评价和重估确定的项目潜在价值。我们还需了解公司到目前为止从事R&D活动的成败经验。目前的R&D会计无法为我们提供这些基本信息。除了自愿披露或者投资人或债权人具有足够的影响力等特殊情况外，我们根本无法获得这些信息。

我们在分析中唯一可以很有把握地得出的结论是，R&D支出的费用化可以使资产负债表更加稳健。有了这样的会计处理，将很少会有来自R&D活动的让人惊讶的

① "nonaccounting"，非会计，是指目前会计中采用极为简便的方式进行R&D活动处理，从而无法反映多方面细致的经济事实的状况。——译者注

“坏”消息。然而，在分析中必须认识到，在缺乏有关潜在利益的信息的同时，我们也将难以察觉可能降临到公司头上的潜在灾难。公司可能在一些很有希望的 R&D 项目上追加更多资金，却不知失败正在悄然来临。

分析视点

……你是分析师

加利福尼亚技术公司的净收益公告表明其净收益增长 10%。你通过分析该公司经营活动发现，收益之所以增加是因为研发支出减少。假如该公司本年度的研发支出与上年度持平，收益将降低 15%以上。以该公司的收益公告为基础，你将对该公司的未来盈利能力做何估计？

□ 计算机软件费用

计算机软件开发是一项专业化活动，与一般 R&D 活动有很大不同。为市场开发软件是一项持续经营活动，直接带来当期或未来收入。在软件开发过程的一些时点上，其成本需做递延处理，并与未来收入相配比。按照目前的会计惯例，为了出售、出租或其他市场化目的而发生的计算机软件开发支出的会计处理，首先需要确定一个可以判定为具备了技术可行性（technological feasibility）的时点，然后将到此点为止的开发支出做资本化处理，并与未来的收入相配比。确定此点之前发生的全部支出在发生时做费用化处理（与 R&D 相同）。技术可行性点之后、产品正式面向顾客之前所发生的支出将资本化为一项无形资产。软件的生产和包装费用计入存货成本，并最终作为商品销售成本由收入负担。

□ 采掘业的勘探及开发成本

对采掘业企业而言，寻找新矿藏具有重要意义。此类工业包括石油、天然气、金属、煤炭及非金属矿藏。这些工业具有特别重要的意义，其特殊的会计问题也引起了我们的特别关注。正如 R&D 活动一样，自然资源的勘探和开发有很大风险。风险源自不确定性。对收益确定而言，不确定性带来了确认和计量问题。对采掘业来讲，关键问题是勘探和开发成本——可望从自然资源的销售收入中得到补偿——应该在发生时费用化，还是应该资本化并在预期未来收益期内进行摊销。尽管许多公司在勘探和开发费用发生时做费用化处理，但也有些公司冲销一部分费用，并将剩余部分资本化。很少有公司把勘探和开发成本全部资本化。

采掘业的会计处理

会计监管机构做了多种尝试来减少此类业务处理上的分歧。FASB 提出了石油天然气行业的成果法会计（successful efforts accounting），规定除油井钻探成本外的其他勘探成本都需在发生时做资本化处理。如果该资源无法成功开采，或者有证据证明发现了石油或天然气储藏从而重分类为可摊销资产，则需在随后将这些成本做费用化处理。SEC并不赞同这种方法，它们更偏爱储藏确认会计（reserve recognition accounting）——一种现值法。这使FASB不得不重新进行考虑，最终同意采用同样的替代性方法。随后SEC又要求FASB制定补充披露准则，包括价值型披露。FASE作为回应，要求石油和天然气类上市公司做如下补充披露：

- 已探明石油和天然气储量。
- 已资本化的石油和天然气生产活动相关成本。
- 取得、勘探和开发活动中发生的成本。
- 石油和天然气生产活动的经营成果。
- 已探明储量的未来净现金流量折现指标。

不论是上市公司还是其他非上市公司，皆需披露石油和天然气生产中发生成本的会计处理方法，以及相关资本化成本的处置方式。

披露是一回事，会计计量又是另一回事。成果法会计并没有得到普遍的支持。SEC在赞同使用全部成本会计法（full-cost accounting）的同时，要求按这种方法进行成本的资本化处理时有一个上限。这一上限需根据公司储量的现值来确定。超出这一界限的资本化费用做费用化处理。当油价下降使这一上限降低时，公司会持续向SEC施压，延缓或修改这些规则。

采掘业的分析意义

采掘业用多种不同的方法处理勘探和开发成本，对我们进行公司间经营成果的比较造成很大障碍。采掘业会计一直表现出较大的差异性。通常使用的两种方法，以及这些方法之间的差异，可能导致极不相同的结果。我们在分析中必须警惕这些差异。与全部成本法相比，许多分析师更喜欢成果法会计，因为它可以使成本更好地与相关收入相配比，并与目前的会计实务更为一致。成果法会计要求在对勘探及开发成本做资本化处理之前，已经发生的成本与探明储量之间有直接的关系。相反，全部成本会计法要求公司将未成功的勘探和开发成本作为一项资产处理。

增补性员工福利

本节讨论增补性员工福利（supplementary employee benefits）的会计、分析及解释，重点在员工股票期权。

□ 概述

社会压力、竞争及人才的稀缺导致了工资和薪金之外增补性员工福利的出台。有些附加福利获得或给予的具体时期是可以明确辨认的，如带薪休假、奖金、利润分享、购买健康险或寿险。这些可辨认费用不会带来确认和预计等会计问题。其他增补性福利，鉴于其尝试性或或然性特点，无法做全面及时的会计确认。其中一些福利及会计处理可具体描述如下：

延期补偿合同（deferred compensation contracts）承诺在未来向员工支付报酬，具有一定的或然性。公司常将这种待遇给予想要留住的高级管理人员，或者想要把收入递延至退休后或税负较低年份的个人。这些合同经常包含一些**竞业禁止条款**（non-compete clauses），或详细指明员工可享受的咨询服务。在会计处理上，通常要求以一种系统而合理的方式，在自合同签订之日起的任职期内至少对延期补偿的现值做预计处理。

股票增值权（stock appreciation rights，SAR）是授予员工的针对一定量股票的权利。股票增值权报酬以自授予之日起公司股票市场价值的增长为基础，可以现金、股票或二者混合的方式来支付。在这种补偿计划下，公司需在每一会计期末记录补偿费用。费用额等于作为报酬的股票的市场价与授予日股票期权价的差异。其会计处理采用的是在服务期间分配费用的方法。各期之间市价的变化作为补偿费用的调整处理。

□ 员工股票期权

员工股票期权（employee stock options，ESO），也称为股票补偿（stock-based compensation），是最流行的一种补偿激励（incentive compensation）形式。它的流行有很多原因：首先，公司通过让员工持有公司股权将员工利益与公司利益联系在一起，以员工股票期权促进业绩增长；其次，员工将 ESO 视为致富的手段。成千上万的经理人员、科学家、会计师、工程师、程序师、秘书因 ESO 跻身百万富翁行列。正因为如此，员工股票期权已经成为一种企业吸引人才的工具。再次，虽然员工股票期权是一种对雇员的补偿，但不会直接影响现金流。最后，在以前的 GAAP 下，ESO 给员工带来利益而又不会增加成本。20 世纪 90 年代中期，当 FASB 提出从收益中扣除 ESO 成本时，遭到了公司的普遍反对，足以证明这一因素的重要性。本小节中我们将说明 ESO 的特征，并对主要的术语作出定义。讨论中将涉及 ESO 的会计处理和报告。最后讨论 ESO 的分析问题。

员工股票期权的特征

员工股票期权是公司以契约形式授予员工的一种机会，员工可以因此在未来某一个具体日期（或其后）按确定价格购买一定量的公司股票。图表 6—9 说明公司将股票期权授予员工的具体过程。**行权价**（exercise price）是员工购买股票时有权享受的价格。行权价通常等于**授权日**（grant date）的股票价格。**含权日**（vesting date）是员工可以行使期权的最早日期。员工可以在含权日之后的任意一天行使股票期权。大多数员工股票期权的含权期在 2～10 年之间。当股票价格高于行权价时，我们会说股票期权处于**价内状态**（in-the-money）；当股票价格低于行权价时，则处于**价外状态**（out-the-money）。

授予员工股票期权的说明

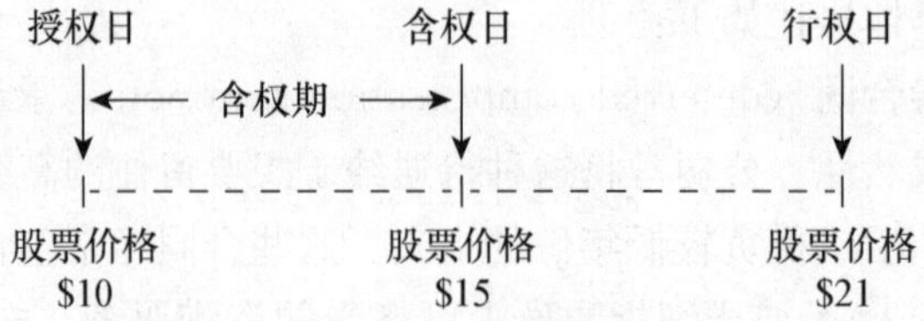

图表 6—9　授予员工股票期权的说明

员工股票期权分为两大类：激励型（incentive）股票期权和非法定（non-qualified）股票期权。激励型股票期权，或称为税收优惠资格股票期权（tax-favored qualified），在员工卖出股票之前一直是免税的。这类股票期权必须按公允市价授予员工，自授权日起必须持有两年，而且，自行权日起还需再持有一年。行权价和售价之间的差额通常作为普通收益征税。非法定股票期权不能像优惠资格股票期权那样享受税收优惠。这类期权有时按公允市价的折现金额授予员工，员工在行权时需按行权价与股票公允市价之间的差额缴税。在这种情况下，公司可以获得一定的税赋抵减优惠，其金额等于员工所确认的收益额。

员工股票期权的经济成本和利益

员工股票期权既有经济利益也有成本。其主要经济利益是通过对员工行为的激励使公司价值潜在地增长。员工股票期权给员工参与股东财富创造提供了机会，由此将员工的动机与公司结合为一体。由于激励，员工的利益更加紧密地和公司利益相联系，因此人们认为员工股票期权将诱使员工为了公司利益而更加努力地工作。尽管人们强烈支持员工股票期权的激励效果，但是并无权威证据可以证明员工业绩的提高与员工股票期权之间的联系。来自美国的有关员工股票期权激励效果的证据混合了各种观点，来自其他国家的证据则认为，员工的动机可能受到其他更为重要的因素的影响。尽管如此，员工股票期权依然是吸引人才的一项通行而且威力极大的因素。员工股票期权也可能增加经理人员的**冒险倾向**（risk propensity）。也就是说，员工股票期权可能会促使经理人员投身更加冒险的项目，因为如果收益向上增长，经理人员可以分享收益；万一收益下降，他们也会受到期权所提供的利益保护。因此，员工股票期权通常多是授予增长型及创新型工业的经理人员，促使他们去担负更大的风险。

员工股票期权的成本主要在于其潜在的稀释效果。也就是说，在行权时，员工股票期权会将财富从股东手里转到员工手上，从而稀释目前股东的价值。不过，如果行权价等于授权日的股票价格，公司是否真的有成本发生？对于这个问题，如果是按**内在价值法**（intrinsic value approach）的观点来回答，应该是没有成本发生。这种方法将成本视为行权价低于授权日股票价格的差额。它实际上是基于一种错误的逻辑，即：在授予员工股票期权时，如果行权价等于股票价格，等于是按照优势市场价格来发行股票。内在价值法忽略了两类成本，即使行权价等于目前股票价格，这些成本其实也会发生的。第一个是**利息成本**（interest cost），之所以会有利息成本，是因为员工股票期权的行权在未来某一日期，而行权价格却是目前的优势股票价格。第二个是**期权成本**（option cost），是向员工提供购买（或不购买）公司股票的期权而发生的成本。这些成本是期权定价模型中所要考虑的。该模型认为，即使是按优势市场价格授予，期权也是有价值的。

员工股票期权的利益——通过强化员工的动机——是通过传统上包括在收益中的项目来反映的，比如收入的增加或成本的降低。因此，它好像是让授予员工股票期权的经济成本与已经反映在收益中的潜在利益相配比。这就是潜藏在目前的员工股票期权会计——一个引起了美国公司，尤其是高科技公司反对风暴的会计体系——背后的经济逻辑。

员工股票期权的会计处理和报告

与员工股票期权相关的会计问题主要涉及两方面：（1）每股收益（EPS）的稀释；（2）在当期收益中作为费用确认员工股票期权成本。在此将主要讨论这两方面的问题。附录6B中将详细讨论员工股票期权的会计处理。

稀释每股收益 US GAAP（ASC 260）和IFRS（IAS 33）都要求通过计算**摊薄每股收益**（diluted earnings per share）来确定员工股票期权潜在的稀释作用。**库藏股票法**（treasury stock method）以行权价和现行股价为基础确定稀释的范围。处于价内状态的股票期权称为**稀释性证券**（dilutive securities），影响摊薄每股收益；处于价外状态的员工股票期权称为**抗稀释证券**（antidilutive securities），不影响摊薄每股收益。附录6A将详细解释EPS的有关术语和计算。

补偿费用 US GAAP（ASC 718）和IFRS（IFRS 2）都要求公司在收益中确认员工股票期权成本。为达此目的，需采用如下程序。首先，需要计算确定授予员工股票期权的公允价值，需要在授予日期以授予股票期权的数量乘以每份期权的公允价值。期权的公允价值是以公司提供的假定为基础，用著名的期权定价模型来确定，如Black-Scholes模型、生态网络模型（binomial lattice model）（参见图表6—10中影响股票期权的因素）。其次，授予员工股票期权的成本需随后在预计行权期内进行摊销，作为**以股票为基础的补偿费用**（share-based compensation expense）的组成部分归由收益负担。与其他类型的补偿费用相类似，以股票为基础的补偿费用在损益表中并不作为一项独立的线上项目列示，而是包含在已售商品成本，销售、一般行政管理费用，R&D费用等项目中，具体取决于收到期权的员工类别。

图表6—10　　期权公允价值的影响因素

因素	对公允价值的影响
行权价	−
授权日股票价格	+
期权的预计寿命期	+
无风险利率	+
股票变动性预期	+
预期股利	−

员工股票期权对资产负债表的影响极为复杂，还涉及留存收益和实收资本之间的转换。不过，从分析的角度来讲，资产负债表影响并不重要，因为它们并不改变股东权益总计数的金额。如果有兴趣了解其对资产负债表的影响，可参看附录 6B。

员工股票期权的披露

图表 6—11 是思科公司 2007 年报附注摘录。该附注详细说明了公司期权的授予、外发、行权情况，计算授权公允价值时所使用的假定，及其对收益的影响。在 2006 年 7 月 29 日至 2007 年 7 月 28 日之间，思科公司授予员工 2.06 亿股股票期权，加权平均行权价为 23.32 美元。年内行权的股票期权为 3.09 亿股，5 400 万股被取消（员工没有行权就离开了公司）。2007 年 7 月 28 日，公司外发期权总数为 12.89 亿股（有含权的也有不含权的），其中 8.29 亿股外发期权含权但尚未行权。外发期权的加权平均行权价为 26.60 美元，稍低于该日 28.79 美元的公司股票市价。2007 年 7 月 28 日公司外发期权的总计内在价值（价内价值总额）约为 96.98 亿美元。这一金额表示，假如外发期权全部在该日被行使，思科公司的员工可望从中获得的收益。此外，思科公司在 2007 年 7 月 28 日尚有 2.94 亿股期权可供授予（即已经被董事会授权）但尚未授出。

在 2007 年度，已经授予的股票期权的加权平均公允价值为 7.11 美元。与其计算相关的基本假定包括：股利产出率 0%，无风险利率 4.6%，预计寿命期 6.7 年，股票价格的易变性 26%。思科公司以生态网络模型代替 Black-Scholes 模型来进行期权计价，该模型要求另外对思科公司股票回报的分布——如偏度（skewness）、峰度（kurtosis）——做出假定。2007 年，思科公司的股票型补偿费用（授予员工股票期权的摊销成本）为 9.31 亿美元，差不多是当年净收益的 15%。需要说明的是，在 2006 和 2007 会计年度，按照 SFAS 123（R）的要求，股票型补偿费用被计入了收益，在 2005 年，由于当时执行的还是旧准则（SFAS 123），因此收益中未包括股票型补偿费用。思科公司还说明，股票型补偿费用在损益表中被记入了各类不同的项目，包括销售成本、研究开发费用、销售及市场营销费用、一般行政管理费用。

图表 6—11 最后说明了员工股票期权对公司 EPS 的稀释影响。在 2007 会计年度，假如在较早的机会中行使了所有含权期权，思科公司的股份将被稀释 2.10 亿股（从 60.55 亿股增加至 62.65 亿股），使每股收益从 1.21 美元（基本 EPS）降低到了 1.17 美元（摊薄 EPS）。在计算摊薄 EPS 时（参看附录 6B），EPS 计算只考虑摊薄型期权的影响。“受水”的期权（行权价大大低于市价）在计算 EPS 时需排除在外，因为如果把它们也包含在内，将会提高摊薄 EPS（称为抗稀释期权）。

员工股票期权的分析

员工股票期权的补偿费用是否应该由收益负担？前面我们曾经谈到，授予期权会产生成本和收益。收益（如果存在的话）的影响将通过收入的提高或成本的降低在收益中体现出来。因此，它造成的印象是要将 ESO 授权成本与这些收益相配比。这正是在收益中确认 ESO 补偿费用的道理所在。

然而，必须注意的是，ESO（在不考虑其激励效用的前提下）不会给公司带来任何现金流负担，也不涉及除股东总数以外的其他资源配置。具体来讲，ESO 既不影响负债也不影响股东权益。财富的转移只是发生在现有股东和预期股东（员工）之间。其分析意义是，尽管对现有权益股价值的减少必定会有所考虑（比如在权益分析中），但在长期偿债流动能力和流动性评价中（比如在信用分析中）却可能被忽略。因此，信用分析师在评价盈利能力——比如确定利息保障倍数（interest coverage ratios）——时必须从收益中排除股份型补偿费用。

2007 年 7 月 28 日，思科公司的外发 ESO 为 12.89 亿，内在价值总计 96.98 亿美元。我们在前面说过，内在价值总计是如果在当日行使全部外发股票期权员工可能获得的收益。因为员工收益来自现有股东的费用负担，这一金额可以视为因 ESO 授权而对导致的权益稀释中财富从现有股东向员工的潜在转移，通常称为期权外悬（option overhang）。思科公司的期权外悬占其权益市值的 5.7%左右。对年轻的高技术公司，期权外悬占权益市值的比例可能非常之高，是权益分析和估值中必须考虑的一项重要因素。思科公司在报表附注中对期权外悬的准确金额做了披露，大多数公司不会做这种披露。不过，分析师可以利用附注中提供的信息，通过以下公式算出所有价内期权（行权价在股价之下的期权）的内在价值总计（期权外悬）：

内在价值总计(期权外悬)=(股票价格－平均行权价)×外发期权数

举例来说，对行权价在 0.001 美元～15.00 美元的期权，利用附注信息计算的内在价值总计为：(28.97 美元－11.02 美元)×1.22 亿=21.90 亿美元，近似地等于思科公司的报告值（21.83）。

图表 6—11　　思科公司员工股票期权披露

股权激励计划描述

截至 2007 年 7 月 28 日，公司共有五项股权激励计划。此外，公司在收购其他公司的过程中，也连带担负起了被收购公司的股权激励计划，或者发行了替代性股票型给付。股票型给付是为了回报员工对公司的长期贡献，并鼓励他们继续留在公司。股票型给付的数量和频率依竞争状况、公司经营成果及政府管制状况而定。自开始实施股权激励计划以来，公司已经实际上向所有员工授予了股票期权，而且大多数授予了副总裁以下的员工。

股票型给付的一般信息

	可用以授予的股票型给付	外发数量	每股加权平均行权价
2006 年 7 月 29 日余额	464	1 446	$ 25.08
已授予及承担	(206)	206	23.32
已行权		(309)	16.00
取消/没收/过期	19	(54)	34.04
限制性股票及其他股票型给付	(7)		
额外保留的份额	24		
2007 年 7 月 28 日余额	294	1 289	$ 26.60

下表汇总反映截至 2007 年 8 月 28 日各主要系列外发及可行使期权（单位：百万美元，每股数据除外）：

行权价序列	外发股票期权				可行使股票期权		
	外发数量	剩余寿命期（年）	每股加权平均行权价	总计内在价值	可行权数量	每股加权平均行权价	总计内在价值
\$0.001～\$15.00	122	4.58	\$11.02	\$2 183	93	\$11.09	\$1 659
\$15.01～\$18.00	230	5.81	17.24	2 700	124	16.76	1 513
\$18.01～\$20.00	303	5.48	19.22	2 958	183	19.19	1 780
\$20.01～\$25.00	246	6.77	22.38	1 622	74	21.42	560
\$25.01～\$35.00	117	3.07	27.18	235	85	27.43	156
\$35.01～\$50.00	25	1.70	40.01		25	40.01	
\$50.00～\$72.56	246	1.87	54.89		245	54.89	
合计	1 289		\$26.60	\$9 698	829	\$30.1	\$5 668

上表中的总计内在价值代表2007年7月28日以当日股票价格\$28.97为基础计算的税前内在价值合计数，是这些期权的持有人在当日行权可望获得的收入。2007年7月28日（2006年7月29日）可行使价内股票期权合计数为4.49（9.69）亿。

SFAS 123（R）下的估值及费用信息

2005年7月31日，公司开始采用SFAS 123（R）。该准则要求公司计量并确认所有对员工和董事的股票型给付（包括以估计公允价值为基础的员工股票期权和员工购股权）的补偿费用。按SFAS 123（R）计算的员工股票型补偿费用（税后）如下（单位：百万美元）：

	会计年度	
	2007年7月28日	2006年7月29日
包括在销售成本中的补偿费用	143	162
研究和开发费用	289	346
销售及市场营销费用	392	427
一般及行政管理费用	107	115
员工股票型补偿费用合计	\$931	\$1 050

由于执行SFAS 123（R），公司开始使用生态网络模型在授权日估计员工股票期权和员工购股权的价值。在采用SFAS 123（R）之前，员工股票期权和员工购股权的价值是在授权日用Black-Scholes模型估计的，目的是根据SFAS 123的要求提供预计财务信息。

公司的员工股票期权有各种限制，包括含权条件和对转让与套期保值的限制，通常还会要求在合约期满之前行权。与诸如Black-Scholes模型之类的闭合式模型相比，生态网络模型更能够凸显公司员工股票期权的特点。生态网络模型的使用要求有大量有关员工行权行为的实际数据，以及许多复杂的假定，包括预期易变性、无风险利率、预期股利、偏度和峰度。下表汇总反映了使用生态网络模型时与员工股票期权和员工购股权相关的各种假设的加权平均值、预计寿命期的加权平均值，以及估计价值的加权平均值：

	会计年度	
	2007年7月28日	2006年7月29日
各种假设的加权平均值：		
预期易变性	26.0%	23.7%
无风险利率	4.6%	4.3%
预期股利	0.0%	0.0%
偏度	4.5	4.3
峰度	(0.79)	(0.62)
预计寿命期的加权平均值	6.7	6.6
估计价值的加权平均值	\$7.11	\$5.15

每股收益信息（来自损益表）

	会计年度	
	2007年7月28日	2006年7月29日
净收益（百万美元）	$7 333	$5 580
每股净收益——基本	$1.21	$0.91
每股净收益——摊薄	$1.17	$0.89
计算每股净收益时使用的股份数——基本（百万股）	6 055	6 158
计算每股净收益时使用的股份数——摊薄（百万股）	6 265	6 272

利息成本

利息（interest）是对使用资金的一种补偿。它是超过借入或贷出资金（本金）的现金付出或收回。决定利息的因素有多种，其中最重要的是出借方所承担的信用（无法偿付）风险。**利息费用**（interest expense）由本金、利率和时间三项因素共同决定。

利息计算

对一个公司而言，利息费用是因为债务融资而支付的名义利率，包括债券融资情况下折价或溢价的摊销。当公司发行可转换债券或担保债券时，情况会变得更为复杂。在这些情况下，会出现一种低于并不具有这些附加特征的同类债务成本的名义利率。对于可转换债券，会计处理中认为其债务和权益特征是不可分的。因此，发行可转换债券的收入中没有任何一部分被归因于其可转换特征。对于发行的附有股票担保的债券，归因于担保价值的收入被视为缴入资本。相关费用需记入债券折价账户，然后在债券有效期内进行摊销，增加实际利息成本。

利息的资本化

当公司为了自用而建造或生产某项资产时（包括由其他公司以预付款或进度付款方式为公司建造或生产资产），其资金利息需做资本化处理，构成资产成本的一部分。利息资本化的目的在于：（1）更准确地计量资产的取得成本；（2）针对资产所创造的收入摊销其取得成本。如下例所示：

> 与各种建筑项目相关联，大约19 118 000美元、30 806 000美元和17 393 000美元的利息分别被资本化为不动产、厂场和设备。
>
> ——纽约时代公司

□ 利息的分析

我们在分析中必须注意到，目前有关可转换债券利息的会计处理是有争议的。许多人认为，忽视可转换债券的价值，以票面利率作为利率指标，忽略了真实的利息成本。与此相反的观点认为，在可转换债券被转换的情况下，计算摊薄每股收益时应该使用可发行股份数。这事实上是通过摊薄每股收益创造出了一种应该由票面利率负担的额外费用。

利息资本化的会计处理同样是有争议的。一些分析师认为利息代表一段时间的成本，不能资本化。不管别人的观点如何，在分析中必须认识到，有关利息资本化的会计处理是含混的，并因此而导致了操作上的多样化。必须记住，资本化利息包含在资产成本中，并通过折旧和摊销进入费用。要估计利息资本化对净收益的影响，我们必须知道，资本化利息的金额在现阶段是通过折旧和摊销归由收益负担的。我们还需要这一数据以准确计算固定费用保障率（fixed-charge coverage ratio）（参看第 10 章）。遗憾的是，按惯例是不要求披露这些数据的，这样，我们的分析常常是不完备的。这一信息的一个潜在来源是 10-K 表披露。

所得税

所得税费用是企业一项重要费用。了解所得税会计对成功地进行财务报表分析具有重要意义。这里讨论的重点并非税法，而是定期所得税费用和相关资产与负债的会计处理及分析。

□ 所得税的会计处理

暂时性差异和永久性差异

所得税的会计处理极为复杂，原因在于确定应税所得的规则以现行税法为基础，与 GAAP 下据以确定报告收益的规则有着很大不同。总体来看，税法规则更接近“现金制”会计，不像 GAAP 下有那样多的应计项目。此外，用以计算特定应计项目（如折旧）的规则，在税法和 GAAP 下也各有不同。税法允许对一些没有真实经济基础的项目进行减免或扣除（比如，特定类型债券的利息收入可以免税）。对于企业经营中的亏损，税务机关并不做退税处理，而是留待将来时期用收益来弥补。由于上述原因，财务报表中的报告收益可能与应税所得（taxable income）（即税法下确定应付税款时所采用的收益）有实质性的不同。为此，公司需要记两套会计账，一套为了财务报告（“GAAP 账”），一套为了税务会计（“税务账”）。①

① 一般并不设两套账，而是在计税时做必要的调整。——译者注

税法收益和 GAAP 收益之间的差异基本上有两种类型：暂时性差异和永久性差异。暂时性差异（temporary differences）是暂时性的、可望在将来转回的差异。此类差异就性质而言主要是由于税务会计和 GAAP 会计不同而导致的时间性差异（timing differences）。比如，GAAP 允许公司根据对可能持续多年的重组活动的成本估计记录重组费用，而税法只是在重组费用实际发生时才允许扣减。暂时性差异通过递延税项调整进行会计处理。

永久性差异（permanent differences）在性质上属于永久性的差异。此类差异源于税法和 GAAP 在处理某些项目上的根本性不同。比如，有些市政债券的利息收入是免税的，因此在计算应税所得时要排除在外，在计算 GAAP 收益时它却是包含在内的。财务报表中不考虑永久性差异，它被纳入了实际税率（effective tax rate），即公司在当期实际发生的税率。受永久性差异影响，实际税率可能不同于法定税率（statutory tax rate）（美国现行公司所得税税率为 35%）。图表 6—12 提供了有关暂时性差异和永久性差异的普通实例。

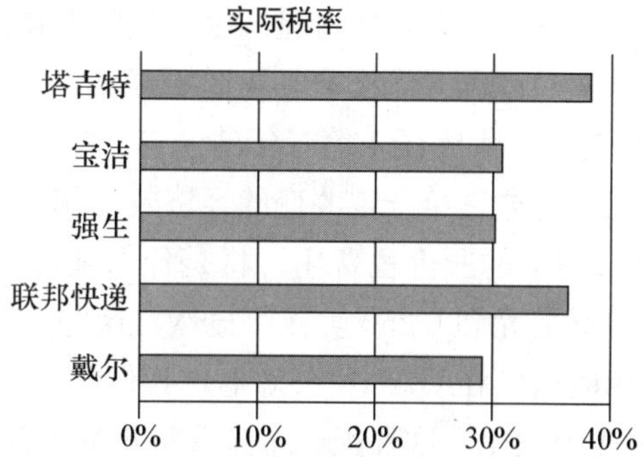

图表 6—12　GAAP 收益和应税所得之间的暂时性差异与永久性差异

暂时性差异

税法先于 GAAP 确认	税法后于 GAAP 确认
收入	收入
1. 提前收到的捐赠收入	1. 分期收款销售——GAAP 中使用应计法
2. 提前收到的租金	2. 投资会计的权益法
3. 预收服务合同款	费用
4. 预收版税	1. 产品担保费用/负债
费用	2. 退休后福利
1. 为了纳税目的而计提的加速折旧	3. 坏账准备
2. 特定成本的资本化	4. 资产减记——存货、PPE
	5. 重组费用
	6. 资本性租赁费用
	7. 税损移后扣减（tax-loss carryforward）

永久性差异

1. 税法不确认免税债券的利息收入
2. 课税扣除
3. 国外子公司未汇出收益课税
4. 员工持股计划（ESOP）股利扣除
5. 与美国法定税率不同的国外所得税
6. 医疗处方药福利

递延税款

受暂时性差异影响，应税所得可能实质性地偏离按照 GAAP 编报的税前利润。因此，针对税前 GAAP 利润将按应税所得计算的实际应付税款在年内分担，可能违反会计中的配比原则，并使税后利润数据受到损害，甚至完全失去意义。为了避免这些问题，会计师采用了跨期摊派方式，称为递延税项调整（deferred tax adjustments）。递延税项调整的目的是使当期所得税费用更好地与按 GAAP 报告的税前利润相配比。在此过程中，递延税款会计创造出了重要的资产负债表项目，称为递延所得税资产（deferred tax assets）或递延所得税负债（deferred tax liabilities）。

我们通过两个实例来解释递延税款会计，详见图表 6—13。案例 A 考察这样一种情况：一家公司购买了一项资产，价值 3 万美元，在 GAAP 账上按三年进行全额折旧，税法允许该资产按两年期限进行加速折旧。从该资产的使用中，公司每年赚得折旧和税前收益（income before depreciation and tax）2.5 万美元。

我们首先考察税务账上发生的情况。由于该资产在前两年进行折旧，前两年的应税所得为每年 1 万美元，大大低于第三年 2.5 万美元的水平。相应地，前两年的应付税款为每年 3 500 美元，大大低于第三年的 8 750 美元。在 GAAP 下，三年的税前利润同为 1.5 万美元，与这三年未曾改变的经济效益相一致。如果我们以税法下的应付税款作为 GAAP 账簿下的所得税费用，将是什么情况？三年的报告净收益将分别为 11 500 美元、11 500 美元和 6 250 美元。显然，这些数据并不能描绘三年保持不变的潜在经济效益。相应地，在 GAAP 账簿上，我们把所得税费用（税款准备）在年内与税前 GAAP 利润相配比。这种配比意味着每年的税款准备将为 5 250 美元（15 000 美元的 35%）。也就是说，我们在前两年每年虚增了税款准备 1 750 美元，并在第三年完全冲回了全部金额。这些人为的调整称为递延税项调整。这种情况下的递延税项调整最初减少了收益并因此减少了留存收益。为了进行补偿（也就是使资产负债表保持平衡），我们创建了递延所得税负债，第 1、第 2 年分别为 1 750 美元和 3 500 美元，第 3 年完全冲回。

接下来我们考察有关设立递延所得税资产的情况。假定这样一种情况（案例 B）：一家公司在第 1 年发生了 3 万美元重组费用。税法只允许于 3 年内实际发生费用时进行扣减（每年 1 万美元）。该公司扣除重组费用和税款前的利润为每年 2.5 万美元。我们再次看到，以应付税款（依照税法计算）作为所得税费用时，又会出现所得税费用不能与税前 GAAP 利润相配比的情况。为此依然需要进行递延税项调整。不过，与案例 A 最初增加税款调整从而设立递延所得税负债不同，案例 B 中的税项调整最初是减少税款准备，因而需要设立递延所得税资产。

递延所得税负债（或资产）的性质

我们曾经提到，设立递延所得税负债（或资产）是为了补偿递延项目对收益乃至留存收益的影响。这些资产或负债的性质究竟如何？与所有递延项目一样，它们并非“真正”意义上的资产或负债。比如，递延所得税负债并不会给企业带来支付税款的义务，递延所得税资产也不会构成任何对税款的主张权。递延所得税负债（或资产）的全部意义只是说：由于过去的税款支付相应较低（或较高），未来的实际税款支付将相应较高（或较低）。总的来说，一项递延负债或资产意味着：

- 递延所得税负债：GAAP 利润在过去大于应税所得；过去的税款支付相对（即占 GAAP 利润的百分比）较低，因此，未来税款支付预期相对（占 GAAP 利润的百分比）较高。
- 递延所得税资产：GAAP 利润在过去小于应税所得；过去的税款支付相对较高，因此，未来税款支付预期相对较低。

图表 6—13　　**递延税款会计举例说明**

案例 A　递延所得税负债：GAAP 折旧采用直线法，折旧期限 3 年；税法折旧也采用直线法，折旧年限 2 年

	税务账				GAAP 账			
	第 1 年	第 2 年	第 3 年	合计	第 1 年	第 2 年	第 3 年	合计
折旧及税前利润	$ 25 000	$ 25 000	$ 25 000	$ 75 000	$ 25 000	$ 25 000	$ 25 000	$ 75 000
折旧费用	15 000	15 000		30 000	10 000	10 000	10 000	30 000
税前利润（a）	10 000	10 000	25 000	45 000	15 000	15 000	15 000	45 000
应付税款（35%）	3 500	3 500	8 750	15 750	3 500	3 500	8 750	15 750
递延税款					1 750	1 750	(3 500)	0
税款准备（b）	3 500	3 500	8 750	15 750	5 250	5 250	5 250	15 750
净收益(a)－(b)	$ 6 500	$ 6 500	$ 16 250	$ 29 250	$ 9 750	$ 9 750	$ 9 750	$ 29 250
没有递延税款的净收益					$ 11 500	$ 11 500	$ 6 250	$ 29 250

递延税项调整	第 1 年	第 2 年	第 3 年
税前利润（GAAP 账）	$ 15 000	$ 15 000	$ 15 000
税前利润（税务账）	10 000	10 000	25 000
差异	$ 5 000	$ 5 000	($ 10 000)
递延税项调整（35%）	$ 1 750	$ 1 750	($ 3 500)
递延所得税负债	$ 1 750	$ 3 500	$ 0

案例 B　递延所得税资产：GAAP 在第 1 年记录重组费用；税法将重组支出分别记入 3 年

	税务账				GAAP 账			
	第 1 年	第 2 年	第 3 年	合计	第 1 年	第 2 年	第 3 年	合计
重组费用及税前利润	$ 25 000	$ 25 000	$ 25 000	$ 75 000	$ 25 000	$ 25 000	$ 25 000	$ 75 000
重组费用	10 000	10 000	10 000	30 000	30 000			30 000
税前利润（a）	15 000	15 000	15 000	45 000	(5 000)	25 000	25 000	45 000
应付税款（35%）	5 250	5 250	5 250	15 750	5 250	5 250	5 250	15 750
递延税款					(7 000)	3 500	3 500	0
税款准备（b）	5 250	5 250	5 250	15 750	(1 750)	8 750	8 750	15 750
净收益(a)－(b)	$ 9 750	$ 9 750	$ 9 750	$ 29 250	($ 3 250)	$ 16 250	$ 16 250	$ 29 250
没有递延税款的净收益					($ 10 250)	$ 19 750	$ 19 750	$ 29 250

递延税项调整	第1年	第2年	第3年
税前利润（GAAP账）	（$5 000）	$25 000	$25 000
税前利润（税务账）	15 000	15 000	15 000
差异	（$20 000）	$10 000	$10 000
递延税项调整（35%）	（$7 000）	$3 500	$3 500
递延所得税资产	$7 000	$3 500	$0

从这个意义上讲，递延所得税负债（或资产）确实能够提供有关未来现金流量的信息。不过，需要说明的是，这些负债或资产预测未来现金流量的能力主要取决于将来转回的暂时性差异。尽管一般来讲暂时性差异确实会转回，但还是有很多因素会对此类转回构成障碍。阻碍转回的最重要因素是公司的增长。当公司增长时，会有新的递延不断出现，从而淹没过去递延项目的转回。此外，税法和会计规制的变化、通货膨胀以及未来的亏损等，也都可能对递延所得税负债或资产的转回产生影响。

递延税款的会计处理

有关递延税款的会计处理，在US GAAP（ASC 740）下与IFRS（IAS 12）下在很大程度上是相同的。由于递延税款会计的目标是使所得税费用与税前GAAP利润相配比，因此它采用的是一种资产—负债法（asset-liability approach）。所得税费用（或准备）不是直接计算的，而是作为递延所得税资产和负债的变化与对税务机关的应付税款之间的差异。

递延税款是按税收管辖权（tax jurisdiction）针对各个纳税主体（tax-paying component）（一个具体的实体，或者为了纳税目的而合并的实体的集群）分别确定的。具体的确定过程包括使用适用税率计算各项应税暂时性差异（以及可能情况下经营性亏损的结转）的递延所得税负债（或资产）合计数。

所有递延所得税资产需要估计其实现的可能性。在US GAAP下，必须设立一项估价备抵（valuation allowance）来减少递延所得税资产，使之达到可以被认为更不可能实现（可能性在50%以上）的程度。估价备抵的确定是一个主观的过程，因此成为盈余管理的有力工具。与此相对照，IFRS则具体规定只有那些具有较大可能性的资产（实现的可能性在50%以上）才作为递延所得税资产的一部分。尽管具体的处理方式有所不同，两种会计准则的净影响却是一致的。不过，报告估价备抵（与只是报告可能的资产相对照）的优势，对分析师而言，是他可以借此来考察公司是否以递延所得税资产作为盈余管理的工具。

□ 所得税的披露

图表6—14中是戴尔公司2005年年报的所得税附注。戴尔公司报告的所得税费用（准备）为14.02亿美元，其中14.73亿美元为税款支付额合计数（国内和国外两部分，包括一项非经常性的税款汇回费用），递延税项调整−7 100万美元。因此，递

延实际上减少了戴尔公司2005年的所得税费用。戴尔公司还在报表附注中提供了有关递延所得税负债和资产构成的汇总资料。其1.92亿美元的递延所得税负债主要来自PP&E，是因为税务账上采用了加速折旧法，而财务报告采用直线法计提折旧。其6.23亿美元递延所得税资产源自损益表中确认还没有支付因此不能用于扣税的递延收入和应计费用（存货和担保准备）。戴尔公司没有为其递延所得税资产设立估价备抵，因为它预计所有这些利益都是可以实现的。戴尔公司资产负债表上报告的递延所得税资产净额为4.31亿美元，主要作为流动资产。最后，戴尔公司以其31.5%的实际税率，对35%的法定公司所得税率做了一定程度的调节。这些永久性差异中大部分是因为从国外子公司汇回的盈利在2004年享受了优惠的税率。由此可见，戴尔公司报表附注中同时提供了有关暂时性差异和永久性差异的信息。

图表6—14　　戴尔公司所得税附注

所得税准备的构成如下：

单位：百万美元

	会计年度		
	2005年1月28日	2004年1月30日	2003年1月31日
当期			
国内	$984	$969	$702
国外	209	132	94
税款汇回费用	280	—	—
递延	(71)	(22)	109
所得税准备	$1402	$1079	$905

递延税款并不是在特定国外子公司股份近29亿美元金额的超额账面基础上提供的，因为这些基本差异不可能期望在可以预见的将来转回，基本上属于永久性差异。这些基本差异主要来自子公司的未分配账面盈余，戴尔公司打算用以再投资。这类基本差异可以通过子公司销售、来自子公司的股利收入以及各种其他事件而转回。可用的国外税收抵免净额、近7.4亿美元的剩余所得税将在这些超额账面基础反转时到期。

戴尔公司递延所得税资产净额的构成如下：

单位：百万美元

	会计年度	
	2005年1月28日	2004年1月30日
递延所得税资产		
递延收入	$241	$86
存货和担保准备	232	260
投资减值和未实现利得	23	39
退货及坏账准备	22	21
资本损失	6	96
租赁	—	69
其他	99	104
	623	675
递延所得税负债		
固定资产	(156)	(129)
租赁	(10)	—
其他	(26)	(74)
	(192)	(203)

	会计年度	
	2005年1月28日	2004年1月30日
递延所得税资产净额	$431	$472
流动部分（包括在其他流动资产中）	$425	$339
非流动部分（包括在非流动资产中）	6	133
递延所得税资产净额	$431	$472

实际税率与美国联邦法定所得税率的不同如下：

	会计年度		
	2005年1月28日	2004年1月30日	2003年1月31日
美国联邦法定税率	35.0%	35.0%	35.0%
国外所得按不同税率课税	(11.6)	(7.3)	(7.9)
税款汇回费用	6.3	—	—
其他	1.8	1.3	2.8
实际税率	31.5%	29.0%	29.9%

□ 所得税的分析

财务报表调整

我们说递延所得税资产（或负债）并非"真正的"资产（或负债），因为它们并不会给公司带来任何的未来利益，也不会构成任何未来义务。由于这一原因，许多分析师在进行比率分析时把它们排除在资产负债表之外。比如，像穆迪（Moody）之类的信用评级机构就认为，在计算负债权益比率、流动比率等偿债能力或流动性比率时，应该将递延所得税资产或负债排除在外。要从资产负债表中排除递延所得税负债（或资产），我们需要将它们从具体的分类中移除，并调整权益净额。比如，对戴尔公司2005年1月28日的资产负债表，我们需要减少流动资产4.25亿美元，减少非流动资产600万美元，并相应地减少股东权益（具体来讲是留存收益）4.31亿美元。

递延所得税资产和负债的现值估价

递延所得税资产（或负债）代表了因暂时性差异转回而引起的潜在未来现金流量。不过，这些转回可能在多年之后发生。在这种情况下，这些现金流量的现值可能大大低于目前资产负债表上所记录的价值。有些分析师因此建议计算这些资产或负债的现值。在这样做的时候，最重要的是了解递延资产或负债各个构成部分的性质，估计它们平均将在多少年后转回。比如，戴尔公司将其大部分递延资产和负债归类为流动资产，这就是说它们中绝大部分可望在一年内转回，因此无须计算戴尔公司递延所得税资产或负债的现值。

预测未来收益和现金流量

所得税披露对预测未来现金流量是很有用的。现金流量预测中需要同时考虑永久性差异和暂时性差异。首先，我们考虑永久性差异。大部分有关估值的教材建议在预测现金流量时使用法定税率（目前为35%）。法定税率是边际（marginal）税率的很有用的估计。也就是说，它会帮助我们确定每一美元收益的税务影响。不过，对于估计公司的平均（average）税率，它却不是很有用。这是因为公司会有一些可以永久性降低其税率的永久性差异（只在很少的情况下才可能使之提高）。公司的实际税率可以作为对公司平均税率的较好估计。由于盈余（或现金流量）预测需要使用平均税率（而非边际税率），对于这一目的而言，实际税率可能更有用。不过，使用实际税率必须格外小心，因为它非常易变。因此，公司一年的实际利率不可能是对未来实际利率的最佳估计。为此，分析师需要考察过去几年公司的实际利率，从中确定比较持久的部分。此外还可以对永久性差异的性质进行分析，以更好地估计实际利率的永久性部分。

暂时性差异（通过递延所得税资产或负债来计量）在预测现金流量时是很有用的，但不能用于预测收益。较大的递延所得税负债（资产）意味着公司未来的税款支付可能高于（低于）其税款准备。不过，为了在现金流量预测中使用这一信息，需要估计递延可望于何时转回。还有一点比较重要的是，我们必须认识到，同样的递延在将来也可能产生，并因此抵消目前递延所得税资产或负债转回的影响。

分析永久性差异和暂时性差异

分析师必须搞清楚实际利率为何与法定利率不同，方法是考察造成差异的各项具体因素。尤为重要的是确定仅对实际利率发生暂时性影响的非经常性项目。

同样重要的是分析以递延所得税资产和负债的成分为标志的暂时性差异的性质。作为分析师必须对递延项目的可转回性（reversibility）作出评价，并估计转回是否会很快发生。比如，戴尔公司的大部分递延所得税资产可望在一年内转回。同时，由于戴尔公司未曾设立估价备抵，因此看起来也不存在递延所得税资产无法实现的可能。总体来看，戴尔公司递延所得税资产的转回应该是毫无疑问的。

盈余管理和盈余质量

估价备抵是一项流行的盈余管理工具。分析师因此应该仔细检查估价备抵的任何变化——尤其是减少，因为它可能包含了盈余管理的企图。

许多分析师一般会比较GAAP收益和应税所得，以此来评价盈余质量。大量递延所得税负债（资产）的存在意味着过去的GAAP收益高于（低于）应税所得。因此，有巨额递延所得税负债（资产）的公司可能采用激进的（保守的）会计政策。

附录6A：每股收益的计算和分析

每股收益（earnings per share，EPS）广泛用于公司经营业绩和盈利能力评价。本附录描述用以规范每股收益计算和解释的基本原则。每股收益计算的一个重要方面是确认摊薄的潜在影响。**摊薄**（dilution）是指由于稀释性证券被转换为普通股、行使期权或权证，或者按照合同发行新股，导致每股收益降低（或每股亏损增加）。由于对每股收益的这些负面影响可能具有实质性作用，计算每股收益数据可以引起人们对企业资本结构的潜在稀释作用的关注。

US GAAP（ASC 260）和 IFRS（IAS 33）下有关每股收益计算和报告的规定是一致的。双方都要求资本结构复杂的公司在损益表上对基本 EPS 和摊薄 EPS 做双重披露，同时要求通过调整计算基本 EPS 时的分子和分母来计算摊薄 EPS。为了理解这些计算及其解释，本附录：(1) 解释简单资本结构和复杂资本结构；(2) 说明各种每股收益指标；(3) 提供一些计算实例。

□ 简单资本结构

简单资本结构（simple capital structure）仅仅由普通股和非转换型高级证券（nonconvertible senior securities）所构成，不包括潜在的稀释性证券。拥有简单资本结构的公司只需计算一项简单的每股收益，如下所示：

$$基本每股收益=\frac{净收益-优先股股利}{外发普通股加权平均数}$$

分子中高级权益证券的累计股利，不管是否已经赚得，都要从净收益中扣除，或加记到净亏损中去。普通股加权平均数的精确计算，等于每天外发股份数总计除以该时期的总天数。

□ 复杂资本结构

如果一家公司有发行在外的具有潜在稀释作用的证券，诸如可转换证券、期权、权证（warrant）以及其他类似的股票发行协议，则可视为具有**复杂资本结构**（complex capital structure）。25%以上的上市公司都有潜在的稀释性证券。这些公司基本 EPS 和摊薄 EPS 之间的关系可描述如下：

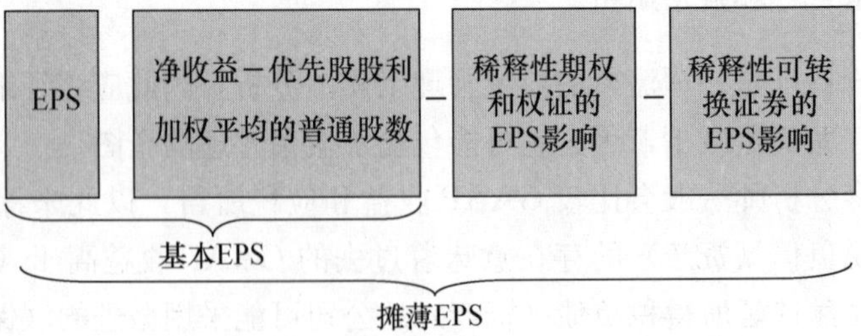

这种二重表示可以提醒用户注意每股收益被稀释的潜在可能。具有复杂资本结构的公司需要在其损益表上以同样的重要性报告两种每股收益数据。当其普通股存在潜在的抗稀释性时，公司无须报告摊薄每股收益。所谓**抗稀释证券**（antidilutive securities），是指在行权或转换时增加每股收益的证券。

基本每股收益

复杂资本结构公司基本每股收益的计算与简单资本结构公司相同。

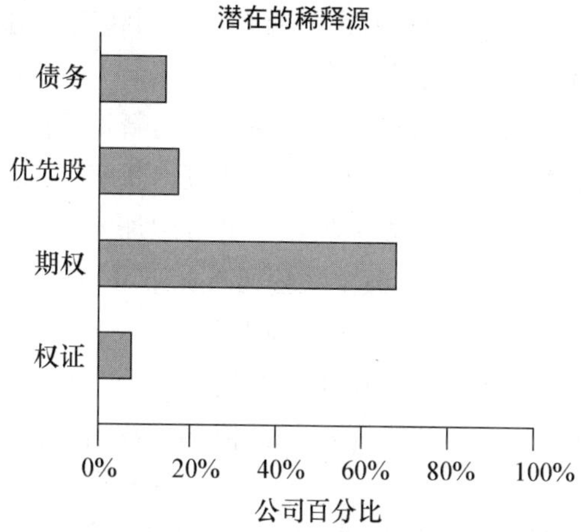

摊薄每股收益

复杂资本结构公司必须同时报告基本 EPS 和摊薄 EPS。图表 6A—1 表示复杂资本结构公司每股收益的计算。摊薄 EPS 反映了可能减少每股收益的所有潜在普通股的影响。我们只考虑常见的稀释性证券——股票期权和权证，以及可转换优先股和债券。

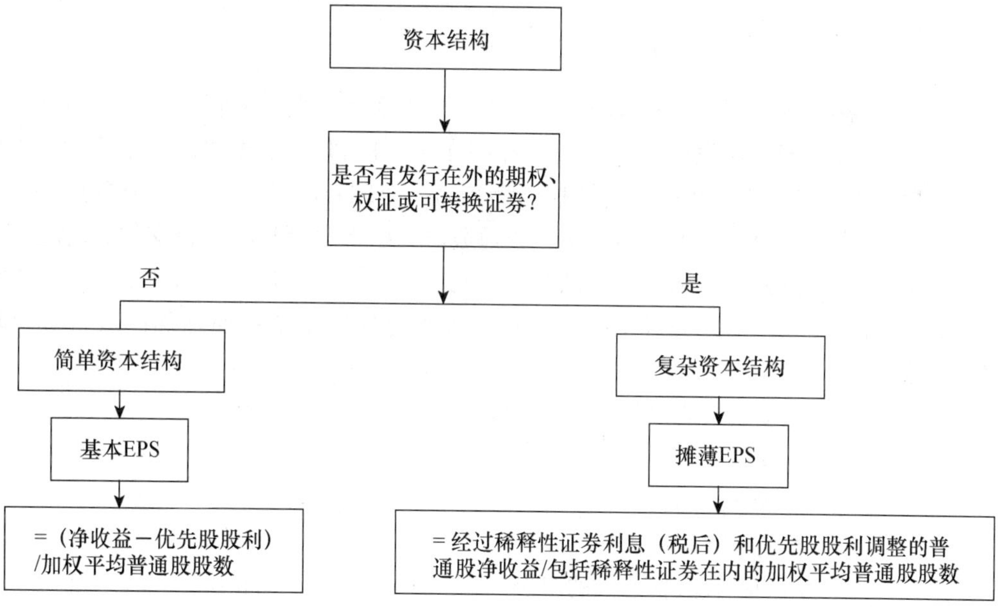

图表 6A—1　EPS 计算

摊薄 EPS 是在一种假定基础上计算的，也就是说，我们假设所有可转换证券会在最早出现的可能机会中被转换（即：若该证券如期发行，则一发行就进行转换），可行使股票期权也会做同样处理。在计算摊薄 EPS 时，由于分子上的净收益会因证券转换或行使期权而受到如下影响，因此需对其做一定调整：

1. 如果优先股转换为普通股，优先股股利必须从中移除，因为我们假定优先股将不再包括在外发股份之内。

2. 如果是债券被转换，必须把所有可能的利息费用从净收益中扣除。与此同时，还需加计应计利息的税后金额。

分母中需要加入因证券转换或行使期权而新发行的股票数。对于可转换债券，因转换发行的股票数直接加入分母。对于期权，我们假设用行权所获得的收入在公开市场上按股票的平均价格重新购入股票。分母中加入的只是所发行股份的净额。

为了说明 EPS 的计算，假定某公司有如下外发证券：

- 普通股：全年有 1 000 000 外发股份。
- 优先股：全年有 500 000 外发股份。
- 可转换债券：5 000 000 美元 6%债券，按面值出售，可以转换成 200 000 股普通股。
- 员工股票期权：全年有按 30 美元价格购买 100 000 股普通股的外发期权。该年度公司普通股的平均市价为 40 美元。
- 公司净收益：3 000 000 美元；优先股股利：50 000 美元；边际税率：35%。

基本 EPS 和摊薄 EPS 计算如下：

$$\text{基本 EPS}=\frac{\$3\,000\,000-\$50\,000}{1\,000\,000}=\$2.95$$

$$\text{摊薄 EPS}=\frac{\$3\,000\,000-\$50\,000+[(\$5\,000\,000\times 6\%)(1-0.35)]}{1\,000\,000+200\,000+25\,000}$$

$$=\$2.57$$

基本 EPS 等于净收益减优先股股利除以该年度外发普通股加权平均股数。

摊薄 EPS 假设所有可转换证券都在可能的机会出现时第一时间作了转换（本例中为年初），所有稀释性期权也都在第一时间被行使。上式分子中的第三部分是加回的税后利息，当债券转换为普通股时，这部分利息将不再支付。之所以做纳税调整，是因为放弃利息的金额会增加税前收益。因转换债券而新发行的股票数需加计到分母中。上式分母中的第三项是因为行使股票期权而增加的股份数。其计算如下：

行使股票期权时购买的股份数	100 000
行权价	×＄30
行权获得的收入	＄3 000 000
普通股平均市价	÷＄40
用期权收入新购入的股份	75 000

因行使期权增加的股票数＝100 000－75 000＝25 000（股）

□ 每股收益的分析

对会计中的每股收益要求人们颇有微词，因为它们已经延伸到会计学之外的领域。每股收益会计需要依靠一些预计性的表达，很大程度上受市场波动的影响，而它自身又涉及财务报表分析的多个领域。无论这些批评本身有何价值，作为分析者我们必须对会计职业界这种首创精神给予极大的肯定。计算每股收益时考虑的因素各不相同，并且需要大量的专有数据，因此，将这一责任交托给管理层和审计师才比较合适。我们在分析中必须透彻地了解每股收益的计算基础，以便得出可靠的结论。每股收益披露要求对基本 EPS 和摊薄 EPS 计算中的分子和分母进行必要的调整，这就要求披露影响每股收益的所有证券的个别收益，以及这些证券对普通股的影响。此类披露可以使我们对公司复杂的资本结构有更好的了解。

尽管每股收益计算和披露已有很大改进，对于有效地进行分析，却依然存在诸多障碍：

- 基本每股收益的计算忽略了来自期权和权证的潜在稀释影响。这可能会使公司的每股收益“提升”10%～20%，甚至更高，并因此掩盖新股发行的风险。我们在分析中必须研究摊薄每股收益，以避免此类错误。
- 在计算每股收益时将一些证券作为普通股等价物处理，但在平时不把它们看作股东权益的一部分，造成一定的不一致性。因此，在分析中我们很难有效地将报告每股收益与和这些收益相关的债务杠杆状况联系在一起。
- 期权和权证的稀释作用有赖于公司普通股股价。由此可能产生一种“循环效应”：每股收益报告影响股价，股价又反过来影响每股收益。因此，报告的每股收益可能受股价影响，而不仅仅是反映公司的基本面。这也提醒我们，我们对报告每股收益的规划不仅要考虑未来收益，还要考虑未来股价。

附录 6B：员工股票期权会计

与员工股票期权相关有两个问题：（1）确定 ASC 260（US GAAP）和 IAS 33（IFRS）所要求的摊薄 EPS；（2）确定 ASC 718（US GAAP）和 IFRS 2 所要求的股票型补偿费用及对资产负债表的影响。我们将以举例方式说明这两个问题。

确定摊薄 EPS

由于员工股票期权对现有股东的权益有潜在的稀释作用，因此，在确定摊薄 EPS 时，必须考虑它的影响。只有价内期权（即行权价低于股票价格的期权）被认为是稀释性证券——那些可以潜在地稀释目前股东权益的证券，需要包含在摊薄 EPS 的计算中。价外期权（也称为“水线下”期权，指行权价超过股票价格的期权）被认为是抗稀释期权，在计算摊薄 EPS 时不包含在内。确定摊薄 EPS 时采用库藏股票法。案例 6B—1 说明员工股票期权对摊薄 EPS 的影响。

确定补偿费用

员工股票期权补偿费用的确定分为两个步骤：（1）确定授予员工股票期权的成

本；（2）将该成本在期权的含权期内进行摊销，以确定各个时期的补偿费用。此外，补偿费用的记录还会对资产负债表产生影响。我们将依次对这些问题进行讨论。

案例 6B—1

一家公司的净收益为 10 万美元，外发股份的加权平均数为 1 万股。公司于年内发行了 2 000 份员工股票期权，行权价 20 美元。我们分别计算两种方案下的基本 EPS 和摊薄 EPS：（1）年内平均股票价格 40 美元；（2）年内平均股票价格 10 美元。

	方案 1	方案 2		方案 1	方案 2
外发 ESO 数量	2 000 份	2 000 份	净收益（d）	$ 100 000	$ 100 000
行权价	$ 20	$ 20	计算(d)/(c)	$ 9.09	$ 12.50
发行 ESO 的收入	$ 40 000	$ 40 000	基本 EPS		
平均股票价格	$ 40	$ 10	（$ 100 000/10 000 份）	$ 10.00	$ 10.00
可以购买的库藏股	1 000 份	4 000 份			
ESO 减去库存藏股后的数额（a）	1 000 份	（2000）份	稀释与否？	稀释	抗稀释
外发股份的平均数（b）	10 000 份	10 000 份	摊薄 EPS	$ 9.09	$ 10.00
摊薄股份的数量(c)＝(a＋b)	11 000 份	8 000 份			

确定 ESO 成本

ESO 成本在授予股票期权时确定。ESO 成本是各项个别期权公允价值和授予期权数量的产物。ESO 的公允价值采用期权定价模型（通常为 Black-Scholes 或生态网络模型）来确定，反映授权日的价值。图表 6—10 列示了影响期权公允价值的因素。需要注意的是，期权的预计寿命期是以预期行权日为基础确定的，而非含权日。预计的含权期期权数量是通过调整期权寿命期内预计离职员工的期权数而确定的。正如我们已经谈到的，ESO 成本是在授予期权时一次确定。即使 ESO 的公允价值发生变化，也无须调整这一成本。

摊销 ESO 成本

公司希望 ESO 能够推动员工为了股东利益而努力工作，因此它们会尽量缩短含权期，使员工和公司激励在尽可能长的时期内连成一线。ESO 的这种益处可望在较长时期内持续，直至员工可以自由地行使期权。相应地，已授 ESO 的公允价值需要采用直线法在含权期内进行摊销。一定时期的补偿费用是该时期内依然含权的全部期权（包括过去授予的期权和当期授予的期权）的累计摊销额。

资产负债表影响

累计补偿费用需记入股东权益中一个称为“实收资本：股票补偿”（paid-in-capital：stock compensation）的具体项目的贷方。随后，当员工行使期权时，再转入缴入股本。图表 6B—1 提供了一个 ESO 会计处理的实例。

图表 6B—1 **以股票为基础的补偿会计实例**

ABC 公司 2010 年 1 月 1 日按市场优势价格（每股 3 美元）发给其 CEO 期权 10 000 份，含权期预计为两年。该期权的 Black-Scholes 值为每份 1 美元。2011 年 12 月 31 日，CEO 行使了全部期权。当日市场价为每股 6 美元。假定所得税率为 35%。有关分录如下：

2010 年 1 月 1 日

授权日不做任何分录。

公司总的税前“成本”为：$1×10 000＝$10 000。该费用需在 2006，2007 两年内摊销。

2010 年 12 月 31 日

2010 年摊销税前期权费用 5 000 美元。按 35%的税率计算，节税 1 750 美元，税后费用 3 250 美元。税前费用将记入股东权益的“资本公积——股票补偿”项目。

日记账分录如下：

	借	贷
股票补偿费用	3 250	
递延所得税资产	1 750	
资本公积—股票补偿		5 000

2011 年 12 月 31 日（行权前）

日记账分录与 2006 年同。

因此，截至 2011 年 12 月 31 日对资产负债表的累积影响如下（行权前）：

资产		负债和股东权益	
递延所得税资产	$3 500	股东权益：	
		• 资本公积——股票补偿	$10 000
		• 留存收益	(6 500)

2011 年 12 月 31 日（行权后）

在行权时会发生什么事呢？首先，会从 CEO 手中收到 30 000 美元（$3×10 000），随之向 CEO 发行 10 000 股股票；其次，由于期权已不再成为外发期权，因此需要转回资本公积——股票补偿中的 10 000 美元，总计数计入正常的缴入股本（必要时拆分为面值和股本溢价）。

日记账分录为：

	借	贷
现金	30 000	
资本公积——股票补偿	10 000	
缴入股本		40 000

因此，2011 年 12 月 31 日对资产负债表的净影响如下：

资产		负债和股东权益	
递延所得税资产	$3 500	股东权益：	
现金	30 000	缴入股本	$40 000
		资本公积——股票补偿	—
		留存收益	(6 500)

分析视点参考答案

供应商 你对芝加哥建筑公司的信用状况很可能做出正面估计。即便该公司的意外损失是真的，也不会重复发生。这就意味着，相对于扣除意外损失后净收益12%的下降，23%的增长更能代表芝加哥建筑公司净收益的正常水平。你还需要对该项火灾损失的意外程度做出估计。也就是说，该损失可能并不只是一种意外那样简单，而很可能是芝加哥建筑公司面对的一种新的风险暴露。不过，就这些信息来看，该公司的信用状况在下一年可能至少会保持这一水平，可能还会更好些。

银行家 Playground设备公司在生产过程中确认收入可能太过随意。只有当收入和费用可以充分肯定地做出估计，且其实现（支付）有合理的保证时，才能接受在生产过程中确认收入。大多数公司是无法满足这些条件的。除非我们有十足的信心，确信Playground设备公司赚取收益的过程满足这些极为严苛的条件，否则，我们将要求以销售时点作为收入确认的基础进行重述（或者作出替代性陈述）。如果Playground设备公司收回货款的风险或成本很高，我们将要求以收到现金作为收入确认标志进行报表重述。我们在分析中使用的报表越是保守，与Playground设备公司签订的贷款协议面临的风险就越小。我们在贷款中所面临的最大风险是无法偿付或拖欠。此外还有利率变动风险、重新谈判的可能性、延迟付款、行业变化、个人就业或升职等。

分析师 所有公司都希望费用最小化。当净收益因为支出降低而增加，无论如何都是属于好消息。不过，我们进行分析，必须具体考察支出因何而降低，并估计其可能的后果。在加利福尼亚技术公司案例中，通过分析我们发现情况并不乐观。因为大多数R&D支出在发生时做费用化处理，我们知道，R&D支出每降低一美元，都会使当前的净收益增加一美元。但是，因为R&D是高技术公司的精髓，对加利福尼亚技术公司的分析其实是很麻烦的。除非该行业的R&D成本总体上呈下降趋势（这应该是不太可能会发生的），加利福尼亚技术公司R&D支出的下降很可能暗示着对未来比较悲观。R&D支出的下降会使短期内收益上升，但长期收益会因此受损。

思考题

6—1 说明分析师为什么特别看重对损益表的评价。

6—2 对收益做出定义，并说明收益与现金流量的区别。

6—3 收益的两个基本的经济概念是什么？对分析有何意义？

6—4 说明会计师是如何计量收益的。

6—5 区别净收益、综合收益和持续收益。举例说明是哪些项目造成了这三项收益指标之间的不同。

6—6 尽管综合收益是底线收益数字，损益表中却很少报告它。一般情况下你可以在何处找到有关综合收益的详细资料？

6—7 分析师常会提到公司的核心收益。核心收益一词是何意义？

6—8 区分经营收益与非经营收益。举例说明两类收益中一般包含的项目。

6—9 经营收益和非经营收益及重复性收益和非重复性收益是收益分类的两种重要形式。解释这种说法，并说明你是否同意这种观点。

6—10 会计中是如何定义非常项目的？列举三例此类项目。此类项目有何分析意义？

6—11 描述终止经营的会计处理。分析师应如何对待终止经营？

6—12 一个项目必须具备什么条件才能作为前期调整？

6—13 确定导致收益失真的某些会计原因。

6—14 对这三个项目：(1) 折旧，(2) 存货，(3) 分期收款销售，说明：

a. 就报告目的而言两种可接受的会计方法。

b. 上面所确定的两种会计方法分别是如何影响当期净收益的。

6—15 会计实务中需要区别各种不同类型的会计变更。试确定三种不同类型的会计变更。

6—16 什么是特殊事项？试举三例予以说明。

6—17 公司是如何运用特殊支出影响投资者

对公司价值的看法的？

6—18 分析师应该如何处理特殊事项？

6—19 认为收入实现通常需要满足哪些条件？

6—20 要在将有退货权的销售确认为销售收入的同时将应收款确认为一项资产，必须满足哪些条件？

6—21 估计将来退货（当附有退货权时）的能力是收入确认中一种重要因素。说明哪些因素会损害估计将来退货的能力。

6—22 解释会计实务中如何形成一项产品融资安排。

6—23 区别长期合同下收入确认的两种主要方法。

6—24 说明分析师必须对收入确认的哪些方面保持警惕。

6—25 讨论有关研发支出的会计准则，说明其披露要求有哪些。

6—26 关于研发支出，我们在分析中需要获得哪些信息（尤其是在实务中的披露要求极为有限的情况下）？

6—27 分析师必须警惕有关商誉计价和摊销的哪些方面的问题？

6—28 对比说明担保债券和可转换债券发行中总利息成本的计算问题。

6—29 a. 利息资本化会计主要有哪些规定？其目的是什么？

b. 利息是如何计算的？利率又是如何确定的？

c. 实务中对资本化有哪些限制？资本化期间于何时开始？

6—30 区分期权的内在价值和公允价值。

6—31 指出影响期权公允价值的因素，并进行讨论。

6—32 说明与员工股票期权相关的补偿费用计算。公司是否有必要将与期权相关的补偿费用计入收益？损益表中如何列报补偿费用？

6—33 按现行市价发行员工股票期权的经济成本是什么？

6—34 什么是期权外悬？它有什么意义？如何确定？

6—35 受永久性差异影响，按财务报告基础计算的净收益与应税所得常有所不同。什么是永久性差异？因何而来？

6—36 什么因素导致了实际税率与法定税率的不同？

6—37 所得税会计有哪些主要要求？

6—38 列举出四种导致财务报告和纳税报告之间暂时性差异的常见情况。

6—39 所得税会计有哪些披露要求？

6—40 说明所得税摊销程序的不足之处。

6—41A 为何透彻理解每股收益（EPS）计算中所遵循的原则具有重要的分析意义？

6—42A 讨论每股收益的使用，以及每股收益现行报告方法的原因或目的。

6—43A 报告摊薄每股收益的内在目的是什么？

6—44A 优先股的股利支付是如何影响每股收益计算的？

6—45A 每股收益可能影响一个公司的股票价格。公司的股票价格是否可能影响每股收益？

6—46A 每股收益会计有一定的缺陷，我们在进行分析时必须考虑如何解释每股收益数据。确定每股收益会计的缺陷（至少两种），并进行讨论。

6—47A 估计普通股价值时，每股收益是一项需要考虑的重要因素。

a. 说明为何在普通股估值中每股收益具有重要意义。

b. 在优先股估值中每股收益是否同样重要？为什么？

练习题

6—1 终止经营的分析

许多公司在损益表和资产负债表中报告终止经营。

要求：

a. 你认为有关终止经营处置的最恰当的总分类账分录是什么？

b. 损益表中报告的与终止经营相关的收益（费用）项目应包括哪些内容？

c. 讨论终止经营在财务报表分析中的重要性。

d. 单独报告终止经营结果的理由何在？

6—2 分析会计备抵

下面内容引自L.伯恩斯坦（L. Bernstein）一篇考察用备抵方式来确认未来成本和损失的文章。

以备抵的方式确认未来成本和损失正在变得日益流行，这种做法损害了定期报告收益的重要性。分析师在进行财务报表分析时应该以怀疑的态度来看待这一问题。当这种备抵建立在损失较为严重的年份，或者当备抵的建立是为了抵消一项非常收益而设计的随意的金额，或者当建立备抵的主要目的是为了释放未来收益或应由未来负担的费用时，情况尤其如此。会计中确认未来损失的基本理由来自稳健主义教义。也就是说——按照一种流行的解释，一个人不应该预期收益，但却要确认所有可见的损失，就像它已经发生了一样。

要求：

a. 讨论伯恩斯坦的观点及对会计备抵的理解有无价值。

b. 说明在分析过去收益趋势、估计未来收益，以及进行普通股估值时应如何看待这一观点。

c. 提供有关这类备抵的事例。你可以从本章内容中找。

6—3 解释会计变更的披露

有各种各样的会计变更需要进行不同的报告处理。理解不同类型的变更对财务报告分析是非常重要的。

要求：

a. 已入账固定资产的折旧方法从年数总和法变为直线法，属于哪种类型的会计变更？什么情况下会发生这种类型的会计变更？

b.（由于新增信息）而改变对资产预计使用期限的估计属于哪种类型的会计变更？什么情况下会发生这种类型的会计变更？

c. 有关会计原则的变更：

（1）公司如何计算这种变更的影响？

（2）公司如何报告这些变更的影响？

（注：无须讨论每股收益要求。）

d. 为什么会计原则一旦采用，就应该在不同期间一致地应用？

e. 披露会计原则变更的理由何在？

f. 试说明对强制性会计变更的分析与对自愿性会计变更的分析可以有什么不同。

g. 说明公司为了自身利益可以如何对采用强制性会计变更的时机做出选择。

h. 讨论采用强制性会计变更如何为建立秘密准备创造机会。请举例说明。

6—4 计算综合收益

Harvatin集团2006年报告总收益为1 000 000美元。下面是来自Harvatin集团财务报告的额外信息：

● 2006年第四季度，公司以每股10美元的价格购入Micron公司100 000股普通股。这项投资被视为“可供出售的”有价证券。该股票2006年末的市价为9美元/股。

● 2006年第四季度，公司以每股20美元的价格购入10 000股Sunswept公司的股票。这笔投资被确定为“交易性”有价证券。该股票2006年末的市价为22美元/股。

● 公司于该年度开始在欧洲波罗的海地区从事经营，并于2006年末报告了50 000美元外币折算收益。

● 公司养老金资产的实际回报为150 000美元。预期回报为110 000美元。

● 公司雇员养老金计划的前期服务成本数额巨大。为此，公司不得不在2006年额外记录了一笔最低养老金负债，总额为25 000美元。

● 公司报告了衍生金融工具的未实现持有损失，合计12 000美元。

要求：

a. 计算Harvatin集团的综合收益。

b. 分别讨论综合收益的每一项目对资产负债表账户的影响。

6—5 分析收入确认及其时间选择

收入通常是在销售发生时确认的。在特殊情况下，也会以除销售发生以外的其他日期作为收入确认的时间选择。

要求：

a. 为什么销售发生的时间通常被用作最基本的收入确认时间？

b. 在不考虑以销售之外的其他时间作为收入确认时间等特殊情况的前提下，讨论以下两种对以销售为基础的收入确认的反对意见有何价值：

（1）这种做法太过保守，因为通过整个生产过程收入已经赚得了；

（2）这种做法太过随意，因为应收账款并不代表可以随意使用的资金，可能会发生销货退回和折让，而且，在以后时期还可能发生收款费用和坏账损失费用。

c. 收入还可以在（1）生产过程中，或（2）收到现金时确认。对上述两种情况，分别举例予以说明，并说明相对于销售基础收入确认，这些确认有何优点。

6—6 分析完工百分比法

Michael公司用完工百分比法确认长期建筑合同收入。公司目前正在执行一份四年期建筑合同，现在是该合同的第2年。最近对合同总成本的估计表明合同的完工将会给公司带来利润。

要求：

a. Michael公司使用完工百分比法有何理论依据？

b. 对进度结算账单（progress billings）应作何考虑？你的讨论中应包括进度结算账单在Michael公司财务报表中的分类。

c. 当采用成本法确定完工百分比时，如何计算四年合同中第2年的收益？

d. 当在四年期合同的第2年用完工百分比法代替完成合同法（completed contract method）时，会对收益产生什么影响？

6—7 解释租赁收入确认

Crime Control公司以销售型（资本化）租赁法作为其报警系统销售的主要方法。按此方法，公司计算了可望从租赁中收到的现金收入的现值（整个期间长达8年），并在租赁发生的第1年就按这一现值金额做了销售记录。这种会计处理的理由在于8年的租赁期占到该设备10年有效寿命的75%以上。尽管该公司为了财务报告目的而使用销售型租赁法，为了纳税目的，公司则只是在实际收到款项时才报告收入。由于第1年的租赁费用很大，公司报告了很大数额的有关这些租赁的税务损失。

要求：

a. 批评者认为销售型租赁法使收益"前移"，按此方法报告的收益可能在几年内都收不到现金。对这一批评做出评论。

b. 由于公司获得的所得税利益，是否会使财务报告收益提高？

c. 公司坚持认为它可以通过将应收租赁款让售给第三方承租人或金融机构的方式，实现与销售型租赁相类似的收益。对这一断言做出评论。

6—8 网络（Dot. Com）公司的收入确认

Lookhere. com公司和StopIn. Com公司签订了互惠协议，据此：（1）StopIn. Com在它的主页上给了Lookhere. Com有价值的广告空间，（2）Lookhere. Com也在它的主页上给了StopIn. Com有价值的广告空间。两家公司主要的收入源皆是其网站的广告收入。两家公司都确认了来自对方的广告收入，同时确认了支付给对方的广告费用。会计监管机构对这些公司采用的会计处理方法表示赞同。

要求：

a. 你认为这些公司是否应该确认与上述广告协议相关的收入？

b. 你为什么相信这些公司想要记录有关这些交易的收入及应抵消的费用？

c. 在对这些公司进行分析时，你会如何评价这些交易？

6—9 成本的费用化与资本化

作为分析师必须熟悉与收益确定相关的各种概念。公司报告收益的数额取决于给定时期内确认的收入和费用。在有些情况下，成本被确认为销售发生当期的费用。在其他情况下，则将成本做资本化处理，并在未来时期确认为费用。

要求：

a. 解释在产品销售时将成本确认为费用的理由所在。

b. 将处理成本分配为一个时期的费用而不构成资产价值的原因何在？解释之。

c. 在什么情况下，应该将一项成本记作资产价值而不是作为费用处理？解释之。

d. 通过系统而合理的分配，可将资产成本分摊到具体的会计期间。试说明按照这种方式确认费用的理由所在。

e. 确定将一项成本作为损失处理必须具备的条件。

6—10 分析研发成本

Frontier Biotech公司2002—2006年的研发成

本数据如下（单位：百万美元）：

2002	2003	2004	2005	2006
\$5.1	\$5.9	\$6.0	\$6.2	\$3.3

要求：

a. 说明研发成本是以什么样的方式影响当期及未来时期净收益的。

b. 对2006年研发成本的减少你将作何评价？

6—11 分析员工股票期权披露

目前的披露草案要求公司将员工股票期权的公允价值确认为经营费用。期权定价模型被用来估计期权的公允价值。在目前的GAAP下，公司可以选择以附注形式披露员工股票期权成本对净收益的预期影响。

要求：

a. 你认为分析师会更喜欢将员工股票期权成本在损益表的主体中反映，还是在附注中披露员工股票期权成本的预期影响？

b. 如果你正在分析一份以附注方式披露员工股票期权净收益影响的年报，说明你可以以什么样的方式通过使用预计披露的方式来重构你对员工股票期权影响的分析。

c. 在你的财务分析中，请确定至少四项受确认或不确认（以附注方式披露）员工股票期权成本影响的比率。

6—12 解释员工股票期权

2003年8月1日，Incent. Com公司董事会通过了一项股票期权计划，该计划决定给公司中层管理人员和软件设计专业人员（共100人）每人奖励1 000股公司普通股，每股票面价值5美元。授权日为2004年1月1日，期权的行权价为2004年1月1日公司股票的开盘价（20美元）。该期权不可转让，在2008年12月31日以后才可以行权。该期权在雇员离开公司时或2015年12月31日过期——以何者居先为原则。管理层估计期权每年的失效率为4%，期权的预计寿命期为6年。按Black-Scholes期权定价模型计算的该期权公允价值为8美元。行权日的第一天，行权的股票期权数为50 000股，当日股票价格为每股60美元。

要求：

a. 这是补偿性还是非补偿性股票期权？为什么？

b. Incent. Com公司为何要给雇员提供这样一项计划？

c. 什么是员工股票期权计划的授权日、含权日和行权日？

d. 该股票期权在授权日是否处在“价内状态”？解释之。

e. 应该在什么时候计算总补偿成本？为什么？

f. 与这一股票期权计划相关的应确认总补偿成本是多少？

g. 总补偿成本应该在哪些时期分摊作为补偿费用？

h. 解释这一员工股票期权计划是如何将财富从股东手中转移到雇员手中的。

6—13 信息披露与员工股票期权

一些研究表明，在确定员工股票期权行权价的日子里，公司的股票价格会下跌。有人认为，股价的下跌归因于经理人的选择性信息披露。具体来讲，人们认为经理人会把好消息推迟到员工股票期权的授权日之后才发布，相应地，又会在期权行权价确定之前选择性地发布坏消息。

要求：

a. 你为何认为经理人会在期权授权日之前宣布坏消息而不是好消息？

b. 你会如何在员工股票期权行权价确定前后调整自己对新闻公告（也可能没有公告）的反应？

6—14 解释递延所得税

Primrose公司采用递延法进行跨期税务处理。对当年购置的机器设备，Primrose公司用修正的加速成本回收制度（modified accelerated cost recovery system，MACRS）为所得税目的计算折旧费用，用直线法为财务报告目的计算折旧。本年度的所得税抵减数额很大。Primrose公司本年度还提前收到了一些租金收入。这些收入被纳入本年度的应税所得之中。从财务报告的目的，租金收入被作为流动负债计入了预收收入。

要求：

a. 递延所得税的理论基础是什么？

b. Primrose公司是如何确定并考虑折旧和租金的所得税影响的？请做出解释。

c. Primrose公司在资产负债表和损益表中对折旧和租金收入是如何分类的？

6—15 盈余管理动机

公司有时会采用盈余管理技术来增加报告的每

股收益，哪怕只是增加 1 分钱。

要求：

请解释，为什么报告每股收益改变 1 美分对有些公司并不重要，对有些公司却具有重要意义。回答中请举例说明公司可以通过管理每股收益达到的盈余目标（至少举出两例）。

6—16A 分析每股收益

上市公司必须按要求在损益表中披露每股收益数据。

要求：

比较基本每股收益与下列各种情况下的摊薄每股收益：

a. 稀释性股票期权和权证对计算每股收益时所使用股份数的影响。

b. 稀释性可转换债券对计算每股收益数据时所使用股份数的影响。

c. 抗稀释证券在计算每股收益中的影响。

6—17A 解释每股收益

会计中要求在损益表中呈报每股收益数据。

要求：

a. 解释基本每股收益的含义。

b. 说明摊薄每股收益与基本每股收益有何区别。

6—18A 每股收益计算（多选）

Champion 公司第 7 年 12 月 31 日流通股总股份数为 200 万股。第 8 年 3 月 31 日，Champion 公司支付了 10% 的股票股利。第 8 年 6 月 30 日，Champion 公司发售了 1 000 万美元 5% 可转换债券，可以按每股 5 美元的价格转换为普通股。发行日 AA 级债券的利率为 10%。

1. 用来计算第 8 年基本每股收益的股票数量是：

a. 2 050 000

b. 2 150 000

c. 3 200 000

d. 4 200 000

2. 假设 Champion 公司同时还发行了按每股 5 美元的价格购买 100 万股股票的权证。第 8 年 12 月 31 日，Champion 公司股票的价格为每股 8 美元，第 8 年的平均股票价格为 4 美元。为了计算基本每股收益，应该认为由于该项权证，流通股票数额外增加了多少？

a. 0

b. 375 000

c. 625 000

d. 1 000 000

3. 在与第 2 题相同的假设条件下，当计算摊薄每股收益时，由于该项权证的作用，应该认为流通股票数额外增加了多少？

a. 0

b. 375 000

c. 625 000

d. 1 000 000

案例题

6—1 收益分析

以下是 Ace 公司 2010，2011，2012 三年的损益表：

单位：百万美元

	2012	2011	2010
销售收入	3.424	3 036	2 818
销售成本	(1 604)	(1 297)	(1 157)
毛利	1 820	1 738	1 661
销售及一般行政管理费用	(1 260)	(1 099)	(1 126)
重组费用			(765)
商誉减值	(23)		
其他收益（费用）	110	33	55
税款准备	(201)	(222)	19

续前表

	2012	2011	2010
持续经营活动收益	447	451	(155)
非持续经营收益	32	46	55
终止经营利得	69		
净收益	548	497	(100)

下面是公司年度报告附注中提供的额外信息：

1. 其他收益（费用）构成如下：

	2012	2011	2010
利息收入	159	173	194
利息费用	(215)	(189)	(130)

续前表

	2012	2011	2010
提前清偿债务的损失	(13)		
出售经营单位的利得（损失）	80		
出售可销售证券的利得（损失）	122	55	(11)
交易性证券的未实现利得（损失）	11	(6)	2
提前退休支出	(34)		
	110	33	55

2. 2012年的销售成本中包括存货减值4 500万美元。这项减值是因为一部分好几年都未能销售出去的存货所造成的。记录减值的存货大部分是2012年末尚未售出的。

3. 销售及一般行政管理费用中包括2010，2011，2012年的股权补偿支出，分别为2 200万美元、2 500万美元和2 300万美元。这项费用涉及2010年授予CEO的股票期权，在授予当时估价为7 000万美元。

4. 2010年的重组费用涉及一些业务的缩减和简化，以及一些效益低下的企业的关闭。7.65亿美元重组费用中，3.12亿美元为资产减值，剩余4.53亿美元为各种现金付出，包括解除租约、遣散员工以及重组的成本。公司希望这次重组能够导致至少未来五年中成本降低、效率提高。

股东权益表中报告了如下项目：

	2012	2011	2010
外币折算收益	23	4	55
可供销售的有价证券未实现利得（损失）	23	(33)	(40)
退休后福利调整	173	345	(433)
	219	316	(418)

5. 公司有很重要的办公设施，在资产负债表上按摊余价值来报告。该资产的公允价值大大高于摊余价值，如下所示：

	2012	2011	2010
摊余成本	112	116	120
公允市价	285	245	220

假定用于收益调整的边际税率为35%。

要求：

确定三个年度的：(1) 核心收益；(2) 综合收益；(3) 可持续收益；(4) 经济收益。并对你的计算所依赖的基础做出解释。

6—2 理解收入确认

BIKE公司以3 000美元现金起家，用简单的装配工艺生产自行车头盔。开工第一个月，公司就与客户签订了一份销售1 300个头盔的合同，销售价每个9美元。当月生产头盔1 200个，单位生产成本7美元。发货1 100个，收到900个头盔的全款。生产成本是在生产时实际付出。该公司只有两项其他费用：(1) 在收到货款时，按售价的10%支付佣金；(2) 运货费每个0.2美元，在发货时支付。售价和各类成本费用已经固定，将一直保持这个水平。

要求：

a. 编制BIKE公司第一个月的比较资产负债表和损益表，按以下三种方式分别确认收入：

(1) 发货时确认收入；

(2) 收到货款时确认收入；

(3) 生产完工时确认收入。

说明：以上三种方式确认收入时的净收益分别为：(1) 990美元；(2) 810美元；(3) 1 080美元。

b. 在收款时确认收入被称为分期付款法（installment method），只是在特定情况下才被财务报告所接受。为什么BIKE公司因为纳税目的会偏爱这种方法？

c. 说明分期付款法对于信用分析师使用资产负债表和损益表进行分析有何用途。

6—3 分析重组活动

20×8年9月16日，全球最大的玩具销售商玩具反斗城（Toys “R” US）宣布进行战略性业务重组。计划中的重组活动总支出将高达5.08亿美元，超过公司上一年度的营业收益。5.08亿美元的总支出中，包含关停或缩小店铺、配售中心，提升管理职能，简化商店形式，减少存货，缩短供应链所需的支出，以及会计估计变更、法律诉讼所要求的准备等成本。重组活动包括关停国际事业部下设的50家玩具店，这些商店主要是在欧洲大陆，其中在美国本土的有9家，这些商店关停的原因是因为它们未能实现公司的投资回报率目标。重组中还将关闭31家玩具反斗店（Kids “R” US），并将28家美国玩具店转换为联合商店。联合商店销售玩具和服装。公司希望这些重组活动可以使20×9年节约7 500万美元，并在随后几年中带来更大的节约。在宣布进行重组之时，公司在全球范围内拥有11.6万员工、1 145家店铺。1 145家店铺中697家在美国。公司还经营着214家玩具反斗店，101家Babies "R" Us店，2家Kids World店。公司希望能够反转在销售上输于沃尔玛和其他折扣店的趋势。玩具反斗城占20×7年美国玩具市场18.4%的份额，低于20×6年的18.9%。沃尔玛和塔吉特的市场份额则分别从15.3%增长到16.4%，及6.4%增长到7.1%。玩具反斗城财务报告部分资料如下：

致股东的公开信

致本公司股东：

20×8年的确是面临重大挑战和变革的一年。在这一年，我们花费巨大精力全面审视公司经营的各个方面，花大力气对全球范围内的经营进行了重组。我们战略计划的最关键部分，是以C-3计划为核心的总体解决战略，通过该战略对公司的玩具店进行了重构和重新配置，开发了公司的顾客驱动型文化，扩大了产品开发，改进了我们的顾客价值主张，加速了价值链管理计划的推行，并拓展了公司的销售渠道。与这些公司重组努力相联系，我们重新塑造了强大的管理团队，他们为带领公司在未来几年更加合理地进行资源配置打下了坚实的基础。我们相信，这些重组努力，将成为公司未来发展的跳板，助力我们实现公司未来美好的愿景：将玩具反斗城打造成孩子、家庭及娱乐业的世界性权威。

20×8年重组带来的好处

随着20×8年的结束，公司变得更加健康、更加富有生机。之所以这样，是因为我们坚定地做出了一些战略决策，重塑了公司未来。我们所记录的税后重组及其他费用净额高达5.08亿美元，并由此导致20×8年度公司发生亏损。这一艰难的决策将被公司未来的业务增长和财务业绩证明是正确的。这些费用支出是20×8年同时从战略及经济增加值（EVA）角度对公司全部业务进行彻底考察所带来的结果。这些考察促发了如下重要行动：

- 在国际范围内关闭或缩减了近50家玩具店，主要是欧洲大陆，以及9家位于美国本土，未能实现公司战略或财务目标的玩具店。这将使公司管理层可以腾出手来，关注能够带来更高回报的机会。
- 将现有的28家美国玩具店转换为联合店，这就使得公司能够关闭附近31家Kids "R" US店。除了减少运营成本，释出营运资本外，这一举措还将使公司把儿童服装业务拓展到另外的店铺中，从而提高公司的劳动生产率。
- 对多家配送中心和6家管理机构进行了撤并，这些行动将精简美国和欧洲的管理机构，不仅提高销售、一般及行政管理效率，而且"削平"组织结构，使管理层更加贴近商店和顾客。
- 通过清仓产品持续大幅度减价降低存货水平，调整新产品的推出，加速商店布局改造。在供应链再造的最初阶段，公司已经大幅度减少了各个事业部中同类型商店的存货，截至20×8年底总体降低5.6亿美元，占24%。这一变动中，4.8亿美元源自美国玩具店事业部存货的减少。因为这些变动，公司在进入新的一年时商品有了高度的灵活性，也增强了"对买主的开放度"，可以在20×9年完成初始阶段，进一步推进商店再造计划。

20×8年还有一项关键性举措，就是建立了强大的行政团队，在建立真正杰出的管理团队之路上迈出了重要的一步。从20×8年初，公司管理团队中50%以上的人员就已经是要么从外部加入公司，要么通过提升或转换到新的岗位，给公司带来了全新的观念及技能。

显然，20×8年的销售和盈余数据并非公司所想要。不过，我们已经用一年的时间，发出了强烈的呼喊，作了艰难的决策，现在我们已经准备好了做到比以往任何时候都更加强大和专注。

总体解决战略

20×8年9月提出的重组计划，是玩具反斗城制胜战略的第一步。通过这一战略，我们将在一个竞争更为激烈的市场上优先以顾客驱动为基础，进行公司资产的重新排列、组织再造以及全新的战略思考。在"R" US品牌中，我们拥有世界最著名的品牌之一，我们面临的挑战在于更有效地发挥这种强大的顾客特权的潜力。当今零售市场要求的商店，必须是激动人心、方便购买且极其友好的。因为我们的选择依然是要凌驾于竞争对手之上，因此我们不能只是重建市场份额和建立品牌忠诚度。我们必须从价格、服务以及总的购货体验方面，更专注地致力于创造更大的顾客价值。

管理层讨论与分析

经营成果和财务状况

20×8年，公司宣布执行一项战略重组计划，在全球范围内进行公司业务重组，包括将公司的玩具店以顾客为中心进行形式再造，使之成为C-3形式，并对国际业务进行了重组，导致3.53亿美元的总支出（税后2.79亿美元，每股1.05美元）。该战略重组导致了2.94亿美元的重组费用。其他0.59亿美元支出主要是会计估计变更、法律诉讼所要求的准备等成本。公司还关闭或缩减了一些效益低下的商店，合并了一些配送中心和行政管理机构。受其影响，在全球范围内有近2 600名员工将被解雇。在20×9年1月31日结束的会计年度，因为关闭商店所影响的销售额和造成的亏损分别为3.22亿美元和500万美元。与上述商店关停及缩减相关联的厂场资产减值，是同时以内部及外部独立机构的评估为基础的。20×9年1月30日的未使用储备，将在20×9年发挥效用。唯一的例外是长期租赁协议，将在20×9年及其后一段时期内发挥作用。公司合并财务报表的附注中描述了这些支出的具体构成，现列示如下：

摘要	支出	已使用	储备余额
关闭/缩减：			
租赁协议	\$81	\$—	\$81
离职金及其他关停成本	29	4	25
厂场资产减值	155	155	—
其他	29	5	24

续前表

摘要	支出	已使用	储备余额
重组支出总额	\$294	\$164	\$130
会计估计变更及法律诉讼所要求的准备	\$59	\$20	\$39

20×8年，公司还公告了3.45亿美元的减价及其他支出（税后2.29亿美元，每股0.86美元）。其中，2.53亿美元是清理商店存货所需的降价额。通过降价，可以达到公司优化库存、简化系统的目的，更快地实现C-3转换。公司实行新C-3概念的目的是为顾客提供更好的购物体验，以增加销售，提高存货周转率。此外，公司记录中还包括2 900万美元的减价支出，是与上面所提到的商店的关停有关的。公司还在销售成本中记录了6 300万美元支出，涉及存货系统的改进及会计估计变更。20×9年1月30日的未使用储备可望在20×9年得到使用。下面列示的是有关减价及其他支出的详细资料：

摘要	支出	已使用	储备余额
减价			
处理多余存货	\$253	\$179	\$74
关闭商店	29	2	27
会计估计变更及其他	63	57	6
销售成本总额	\$345	\$238	\$107

上面所提到的战略计划、减价及其他支出，旨在改进公司的自由现金流量，增加营业利润。

玩具反斗城公司及其子公司合并收益表 单位：百万美元，每股数据除外

	以以下日期为截止日的会计年度		
	20×9年1月30日	20×8年1月31日	20×7年2月1日
销售净额	\$11 170	\$11 038	\$9 932
销售成本	8 191	7 710	6 892
毛利	2 979	3 328	3 040
销售、广告、一般及行政管理费用	2 443	2 231	2 020
折旧、摊销及资产减值	255	253	206
重组及其他支出	294	—	60
营业费用总额	2 992	2 484	2 286
营业收益（损失）	(13)	844	754
利息费用	102	85	98
利息及其他收入	(9)	(13)	(17)

续前表

	以以下日期为截止日的会计年度		
	20×9年1月30日	20×8年1月31日	20×7年2月1日
利息费用净额	93	72	81
所得税前盈余（亏损）	(106)	772	673
所得税	26	282	246
净收益（亏损）	$ (132)	$490	$427
每股基本收益（亏损）	$ (0.50)	$1.72	$1.56

玩具反斗城公司及其子公司合并资产负债表 单位：百万美元

	20×9年1月30日	20×8年1月31日
资产		
流动资产		
现金及现金等价物	$410	$214
账款及其他应收款项	204	175
商品存货	1 902	2 464
预付费用及其他流动资产	81	51
流动资产合计	2 597	2 904
厂场设备	2 354	2 435
不动产净额	1 872	1 777
其他净额	4 226	4 212
厂场设备净额	347	356
商誉净额	729	491
其他资产	$7 899	$7 963
负债		
流动负债		
短期借款	$156	$134
应付账款	1 415	1 280
应计费用及其他流动负债	696	680
应交所得税	224	231
流动负债合计	2 491	2 325
长期债务	1 222	851
递延所得税	333	219
其他负债	229	140
股东权益	30	30
普通股	459	467
资本公积	4 478	4 610
留存收益	(100)	(122)
外币折算调整	(1 243)	(557)
库藏股，成本	3 624	4 428
股东权益合计	$7 899	$7 963

财务报表附注

重组及其他支出

20×8年9月16日，公司公告了一项战略计划，在全球范围内进行业务重组。执行这些计划的成本及其他相关支出加在一起共计3.33亿美元（税后净额2.66亿美元，每股1.00美元）。公司测算确定，该战略计划需要付出2.94亿美元重组费用，以关闭或缩减一些店铺、配送中心及管理机构。这项全球性计划包括关闭国际事业部下属的50家玩具店，这些店主要分布在欧洲大陆，也有9家在美国本土。关闭的原因是它们无法实现公司确定的投资回报率目标。公司还将关闭31家Kids "R" US店，并把与之相邻的28家玩具店按照新的C-3形式改建为联合店。联合店包括玩具和一个近5 000平方英尺的服装销售区。其他支出主要是会计估计变更和法律诉讼准备，在销售、一般及行政管理费用项目中记录的金额为3 900万美元。在重组及其他支出总额中，1.49亿美元涉及国内业务，1.84亿美元涉及国际业务。剩余的1.49亿美元准备应该在20×9年内发挥效用，唯一的例外是长期租赁协议，需要在20×9及其后数年内实现。

20×8年9月16日，公司还公告了3.45亿美元（税后净额2.29亿美元，每股0.86美元）减价及其他支出，计入销售成本。公司设计了一种称为C-3的新的店铺形式。公司计划在20×9年把近200家位于美国本土的玩具店改造为新的C-3形式。与此相关，需要发生2.53亿美元的减价支出，减价处理商店中多余的存货，以便公司加速推广其新的C-3店形式。该支出的另一部分是上面提到的关闭或缩减商店中存货的减价支出，共2 900万美元。公司还在销售成本中记录了6 300万美元与存货系统改造及会计估计变更相关的支出。以上支出中，涉及国内业务的为2.88亿美元，涉及国际业务的为5 700万美元。剩余的1.07亿美元准备可望在20×9年实现。

此外，在20×8年第四季度，公司记录了一项金额为2 000万美元的支出（税后净额1 300万美元，每股0.05美元），起因于联邦贸易委员会的指控所导致的第三方主张权的解决。这项支出中还包括一笔1 500万美元的额外支出，涉及同样事情，包括在上面提到的支出中。

20×9年1月30日，公司有近4 500万美元的剩余负债，源自20×5年公告的重组计划，主要关系到长期租赁债务。

公司认为，提留的准备对于完成重组及上面提到的其他计划是极为适当的。

20×6年7月12日，一位仲裁人对公司终止在中东地区玩具店业务授权协议做出了仲裁。相应地，公司在20×6年提留了6 000万美元（税后净额3 800万美元，每股14美分）的准备，代表了公司在这个事件中全部的成本付出。

要求：

依据玩具反斗城的财务信息回答下列问题：

a. 玩具反斗城重组计划的总支出是多少？对支出的各个部分进行分析，并说明它们在损益表的哪个位置列报。

b. 重编没有重组支出的损益表，并与20×8年相对照分析20×9年的经营业绩。

c. 确定重组战略由哪些主要部分所构成，分析其经济后果。对未来收益会有什么影响？可望产生哪些节约？

d. 试说明重组负债可能以何种方式被用作盈余管理的工具。在你看来，玩具反斗城是否在通过这些支出进行盈余管理？

e. 试说明作为分析师可用何种方式重构玩具反斗城资产负债表及损益表，将重组成本反映为公司为了创造未来成本节约而进行的一项投资。

f. 如何对这些重组活动的相对成功进行计量？

6—4A 联系可转换债券分析每股盈余

对于公司能够在第1年6月30日售出票面利率为6%的900万美元可转换次级债券，Environmental, Inc. 公司的高管们认为是很幸运的。虽然公司可以通过发行定期贷款的方式再融资或扩大融资，但其利息成本将比AA级债券利率高出半个点。直至第1年3月29日，AA级债券的利率还保持在8½%的高位。该利率一直保持在这个水平，直到第1年9月21日才降低到7½%。第1年12月31日，Environmental, Inc. 公司的资本结构如下：

7%定期贷款*	$3 000 000
6%可转换次级债券**	9 000 000
普通股，面值1美元，核准	
2 000 000股，发行并在外流通	900 000
900 000权证，第6年7月1日到期***	—

资本公积	1 800 000
留存收益	4 500 000

* 定期贷款（初始值 5 000 000 美元）采用分期付款方式，每半年偿还 500 000 美元。

** 可转换次级债券在第 1 年 6 月 30 日售出，在到期前可按 18 美元的价格随时转换。从第 6 年开始，每年的沉入资金为 300 000 美元。

*** 权证第 6 年 7 月 1 日到期时，持有人可按 10 美元价格购买一股股票。

第 1 年的额外数据如下：

利息费用	\$ 500 000
净收益	1 500 000
已付股利	135 000
留存收益	900 000
第 1 年 12 月 31 日市价（第 1 年平均数）	
6%可转换债券	\$ 107
普通股	\$ 13
股票权证	\$ 4.5
第 1 年 12 月 31 日库藏票据利率	6%

要求：

a. 计算第 1 年年报中的普通股每股基本收益和摊薄收益数据，并写明计算过程。（假定税率为 50%。）

b. 假定第 2 年的息税前净收益与第 1 年相同，第 1 年的利息保障倍数是多少？（所得税税率为 50%。）

6—5A　确定每股收益

第一部分　以下为 Dole 公司资本结构相关信息：

	12 月 31 日	
	第 5 年	第 6 年
普通股	90 000 股	90 000 股
可转换优先股	10 000 股	10 000 股
8%可转换债券	\$ 1 000 000	\$ 1 000 000

第 6 年，Dole 支付股利情况为：普通股每股 1 美元，优先股每股 2.4 美元。优先股可以转换为 20 000 股普通股。8%可转换债券可以转换为 30 000 股普通股。第 6 年度的净收益为 285 000 美元，所得税税率为 50%。

要求：

1. 计算第 6 年度的每股基本收益。
2. 计算第 6 年度的每股摊薄收益。

第二部分　R. Lott 公司第 6 年度的净收益为 10 000 美元。公司于第 6 年度支付普通股现金股利 1 000 美元，优先股现金股利 1 750 美元。第 6 年 12 月 31 日，公司发行在外的流通股股票为 12 000 股，其中 10 000 股是在整个年度内发行并流通的，2 000 股是在第 6 年 7 月 1 日发行的。年度内再无其他普通股交易，每股收益也不存在其他潜在的摊薄因素。

要求：

计算 R. Lott 公司第 6 年度的每股基本收益。

6—6A　分析员工股票期权

下面是 Netflix 公司 2010，2011 年度的损益表、资产负债表及部分报表附注。使用这些信息回答下列问题：

1. Netflix 公司 2011 年 12 月 31 日的股价是 69 美元。

a. 使用这一信息及附注中的资料，计算 2011 年 12 月 31 日 Netflix 公司的期权“外悬”，同时利用有关行权价的详细信息。计算出的期权外悬应该是占市场资本总额的百分比。

b. 对 2011 年 12 月 31 日公司披露的外悬是否可以有更准确的估计？该如何称呼？等于多少？

c. 一位分析师认为，按照不摊薄的基础来算，Netflix 公司的股票价值 90 美元。使用有关行权价的详细信息，计算按此估计价格计算的期权外悬及外悬占市场资本总额的百分比。按照摊薄基础，该分析师对 Netflix 公司股价的估计又会是多少？

d. 期权“外悬”的经济意义是什么？它是一项负债吗？

2. 考察 Netflix 公司在其财务报表附注中提供的股票基础补偿费用。

a. 不论是从员工股票期权（ESO）还是员工股票购买计划（ESPP）的角度来看，股票基础补偿费用都会增加。试对 Netflix 公司在 ESO 和 ESPP 下进行授权的条件做出解释。简要解释在各种授权下 Netflix 公司为什么会发生成本。

b. 使用附注信息，确定 Netflix 公司 2010 和 2011 年 ESO（以及员工股票购买计划）的补偿费用。考察补偿费用的趋势，并对其做出解释。

c. 说明补偿费用在 Netflix 公司的损益表中是在哪一部分如何反映的，为什么 ESO 费用在损益表中是反映在这些线上项目中。

d. Netflix 公司在确定与 ESO 相关的补偿费用

时使用了哪些主要假设？

e. 股票基础补偿费用对你估计 Netflix 公司的股票价值有何影响？

3. 联系损益表中的基本每股收益和摊薄每股收益信息。

a. 使用上面的期权外悬信息确定 Netflix 公司 2011 年摊薄每股收益。是什么原因使你无法准确得出报告的摊薄每股收益数据？

b. 你是否能利用基本每股收益和摊薄每股收益数据近似地确定 2011 年 12 月 31 日的期权“外悬”？将你算出的数字与 1 中数字进行比较。

4. 你将对 Netflix 公司的财务报表做哪些调整？员工股票期权对权益分析和信用分析有何影响？

NETFLIX INC. 简要资产负债表 单位：千美元

	12 月 31 日	
	2011	2010
资产总额	\$ 3 069 196	\$ 982 067
负债及股东权益		
负债合计	2 426 386	691 903
股东权益：		
普通股，面值\$ 0.001，2011、2010 年 12 月 31 日核准 160 000 000 股，2011、2010 年 12 月 31 日，流通在外 55 398 615 股、52 781 949 股	55	53
资本公积	219 119	51 622
累计其他综合收益	706	750
留存收益	422 930	237 739
股东权益合计	642 810	290 164
负债及股东权益总额	\$ 3 069 196	\$ 982 067

NETFLIX INC. 简要损益表 单位：千美元，每股数据除外

	12 月 31 日	
	2011	2010
收入	\$ 3 204 577	\$ 2 162 625
成本	2 039 901	1 357 355
营业费用	788 608	521 629
其他收益（费用）	(16 546)	(15 945)
所得税准备	133 396	106 843
净收益	\$ 226 126	\$ 160 853
每股净收益		
基本	\$ 4.28	\$ 3.06
摊薄	\$ 4.16	\$ 2.96

附注信息摘要

股票期权计划

2011 年 6 月，公司开始执行 2011 年股票计划。该计划向员工提供激励性股票期权，向员工、股东、顾问发行非法定股票期权（nonstatutory stock options）、股票增值权（stock appreciation rights）、受限制股票（restricted stock），以及受限制股票单位（restricted stock units）。截至 2011 年 12 月 31 日，按照 2011 年股票计划，共储备了 5 700 000 股股票用于未来发行。

2002 年 2 月，公司曾制定 2002 年股票计划，并于 2006 年进行了修订和重述。2002 年股票计划

向员工授予激励性股票期权，向员工、股东、顾问授予非法定股票期权和股票购买权。在2002年股票计划下，截至2011年12月31日储备的用于未来授予的股票期权为1 313 508股，其中大部分将于2012年第一季度到期。

下面是与公司期权相关活动的总体情况：

发行在外的期权

	可用于授予的股份	股份数	加权平均行权价	加权平均剩余合同期（年）	内在价值总计（千美元）
2008年12月31日余额	3 192 515	5 365 016	18.81		
授予	(601 665)	601 665	41.65		
行权	—	(1 724 110)	17.11		
取消	1 133	(1 133)	12.69		
到期	(716)	—	—		
2009年12月31日余额	2 591 267	4 241 438	22.74		
授予	(552 765)	552 765	99.58		
行权	—	(1 902 073)	24.75		
2010年12月31日余额	2 038 502	2 892 130	36.11		
核准	5 700 000	—	—		
授予	(724 994)	724 994	154.09		
行权	—	(659 370)	29.11		
2011年12月31日余额	7 013 508	2 957 754	66.59	6.28	84 482
已授权并可在2011年12月31日行权		2 957 754	66.59	6.28	84 482

上表中的内在价值总计在代表公司股票年末收盘价基础上计算的内在价值的总计数。这一金额在公司普通股股票公允市价的基础上变化。2009，2010，2011年度行权的股票期权的内在价值总额分别为4 470万美元、1.76亿美元、1.281亿美元。

2009，2010，2011年期权行权中收到的现金分别为2 950万美元、4 710万美元、1 960万美元。

下表汇总反映2011年12月31日发行在外可行权的期权的信息：

发行在外可行权的期权

行权价	期权数量	加权平均剩余合同期（年）	加权平均行权价
\$1.50～\$11.48	310 542	2.22	\$8.08
\$11.57～\$18.14	311 566	3.25	14.65
\$19.34～\$23.48	302 259	5.10	21.52
\$23.78～\$27.55	300 998	4.62	26.32
\$28.13～\$34.75	304 110	5.40	30.91
\$35.36～\$53.80	314 372	6.55	42.35
\$58.23～\$75.00	308 609	9.07	67.04
\$80.09～\$113.25	359 849	9.29	98.03
\$134.91～\$237.19	298 455	9.09	196.19
\$242.09～\$267.99	146 994	9.43	259.98
	2 957 754		

员工股票购买计划

2002年，公司启动了员工股票购买计划（ESPP）。按照该计划，公司员工可以通过累积扣减工资的方式购买公司普通股股票。参与ESPP计划的员工购买公司股票的价格，按照发行期第一天与购买期最后一天孰低的原则，按股价的85%来执行。发行期和购买期之间相隔至少6个月以上。因此，确定购买价的回望期为6个月。员工可以通过扣工资的方式将其报酬的15%投入到购买公司股票。在任何一个为期6个月的购买期内，一位员工购买股票的数量最多不得超过8 334股。

截至2011年12月31日，在2002年员工股票购买计划下可用于未来发行的股票为2 785 721股。公司的ESPP计划在2011年暂停，2011年未有发行。

2009，2010年度，员工购买的股份数分别为224 799股和46 112股，平均价格分别为每股25.65美元和58.41美元。两个年度因为在ESPP计划下购买股票收到的现金分别为580万美元和270万美元。

股票基础补偿

2004年6月30日之前授予的股票期权在终止雇用后3个月内行权。2004年6月30日后、2007年1月1日前授予的股票期权可在终止雇用后一年内行权。2007年1月以后授予的股票期权，无论雇用状况如何，都可在整十年合同期内行权。下表汇总反映对授予的期权进行估价时所使用的各种假设：

	12月31日为止的年度	
	2011	2010
股息生息率	0%	0%
预期波动率	51%～65%	46%～54%
无风险利率	2.05%～3.42%	2.65%～3.67%
按年计算的预期期		
行政的	8	6
非行政的	5	4

公司有关波动率的预期，混合了公司普通股股价的历史波动和购买公司普通股股票的远期期权内含的波动。公司相信，公开交易的普通股期权可以更好地反映市场状况，因此，相对于普通股股票的历史波动而言，有充分理由认为它可以作为反映预期波动率的更好的指标。公司之所以在计算预期波动率时会将股票的历史波动包括在内，是因为在特定时期远期期权的交易量太低，因此不能只考虑远期期权的内含波动。

在评价依据公司员工股票期权计划发行的股票时，是以财政部发行的与期权的合同期限相同的无息债券的无风险利率为基础。在评价公司在ESPP下发行的股票时，是以与股票的预期相同期限的无息债券的无风险利率为基础。在可预见的将来，公司不会为这些股票支付股利，因此，在期权估值模型中使用的预期股息生息率确定为零。当期权在授权日完全授出时，公司不会使用后行权终止率(post-vesting termination rate)。在2009，2010和2011年授予的员工股票期权的加权平均公允价值分别为每股17.79美元、49.31美元和84.94美元。2009和2010年在ESPP下授予的股票的加权平均公允价值分别为每股10.53美元和21.27美元。

下表是有关股票基础补偿费用税后净额的汇总，涉及股票期权计划和员工股票购买（金额以千为单位）：

	12月31日为止的年度	
	2011	2010
履行费用	\$1 500	\$1 145
营销费用	6 107	3 043
技术及开发费用	28 922	10 189
一般及行政管理费用	25 053	13 619
税前股票基础补偿费用	61 582	27 996
所得税利益	(22 847)	(11 161)
税后股票基础补偿费用总额	\$38 735	\$16 835

第7章

现金流量分析

回顾

在第6章中我们对使用应计制指标的经营活动进行了分析，考察了收入及费用确认方法，以对经营活动进行解释，还对收益的每股数据进行了检查。

本章要点

本章通过分析现金流量指标来洞悉企业各类活动的内涵，尤其将重点强调经营活动。在解释现金流量时，我们将直接关注公司及经营条件。我们还将考虑现金流量的替代性指标。

前瞻

从下一章开始，我们将更加侧重从战略的角度应用财务报表并进行相关分析。我们将分析投资回报率、资产利用率，以及其他业绩指标，这些指标与更大范围内的财务报表用户有密切关系。我们将介绍几种有助于公司业绩及报酬评价的分析工具。

学习目标

- 解释商务活动分析中现金流量的相关性
- 说明各种商务活动的现金流量报告
- 描述现金流量表的编制和分析
- 解析经营活动产生的现金流量
- 分析不同公司和不同商务条件下的现金流量
- 描述现金流量的替代性指标及其用途
- 说明一种用于估价现金流量的分析性指标（附录 7A）

章前引例

Rite Aid：糟糕至极的现金状况

位于宾州哈里斯堡的 Rite Aid 公司，自前任总裁任职之时，由于过度基建和购并耗尽了现金，公司出现了严重的财务问题。在此期间，公司新建店铺超过 1 600 家。为了收购 Thrifty PayLess（一家拥有 1 000 家店铺但效益不佳的西海岸连锁公司），公司付出了 14 亿美元的巨额资金；公司还对医药管理服务商 PCS 保健系统公司投入了 15 亿美元。

其结果是：在其后 5 年内，Rite Aid 公司用于投资活动的现金流出高达 50 亿美元，而同一时期公司经营活动的现金流入仅 8 亿美元。这就是说，公司用于投资和增加营运资本的资金绝大部分来自债务融资。公司总负债从 17.38 亿美元增加到 2000 年的 93.93 亿美元，近 5 倍的高增长，即是明显的证据。

债务的迅速增加一方面影响了企业从供应商那里获得商业信用的能力，另一方面也妨害了运营活动的现金需求。店面销售受制于存货短缺，广告支出大幅度削减，公司根本无力进行价格竞争。随之而来的股价下跌，使公司无法通过股票发行为债务进行再融资，公司的信用评级也因之下降。

现金流量分析可以早早暴露此类弊病

目前，公司正在新任总裁率领之下改变经营方式。公司出售了对 PCS 保健系统公司的投资，获得 4.8 亿美元的现金流入来抵偿债务。公司又说服债券持有人以股票置换了近 5.8 亿美元的债务。

Rite Aid 公司还将应收账款让售给一家特殊目的实体，增加了 1.5 亿美元资金。此外，公司还通过出售及回租 36 家商店，增加了 9 400 万美元资金。所有收入款项皆用于抵偿债务。尽管公司在此方面已经取得了一定进展，但仍有许多工作需要去做。因为截至 2005 年，公司负债依然高达 56 亿美元，而此时公司的权益仅为 3.23 亿美元。

现金流量分析可以提前暴露此类潜在的弊病。麻省金融服务公司（Massachusetts Financial Services）的分析师巴雷特（T. D. Barrett）认为："这家公司明显做得太过分了。"如果对 Rite Aid 公司的病症给一处方，其中一味必备的良药必然是：对因投资活动而发生的现金的过度流出进行切合实际的检查。现金流量表分析可以对此类检查实行有效的监控。

本章概览

现金（cash）是一个公司以前各期现金流入减去现金流出后的剩余金额。现金流量净额，或简称为**现金流量**（cash flow），是指当期现金流入减去现金流出的余额。现金流量与业绩的应计制收益指标不同。现金流量指标在收到现金时确认流入，但并不要求收入已经赚得；在付出现金时确认流出，而并不要求费用已经发生。现金流量表报告三种主要商务活动的现金流量指标，包括经营活动、投资活动和筹资活动。经营现金流量，或来自经营活动的现金流量，在现金制下的地位相当于应计制下的净收益。总的来讲，现金流量信息可以帮助我们估价一个公司偿付债务、支付股利、增加容量，以及筹集资金的能力。另外它也可以帮助我们评价盈余质量及收益对与未来现金流量相关的各种估计和假设的依赖程度。本章描述现金流量及其与财务报表分析的相关性。我们将说明目前的报告要求及其对现金流量分析的意义，说明如何利用一些财务数据对现金流量作分析性调整。

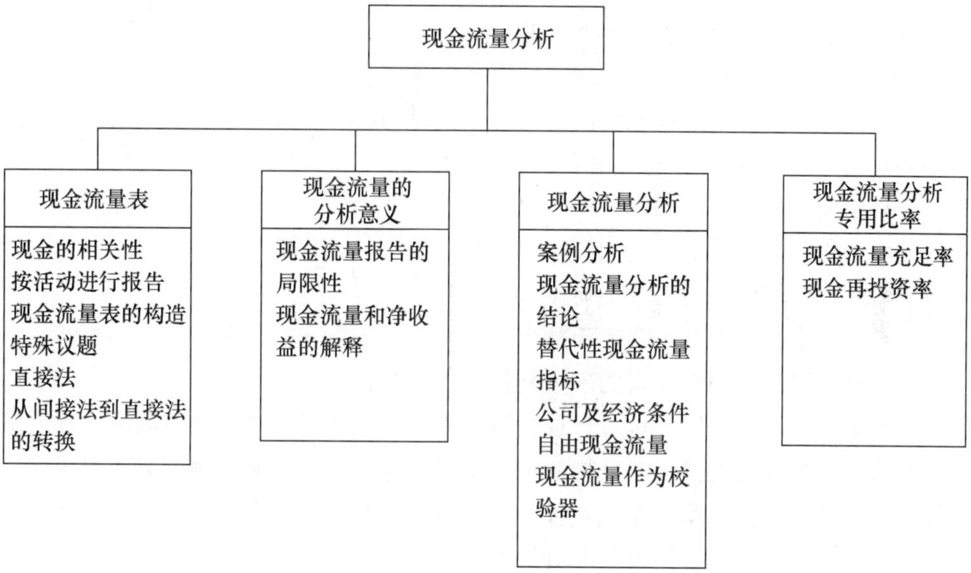

现金流量表

现金流量表旨在提供一定时期现金流入与流出的信息。它把现金流量按来源和用途分为经营活动、投资活动及筹资活动三大类。本节讨论重要的现金流量关系和现金流量表的结构与编制。

现金的相关性

现金是流动性最强的资产，公司的流动性和灵活性皆取决于此。它是公司业务循环的起点，也是终点。公司的经营活动首先是将现金转换成各种资产（比如存货），再通过赊销产生应收账款。当公司通过收款过程使现金回归企业，一个业务循环即告结束，另一个循环又继之而起。

在财务报表分析中我们看到，现金制会计与应计制会计——公司在赚得时确认收入，在发生时确认费用——有很大不同。在现金制下，现金流量净额是衡量盈利能力的终极指标。企业最终用于偿还贷款、更新设备、扩大设施和支付股利的是现金而非收益。因此，分析公司的现金流入和流出，考察其经营、筹资或投资来源，是一项至为重要的调查性实践。这种分析有助于估计公司的流动性、偿付能力及财务弹性。**流动性**（liquidity）是资产和负债与现金的接近程度。**偿付能力**（solvency）是支付到期负债的能力。**财务弹性**（financial flexibility）是指面对机遇或逆境时做出反应或调整的能力。

通过对照资产负债表和损益表，我们可以得到一些有关现金来源和运用的信息。这些信息很有用，但是不完善。通过**现金流量表**（statement of cash flows，SCF），我们可以获得一个有关现金流量的极为全面的图景。本表具有重要的分析意义，它所提供的信息有助于用户了解如下问题：

- 经营活动中产生了多少现金，用了多少现金？
- 哪些支出是用来自经营活动的现金支付的？
- 当发生经营亏损时是如何支付股利的？
- 偿债的现金从何而来？
- 投资中新增的资金是如何融得的？
- 新增厂场资产的资金从何而来？
- 为什么收益增加现金反而减少了？
- 从筹资活动中新获得的现金是如何使用的？

财务报表用户可以通过分析现金流量来回答上述以及其他类似问题。现金流量表是重构许多交易的关键，是分析的一个重要部分。对现金流量表的分析要求我们理解其编制和呈报过程中所内含的各种会计指标。本章首先着重于这些颇为重要的会计学基础知识，而后是现金流量表的分析性运用。

□ 按活动进行报告

现金流量表报告公司主要活动（经营、筹资和投资）中的现金收入和现金付出。

经营活动（operating activities）是公司与盈利相关的活动。除了体现在损益表中的收入和费用活动外，还包括其他经营活动——如扩大对顾客的信用额度、增加存货投资、从供应商那里获得商业信用等——所产生的现金流入和流出净额。经营活动涉及损益表项目（只有少数例外），也涉及与经营相关的资产负债表项目——多为营运资本类账户，如应收款、存货、预付款、应付款、应计费用等。

投资活动（investing activities）属于取得或处置非现金资产的手段。此类活动涉及可望给公司带来收益的资产。比如PPE的购置和出售，以及证券投资。它同时还包括贷出资金及贷款本金的收回。

筹资活动（financing activities）是分配、支取或提供资金以维持商务活动的行为。包括以债券及其他贷款方式借入和偿付资金，也包括所有者投入资本、支取现金，以及获得投资回报（股利）。

戴尔公司的经营现金流量和净收益

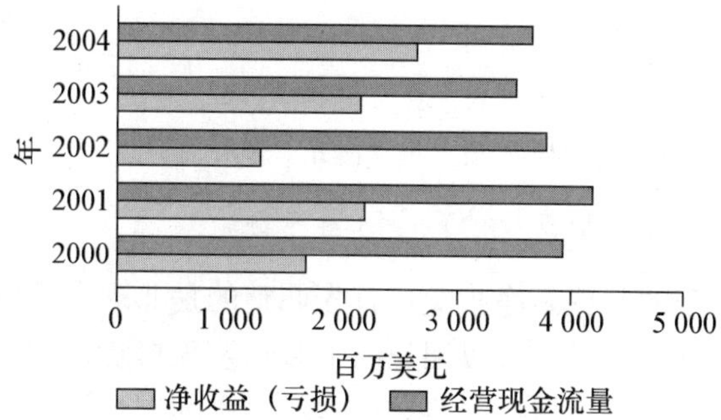

戴尔公司的投资和筹资现金流出

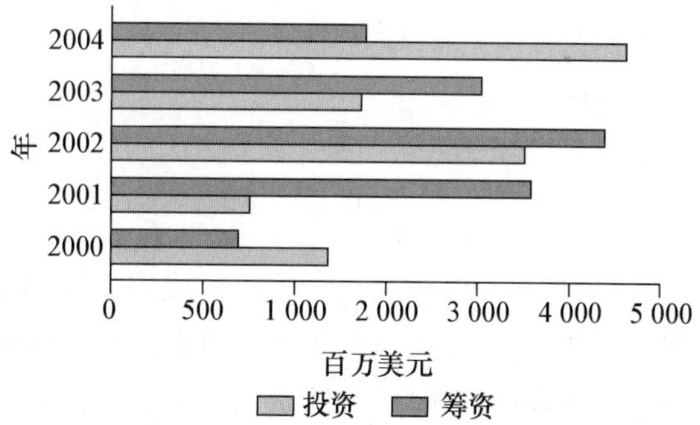

现金流量表的构造

经营活动现金流量的报告有两种方法可用：间接法和直接法。虽然两种方法的最终结果相同，但格式有所不同。**间接法**（indirect method）用非现金收入（费用）和应计项目对净收益进行调整，最终得出来自经营活动的现金流量。这种方法的优点是详细披露了对净收益和经营现金流量之间差异的调节。它可以帮助用户预测现金流量，方法是：首先预测收益，然后根据收益和现金流量之间的差异（即使用非现金应计项目）进行收益调整。间接法是实务中使用最广的方法，因此我们首先用它来举例说明如何编制现金流量表。随后我们将提供按**直接法**（direct method）编制的现金流量表，以作为比较。这种方法按与应计项目的关系对每项收入分别进行调整，因而能够提供一种更好的格式用以估计经营现金流入（流出）。当然，它所提供的格式是否最好，依然是有争议的。投资和筹资活动现金流量的计算，两种方法下采用同一方法。唯一不同的是经营活动产生的现金流量净额的编报。

现金流量表的编制

现金流量表是损益表和资产负债表的混合体。首先用非现金收入和费用对净收益进行调整，得出**现金利润**（cash profits），然后进一步用资产负债表交易产生和使用的现金进行调整，得出来自经营活动的现金流量，以及投资和筹资活动产生的现金流量。

首先考虑经营活动产生的现金净额，其计算如下：

净收益
＋ 折旧和摊销费用
± 出售资产的利得(损失)
± 流动资产和负债产生(使用)的现金

经营活动产生的现金流量净额

现金流量表的起点是净收益，首先调整的是非现金折旧和摊销费用。要更好地理解为什么加回这些项目，可以回想一下有形及无形资产购入时的现金流出。资产购入之后，需要通过折旧（摊销）将其成本在资产的寿命期内进行分摊，使费用和由这些资产所获得的收入相配比。其会计分录如下：

折旧费用		×××
累计折旧	×××	
摊销费用		×××
无形资产	×××	

现金流量表的焦点在于现金流量，因此，我们需要剔除计算净收益时确认的非现金费用，加回折旧和摊销费用正是基于这一考虑。加回折旧和摊销费用并不增加经营现金流量，只是把计算净收益时确认的费用除去而已。通过扩展净收益，可以很容易看清这一点：

销售
－ 折旧和摊销以外的费用
－ 折旧和摊销费用

净收益
＋ 折旧和摊销费用（加回）
± 出售资产利得（损失）
± 流动资产和负债产生（使用）的现金

经营活动产生的现金流量净额

我们可以按同样方式用出售资产的利得（损失）调整净收益。不过，这项调整的目的并不是从整体上去除这些投资利得（损失），而只是把它们从现金流量表的经营活动产生的现金流量部分移出。因出售资产而产生的现金流量需在投资活动产生的现金流量中反映。

最后需要调整的是流动资产和负债变动产生的现金。为了表明这一效果，下面以100美元的赊销为例：

应收账款	100	
销售		100

在销售发生的当期，净收益增加了 100 美元，但由于应收账款尚未收回，因此并没有产生现金。此时现金流量表上报告的净收益为 100 美元，来自经营活动的现金净额为 0。如下所示：

净收益	\$100
折旧和摊销费用	0
出售资产利得（损失）	0
应收账款变动	(100)
经营活动产生的现金流量净额	\$0

在下一时期，应收账款被收回，现金流量表将变为：

净收益	\$0
折旧和摊销费用	0
出售资产利得（损失）	0
应收账款变动	100
经营活动产生的现金流量净额	\$100

应收账款减少产生了 100 美元现金流入，在现金流量表中作为正现金流量。

资产负债表账户变动的调整可概括如下：

账户类别	增加	减少
资产	现金流出	现金流入
负债	现金流入	现金流出

一旦完成了折旧和摊销费用以及资产出售利得（损失）对净收益的调整，从经营角度编制现金流量表的最后一步，将是考察流动资产和流动负债的变化，然后按上面矩阵图中标定的方式，将这些变化反映为现金流入（流出），并标明正负。

接下来我们把以上概念用于 Gould 公司现金流量表编制。图表 7—1 和图表 7—2 为该公司的资产负债表和损益表。下面是 Gould 公司第 2 年的一些相关信息：

Gould公司的经营现金流量和净收益

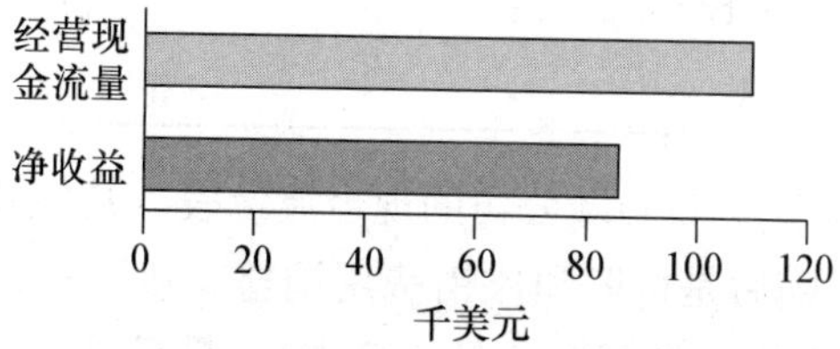

1. 公司于本年购入卡车一辆，价格 30 000 美元，资金完全来自制造商。

2. 以 7 000 美元的价格出售一辆成本为 10 000 美元、账面净值为 2 000 美元的卡车。没有其他可折旧资产的销售。

3. 第2年支付股利51 000美元。

图表7—1　　Gould公司比较资产负债表

截至12月31日

	第2年	第1年	变动绝对值
现金	$75 000	$51 000	$24 000
应收款	48 000	39 000	9 000
存货	54 000	60 000	6 000
预付费用	6 000	9 000	3 000
固定资产	440 000	350 000	90 000
累计折旧	(145 000)	(125 000)	20 000
无形资产	51 000	58 000	7 000
资产总计	$529 000	$442 000	
应付账款	$51 000	$56 000	5 000
应计费用	18 000	14 000	4 000
长期应付票据	30 000	0	30 000
应付抵押款	0	150 000	150 000
优先股	175 000	0	175 000
普通股	200 000	200 000	0
留存收益	55 000	22 000	33 000
负债和权益总计	$529 000	$442 000	

图表7—2　　Gould公司损益表

第2年末

销售收入	$660 000
销售成本	(363 000)
毛利	297 000
营业费用	(183 000)
折旧和摊销	(35 000)
出售资产利得	5 000
净收益	$84 000

图表7—3提供了Gould公司的现金流量表。其经营活动部分的起始项目为净收益84 000美元，随后是折旧和摊销费用调整。接下来是扣除出售资产利得（其收入将反映在投资活动产生的现金流量净额中）。最后是流动资产和流动负债的变化，将按前面矩阵中列示的方式反映在现金流入或流出中。Gould公司第2年经营活动产生的现金流量净额最终确定为113 000美元。

图表 7—3

Gould 公司现金流量表

第 2 年

净利润	$ 84 000	
加（减）：		
折旧和摊销费用	35 000	
出售资产利得	(5 000)	
应收账款	(9 000)	
存货	6 000	
预付费用	3 000	
应付账款	(5 000)	
应计费用	4 000	
经营活动产生的现金流量净额		$ 113 000
购进设备	(70 000)	
出售设备	7 000	
投资活动产生的现金流量净额		(63 000)
应付抵押款	(150 000)	
优先股	175 000	
股利	(51 000)	
筹资活动产生的现金流量净额		(26 000)
现金净增加额		24 000
现金期初余额		51 000
现金期末余额		$ 75 000

注：第 2 年购置的价值 30 000 美元的固定资产由制造商提供资金。

投资活动产生的现金流量净额包括固定资产的购进（p）和出售（s）。各项购进数据可从固定资产（PP&E）的 T 型账户中推算出来：

固定资产

	350 000		
(p)	100 000	10 000	(s)
	440 000		

本账户的期初余额为 350 000 美元，从中减去出售资产的价值（s），然后就可根据期末余额 440 000 美元推出购进总值（100 000 美元）。新增加的 100 000 美元固定资产中，只有 70 000 美元是使用现金支付的，其余则是制造商筹资。因此，70 000 美元作为购买项出现在现金流量表上。另外 30 000 美元的设备采购属于非现金投资和筹资活动，不在现金流量表主体中反映，而是在说明性附注中反映。

出售资产的日记账分录为：

现金	7 000	
累计折旧	8 000	
资产（成本）		10 000
出售资产利得		5 000

出售资产利得 5 000 美元将在经营活动部分作为净收益的扣减项，70 000 美元现金收入在现金流量表的投资活动部分列报。投资活动产生的现金流量净额表现为 63 000 美元的现金流出。

筹资活动产生的现金流量净额反映长期负债和权益账户的变动。包括偿还应付抵押款 150 000 美元，发行优先股 175 000 美元，支付股利 51 000 美元。筹资活动产生的现金流量净额为现金流出 26 000 美元。

现金变动净额等于经营活动、投资活动和筹资活动产生的现金流量净额的合计数，即：

经营活动产生的现金流量净额	$ 113 000
投资活动产生的现金流量净额	(63 000)
筹资活动产生的现金流量净额	(26 000)
现金变动净额	24 000
现金期初余额	51 000
现金期末余额	$ 75 000

现金流量表同时还会提供说明性附注对非现金投资和筹资活动做出解释。本例中包括由生产商提供资金的卡车购进交易。

分析视点

……你是董事会成员

你是一所学校的董事会成员。你们区之前一直接受一家出版公司对一项教育计划的资助。该公司最近为新的管理层所接管，并报告了 120 万美元的年度亏损。公司现金流量也很凄惨，净现金流量减少 110 万美元，投资和融资现金流量分别下降 190 万美元和 70 万美元。新的管理层告诉你，公司因为财务压力（包括本期发生的 130 万美元额外亏损），将终止对教育计划的资助。你将如何应对？

特殊议题

本小节讨论与现金流量表相关的一些特殊问题。

权益法下的投资

在权益法会计下，投资方根据在被投资公司收益中所占比例来记录收益，所收到的股利则作为投资余额的扣减项（参见第 5 章）。因此，未分配的部分收益作为非现金收益，应该从现金流量表中剔除，剩下的就只是已经收到现金的那部分收益。要做到这一点，必须从根据占被投资方收益的比例而确定的净收益中扣除已经收到的股利。例如，假设 Gould 公司拥有 Netcom 公司 40％的股份，Netcom 公司报告净收益 100 000 美元，并将其中 60 000 美元作为股利进行了分配。

Gould 公司将在净收益中包括 40 000 美元（$100 000×40%）作为其投资的股权收益，并按收到股利的金额冲减投资余额 24 000 美元。在计算经营活动产生的现金流量净额时，尚未收到的16 000 美元报告投资收益必须从净收益中扣除。

以股票收购公司

当一家公司用股票收购另一家公司时，如我们在第 5 章讨论的一样，合并资产和负债将随权益账户一同增加。然而，只有因现金交易而导致的资产负债表账户的变化，才应在现金流量表中作为列报对象。鉴于此，计算经营现金流量时所报告的资产负债表调整，并不等于资产负债表账户本身的变动。资产负债表账户的非现金变动，像上例中 Gould 公司购买卡车时由生产商提供资金的情况一样，将作为非现金投资或筹资活动在现金流量表的附注中予以披露。

退休后福利费用

养老金和其他退休后福利计划要预计服务成本和利息，并扣除计划资产的预期报酬。向养老金计划提供现金供款要记现金减少、投资余额增加。福利费用净额超过向资金计划提供的现金供款的数额，或在公司基金之外直接支付的现金福利（在没设立基金的退休后福利计划下），在计算经营活动产生的现金流量净额时，必须加到净收益上。

应收账款证券化

公司正在越来越多地通过应收账款证券化（以特殊目的实体为媒介）改进现金流量（参见第 3 章）。所谓应收账款证券化，是指公司将应收账款转让给特殊目的实体（SPE），特殊目的实体在资本市场上出售以该应收款为抵押所获得的债券，再用出售债券所得收入支付购买应收款的款项。因其与流动资产相关，公司将应收账款的减少视为经营活动产生的现金流量的增加。作为分析师，需要认真搞清应收账款减少的原因，搞清它究竟是经营业绩真正意义上的改进，还是一种掩饰下的借贷行为。

□ 直接法

直接法（direct method），或称**流入—流出法**（inflow-outflow），报告与经营活动相关的总的现金收入和现金支出，本质上来讲，是将应计制下的各个损益表项目调整为现金制。在有关现金流量披露的现行要求出台之前征求意见时，很多人，尤其是债权人，其实是赞同直接法的。直接法报告公司经营活动现金流入和流出的总额。这就给大多数分析者提供了一种更好的方式，对现金流入和流出的数量进行估计。对债权人而言，经营活动现金流量的波动所造成的风险，一般远大于因为净收益波动而造成的风险。因此，有关各项经营活动现金收入和付出的具体信息，对于估计这些波动和风险具有重要意义。起初，由于这些重要的分析性考虑，监管方也曾有意要求用直接法列报经营现金流量。但后来，部分地也是因为此类信息的编报者认为直接法会加大执行成本，监管方最终决定采用间接法，对直接法只是鼓励而不作强制性要求。如果公司用直接法进行报告，则必须同时另外编制一张报表，反映从净收益调整到经营活动现金流量的过程（间接法）。

□ 从间接法到直接法的转换

接下来我们说明如何把按间接法编报的经营现金流量转换为按直接法编报。这种转换是否准确，取决于如何利用从外部会计记录中获得的数据进行调整。我们所描述的转换方法对大多数分析目的而言都是足够准确的。

图表 7—4 以 Gould 公司的数据为例描述了从间接法到直接法的转换。首先将其净收益（84 000 美元）分解成了总收入（660 000 美元）和总费用（576 000 美元），然后对各类相关收入和费用分别进行转换调整。通过这些调整，可以对 Gould 公司的经营活动现金流量进行直接式报告。在直接法披露中，出售资产利得将从经营活动现金流量中移至投资活动部分。

图表 7—4　　经营活动产生的现金流量　　单位：千美元

Gould 公司
经营活动产生的现金流量
截至第 2 年 12 月 31 日

经营活动产生的现金流量：	
来自客户的现金收入[a]	\$651 000
购置存货付出的现金[b]	(362 000)
支付营业费用付出的现金[c]	(176 000)
经营活动产生的现金流量净额	\$113 000

计算：

a. 销售收入 660 000 美元减去应收账款增加额 9 000 美元。

b. 销售成本 363 000 美元减去存货减少 6 000 美元加上应付账款减少 5 000 美元。

c. 一般、销售及行政管理费用 218 000 美元减去（非现金）折旧和摊销 35 000 美元，再减去预付费用减少 3 000 美元、应计费用增加 4 000 美元。

分析视点

……你是投资者

你正在考虑向 D. C. Bionics 公司投资。前一天，D. C. Bionics 公司公告了 600 万美元的年度亏损。然而，该公司的净现金流量却是正的 1 000 万美元。这是怎样的一种结果？

现金流量的分析意义

现金流量信息对财务分析具有多方面意义。本节将对其中一些重要问题进行讨论。

现金流量报告的局限性

目前的现金流量报告存在以下局限：

- 实务中并不要求单独披露有关非常项目和终止经营的现金流量。
- 收到的利息、股利，以及付出的利息在分类上被划做经营活动现金流量。许多用户认为利息支出应该属于筹资活动现金流出，收到的利息和股利则应该属于投资活动产生的现金流入。
- 所得税被划分为经营活动现金流量。如果重大税收优惠或税务支出以不相称的方式记入三类活动，这种分类会使有关分析遭到扭曲。
- 将出售固定资产或投资的税前（而非税后）利得或损失从经营活动中移除，可能同时扭曲我们对经营活动和投资活动的分析。这是因为与之相关的税务支出并没有同时移出，而是留在了经营活动的所得税费用总额中。

现金流量和净收益的解释

我们对 Gould 公司的分析着重在与经营活动相关的两种主要财务报表：现金流量表和损益表。尽管实际工作者尽了最大努力解释联合使用两种报表的益处，但并不是所有用户都理解现金流量和应计制净收益的双重信息作用。用户中经常发生的一种误解，在于对经营的理解，以及现金流量和应计制净收益在明悉经营活动实质方面的比较相关性。简言之，通过这两种报表来了解经营活动，究竟会有何差异？

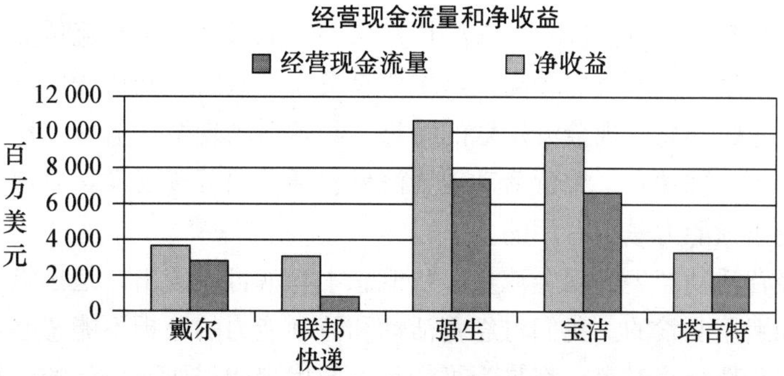

为了帮助我们更好地理解两份报表相互结合的效用，我们再回到对 Gould 公司的

分析上来。图表 7—5 并排列出了两种经营情况报表的数额，并说明了各自的计量目标。我们知道，损益表的作用在于衡量一个公司一定时期内的盈利能力。损益表在赚得时确认收入，在发生时记录费用。再没有其他任何报表用这种方式衡量盈利能力。但是，损益表并没有向我们表明现金流入流出的具体时间，也没有表明经营活动对流动性和偿债能力的影响。通过现金流量表我们可以获得此类信息，而且是按经营活动、投资活动和筹资活动分别列示。

与净收益相比，现金流量是有关经营活动的一项更为广阔的观念。经营活动产生的现金流量囊括了一个公司与盈利相关的所有活动。这项指标关注的不只是收入和费用，还包括这些活动的现金需求。它们既包括应收款和存货方面的投资，也包括由商品和服务供应商所提供的融资。图表 7—5 表明了这些差异，我们通过分析经营资产和负债的变化，对损益表项目进行调整，由此获得经营活动现金收入和支出。经营活动产生的现金流量着重于经营活动的流动性方面。它并不是一项盈利能力指标，因为它并不包括如经营活动中长期资产的使用成本之类的重要成本项目，也不包括像子公司或非合并下属机构收益中非现金权益之类的收入。

图表 7—5　　Gould 公司应计制和现金制报告的比较

	损益表	经营现金流量	
销售收入	$ 660 000	$ 651 000	来自客户的现金收入
出售资产利得	5 000	—	
	665 000	651 000	总现金收入
销售成本	(363 000)	(362 000)	对供货商支出
经营费用	(183 000)	(176 000)	费用支出
折旧和摊销	(35 000)	—	
净收益	$ 84 000	$ 113 000	经营活动产生的现金流量

必须记住，任何一项净额指标，不论是净收益还是经营活动现金流量净额，作用总是有限的。不管我们分析的目的是评估以前业绩还是预测未来绩效，关键是有关这些净额指标构成要素的信息。我们将在第 11 章有关估值问题的讨论中强调，对经营业绩和未来盈利能力的评价并不依赖净收益，而是取决于其构成要素。

应计制会计的收益确定，大量依赖各种估计、递延、分摊和估价。这些考虑与确定现金流量时的因素相比有更大的主观性。由于这一原因，在评价收益质量时，常会把经营现金流量也拉进来。有些用户认为，如果经营现金流量除以净收益所得的比率较高，则表明盈余质量较高。这主要是考虑某些收入确认或应计费用的处理标准是否会产生净收益高而现金流量低的结果。经营活动现金流量可以作为对净收益的有效检验，却不能代替它。经营活动现金流量包括一项筹资要素，对评价、预测短期流动性和长期偿债能力是很有用的。

经营活动产生的现金流量，从概念本身就可以看出，是排除了不影响当期现金的收入和费用要素的。我们对经营活动和盈利能力的分析不能忽略这些要素。不论是损益表还是现金流量表，都是为了满足不同用户的需要而设计的。损益表采用应计制会计，在赚得时确认收入，发生时确认费用。经营活动现金流量在收到现金时报告收入，付出现金时报告费用。两种报表并无高下之分——唯一要考虑的是进行分析时的具体需要。使用这些报表时，需要记住其目的和局限。

分析研究

现金流量的效用

对财务报表用户而言，现金流量指标是否有用？现金流量指标是否真的能比应计制指标提供更多额外信息？证券市场是否会对现金流量信息作出反应？分析研究对这些问题做出了很好的回答。用户研究表明，市场的兴趣正在从传统的应计制指标（如净收益）向现金流量指标转移。现金流量指标正越来越多地被用于信用分析、破产预测、确定贷款条件、评估盈余质量、预测偿债能力、制定股利及扩张政策。这些指标的使用者包括投资者、债权人、审计师和管理层。

对资本市场的研究为现金流量指标的使用提供了正面证据。也即是说，经营活动现金流量对股票价格变动的解释能力超过了净收益。研究还表明，现金流量指标的效用取决于当时的公司情况和市场行情。证据表明，决定现金流量数据实际效用的关键是现金流量的各个组成成分，而不是现金流量的总计数。

分析摘录

可口可乐公司最近从市场上募集一大笔股份。这次募股不像以往那样基于传统财务指标，如市盈率（其市盈率接近 100 倍），而是基于经营活动产生的现金流量（具体来讲，即税前盈余、折旧、利息、商誉摊销）。该公司的经营现金流量指标大大超过了净收益，原因在于净收益受非现金费用严重拖累而被大大降低了。

现金流量分析

由于各公司条件各异，要建立标准的现金流量分析模式显然是很困难的。不过依然有一些共同之处。首先，在分析中必须确定过去主要的现金来源和使用情况。有关现金流量表的共同比分析可以对此有很大帮助。在做趋势分析时，最好能对几年之内的主要现金流量的来源和使用情况做总体上的概括。要做出有意义的结论，以每年或每个季度为期显然太短。比如，一个重大项目的筹资通常会跨好几年。评价现金的来源和使用时，应该着重分析以下问题：

- 资产更新采用内部还是外部筹资？
- 扩张和购并的资金由何而来？
- 公司是否很依赖外部融资？
- 公司的投资需求和机会何在？
- 公司融资有什么要求，属于什么类型？
- 管理政策（如股利政策）是否对现金流量高度敏感？

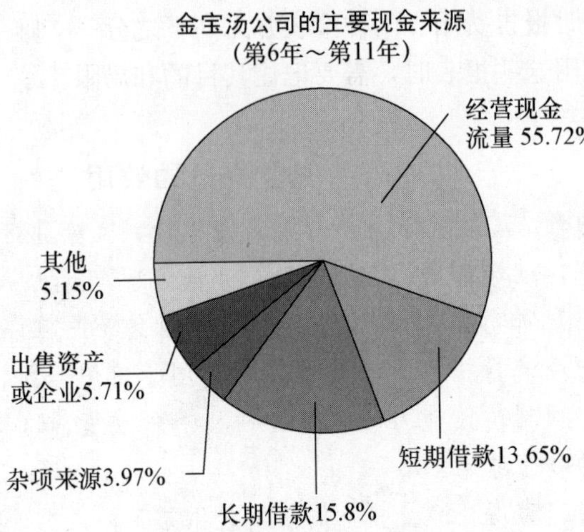

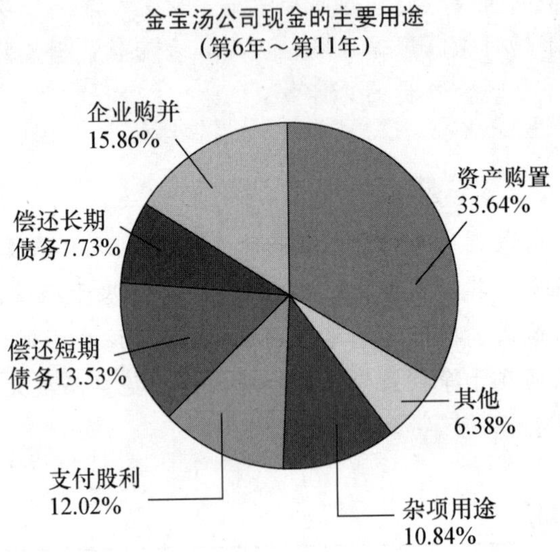

□ 案例分析：金宝汤公司的现金流量

我们在第 11 章之后的综合案例中对金宝汤公司前几年的现金流量做了详细的分析。我们的分析以 6 年为期。图表 CC—10 提供了该公司的共同比现金流量表。

通过对这些报表的分析我们得到了一些重要发现。在这 6 年期间，该公司现金的主要来源是经营活动（30.10 亿美元）、长期负债（8.54 亿美元）和短期负债（7.37 亿美元）（参见图表 12—4 和附录 A 中金宝汤公司财务报表。现金的主要用途是购置固定资产（扣除出售后的净额）16.47 亿美元、企业购并（扣除出售后的净额）7.18 亿美元、支付现金股利 6.49 亿美元。经营活动产生的现金流量占总来源的 55.7%，在第 9 年达到最低点 31.3%。第 11 年是 6 年中获利最高的一年，表明在经历了两年的不景气和重组之后，业绩正在回升。在这 6 年之中，来自经营活动的现金流量涵盖了投资和分红中所使用的几乎全部现金。在第 9 年和第 10 年，现金流量和收益的大幅下降几乎毫无关系，因为 6.82 亿美元的重组费用根本不牵涉现金流出。

现金流量分析的结论

金宝汤公司的案例表明了可以从现金流量分析中得出的结论。随后对财务报表的整体分析可以与这些结论相互印证，或推翻它们。

对从现金流量分析中得出的结论，我们可以做进一步的归纳。首先，对现金流量表的分析可以帮助我们评价管理层决策的长期质量及其对公司经营成果和财务状况的影响。当拉长分析的时间范围之后，可以看到，在变化的环境中管理层做得是否成功，他们抓住机遇、克服逆境的能力究竟如何。

从现金流量分析中还可以得出许多重要结论，包括管理层如何使用掌握的资源、如何削减投资、如何获得额外的现金，以及如何减少对公司的主张权等。此外还可以了解收益的处置及可以随意使用的现金流量的投资情况。根据分析，我们还可以对公司经营现金流量的规模、构成、模式及稳定性得出结论。

我们之前曾描述过一个公司的现金流量模式。该公司的经营周期（第 4 章）是：将现金短期投资于存货、因销售而导致的应收账款增加、收回应收账款之后现金恢复等。对长期经营资产（如 PPE）的投资周期更长。最后，现金的所有生产性使用都会作用于销售过程，并转换为应收款或现金。获利多的经营业务产生的现金超过投入金额，从而增加现金流入。亏损则产生相反的结果。

我们必须检查经营现金流量的构成要素。这些要素通常提供有关现金来源稳定性的重要线索。比如，应收账款证券化或减少存货而形成的经营现金流量的增加就不是很可靠的现金来源，因为应收账款不可能持续减少。同样地，尽管减少多余存货并不会产生不利影响，但有时候存货减少会影响销售，因此需要扩大现金投入补充存货。

增加流动负债而增加经营现金流量通常也不是现金流入的一项可持续来源。比如，公司可以依靠交易（增加交易应付款）增加经营现金流量。然而，在有些时候，供应商可能会提高费用，或者停止供货（记住，他们在应收账款增加时同样会面临费用增加、经营现金流量下降的问题）。类似地，应计项目也是代表未付债务，而相关费用已经在本期做了报告。应计工资是必须要付的，应计租金等也是如此。应计项目增加一般代表现金流量在短期内的递延。

替代性现金流量指标

用户有时会将**净收益加折旧和摊销**（net income plus depreciation and amortization）作为经营现金流量的一种粗略的近似。颇为流行的 EBITDA（earnings before interest，taxes，depreciation and amortization）属于这项指标的一种变体。这一指标受以下问题所困扰：

1. 折旧的加回有时被认为是不合理的，这是不对的。长期应折旧资产的使用是一项无法忽略的真实费用。

2. 有些人认为折旧加回意味着为补充长期资产提供了现金，这也是不对的。加回折旧费用并不产生现金。如上所述，它只是从净收益中冲销非现金费用。现金只能靠经营和筹资活动获得，而不能靠折旧。

3. 净收益加折旧忽略了营运资本账户的变动，这些账户包含了经营活动产生现金流量净额的剩余部分。诚然，营运资本账户的变动通常包含了经营活动产生现金流量的很大一部分。正如上一节所讨论的那样，通过考察营运资本账户可以很好地把握经营现金流量的持续性。

使用净收益加折旧、EBITDA等替代性指标过度简化了经营现金流量，对折旧费用的性质做了错误的解释，并忽略了营运资本账户的变动所揭示的重要信息。

公司及经济条件

资产负债表描述公司在一定时点的资产状况，并说明资产的融资方式。损益表描述公司一定时期内的经营成果。收益使资产增加，包括现金资产和非现金资产（流动资产和非流动资产）。费用是资产的消耗（或负债的发生）。相应地，净收益可以通过资产负债表账户的调整与现金流量联系起来。

可以理解，即使一个盈利的公司也可能会发现，在偿付短期债务和筹集现金用于扩张方面会有一定困难。通过增加销售可以获得成功，但同时也会出现流动性问题，并因为资产、技术扩大而限制现金，也因此会没有足够的现金用于偿付到期债务。此外，区别各种不同的商务活动的业绩对我们而言也是十分重要的。尤其是将经营活动的业绩和盈利能力与投资活动及筹资活动区分开来。所有活动都是必不可少且互相关联的，但它们又是各不相同的，反映着公司的不同方面。现金流量表揭示公司营利活动的现金意义。它揭示公司资产的获得情况，并说明其资金从何而来；它说明经营活动产生的净收益和现金流量有何不同。经营活动产生现金流量的能力对公司的财务健康至关重要。没有哪家企业可以在经营活动无法产生现金流量的情况下长久生存。我们在解释现金流量及相关趋势时，还应特别注意并理解经济环境的影响。

虽然公司无论是否成功，都可能受到经营现金流量问题的困扰，但其原因可能是截然不同的。一个成功的公司可能为了满足不断增长的客户需求而增加应收账款和存货投资，通常它会发现自己不断增长的盈利能力对额外融资——不论是债务融资还是权益融资——有很大帮助。这种盈利能力（正的应计制收益）最终会产生正的现金流量。一个不成功的公司会因为应收账款和存货周转率下降、经营亏损或各种因素的综合而导致现金短缺。不成功的公司可以通过减少应收账款和存货增加现金流量，但这常常会影响对客户服务的质量，进而降低利润。这些因素乃是目前或将来发生危机，出现现金短缺，包括信誉下降的标志。对于一个不成功的公司，现金流量的下降具有和成功公司完全不同的意义。即使一个不成功公司的管理者通过借款来抵补经营现金流量的下降，借款成本和影响最终只能加重亏损。盈利能力是关键性变量；没有它，公司注定要失败。

我们还需要从经济环境的角度来解释公司经营活动中营运资本项目的变动。应收账款增加可能意味着客户对产品的需求增长，也可能意味着公司无法及时收回账款。类似地，存货的增加（尤其是原材料的增加）可能意味着作为对客户需求增加的反应，生产将会扩大，也可能意味着公司未能对需求或产品销售做出准确预测（特别是当产成品增加时）。

通货膨胀作为一种环境条件会在增加公司财务负担的同时，使公司面临严峻挑战。更大的挑战则在于更新固定资产、增加存货和应收账款投入，以及完善股利政策特殊的利润基础（无法使目前经营中所使用资源的成本得到补偿）。尽管管理决策并不一定是以财务报表为基础，但我们不能忽视它们的重要性和分析意义。我们希望通过现金流量表来了解管理层是如何应对通货膨胀的影响的。这将导致继资本性支出和股利之后对经营现金流量的关注。

□ 自由现金流量

自由现金流量（free cash flow，FCF）是源于现金流量表的一项极为有用的分析性衍生工具。与其他分析性指标一样，对这一指标我们需要关注的同样是构成其计算的基本成分。之所以报告计算自由现金流量时所使用的成分，是因为其内在的动机可能影响到其效用。尽管对自由现金流量没有精确的定义，但以下有关自由现金流量的计算，肯定是很有用的：

　经营活动产生的现金流量
－维持生产能力所需的资本支出净额
－优先股和普通股股利（在预期支付政策下）
　自由现金流量

对自由现金流量还有另外一种广泛使用的界定，即：FCF＝NOPAT－NOA 的变动。也就是说，企业的自由现金流量等于税后净营业利润（NOPAT）减去净经营资产（NOA）的增加额。NOA 的增加额为作为经营活动产生的现金流量的营运资本的变动额与长期经营资产增加额之和（类似于上式中的第二行）。不过，这里是将整个公司作为一个整体来进行观察，而不是侧重其融资情况。因此，属于融资活动的股利未曾考虑在内。

正的自由现金流量代表在目前水平下，除去维持生产能力所要求的筹资和投资活动所需现金之外剩余可用于商务活动的现金流量。公司的增长和财务弹性需要充足的自由现金流量。我们必须认识到，维持生产能力所需的资本支出一般不会单独披露出来，而是包含在总的资本支出中进行披露。总资本支出中必定包含扩大生产能力所需的支出。要把资本支出分成这样两个部分是很麻烦的。现金流量表并没有把资本支出分成维持和扩张两部分。

分析视点

……你是信用分析师

你在一家信用评级机构做信用分析师，该机构对工业公司进行评级。你正在评级的一家公司历史上的现金流量很强，其净现金流量和经营活动产生的现金流量皆为正数。但其自由现金流量最近变成了负值，按你的判断，在可以预见的将来将一直为负。你会因此而改变对该公司的信用评级吗？

现金流量作为校验器

现金流量表可用于在现有或计划生产能力的基础上预测经营成果。它还可用于评价公司的未来扩张能力、资本需求，以及现金流入源。现金流量表是沟通资产负债表和损益表的桥梁。它报告公司的现金流入和流出，以及公司偿付短期债务的能力。此外，现金流量表还可为我们考虑如下问题提供重要线索：

- 资本支出融资的可行性。
- 扩张融资的现金来源。
- 对外部融资的依赖程度（债务融资和权益融资）。
- 未来股利政策。
- 满足债务条款要求的能力。
- 面对意外需求和机遇时的财务弹性。
- 管理层的财务行为。
- 盈余质量。

现金流量表在确定误导性或错误经营成果与预期方面具有重要作用。在第11章我们将进一步讨论盈余质量及现金流量作为校验器的效用问题。与其他财务报表一样，现金流量表是一种评价公司行为和意向的可信且可靠的信息来源——比管理层预测和新闻快报更为可靠。

我们必须认真考察现金流量表各项目之间的关系。很多交易活动是相互关联的，比如用债券收入购买资产。但是我们在分析中也要注意，不能妄加推测，导出事实上并不存在的关系。现金的变动，无论是正是负，不能仅仅依靠现金流量表来作出判断。它必须与有关公司财务结构和经营结果的其他各项指标结合起来进行分析。例如，现金的增加可能来自出售有价值的资产、来自费用很高或条件很苛刻的借款，而这会给公司未来的盈利能力造成损害。财务报表各项目之间的关系以及它们所隐含的意义，对我们分析的可靠性是非常重要的。

现金流量分析专用比率

下面两项比率常用于分析公司的资金流转情况。

□ 现金流量充足率

现金流量充足率（cash flow adequacy ratio）指标反映公司从经营活动中获得足够的现金流量，以满足资本支出、存货投资，以及支付现金股利的资金需求的能力。为了消除生产周期或其他随机因素的影响，一般以 3 年为期间来计算这一比率。现金充足率的计算公式为：

$$\text{现金充足率}=\frac{\text{3 年内经营活动产生现金流量的总计数}}{\text{3 年内资本支出、新增存货、现金股利的总计数}}$$

有些用于重要营运资本项目的投资（如应收账款）在计算中被排除在外，因为它们主要通过短期信用进行融资（如增加应付账款）。只有存货增加额被纳入了计算中。需要注意的是，在存货减少的年份，这一减少在计算比率时被视做变化值为 0。用附录 A 中金宝汤公司的财务数据，我们可以算出它（3 年期）的现金充足率为：

$$\text{现金充足率}=\frac{\$1\,610.9^{(a)}}{\$1\,390.3^{(b)}+\$113.2^{(c)}+\$348.5^{(d)}}=0.87$$

(a) 经营活动产生的现金流量——项目 64；
(b) 资产增加——项目 65 和 67；
(c) 新增存货——项目 62；
(d) 现金股利——项目 77。

对现金充足率需要做适当的解释。若比率为 1，说明无须外部融资，内部经营活动产生的现金已恰好可以满足需要。若比率小于 1，说明内部现金来源不足以维持股利和目前经营的增长。对金宝汤公司而言，0.87 的比率值说明，在以第 11 年为止的 3 年中，公司现金流量不足以满足支付股利和经营增长的需要。如果我们以 3 年为期再算一次，得出的比率值将是比较令人满意的。现金充足率还可以反映出通货膨胀对公司资金需求的影响。和其他分析一样，从这个比率得出的结论也应该通过其他进一步的分析调查来获得支持。

□ 现金再投资率

现金再投资率（cash reinvestment ratio）是一项用来衡量公司将经营现金流量留存下来进行公司内部再投资，用于更新资产和维持经营增长水平的指标。其计算如下：

$$\text{现金再投资率}=\frac{\text{经营现金流量}-\text{股利}}{\text{固定资产总计}+\text{投资}+\text{其他资产}+\text{营运资本}}$$

再投资率在 7%～11%之间一般认为是比较令人满意的。我们还是用金宝汤公司的财务数据来计算该公司第 11 年的现金再投资率：

$$现金再投资率=\frac{\$805.2^{(e)}+\$137.5^{(f)}}{(\$2\,921.9+\$477.6)^{(g)}+\$404.6^{(h)}+(\$1\,518.5-\$1\,278.0)^{(i)}}$$

$$=16.5\%$$

(e) 经营活动产生的现金流量——项目 64；
(f) 现金股利——项目 77；
(g) 固定资产总计——项目 158～161，加：无形资产——项目 163 和 164；
(h) 其他资产——项目 39；
(i) 流动资产合计——项目 36，减：流动负债合计——项目 45。

附录 7A：现金流量分析底稿

本附录提供一份工作底稿，可用于将与经营活动现金流量相关的财务数据转化为直接（流入—流出）格式。我们经常希望把一个公司按间接法编报的经营现金流量转化为对分析而言更有用的直接格式。图表 7A—1 列出了一份工作底稿，目的是简化这种转化。

图表 7A—1 **计算经营活动现金流量的工作底稿**

按直接接法表示（单位：　　）
公司名称：
截止年度：

		年度		
		______	______	______
经营活动现金收入				
销售净额和收入[a]	*1	$______	$______	$______
其他收入和收益（参见 22 和 25 行）	*2	______	______	______
短期应收款的减少（增加）	3	______	______	______
长期应收款的减少（增加）[b]	4	______	______	______
其他调整[c]	5	______	______	______
现金收入合计	6	______	______	______
经营活动现金支出				
费用总额（包括利息和税金）[a]	*7	______	______	______
减非现金费用和损失：				
折旧和摊销	8	______	______	______
非流动递延所得税	9	______	______	______
其他______	10	______	______	______
其他______	11	______	______	______
其他______	12	______	______	______
流动资产和流动负债的变动				
存货的增加（减少）	13	______	______	______
预付费用的增加（减少）	14	______	______	______
应付账款的减少（增加）	15	______	______	______

应缴所得税的减少（增加）	16 ______	______	______
应计项目的减少（增加）	17 ______	______	______
其他增加或减少	18 ______	______	______
其他增加或减少	19 ______	______	______
非流动账户的增加或减少[b]	20 ______	______	______
现金支出合计[d]	21 ______	______	______
股利收入			
在非合并下属企业收益中的权益	*22 ______	______	______
减下属企业收益中未分配的权益	23 ______	______	______
来自非合并下属企业的股利	24 ______	______	______
其他现金收入（支出）[e]	*25 ______	______	______
描述________[a]	25 ______	______	______
________[a]	25 ______	______	______
经营活动产生的现金流量总计[f]	26 ______	______	______

(a) 包括附注中披露的终止经营收入和费用（净值）的调整，描述计算过程，包括其他必需的调整和解释。
(b) 与经营活动相关的项目，在报表附注中有详细说明。
(c) 未包含在以上收入中的项目，在报表附注中有详细说明。
(d) 包括（来自补充披露）：
用现金支付利息（扣除资本化的部分） $______ ______ ______
用现金支付所得税 $______ ______ ______
(e) 包括非常项目、终止经营以及未曾包含在上述项目中的其他项目。第 25 行数字是经过了现金制调整的，* 是指收益中包含的进行此类调整之前的项目。（在附注中有详细披露。）
(f) 可与公司报告数据相对照。如果未曾报告，则可与本期现金的变动及投资和筹资活动现金相对照。

分析视点参考答案

董事会成员 你的第一步行动应该是查证管理层所声称的财务压力是否属实。120 万美元的亏损和净现金流量下降 110 万美元似乎足以对其主张构成支撑。不过，你应该怀疑管理层的动机，注意他们是否很反感社区行动主义。然后，你仔细检查了该公司的财务成果，检查中发现的结果大相径庭。你发现，经营活动产生的现金流量增加了 150 万美元（－\$1.1＝CFO－\$1.9－\$0.7）。你同时还注意到，该公司在扣除意外损失之前的净收益为正的 100 000 美元。这是很充分并有力的信息，足以支持你与管理层进行对质。通过一场严肃而直接的对话，很可能使该公司重新考虑继续支持你们的教育计划。

投资者 当报告的收益为负数时，会有几项因素成为净现金流量增加的原因：(1) 提前确认与收入的产生相关的费用（比如研究与开发费用）；(2) 很有价值的长期销售合同尚未在收入中确认；(3) 发行债券或权益证券，为扩张融资；(4) 出售资产；(5) 延迟现金付款；(6) 预付款销售。我们在分析 D. C. Bionics 公司财务情况时，需要同时关注净收益和净现金流量的构成及其对未来业绩的影响。

信用分析师 自由现金流量向下是不祥之兆。自由现金流量是在目前水平下做维持经营所必需的付出之后剩余的现金。这些付出包括公司的持续经营、利息支付、所得税、净资本支出、股利。自由现金流量为负数，意味着公司要维持目前的营业水平就必须出售资产或用其他手段融资（发行债务或权益证券）。对于自由现金流量的重大变化，必须做认真检查，以便确定新的信用评级。

思考题

7—1 现金流量一词是何意？为什么这一术语经常发生误解和混淆？

7—2 财务报表使用者能从现金流量表中得到什么样的信息？

7—3 描述现金流量表报告的三类主要活动。举例说明每一类活动。

7—4 说明将净收益转换为经营活动产生的现金流量所需的三种类型的调整。

7—5 描述报告经营活动产生的现金流量的两种方法。

7—6 对比说明损益表和经营活动产生的现金流量的目的。

7—7 说明分析现金流量表有何重要意义。列出解释经营活动产生的现金流量时需要考虑的因素。

7—8 描述自由现金流量的计算。它与财务分析有何关系？

7—9 现金流量表可以为财务报表分析提供什么样的启示？

练习题

7—1 解释收益与经营活动产生的现金流量之间的差异

参考附录A中金宝汤公司财务报表。

要求：

解释为什么金宝汤公司在第11年度净收益仅为4.015亿美元的情况下，经营活动产生的现金流量可以达到8.052亿美元。用普通商务人员可以理解的语言做出解释。参考重要的调节项目对你的解释做进一步说明。

7—2 现金流量表中的关系

对分析师而言，了解现金流量表内所包含的各种活动（包括其各项要素的披露）具有十分重要的意义。

要求：

a. 实务上要求将现金流入和流出划分为三种类别。试描述各种类别。

b. 哪些非现金活动需要在现金流量表中进行报告？应如何报告？

c. 假设First公司请你用间接法编制第8年年终的现金流量表。请告诉他们下列项目对现金流量表有何影响，应如何列示在现金流量表中：

(1) 该年度净收益950 000美元，包括非常利得60 000美元。

(2) 损益表中包括80 000美元折旧费用。

(3) 无法收回的应收账款50 000美元已冲减坏账准备。坏账损失费用24 000美元已包含在当年净收益的计算中，坏账准备账户上也已经记入同等金额。

(4) 本年度内应收账款增加140 000美元，存货减少60 000美元。

(5) 交税380 000美元。

(6) 出售机器一台，实现5 000美元利得。该机器原值75 000美元，出售时的折余价值为25 000美元。

(7) 6月5日，公司购入价值600 000美元的建筑和土地，付出现金100 000美元，市场价值200 000美元尚未发行的普通股，300 000美元抵押票据。

(8) 8月，First公司将面值700 000美元6%的可转换债券转换成面值140 000美元的普通股股票，该债券当初是按面值发行的。

(9) 10月30日，董事会宣布发放现金红利320 000美元，股权登记日为第8年11月15日，除权日为第9年1月15日。

(10) 12月15日，公司宣布做2∶1的股票拆分，实施日期为12月25日。

7—3　分析经营现金流量

以下数据来自 Saro 公司及其旗下子公司第 1 年度财务记录：

净收益	$ 10 000
折旧、折耗和摊销	8 000
处置固定资产（账面价值）获得现金	1 000
第 1 年递延所得税（非现金）	400
非合并子公司的未分配盈余	200
应付债券折价摊销	50
应付债券溢价摊销	60
非流动性资产的减少	1 500
行使股票期权取得的现金收入	300
应收账款增加	900
应付账款增加	1 200
存货减少	850
应付股利增加	300
应付银行票据减少	400

要求：

a. 用间接法计算第 1 年度经营活动产生的现金流量。

b. 说明以下各个项目对将净收益调整为经营活动产生的现金流量可能产生的影响：

（1）发行库藏股作为员工报酬；

（2）已经发生的利息的资本化；

（3）计入养老金费用的金额，与筹集到的资金数额不同。

7—4　从财务报表中得出现金流量

以下为 Barrier 公司第 1 和第 2 年度 12 月 31 日的资产负债表，以及第 2 年度的损益表和所有者权益表：

Barrier 公司资产负债表

截至 12 月 31 日

	第 1 年	第 2 年	增加（减少）
资产			
现金	$ 275 000	$ 180 000	$ 95 000
应收账款	295 000	305 000	(10 000)
存货	549 000	431 000	118 000
对 Ort 公司的权益投资	73 000	60 000	13 000
土地	350 000	200 000	150 000
厂场设备	624 000	606 000	18 000
累计折旧	(139 000)	(107 000)	(32 000)
商誉	16 000	20 000	(4 000)
资产总计	$ 2 043 000	$ 1 695 000	$ 348 000
负债和股东权益			
应付账款	$ 604 000	$ 563 000	$ 41 000
应计费用	150 000	—	150 000
应付债券	160 000	210 000	(50 000)
递延所得税	41 000	30 000	11 000
普通股（面值 10 美元）	430 000	400 000	30 000
股本溢价	226 000	175 000	51 000
留存收益	432 000	334 000	98 000
库藏股（成本）	—	(17 000)	17 000
负债和股东权益总计	$ 2 043 000	$ 1 695 000	$ 348 000

Barrier 公司收益及留存收益表

第 2 年度

销售收入		$ 1 937 000
来自 Ort 公司的未分配利润		13 000
总利润		1 950 000
销售成本		(1 150 000)
毛利		800 000
折旧费用	$ 32 000	
商誉摊销	4 000	
其他费用（包括所得税）	623 000	659 000
净收益		$ 141 000
留存收益，第 2 年 1 月 1 日		334 000
		475 000
支付现金股利		(43 000)
留存收益，第 2 年 12 月 31 日		$ 432 000

附加信息：

- 发行股票是为了提供额外的现金；
- 所有应收和应付账款都是由经营活动产生的；
- 应付账款仅与包括在销售成本中的项目相关；
- 没有非货币性交易。

要求：

确定以下金额：

a. 第 2 年从销售中收回的现金。

b. 第 2 年用于支付应付账款的现金。

c. 第 2 年收到的现金中不是来源于经营活动的数额。

d. 第 2 年因购置非流动性资产付出的现金。

7—5 解释现金流量

标明下列交易或事件是不是（1）现金来源，（2）现金的使用，或者（3）一项导致现金来源或使用的调整（假设在间接法下）。同时列出它们在现金流量表中的位置：经营活动（O），筹资活动（F），投资活动（I），非货币性重大影响（NCS），非货币性非重大影响（NCN），无影响（NE）。

例：

交易或事件	来源	用途	调整	现金流量表上的类别
收到的现金分红	X			O
a. 应收账款增加				
b. 偿付银行票据				
c. 发行普通股				
d. 出售可销售证券				
e. 债券回购				
f. 宣告股票股利				
g. 购买设备				
h. 将债券转换为优先股				
i. 支付红利				
j. 应付账款增加				

7—6　解释现金流量

标明下列交易或事件是不是（1）现金来源，（2）现金的使用，或者（3）一项导致现金来源或使用的调整（假设在间接法下）。同时列出它们在现金流量表中的位置：经营活动（O），筹资活动（F），投资活动（I），非货币性重大影响（NCS），非货币性非重大影响（NCN），无影响（NE）。

例：

交易或事件	来源	用途	调整	现金流量表上的类别
发行债券收取现金	X			F
a. 存货增加				
b. 偿付一年内到期的长期负债				
c. 收回库藏股				
d. 购买可销售证券（非流动性）				
e. 发行债券换取财产				
f. 宣告股利				
g. 出售设备收到现金				
h. 将债券转换为优先股				
i. 以赊购方式购买存货				
j. 归还商品使应付账款减少				

7—7　解释交易的经济影响

在 Edsel 公司的一次管理委员会会议上，人们提出了很多建议，以图改变公司目前微弱的现金流状况并提高净收益。衡量并评价下列各项建议对各项指标的长期和短期影响。用增加（+），减少（−），或无影响（NE）来标明。

建议	对下列指标的影响		
	净收益	经营现金流量	现金状况
1. 用现金股利取代股票股利			
2. 推迟所需的资本性支出			
3. 减少维护修理费			
4. 增加折旧准备			
a. 只为符合 GAAP 的账面要求			
b. 只为计税			
c. 同时满足 GAAP 账面和计税要求			
5. 要求客户尽早付款			
6. 延迟向供货商支付并拒绝现金折扣			
7. 借入短期资金			
8. 将账上的折旧方法从年数总和法转为直线法			
9. 迫使经销商增加进货			
10. 将养老金计划供款减少至法律允许的最低水平			
11. 实行即时存货系统以减少存货			
12. 出售当期价格下跌 1 000 美元，但仍高于成本 3 000 美元的交易性证券			
13. 重新发售库藏股			

7—8 折旧作为现金来源

一本经济学著作中有如此说法："商务公司通常有三种主要资金来源。其中折旧准备和留存收益属于内部来源。第三种为外部来源，包括借入资金及发行股票筹集到的资金。"

要求：

a. 折旧是否属于现金的来源渠道？（排除所有有关折旧费用造成应税所得和会计利润之间差异的考虑。）

b. 如果折旧并非现金的来源渠道，那么又该如何解释有些人把它当作现金来源的想法？

c. 如果折旧是现金来源，请解释折旧以什么方式为企业提供现金。

7—9 分析现金流量表

参考附录A中金宝汤公司财务报表。

要求：

a. 第10年度金宝汤公司从客户手中收到的现金是多少？（提示：利用现金流量表得出应收款期初余额。）

b. 第11年度支付的普通股现金股利是多少？

c. 第11年度生产的商品、服务及其他项目的总成本是多少？考虑所有存货。

d. 第11年度的递延税款准备是多少？其对流动负债有何影响？

e. 第11年度的折旧费用对经营活动产生的现金有何影响？

f. 为什么在确定第10年度经营活动产生的现金时要将现金流量表中的"剥离及重组"准备加回到净收益上？

g. 调整项"汇率变动对现金的影响"代表什么？

h. 财务报表附注1讨论的是处置财产的会计处理。在现金流量表中，因为处置资产所导致的利得或损失在何处进行列报？

i. 计算各个年度的自由现金流量。

j. 金宝汤公司是一家成熟的制造商。在你看来，一家新进入该行业的企业的自由现金流量会与金宝汤公司有何不同？

k. 如果金宝汤公司在第12年度引进一条新生产线，你认为现金流量表的三个部分会受到哪些影响？

7—10 将经营现金流量与盈余质量相联系

在审查Nano技术公司财务报表时，你发现该公司净利润在最近两个年度内增加了，经营现金流量却在减少。

要求：

a. 说明Nano技术公司为什么会在经营现金流量减少的同时出现净利润的增加。回答中应该举出三个说明性实例。

b. 说明经营现金流量如何可以作为盈余质量的校验器。

7—11 现金流量与公司生命周期之间的关系

分析师常探讨公司生命周期与现金流量之间的关系，以更好地理解公司业绩和财务状况。

要求：

a. 说明公司现金流量表中会如何反映公司从增长阶段过渡到现金牛阶段的转变过程。

b. 描述现金流量表如何反映现金牛的衰落。

案例题

7—1 现金流量与自由现金流量分析

下面是Lands End公司现金流量表：

LANDS END公司及子公司合并现金流量表 单位：千美元

	第9年度	第8年度	第7年度
经营活动产生的现金流量			
净收益	$31 185	$64 150	$50 952

续前表

	第 9 年度	第 8 年度	第 7 年度
将净收益调整为经营活动产生的现金流量净额			
税前非重复性支出	12 600	—	—
折旧和摊销	18 731	15 127	13 558
递延补偿费用	653	323	317
递延所得税	(5 948)	(1 158)	994
出售下属子公司的税前利得	—	(7 805)	—
处置固定资产损失	586	1 127	325
除资产剥离影响之外资产和负债的变动			
应收款	(5 640)	(7 019)	(675)
存货	21 468	(104 545)	22 371
预付广告费	(2 844)	(7 447)	4 758
其他预付费用	(2 504)	(1 366)	(145)
应付账款	4 179	11 616	14 205
退货准备	1 065	944	629
应计负债	6 993	8 755	4 390
应计利润分红	(2 030)	1 349	1 454
应交所得税	(5 899)	(1 047)	8 268
其他	1 665	64	394
经营活动产生（使用）的现金流量净额	74 260	(26 932)	121 795
投资活动产生（使用）的现金流量			
为资本增值付出的现金	(46 750)	(47 659)	(18 481)
出售下属子公司获得的收入	—	12 350	—
投资活动使用的现金流量净额	(46 750)	(35 309)	(18 481)
筹资活动产生（使用）的现金流量			
发行短期债获得的收入	6 505	21 242	1 876
购买库藏股	(35 557)	(45 899)	(30 143)
发行库藏股	1 845	409	604
筹资活动使用的现金流量净额	(27 207)	(24 248)	(27 663)
现金及现金等价物的增加（减少）	$ 303	$ (86 489)	$ 75 651
期初现金及现金等价物	6 338	92 827	17 176
期末现金及现金等价物	$ 6 641	$ 6 338	$ 92 827

要求：

a. Lands End 公司最近执行一项新战略，签下了所有订单。你认为在什么样的年份公司会执行这种战略？这一战略会在现金流量表信息中以什么样的方式反映出来？

b. 说明下列项目如何调节净收益使之成为经营活动产生的现金流量：

（1）折旧　　（2）应收款

（3）存货　　（4）退货准备

c. 计算各个年度的自由现金流量。

d. Lands End 公司如何使用其自由现金流量？你认为该公司对自由现金流量的使用是不是一种很好的策略？

7—2　分析互联网公司的现金流量

下面是雅虎公司的现金流量表：

雅虎公司合并现金流量表

单位：千美元

	截至12月31日		
	第8年度	第7年度	第6年度
经营活动产生的现金流量			
净收益（损失）	$25 588	$（25 520）	$（6 427）
将净收益（损失）调整为经营活动产生（使用）的现金流量净额：			
折旧和摊销	10 215	2 737	639
股票期权的所得税利益	17 827	—	—
与授予股票期权及发行权证相关的非现金支出	926	1 676	197
纳入合并范围的子公司业务中的少数股东权益	（68）	（727）	（540）
购进的研究开发在产品	17 300	—	—
其他非现金支出	—	21 245	—
资产和负债的变动：			
应收账款净额	$（13 616）	$（5 963）	$4 269
预付费用	2 144	（6 110）	（386）
应付账款	515	2 425	1 386
应计费用及其他流动负债	16 688	7 404	4 393
递延收入	32 210	2 983	1 665
应付关联方款项	（451）	330	948
经营活动产生（使用）的现金净流量	110 278	480	（2 394）
投资活动产生的现金流量			
收购动产和设备	（11 911）	（6 722）	（3 442）
收购中获得的现金	199	—	—
购买可出售证券	（471 135）	（58 753）	（115 247）
可出售证券售出或到期产生的收入其他投资	158 350	86 678	43 240
投资活动产生（使用）的现金净流量	（5 445）	（1 649）	（729）
筹资活动产生的现金流量	（329 942）	19 554	（76 178）
发行普通股获得的收入净额	280 679	7 516	42 484
发行优先股获得的收入净额	—	—	63 750
来自少数股权投资者的收入	600	999	1 050
其他	—	1 106	（128）
筹资活动产生的现金净流量	281 279	9 621	107 156
汇率变动对现金及现金等价物的影响	288	（380）	（63）
现金及现金等价物变动净额	$61 903	$29 275	$28 521
现金及现金等价物年初余额	63 571	34 296	5 775
现金及现金等价物年末余额	$125 474	$63 571	$34 296

要求：

a. 雅虎公司的经营活动在第 6 和第 7 年度并未能产生很大的现金流量。在缺乏充足的经营现金流量的情况下，雅虎公司如何为其增长筹资？

b. 什么因素左右了雅虎公司的经营现金流量？

c. 雅虎公司大力从事可出售有价证券的买卖活动。你认为雅虎公司为什么要从事这一活动？

d. 雅虎公司报告了 3 321 万美元的递延收入。按照你对雅虎公司业务的了解，在你看来这一金额可能代表什么含义？

7—3　一项融资买入的信用分析

Wyatt 公司有关扩大资本的请求屡屡为母公司 SRW 公司所否决，Wyatt 公司的管理层因而感到十分沮丧。因为被一次次否决，Wyatt 公司只能在母公司的长期计划中发挥有限的作用。在此情况下，Wyatt 公司决定向一家私人银行寻求帮助，考虑融资买入自身的可能。按照该银行的建议，Wyatt 公司要为该项融资买入融资，首要的是从经营活动中获得稳定的、可预期的现金流，然后才是寻求适当的贷款。作为该银行的合伙人，你对这一建议的可行性进行了调查。你得到了 Wyatt 公司的资产负债表和一些补充信息。Wyatt 公司管理层进一步坦陈，除了上述收购计划外，他们还打算在随后三年中每年购买 325 000 美元的机械设备，以弥补之前作为 SRW 公司的子公司资本化支出的严重不足。管理层认为，这些支出是出于竞争的需要。

要求：

a. 使用资产负债表和补充披露中的信息，编制一份第 10 年度末的现金流量表（间接法）。

b. 利用编制完成的现金流量表，在假定完成融资买入后每年可获得 300 000 美元贷款的情况下，评价管理层提议的可行性。

WYATT 公司资产负债表

截至 12 月 31 日

	第 9 年	第 10 年
资产		
现金	$ 175 000	$ 192 000
应收账款	248 000	359 000
存货	465 000	683 000
流动资产合计	888 000	1 234 000

续前表

	第 9 年	第 10 年
土地	126 000	138 000
建筑和设备	3 746 000	3 885 000
减：累计折旧	(916 000)	(1 131 000)
资产总额	$ 3 844 000	$ 4 126 000
负债和股东权益		
应付账款	$ 156 000	$ 259 000
应交税金	149 000	124 000
其他短期应付款项	325 000	417 000
流动负债合计	630 000	800 000
应付债券	842 000	825 000
负债总计	1 472 000	1 625 000
普通股	846 000	863 000
留存收益	1 526 000	1 638 000
股东权益总计	2 372 000	2 501 000
负债和权益总额	$ 3 844 000	$ 4 126 000

补充信息：

1. 第 10 年度宣告并发放的股利为 74 000 美元。

2. 第 10 年度的折旧费用是 246 000 美元。

3. 在第 10 年度，一项原始价值为 61 000 美元的设备按 34 000 美元的价格卖出。

7—4　使用现金流量表分析一项管理层买入

Dover 公司管理层认为证券市场低估了其股票价值。他们提出用融资买入的方式私下买回。管理层的提议包括如下内容：

1. 这项融资买入会额外产生每年 200 000 美元的税后利息成本。

2. 为了提高 Dover 公司的市场竞争力，公司计划采取如下措施：

a. 每年进行设备投资 180 000 美元。

b. 每年投入存货 60 000 美元。

3. 除了 1 中所列情况外，公司并不想有额外的融资，而是想以经营活动产生的现金作为主要的资金来源。

在第 8 年末，公司邀请你对他们提议的可行性进行分析。为此，他们向你提供了以下财务数据：

	12月31日		
	第8年	第7年	变化净额
资产			
现金	$471 000	$307 000	$164 000
可出售权益证券，成本	150 000	250 000	(100 000)
证券市价调整准备	(10 000)	(25 000)	15 000
应收账款净额	550 000	515 000	35 000
存货	810 000	890 000	(80 000)
对Top公司投资，股权	420 000	390 000	30 000
厂场设备	1 145 000	1 070 000	75 000
减：累计折旧	(345 000)	(280 000)	(65 000)
专利权，净额	109 000	118 000	(9 000)
资产总额	$3 300 000	$3 235 000	$65 000
负债和股东权益			
应付账款和应计负债	$845 000	$960 000	$ (115 000)
长期应付票据	600 000	900 000	(300 000)
递延所得税	190 000	190 000	—
普通股，面值10美元	850 000	650 000	200 000
资本公积	230 000	170 000	60 000
留存收益	585 000	365 000	220 000
负债和权益总额	$3 300 000	$3 235 000	$65 000

额外信息：

1. 第8年1月2日，出售一项设备，收到现金18 000美元。设备成本价45 000美元，净值28 000美元。

2. 第8年3月31日，出售一部分可出售权益证券，收到现金119 000美元。可出售权益证券再无发生其他交易。

3. 第8年4月15日，公司现金发售20 000股普通股股票，每股13美元。

4. 第8年7月1日，用120 000美元现金购置设备一项。

5. 公司第8年度的净收益为305 000美元。于第8年10月26日发放现金股利85 000美元。

6. Dover公司于第5年度收购了Top公司20%的普通股股权。这项投资不涉及商誉，采用权益法进行核算。Top公司第8年末报告的净收益为150 000美元。该公司该年度未发放普通股股利。

要求：

编制一份分析报告，评估Dover公司管理层计划的可行性。（提示：使用间接法编制一份现金流量表。）

第 8 章

投资回报率和盈利能力分析

回顾

第 7 章考察了有关企业活动的现金流量指标，并表明这些信息如何使前几章中有关应计制指标的研究变得完善，同时还展示了如何在现金流量指标的帮助下重构交易。

本章要点

本章在强调盈利能力的同时关注投资回报。我们强调投资回报率，解释各种投资回报率指标间的差异，其中最关注的是净营业资产回报率和普通股股东权益回报率。我们将探究这些回报率指标是如何分解的，并描述其与财务分析的相关性。在本章中，我们将使用回报率指标对财务杠杆做出解释。

前瞻

第 9 章将对分析工具的关注扩展至前景分析及财务报表预测。我们将举例说明预测机制，说明前景分析在普通股估值中的具体应用。

学习目标

- 说明回报率指标在财务报表分析中的作用
- 解释投资回报率及其多样性计算
- 分析净经营资产回报率及其与分析的相关性
- 描述净经营资产回报率的分解及各项成分的重要性
- 描述边际利润与资产周转率之间的关系
- 分析普通股股东权益回报率及其在分析中的作用
- 描述普通股股东权益回报率的分解及各项成分的相关性
- 解释营业杠杆和财务杠杆，并说明如何估计公司在使用杠杆增加报酬方面是否成功

章前引例

好样的，但是否真的适合 Gap 公司?

Gap 公司的权益回报率曾于 2000 年达到 59%，然后开始暴跌。公司几乎完全割裂了与顾客的联系，它那曾经极富特色的产品线开始变得平淡无奇。老海军（Old Navy）成本价系列服装分流了公司高边际产品的顾客，也降低了公司形象。销售增长率从每年 30%降至 15%；存货周转率由每年 7 次以上降到 4 次以下。公司不得不设法处理积压存货。

公司因为店面装修和扩张背上了沉重的债务，财务杠杆因此增至 0.76 以上，比上市公司平均 0.40 的水平高出近 1 倍。由于公司盈利能力缺乏，债务负担沉重，信用评级机构将公司债券的评级降低至仅高于“垃圾”债券。

Gap 公司拼命地想要改变这种状况，聘用保罗·普莱斯勒（Paul Pressler）来执掌公司。普莱斯勒曾经负责迪士尼公司主题公园的经营管理，很是吸引顾客。他到任后关闭了一些不盈利的商店，用获得的现金来还债。公司财务杠杆因此下降一半以上，达到了比较保守的 29%的水平。他对公司的信息系统做了改进，以便更好地控制业务。公司的毛利从 30%增长到 39%。在竞争异常激烈的服装零售行业，这已经是很大的增长。普莱斯勒还成功地使 Gap 公司的 SG&A（销售、一般和行政管理费用）占销售收入的比例降低了 1 个百分点。

……Gap 还需要回到它以前的繁荣年代……

由于毛利增加、营业成本降低，Gap 公司的业务开始扭亏为盈，有了 8%的利润，远高于竞争对手 5.5%的平均水平。

作为反应，Gap 公司的股票价格翻了 1 倍。然而，许多分析师认为，Gap 公司股票价格的增长只是反映了 Gap 公司用现金减轻债务和回购股票所导致的较强的资产负债表状况。

Gap 公司在市场营销方面尚未显现出任何成果。“商店看起来依然如故，产品不但达不到很好，连一般也算不上。”珍妮弗·布莱克（Jennifer Black），一位拥有自己企业的零售业分析师这样说，“它没有了自己的焦点……它的目标顾客究竟是谁?”（*Forbes*，2005）

缩减规模和改善系统所能做到的仅此而已。到目前为止，普莱斯勒是好样的，也是适合

Gap 的。但是，作为首席营销师，他还需要让公司回到以前那样繁荣的年代。只有做到这一点，Gap 公司的股票价格才会真正起飞。

本章概览

财务报表分析需要同时估计风险和回报。投资回报率代表了一家公司同时与融资水平和融资来源相关的收益。它是对公司运用融资创造利润的行为成功与否的一项度量。本章介绍投资回报率及它与财务报表分析的相关性。我们将描述并解释计算投资回报率的各种不同方法。为了进一步明晰公司的业绩和未来经营，我们将投资回报率分解为几个部分。我们还将考察财务杠杆的作用以及对报酬分析的重要性。本章将使用包括金宝汤公司在内的一些实际财务报表数据来阐释这些分析技术。

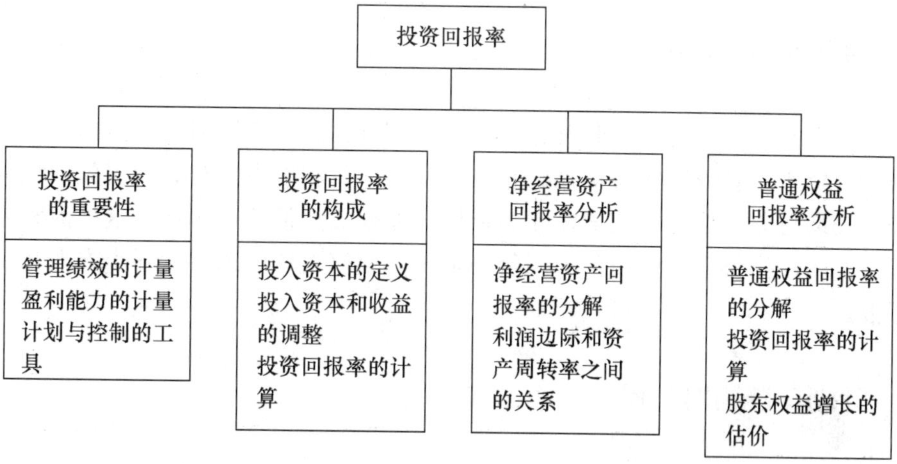

投资回报率的重要性

我们可以通过多种方式分析公司业绩。收入、净收益、资产增长皆属于常用的业绩指标。然而，这些指标中没有一项可以独自作为对公司业绩的综合计量。原因在于它们之间的相互依存性以及商务活动的依存性。比如，收入只有在能够使利润增长时，才会被认为是理想的收入。资产的增加只有在能够使销售量额外增加时才是合意的。要评价净收益，就必须考虑投入资本。比如，对于 100 万美元的利润，投入 200 万美元的资本和投入 2 亿美元资本是不一样的。

公司业绩需要**联合**（joint）分析，也就是将各项指标联系在一起进行估计。收益和投入资本相联系，即构成所谓**投资回报率**（return on invested capital，ROIC），或**投资收益率**（return on investment，ROI），或许是使用最为广泛的公司业绩评价指标。通过它我们可以比较各个公司投入资本的成功程度。我们也可以通过它将公司的回报与投资风险相挂钩，并比较投入资本回报率与其他替代性投资回报率的高低。政府公债低风险低回报，高风险投资可望产生高回报。投资回报率分析将公司的收益或其他业绩指标与公司融资水平和融资来源进行比较。通过比较可以确定一个公司获得成功、吸引资金、偿付债务和支付股利的能力。我们将投资回报率应用于如下几个方面：（1）管理绩效；（2）盈利能力；（3）计划与控制。

□ 管理绩效的计量

投资回报率的高低主要取决于管理层的技能、智谋、技巧和动机。管理层负责公司的商务活动，凡融资、投资和经营决策皆出于此。它选择行动、制定战略并执行计划。投资回报率，特别是按一年或更长的时间间隔进行计算时，可以是对公司管理绩效的一种很好的计量。

□ 盈利能力的计量

投资回报率是公司长期财务优势的重要指示器。它运用来自损益表（利润）和资产负债表（融资）的关键性汇总指标来估计盈利能力。与其他仅仅依赖资产负债表的长期财务优势指标或偿债能力指标（如权益负债率）相比，这种盈利能力指标有多方面的优势。它可以从不同资金来源（债权人和股东）的各个方面来反映投资回报。

□ 计划与控制的工具

投资回报率在商务活动的计划、预算、协调、评价和控制中发挥着重要作用。这一回报是公司各部门或各分支机构所实现报酬（及损失）的综合体现。各分支机构的报酬又是由各产品线、项目以及其他各种构成要素实现的报酬所构成。一家管理良好的公司需对其各个利润中心实现的报酬施行控制，并根据这些成果对经理们进行奖惩。在评价各种替代性投资方案时，管理层需要联系预期回报进行业绩评价，并由此演化出公司的战略决策和行动计划。

分析视点

……你是审计师

你是一位审计经理，正负责对一家制造业公司进行实质性审计测试。你通过分析性程序发现，该公司的销售收入增加3%，由200万美元上升到206万美元，总费用降低4%，由190万美元降低到了182.4万美元。两方面的变化都在你±5%的“合理”标准范围之内。相应地，你也没有扩大有关这些账目的审计测试范围。主管业务的审计合伙人质疑你没有对这些差异做进一步的跟踪检查，特意提醒你做联合分析。审计合伙人指的究竟是什么？

投资回报率的构成

使用投资回报率分析公司绩效从理论上来讲是既合理又讨巧的。其计算如下：

$$投资回报率=\frac{收益}{投入资本}$$

不过，对于式中分子和分母的计算始终没有一致的说法。这些差别乃是情理之中，因为财务报表用户观察问题的角度各有不同。本节将介绍这些差异，并说明不同的计算与不同用户和不同分析究竟有何联系。我们首先考虑投入资本，随后是收益。

投入资本的定义

对于计算投资回报率时所使用的投入资本，并不存在普遍适用的指标。人们使用不同的投入资本指标，反映了不同用户的不同观点。在此我们将说明两项不同的投入资本计量指标，说明其对不同用户的相关性，并做出相应的解释。

一家典型公司的投入资本

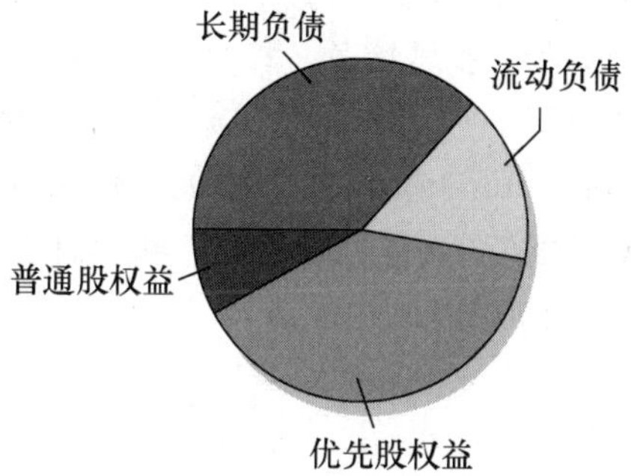

净经营资产

许多分析师把资产负债表和损益表分解为经营和非经营部分，并通过计算**净经营资产回报率**（return on net operating assets，RNOA）作为公司业绩的总体计量。像这样把财务报表分解为经营和非经营两部分，乃是沿袭了经营活动与股票价格的确定具有最持久和最相关关系的观点。

经营活动是公司的核心活动，包括将公司的产品和服务引向市场，并服务于顾客需求所必需的所有活动。经营活动具有至关重要的意义，因此，公司想要生存，就必须在长期内很好地执行这些活动。损益表中的经营活动一般包括销售，已售产品成本，以及销售、一般及行政管理费用（SG&A）。资产负债表中的经营活动是由与这些损益表项目相关的资产和负债所构成，如应收账款、存货、固定资产、应付账款、应计费用等。

许多企业会把多余的现金投资于金融资产（如可销售证券），所获得的收益在损益表中一般列为其他收益。企业也会借入长期或短期债务，由此产生利息费用。尽管对投资的有效管理和机敏的借款有益于收益，但这些非经营性收入和费用依然被视为企业核心经营活动的辅助。因此，此类投资回报和利息费用对公司价值一般并无多大影响，除非它们异常突出。

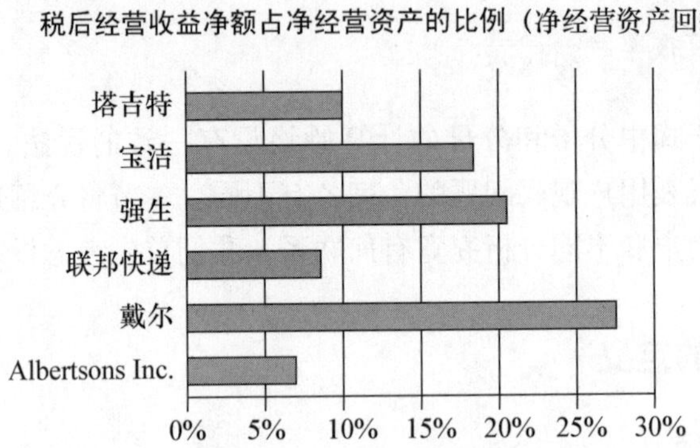

我们的分析路径是，在按这种经营/非经营维度进行公司分析的同时，以净经营资产回报率（RNOA）作为公司业绩的总计量。RNOA 可以定义为税后经营收益净额（NOPAT）除净经营资产的平均余额。我们将在下面对它做更全面的考察。

更具体来说，经营资产等于总资产减去金融资产，诸如在可销售证券上的投资。经营负债等于总负债减去计息债务。经营资产减去经营负债即是**净经营资产**（net operating assets，NOA）。用于和净经营资产相比较的收益指标是**税后经营收益净额**（net operating income after tax，NOPAT），等于收入减去经营费用，如销售成本、SG&A 以及税金（NOPAT 不包括投资收益和利息费用）。我们将在本章稍后的内容中详细讨论 NOA 和 NOPAT 的构成。

普通权益资本

普通权益回报率（return on common equity，ROCE）等于净收益减去优先股股利再除以普通权益平均余额。普通权益等于股东权益总额减去优先股。之所以在计算中排除优先股，是因为从普通股股东的角度来看，优先股股东对公司净收益和现金流量有固定的主张权，就像债务一样。

普通权益也可以另外定义为总资产减去负债和优先股。总资产中负债和权益的比例安排属于资本结构决策，是每个公司都必须作出的。资本结构中权益的金额——以及权益报酬率计算中所使用的权益金额——将因此成为公司债务融资程度的函数（也就是说，负债越多，权益越少）。除此而外，作为分子的净收益也会受到公司必须因其债务而支付的利息费用的影响。正如我们下面将要详加讨论的那样，普通权益回报率同时受到上面所讨论的净经营资产回报率和财务杠杆（资本结构中相对于权益而言债务的使用）的影响。

净收益与普通权益之比（普通权益报酬率）

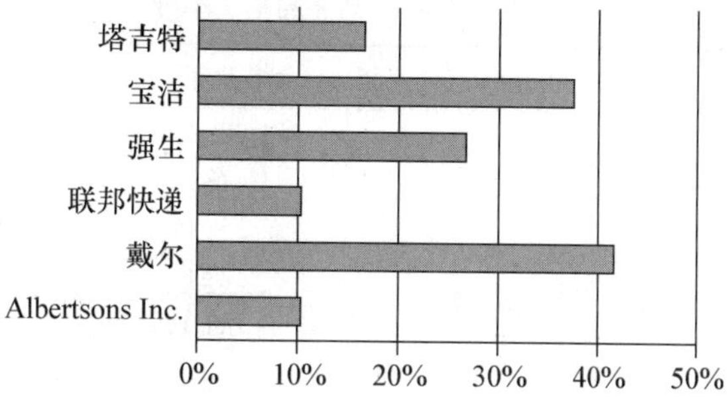

当期投入资本的计算

无论如何定义投入资本，我们总是将一定期间的回报与其投资基数进行比较。该期的投入资本一般是用公司当期可用资本的平均数来计算。平均数用于反映投入资本在当期内的变动。最常见的计算方法是年初和年末投入资本之和除以 2。我们在使用平均数时必须格外仔细。处于特定行业的公司一般会选择自然营业年度，而非日历年度。比如，零售业公司一般会以存货和销售水平最低的时刻作为营业年度的结束（如圣诞节之后的 1 月 31 日）。在这种情况下，按年末数计算的平均值将是最低值，而不是当期投入资本的平均值。还有一种更精确的方法是对中期值做平均，比如将每季度末的投入资本相加再除以 4。

□ 投入资本和收益的调整

我们对投资回报率的分析以财务报表的报告数据作为起点。正如我们在前几章所讨论的那样，许多会计数据要求做分析性调整。此外还需要使用一些财务报表中并不包括的数据。有些调整（比如存货的调整）会同时影响投资回报率计算的分子和分母，使其影响更趋温和。无论其影响如何，投资回报率分析应该使用如前几章所描述的经过适当调整的财务报表数据。

□ 投资回报率的计算

本小节将具体运用对投资回报率分析的讨论。我们将举例说明计算中所使用收益和投入资本的不同指标。使用图表 8—1 和图表 8—2 中 Excell 公司的财务报表，计算第 9 年的投资回报率，金额精确到百万美元。

净经营资产回报率

净经营资产回报率（RNOA）的计算公式如下：

$$净经营资产投资回报率=\frac{税后经营收益净额（NOPAT）}{净经营资产（NOA）平均余额}$$

图表 8—1 **EXCELL 公司损益表**
第 8 和第 9 年度 单位：百万美元

	第 8 年	第 9 年
销售收入	$1 636 298	$1 782 254
销售成本和营业费用	1 473 293	1 598 679
营业利润	163 005	183 575
利息费用	21 825	20 843
税前利润	141 180	162 732
所得税费用	52 237	58 584
净收益	$88 943	$104 148

公式中的分母，净经营资产（NOA）等于经营资产减去经营负债。经营资产和经营负债是公司经营所必需的，包括现金、应收账款、存货、预付费用、递延税款资产、PPE 以及与战略购并相关的长期投资（诸如权益法投资、商誉以及获得的无形资产）。需要从这些资产中扣减的是短期经营负债如应付账款、应计费用，以及长期经营负债，如养老金和其他退休后福利（OPEB）负债、递延所得税负债。

非经营资产包括可销售证券投资、非战略性股权投资，以及终止的部分经营在出售前的投资。非经营性负债包括债券和其他长期计息负债，以及资本性租赁的非流动部分。净金融负债（net financial obligations，NFO）等于非经营负债减去非经营资产（负债列在前面是为了产生一个正数，因为大多数公司都是金融负债大于金融资产）。

经营活动与非经营活动的区别，可以通过下面典型的资产负债表方式来加以概括说明：

资产负债表

经营资产	OA	金融负债*	FL
减去经营负债	(OL)	减去金融资产	(FA)
		净金融负债	NFO
		股东权益**	SE
净经营资产	NOA	净融资	NFO+SE***

* 包括优先股。
** 排除优先股。
*** NOA=NFO+SE。

图表 8—2 **EXCELL 公司资产负债表**
截至 12 月 31 日 单位：百万美元

	第 8 年	第 9 年
资产		
现金	$115 397	$71 546
可销售证券	38 008	43 854
应收账款净额	177 538	182 859

续前表

	第 8 年	第 9 年
存货	204 362	256 838
流动资产合计	535 305	555 097
对非合并子公司投资	33 728	62 390
可销售证券	5 931	56 997
不动产、厂场及设备净额	1 539 221	1 633 458
商誉	6 550	6 550
长期资产合计	1 585 430	1 759 395
资产总计	$ 2 120 735	$ 2 314 492
负债		
应付票据	$ 7 850	$ 13 734
应付账款	138 662	155 482
应付税款	24 370	13 256
一年内到期的长期负债	30 440	33 822
流动负债合计	201 322	216 294
长期负债	507 329	473 507
养老金及其他退休后福利负债	743 779	852 237
长期负债合计	1 251 108	1 325 744
权益		
普通股	413 783	413 783
股本溢价	19 208	19 208
留存收益	436 752	540 901
库藏股	(201 438)	(201 438)
股东权益合计	668 305	772 454
负债和权益总计	$ 2 120 735	$ 2 314 492

会计等式规定资产＝负债＋权益，我们也可按经营与非经营基础将资产负债表表示为：

净经营资产(NOA)＝净金融负债(NFO)＋股东权益(SE)

对 Excell 公司（见图表 8—2），净经营资产（NOA）等于资产总计减去非经营资产，如短期和长期可销售证券投资。经营负债等于负债合计减去非经营负债，如应付银行票据，一年内到期的长期应付债务，以及长期负债。第 8 和第 9 年的净经营资产（NOA）可计算如下：

	第 8 年	第 9 年
现金	$ 115 397	$ 71 546
应收账款净额	177 538	182 859
存货	204 362	256 838
对非合并子公司投资	33 728	62 390
不动产、厂场及设备净额	1 539 221	1 633 458

续前表

	第 8 年	第 9 年
商誉	6 550	6 550
应付账款	(138 662)	(155 482)
应付税款	(24 370)	(13 256)
养老金及其他退休后福利负债	(743 779)	(852 237)
净经营资产	$ 1 169 985	$ 1 192 666

对非合并子公司投资关系到权益法投资，我们曾在第 5 章做过讨论。在此我们假定为战略投资，因此做经营资产处理。商誉做经营资产，也是因为与之相关的投资在性质上属于战略投资，除非有事实作相反的证明，才会另作别论。对终止经营业务的投资（本例中未曾涉及）做非经营资产处理，因为该经营单位将不再对公司的营业利润有所贡献。

净金融负债等于诸如票据和其他应付债务、应付股利（本例中未曾涉及）等金融义务减去诸如短期和长期可销售证券投资之类的金融资产。Excell 公司的 NFO 可计算如下：

	第 8 年	第 9 年
应付票据	$ 7 850	$ 13 734
一年内到期的长期负债	30 440	33 822
长期负债	507 329	473 507
可销售证券——流动	(38 008)	(43 854)
可销售证券——非流动	(5 931)	(56 997)
净金融负债	$ 501 680	$ 420 212

最后，NOA＝NFO＋SE，如下所示：

	NOA	＝	NFO	＋	SE
第 8 年	$ 1 169 985	＝	$ 501 680	＋	$ 668 305
第 9 年	$ 1 192 666	＝	$ 420 212	＋	$ 772 454

RNOA 等式的分子，税后经营收益净额（NOPAT），是净经营资产所赚得的税后利润。下面以损益表的形式概括列出了经营活动与非经营活动的区别：

损益表

营业收入		OR
营业费用		(OE)
经营性税金费用		
税款准备	(TAX)	
利息税盾①	(SHLD)	

① 利息税盾，原文为“interest tax shield”，也有译为“利息税收挡避”，指利息所具有的税收庇护作用。

经营性税金费用		(TE)
营业收益		OI
财务费用净额		
利息费用*	(INTX)	
利息收入	INTR	
利息税盾	SHLD	
财务费用净额		(NFE)
净收益		(NI)

* 包括优先股股利。

营业收益等于销售收入减去已售商品成本（COGS）、营业费用（如销售、一般及行政管理费用）和所得税。经营性税金费用由两部分构成：税款准备减去税盾。所谓利息税盾，是指由于利息费用的税款抵扣作用而导致的应税所得的减少（以及因此而发生的所得税费用的减少）。利息税盾可以同时降低应用于税前营业利润和税前非经营性收入与费用的实际税率（所得税费用/税前收益）。排除在 NOPAT 之外的项目包括利息收入和利息费用、股利收入、非经营性投资利得和损失、终止经营收益或损失（全部按税后净额计算）。

NOPAT 的具体计算如下：

$$NOPAT=(\text{销售收入}-\text{营业费用})\times[1-(\text{所得税费用}/\text{税前利润})]$$

Excell 公司第 8，9 年的 NOPAT 为：

	实际税率	NOPAT
第 8 年	\$52 237/\$141 180=37%	\$163 005×(1−37%)=\$102 693
第 9 年	\$58 584/\$162 732=36%	\$183 575×(1−36%)=\$117 488

Excell 公司第 9 年的**净经营资产回报率**（RNOA）等于：

$$\begin{aligned}RNOA &= NOPAT/\text{平均 } NOA\\ &= \$117\,488/[(\$1\,169\,985+\$1\,192\,666)\div 2]\\ &= 9.95\%\end{aligned}$$

普通股股东权益回报率（Return on Common Shareholders' Equity）

普通权益回报率（return on common equity，ROCE）一般从投入资本中排除其他所有项目，仅留下普通股股东权益。Excell 公司第 9 年的普通权益回报率可计算如下：

$$\begin{aligned}\text{普通权益回报率} &= \frac{\text{净收益}-\text{优先股股利}}{\text{普通股股东权益平均余额}}\\ &= \frac{\$104\,148-\$0}{(\$668\,305+\$772\,454)\div 2}\\ &= 14.46\%\end{aligned}$$

正如前文所解释的，ROCE 由两项要素构成：一项是经营回报，一项是非经营回报（财务杠杆的正面或负面影响）。Excell 公司的普通股股东权益回报率高于净经营资产回报率，表明财务杠杆在此案例中发挥了积极作用。

净经营资产回报率分析

投资回报率在管理评估、盈利能力分析及计划和控制中是很有用的。我们在上述工作中使用投资回报率指标时，必须全面了解回报率指标的分析意义。这是因为回报率指标的各项构成要素对了解公司绩效具有潜在的价值。本节考察回报率指标，其所使用的是站在经营的角度来观察的投入资本，一般称为**净经营资产回报率**（RNOA）。

净经营资产回报率的分解

如前所述：

$$净经营资产回报率=\frac{税后经营收益净额（NOPAT）}{净经营资产（NOA）平均余额}$$

我们可以按照与销售收入的关系，将这一公式做很有意义的分解。基本分解式为：

$$净经营资产回报率=净营业利润率\times净经营资产周转率$$

即

$$\frac{税后经营收益净额（NOPAT）}{净经营资产（NOA）平均余额}=\frac{税后经营收益净额（NOPAT）}{销售收入}\times\frac{销售收入}{净经营资产（NOA）平均余额}$$

NOPAT 与销售收入之比称为**净营业利润率**（net operating profit margin），或简称为 NOPAT 边际，用于衡量公司的销售盈利能力。销售收入与净经营资产之比称为**净经营资产周转率**（net operating asset turnover），简称为 NOA 周转率，用于衡量公司用经营资产创造销售收入的效率。这一分解突出了这些构成要素在决定净经营资产回报率中的作用。NOPAT 边际和 NOA 周转率都是很有用的指标，要求对公司盈利能力有透彻的分析和了解。我们在图表 8—3 中描述了决定净经营资产回报率的主要成分。分析的第一级关注 NOPAT 边际和 NOA 周转率之间的相互关系；第二级突出了决定 NOPAT 边际和 NOA 周转率的其他重要因素。

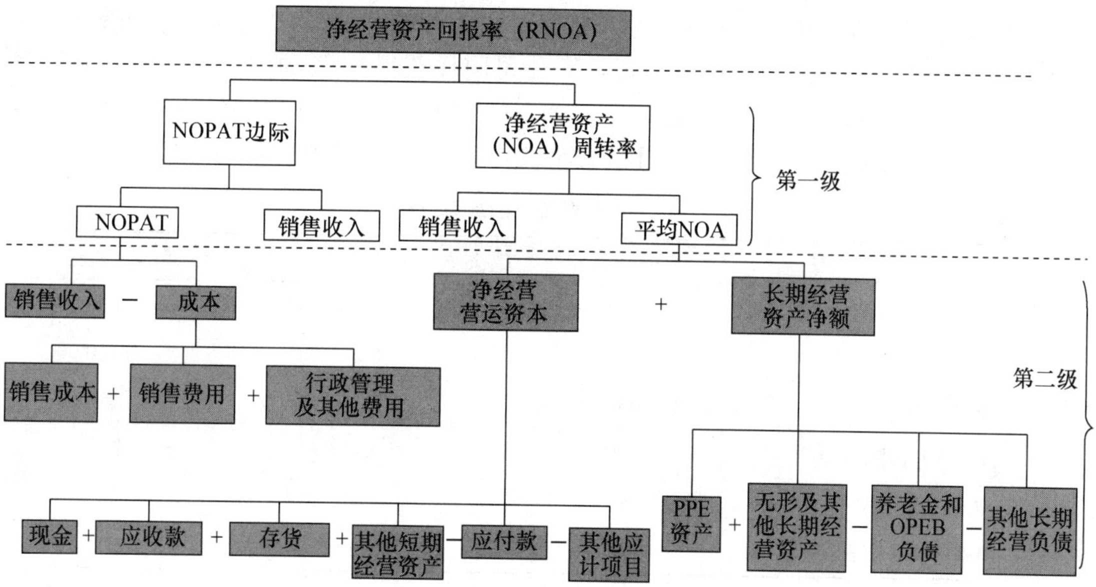

图表 8—3　净经营资产回报率的分解

经营杠杆的影响

净经营资产（NOA）因经营负债增加而减少，并因此而提高净经营资产周转率。假如经营负债的增加不影响 NOPAT，RNOA 也会因此而提高。在下面有关 RNOA 的替代性分解式中，可以看到经营负债的影响：

$$RNOA=\frac{NOPAT}{销售收入}\times\frac{销售收入}{平均\ OA}\times（1+OLLEV）$$

式中，OA 为经营资产（总额）；OLLEV 为经营负债杠杆率（operating liability leverage ratio），等于平均经营负债/平均 NOA。由于 OLLEV 为正数，OLLEV 提高，RNOA 也会提高。

这一等式背后的意思是：如果明智地使用，经营负债一般不会加大成本。比如，通过延迟付款增加应付账款可以使公司用供应商的资金，只要不是延迟得太多，可以成本很低甚至没有成本。（不过，在有些情况下，当供应商意识到使用他的资金是在增加他的成本——也即是说，作为非营利资产的应收款会增加，他会提高他自己商品或服务的价格，也有可能决定不再向该公司供货。）其结果是 NOA 降低，在不增加 NOPAT 的情况下使 RNOA 提高。企业用供应商的资金为自己赚钱，这就避免了通过高成本的债务或权益资本为经营资产融资的需要。

□ 利润边际和资产周转率之间的关系

图表 8—4 举例说明 NOPAT 边际和 NOA 周转率的关系。如公式所示，RNOA 等于 NOPAT 边际乘以 NOA 周转率。图表 8—4 表明，X 公司通过较高的 NOPAT 边际和较低的 NOA 周转率获得了 10%的 RNOA。与此形成对比的是，Z 公司获得了

同样的 RNOA，但是 NOPAT 边际较低而 NOA 周转率较高。Y 公司的利润率和周转率在前两个公司之间。也就是说，Y 公司同样获得 10%的 RNOA，但其利润率（NOPAT 边际）只是 X 公司的一半，而 NOA 周转率却是 X 公司的两倍。由此可以看出，要获得 10%的 RNOA，利润率和资产周转率可以有多种不同的组合。

图表 8—4　净经营资产回报率分析

	X 公司	Y 公司	Z 公司
销售收入	$5 000 000	$10 000 000	$10 000 000
NOPAT	$500 000	$500 000	$100 000
NOA	$5 000 000	$5 000 000	$1 000 000
NOPAT 边际	10%	5%	1%
NOA 周转率	1	2	10
净经营资产回报率	10%	10%	10%

由于 RNOA 是 NOPAT 边际和 NOA 周转率的函数，因此似乎可以试着在保持周转率不变的情况下分析提高利润边际对 RNOA 的影响，反之亦然。遗憾的是，事情并不是这样简单，原因在于，这两项指标并非彼此独立。利润边际是销售收入（销售单价×销售量）和营业费用的函数。周转率也是销售收入的函数（销售收入/资产）。因而，通过提高售价增加利润边际同时会影响到销售量。为了提高盈利能力而缩减与市场营销相关的营业费用通常会影响对产品的需求。售价、营销、R&D、生产以及其他许多商务领域都须予以有效管理，方可实现 RNOA 最大化。

我们可以进一步扩展图表 8—4 中的回报率分析，从而发现，要实现某一固定的资产回报率，利润边际和资产周转率可以有无数种可能的组合，构成一个连续的系列（即图表 8—5 中的实体线）。图表 8—5 用图形方式描绘了 NOPAT 边际（横轴）和 NOA 周转率（纵轴）之间的这种关系。其中曲线显示了产生固定净经营资产回报率的所有 NOPAT 边际和 NOA 周转率组合的轨迹。该曲线从左上角（低 NOPAT 边际、高 NOA 周转率位置）向右下角（高 NOPAT 边际、低 NOA 周转率位置）倾斜。我们将图表 8—4 中 X 和 Y 公司的数据在图中以点的方式标示出来，分别标明为 X 和 Y。其余从 A 到 P 的各点，代表了其他一些不同公司 NOPAT 边际和 NOA 周转率的组合。将同一个行业内不同公司的回报率围绕一条固定资产回报率曲线标示出来，是一种比较公司盈利能力的极有价值的方法。更重要的是，这种图式揭示了 RNOA 决定中 NOPAT 边际和 NOA 周转率的关系，在公司分析中是极为有用的。

图表 8—5 中净经营资产回报率的分解，为评价公司为了提高回报率而采取的战略行动提供了重要信息。比如，B 公司和 C 公司必须集中精力致力于恢复其盈利能力。进而，如果对图表 8—5 中所展现的行业，NOPAT 边际和 NOA 周转率具有很好的代表性，则可以认为，P 公司应该注重提高资产周转率，而 A 公司应该注意提高 NOPAT 边际。其他公司如 H 和 I 则最好 NOPAT 边际和 NOA 周转率两者兼顾。

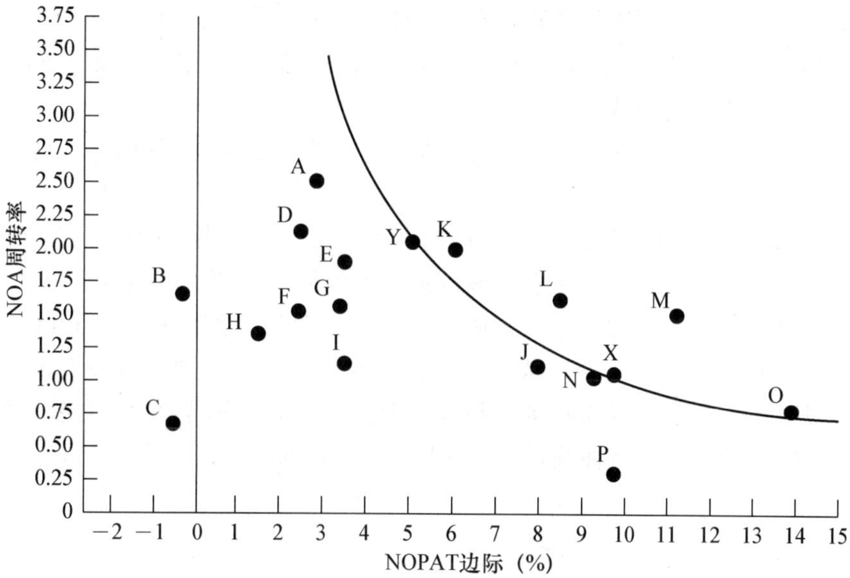

图表 8—5　NOPAT 边际、NOA 周转率与净经营资产回报率之间的关系

通过分析资产回报率，可以对战略行动有更深刻的揭示。正如在下例中，我们考察处于同一行业、具有相同净经营资产回报率的两家公司时所见：

	AA 公司	BB 公司
销售收入	\$1 000 000	\$20 000 000
收益	\$100 000	\$100 000
资产	\$10 000 000	\$10 000 000
NOPAT 边际	10%	0.5%
NOA 周转率	0.1	2.0
净经营资产回报率	1%	1%

两家公司的净经营资产回报率都很差，然而，各自需要采取的战略性校正行动却不尽相同。我们在这种情况下的分析必须考虑管理行为成功的可能性，并考察影响业绩改进的其他因素。AA 公司的 NOPAT 边际为 10%，BB 公司却要低很多。另一方面，AA 公司每一美元资产投资产生的销售收入仅为 0.1 美元，BB 公司却可以产生 2 美元的收入。因此，我们在分析中需要关注 AA 公司的资产问题，搞清楚为什么它的周转率会这么低？这些资产是否很少产生回报，或者根本没有任何回报？是否有闲置资产需要处置？资产是否得到了有效利用？我们期望 AA 公司能够通过加快周转（增加销售收入，减少投资，或者两者兼顾）尽快有所改进。要让 AA 公司的利润边际大大超过行业水平，可能会有很大难度。

BB 公司面临的情境与此大不相同。我们通过分析认为，BB 公司最应该关注的是改进其超低的利润边际。利润边际过低，原因可能各不相同，但是一般包括：生产方法低效、产品线无利可图、生产能力过剩、固定费用过高，或者销售、一般及行政管理费用过高。利润边际过低的公司有时会发现，要改变体验和技术，就必须增加资产投资来扩大销售。这就意味着，要维持其资产回报率，公司就必须提高利润边际，否则，生产将不再赚钱。

现在有一种倾向，将高额利润边际视为经营业绩良好的标志。但我们依然强调将投资回报率（不论其做何定义）作为盈利能力的终极测试的重要性。超市可能满足于1%～2%的NOPAT边际，原因在于，相对于极低的资产投资，其NOA周转率是很高的。与此类似，折扣店也会很乐意接受极低的NOPAT边际，以产生很高的资产周转率（主要是存货）。与此相反，资本密集型行业如钢铁、化工和汽车等，因为拥有庞大的资产投资，资产周转率较低，要想制胜就必须获得较高的NOPAT边际。图表8—6描绘了不同行业NOPAT边际和NOA周转率的关系。我们描述的是10.3%的资产回报率曲线，因为这是上市公司的中位数水平。

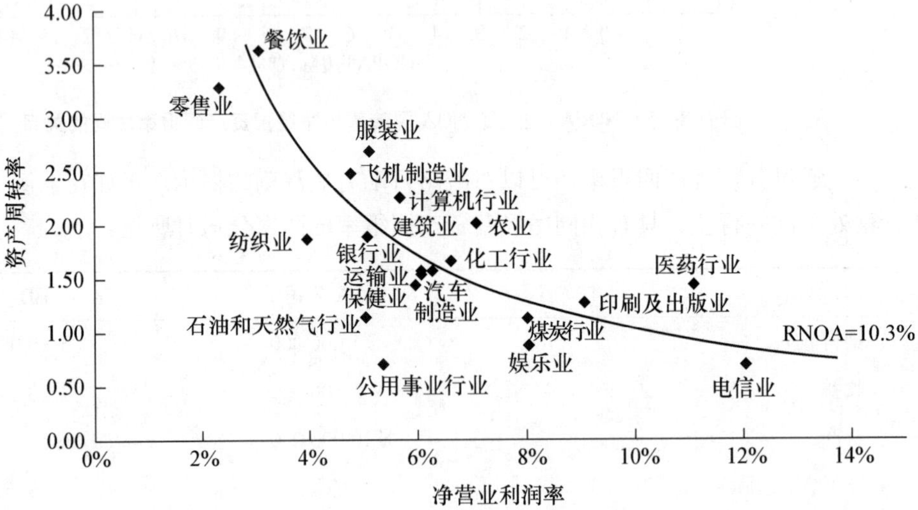

图表8—6 部分行业给定RNOA下净经营资产周转率与净营业利润的组合

我们必须记住，单纯一个年度的回报率分析很可能产生误导作用。很多行业都有周期性，利润边际会产生周期性波动，有些年份的利润超高，有些年份则相反。因此，对公司进行分析时，必须计算多个年度的回报率，至少要能跨过一个经营周期。

利润边际的分解

经营利润边际（operating profit margin，OPM）被定义为：

$$\frac{\text{税后经营收益净额（NOPAT）}}{\text{销售收入}}$$

经营利润边际是产品和服务的单位售价与将该产品或服务送达市场并向顾客提供售后服务的单位成本相比的函数。为了达到分析的目的，需要把税前利润边际（PM）作如下分解：

$$\text{税前 PM} = \text{税前销售 PM} + \text{税前其他 PM}$$

$$税前销售\ PM=\frac{毛利}{销售收入}-\frac{销售费用}{销售收入}-\frac{行政管理费用}{销售收入}-\frac{R\&D}{销售收入}$$

$$税前其他\ PM=\frac{权益收益}{销售收入}\pm\frac{特别项目}{销售收入}\pm\cdots$$

以下几项对我们进行盈利能力分析具有重要意义：

毛利　毛利（gross profit），或称毛边际（gross margin），等于收入减去销售成本。通常以百分比形式来表示（毛利率），计算方式为毛利除以销售收入。毛利（或毛利率）是一项关键性的业绩指标。所有费用必须通过毛利来补偿，扣除成本费用之后的剩余，才是赚得的收益。除此之外，毛利必须大到能够补偿各项未来型酌量性支出，比如研发支出、市场营销费用、广告费等。各行业的毛利水平各不相同，取决于多种因素，比如市场竞争状况、生产要素的差异（如工资率、原材料成本、资本投入水平等）。

在确定毛利的驱动因素时，可以对销售收入和销售成本的变动进行分析。毛利的变化总是如下一种或多种因素共同作用的结果：

- 销售量的增加（减少）。
- 销售单价的增加（减少）。
- 单位成本的增加（减少）。

在毛利变化分析中对分析结果的解释，需要确定主要是哪些因素造成了变化。进而，我们会扩大分析范围，看看为了补救或提高毛利（通过数量、价格、成本）采取了哪些战略行动。比如，假如确定了毛利下降的原因在于销售单价降低，售价降低是因为该行业产能过剩因而削减价格，我们将会认为，该企业的情况是不容乐观的，因为管理层很难做出适当的战略反应。如果毛利下降是因为单位成本上升，则可以乐观一些，希望管理层可以做出多方面的战略反应。

在解释销售成本和毛利，尤其是进行比较分析时，必须注意因为会计方法而导致的潜在的失真。虽然这适用于所有成本分析，但对存货和折旧会计具有特别的意义（折旧费用与生产设备相关，是构成已售商品成本的一个重要项目）。之所以要特别注意这两个项目，是因为它们所代表的费用通常金额很大，并且会计方法的选择会对其计量产生重要影响。

销售费用　销售费用和收入之间关系的重要性因行业和公司而异。在有些公司，销售费用的可变性很高，有些公司则大部分是固定的。我们在分析中必须注意区分这些可变和固定成分，然后方可与收入相对地进行分析。

当销售费用占收入的比例增加时，应该注意销售费用的增加是否使收入也相应增加。当销售费用的增加超过了一定水平，收入增加的边际将会降低。这可能归因于市场饱和、品牌忠诚度降低或在新的区域中费用的增加。我们在分析中需要区分销售费用占收入的比例中哪些是新发生的，哪些是为了维持老顾客而发生的。这对预测盈利能力很有价值。如果公司必须通过大幅度增加销售费用来扩大销售，其盈利能力将是有限的，甚至会下降。

有些促销费用，尤其是广告费，会带来当前和未来利益。要计量因这些费用而产生的未来利益是极为困难的。与指向未来的营销活动相关的支出大都是酌量性的。我们在分析中必须注意这种支出的逐年变化趋势。这些支出除了具有影响未来销售的能力之外，我们还可从中发现管理层是否具有“管理”报告盈余的倾向。

一般及行政管理费用 一般及行政管理费用属于固定费用，主要因为这些费用包括薪金及租金等项目。这些费用呈现一种上升趋势，尤其在繁荣时期。在分析这些费用时，我们需要同时关注这些费用的变化趋势，以及它们所耗用收入的百分比。

资产周转率的分解

确定资产周转率时使用的标准资产周转率指标是：

$$\frac{\text{销售收入}}{\text{净经营资产平均余额}}$$

在公司分析中，需要进一步评价各项具体资产周转率构成要素的变化。本小节考察资产周转率要素资产和负债账户。

资产周转率计量公司资产使用的强度。与资产使用最相关的指标是销售收入，因为销售收入是利润的根本。在一些特殊情况下，比如公司的起步或发展阶段，进行资产周转率分析时必须认识到，大多数资产是为未来企业活动服务的。另外，特殊的供应问题或工作的意外停顿，也会影响资产的利用，需要做出特别的评价和解释。本小节将通过资产周转率的分解来说明各种具体分析。

总体而言，资产周转率可以反映资产的相对劳动生产率，也即从每一美元的特定资产投入中可以获得的销售量水平。在同等条件下，我们更喜欢资产周转率高一些(对负债则相反)。不过，对这样一个总体结论必须审慎看待。可以通过减少资产投资而提高资产周转率，但这是不利于生产发展的。比如，如果选择减少提供给客户的商业信用，在某些时候，也将会丧失销售。从减少应收款中可能获得的任何利益将会被销售下降造成的损失所抵消。同样情况也会发生在存货方面。我们需要一定的存货水平为目前的销售水平提供支持。任何的减少都可能造成存货耗竭，导致丧失销售的风险。因此，我们在资产上的投资必须处在最优（optimized）水平，而不一定是最低水平。

应收账款周转率 应收账款周转率可定义为：

应收账款周转率＝销售收入/应收账款平均余额

应收款是一项需要用一定资本成本为其融资的资产。此外，应收款还要承担收款风险，发生额外的间接费用，如信用与收款部门费用。从这方面来讲，降低应收款水平有利于减少这些成本。不过，如果我们用过分严格的信用政策来降低应收款，将可能对销售发生负面影响。为此，必须对应收款实行合理有效的管理。

应收账款周转率还有另外一种观察形式，即**平均收款期**（average collection period）。

平均收款期＝应收账款/日平均销售额

这一指标反映应收账款平均在外时间。一般来说，应收账款周转率越低，平均收款期越长。

存货周转率 存货周转率按如下方式计算：

存货周转率＝销售成本/平均存货

这项比率用销售成本来代表销售量，是因为分母上的存货是按成本而非零售价计量的。因此，分子分母皆用成本来计量。存货周转率下降一般说明企业的产品不具有竞争性，或者因为款式过时，或者因为技术老化。此外，存货资金的筹集需要付出一定费用，而存货本身也会产生额外的费用如保险费、储存费、后勤保障费、失窃损失等。公司希望存货能够满足客户需要，不至于断货即可，无须太多。

像平均收款期一样，存货周转率也有一种替代性计算，即

存货平均周转天数＝存货/日平均销售成本

存货平均周转天数表明可用于销售的存货可维持的时间长度。我们希望存货平均周转天数能够尽可能缩短。与此相伴随，可以通过实时配送等生产管理技术使原材料存货达到最小，也可以通过使用高效的生产工艺消除瓶颈，减少在产品存货。此外，公司还会希望在可能的情况下通过订单生产缩小产成品存货，而不是按预估的需求进行生产。

长期经营资产周转率 长期经营资产周转率按如下方式计算：

长期经营资产周转率＝销售收入/长期经营资产平均余额

资本密集型企业（如制造业公司）要求大规模长期资产投资。相应地，此类公司的长期经营资产周转率要低于非资本密集型企业，如服务业企业。长期经营资产需要付出资本成本来筹集资金。此外，它们还需要购买保险，进行资产的维护保养。由于可用于投资的资本总是有限的，投资到长期经营资产的每一美元，就其效用而言要低于投到周转更快的盈利性资产上的一美元。由于这些原因，公司会希望尽可能减少每一美元销售额所要求的长期经营资产投资。

不论是增加分子（销售收入）还是减少分母，都会使长期经营资产周转率提高。减少长期经营资产是一个艰难的过程。除了彻底地处置无用的资产外，许多公司通过与其他公司共同购买的方式来减少长期经营性资产投资。公司联盟、联合经营、特殊目的实体等都是可以用来减少长期经营资产投资的有效方法。

应付账款周转率 流动经营资产如存货等，大部分是靠应付账款融资的。此类应付款通常属于免息融资，因此比起通过借入资金为存货购置或生产融资成本要低廉得多。在可能的情况下，公司会尽量使用商业信用来融资，称为**商业依赖**（leaning on the trade）。应付账款周转率的计算公式如下：

应付账款周转率＝销售成本/应付账款平均余额

与存货相同，应付账款也是按成本而非零售价报告的。因此，为了与分母保持一致，分子上采用的是销售成本（而非销售收入）。在其他条件相同的情况下，公司喜

欢尽可能多地利用这种廉价的资金来源，因此，应付账款周转率会尽量保持最低水平（意味着应付账款较高）。降低应付账款周转率的同时，对供应商的支付会延迟，这种延迟如果使用太过，将会损害与供应商的关系。因此，需要仔细地进行应付款管理。

与应付账款周转率相类似的一项指标是应付账款平均周转天数，计算公式如下：

应付账款平均周转天数＝应付账款/平均每日销售成本

应付账款周转率低则应付账款平均周转天数高。

净经营营运资本周转率 净经营营运资本等于经营性流动资产减去经营性流动负债，是一项必须像其他资产一样融资的资产。因此，公司会希望优化此类资产上的投资。净经营营运资本周转率的计算如下：

净经营营运资本周转率＝销售净额/净经营营运资本平均余额

在同等条件下，公司一般希望净经营营运资本周转率高些，因为较高的净经营营运资本周转率意味着每一美元的销售收入耗用的营运资本投资较少。应收款和存货周转越快，净经营营运资本周转越快。当公司存在商业依赖时（即应付账款周转较慢），净经营营运资本也会更快地周转。因此，净经营营运资本周转率提高可以看做公司适当地进行其他项目管理所导致的结果。

普通权益回报率分析

普通股股东权益回报率（return on common shareholders' equity，ROCE），或简称普通股权益回报率，是公司股东最感兴趣的。债权人通常获得的是与其资金相关的固定回报。优先股股东收到的是固定股利。普通股股东获得的则是既不固定也没有事先承诺的回报。这些股东所拥有的只是在其他融资资源回报已付之后对公司收益的剩余索取权。因此，普通股权益回报率对普通股股东而言是至为重要的。普通股权益回报率与净经营资产回报率的关系也有重要意义，因为它关系到公司利用财务杠杆是否成功的分析。

在权益估值中，普通股股东权益回报率发挥着重要作用。回想一下第 1 章中的会计型股票估值公式：

$$\mathrm{V}_t=\mathrm{BV}_t+\frac{NI_{t+1}-(k\times BV_t)}{(1+k)}+\frac{NI_{t+2}-(k\times BV_{t+1})}{(1+k)^2}+\cdots$$

式中，V 为公司价值；BV 为股东权益的账面价值；NI 是净收益；k 是权益资本成本（除了投资所赚之外的股东回报率）。简化之后，上述公式可以按照未来普通股股东权益回报率（ROCE）做如下重述：

$$V_t=BV_t+\frac{(\mathrm{ROCE}_t+1-k)BV_t}{(1+k)}+\frac{(\mathrm{ROCE}_t+2-k)BV_{t+1}}{(1+k)^2}+\cdots$$

这一公式直觉上是很吸引人的。也就是说，它意味着当公司的预期 ROCE 高于投资者要求的回报率（k）时，增加的价值将会超过单纯账面价值所表示的数额。

□ 普通股权益回报率的分解

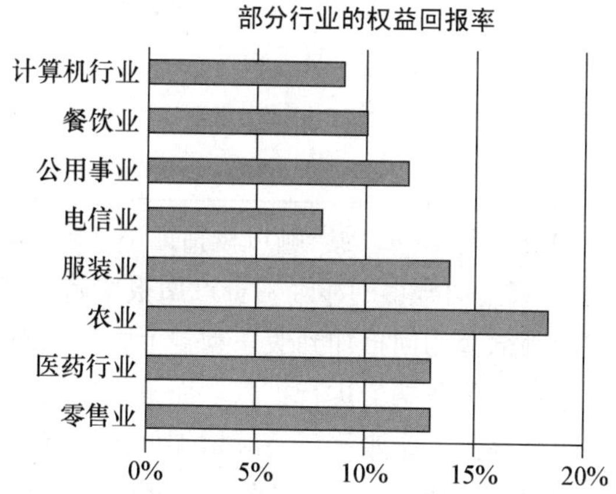

上面公式中的 ROCE 是按照股东权益账户的期初余额来计算的，实际中我们用当期的平均余额来进行分析。就像净经营资产回报率一样，将普通股权益回报率分解为构成要素对分析而言也是极为重要的。普通股股东权益回报率的计算公式为：①

$$普通股股东权益回报率（ROCE）=\frac{净收益-优先股股利}{普通股股东权益平均余额}$$

我们可将其分解为：

$$ROCE=RNOA+(LEV\times Spread)$$

式中，RNOA 为净经营资产回报率；（LEV×Spread）为财务杠杆影响。财务杠杆影响的前一部分为财务杠杆（LEV）度，是按照公司为净经营资产融资而使用的净金融负债和股东权益的相对数计量的。第二部分是 Spread，净经营资产回报率（RNOA）减去净财务回报率（NFR），其中 NFR 是金融（非金融）负债和资产的回报率净额的平均值。NFR 等于净财务费用（NFE）除以年内净金融负债（NFO）的平均余额。由于 NFO 包括有息债务减去可销售证券和其他非经营资产（比如终止经营及其他非战略性投资），因此，NFE 包括利息费用减去可销售证券的投资回报。进而，正如 NFO 既可以为正数（表明非经营负债多于非经营资产）也可以为负数（表明非经营资产多于非经营负债），NFE 也可以为正数（表明利息费用高于投资回报）或负数（表

---

① ROCE 的分解还可以用下面这种替代形式：

ROCE＝调整利润边际×资产周转率×杠杆(净收益－优先股股利)/平均股东权益＝(净收益－优先股股利)/销售收入×销售收入/平均资产×平均资产/平均股东权益

Excell 公司第 9 年的 ROCE 按上述公式计算如下：

ROCE＝＄104 148/＄1 782 254×＄1 782 254[(＄2 120 735＋＄2 314 492)/2]×[(＄2 120 735＋＄2 314 492)/2]/[(＄668 305＋＄772 454)/2]

14.46%＝5.844%×0.804×3.078

明投资回报高于利息费用）。上述公式中使用的各项术语具体可做如下定义：

术语	定义
LEV（财务杠杆）	平均 NFO/平均权益
NFO（净金融负债）	有息负债减可销售证券及其他非经营资产（或 NOA－权益）
Spread	RNOA－NFR
NFR（净财务回报率）	NFE/平均 NFO
NFE（净财务费用）	利息费用减去非经营资产投资回报

财务杠杆（LEV）对 ROE 的影响可概括如下：当 Spread 为正数时，财务杠杆会增加 ROE。如果一家公司赚得的净经营资产回报率高于为这些资产融资的债务成本，就可以简单地把超额部分的回报加到股东利益上去。因而，在同等条件下，公司股东将更愿意采用低成本的债务融资进行扩张，而不是通过高成本的权益资本融资进行扩张（当然，债务只能高到一定水平，持续增加债务是有风险的）。

普通股权益回报率（ROCE）由经营（RNOA）和非经营（LEV×Spread）两部分构成。这种对经营和非经营的区分很重要，原因在于：

- 许多公司以向客户提供商品和服务作为其主要业务，这是其专长所在。尽管公司财务部门总是配备很有才干的人员，但我们希望的是公司能够发挥其核心竞争力，而不希望看到良好财务业绩掩盖下的是糟糕的经营业绩。
- 经营活动对公司价值有最大、最持久的影响。研究证实，经营业绩对股价的影响大于财务业绩许多倍。
- 虽然公司可以通过明智地使用财务杠杆使 ROE 增加，应付债款（利息和本金）却是不论情况好坏都必须支付的契约性债务。因此，增加债务等于增加现金流量不佳时拖欠的风险，而拖欠有可能给企业带来灾难性后果，包括破产。

由于这些原因，分析师总是极度关注经营活动造成的 ROCE 的比例，以及由于财务杠杆提高所导致的结果。Excell 公司第 9 年的 ROCE 分解后的结果如下：

RNOA	9.95%
LEV（平均 NFO/平均 SE）	0.64=($501 680+$420 212)/2÷($668 305+$772 454)/2
NFR（NFE/平均 NFO）	2.90%=[$20 843×(1−0.36)]÷($501 680+$420 212)/2
Spread（RNOA-NFR）	7.05%=(9.95%−2.90%)
ROCE [RNOA+（LEV×Spread）]	14.46%=9.95%+(0.64×7.05%)

使用标准定义计算的 ROCE 为 14.46%，计算方式为（$104 148－$0）÷（$501 680＋$420 212）/2。Excell 公司 69%（9.95%/14.46%）的 ROCE 来自经营活动（RNOA）。上市公司的平均水平为 84%。因此，Excell 公司在实现其目前的 ROCE 水平时，比一般公司更依赖非经营活动。

非经营活动的回报率是财务杠杆度和 Spread 的函数。财务杠杆度一般总是处在公司的控制之下。它可以决定公司资本结构中负债和权益的相对比例以及所要维持的折现力水平（投入可销售证券的现金）。

Spread是债务利息率和投资回报的函数。两个项目皆可按如下方式分别进行考察：

$$\text{NFE/NFO}=(\text{净利息率}\times\text{FL/NFO})-(\text{金融资产回报率}\times\text{FA/NFO})$$

式中，FL和FA分别为金融负债和金融资产。许多公司按固定利率借入资金（或利用互换及其他衍生工具将浮动利率借款转换为固定利率）。因此，NFE中的利息部分可能是相对固定的。不过，其投资回报部分可能随着资本市场的动荡而波动。市场猛增中形成的Spread的增长并不会持久，因此，在分析中不应该把因ROCE的增长而导致的增长看得像持续性经营回报所导致的增长那样重。

分析视点

……你是顾问

你是一家客户的管理顾问，正在努力为其业绩提出一种重要的评价。作为分析的内容之一，你计算了该客户的ROCE及其构成（括号中为该行业的行业标准值）：资产周转率=1.5（1.0）；杠杆=2.1（2.2）；税前调整利润边际=0.05（0.14）；保留率=0.40（0.24）。你对这些数据作初步分析后会提出什么样的建议？

投资回报率的计算

本小节将利用附录A中金宝汤公司的财务报表资料来介绍投资回报率分析的具体应用。

净经营资产回报率（RNOA）

金宝汤公司第11年和第10年的净经营资产（NOA）计算如下：

金宝汤公司净经营资产（NOA）

	第11年	第10年
现金	\$178.9	\$80.7
应收账款	527.4	624.5
存货	706.7	819.8
预付费用	92.7	118.0
不动产、厂场及设备	1 790.4	1 717.7
无形资产	435.5	383.4
其他资产	404.6	349.0
应付账款	(482.4)	(525.2)
应计负债	(408.7)	(491.9)
应付税款	(67.7)	(46.4)
其他负债	(305.0)	(319.9)
净经营资产	\$2 872.4	\$2 709.7

其净金融负债计算如下（单位：百万美元）：

金宝汤公司净金融负债（NFO）

	第11年	第10年
应付票据	$282.2	$202.3
应付股利	37.0	32.3
长期负债	772.6	805.8
可销售证券	(12.8)	(22.5)
净金融负债	$1 079.0	$1 017.9

净经营资产的构成如下（单位：百万美元）：

	净经营资产（NOA）	=	净金融负债（NFO）	+	股东权益（SE）
第11年	2 872.4	=	1 079.0	+	1 793.4
第10年	2 709.7	=	1 017.9	+	1 691.8

金宝汤公司的税后经营收益净额（NOPAT）计算如下（单位：百万美元）：

实际税率　39.8%＝$265.9/$667.4

NOPAT　$460.4＝($6 204.1－$4 095.5－$956.2－$306.7－$56.3－$0.8－$26.2＋$2.4)×(1－39.8%)

金宝汤公司第11年的净经营资产回报率为：

$$\frac{\$460.4}{(\$2\,872.4+\$2\,709.7)/2}=16.5\%$$

净经营资产回报率的分解

我们可以将金宝汤公司第11年的净经营资产回报率（RNOA）分解为经营利润边际和净经营资产周转率：

净经营资产回报率＝经营利润边际×净经营资产周转率

＝NOPAT/销售收入×销售收入/净经营资产平均余额

16.5%＝$460.4/$6 204.1×$6 204.1/($2 872.4＋$2 709.7)/2

＝7.42%×2.22

普通权益回报率

金宝汤公司第11年的普通股股东权益回报率计算如下（单位：百万美元）：

$$\text{ROCE}=\frac{\text{净收益}-\text{优先股股利}}{\text{普通股股东权益平均余额}}$$

$$=\frac{\$401.5-\$0}{(\$1\,793.4+\$1\,691.8)/2}=\frac{\$401.5}{\$1\,724.6}=23\%$$

普通权益回报率的分解

金宝汤公司的 ROCE 作为 RNOA、财务杠杆和 Spread 的函数，可计算如下（单位：百万美元）：

RNOA	16.5%
LEV	0.6%=[($1 079.0+$1 017.9)/2]/[($1 793.4+$1 691.8)/2]
NFR	5.6%=($460.4−$401.5)/[($1 079.0+$1 017.9)/2]
Spread	10.9%=16.5%−5.6%
ROCE	23%=16.5%+(0.60×10.9%)

金宝汤公司的 RNOA 可进一步作如下分解（单位：百万美元）：

RNOA	=	OPAT 边际 （NOPAT/销售收入）	×	NOA 周转率 （销售收入/平均 NOA）
16.5%	=	7.4% （$460.4/$6 204.1）	×	2.22 $6 204.1/[（$2 872.4+$2 709.7）/2]

第三层次的分析是计算各项收入和费用项目占销售收入的百分比。下面是第 11 年的共同比损益表：

金宝汤公司的共同比损益表

	第 11 年
销售收入	100.0%
销售成本	66.0
毛利	34.0
市场和销售费用	15.4
行政管理费用	4.9
研发费用	0.9
营业利润	12.8
利息费用	1.9
利息收入	(0.4)
外汇损失	0.0
其他费用	0.4
特别项目	0.0
	10.9
在下属机构收益中的权益	0.0
少数股东权益	(0.1)
税前收益	10.8
所得税费用	4.3
净收益	6.5%

各项资产的周转率亦可计算如下（单位：百万美元）：

应收账款周转率(销售收入/应收账款平均余额)	10.77[a]
平均收款期(应收账款/日平均销售额)	31.03[b]
存货周转率(销售成本/平均存货)	5.37[c]
存货平均周转天数(存货/日平均销售成本)	62.98[d]
长期经营资产周转率(销售收入/长期经营资产平均余额)	2.44[e]

a. \$6 204.1/(\$527.4+\$624.5)/2
b. \$527.4/(\$ 6 204.1/365)
c. \$4 095.5/(\$706.7+\$819.8)/2
d. \$706.7/(\$4 095.5/365)
e. \$6 204.1/([\$1 790.4+\$435.5+\$404.6]+[\$1 717.7+\$383.4+\$349.0])/2

我们在综合案例一章的投资回报率一节中将对这些比率做时间分析。对投资回报率的时间分析通常可以揭示出公司业绩的变化。如果ROCE下降，则需要搞清楚是哪些成分导致了下降，以更好地估计公司过去及未来业绩。我们也可以由此确定最大限度地提高ROCE的潜力所在，以及公司成功实现这一战略的可能性。比如，如果财务杠杆无法继续提高，就必须将关注的重点转向经营利润边际和净经营资产周转率。对公司战略和改进潜力的分析还有赖于行业和经济条件。我们会努力寻求此类问题的答案，如：与行业平均水平相比，经营利润边际是高还是低？本行业净经营资产周转率改进的潜力有多大？使用本章中所描述的结构化方法评价回报率，并在适当的环境条件下对其进行解释，对我们进行分析有很大帮助。

分析研究 **普通股股东权益回报率**

公司的普通股股东权益回报率（ROCE）随着时间的推移会发生什么样的变化？特定公司是否会一直有较高或较低的回报率？公司的ROCE是否会逐渐趋向平均水平？分析研究致力于这些重要问题的研究。平均来看，公司本期的ROCE对下一时期的ROCE有很好的指示作用。然而，随着时间范围扩大，公司ROCE会趋同于行业平均水平。这主要是受竞争的影响。凡能够持续保持较高ROCE的公司，一般会在账面价值之上掌握较大的溢价。

公司ROCE的变动很大一部分源于RNOA的变动。这是因为，平均来看，杠杆因素在不同时间并无很大不同。最后，将净收益分解为经营收益和非经营收益两部分有利于改进预测。

□ 股东权益增长的估价

权益增长率

我们可通过收益的留存情况来评价公司的权益增长率。该分析强调在不借助外部融资的条件下权益的增长率。为了估计权益的增长，假定收益的留存和股利支出是固定不变的。在此条件下，**权益增长率**（equity growth rate）可计算如下：

$$权益增长率=\frac{净收益-优先股股利-普通股股利}{普通权益平均余额}$$

金宝汤公司第 11 年的权益增长率可利用附录 A 财务报表中的资料计算如下：

$$权益增长率=\frac{\$401.5-\$0-\$142.2}{(\$1\,793.4+\$1\,691.8)\div 2}=14.9\%$$

本指标表明，在不增加融资，且公司盈利能力和普通股股利保持目前水平的情况下，金宝汤公司每年的权益增长 14.9%。

可持续权益增长率

可持续权益增长率（sustainable equity growth rate），或简言之，**可持续权益增长**（sustainable equity growth），是指在收益的留存和留存收益所赚得的回报两项因素共同作用的情况下，公司所获得的内部增长。可持续权益增长率具体可作如下计算：

$$可持续权益增长率=ROCE\times(1-支付率)$$

我们发现金宝汤公司第 11 年的**股利支付率**（dividend payout rate）等于 35%（\$142.2/\$401.5），以此计算金宝汤公司第 11 年的可持续权益增长率如下：

$$可持续权益增长率=23\%\times(1-0.35)=14.95\%$$

在估计未来权益增长率时，通常建议采用近年来可持续增长率的平均值（或用其他方式予以确认），同时注意收益留存和 ROCE 预测值的潜在变化。

附录 8A：多元化公司的挑战

多元化经营公司的财务报表分析必须特别强调各个业务分部对公司总体的影响，并对其做出解释。这是一种极大的挑战，因为多元化公司下属各分部或部门的盈利能力、风险及增长机会各不相同。正因为有这些问题存在，我们在进行分析时必须考虑大量详细的分部信息。我们的评价、预计和收益估值要求将这些信息分离为分部信息，具有可变、增长和风险等特点。分部的资产构成和融资要求通常各不相同，需要分别进行分析。贷款方要求知道哪些分部提供现金，哪些分部使用现金。投融资活动的构成、分部的规模和盈利能力、分部的管理业绩等都属于重要信息。我们将在第 11 章说明分部预测对收益预测带来的益处。

分部报告

分部报告的有关经营成果和财务状况的信息各不相同。公司的全面披露中会提供有关各个重要分部的详细损益表、资产负债表以及现金流量表。不过，在实务中，分部全面披露是很少的，因为分部的分离本身是很难的，而且管理层也不愿意披露可能损害其竞争地位的信息。

监管机关曾就行业分部、国际活动、出口销售和重要客户等提出了报告要求。评价风险和报酬是财务报表分析的一项主要目标，分部披露对这种评价具有重要价值。分部数据对从分部角度进行公司业务分析具有很大帮助。这些分部——包括行业分部和地域分部——通常具有不同的盈利能力比率、风险比率和增长率。分部数据可以帮助我们分析不确定性对预期现金流入流出时间和金额的影响。

在实务中，当一个分部的销售额、营业收益（或亏损）或可辨认资产占到公司所有经营分部总计数的10%以上时，方认为该分部属于重要分部。为了保证这些分部构成公司业务的实质性部分，所有分部的合计销售额应该至少占到公司销售总额的75%。对各个分部，公司必须报告如下年度财务信息（参看SFAS 131）：(1) 销售收入——既包括对其他分部的销售，也包括对外部客户的销售；(2) 营业收益——收入减去营业费用；(3) 可辨认资产；(4) 利息和所得税费用（或利益）；(5) 特别项目利得或损失；(6) 折旧、折耗和摊销费用。此外，如果公司10%或以上收入来自对单独某一客户的销售，则必须对来自该客户的收入做单独报告。SEC还要求对公司各经营分部的以下信息做叙述式描述，包括：竞争状况、客户依赖、主要产品及服务、储备、原材料来源和可用性、专利、研发成本、员工人数，以及经营的季节性。

□ 分部报告的分析意义

多元化经营的公司及合并财务报表中下属子公司各不相同的特点，给财务分析造成了严重挑战。尽管获得分部信息并不难，但在使用这类信息测试盈利能力时，必须保持足够的谨慎。分部信息越是具体和详细，就越是依赖收入和费用的会计分配。内部会计中对共同性费用的分配，通常是以管理者对公平、合理及可接受性等问题的看法为基础。这些看法与我们进行盈利能力分析并不相干。联合费用的分配通常都是武断的，其有效性和精确性总是比较有限。比如研发费用、促销费用、广告费用、利息费用、养老金费用、联邦及州所得税费用、一般及行政管理费用等。在将一个分部的费用分配或转移至另一分部方面，并无普遍认同的原则。我们在使用分部报告时必须注意这些局限性。

分部报告属于"软"信息——可以被管理层操纵和**预解释**（preinterpretation），必须作为软信息进行分析。对此类信息进行处理时必须注意不确定性，源自此类信息的结论在做出证明时也只能作为替代性资源。不过，如果有替代性证据提供支持，分部数据在分析中还是非常有用的。具体来讲，分部数据可以为我们进行以下分析提供帮助：

- 销售增长。按分部分析销售增长趋势对盈利能力分析是很有用的。销售的增长通常是以下一项或多项因素共同作用的结果：(1) 价格变动；(2) 销量变动；(3) 收购或剥离；(4) 汇率变动。管理层讨论和分析中通常会对销售增长的原因做出分析。
- 资产增长。按分部分析可辨认资产的增长趋势也与盈利能力分析相关。将资本性支出与折旧进行对照可以揭示出分部的“真实”增长。在分析按地域划分的分部报告时，必须注意汇率变动对报告价值的影响。

- 盈利能力。按分部计算的一些分析性指标——如经营收益比销售收入、经营收益比可辨认资产——在盈利能力分析方面是很有用的。鉴于分部数据的局限性，我们在分析中应该关注趋势而不是绝对水平。

综合案例章中的图表CC—1提供了金宝汤公司的分部信息。附录A中金宝汤公司财务报告的附注2提供了地域信息。

分析研究

分部数据的用途

分析研究提供的证据证明分部信息对预测未来盈利能力是极为有用的。我们知道，公司的销售和收益总额等于所有分部销售和收益的总计数（扣除公司间交易）。由于各个分部受制于不同的经济因素，以分部为基础的预测就准确性而言应该超过以合并数据为基础的预测。

将按公司提供的分部数据与按行业进行的预测结合起来，能够提高销售和收益预测的准确性。证据表明，引入分部报告会提高职业证券分析师收益预测的准确性并缩小离差。这就意味着我们进行盈利能力分析时也可以从分部数据中受益。

分析视点参考答案

审计师 联合分析是将公司的一项业绩指标与其他指标联系起来进行分析。在这个制造业客户案例中，两种个别指标分析所产生的变化百分比都在±5%的可接受范围以内。不过，通过一项联合分析，可能会发现一种更需要警醒的状况。比如说，用利润边际指标（净收益/销售收入）做联合分析。该客户本年度的利润边际为11.46%[($2 060 000－$1 824 000)/$2 060 000]，与上年度数据5.0%[($2 000 000－$1 900 000)/$2 000 000]相比，利润边际增长率高达129%！这正是审计合伙人所关注的，也正是这一点，要求扩大审计测试的范围，包括做联合分析，以核实或推翻客户的数据。

顾问 你通过初步分析发现了以下指标与行业标准值之间存在差异：(1) 资产周转率；(2) 税前调整利润边际；(3) 保留率。你客户的资产周转率优于行业标准值。表明你的客户资产使用效率较高。有一点需要注意，就是是否所有资产都考虑在内，并做了恰当的估值，我们还需要知道该公司是否及时更新了所有老化资产。该客户的税前调整利润边际比行业标准值低60%。这是一种警报，尤其是在资产周转率表现优异的情况下。该客户的成本大大高于行业标准值，我们需要直接努力对这些成本数据进行核实和分析。该公司的保留率也是远较竞争对手糟糕。该客户很大一部分收入用于缴税。我们需要请教税务专家，检查并适当地规划企业活动，充分考虑税务因素。

思考题

8—1 如何将投资回报率作为一项内部管理工具来使用？

8—2 为什么说投资回报率是衡量公司业绩的最相关的指标之一？财务报表分析中如何运用这一

指标？

8—3 为什么在计算净经营资产回报率（RNOA）时要忽略利息费用？

8—4 说明为什么在计算回报率时要将“非生产性”资产排除在投入资本之外。在什么情况下应将无形资产也排除在投入资本之外？

8—5 为什么需要把计算投资回报率时所使用的收益数据调整到能够反映计算中所使用的资本基数（分母）？

8—6 净经营资产回报率与销售收入之间有何关系？回答时请同时考虑NOPAT销售收入和销售收入与净经营资产之比。

8—7 A公司收购了B公司，因为后者的NOPAT边际超过了行业标准水平。收购后，有位股东抱怨收购降低了净经营资产回报率。说明造成这种情况的原因。

8—8 X公司的NOPAT边际占销售收入的2%。Y公司的净经营资产周转率为12。两家公司的RNOA都是6%，与行业标准相比都不尽如人意。X公司的净经营资产周转率是多少？Y公司的NOPAT边际是多少？你对两家公司的管理层各有什么样的有关战略行动方面的建议？

8—9 计量不同类别资产的资产周转率目的是什么？

8—10 我们评价净经营资产回报率时应考虑哪些因素（局限性）？

8—11 如何计算权益增长率？它衡量什么？

8—12 a. 净经营资产周转率与普通权益回报率有何不同？

b. 普通股股东权益回报率有哪些组成部分，各组成部分分别衡量什么？

8—13 a. 权益周转率等于销售收入除以平均股东权益。权益周转率衡量什么？它与普通权益回报率有何关系？（提示：观察ROCE的组成部分。）

b. “权益周转率的增长带来的每股收益增长是不可能无限持续下去的。”你是否同意这种观点？解释你的答案，并讨论权益周转率的组成部分对收益的影响。

8—14 在什么情况下，当计算股东权益回报率时应该将可转换债券视为权益资本？

练习题

8—1 分析不同融资策略下的财务杠杆

FIT公司的净经营资产回报率（RNOA）为10%，税率为40%。其净经营资产400万美元全部属于普通股股东权益。管理层正在考虑筹资200万美元用于扩大经营。管理层希望公司的净经营资产回报率保持不变。现有两种备选融资方案：

1. 发行100万美元债券，票面利率12%，另外发行100万美元普通股股票；

2. 发行200万美元债券，票面利率12%。

要求：

a. 确定每种方案下的税后经营收益净额（NOPAT）和净收益。

b. 计算每种方案下的普通股股东权益回报率（使用期末权益数据）。

c. 计算每种方案下的资产—权益比率。

d. 计算净经营资产回报率，并说明其与杠杆水平的相互作用如何帮助管理层决定应使用哪一种方案。

8—2 分析不同融资方案的回报与策略

Roll公司的净经营资产回报率（RNOA）为10%，税率为40%。其净经营资产1 000万美元完全由普通股股东投资。管理层打算融资600万美元，并希望融资后净经营资产回报率保持不变。现有两种融资方式：

1. 发行200万美元债券，票面利率5%，另外发行400万美元普通股；

2. 发行600万美元债券，票面利率6%。

要求：

a. 计算Roll公司目前的税后经营收益净额（NOPAT）和净收益。

b. 确定每种融资方式下的净收益和税后经营收益净额。

c. 计算每种方式下的普通股股东权益回报率（使用期末权益数据）。

d. 对两种方式下普通股股东权益回报率（ROCE）的差异做出解释。解释中需要说明杠杆的作用。

8—3 为了杠杆分析而分解回报率指标

Syntex公司的部分财务信息如下：

1. 净经营资产（NOA）周转率为2（平均资产等于期末资产）；

2. NOPAT边际等于5%；

3. 杠杆比率（平均NFO/平均股东权益）为1.786，Spread为4.4%。

要求：

a. 计算净经营资产回报率（RNOA）。

b. 利用其三个组成部分计算普通权益回报率。

c. 分析分解后的普通股股权回报率，并说明何为“累积至普通权益的杠杆优势”。

8—4 分解并分析普通股股权回报率

参考案例10—5中的财务数据。在对该公司进行分析时，你觉得区分经营成功与融资决策是十分重要的。

要求：

a. 解释第5年和第9年ABEX公司的ROCE之间的差异。包括计算并讨论普通股股权回报率的各项构成要素。

b. 说明为什么ABEX公司的每股盈余在第5年和第9年之间有近两倍之差，虽然在此期间普通股股权回报率是下降的。

8—5 分解回报率及杠杆的影响

ADAM公司的部分财务数据如下：

1. NOA周转率为3（平均资产等于期末资产）；

2. NOPAT边际等于7%；

3. 杠杆比率（平均NFO/平均股东权益）为1.667，Spread为8.4%。

要求：

a. 计算净经营资产回报率（RNOA）。

b. 利用其三个组成部分计算普通权益回报率。

c. 进行普通权益回报率构成的分析，说明因为使用杠杆而累积至普通股股东权益的杠杆优势和劣势。

8—6 分析财务杠杆对股东回报率的影响

Rose公司第2年的简化资产负债表如下：

资产	
流动资产	$250 000
非流动资产	1 750 000
资产总计	$2 000 000
负债和权益	
流动负债	$200 000
非流动负债（8%债券）	675 000
普通股股东权益	1 125 000
负债与股东权益总计	$2 000 000

补充信息：

1. 第2年的净收益为157 500美元；

2. 所得税率为50%；

3. 第1年的资产总计数和股东权益与第2年相同；

4. 所有资产和流动负债皆为经营性项目。

要求：

a. 确定杠杆（源自长期负债）作用是否有利于Rose公司的股东。（提示：考察有杠杆和无杠杆时的ROCE。）

b. 计算Rose公司的NOPAT和RNOA。（使用期末NOA。）

c. 利用分解后的ROCE和b中的答案证明杠杆的积极作用。

8—7 分析回报率指标（单项选择题）

1. 下面各种情况哪一种最适合销售与有形资产平均净额比率超过行业标准？（选择一项答案）

a. 一家公司在过去三年扩大厂场设备购买。

b. 一家公司有效地利用其资产。

c. 一家公司大部分厂场设备已经老化。

d. 一家公司采用直线法计提折旧。

2. 资产利用率（周转率）指标是：

a. 销售额除以长期营业资产平均余额。

b. 净营业资产回报率。

c. 普通权益回报率。

d. NOPAT除以销售额。

3. 净营业资产回报率取决于：

a. 利息率与税前利润。

b. 债务权益比率。

c. 税后营业利润边际与NOA周转率。

d. 销售额与总资产。

8—8 预测资产回报率的构成

净营业资产回报率是边际利润和净营业资产周转率的函数。

要求：

你认为有关营业利润边际和营业资产周转率的知识对分析以下各家公司报告的净营业资产回报率有何裨益（也即是说，如果企业报告的净营业资产回报率较高，则很可能营业利润边际或营业资产周转率特别高，或者两者都很高）？联系行业标准做出你的估计。

a. 宝马
b. 福特
c. Sak's Fifth Avenue
d. 塔吉特
e. 沃尔玛
f. 麦当劳
g. 亚马逊

8—9 分析资产回报率

两个汽车经销商（Legand 和 Reliable）在同一地区从事竞争性经营。两家均以每辆 10 000 美元的进价购进汽车，然后按 12 000 美元的价格出售。两家皆始终保持 10 辆车的在库量。Legand 公司为当地的一位篮球名人所拥有。结果，Legend 每年卖出 100 辆车，而 Reliable 公司每年只能卖出 50 辆车。两位经销商皆没有其他收入或费用。

要求：

镇上的银行拒绝了 Reliable 公司的一笔贷款申请，理由是 Reliable 公司的净经营资产回报率低于其竞争对手。Relaible 公司的老板请你帮助解释为什么他们的净经营资产回报率低于 Legend 公司。请你为 Reliable 公司编制一份分析报告来解释这一问题。报告中需要运用数据来对结论提供支持。

8—10 分析固定资产周转率

一台价值 20 500 美元的机器每小时可以生产 10 个曲棍球。两家类似的公司购买了这种机器并开始生产和销售曲棍球。第一家公司名为北方销售公司，位于明尼苏达州。第二家公司名为南方销售公司，位于亚拉巴马州。北方销售公司的机器每天运转 20 小时方可满足顾客需求。南方销售公司的机器每天运转 10 小时即可满足客户需求。两家公司第一个月的销售数据为：

	北方销售公司	南方销售公司
固定资产	\$20 500	\$20 500
累计折旧	\$500	\$500
曲棍球销售量（个）	6 000	3 000
销售收入	\$12 000	\$6 000

要求：

计算两家公司各自的固定资产周转率，说明这一比率对两家公司的净经营资产回报率有何影响（假设两家公司的毛利率相同）。

8—11 分析收入和费用之间的关系

一则新闻报道中包含如下资讯：通用汽车、福特汽车、克莱斯勒汽车公司第四季度可能会发生经营亏损，尽管销售有所上升。汽车制造商的收入是以工厂产量为基础，而不是零售商的零售销售情况。第四季度的销售上升是因为第三季度末存货上升，而不是源自第四季度所产汽车的销售。

要求：

从会计的角度来讨论汽车制造商第四季度亏损的可能原因。

案例题

8—1 普通股股权回报率综合分析

你是一家投资咨询公司的分析师，公司的高级投资组合经理做出一项决策，决定在公司所管理的基金中增加体育用品制造商的股票。你被要求推荐一只股票，作为实现这一长期目标的最初投资。你对所有相关公司的股票进行了分析和评价，最终把选择的范围限定在两家运动鞋制造公司上：耐克和锐步。

高级投资组合经理要求你对两家公司盈利增长的内部源泉进行分析。你决定对两家公司内部增长的构成要素进行分解和评估，对你所采用的评价指标——普通股股权回报率的可能趋势做出解释。你确定了决定 ROCE 的关键要素并做成下表：

	第 5 年	第 4 年	第 3 年	第 2 年	第 1 年
耐克					
股权回报率（ROCE）	21.6%	12.1%	18.1%	17.8%	18.5%
净营业资产回报率（RNOA）	19.2%	15.5%	14.2%	13.4%	13.3%
财务杠杆（LEV）	14.4%	24.8%	32.8%	41.3%	46.0%
Spread	16.6%	(13.9%)	11.9%	10.6%	11.3%
销售增长	14.55%	8.13%	4.26%	5.49%	2.49%
毛利边际	42.9%	41.0%	39.3%	39.0%	39.9%
SG&A 费用/销售	32.7%	31.9%	31.4%	30.6%	31.5%
NOPAT/销售	7.8%	7.1%	7.0%	6.6%	6.8%
所得税费用/税前收益	34.8%	34.1%	34.3%	36.0%	37.0%
NOA 周转率	2.44	2.19	2.03	2.02	1.96
应收账款周转率	5.83	5.50	5.78	5.95	5.79
平均收款期	62.62	66.33	63.19	61.37	63.09
存货周转率	4.45	4.37	4.29	4.03	4.13
存货平均在外天数	82.07	83.50	85.04	90.54	88.37
长期营业资产周转率	6.56	5.46	4.67	4.47	4.18
应付账款周转率	10.48	11.72	12.83	11.86	10.62
应付账款平均在外天数	34.84	31.13	28.46	30.78	34.36
锐步					
股权回报率（ROCE）	15.7%	15.1%	15.0%	13.4%	1.9%
净营业资产周转率（RNOA）	12.7%	12.3%	12.1%	10.1%	7.9%
财务杠杆（LEV）	36.7%	44.5%	53.8%	78.8%	101.0%
Spread	8.2%	6.3%	5.4%	4.2%	(6.0%)
销售增长	11.43%	4.51%	4.45%	(1.19%)	(10.07%)
毛利边际	38.4%	38.3%	36.7%	37.9%	38.5%
SG&A 费用/销售	32.2%	32.4%	31.8%	33.6%	35.2%
NOPAT/销售	5.0%	4.8%	4.3%	3.8%	3.2%
所得税费用/税前收益	30.8%	31.0%	31.0%	36.1%	36.0%
NOA 周转率	2.55	2.59	2.84	2.66	2.50
应收账款周转率	7.31	7.77	7.42	6.81	6.20
平均收款期	49.96	46.98	49.22	53.58	58.86
存货周转率	5.71	5.06	5.01	4.40	3.76
存货平均在外天数	63.95	72.10	72.88	82.88	97.17
长期营业资产周转率	13.67	12.62	12.31	10.25	9.03
应付账款周转率	13.33	13.16	12.66	10.92	9.99
应付账款平均在外天数	27.37	27.74	28.83	33.43	36.54

要求：

a. 描述并解释 ROCE 构成项目近五年的趋势如何决定了两家公司（耐克和锐步）的 ROCE。

b. 以你对这两家公司的分析为基础，推荐其中一家作为购买选择。以你的分析结论对你的推荐提供支持。

8—2 分析投入资本回报率

迪士尼公司是一家多元化经营的国际娱乐公司，其业务包括三个事业部。三个事业部的收入及营业收益数据如下所示：

事业部数据

截至 9 月 30 日　　单位：百万美元

事业部	第 13 年度		第 9 年度	
	收入	营业收益	收入	营业收益
主题公园和度假村	$3 441	$747	$2 595	$785
电影娱乐	3 673	622	1 588	256
消费品	1 415	355	411	188
	$8 529	$1 724	$4 594	$1 229

休闲行业的盈利能力受各种因素影响，包括经济环境、可用的休闲时间、油价及交通费、气候类型。多年来，迪士尼公司的管理层都很强势地提高主题公园入场券的价格。在第 13 年之前的十年中，入场券价格以平均每年 8%～9%的增长率提高，而同一时期内美国消费品价格通胀率不足 4%。迪士尼公司的电影娱乐业务增长也很快。一方面因为迪士尼频道被普遍接受，另一方面因为管理层花大力气强力拓展视频库。迪士尼公司的消费品也得到了显著增长，原因是公司将产品组合扩展到了直接出版和直接零售，而逐渐离开了边际利润较高的特许及版税收入源。在第 13 财务年度第四季度（截至第 13 年度 9 月 30 日），迪士尼公司冲减了欧洲迪士尼的总体持产价值。其支出高达 3.5 亿美元（税后 2.18 亿美元）。

迪士尼公司简要财务报表及其他数据

截至 9 月 30 日　　单位：百万美元，每股数据除外

	第 13 年度	第 9 年度
损益表		
收入	$8 529	$4 594
营业费用	(6 968)	(3 484)
利息费用	(158)	(24)
投资及利息收入	186	67
欧洲迪士尼收益（损失）	(515)	0
税前收益	1 074	1 153
所得税	(403)	(450)
净收益	$671	$703
每股收益	$1.23	$1.27
每股红利	$0.23	$0.11
资产负债表		
现金	$363	$381
应收款	1 390	224

续前表

	第13年度	第9年度
存货	609	909
其他	1 889	662
流动资产	4 251	2 176
厂场设备净额	5 228	3 397
其他资产	2 272	1 084
资产总额	$11 751	$6 657
流动负债	$2 821	$1 262
借款	2 386	861
其他负债	1 514	1 490
股东权益	5 030	3 044
负债和股东权益总额	$11 751	$6 657
经营活动产生的现金流量	$2 145	$1 275
其他数据		
发行在外的普通股（百万股）	544	552
普通股股票收盘价（每股）	$37.75	$30.22

注：除“其他”流动资产外的总资产、流动负债、其他负债等都被认为属于经营性项目，欧洲迪士尼的亏损也一样。

要求：

a. 计算并分解迪士尼公司第9和第13两个财务年度（以9月30日为财务年度的截止日）的普通股股权回报率（计算中需要使用平均数时皆使用年末数据）。

b. 以a中计算结果及其他数据为基础，确定对迪士尼公司第9和第13财务年度股权回报率变动发挥最大作用的两项因素。为每项因素的变化找出两点原因。

8—3 分析共同比盈利能力信息

下面数据摘自Lands'End公司的年度报告：

	第9年度	第8年度	第7年度	第6年度	第5年度
销售净额	100%	100%	100%	100%	100%
销售成本	55.0	53.4	54.5	57.0	57.6
毛利	45.0	46.6	45.5	43.0	42.4
销售、一般及行政管理费用	39.7	38.8	37.9	38.0	36.0
其他费用	3.0	2.7	3.0	2.0	2.8
净收益	2.3%	5.1%	4.6%	3.0%	3.6%

要求：

a. 结合Lands'End公司的经营环境，讨论决定该公司销售水平和毛利水平的三项因素。依照占销售收入的比例来进行分析。

b. 联系Lands'End公司的经营环境，用简单的术语对毛利率（第9财务年度为45%）进行分析。

c. 样本邮寄成本构成Lands'End公司销售、一般及行政管理费用的很大比例。这些成本占销售的比例稳步增长（第4年度仅为32.4%）。讨论样本邮寄成本的影响因素，说明公司可用什么方式控制这些成本。针对每一项建议，具体说明其对销售的影响水平。

8—4 分析营业范围数据

下面是 Petersen 公司收入和收益的部分数据：

营业范围	第 1 年度	第 2 年度	第 3 年度	第 4 年度
收入				
制造及工程产品				
工程设备	$ 30 341	$ 29 807	$ 32 702	$ 43 870
其他设备	5 906	5 996	6 824	7 424
零件、备用品及服务	29 801	29 878	33 623	44 223
制造及工程产品总额	66 048	65 681	73 149	95 517
工程及装配服务	—	—	12 261	36 758
环境系统集群总计	66 048	65 681	85 410	132 275
Frye 复制系统	25 597	28 099	31 214	39 270
Sinclair & Valentine	—	53 763	57 288	60 973
A. L. Garber	16 615	15 223	20 445	24 808
图文集群总计	42 212	97 085	108 947	125 051
合并收入总额	$ 108 260	$ 162 766	$ 194 357	$ 257 326
收益				
制造及工程产品	$ 3 785	$ 3 943	$ 9 209	$ 10 762
工程及装配服务	—	—	1 224	3 189
国际业务	2 265	2 269	2 030	2 323
环境系统集群总计	6 050	6 212	12 463	16 274
Frye 复制系统	1 459	2 011	2 799	3 597
Sinclair & Valentine	—	3 723	4 628	5 142
A. L. Garber	(295)	926	1 304	1 457
图文集群总计	1 164	6 660	8 731	10 196
分部收益总计	7 214	12 872	21 194	26 470
未分配费用和税金	(5 047)	(8 146)	(13 179)	(16 449)
持续经营带来的收益总额	$ 2 167	$ 4 726	$ 8 015	$ 10 021

要求：

a. 使用共同比报表分析每个业务部：（1）对合并收入总额的贡献；（2）对分部收益总计的贡献；（3）收益占收入的比率。

b. 对通过上述计算获得的证据做出解释和评论。

8—5 分析获利能力、周转率和杠杆

沃尔玛和西尔斯（与凯马特合并之前）是美国两大零售商，可以提供很好的对照研究。沃尔玛稳步增长，成为全球最大的零售业公司，也在零售业历史上留下了最成功的故事。西尔斯则历史悠久、命途多舛。在 20 世纪 90 年代初，该公司差点破产倒闭。后来它通过彻底改造重新回归（尽管与投资者和债权人的希望相比多了些坎坷），并最终与凯马特合并。下表提供了一些有关两家公司 1999 年情况的比较信息（财务报表见后面所附图表Ⅰ和Ⅱ）：

单位：百万美元

	市值	收入	总资产	股权	净收益	盈利增长*	ROE	股利支付	P/E 比率	P/B 比率
西尔斯	$11.21	$41.07	$36.95	$6.84	$1.45	5.5%	22.5%	24%	7.73	1.64
沃尔玛	$244.02	$166.81	$70.349	$25.83	$5.38	17.5%	22.9%	16%	45.35	9.45

* 不能根据提供的数据计算。

两家公司间的差异是巨大的，尤其是市值的差异。沃尔玛的资产是西尔斯的 2 倍，其市值却是西尔斯的 20 倍以上！P/E 和 P/B 比率进一步强化了这一点：沃尔玛的 P/E 和 P/B 比率差不多是西尔斯的 6 倍！

让这一价值差异显得更奇怪的是，沃尔玛和西尔斯的获利能力似乎是相同的：该年度两家公司的 ROE 分别是 22.5%和 22.9%。沃尔玛的高市值部分是因为该公司超乎寻常的增长：20 世纪 90 年代，沃尔玛的盈利年增长率保持在 17.5%，而西尔斯在同一时期的盈利增长率仅为 5.5%。不过，盈利增长率并不代表全部。我们需要对两家公司的获利能力做进一步详细分析，更重要的是搞清楚两家公司是如何获得如此回报的。

要求：

a. 按照本章正文中描述的营业/非营业格式，重编两家公司 1999 年、1998 年损益表和资产负债表（比如：为资产负债表计算 NOA，NFO 和 SE 指标，为损益表计算 NOPAT，NFE 及 NI 指标）。

b. 分解两家公司 1999 年的 ROE，表明正文中所描述的财务及营业杠杆，说明其影响（你可以采用资产负债表期末数据来计算回报率）。这些分析可以让你了解到两家公司哪些内在的风险？

c. 使用财务报表中的线上项目信息，计算西尔斯和沃尔玛公司的利润边际和资产周转率。

d. 西尔斯公司较低的资产回报率和较高的财务杠杆，一定程度上归因于其信用卡业务——西尔斯公司在一定意义上是一家金融机构。图表Ⅲ提供了西尔斯公司信用卡业务的部分信息，以及其报表附注中所提供的有关其他事业的信息资料。使用这些信息分析西尔斯公司的零售及金融业务回报率，并讨论其对公司总体风险—回报组合的影响。

e. 以上面四项分析为基础，就西尔斯和沃尔玛公司市值的差异给出结论。

图表Ⅰ　　**西尔斯公司财务报表**　　单位：百万美元

西尔斯合并损益表	1999	1998
收入		
商品销售及服务	$36 728	$36 957
信用收入	4 343	4 618
总收入	41 071	41 575
成本及费用		
销售、购进及占有成本	27.212	27.444
销售及行政管理费用	8 418	8 384
无法收回账款准备	871	1 287
折旧及摊销	848	830
利息	1 268	1 423
重组及减值成本	41	352
成本及费用合计	38 658	39 720
营业收益	2 413	1 855
其他收益净额	6	28

西尔斯合并资产负债表	1999	1998
资产		
流动资产		
现金及现金等价物	$729	$495
转换信用卡应收款的留存利息	3 144	4 294
信用卡应收款	18 793	18 946
减无法收回账款准备	760	974
信用卡应收款净额	18 033	17 972
其他应收款	404	397
商品存货	5 069	4 816
预付费用及递延支出	579	506
递延所得税	709	791
流动资产合计	28 667	29 271
厂场设备		
土地	370	395

续前表

西尔斯合并损益表	1999	1998
税前收益、少数股东权益及额外损失	2 419	1 883
所得税	904	766
少数股东权益	62	45
额外损失前收益	1 453	1 072
提前归还贷款所带来的额外损失，税后净额		24
净收益	$1 453	$1 048

西尔斯合并资产负债表	1999	1998
建筑及改造	5 837	5 530
家具、器具及设备	5 209	4 871
资本化租赁	496	530
厂场设备总额	11 912	11 326
减累计折旧	5 462	4 946
厂场设备净额	6 450	6 380
递延所得税	367	572
其他资产	1 470	1 452
资产总额	$36 954	$37 675
负债		
流动负债		
短期借款	$2 989	$4 624
长期负债及资本化租赁义务中一年内到期部分	2 165	1 414
应付账款及其他负债	6 992	6 732
未赚得收入	971	928
其他税金	584	524
流动负债合计	13 701	14 222
长期负债及资本化租赁义务	12 884	13 631
退休后福利	2 180	2 346
少数股东权益及其他负债	1 350	1 410
负债总计	30 115	31 609
股东权益		
普通股（每股面值 0.75 美元，核准1 000 股，369.1 股和 383.5 股发行在外）	323	323
资本公积	3 554	3 583
留存收益	5 952	4 848
库藏股，成本	(2 569)	(2 089)
递延 ESOP 费用	(134)	(175)
累计其他综合收益	(287)	(424)
股东权益总计	6 839	6 066
负债及股东权益总额	$36 954	$37 675

图表Ⅱ **沃尔玛公司财务报表** 百万美元

沃尔玛合并损益表	1999	1998
收入		
销售净额	$ 165 013	$ 137 634
其他收益，净额	1 796	1 574
	166 809	139 208
成本及费用		
销售成本	129 664	108 725
营业、销售、一般及行政管理费用	27 040	22 363
利息成本		
贷款	756	529
资本性租赁	266	268
	157 726	131 885
税前收益、少数股东权益、在非合并子公司中的权益、会计变更的累积影响	9 083	7 323
所得税准备		
本期	3 476	3 380
递延	(138)	(640)
	3 338	2 740
税前收益、少数股东权益、在非合并子公司中的权益		
会计变更的累积影响	5 745	4 583
少数股东权益及在非合并子公司中的权益	(170)	(153)
会计变更累积影响前收益	5 575	4 430
会计变更的累积影响，所得税利益（$ 119）后净额	(198)	
净收益	$ 5 377	$ 4 430

沃尔玛合并资产负债表	1999	1998
资产		
流动资产		
现金及现金等价物	$ 1 856	$ 1 879
应收款	1 341	1 118
存货		
存置成本	20 171	17 549
减 LIFO 准备	378	473
存货，LIFO 成本	19 793	17 076
预付费用及其他	1 366	1 059
	24 356	21 132
流动资产合计		
厂场设备		
土地	8 785	5 219
建筑及改造	21 169	16 061
家具及设备	10 362	9 296
运输设备	747	553
	41 063	31 129
减累计折旧	8 224	7 455
厂场设备净额	32 839	23 674
资本性租赁不动产		
资本性租赁不动产	4 285	3 335
减累计摊销	1 155	1 036
资本性租赁不动产净额	3 130	2 299
其他资产及递延支出		
商誉及其他方式获得的无形资产净额	9 392	2 538
其他资产及递延支出	632	353
资产总额	$ 70 349	$ 49 996

续前表

沃尔玛合并损益表	1999	1998	沃尔玛合并资产负债表	1999	1998
			负债及股东权益		
			流动负债		
			商业票据	$ 3 323	$ —
			应付账款	13 105	10 257
			应计负债	6 161	4 998
			应计所得税	1 129	501
			一年内到期的长期借款	1 964	900
			一年内到期的资本性租赁负债	121	106
			流动负债合计	25 803	16 762
			长期借款	13 672	6 908
			资本性租赁下的长期负债	3 002	2 699
			递延所得税及其他	759	716
			少数股东权益	1 279	1 799
			股东权益		
			优先股（面值0.10美元，核准100股，未发行）		
			普通股（面值0.10美元，核准5 500股，2000年和1999年发行在外的分别为4 457股和4 448股）	446	445
			资本公积	714	435
			留存收益	25 129	20 741
			累计其他综合收益	(455)	(509)
			股东权益总计	25 834	21 112
			负债及股东权益总额	$ 70 349	$ 49 996

图表Ⅲ **西尔斯公司分部信息摘要** 百万美元

	1999			1998		
	信用	其他	合计	信用	其他	合计
收入	$ 4 085	$ 36 986	$ 41 071	$ 4 369	$ 37 206	$ 41 575
折旧	14	792	848	13	784	830
利息收入	0	59	59	0	59	59

续前表

	1999			1998		
	信用	其他	合计	信用	其他	合计
利息费用	1 116	211	1 327	1 244	238	1 482
营业收益	1 347	1 388	2 413	1 144	922	1 855
资产总额	$ 20 622	$ 14 541	$ 36 954	$ 21 605	$ 25 364	$ 37 675

说明：因为还有公司费用，因此，信用和其他两栏相加之和不一定等于合计。

第9章

前景分析

回顾

前一章讨论了公司业绩分析，既包括盈利能力分析也包括投资回报分析。重点考察了回报率指标、回报的分解以及收益构成的会计分析。该章以投资回报为基础，对以后各章重在风险——包括流动性和偿债能力——的内容是重要补足。

本章要点

本章将研究预测及财务报表预估分析。我们通过一个很详细的实例来说明预测过程，说明如何编制预估损益表、预估资产负债表和预估现金流量表。我们将说明预测对证券估值的相关性，举例说明如何用预测财务报表来运用估值模型。本章中还将讨论价值驱动因素概念及其在长期均衡水平上的还原。

前瞻

第10章将对一家公司的分析扩展到对短期流动性、资本结构以及长期偿债能力的分析方面。我们将对流动性作出解释，说明有关分析工具，比如各种会计比率、周转率，以及有关经营活动的流动性指标。同时还将分析资本结构，解释其对公司业绩及偿债能力的影响。

学习目标

- 描述前景分析的重要性
- 说明编制预估损益表、预估资产负债表和预估现金流量表的过程
- 讨论并说明敏感性分析的重要性
- 描述权益证券估值的预估过程
- 讨论价值驱动因素概念及其在长期均衡水平上的还原

章前引例

基本分析又回来了！

多年来，两大阵营的投资者一直在华尔街争战不休。一边是成长派投资者，他们乐意为他们认为可在将来带来巨额收益的公司付出大笔资金；另一边的价值投资者则只买那些拥有真实资产和稳固收益的公司，且总是低价买入。迄今为止，价值投资依然只是一个框架，而不是一套法典式的规则。它更多地依赖对未来的预期——虽然本杰明·格雷厄姆（Benjamin Graham）和大卫·多德（David Dodd）等皆更关心价值投资的原则而对预测表示不屑。

《商业周刊》（2004）报告称："考察 Russell 1000 和 Russell 1000 增长这些已有 25 年历史的市场指数，你会发现价值每年平均增长 3 个百分点。经济学家……使用他们自己的指数，表明在过去 75 年间，价值的年平均增长幅度为 2.6%。"不论你是增长派，还是价值投资派，最重要的是关注公司的基本面，而不是以单独某项比率（如市盈率或 PE 对销售增长的比率）为基础去设定投资标准。

……关注公司经营的基本面……

价值投资者对其投资方式的描述也是各不相同。但如果仔细去看，你就会发现他们的底线其实是一样的，那就是对公司基本面的估计。按照行话来说，价值投资者是在寻找市价低于其真实价值的公司，希望此类价值最终能够被市场上的其他玩家所发现，并以高股价的形式反映出来。

要识别出此类潜在价值，投资者需要仔细考察公司基本的商务前景。奥本海默价值基金（Oppenheimer Value Fund）的基金经理认为："你要找的可能是一个即将发生变动的公司，这种变动可能来自外界，比如行业的改变；也可能源于公司内部，比如管理层的变动。"

前景分析是价值投资的核心部分，它依赖于对公司基本面和经济环境的充分理解。以此为基点进行未来业绩预测，可以为估计股票价格提供基础。不论我们赞同哪种投资哲学，其要旨都是明确的，那就是：了解公司的商业模式和战略计划将把公司带向何处。

本章概览

前景分析是财务报表分析的最后一个步骤。只有在历史财务报表已经经过适当调整，可

以准确反映公司的经济效益时，才可以着手这项工作。正如前几章所讨论的那样，这些调整可能包括：在损益表中去除临时项目，或在过去或未来年份做重新分配；将被管理层做资本化（费用化）处理的项目，调整为按费用化（资本化）处理；经营性租赁的资本化；权益法投资，以及其他形式的表外融资，等等。前景分析包括资产负债表、损益表和现金流量表预测。

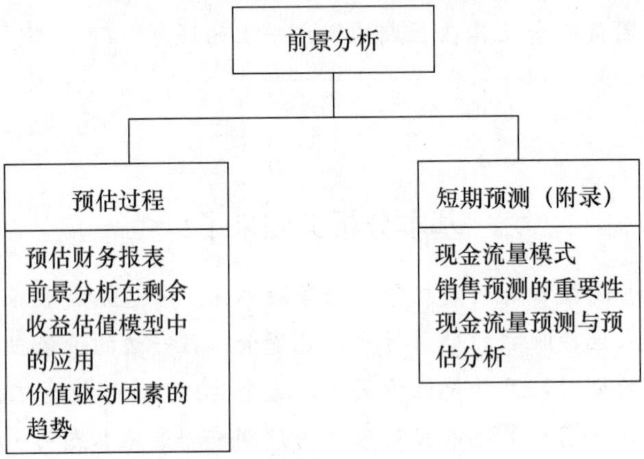

前景分析是证券估值的核心内容。第1章中所介绍的自由现金流量模型和剩余收益估值模型都要求对未来财务报表做出预计。例如，剩余收益估值模型要求预计未来净利润和权益的账面价值，以估计目前股票价格。前景分析对于考察公司战略计划的发育能力也非常有用。在这方面，我们主要是分析公司是否可以从经营活动中获得足够的现金流量为其预期增长提供资金，以及公司是否需要通过债务或权益融资来满足未来需求。我们对目前的战略计划是否可以产生像管理层预测的那样的利润同样感兴趣。最后，前景分析对债权人评估公司的偿债能力也很有用处。

有关预估机制的讨论将以塔吉特公司的财务报表预测为中心。下面将详细说明预测的全过程。

预估过程

我们以一个有关预估过程的综合实例作为讨论的开始，例中使用的是塔吉特公司的财务报表资料。

预估财务报表

预估过程从损益表开始，然后是资产负债表和现金流量表。

预估损益表

图表9—1中提供了塔吉特公司2003—2005年的损益表，附带提供的还有一些重

要的财务比率。预估过程以销售收入的预期增长为起点。本例中我们用历史趋势来预测未来水平。有关这方面的更详尽的分析，需要结合来自外界的信息，包括：

- **宏观经济活动的预期水平** 由于塔吉特公司顾客的购买力受个人可支配收入水平的影响，因此，在分析中需要考虑有关经济总体增长水平的估计，尤其是社会零售水平的预期增长。假如经济正处在上升期，我们就可以预期销售会以更大的幅度增长。
- **竞争状况** 竞争对手是否有所增加？或者，处于弱势的竞争对手已经停止营业？竞争状况的变化将会影响对销量的估计，也影响塔吉特公司提价的能力。这两方面皆会影响损益表最上方的销售收入的增长。
- **新店与老店的配伍** 新店销售收入的增长往往大大高于老店，因为与现有的竞争者相比，它们可以更好地开发新兴市场，或者向市场提供更新式的产品。与此相对，老店则只能达到当地一般的增长率水平。因此，在分析中必须考虑管理层发布的扩张计划。

假定2006年的销售收入将增长11.455%，与2005年的增长率持平。一旦预计完成，将通过敏感性分析来考察增长率或高或低对预测的实际意义。

图表 9—1 **塔吉特公司损益表** 单位：百万美元

	2005	2004	2003
销售收入	\$46 839	\$42 025	\$37 410
销售成本	31 445	28 389	25 498
毛利	15 394	13 636	11 912
销售、一般及行政管理费用	10 534	9 379	8 134
折旧及摊销费用	1 259	1 098	967
利息费用	570	556	584
税前利润	3 031	2 603	2 227
所得税费用	1 146	984	851
非常项目和终止经营带来的收益（损失）	1 313	190	247
净收益	\$3 198	\$1 809	\$1 623
外部流通股	891	912	910
比率（%）			
销售增长率	11.455%	12.336%	
毛利率	32.866	32.447	
销售、一般及行政管理费用率	22.490	22.318	
折旧率	6.333	5.245	
利息率	5.173	4.982	
实际所得税率	37.809	37.803	

塔吉特公司的毛利率2005年微增至32.866%，我们以此作为预计毛利率。在实际中，我们会认为毛利率部分地受经济趋势和塔吉特公司市场竞争水平的影响。比如，在竞争日趋激烈的市场环境中，由于要提高售价极为困难，我们会对公司提高毛利的能力表示怀疑。公司的销售、一般及行政管理费用（SG&A）也较为稳定地保持在22%左右的水平。我们预计SG&A占销售收入的比例为22.49%，即最近的水平。

在实际中，可以结合来自财务报表 MD&A 部分的信息或外界信息分别考察各个费用项目的情况。对零售业公司（比如塔吉特公司）而言，需要特别注意的是工资和占用费，以及广告费的变动趋势。

折旧费用属于一项重要的线上项目，需要单独进行估计。它是一项固定费用，是可折旧固定资产总额的函数。近年来，塔吉特公司的报告折旧占应折旧固定资产年初余额的 6%左右。我们在预估中假定折旧率等于 2005 年的水平，即 6.333%。

同样地，我们计算了利息费用占计息债务年初余额的百分比，这一比率在最近两年由 4.982%增加到了 5.173%。我们在预估中采用 5.173%作为利息费用率。在实际中，我们将会加入对未来长期利率水平的考虑。最后是所得税费用占税前利润的比例，我们采用 37.809%这一最近年度的水平。

在确定了上述各项假设之后，即可列出塔吉特公司 2006 年的预估损益表，如图表 9—2 所示。下面是编制该表的基本步骤及其中主要数据的计算：

1. 销售收入：$ 52 204＝$ 46 839×1.114 55
2. 毛利：$ 17 157＝$ 52 204×32.866%
3. 销售成本：$ 35 047＝$ 52 204－$ 17 157
4. 销售、一般及行政管理费用：$ 11 741＝$ 52 204×22.49%
5. 折旧及摊销费用：$ 1 410＝$ 22 272（固定资产期初余额）×6.333%
6. 利息：$ 493＝$ 9 538（计息债务期初余额）× 5.173%
7. 税前利润：$ 3 513＝$ 17 157－$ 11 741－$ 1 410－$ 493
8. 所得税费用：$ 1 328＝$ 3 513×37.809%
9. 非常及终止经营项目：无
10. 净收益：$ 2 185＝$ 3 513－$ 1 328

图表 9—2 **塔吉特公司预估损益表** 单位：百万美元

	预测步骤	2006 年估计值
损益表		
总收入	1	$ 52 204
销售成本	3	35 047
毛利	2	17 157
销售、一般及行政管理费用	4	11 741
折旧及摊销费用	5	1 410
利息费用	6	493
税前利润	7	3 513
所得税费用	8	1 328
非常项目和终止经营带来的收益（损失）	9	0
净收益	10	$ 2 185
外部流通股		891
预测假定（%）		
销售增长率		11.455%
毛利率		32.866

续前表

预测步骤	2006 年估计值
销售、一般及行政管理费用率	22.490
折旧率	6.333
利息率	5.173
实际所得税率	37.809

预估资产负债表

图表 9—3 提供了塔吉特公司 2003—2005 年的资产负债表和部分相关比率。2006 年资产负债表预测涉及如下步骤：

1. 利用预估销售收入、销售成本及下面所描述的适当的周转率指标，估计除现金之外的各项流动资产。

2. 利用根据历史趋势或年度报告的 MD&A 部分所提供信息，估计固定资产和资本支出的增长额。

3. 利用预估销售收入、销售成本及下面所描述的适当的周转率指标，估计除贷款之外的流动负债。

4. 根据长期贷款附注确定一年内到期的长期负债。

5. 假定其他短期借款依然保持上期余额，未曾发生任何变动——除非已经表现出某种值得注意的趋势。

6. 假定长期借款的期初余额等于上期长期借款余额减去第 4 项中一年内到期的长期负债数。

7. 假定其他长期债务等于上年余额，除非它们已经表现出明显的变动趋势。

8. 假定对普通股的初始估计等于上年余额。

9. 假定留存收益等于上年余额加上（减去）净利润（亏损）再减去预期股利。

10. 假定其他权益账户等于上年余额，除非已经表现出某种值得注意的趋势。

加总第 3 至第 10 步的金额，得出负债和权益总计数。总资产与此相等。从总资产中减去第 1 和第 2 步的金额，即可得出现金数。不过，此时的现金数有可能过大或过小。随之，需要对长期借款和普通股根据发行（或回购）的情况作适当调整，以产生理想的现金水平，并保持历史财务杠杆。这些调整表明支持公司增长所要求的融资的幅度。

开始时，需要利用预计销售收入、销售成本及有关周转率估计应收款、存货、固定资产、应付账款及应计费用。比如，根据期末应收账款计算的应收账款周转率是：

$$应收账款周转率=销售收入/应收账款余额$$

随之，可按下式计算预计应收账款：

$$预计应收账款=预计销售收入/应收账款周转率$$

在估计应收账款时假定最近的应收账款周转率为 9.24。

图表 9—3　　塔吉特公司资产负债表　　单位：百万美元

	2005	2004	2003
现金	$2 245	$708	$758
应收款	5 069	4 621	5 565
存货	5 384	4 531	4 760
其他流动资产	1 224	3 092	852
流动资产合计	13 922	12 952	11 935
固定资产	22 272	19 880	20 936
累计折旧	5 412	4 727	5 629
固定资产净值	16 860	15 153	15 307
其他资产	1 511	3 311	1 361
资产总计	$32 293	$31 416	$28 603
应付账款	$5 779	$4 956	$4 684
一年内到期的长期负债	504	863	975
应计费用	1 633	1 288	1 545
所得税及其他	304	1 207	319
流动负债合计	8 220	8 314	7 523
递延税款和其他负债	2 010	1 815	1 451
长期借款	9 034	10 155	10 186
负债总计	19 264	20 284	19 160
普通股	74	76	76
资本公积	1 810	1 530	1 256
留存收益	11 145	9 526	8 111
股东权益合计	13 029	11 132	9 443
负债和股东权益总计	$32 293	$31 416	$28 603
选定比率			
应收账款周转率	9.240	9.094	6.722
存货周转率	5.840	6.266	5.357
应付账款周转率	5.441	5.728	5.444
应计费用周转率	28.683	32.628	24.214
应付税款/税金费用	26.527%	122.663%	37.485%
每股股利	$0.310	$0.260	$0.240
资本支出（百万美元）	3 012	2 671	3 189
资本支出/销售收入	6.431%	6.356%	8.524%

同样，我们可以用最近 5.84 的存货周转率（基于期末存货）和销售成本一起对存货做出估计。如果要做更深入的分析，则需进一步考察塔吉特公司将应收账款廉价出售给特殊目的实体的能力。对存货，还需要对老店和新店的存货周转率作比较分析，并考察新店的预期增长。随着销售预期增加，现有存货的估计数也应该相应增加。对新店，还需在这一数据的基础上另外增加一部分存货。

对固定资产的估计需要在上年固定资产总额的基础上加上历史资本支出。历史资本支出数据来自现金流量表。过去三年中，资本支出占销售收入的比例一直稳定保持在大约6.4%的水平。我们使用6.43%估计2006年的资本支出。这一估计一旦完成，则可对这一比例做后续调整，以考察资本支出水平较高（或较低）的财务意义。

对应付账款的估计以应付款的历史周转情况及销售成本为基础。我们用5.441的最新周转率（以期末应付款为基础）估计2006年的应付款。同样地，应计费用占销售收入的比例用28.683的最新应计费用周转率来估计。最后，应付税款是以应付税款与税金费用的历史关系为基础来估计的。我们用26.527%的最新水平来估计2006年的应付税款。

财务报表附注中提供了一份一年内到期的长期借款明细表。我们使用该表中有关2006年的金额。这样，有关长期借款的最初估计等于长期借款上期余额减去对一年内到期的长期借款估计数。这一债务水平需要做进一步调整，以便在最初的资产负债表初步构造完成之后确定合理的现金余额及财务杠杆。普通股和库藏股假定等于上年的余额。

以上述假定为基础，可以得出塔吉特公司2006年的预估资产负债表如图表9—4所示。以下为估计表中数据的基本步骤（括号中为数据的来源）：

1. 应收款：＄5 650＝＄52 204(销售收入)/9.24(应收账款周转率)

2. 存货：＄6,001＝＄35 047(销售成本)/5.84(存货周转率)

3. 其他流动资产：不变

4. 固定资产：＄25 629＝＄22 272(上年余额)＋＄3 357(资本支出估计数，等于：销售收入估计数×资本支出占销售收入的百分比＝＄52 204×6 431%)

5. 累计折旧：＄6 822＝＄5 412(上年余额)＋＄1 410(折旧估计数)

6. 固定资产净值：＄18 807＝＄25 629－＄6 822

7. 其他长期资产：不变

8. 应付账款：＄6 441＝＄35 047(销售成本)/5.441(应付账款周转率)

9. 一年内到期的长期借款：长期借款附注中报告的一年内到期的长期借款金额

10. 应计费用：＄1 820＝＄52 204(销售收入)/28.683(应计费用周转率)

11. 应付税款：＄352＝＄1 328(税金费用)×26.527%(应付税款/税金费用)

12. 递延税款和其他负债：不变

13. 长期借款：＄8 283＝＄9 034(上年长期借款)－＄751(第9步中一年内到期的流动负债数)

14. 普通股：不变

15. 资本公积：不变

16. 留存收益：＄13 054＝＄11 145(上年留存收益)＋＄2 185(预估净收益)－＄276(预计每股收益×普通股股数＝＄0.225×8.91亿股)

17. 现金：与负债和权益总计数保持平衡所需金额减去第1至第7步骤金额

最初通过资产负债表估计出的现金余额为14.02亿美元，占预计资产总额的4.1%。虽然低于2005年占总资产7%的水平，但其间差异仅在2%～3%之间。如果估计现金余额过高或过低，则需做进一步调整，以反映：(1) 多余现金投资于可销售证券的金额（预计收益也将需要用额外的非经营投资收益进行调整）；（2）成比例地减少长期借款和/或权益以使财务杠杆度与上年保持一致。如果现金水平太低，则可按要求增加额外的长期借款和/或普通股，以保持财务杠杆稳定。我们通过预估显示，塔吉特公司将能够用可得到的资金和内部产生的现金为其增长筹集资金。

图表 9—4　　塔吉特公司预估资产负债表　　单位：百万美元

	预测步骤	2006 年估计	2005
现金	17	$ 1 402	$ 2 245
应收款	1	5 650	5 069
存货	2	6 001	5 384
其他流动资产	3	1 224	1 224
流动资产合计		14 277	13 922
固定资产	4	25 629	22 272
累计折旧	5	6 822	5 412
固定资产净值	6	18 807	16 860
其他资产	7	1 511	1 511
资产总计		$ 34 595	$ 32 293
应付账款	8	$ 6 441	$ 5 779
一年内到期的长期负债	9	751	504
应计费用	10	1 820	1 633
所得税及其他	11	352	304
流动负债合计		9 364	8 220
递延税款和其他负债	12	2 010	2 010
长期借款	13	8 283	9 034
负债总计		19 657	19 264
普通股	14	74	74
资本公积	15	1 810	1 810
留存收益	16	13 054	11 145
股东权益合计		14 938	13 029
负债和股东权益总计		$ 34 595	$ 32 293
选定比率			
应收账款周转率		9.240	9.240
存货周转率		5.840	5.840
应付账款周转率		5.441	5.441
应计费用周转率		28.683	28.683
应付税款/税金费用		26.527%	26.527%
每股股利		$ 0.310	$ 0.310
资本支出（百万美元）		3 357	3 012
资本支出/销售收入		6.431%	6.431%

预估现金流量表

预估现金流量表是根据预估损益表和预估资产负债表计算而来。详见图表 9—5。其中，32.95 亿美元的经营活动产生的现金流量估计数，为 33.57 亿美元的资本支出提供了大部分资金。扣除 5.04 亿美元的长期借款和 2.76 亿美元的股利，最终的现金净流量为 8.43 亿美元赤字。

图表 9—5 **塔吉特公司预估现金流量表** 单位：百万美元

	2006 年估计
净收益	$ 2 185
从收益到现金流量的调整：	
折旧及摊销	1 410
应收款	(581)
存货	(617)
应付账款	662
应计费用	187
所得税及其他	48
经营活动产生的现金流量净额	3 294
资本支出	(3 357)
投资活动产生的现金流量净额	(3 357)
长期借款	(504)
股利	(276)
筹资活动产生的现金流量净额	(780)
现金净增加额	$ (843)
现金期初余额	2 245
现金期末余额	$ 1 402

敏感性分析

预估财务报表主要以损益表和资产负债表账户之间的预期关系为基础。在本例中，我们使用塔吉特公司最近年度极为稳定的经营比率，并假定公司的经营战略无重大变化。

然而，在通常情况下，为了分析这些假定对公司融资要求、资产和权益回报率等的影响，我们需要在一定程度上改变假设条件。比方说，如果我们将资本支出占销售收入的比率提高至 7.5%，资本支出将会增至 39 亿美元，现金余额将降至 8.45 亿美元，占总资产的 2.4%，低于上年水平。在这种情况下，将会要求进行外部债务和/或权益融资。同样地，融资需求提高会导致应收款或存货周转率降低。除了最可能出现的情况之外，分析师通常还会做几种不同的估计，以考察最佳（最差）情况下可能的境况。通过这种敏感性分析，可以了解究竟哪种假设对财务成果会有最大影响，并由此确定最需关注的领域。

□ 前景分析在剩余收益估值模型中的应用

正如我们在本章开头所说，前景分析是证券分析的核心。举例来说，剩余收益估值模型将在时间 t 的权益价值定义为目前账面价值和全部未来预期剩余收益现值的总和，即

$$V_t = BV_t + \frac{E(RL_{t+1})}{(1+k)^1} + \frac{E(RL_{t+2})}{(1+k)^2} + \frac{E(RL_{t+3})}{(1+k)^3} + \cdots$$

式中，BV_t 为 t 期末的账面价值；RI_{t+n} 为第 $t+n$ 期的剩余收益；k 为资本成本。在 t 点的**剩余收益**（residual income）被定义为综合净收益减去初期账面价值费用，即

$$RI_t = NI_t - (k \times BV_{t-1})$$

估值程序要求估计未来净收益和股东权益的账面价值。图表 9—6 提供了 Syminex 公司 2005 年普通股估值实例。在这种相对简单的形式中，估值模型要求估计六项参数：

- 销售增长
- 净利润边际（净收益/销售收入）
- 净营运资本周转率（销售收入/ 净营运资本）
- 固定资产周转率（销售收入/ 固定资产）
- 财务杠杆（经营资产/权益）
- 权益资本成本

2006 年和 2007 年的销售收入预计增长 8.9%和 9.1%，随后三年逐年下降，增长率分别为 8%，7%和 6%。这五年属于预测期，我们对准确估计这一期间的变化抱有很大信心。我们假定销售收入会持续增长，同时将伴随 3.5%的通货膨胀率。

在今后两年，净利润边际预计将增长 9.2%和 9.4%，其后将保持在 9.4%的水平。净营运资本和固定资产周转率将分别保持在目前 11.827 1 次和 1.987 8 次的水平。财务杠杆也有望维持目前 2.518 6 的水平。最后，权益资本成本估计为 12.5%。

我们使用预计销售收入和预计净利润边际来估计净收益（销售收入×净利润边际）；使用预计销售收入、预计净营运资本周转率和预计固定资产周转率来估计净营运资本和固定资产（销售收入/周转率）。最后使用经营资产对权益比率估计权益。其中，经营资产 = 净营运资本 + 固定资产。

在有了上述估计之后，即可对 2006 年的剩余收益做出估计。公式为：预计净收益减去年初权益乘 12.5%的权益资本成本：

$$\$6\,278 = \$8\,856 - (\$20\,624 \times 0.125)$$

预测期内以后各年按同样方式计算。其间所有贴现皆按 12.5%的权益资本成本进行。比如，第 2 年的贴现系数即是按如下方式确定的：

$$0.7\,901 = \frac{1}{1.125^2}$$

将预测期内各年的现值加以汇总，即产生至2010年为止的累计现值26 303美元。

2011年的预计剩余收益假定按通货膨胀率（3.5%）增长。这一年金折现至2005年的现值为：

$$\$54\,039=\frac{\$8\,746}{(0.125-0.035)(1.125)^{5}}$$

图表9—6 **Syminex公司的普通股估值**

	历史数据			预测期				终止年份
	2004	2005	2006	2007	2008	2009	2010	2011
销售增长率	8.50%	8.695 7%	8.90%	9.10%	8.00%	7.00%	6.00%	3.50%
净利润边际	9.05%	9.155 4%	9.20%	9.40%	9.40%	9.40%	9.40%	9.40%
净营运资本周转率	22.735 3	11.827 1	11.827 1	11.827 1	11.827 1	11.827 1	11.827 1	11.827 1
固定资产周转率	1.834 1	1.987 8	1.987 8	1.987 8	1.987 8	1.987 8	1.987 8	1.987 8
经营资产合计/权益合计	2.336 2	2.518 6	2.518 6	2.518 6	2.518 6	2.518 6	2.518 6	2.518 6
权益成本			12.5%					
（单位：千美元）								
销售收入	$81 324	$88 396	$96 263	$105 023	$113 425	$121 365	$128 647	$133 149
净收益	7 360	8 093	8 856	9 872	10 662	11 408	12 093	12 516
净营运资本	3 577	7 474	8 139	8 880	9 590	10 262	10 877	11 258
固定资产	44 340	44 469	48 427	52 834	57 060	61 054	64 718	66 983
营运资产合计	47 917	51 943	56 566	61 713	66 651	71 316	75 595	78 241
长期负债	27 406	31 319	34 106	37 210	40 187	43 000	45 580	47 175
股东权益合计	20 511	20 624	22 460	24 503	26 464	28 316	30 015	31 066
剩余收益计算								
净收益			$8 856	$9 872	$10 662	$11 408	$12 093	$12 516
期初权益			$20 624	$22 460	$24 503	$26 464	$28 316	$30 015
要求的权益回报率			12.5%	12.5%	12.5%	12.5%	12.5%	12.5%
预期收益			$2 578	$2 807	$3 063	$3 308	$3 540	$3 752
剩余收益			$6 278	$7 065	$7 599	$8 100	$8 553	$8 764
折现系数			0.888 9	0.790 1	0.702 3	0.624 3	0.554 9	
剩余收益的现值			$5 581	$5 582	$5 337	$5 057	$4 746	
剩余收益的累计现值			$5 581	$11 163	$16 500	$21 557	$26 303	
剩余收益的终值							$54 039	
权益的初始账面价值							$20 624	
权益价值							$100 966	
外发普通股（单位：千股）							1 737	
每股权益价值							$58.13	

Syminex公司普通股2005年的估计价值等于普通股股东权益的账面值（$20 624）加剩余收益的现值（$26 303+$54 039），总计数为100 966千美元。该公司外发普通

股股数为 1 737 千股[①]，按此计算，Syminex 公司普通股每股价值为 58.13 美元。

股票的估值主要取决于预估过程。正如上面讨论中所见，我们在估值时需要深入考察股票价格估计值对预估过程内在假设的敏感程度。

□ 价值驱动因素的趋势

剩余收益估值模型把股票价格定义为股东权益账面值加上预期剩余收益（RI）的现值，其中 $RI_t = NI_t - (k \times BV_{t-1})$。剩余收益也可以比率方式表达如下：

$$RI = (ROE_t - k) \times BV_{t-1}$$

式中，$ROE = \frac{NI_t}{BV_{t-1}}$。本式强调了这样一个事实，即：只有当 $ROE \neq k$ 时，股价才会受影响。在均势中，竞争力会促使回报率（ROE）向成本（k）靠拢，非正常利润将因此而消失。股票价格的估计也将因此逐渐趋向对特定公司和行业长期价值 ROE 还原的估计。

图表 9—7 以五线图的方式来表现 Compustat 数据库内所有公司的 ROE 业绩。图中显示了每一年 ROE 线的企业组合，并对企业组合中各个企业随后 10 年的 ROE 做了描述。图中反映的是每个企业组合的中位数值。从中我们可以观察到两方面的事实：

1. ROE 最终趋向于一种长期均衡状态。这反映了竞争力量的影响。进一步来看，盈利能力最差的企业还原率高于最赚钱的企业。ROE 处于最极端水平的公司，还原率明显高于 ROE 处于稳健状态的公司。

2. 还原是非完全型的。也就是说，在 10 年之后，ROE 最高的企业与 ROE 最低的企业之间依然存在约 12%的差距。这可能是由以下两项因素所造成：其一，风险不同，反映为其资本成本 k 的差异；其二，会计政策的保守程度各异。

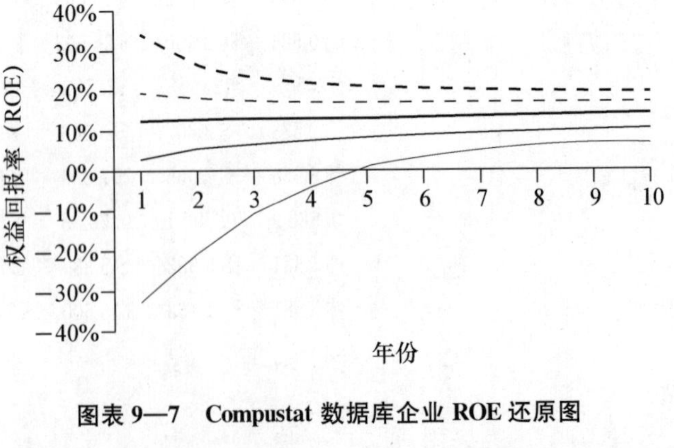

图表 9—7 Compustat 数据库企业 ROE 还原图

图表 9—7 显示，大部分还原大概在第 5 年之后就已经完成。这也为我们对 Syminex 公司进行分析时选择以 5 年作为预测期提供了证据，因为，自这一点（ROE＝

① 此例中金额和股份数皆以千为单位。为了与表内数值统一，此处在翻译时未按中文习惯做转换，特此说明。——译者注

k）之后，不论销售收入如何增长，都不会对股票价格产生多大影响。

ROE 之所以会被认为是价值驱动因素，是因为它是一项可以直接影响股票价格的变量。ROA 可以进一步分解为利润边际和周转率（参见第 8 章）。这些要素也属于价值驱动因素，而且是我们进行 Syminex 公司估值时的两个输入项。因而了解这些要素的还原率也是极为有用的。

图表 9—8 描绘了 Compustat 数据库中五类企业的净利润边际（net profit margin，NPM）还原情况。其构造类似于图表 9—7 中的 ROE 图。图中列出了 NPM 最高和最低公司的还原率。此外，利润最低的企业的还原率高于利润最高的企业的还原率，同时，处于极端状况的公司的还原率也是高于处于非极端状况的公司。最后，在第 10 年，NPM 最高和最低的企业组合之间依然存在一定差异，其幅度大致相当于 ROE 的分布。由此来看，ROE 的还原主要是受 NPM 还原所驱动。

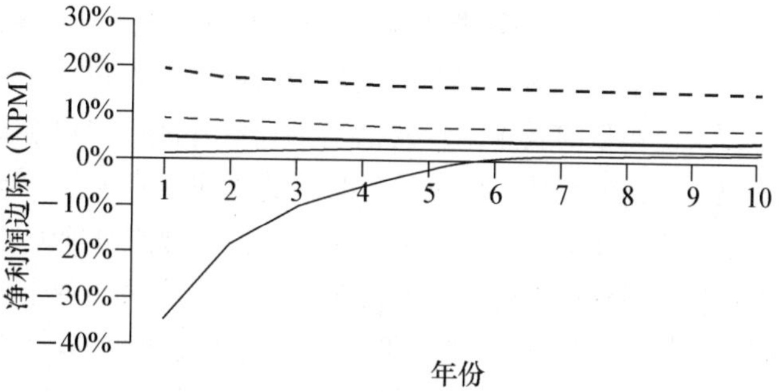

图表 9—8　Compustat 数据库企业净利润边际（NPM）还原图

总资产周转率（TAT）是 ROA 的第二项构成要素。在图表 9—9 中，我们用同样方式构造了 TAT 还原图。尽管从中可以看到一些还原，但远比盈利能力指标的还原程度小。此外，资产周转率最高与最低之间的差异幅度也较大，反映了资本密集程度的不同。

对利润边际和周转率做出预测时，需要从做出估计的那一刻起，从长期平均的角度来考虑典型的还原形态及驱动因素的水平。进而，当这些图表标示出从净利润边际到总资产周转率的差异时，需要密切关注行业特点。最后需要注意的是，预测期无须过长，一方面因为期限太长会使我们对估计失去信心，另一方面则是因为在相当短的时间内，ROE 就会还原到与资本成本十分接近的水平。

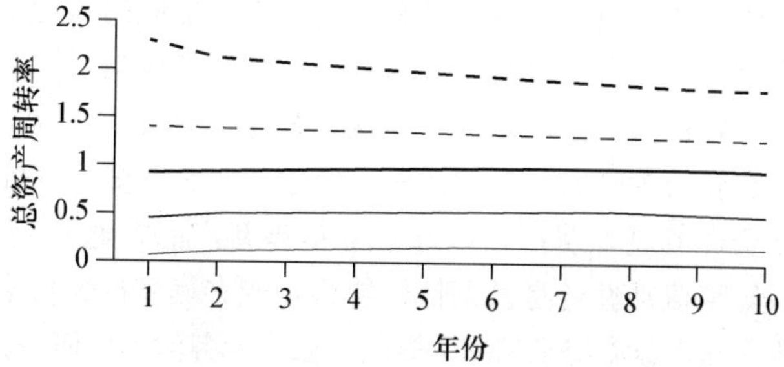

图表 9—9　Compustat 数据库企业总资产周转率（TAT）还原图

分析视点

……你是股票经纪人

你正在对波士顿 Biotech 公司的长期现金预测进行分析，与该资料一起出现的，还有将于下个月启动的该公司普通股股票 IPO。你注意到，该公司未来 5 年现金净流量的预测数为零或负数。在同一期间，该公司权益净收益率预计在 10%以上。你在证券公司的同事对这些预测的可靠性存有疑问。对于有关 5 年期现金流量和收益预测间的这一差异可能的原因，你可以作何解释？

附录 9A：短期预测

对于短期流动性分析，**短期现金预测**（short-term cash forecasting）是一项最有用的工具。对短期现金预测最感兴趣的是公司内部人员，包括经理人员和内部审计人员，他们用它来评价公司目前及未来经营活动。一些外部用户也会对短期现金预测感兴趣，比如短期债权人，他们需要以此来估计公司的短期偿债能力。当公司的短期偿债能力出现问题时，在分析中将会更关注短期现金预测。现金流量预测的准确性与预测期限成反比：预测期越长，可信度越低。这是因为影响现金流入和现金流出的因素多而且复杂，时期一长就很难做出可靠的估计。即使在短期现金预测中，信息需求量也是十分巨大的。由于现金流量预测通常所依据的都是公开信息，我们的目标是“适度准确”的预测。通过研究现金流量预测，可以对公司的现金流量模式有更深入的了解。

现金流量模式

在具体考察现金流量分析及预测模型之前，需要先了解现金流量模式的性质。现金和现金等价物（后面简称为现金）是流动性最强的资产。几乎所有有关资产投资或费用支付的管理决策都需要立即或最终使用现金。因此，管理层关注的重点始终是现金而非其他流动资金概念。有些用户（比如债权人）有时会考虑一些可在短期内变现的资产，如应收款、存货等。

仅仅是持有现金并不会带来任何回报，在物价上涨时期，反而会像所有货币性资产一样遭受购买力损失。不过，持有现金代表着最低的风险暴露。管理层有责任决定将现金投入资产，或者支付费用。这种转换将增加风险，因为能否从这些活动中最终收回现金，存在很大的不确定性。与这些现金转换相关的风险类型和程度各不相同。例如，将现金转换为临时投资的风险，小于购买长期资产（如厂场设备）的风险。将现金投资于资产或成本费用，以开发并销售新产品，通常会带来很大的现金回收风险。不论是短期流动性还是长期偿债能力，皆有赖于现金付出的恢复和实现。

现金流入和现金流出是相互关联的。公司商务活动任何一方面的失败都会让其整体现金流量系统受损。销售下降会影响产成品向应收款和现金转换，导致现金的可用性降低。公司如果不能通过各种资源如权益、贷款、应付账款来补充这部分现金，将可能导致生产瘫痪并危及未来销售。相反，对一些支出项目如广告费、市场营销费用的限制，会减缓产成品向应收款和现金的转换。对现金流入或流出的长期限制会导致公司破产。

我们在分析中一定要认清现金流量、应计项目与利润之间的关系。销售收入是经营现金流量的决定性资源。产成品是许多成本和费用的累积，一旦产品售出，公司的利润边际就会通过应收款和现金产生流动资金的流入。利润边际越高，流动资金的增长幅度就越大。利润通常主要取决于销售收入和销售成本之间的差异（毛利），对现金流量有巨大影响。有许多成本（如固定资产的使用或递延费用摊销）并不要求付出现金。同样地，诸如土地的长期分期付款销售之类的项目会造成长期应收款，并因此限制了应计项目与现金流量的相关性。我们在估价现金流量模式时，需要适当地使用这些指标。

现金流量往往受到高度重视。当现金流量进入公司时，管理层在安排支出方面具有一定的自由度。自由度的大小取决于各种支出承诺，如支付股利、存货的积累、资本支出或借款的偿还。现金流量亦取决于管理层获取资源（如权益和借款）的能力。在非限定用途现金流入——一般称为自由现金流量——的使用方面，管理层有充分的自由。我们在分析中最感兴趣同时也最重视的，即是这种非限定用途的现金流量。

□ 销售预测的重要性

现金预测是否可靠，取决于**销售预测的质量**（quality of the sales forecast）。除了少数例外——如来自融资活动的资金和用于投资活动的资金，大多数现金流量都与销售收入相关，并对其形成依赖。销售预测需要分析如下情况：

- 销售收入变动的方向和趋势
- 市场份额
- 行业及经济环境
- 生产能力及财务能力
- 竞争因素

这些因素一般需要联系产品线进行评估，而后者又是受到其市场特有力量的潜在影响。后面的实例中将进一步说明销售预测的重要性。

分析视点

……***你是信贷主管***

作为 Intercontinental Bank 新近聘用的信贷主管，你正在处理一项来自一个新客户——DEC 制造公司——的贷款申请。在其申请材料中，该公司提供了接下来三个时期的短期销售预测数据，分别为 110 万美元、125 万美元及 145 万美元。你注意到，该公司最近两个时期的销售额分别为 80 万美元和 65 万美元。为此，你要求 DEC 公司的管理层作出解释。DEC 公司的解释是：(1) 最近的销售数据具有一定误导性，一方面因为工作中发生故障，另一方面是因为一位重要的供应商破产，导致原材料成本异常高企；(2) 消费需求的差异引起了最近的行业波动。你在做贷款分析时，是否会使用该公司的预测？

□ 现金流量预测与预估分析

短期现金预测的合理性和可行性通常需要通过**预估财务报表**（pro forma financial statements）来测定。我们用现金预测中包含的假设构造一份预测期的预估损益表，一份预测期末的预估资产负债表。从这些预估财务报表中可以得出财务比率及其他各种关系，并对应历史关系来考察其可行性。通过这些比较必须确定在现金预测期内如何对可能影响此类比率和关系的因素做必要的调整。

我们以 IT 技术公司的财务数据为例来说明现金流量预测。IT 技术公司新近推出了一种电子处理器，很受市场欢迎。IT 公司管理层估计未来六个月（第 1 年度 6 月 30 日为止）的销售收入将分别达到＄100，＄125，＄150，＄175，＄200 和＄250（单位：千美元，参见下面附图）。第 1 年度 1 月 1 日的现金余额为＄15 000。根据有关销售预测的资料，IT 公司的财务主管希望各月的现金余额最低限度能够达到以下水平：1 月份＄20 000；2 月份＄25 000；3 月份＄27 000；4、5、6 月份皆为＄30 000。财务主管预计，为了扩大销售，公司需要额外增加一些资金。按她预计，公司将在 2 月份以向供货方出具应付票据的方式购入一项价值＄20 000 的新设备，该票据将自 2 月份起每月偿还＄1 000。该设备将在当年 8 月份投入使用。

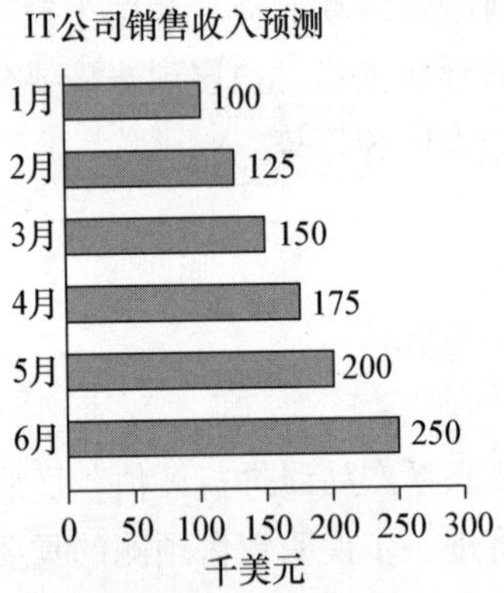

财务主管计划通过进一步融资来解决资金需求问题。首先，她从一家保险公司获得了购买 IT 公司 110 000 美元长期债券的承诺（扣除 2 500 美元发行费用）。这些债券的销售按计划将在 4 月份和 5 月份分两次进行（两个月的销售金额分别为 50 000 美元和 60 000 美元）。她还打算通过出售房产来融资，具体金额为 5 月份 8 000 美元，6 月份 50 000 美元。她还会在 6 月份按 25 000 美元的售价出售一项设备（原始价值为 25 000 美元，账面价值为 0）。该财务主管还与银行主接触，打算从银行取得部分短期贷款解决剩余的资金问题。银行信贷官员要求公司财务主管编制一份到 6 月 30 日为止共 6 个月的现金预测表，同时需要提供的还有该时期的预估财务报表。银行信贷官员还要求 IT 公司提供现金的详细用途，以及用于偿还该项贷款的资金来源。财务主管明白现金预测的重要性，打算按照银行信贷官员的要求准备必要的数据资料。

财务主管首先要做的就是估计公司应收账款回收的形式。根据以往经验，公司货款的回收状况如下：

货款回收	占应收账款总额的百分比
销售当月	40%
第二个月	30%
第三个月	20%
第四个月	5%
冲销坏账	5%
	100%

根据这一情况，公司财务主管可以联系销售预测对现金回收情况做出估计，其结果如图表 9A—1 所示。

图表 9A—1

现金回收估计

第 1 年度 1 至 6 月份

	1 月份	2 月份	3 月份	4 月份	5 月份	6 月份
销售收入	\$ 100 000	\$ 125 000	\$ 150 000	\$ 175 000	\$ 200 000	\$ 250 000
销货款收回*						
1 月份—40%	\$ 40 000	\$ 50 000	\$ 60 000	\$ 70 000	\$ 80 000	\$ 100 000
2 月份—30%		30 000	37 500	45 000	52 500	60 000
3 月份—20%			20 000	25 000	30 000	35 000
4 月份—5%				5 000	6 250	7 500
收回现金合计	\$ 40 000	\$ 80 000	\$ 117 500	\$ 145 000	\$ 168 750	\$ 202 500
冲销—5%				5 000	6 250	7 500

* 为简化起见，收回的 1 月份以前销货款可忽略不计。

通过分析以前年度财务报表中的费用形式，可以以销售或时间为基础对费用做出估计。图表 9A—2 列示了 IT 技术公司的费用估计。IT 技术公司的各项费用在发生时支付（每月 1 000 美元的折旧费用除外）。购买原材料却是唯一的例外。一般在购买时先付 50%，下月再付另外 50%。第 1 年 1 月 1 日的库存材料为 57 000 美元。据财务主管估计，1—6 月份各月末的材料存货分别为 67 000 美元、67 500 美元、65 500 美元、69 000 美元、67 000 美元和 71 000 美元。她还对与这些材料采购相关的应付账款的支付形式做了估计，图表 9A—3 列示了估计结果。由于该公司的电子处理器是按订单生产，所以不会累积下来产成品存货。

图表 9A—4 列出了公司财务主管对 1—6 月份现金收支的预测。图表 9A—5 利用这些预测资料列出了 IT 技术公司第 1 年上半年的预估损益表。图表 9A—6 则列示了公司 1 月末的实际资产表和 6 月末的预估资产负债表。

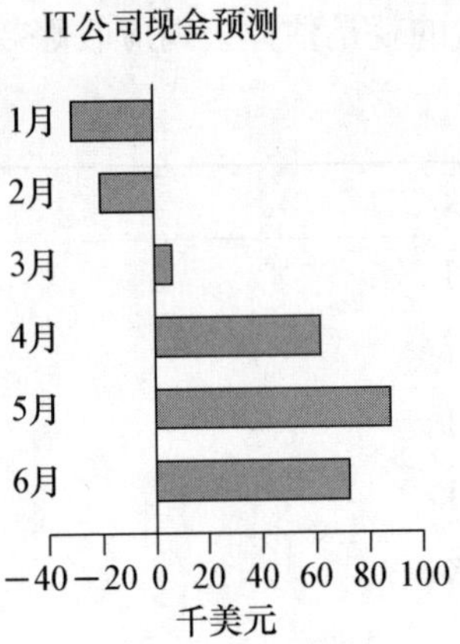

图表 9A—2

费用估计
第 1 年 1—6 月份

材料费	销售收入的 30%
人工费用	销售收入的 25%
间接制造费用：	
变动	销售收入的 10%
固定	8 000 美元/月（包括每月 1 000 美元的折旧）
销售费用	销售收入的 10%
一般及行政管理费用	
变动	销售收入的 8%
固定	7 000 美元/月

图表 9A—3

材料采购现金支出估计
第 1 年 1—6 月份

	1 月	2 月	3 月	4 月	5 月	6 月
材料采购*	$40 000	$38 000	$43 000	$56 000	$58 000	$79 000
付款：						
第 1 个月—50%	$20 000	$19 000	$21 500	$28 000	$29 000	$39 500
第 2 个月—50%		20 000	19 000	21 500	28 000	29 000
支出合计	$20 000	$39 000	$40 500	$49 500	$57 000	$68 500

* 材料采购需与材料成本和原材料存货的变化核对相符。

我们进行前景分析，应该对预估财务报表进行严格的考察，并对其预测和假设做可行性测试。我们应该评估预估财务报表比率和关系，并与历史财务比率进行对比，以确定其合理性和可行性。比如，IT 技术公司的流动比率已从 1 月 1 日的 2.6 上升到了预估财务报表中 6 月 30 日的 3.5。另外，到第 1 年 6 月 30 日为止的半年时间内，该公司的预估权益回报率上升到了 9%。分析中需要对周转率、趋势、共同比等多方面指标进行评价。对重要关系的意外偏离需要做出解释或调整，并检查假定和预期是否有错。这些步骤可以增强预估财务报表对分析的可靠性。

应该承认，有些电子制表程序可以为我们进行预估分析提供帮助。使敏感性分析中的变量处理更为容易，无疑会提高预估财务报表的有用性。但是，我们不应该将这些程序的易用性和灵活性与开发并确证其产出中所包含估计和假设的关键性需要相混淆。重要估计和假设的合理性，以及这一分析的有用性，取决于我们的重要评价和判断，而非所采用的技术。

图表 9A—4

IT 技术公司现金预测

第 1 年 1—6 月份

	1月	2月	3月	4月	5月	6月	合计
现金期初余额	$ 15 000	$ 20 000	$ 25 750	$ 27 250	$ 30 580	$ 30 895	$ 15 000
增加的现金收入：							
收回现金（图表 9A—1）	40 000	80 000	117 500	145 000	168 750	202 500	753 750
出售房产①	—	—	—	—	8 000	50 000	58 000
出售债券①	—	—	—	47 500	60 000	—	107 500
出售设备①	—	—	—	—	—	25 000	25 000
可用现金合计	55 000	100 000	143 250	219 750	267 330	308 395	959 250
减现金支出：							
原材料（图表 9A—3）	20 000	39 000	40 500	49 500	57 000	68 500	274 500
人工②	25 000	31 250	37 500	43 750	50 000	62 500	250 000
固定间接费用②	7 000	7 000	7 000	7 000	7 000	7 000	42 000
变动间接费用②	10 000	12 500	15 000	17 500	20 000	25 000	100 000
销售费用②	10 000	12 500	15 000	17 500	20 000	25 000	100 000
一般及行政管理费用②	15 000	17 000	19 000	21 000	23 000	27 000	122 000
税金③	—	—	—	—	—	19 000	19 000
购置固定资产①	—	1 000	1 000	1 000	1 000	1 000	5 000
现金支出合计	87 000	120 250	135 000	157 250	178 000	235 000	912 500
暂时性现金余额（赤字）	(32 000)	(20 250)	8 250	62 500	89 330	73 395	46 750
要求的最低现金额①	20 000	25 000	27 000	30 000	30 000	30 000	—
需要的借款	52 000	46 000	19 000	—	—	—	117 000
归还借款	—	—	—	30 000	58 000	29 000	(117 000)
支付利息④	—	—	—	1 920	435	145	2 500
现金期末余额	$ 20 000	$ 25 750	$ 27 250	$ 30 580	$ 30 895	$ 44 250	$ 44 250
贷款余额	$ 52 000	$ 98 000	$ 117 000	$ 87 000	$ 29 000	—	—

①财务主管的打算。
②用图表 9A—2 中的信息估算得出。
③州和联邦所得税税率合计为 40%。合计税款 19 000 美元于 6 月份支付，表现为应计余额。
④利息按每月 0.5%的利率计算，于月末支付。所有贷款皆是在月初获得。

图表 9A—5 **IT 技术公司预估损益表**

第 1 年上半年，6 月 30 日为止

		估计数的来源
销售收入	$ 1 000 000	销售预测
销售成本		
材料	300 000	图表 9A—2
人工	250 000	图表 9A—2
间接费用	148 000	图表 9A—2
销售成本合计	698 000	
毛利	302 000	
销售费用	100 000	图表 9A—2
坏账损失	18 750	图表 9A—1
一般及行政管理费用	122 000	图表 9A—2
营业费用	240 750	
营业收益	61 250	
设备销售利得	25 000	财务主管
利息费用	(2 500)	图表 9A—4 注释
税前收益	83 750	
所得税（税率 40%）	33 500	图表 9A—4 注释
净收益	$ 50 250	

图表 9A—6 **IT 技术公司资产负债表**

	实际 第 1 年 1 月 1 日		预估 第 1 年 6 月 30 日	
资产				
流动资产				
现金	$ 15 000		$ 44 250	
应收账款（净额）	6 500		234 000	
存货——材料	57 000		71 000	
流动资产合计		$ 78 500		$ 349 250
房产	58 000		—	
固定资产	206 400		201 400	
累计折旧	(36 400)		(17 400)	
固定资产净值		228 000		184 000
其他资产		3 000		3 000
递延债券发行成本		—		2 500
资产总计		$ 309 500		$ 538 750
负债和权益				
流动负债				

续前表

	实际 第1年1月1日		预估 第1年6月30日	
应付账款	\$2 000		\$41 500	
应付票据	28 500		43 500	
应计税金	—		14 500	
流动负债合计		\$30 500		\$99 500
长期借款	15 000		125 000	
普通股	168 000		168 000	
留存收益	96 000	279 000	146 250	439 250
负债和权益总计		\$309 500		\$538 750

分析视点参考答案

股票经纪人 波士顿 Biotech 公司现金流量和收益预测间的差异无须在意。许多成长型公司在短期内都可能会出现没有正现金流量的情况。当然，近期较低的现金流量有望引出超出平均水平的未来现金流量。波士顿 Biotech 公司也有可能记录下实质性的经营现金流量，只是这种现金流量可能会因为新增投资、偿还到期债务或发放股利而产生的较大的现金流出所抵消。进行分析时，必须注意现金流量和收益的构成，注意波士顿 Biotech 公司 IPO 可能带给我们的潜在利益。因为我们拥有有关财务报表中会计处理的丰富知识，我们可能会发现，该公司的证券是有利可图的，其价格也是被严重低估的，而不会贸然摒弃该公司的股票。

信贷主管 你第一步应该做的是证实或驳倒管理层对近几年销售下降的解释。如果有客观证据表明他们的解释是站不住脚的，你可以否决 DEC 公司的贷款申请——只要有线索表明该公司有不道德行为，你就有充分的理由立马否决该公司的申请。如果你有能力证实管理层的解释，下一步就是估计 DEC 公司销售预测的水平和不确定性。在分析该公司的销售预测时，应该考虑一些重要的经济因素，包括消费需求、行业竞争、供应成本以及 DEC 公司的产能或质量。或许，更重要的是在 DEC 公司的特定环境下，你对该公司销售预测不确定性的估计。比如，比较可观的销售预测数可能是 100 万美元，但销售额的可能区间是 50 万～150 万美元。最近一个阶段消费需求、材料成本、供应关系所发生的波动，表明风险比通常情况下要大很多。你对风险加大的估计，会导致你做出不同的决策，可能是提高利率，也可能是要求提供抵押，或者最终否决贷款申请。因此，即便在 DEC 公司的销售预测可能并无偏差的情况下，我们还是要注意在实践中销售预测的不确定性是有差异的。

思考题

9—1 前景分析的作用是什么？

9—2 在进行预测之前需要采取哪些步骤？

9—3 在进行销售预测时，除了考虑目前趋势，还需要考虑哪些信息？

9—4 何为预测期间？

9—5 在预测期间的末期通常需要就销售的增长趋势做什么假定？

9—6 说明损益表预测的基本步骤。

9—7 说明资产负债表预测的两个基本步骤。

9—8 什么是价值驱动因素？

9—9　描述价值驱动因素的典型趋势。

9—10A　为什么短期现金预测对财务报表分析具有重要意义？

9—11A　短期现金预测有哪些局限性？

9—12A　说明现金流入与现金流出之间的关系。

9—13A　常有人说：从经营的角度来看，管理层更注重现金而不是营运资本。你是否赞同这一观点？为什么？

9—14A　说明资金流分析与比率分析的主要区别。哪种分析技术更受青睐？为什么？

9—15A　现金预测的第一步通常是什么？在这个步骤中需要考虑哪些问题？

练习题

9—1　预测销售收入和净收益

通用电气公司第 1（Y1）至第 9（Y9）年度各季度的销售收入和净收益数据如下（单位：百万美元）：

	销售收入	净收益		销售收入	净收益		销售收入	净收益
12 月 Y1	$17 349	$1 263	9 月 Y4	$14 442	$1 457	6 月 Y7	$21 860	$2 162
3 月 Y2	12 278	964	12 月 Y4	17 528	1 685	9 月 Y7	21 806	2 014
6 月 Y2	13 984	1 130	3 月 Y5	14 948	1 372	12 月 Y7	24 876	2 350
9 月 Y2	13 972	996	6 月 Y5	17 630	1 726	3 月 Y8	22 459	1 891
12 月 Y2	16 040	1 215	9 月 Y5	17 151	1 610	6 月 Y8	24 928	2 450
3 月 Y3	12 700	1 085	12 月 Y5	19 547	1 865	9 月 Y8	23 978	2 284
6 月 Y3	14 566	656	3 月 Y6	16 931	1 517	12 月 Y8	28 455	2 671
9 月 Y3	14 669	1 206	6 月 Y6	18 901	1 908	3 月 Y9	24 062	2 155
12 月 Y3	17 892	1 477	9 月 Y6	19 861	1 788	6 月 Y9	27 410	2 820
3 月 Y4	12 621	1 219	12 月 Y6	22 848	2 067			
6 月 Y4	14 725	1 554	3 月 Y7	19 998	1 677			

要求：

使用上述数据和其他可得到的历史信息预测第 9 年第 3、4 季度和第 10 年第 1、2 季度的销售收入和净收益，并说明预测基础。

9—2　预测销售收入和净收益

2006 年是 Cough.com 公司运营的第二年。Cough.com 公司生产儿童咳嗽用药。2005 年儿童咳嗽用药的行业销售收入总计为 30 亿美元，Cough.com 公司的销售收入为 240 万美元，市场份额为 0.08%。

要求：

a. 说明在预测过程中如何使用市场总额和市场份额预测。

b. 要强化销售预测，还需要收集哪些数据？如何收集？

c. 用情景模拟方式说明在什么情况下，Cough. com 公司的市场份额会（1）高于或（2）低于 2006 年预测数 5%。2006 年的预测数为：行业总收入 32 亿美元，Cough. com 公司的市场份额 0.08%。

9—3A　编制短期现金预测

Lyon 公司是一家商品公司。请参照图表 9A—4 格式编制第 6 年 7 月份的短期现金预测。下面是 Lyon 公司第 6 年 1 月份的部分财务信息（单位：千美元）：

现金，第 6 年 7 月 1 日	$ 20
应收账款，第 6 年 7 月 1 日	20
7 月份销售收入预测	150
第 6 年 7 月 31 日应收账款预测	21
存货，第 6 年 7 月 1 日	25

理想存货，第6年7月31日	15
7月份折旧费用	4
7月份杂项支出	11
理想的最小现金余额	30
应付账款，第6年7月1日	18

额外信息：

1. 毛利等于已售商品成本的20%。
2. Lyon公司的全部存货都是在该月第二天购入，下一周收到。
3. Lyon公司在购进当月支付75%的货款，余额下月付清。
4. Lyon公司用现金支付所有剩余费用。

案例题

9—1 编制预期财务报表

下面是柯达公司财务报表：

损益表　　单位：百万美元

	20×6年度	20×5年度	20×4年度
销售净额	$13 234	$13 994	$14 089
销售成本	8 670	8 375	8 086
毛利	4 564	5 619	6 003
销售、一般及行政管理费用	2 781	2 665	2 846
研发成本	779	784	817
重组成本（借项）及其他	659	(44)	350
营业收益	345	2 214	1 990
利息费用	219	178	142
其他收益（支出）	(18)	96	261
税前收益	108	2 132	2 109
所得税准备	32	725	717
净盈余	$76	$1 407	$1 392

资产负债表　　单位：百万美元，每股数据除外

12月31日	20×6年度	20×5年度
资产		
流动资产		
现金及现金等价物	$448	$246
应收款，净额	2 337	2 653
存货，净额	1 137	1 718
递延所得税	521	575
其他流动资产	240	299
流动资产合计	4 683	5 491
厂场设备，净额	5 659	5 919
商誉，净额	948	947

续前表

12 月 31 日	20×6 年度	20×5 年度
其他长期资产	2 072	1 855
资产总额	$ 13 362	$ 14 212
负债及股东权益		
流动负债		
应付账款及其他流动负债	$ 3 276	$ 3 403
短期借款	1 378	2 058
一年内到期的长期借款	156	148
应计所得税	544	606
流动负债合计	5 354	6 215
长期借款，扣除一年内到期部分的净额	1 666	1 166
退休人员负债	2 728	2 722
其他长期负债	720	681
负债总计	10 468	10 784
股东权益		
普通股，面值 2.50 美元，核准 950 000 000 股，20×6 年和 20×5 发行 391 292 760 股，20×6 年和 20×5 流通在外 290 929 701 股和 290 484 266 股	978	978
资本公积	849	871
留存收益	7 431	7 869
累计其他综合损失	(597)	(482)
	8 661	9 236
库藏股，按成本计价；20×6 年 100 363 059 股，20×5 年 100 808 494 股	(5 767)	(5 808)
股东权益总计	2 894	3 428
负债及股东权益总额	$ 13 362	$ 14 212

要求：

以下列假定为基础，编制 20×7 年度预测损益表、资产负债表及现金流量表：

a. 所有财务比率保持 20×6 年的水平。

b. 公司 20×7 年度未发生重组费用。

c. 应交税金保持 20×6 年 5.44 亿美元的水平。

d. 计入 SG&A 的折旧费用 20×5 年、20×6 年度分别为 7.38 亿美元和 7.65 亿美元。

e. 20×5 年、20×6 年度的总厂场设备 (PPE) 分别是 129.63 亿美元和 129.82 亿美元。

f. 20×7 年到期的长期借款预计为 1 300 万美元。

g. 20×5 年、20×6 年的资本性支出分别为 7.83 亿美元和 10.47 亿美元。

9—2 编制并分析现金预测

米勒公司计划建造一项两单元的设施，以便把饮料桶装船。在第 2 年度 1 月 1 日前，股东将在公司股票上投资 100 000 美元，作为最初的营运资本。为了向该建筑项目（计划总成本为 1 800 000 美元）融资，公司与一家信贷机构协商达成了贷款 1 800 000 美元的协议。这项贷款以一项 10 年期的抵押票据作为担保，该票据按每年未付余额的 5% 计算利息。该项贷款的本金按照分期付款方式从第 3 年 6 月 30 日开始，按每期 100 000 美元的数额，每年分两期归还。因为贷款资金需要按项目进度来获得，因此，公司同意从第 2 年 1 月 1 日起按未使用贷款额度 1% 的比例支付协议费。这一费用在各个年度减记贷款额度后（第一次减记除外）作应付款处理。

该设施建设工程第1年秋季开始启动。第一次向承包商付款发生在第2年度1月1日，贷款协议于此时开始生效，公司将第一次减记向承包商的付款额800 000美元。随着工程的展开，向承包商的其他支付和剩余贷款额度的减记将按如下方式发生（向承包商支付将与减记贷款额度在同一时间发生）：

第2年度4月1日	$ 500 000
第2年度12月31日	$ 100 000
第2年度7月1日	$ 300 000
第3年度4月1日	$ 100 000

由于气候原因，该设施每年只在4月1日至6月30日期间使用。该建筑项目的第一阶段工程含两个厂场单位（产能为处理500万桶）将在第2年度的装船季完工。第二阶段工程（产能为处理300万桶）将在第3年度的装船季完工。在第2年度的装船季，该设施可望处理的装货量为500万桶。其后，可望每年增加装货量30万桶，直至达到650万桶的水平。该公司的收入是按完成的装货量按照每桶固定费率来计算的。所有收入都是在装船的月份收到。按照同类设施过去的经验，米勒公司希望每桶营业利润在扣除利息、融资费用、折旧等之前达到平均每桶0.04美元。折旧费用为每桶0.03美元。

要求：

为第2、第3、第4三个日历年度编制现金预测。对通过发行股票、获得贷款及设施运营所获得的现金是否能有效地解决向承包商支付工程款、向债主偿还贷款（本金和利息）的资金需求做出评价。

9—3　为一家处于危难中的公司编制现金预测

Royal公司近年来发生了重大亏损，无力偿还债务。在第5年3月31日，公司向法院提出债务保全，提交了如下资产负债表：

Royal公司资产负债表

第5年3月31日

	账面价值	清算价值
资产		
应收账款	$ 100 000	$ 50 000
存货	90 000	40 000
厂场设备	150 000	160 000
资产总额	$ 340 000	$ 250 000
负债和股东权益		
应付账款——一般债权人	$ 600 000	
普通股	60 000	
留存收益	(320 000)	
负债和权益总额	$ 340 000	

Royal公司的管理层告诉法院，公司开发出一种新产品，有名客户有意签订长期合同，按照每单位产品90美元的价格，在第6年3月31日为止的第一个年度购买10 000件产品，在第7年3月31日为止的财务年度购买12 000件产品，在第8年3月31日为止的财务年度购买15 000件产品。产品的生产加工只需使用Royal公司现有设备即可。每个年度生产的产品可以在生产完成的当月发送给对方。货款可以在销售后下个月收到。新产品的单位生产成本构成如下：

直接材料	$ 20
直接人工	$ 30
制造费用	$ 10

固定成本（不包括折旧）为每年130 000美元。直接材料采购款是在完成采购后的次月支付。固定成本、直接人工、制造费用是在发生时支付。直接材料存货等于60天的使用量。开始经营的第一个月，公司将订购90天的材料，其后每月订购30天用量的直接材料。

债权人同意在满足下面两个条件的前提下，将债权主张额降低到第5年3月31日余额的60%：

1. 现有应收款和存货即刻清算，用于偿还债权人债务。

2. 剩余的应付账款在将来业务产生现金时即刻用现金支付，但无论如何不能迟于第7年3月31日。这些债务无须考虑利息。

按照这一提议，债权人收到的金额将超过Royal公司资产清算价值110 000美元。法院委托你来确定这项提议是否可行。

要求：

编制第6、第7年度（截止到3月31日）的现金预测。你可以忽略为了获得营运资金而进行短期借贷的需要，只是表明获得现金用于偿付债权人债务、实际向债权人支付的情况，剩下来的现金也是用于后来向债权人支付。

9—4 贷款申请的综合分析

你是太平洋银行的信贷员。高级信贷主管向你提供了Union公司的财务资料，该公司正在申请一项贷款：

流动资产	
现金	$12 000
应收账款	10 000
存货	63 600
厂场设备，净额	100 000
负债总额	0
实际销售	
第6年9月	40 000
预测销售	
第6年10月	48 000
第6年11月	60 000
第6年12月	80 000
第7年1月	36 000

销售中75%是现金销售，25%是赊销。应收款在完成销售的次月全额收到。比如，第6年9月30日10 000美元应收账款余额，等于9月份销售额的25%，将在10月份全额付清。在扣除销货折扣前的毛利率平均为30%。因此，销售成本的发票金额为销售额的70%。Union公司持有存货为30 000美元，另外的部分是为下一个月的预期销售做的准备。采购条件是“2/10，n/30”。因为采购是在每月月初进行，为了得到全部折扣，付款也是一致地在采购当月完成。

工薪费用平均占销售的15%，租金占销售的5%，其他费用（折旧除外）占销售的4%。这些费用在发生时用现金支付。折旧费用按直线法计算，每月750美元。设备支出10月份预测数为600美元，11月份预测数为400美元。这些新支出的折旧从第7年起算。Union公司现金保有量的最小值为8 000美元。每项借款都是在月初办理，还款则在月末。皆按1 000美元的整数倍来计（利息除外）。利息在归还本金时支付，年利率为6%。

要求：

a. 高级信贷主管要求你编制第6年10，11，12三个月及第4季度的下列内容：

(1) 估计现金收入总额。

(2) 估计采购用现金支出（采购额等于下个月份销售额的70%）。

(3) 估计经营费用现金支出。

(4) 估计现金支出总额。

(5) 估计现金收入和支出净额。

(6) 估计融资需求。

b. 编制第6年度12月末三个月（第4季度）的：

(1) 预测损益表（税收忽略不计）。

(2) 预测资产负债表。

第 10 章 财务报告与分析

回顾

第 9 章重点讨论了预测及财务报表预估分析，通过讨论展现了预测对证券估值的重要意义。

本章要点

本章从讨论其他用于短期流动性估计的工具开始。我们将解释什么是流动性，说明可运用于其各个方面的分析工具。最主要是各种会计比率、周转率以及与经营活动相关的流动性指标。本章还将关注资本结构及其对偿债能力的影响。我们将分析财务杠杆及对风险和回报的影响，还将讨论账面价值和收益保障指标，并对其进行阐释。

前瞻

第 11 章强调盈余分析和权益估值。盈余分析重在估计盈利能力。对权益估值的讨论重点关注估算公司价值及预测盈利等问题。

学习目标

- 解释流动性的重要性，描述反映流动性的营运资本指标及其构成要素
- 阐释流动比率及现金基础流动性指标
- 分析业务循环和有关流动性的周转率指标，并对其做进一步解释
- 举例说明公司环境和政策变化的分析评价
- 描述资本结构及其与长期偿债能力的关系
- 解释财务杠杆及其对公司业绩和分析的意义
- 分析与评价资本结构相关的会计账面价值调整
- 描述用于评价和解释资本结构构成，估计偿债能力的分析工具
- 分析资产构成及对偿债能力的保障程度
- 解释收益保障分析及其对评价偿债能力的相关性
- 描述资本结构的风险和回报，说明其与财务报表分析的相关性
- 解释组织的债务评级（附录 10A）
- 描述财务困境预测模型（附录 10B）

章前引例

通用公司是否面临信用风险?

在经济繁荣期，财务杠杆可以帮助公司大赚其钱。然而，一旦增速放缓，曾经的债务优势就会变成收益的拖累。

通用汽车公司即为其中一例。由于市场份额缩小，再加上借入资金和养老金、医疗保险所造成的巨额支付，公司债券评级降至垃圾债券级次。公司利息费用因此进一步增高，公司借款渠道越来越窄，公司债券成了许多投资基金拒绝持有的投资级以下债券。

21 世纪初期，随着整体经济增速放缓，许多评级机构大大降低了对公司的信用评级。信用评级猛降至创纪录的水平，公司借款成本大幅度上升。评级机构目前进一步加强了对信用评级的监管。标准普尔公司（Standard & Poor）执行董事如是说："我们加快了信用审查的进度，并提高了审查标准。"标准普尔公司花大量时间检查公司账目，并将客户和竞争对手纳入考察范围。与此同时，评级机构也把更多注意力投向了权益和公司债券价格方面，将其作为公司危机的早期预警信号。

信用评级机构正在加强监管

债务过多究竟以何为标准？最好的判断应该从考察资金开始。这里的所谓资金，是指公司长期借款与股东权益的合计数。按经验判断，借款最好低于总资金的 50%。但对基准公司而言，这一规则需要针对竞争对手的情况做适当调整。比如，在造纸、化工等周期性行业，由于收益很不稳定，因而负债越低越好。

惠誉国际评级公司（Fitch Ratings）对通用汽车公司的信用评级下降做如下评论："负债过高、资本结构缺乏灵活性、持续不断的价格竞争、过度扩张、生产能力过剩、原材料成

本和遗留成本（legacy cost）上升，导致通用公司的困难加大。”本章将在信用分析的大背景下对此类评级做进一步考察。

本章概览

流动性（liquidity）是指公司资源满足短期现金需求的能力。公司的短期流动性风险受现金流入流出时间和未来业绩预期影响。流动性分析的着眼点在于公司经营活动，在于其从产品和服务销售中赚取利润的能力，以及营运资本的需求与计量。本章内容由两大部分构成。

第Ⅰ部分描述几种用于估计流动性风险的财务报表分析工具。我们将以对流动性的重要性及其与营运资本之关系的讨论作为开始。对与营运资本和公司营业周期相关的比率作出解释，这些指标可用于流动性估计。我们还将讨论如何对这些工具及潜在的财务报表数据进行调整。最后将以对公司环境和战略变化的分析作为这一部分的结束。

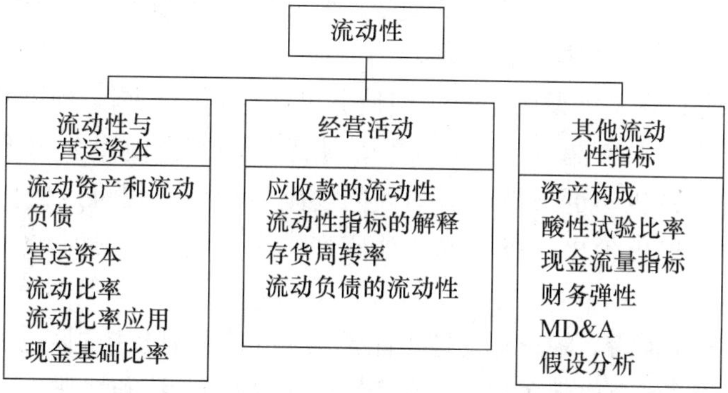

偿债能力（solvency）是指公司长期的财务生存能力和偿还长期债务的能力。公司的各种商务活动（融资、投资和经营）皆会影响公司的偿债能力。偿债能力分析中最为重要的成分是公司资本结构的构成。**资本结构**（capital structure）是指公司的资金来源及其经济属性。本章第Ⅱ部分描述资本结构，解释其对偿债能力分析的重要性。由于偿债能力取决于经营活动是否成功，因此，我们将考察盈余及公司盈余覆盖各项重要且必需的支出的能力。我们将描述各种偿债能力分析工具，包括杠杆指标、分析性调整、资本结构分析，以及收益补偿指标。我们将用财务报表中的数据来说明这些分析工具的运用。我们还将讨论公司资本结构的内含风险与回报，及其对财务报表分析的意义。

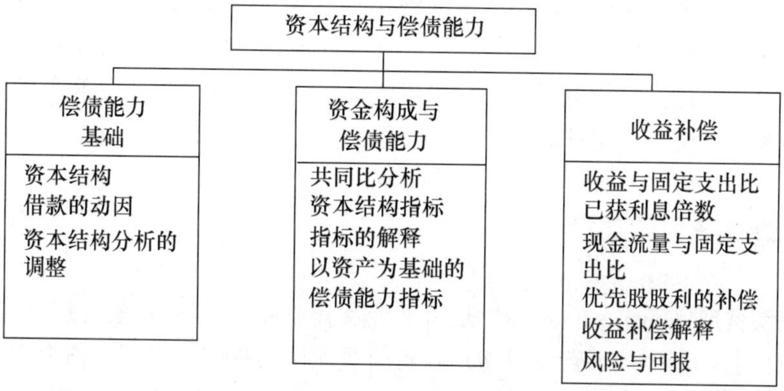

第 I 部分：流动性

这一部分关注流动性。我们将在第Ⅱ部分考虑偿债能力和资本结构。

流动性与营运资本

流动性（liquidity）是将资产转换为现金，或获得现金以偿付短期债务的能力。短期通常意味着一年或一年以内的期限，有时也指企业的一个正常的营业周期（由采购—生产—销售—收款构成的循环）。

只要看看企业不能及时偿付短期债务可能产生的影响，即可知道短期流动性有多重要。流动性本身是一个度的问题。缺乏流动性会使得公司无法利用折扣带来的优势或错失良机。更极端的流动性问题则表现为公司难以偿付短期债务。这可能使公司被迫以低价出售投资或其他资产。至于极端，则是失去偿还能力，甚至破产。

对公司股东而言，缺乏流动性可能预示着失去所有权控制，或发生投资亏损。当一家公司的所有者负有无限责任（独资或特定合伙），流动性缺乏会危及其私人财产。对公司债权人而言，缺乏流动性可能导致利息和本金的回收延迟，甚至丧失其应收资金。公司产品和服务的顾客和供应商也会受短期流动性问题影响。此类影响包括无法履行合同，乃至于破坏了重要的顾客及供应商关系。

以上情况说明了为什么流动性指标在我们对公司的分析中具有特别重要的意义。如果公司无法偿付流动负债，它能否存在下去都将成为疑问。从这一点来看，其他所有分析指标都将退居次要地位。尽管会计计量中假设公司将会无限期存在，但我们在分析中却须不断地使用流动性和偿债能力指标估量这一假定是否有效。

营运资本是一项广泛使用的流动性指标。**营运资本**（working capital）被定义为流动资产超过流动负债的数额。作为一项反映流动性资产的重要指标，它可以为债权人提供安全保护。它的重要性还在于可以计量为了应对或有事件和不确定性而作的流动性准备。此类不确定性时刻围绕在公司现金流量余额的周围。

流动资产和流动负债

流动资产（current assets）是指现金及其他可望（1）转变为现金，或（2）在一年（或长于一年的一个营业周期）内售出或耗用的资产。资产负债表中的流动资产项目一般包括现金、在下一会计年度内到期的可销售证券、应收账款、存货及预付费用。**流动负债**（current liability）是需在较短时期内——通常为一年——偿付的债务。流动负债一般包括应付账款、应付票据、短期借款、应付税款、应计费用，以及一年内到期的长期负债。

我们在分析中需要评估是否所有有着较高可能性需要最终偿付的短期债务都被报告为流动负债。如果它们被排除在流动负债之外，必然会妨碍营运资本分析。通常需要关注的此类情形有以下三种：

1. 与贷款担保相关的或有负债。计算营运资本时需要评估此类或有事件发生的可能性。

2. 因无法取消的经营性租赁协议而形成的未来最低租赁付款额。

3. 长期资产建筑或购买合同，通常需要按实际进度付款。此类付款义务在报表附注中作为承诺来披露，而不是在资产负债表中列为负债。我们在分析中计算营运资本时，应该将此类承诺包含在内。

我们还应该认识到，短期递延所得税资产（借方）并非流动资产，短期递延所得税负债（贷方）也不是流动负债。短期递延所得税资产并不总是代表以退税形式存在的预期现金流入。这些资产通常有助于减少未来所得税费用。一种例外是净营业亏损的抵免。同样地，短期递延所得税负债也并不总是代表未来现金流出。比如具有复发性质的暂时性差异（如折旧），并不一定引起所得税的付出，因为其差异转回会被同样或更大的初始差异所抵消。

流动性的营运资本计量

贷款协议和债券契约经常包含保持最低水平营运资本的条款。财务分析师们估计营运资本的大小是为了做出投资决策及提供投资建议。政府机构计算公司营运资本的总计数则是为了实施监管，并制定相应的政策。公司在发布的财务报表中将资产和负债区分为流动和非流动部分，即是为了满足以上各种需要。

尽管如此，当与其他关键性财务变量如销售收入或总资产相联系时，直接的营运资本数值与用户的需求更为相关。如果只是做直接的比较，或者估计营运资本是否充足，其价值其实是有限的。由案例 10—1 我们可以明显看出这一点。

案例 10—1

下面两家公司营运资本的数额相等。然而，通过对流动资产与流动负债之间关系的简单比较，表明 A 公司的营运资本状况实际上优于 B 公司。

	A 公司	B 公司
流动资产	\$ 300 000	\$ 1 200 000
流动负债	(100 000)	(1 000 000)
营运资本	\$ 200 000	\$ 200 000

□ 流动性的流动比率计量

上面的例子说明了考虑相对（relative）营运资本的必要性。即，对于一家有着 300 000 美元流动资产和另一家有着 1 200 000 美元流动资产的公司来说，200 000 美元的营运资本意味着不同的结论。实务中通常使用的一项相对数指标是流动比率。**流动比率**（current ratio）被定义为：

$$流动比率=\frac{流动资产}{流动负债}$$

在例 10—1 中，A 公司的流动比率是 3∶1（＄300 000/＄100 000），B 公司的流动比率是 1.2∶1（＄1 200 000/＄1 000 000）。这一比率揭示了 A，B 公司的不同情况。流动比率可以揭示公司间流动性的差异，因而得到了广泛应用。

流动比率的相关性

流动比率作为一项衡量流动性的指标被广泛应用，原因在于它能够计量：

● **流动负债偿债能力** 流动资产比流动负债的数值（倍数）越高，就越能保证流动负债如期偿还。

● **损失缓冲能力** 缓冲能力越强，风险越低。流动比率显示出可用的安全边际，它表明当非现金流动资产最终处置或清算时，其价值的缩水是否可以得到补偿。

● **流动资金储备** 流动比率作为一项安全边际指标，可以应对公司现金流量的不确定性和可能的各种意外冲击，在这方面它具有很高的相关性。不确定性和意外冲击（如罢工、非常损失）可能对现金流量造成意外的损害。

尽管流动比率是衡量流动性和短期偿债能力的一个极为相关和有用的指标，但我们也需认识到其局限性。因此，在具体说明流动比率的分析使用之前，我们先来讨论其局限性。

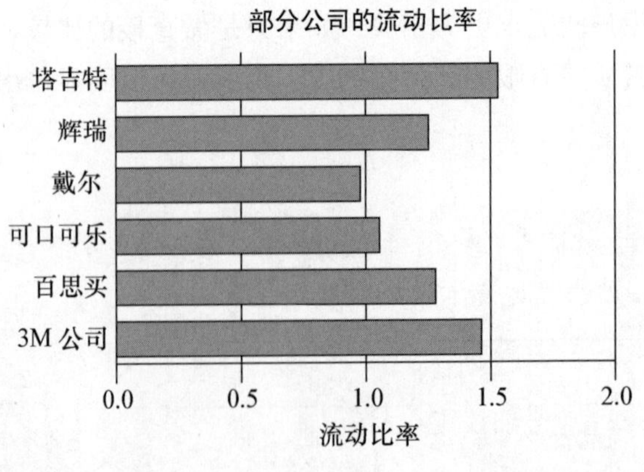

流动比率的局限性

要对流动比率作为流动性和短期偿债能力分析工具是否适当做批判性评价，第一步应该是考察其分子和分母。如果把流动性定义为用足够的现金流入来满足现金流出，包括考虑到现金流入的意外减少和流出的意外增多，那么我们不禁要问：流动比率是否捕获了流动性的这些关键性要素？具体来讲，流动比率是否可用于：

- 计量并预测未来现金流入和流出模式？
- 衡量未来现金流入相对于流出是否充分？

两个问题的答案一般总是为否。流动比率是对某一时间点上能够用于偿付短期债务的可用资源的静态衡量。目前的现金资源储备与未来现金流入之间并无逻辑或因果联系。但是，未来现金流入却是流动性的最佳指示器。这些现金流入取决于被流动比率排除在外的各种因素，包括销售收入、现金支出、利润以及业务状况的改变。为了进一步说明上述局限，我们将对构成流动比率的各项要素做考察。

流动比率的分子

在此将讨论构成流动资产的各个部分，以及它们对流动比率的分析性应用的实际意义。

现金和现金等价物 管理良好的公司持有现金，主要是为了应对短期现金失衡而做的**预防性储备**（precautionary reserve）。例如，当业务下滑时，销售收入会以比用于采购和费用支付的现金支出更快的速度下降，因此需要有超额现金可用。由于现金是一项非盈利资产，而现金等价物通常属于低产出证券，所以公司会尽量使此类资产上的投资最小。现金余额与现有的商务活动水平并无关系，也不可能有预测性意义。进而，许多公司依赖以未使用的**信用额度**（lines of credit）形式存在的现金代用品，而它是不进入流动比率计算的。

可销售证券 预防性储备中的多余现金经常会投资于回报率超过现金等价物投资的投资证券。这些投资完全有理由认为可用于偿还流动负债。由于投资证券是按其公允价值进行报告（见第 4 章），因此省去了估计其可实现净值所需的许多猜测性工作。我们在分析中需要注意的是，分析日距资产负债表日越远，此类投资公允价值变动未被反映的可能性就越大。

应收账款 销售收入是应收账款的一项重要决定因素。应收账款与销售收入的关系取决于信用政策和收款方法。应收账款的变动相当于销售收入的变动，尽管其间并非直接的等比例关系。应收账款属于现金的重要来源，我们在分析时必须认识到，除清算时以外，该资产具有周转的性质。也就是说，当一项账款被收回，继之而来的将是另一项信用的发生。因此，应收账款水平并不能用于衡量未来现金净流入。

存货 与应收账款相类似，决定存货的最主要因素也是销售收入或预期销售收入，而不是流动负债的水平。由于销售收入属于需求和供给的函数，各种存货管理方法（如经济订货量、安全存货水平、订购点）并不是按需求成比例地保持各不相同的存货量，而是尽量保持较低存量。销售开启了由存货向现金的转换过程，由此可见存货与销售收入的关系是多么重要。从存货销售中究竟可获得多少未来现金流入，关键在于可实现的利润边际，因为存货是按成本与市价孰低法报告的。流动比率中未反映销售水平或利润边际，但这二者都是未来现金流入的重要决定因素。

预付费用 预付费用是为了未来利益而发生的支出。鉴于此类利益一般在一年之内的一个营业周期内收到，预付费用实际上成为为流动资金支出而做的准备。与其他流动资产相比，预付费用通常数额并不很大。但是，我们在分析中必须注意，有些流动性状况较差的公司可能会把递延费用及其他流动性不甚确定的项目计入预付费用。我们在计算营运资本和流动比率时，应将此类项目排除在外。

流动比率的分母

流动负债是流动比率的焦点。它是一项现金的收入源，其发生方式与应收款和存货相同。流动负债主要取决于销售，公司偿付到期流动负债的能力需要用营运资本指标来衡量。例如，由于导致应付账款增加的采购是销售的函数，应付款因销售而不同。当销售保持不变或上升，流动负债的支付就只是一项偿付行为。在这种情况下，流动比率的构成要素很少确认此类活动或其对未来现金流量的影响。并且，进入流动比率计算的流动负债不包括预期现金流出，比如建筑合同、贷款、租赁及养老金下所形成的特定承诺。

□ 流动比率在分析中的应用

从有关流动比率的讨论中，我们可以得出至少三点结论：

1. 流动性很大程度上取决于预期现金流量，对现有现金及现金等价物水平依赖很小。

2. 营运资本账户余额与可能的未来现金流量模式之间并不存在直接关系。

3. 应收款和存货管理政策主要受制于资产利用效率和效益性，其次才是流动性。

上述结论显然并不支持将流动比率作为分析工具，因此我们会问，为什么流动比率在分析中应用如此广泛？原因在于它计算简便、便于理解，且数据容易得到。它之所以应用广泛，还应该归因于债权人（尤其是银行）乐于将信用状况视为最后的诉求。他们常常自问：倘若现金流入完全停止怎么办？流动资产能否抵偿流动负债？这种极端的分析并不总是评估流动性的有用方法。还有两点也与此有关。首先，我们在分析短期流动性和偿债能力时，必须注意现金流量预测和预估财务报表对流动比率的相对优势。这些分析所要求的信息（包括生产需求估计）并不能从财务报表中便利地获得。其次，如果在分析中以流动比率作为衡量流动资产偿付流动负债能力的静态指标，我们必须认识到这是一个与上面所讨论的不同的流动性概念。从我们的角度来看，流动性反映的是流动资产转化为现金的便利程度和速度，以及这种转化导致流动资产价值缩水的程度。

我们并不是想要否决流动比率作为分析工具。对我们而言，最重要的是知道如何使用它才更为贴切。此外，不可能通过某种“调整”来排除其局限性。因此，接下来的问题是，究竟应该将流动比率作何使用？流动比率最为恰当的使用，应该是仅仅将其作为对流动资产抵偿流动负债能力的计量。此外，如果流动资产在偿付流动负债之后还有剩余，则可将其视为流动性剩余，用以满足资金流入失衡或其他或有事项下的资金需求。这两大应用是建立在企业清算假设之上的，与通常的持续经营假设呈相反状态。在持续经营假设中，流动资产具有周转性（比如新的应收账款代替应收账款的收回），流动负债也具有周转性（如新的应付账款代替到期应付账款）。

假设按上述方式使用流动比率，在将流动比率作为分析的有用基础之前，首先需要做两方面的评价和计量：

1. 流动资产和流动负债的质量。

2. 流动资产和流动负债的周转率——即将应收账款和存货转变为现金并偿还流动负债所需的时间。

有许多调整、比率及其他分析工具可用于进行以上评价，以此来强化我们对流动比率的应用。本节余下篇幅将讨论流动比率在实务中的应用。

比较分析

分析流动比率的变化趋势通常很有启发意义。不过，对流动比率在各期之间的变化需审慎地加以解释。比率的变动并不一定意味着流动性或经营业绩的变化。例如，在衰退期，企业需要继续偿还流动负债，而存货和应收账款却会越积越多，由此导致流动比率上升。相反，在成功期，应付税款增加会导致流动比率降低。企业扩张经常伴随着经营的成功，要求有更多营运资本。这种因繁荣而导致的流动性拮据降低了流动比率，是因为公司的扩张并未带来营运资本的增加，案例 10—2 即为明证。

案例 10—2

Technology Resources 有限公司的流动资产在一年内翻了一番，流动负债翻了四倍，营运资本却保持不变。公司的流动比率因此下降 50%，属于典型的繁荣式拮据。

	第 1 年	第 2 年
流动资产	$ 300 000	$ 600 000
流动负债	(100 000)	(400 000)
营运资本	$ 200 000	$ 200 000
流动比率	3 : 1	1.5 : 1

比率管理

在分析中，我们必须提防“管理”流动比率的行为——也称为粉饰（window dressing）。在临近期末时，管理层可能会加紧催收货款、降低库存，并将正常的采购向后拖延。由此获得的收入用于偿还流动负债。这些活动的直接影响就是提高了流动比率，如案例 10—3 所示。

案例 10—3

Technology Resources 有限公司通过提前支付 50 000 美元流动负债提高了流动比率：

	第1年	第2年
流动资产	$200 000	$150 000
流动负债	(100 000)	(50 000)
营运资本	$100 000	$100 000
流动比率	2∶1	3∶1

除计算年度流动比率外，分析中还可以计算中期比率。通过计算中期比率，一方面增加管理层粉饰比率的难度，另一方面可估计季节性因素对比率的影响。比如，当公司的经营旺季在7月并于此时经历了信用拮据，在12月算出的较强的流动比率只会产生误导。

分析的经验规则

通常认为，当流动比率为2∶1或更好时，企业财务处于稳健状态。当比率低于2∶1，则表明流动性风险在增加。2∶1的标准意味着每1美元流动负债有2美元流动资产相对应，或者换言之，即使流动资产在清算中缩水50%，依然可以偿付流动负债。如果流动比率大大高于2∶1，则在表明流动负债有充分保障的同时，也反映了资源利用效率低下。用经验规则来评价流动比率是不甚可靠的，其原因有二：

1. 在评价流动比率时，流动资产的质量和流动负债的构成更为重要（例如，两个流动比率相同的企业会因为营运资本的不同质量而呈现出不同的风险状况）。
2. 营运资本需求因行业状况和企业营业周期的长度不同而各异。

净营业周期分析

公司的营运资本需求受存货投资影响，同时也受供应商提供的信用期与向客户提供的信用期之间关系的影响。这些因素决定了公司的**净营业周期**（net trade cycle）。公司净营业周期的计算如案例 10—4 所示。

案例 10—4

以下为 Technology Resources 有限公司第1年度的部分财务信息：

第1年的销售收入	$360 000
应收款	40 000
存货*	50 000
应付账款**	20 000
销售成本（扣除折旧 $30 000）	320 000

* 期初存货 100 000 美元。
** 与包括在销售成本中的存货的购进有关。

估计 Technology Resources 有限公司的每天购进如下：

期末存货	$ 50 000
销售成本	320 000
	370 000
减：期初存货	(100 000)
商品购进及生产成本	270 000
减：销售成本中的折旧	(30 000)
购进	$ 240 000

每日购进＝$ 240 000÷360＝$ 666.67

根据以上资料，可计算 Technology Resources 有限公司的净营业周期如下（以天为单位）：

应收账款＝$ 40 000/($ 360 000÷360)＝	40.00 天
存货＝$ 50 000/($ 320 000÷360)＝	56.24 天
	96.24 天
减：应付账款＝$ 20 000/($ 240 000÷360)＝	30.00 天
净营业周期＝	66.24 天

例 10—4 中的分子分母均按同一基础进行了调整。具体来说，按销售金额报告的应收账款除以每天的销售额，按成本报告的存货除以每天的销售成本，按购货金额报告的应付账款除以每天的购货额。因此，尽管每日销售额、每日进货额等指标是按不同的基础计算的，净营业周期的估计却采用了一致的基础。分析显示，Technology Resources 有限公司的应收账款周转期为 40 天，存货平均占用日期为 56.24 天，由供应商提供的应付款信用期为 30 天。净营业周期越长，营运资本的需求越大。加快应收账款周转或减少存货周转天数，都可以降低营运资本需求。增加供应商提供的信用天数也可以降低营运资本需求。此外，营运资本需求亦受行业状况及行业惯例影响。对公司营运资本的充足性分析来说，流动比率的行业比较和营运资本需求的净营业周期分析都是十分有用的分析工具。

分析视点

……你是银行家

国际机器公司（IMC）为了在英国扩展业务，向你提出申请一笔期限为 1 年的 200 万美元短期借款。为了分析 IMC 公司的情况，你计算了该公司的流动比率。该公司流动资产接近 160 万美元，流动比率为 4∶1。同行业竞争对手的流动比率平均水平为 1.9∶1。根据这些有限的信息，对 IMC 公司的贷款申请，你会做何决定？如果 IMC 公司申请的是一项 10 年期贷款，你的决定是否会改变？

以现金为基础的流动性比率指标

现金及现金等价物是流动性最强的流动资产。在本小节中，我们将讨论以现金为基础的流动性比率指标。

现金—流动资产比率

以“类现金”（near-cash）资产除以流动资产总额，是一项有关流动资产流动性的计量指标。这一指标一般称为**现金—流动资产比率**（cash to current assets ratio），计算公式如下：

$$\text{现金—流动资产比率}=\frac{\text{现金}+\text{现金等价物}+\text{可销售证券}}{\text{流动资产}}$$

这一比率越高，流动资产的流动性越强。

现金—流动负债比率

另一项用以计量现金充足性的指标是**现金—流动负债比率**（cash to current liability ratio），计算公式如下：

$$\text{现金—流动负债比率}=\frac{\text{现金}+\text{现金等价物}+\text{可销售证券}}{\text{流动负债}}$$

这项比率用以计量可用于偿还流动负债的现金。它是一项很严格的测试，因为它避开了那些具有偿还性的流动资产和流动负债。它从不同的角度计量可用现金，是现金—流动资产比率是一项重要补充。这一比率可视为速动比率（参见本章后面的分析）的延伸，除个别极端情况外，是对短期流动性的一项极为严格的测试。不过，对于现金作为流动性之终极形式的重要性，仍然不应有任何的低估。以往许多经营失败的实例为此提供了重要的佐证。那些公司尽管拥有大量的非现金资产（既有流动资产也有非流动资产），却无力偿还债务和维持经营，最终导致失败。

基于经营活动的流动性分析

有关流动性的经营活动指标在信用分析中有着十分重要的地位。本节讨论三项经营活动指标，它们分别以应收账款、存货及流动负债为基础。

应收账款流动性指标

对大多数采用赊销的企业来说，应收账款和应收票据是营运资本的重要组成部分。在估测流动性——包括营运资本的质量和流动比率——时，有必要对应收账款的质量和流动性做出计量。应收账款的质量和流动性皆受应收账款周转率影响。所谓应收账款质量，是指在不发生任何损失的情况下收回应收账款的可能性。对这一可能性的一项计量，是在公司设定的收款期内收回应收账款的比例。经验表明，应收账款超过收款期的时间越长，收回的可能性越小。应收账款周转率是应收账款账龄的指示器。当与按规定信用期算出的预期周转率相比较时，这一指示器方能显示出其特别的价值。应收账款的流动性是指应收账款转换为现金的速度。应收账款周转率可以作为这一速度的一项具体计量。

应收账款周转率

应收账款周转率（accounts receivable turnover）计算如下：

$$应收账款周转率=\frac{赊销净额}{应收账款平均余额}$$

计算应收账款周转率时，应当把正常销售中所产生的应收票据也包括进去。在此我们只考虑赊销而不考虑现销，是因为现销不产生应收账款。由于财务报表中很少分别披露赊销和现销，因此，分析中我们经常使用销售净额来计算这一比率（也就是假定现金销售并不重要）。如果现销所占比重较大，该比率的用途就要大打折扣。不过，如果现销占总销售的比重相对稳定，那么，进行应收账款周转率的年度变动比较，还是比较可信的。确定应收账款平均余额最直接的方法，是用当期的期初应收账款余额加期末应收账款余额除以 2。使用月份或季度数据会使计算更为准确。销售波动越大，这一比率越可能被扭曲。应收账款周转率反映了应收账款的平均周转速度，也就是在年内的收回情况。案例 10—5 提供了一项计算实例。

案例 10—5

Consumer Electronics 公司报告销售额为 1 200 000 美元，期初应收账款为 150 000 美元，期末应收账款为 250 000 美元。其应收账款周转率为：

$$应收账款周转率=\frac{\$1\,200\,000}{(\$150\,000+\$250\,000)\div 2}=\frac{\$14\,200\,000}{\$200\,000}=6$$

应收账款周转天数

尽管应收账款周转率计量应收账款速度具有很好的比较价值，但它不能直接反映并比较公司向客户提供的信用期的长短。要进行后一项比较，唯有将周转率转换为周转天数。**应收账款周转天数**（days' sales in receivables）反映按年末应收账款余额计算的收回应收账款平均所需天数。其计算方式为应收账款除以平均每天销售额：

$$应收账款周转天数=应收账款\div\frac{销售额}{360}$$

使用上例中 Consumer Electronics 公司的数据，可算出该公司的应收账款周转天数为：

$$应收账款周转天数=\$250\,000\div\frac{\$1\,200\,000}{360}=\frac{\$250\,000}{\$3\,333}=75（天）$$

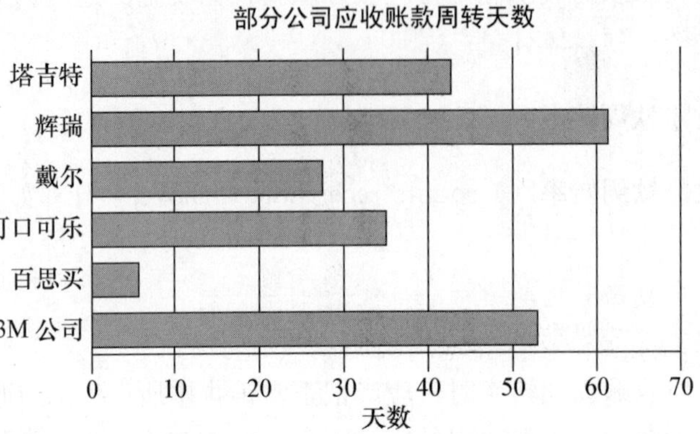

□ 应收账款流动性指标的解释

在进行同行业比较，或与公司提供给客户的信用期相比较时，应收账款周转率和应收账款周转天数是非常有用的。当收款期与公司允许的销售信用期相比较时，我们可以从中评价顾客付款的及时程度。例如，假如通常的销售信用期为 40 天，那么，75 天的平均收款期或多或少反映了如下情况：

- 收款的努力程度不够。
- 客户拖欠货款。
- 客户发生了财务困难。

第一种情况需要管理层采取相应的行动，后两种情况则反映了应收账款的质量和流动性问题，需要采取明智的管理行动。第一步应该确定应收账款是否典型地代表了公司的销售活动。例如，公司可能将应收账款出售给特殊目的实体，如果该特殊目的实体构造恰当，则可以从公司账簿中将应收账款移除。这种间歇性的应收账款销售可能扭曲比率计算。作为公司，要持续性地与特殊目的实体发生应收账款销售业务也并非不可能。在这种情况下，所有此类业务会在报表附注中予以说明。将此类数据加诸于资产负债表中所报告的应收账款数据之上，即可得到总的在外应收账款数，用以计算周转率。

另一个需要注意的问题是计算应收账款周转率时使用的是应收账款总额还是净额。如果是净额，则计算结果会受公司估计坏账时的保守程度所影响。为了避免这一问题，计算应收账款周转率时一般更乐意使用应收账款总额。

对我们研究应收账款周转率问题而言，某些趋势分析也很有益处。各期应收账款收款期的变化趋势对于评价应收账款质量和流动性具有重要意义。另一项需要注意的趋势分析是坏账准备与应收账款总额的关系，计算如下：

$$\frac{\text{坏账准备}}{\text{应收账款总额}}$$

这一比率提高意味着应收账款收回的可能性下降。反之，则意味着应收账款收回的可能性增加，或有必要重新评价坏账准备的适当性。总的来讲，应收账款流动性指标对我们进行分析是十分重要的。它们作为资产使用效率的计量指标也极为重要。我们在第 8 章曾对此做过讨论。

□ 存货周转率指标

存货通常是流动资产中一个很大的部分，其原因并不是企业需要借此来维持足够的流动资金。之所以投资于存货，乃是为了通过销售获得收益。大多数公司都必须保持一定水平的存货。如果存货不足，销售量将会降至实际可达到的水平之下。反之，存货过多又会加大储存成本，增加保险费、税金，导致存货过时和毁损。过多的存货占压资金，使之无法用于其他更能获利的领域。由于持有存货存在风险，而且，与应收账款相比，存货转化为现金的时间更长，因此，通常认为存货是流动性最差的流动资产。在评价短期流动性和营运资本时，由于存货也包含其内，因此必须同时对存货的质量和流动性做出估价。在这方面，存货周转率指标是很好的分析工具。

存货周转率

存货周转率（inventory turnover ratio）是计量存货在企业内部流转，并最终流出企业的平均速率的比率。存货周转率计算如下：

$$\text{存货周转率}=\frac{\text{销售成本}}{\text{存货平均余额}}$$

为了保持计算的一致性，我们以销售成本作为分子，原因在于，与存货一样，它也是按成本报告的。与此相反，销售额中则包含了毛利。存货平均余额等于存货期初、期末余额之和除以 2。这一数值也可按月份或季度平均来计算。当我们的兴趣在于评价某一具体时日（如年末）的存货水平时，将以该日的存货余额作为分母。

存货周转天数

另一项存货周转率指标是**存货周转天数**（days' sales in inventory），可用于评价公司采购及生产政策。其计算如下：

$$\text{存货周转天数}=\text{存货}\div\frac{\text{销售成本}}{360}$$

本比率表明在既定销售率下出售期末存货所需天数。案例 10—6 提供了一个实例。

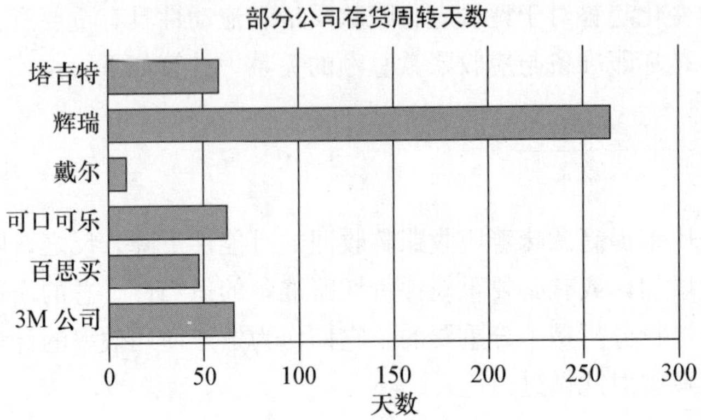

案例 10—6

Technology Resources 有限公司第 8 年末的部分财务信息如下：

销售收入	$ 1 800 000
销售成本	1 200 000
期初存货	200 000
期末存货	400 000

$$应收账款周转天数=\frac{\$ 400\,000}{\$ 1\,200\,000/360}=120(天)$$

存货周转率的解释

流动比率将流动资产要素作为偿付流动负债的资金来源。与此相类似，存货周转率计量流动资产中存货要素的质量和流动性。**存货质量**（quality of inventory）是指企业使用和处置存货的能力。不过，我们应该承认，只要能够维持下去，公司是不会拿存货偿付流动负债的，因为存货一旦大幅度降至正常水平之下，必然会危及销量。

当存货周转率下降，或低于行业正常水平，则表明存货正在变得过时、需求疲软、可销售性下降。这些情况无疑会使人们对企业补偿存货成本的可能性产生怀疑。在这种情况下，我们需要通过分析弄清存货周转率下降，是因为预期销售增加、合同性承诺、价格上涨、停工或存货短缺而增加存货储备，还是因为其他合理的原因。我们还必须对存货管理（如精益管理）予以必要的关注，此类管理的目的在于通过订货、生产、销售和分销的有机结合保持最低水平的存货。有效的存货管理会提高存货周转率。

计量存货流动性的另一项极为有用的指标是**转换期**（conversion period）或**营业周期**（operating cycle）。本指标将应收账款周转天数和存货周转天数结合起来，由此得到由存货转换为现金的总的时间间隔。用前面两个例子中的计算结果，可以算出转换期如下：

应收账款周转天数	75
存货周转天数	120
转换期	195

计算结果表明，按照目前的应收款和存货水平，公司从销售存货到最终收回货款需要 195 天。

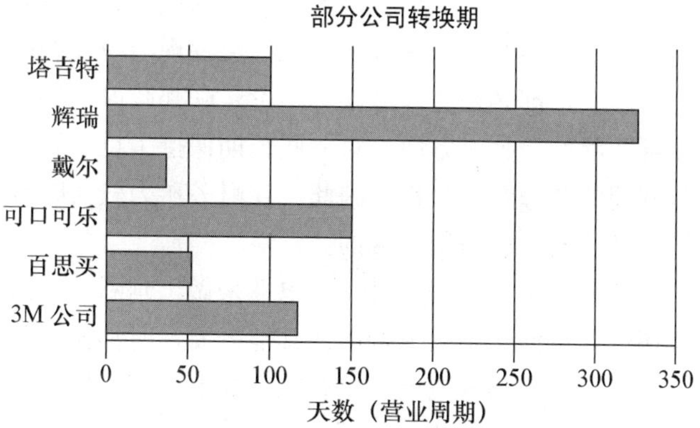

在评价存货周转率时，我们必须注意与比率各项要素相关的会计原则变化的影响。第 4 章中有关存货问题的讨论与此密切相关。用 LIFO 法进行存货计价可能严重损害周转率和流动比率的效用。例如，存货计价会同时影响流动比率的分子和分母——对后者的影响通过应付税款实现。资产负债表中通常会提供有关信息，我们可以借此对物价上涨时按 LIFO 法计算的很不切合实际的较低存货价值进行调整，使调整后的存货价值可用于周转率和流动比率计算。需要注意的是，即使两家皆按 LIFO 进行存货计价的公司，其以存货为基础的比率也可能不具有可比性，原因在于，它们按 LIFO 计算的存货池（库）必定要求在不同年份采用不同的价格水平。我们还须记住，以自然年度作为会计年度的企业，其年末存货可能处在特别低的水平。其存货周转率可能因此增至异乎寻常的高水平。

分析视点

……你是顾问

国王娱乐公司聘你作为其管理顾问。你的任务之一是帮助公司降低存货成本。通过研究以前的业绩及存货报告，你提出通过改进存货管理从战略的角度降低存货。你希望公司的存货周转率可以由目前的 20 提升至 25。减少存货资金占用可以降低流动负债——持有流动负债的年平均成本为 10%。如果预测的销售收入为 1.5 亿美元，预测的销售成本为 1 亿美元，你估计成本节约额将是多少？

流动负债的流动性

流动负债对于计算营运资本和流动比率都很重要，原因有二：

1. 流动负债可用于确定流动资产超过流动负债的部分能否提供足够的安全边际。
2. 从流动资产中扣除流动负债，即可知营运资本。

使用营运资本和流动比率的目的，在于判断流动性而非持续经营能力。这是因为，在正常的经营活动中，流动负债具有再生性而不会完全偿清。假使销售保持稳定，购货和流动负债亦将保持稳定。销售的增长通常会导致流动负债增加。

流动负债的质量

在分析营运资本和流动比率时，流动负债的质量是很重要的。并非所有流动负债都代表极为紧迫的清偿要求。一方面，我们会发现与税款相关的各种负债，无论目前的财务压力有多大，都必须立即清偿。不论是联邦政府，还是州或地方政府，其征收权力都是无可匹敌的。另一方面，对一些长期保持了良好合作关系的供应商，由于互相依赖并将其间的业务看得很重，因此，在财务压力较大时有所拖欠，或者就有关债务条件进行重新协商，也是很平常的。

流动负债的质量必须根据偿付的紧迫性来做出判断。如果来自当期收入的资金流入可用于偿还流动负债，则人工费用和其他需要及时偿付的类似费用拥有对收入的第一要求权。贸易应付款和其他负债只有在完成上述支付后才予以清偿。我们曾在前一章中讨论过有关资金流动的此类问题。

在分析中还须注意那些需要用流动资金来偿付，但未曾记录入账的负债，如购货承诺和特定的退休后债务、租赁债务。如果长期借款附有加速条款，倘若无法及时支付当期应付部分，可能使全部借款提前到期，成为需要立即偿付的债务。

应付账款周转天数

一项用于估量公司“商务依赖”程度的指标称为**平均付款期**（average payable days outstanding）。本指标计算如下：

$$平均付款期=\frac{应付账款}{销售成本\div 360}$$

平均付款期表明公司偿付供应商债务所需的平均时间。付款期越长，使用供应商资金的量就越大。

与此相关的一项指标是**应付账款周转率**（accounts payable turnover）。其计算方式为：销售成本÷应付账款平均余额。本指标表明公司采用赊购方式购货时的付款速度。

其他流动性指标

□ 流动资产的构成

流动资产的构成是营运资本流动性的一项重要指示器。通过共同比比较，我们可以在不考虑绝对数的情况下进行有关流动性的比较分析。如案例10—7所示。

案例 10—7

得克萨斯电器公司第 1、第 2 年的流动资产及共同比资料如下所示：

流动资产	第 1 年		第 2 年	
现金	\$30 000	30%	\$20 000	20%
应收账款	40 000	40	30 000	30
存货	30 000	30	50 000	50
流动资产合计	\$100 000	100%	\$100 000	100%

得克萨斯电器公司的共同比分析显示，与第 1 年相比，该公司流动资产的流动性在第 2 年显著恶化。现金和应收账款分别下降 10%为此提供了明显的证据。

□ 酸性试验（速动）比率

通过**酸性试验（速动）比率**（acid-test（quick）ratio），可对流动性做更严格的测试。本比率中包含的是能够以最快的速度转换为现金的资产。其计算如下：

$$\text{酸性试验(速动)比率}=\frac{\text{现金}+\text{现金等价物}+\text{可销售证券}+\text{应收账款}}{\text{流动负债}}$$

存货作为流动性最差的流动资产，在计算本比率时被排除在外。之所以将存货排除在外，还有另外一个原因，就是与其他流动资产相比，存货价值更容易为管理层所左右。不过，应该记住，有些公司的存货周转速度，比起一些呆滞的应收账款要快得多。在分析时必须估计流动性估价中排除存货究竟有何好处。速动比率的解释与流动比率相类似。

□ 现金流量指标

流动比率属于静态指标，作为对流动性的计量，它无法反映出现金流量在偿付到期债务方面的重要性，因此，人们想要获得一项动态的流动性指标。由于负债是用现金来偿还，因此，将经营现金流量与流动负债相比较具有非常重要的意义。通过比较经营现金流量与流动负债而得到的比率，可以克服流动比率的静态属性，原因在于其作为分子的是一项流量指标。**现金流量比率**（cash flow ratio）可做如下计算：

$$\text{现金流量比率}=\frac{\text{经营现金流量}}{\text{流动负债}}$$

金宝汤公司第 11 年的现金流量比率可计算如下（数据来自附录 A 中金宝汤公司的财务报表）：

$$现金流量比率=\frac{\$805.2}{\$1278}=0.63$$

□ 财务弹性

在短期流动性分析中，还有一些重要的定性考虑。其效用取决于公司的财务弹性。**财务弹性**（financial flexibility）是公司采取措施应对资金流意外中断的能力。包括从各种渠道借款的能力，增加权益资本的能力，出售和重新部署资产的能力，或者调整经营水平和方向以适应环境变化的能力。公司借入款项的能力取决于许多因素，并处在不断变化之中。它有赖于公司的盈利能力、稳定性、规模、行业状况、资产构成和资本结构。同时也依赖信用市场的状况和发展趋势。公司借款能力作为现金的来源渠道，与短期负债的偿付有着密切关系，具有重要意义。**预先安排的融资**（prearranged financing）和未使用的信用额度是可靠的现金来源。另外还有一些因素也与财务弹性相关，包括：(1) 公司商业票据、债券和优先股的信用评级；(2) 对资产销售的限制；(3) 处置费用的自由度；(4) 对环境变化（如罢工、需求转移以及供应中断）做出迅速反应的能力。

□ 管理层讨论与分析

如第 1 章中所讨论的，证券交易委员会要求公司在年度报告中提供有关财务状况和经营成果的管理层讨论与分析（management discussion and analysis，MD&A）。财务状况部分要求讨论流动性，包括可能影响公司创造现金的能力的已知趋势、需求、承诺或不确定性。如果发现流动性存在严重不足，管理层必须在讨论中说明为了弥补不足已经采取的行动或打算采取的补救措施。对与流动性相关的各种内外资源，以及尚未使用的流动性资产资源，必须予以确定并加以说明。管理层讨论与分析可以给财务报表分析带来很大裨益。

□ 假设分析

假设分析（what-if analysis）是分析公司资源状况和政策变化影响的一项极为有用的技术。本小节利用统一技术公司第 1 年 12 月 31 日的财务数据来说明假设分析及其应用。

现金	\$70 000
应收账款	150 000
存货	65 000
固定资产	200 000
累计折旧	43 000
应付账款	130 000
应付票据	35 000

应计所得税负债	18 000
股本	200 000

下面是第 1 年 12 月 31 日报告的补充信息：

销售收入	$ 750 000
销售成本	520 000
购进	350 000
折旧	25 000
净收益	20 000

统一技术公司预计第 2 年销售收入将增长 10%。所有收入和费用项目都预增 10%，只有折旧保持不变。所有费用皆在发生时以现金支付。第 2 年期末存货估计为 150 000 美元。第 2 年底，公司预计有 50 000 美元的应付票据，应计所得税为零。按照管理政策，公司希望保持 50 000 美元的最低现金余额。

例 10.1 统一技术公司正在考虑改变信用政策，希望期末应收账款周转天数保持 90 天。这一变动将对公司的现金余额有何影响？这一改变是否会影响公司的借款需求？对此，我们可作如下假设分析：

统一技术公司现金预测

第 2 年 12 月 31 日

现金（第 2 年 1 月 1 日）			$ 70 000
现金收入：			
应收账款（第 2 年 1 月 1 日）		$ 150 000	
销售收入		825 000	
潜在现金收入合计		$ 975 000	
减：应收账款（第 2 年 12 月 31 日）		(206 250)[a]	768 750
可用现金总额			$ 838 750
现金支出：			
应付账款（第 2 年 1 月 1 日）	$ 130 000		
购货	657 000[b]		
潜在现金支出合计	$ 787 000		
应付账款（第 2 年 12 月 31 日）	(244 000)[c]	543 000	
应付票据（第 2 年 1 月 1 日）	$ 35 000		
应付票据（第 2 年 12 月 31 日）	(50 000)	(15 000)	
应计所得税		18 000	
现金费用[d]		203 500	749 500

现金（第 2 年 12 月 31 日）	89 250
希望现金余额	50 000
现金溢余	$ 39 250

解释：
(a) $ 825 000×90/360= $ 206 520
(b) 第 2 年销货成本* = $ 520 000×1.1= $ 572 000

期末存货（给定）	150 000
可售存货	$ 722 000
期初存货	(65 000)
购货	$ 657 000

*不包括折旧。
(c) 购货×期初应付账款/第 1 年购货= $ 657 000× $ 130 000/ $ 350 000= $ 244 000
(d)

毛利（$ 825 000－ $ 572 000）		$ 253 000
减：净收益	$ 24 500*	
折旧	25 000	(49 500)
其他现金费用		$ 203 500

*（第 1 年净收益） $ 20 000 的 110%＋(第 1 年折旧) $ 25 000 的 10%。
也可以以 $ 185 000×1.10= $ 203 500 作为替代，其中 185 000 美元为上年的其他现金费用。

因为信用政策改变产生了现金溢余，因此无需再行借款。

例 10.2 如果统一技术公司想要使平均应收账款周转率达到 4.0（以此来代替上例中的期末数)，结果又会怎样？这一变动对公司的现金余额会有什么影响？对此一情势，可作假设分析如下：

上例中的现金余额溢余		$ 39 250
由期末应收账款改为平均应收账款		
使期末应收账款提高到：		
平均应收账款= $ 825 000/4= $ 206 250		
期末应收账款=($ 206 250×2)－ $ 150 000= $ 262 500*		
减：应收账款余额（取自例 10.1）	206 250	56 250（现金减少）
需要借入现金		$ 17 000（现金短缺）

*平均应收账款=销售收入/平均应收账款周转率
期末应收账款=（平均应收账款×2）—期初应收账款

在此条件下，统一技术公司需要借款才能达到预期的业绩水平。

例 10.3 除上例中的条件外，如果供货商要求在 60 天内付款，情况又会怎样？我们可分析如下：

需要借入现金（见例 10.2）		\$ 17 000
期末应收账款（见例 10.1）	\$ 244 000	
在 60 天付款条件下的期末应收账款：		
购货$\times\frac{60}{360}=\$\,657\,000\times\frac{60}{360}$	(109 500)	
需要增加的支出		134 500
借入现金		\$ 151 500

由于供应商改变付款要求，使得统一技术公司必须增加借入现金，才能满足还款需要。

第Ⅱ部分：资本结构与偿债能力

偿债能力基础

偿债能力分析与流动性分析有显著不同。在流动性分析中，由于时间跨度较短，可以对现金流量做出很准确的预测。长期预测的可靠度则要低一些，因此，偿债能力分析更多地使用外围的分析指标，而很少精确预测。

偿债能力分析包括几个关键部分。资本结构分析即为其中之一。**资本结构**（capital structure）是指公司的资金来源。公司资金来源分布甚广，从相当持久的权益资本到具有较大风险或临时性的短期资金来源，无所不包。一旦公司获得了资金，随之将会投资于各种资产。对出借方而言，资产代表第二级的担保资源，其中既有具体资产对特定贷款的直接担保，也有对非担保债权人的一般资产担保。由于这些因素，再加上其他一些因素的影响，共同决定了不同资产和资金来源的不同风险。

长期偿债能力分析的另一个关键要素是盈利（或盈利能力），代表着通过经营活动创造现金流量的再生能力。以盈利为基础的指标是财务状况重要而可靠的指示器。盈利是偿付长期借款本息最适宜和最可靠的现金来源。盈余作为经营活动现金流量的一种特殊计量，对于弥补长期利息和其他固定费用具有重要意义。稳定的盈利是衡量公司在现金短缺时借款能力的一项重要指标。此外它还可用于衡量企业从财务困境中恢复的可能性究竟有多大。

出借方为了在公司面临财务危机时寻求自身的利益保护，往往在借贷协议中加入贷款契约。贷款契约通常以会计指标为基础来设定**违约**（default）条件，以便让出借方能够有机会在公司陷入严重财务危机之前收回贷款。贷款契约的设计目的通常在于：(1) 强调与财务状况相关的关键性指标，如流动比率、债务—权益比率；(2) 禁止额外举借债务；或 (3) 保证不会通过过度发放股利或购并而消耗公司资源。这一契约并不能保证债权人不受经营亏损——财务危机永远的根源——影响。贷款契约和保护性条款同样也不能替代我们对公司经营成果和财务状况保持警觉和实施监管的责任。由于债务融资的金额巨大（既有公开融资也有私人融资），导致一些标准化分析及评价方法的产生。在此我们将对其中一些方法进行解释。附录10A中还将讨论信用评级机构对债券的分析；附录10B说明如何用财务比率作为财务危机的预警器。

资本结构的重要性

资本结构是一个企业的债务和权益融资状况。它通常用各种资金来源的相对规模来衡量。企业的财务稳定性和偿债风险依赖于其资金来源及所拥有资产的种类和金额。图表10—1描绘了一家典型企业的资产分布和资金来源。本图表突出了企业投资和融资项目的多样性，其描述处在资产等于负债加权益的总体会计框架之内。

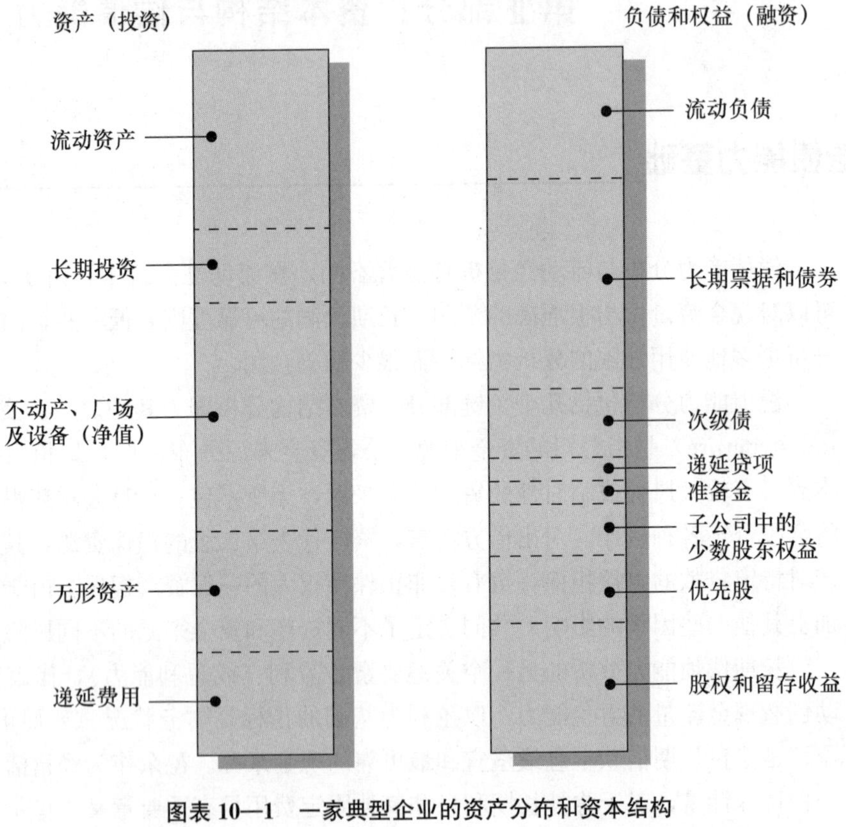

图表10—1　一家典型企业的资产分布和资本结构

债务和权益的特征

分析资本结构的意义源自多方面，而不仅仅是因为负债和权益的不同。**权益**（equity）是指公司的**风险资本**（risk capital）。其特征包括回报的不确定性或非特指性，以及缺乏明确的付还形式。权益资本从根本上决定着公司的稳定性和偿债能力。它通常具有很好的持久性，在逆境中也依然坚持，而且没有任何强制性的股利要求。企业可以放心地将权益资本投资于长期资产，任其暴露在经营风险之下而无须面对召回的威胁。

与权益资本不同，债务无论短期长期都务必偿还。债务的偿还期越长，偿还契约中的要求越少，企业承担起该项债务就越容易。并且，债务必须在特定的时点偿还，无论当时企业的财务状况如何，大部分债务的定期利息也须按此处理。如果无法偿付债务本金和利息，通常会导致法律诉讼，普通股股东将可能失去对公司的控制，并失去全部或部分投资。债务在企业资本结构中所占比重越大，所产生的固定费用和偿债义务就越高，公司无法偿付到期债务本息，使债权人蒙受损失的可能性也就越大。

对普通股投资者而言，债务反映了一种在由财务杠杆所产生的潜在利润相抵之后损失投资的风险。**财务杠杆**（financial leverage）是用债务来增加盈利。财务杠杆既放大经营的成功（利润），也放大失败（亏损）。过多的债务会限制管理层追求盈利机会的主动性和灵活性。对债权人而言，他们希望增加权益资本，这样即使处于逆境也可以使债务资金有更多的保护。降低公司融资中权益资本的比例会减少债权人免受损失的保障，从而增大信用风险。我们分析的主要任务就是衡量公司资本结构所带来的风险。本小节剩余部分将探讨使用债务融资的动因并衡量其影响。

□ 使用债务资本的动因

从股东的角度来看，债务是一项很好的外部资金来源，其原因至少有二：

1. 绝大部分债务的利息都是固定的，倘若利息费用低于净经营资产回报，权益投资者将成为超额回报的受益者。

2. 利息属于减税费用，股利却不是。

这些因素对债务融资和风险分析具有重要意义，本小节将分别对其进行讨论。

财务杠杆概念

企业通常同时使用债务和权益融资。如果没有权益资本提供保护，债权人一般是不愿意提供债务融资的。财务杠杆是指在公司的资本结构中债务融资的数额。有财务杠杆的企业一般被称为**举债经营**（trading on the equity），表明企业以权益资本作为借债的基础，以获得超额收益。

部分公司的负债及股权融资

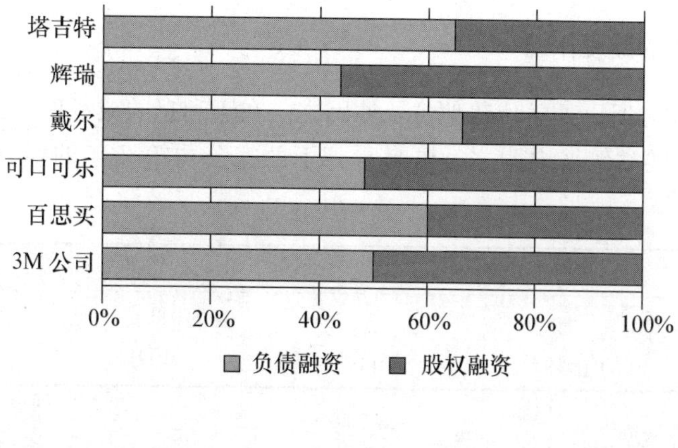

图表 10—2 举例说明了什么是举债经营。本表计算了两家公司的回报率，其名称分别为 Risky 公司和 Safety 公司。两家公司的经营资产和经营收益相同。Risky 公司 40%的资金来自债务融资，Safety 公司没有使用债务融资，也即是没有使用财务杠杆。第 1 年，当净经营资产的平均回报率为 12%时，Risky 公司的股东权益回报率为 16%。股东权益回报率之所以如此高，得益于净经营资产回报率超过税后债务成本的数额（12%对 6%，后者等于 10%×[1−40%]）。Safety 公司因为没有债务，因此其权益回报率等于资产回报率。第 2 年，Risky 公司的资产回报率等于税后债务成本，因此，杠杆的影响被中和了。第 3 年，杠杆表现得像把双刃剑。具体来说，当资产回报率低于税后债务成本时，Risky 公司的权益回报率低于没有负债的 Safety 公司的权益回报率。从这个例子中可以得出如下一般性推论：(1) 当资产回报率高于税后债务成本时，杠杆公司可以成功地进行举债经营；(2) 当净经营资产回报率低于税后债务成本时，杠杆公司的举债经营是不成功的；(3) 杠杆的作用不论在“好年份”还是“坏年份”都会被放大。

图表 10—2　　举债经营——不同盈利水平下的回报　　单位：百万美元

		资金来源							回报率	
	资产	负债	权益	税前收益	10%利息	所得税（40%）	净收益	NOPAT 经营收益×（1−40%）	净经营资产（RNOA）*	权益（ROE）**
第 1 年										
Risky 公司	$ 1 000	$ 400	$ 600	$ 200	$ 40	$ 64	$ 96	$ 120	12%	16%
Safety 公司	1 000	0	1 000	200	0	80	120	120	12	12
第 2 年										
Risky 公司	1 000	400	600	100	40	24	36	60	6	6
Safety 公司	1 000	0	1 000	100	0	40	60	60	6	6
第 3 年										
Risky 公司	1 000	400	600	50	40	4	6	30	3	1
Safety 公司	1 000	0	1 000	50	0	20	30	30	3	3

* 净经营资产回报率＝NOPAT/净经营资产。

** 权益回报率＝净收益/股东权益。

利息的减税作用

负债之所以处于优势地位，原因之一在于利息的减税作用。我们将通过扩展图表 10—2 中的举例来说明之。再来看一下两家公司第 2 年的经营成果（单位：百万美元）：

第 2 年	Risky 公司	Safety 公司
息税前收益	$ 100	$ 100
利息（$ 400 的 10%）	(40)	0

续前表

第 2 年	Risky 公司	Safety 公司
税前收益	60	100
所得税（40%）	(24)	(40)
净收益	36	60
加回债券利息	40	0
证券持有人权益合计（债务和权益）	$76	$60

已知第 2 年的杠杆效应为中性。即便如此，我们还是注意到，尽管净经营资产回报率等于税后债务成本，Risky 公司可分配给债权人和股东的总金额依然高于 Safety 公司 1600 万美元。这一差额源于 Risky 公司较低的税负水平。我们必须记住的是，利息的减税作用是以有足够的收益为基础。从这个例子中我们可以得出如下推论：(1) 利息具有减税作用，而用现金支付的股利却并不具有这种作用；(2) 由于利息具有减税作用，可分配给证券持有者的收益因此大增；(3) 无力偿付利息可能招致破产，无力支付股利却不会。

杠杆的其他作用

除了财务杠杆带来超额回报，以及利息的减税作用外，长期负债还能给股东带来别的好处。比如，成长型公司可以通过举债避免稀释每股收益。此外，如果利率上升，使用财务杠杆的公司由于按较低固定利率支付利息，因而比未使用财务杠杆的竞争对手有更强的盈利能力。不过，情况也可能完全逆转。最后，在通货膨胀期间，货币性负债会产生物价变动收益。

分析视点

……你是企业主

你是一家新开业的小餐馆的业主，也是唯一的股东。你的企业没有贷款且运行良好。最近一年的资产回报率为 9%，总资产为 20 万美元（所得税税率 40%）。目前你正在考虑通过债务融资扩大经营。在决定是否通过举债方式来扩大经营时，你将以什么作为判断标准？

□ 资本结构分析的调整

财务报表上对负债（债务）和权益账户的计量与披露需按公认会计原则进行。第 3 章中讨论过有关负债和权益账户计量与披露的原则。我们在分析资本结构及其偿债能力意义时，必须牢记这些原则。

负债账面价值的调整

负债和权益是公司融资的两个重要来源渠道，其相互关系是评价企业长期偿债能力的一项重要因素。对这一关系的理解因而成为分析的重要基础。有一些负债是没有完全反映在资产负债表上的；还有一些与融资相关的项目，在会计上被划为负债或权益，但在分析时不能盲目接受。对这些项目的确定和分类取决于其经济实质，以及对它们所处环境条件的透彻理解。本小节内容对第 3 章中那些重要的分析性考虑是一种必要的补充。

递延所得税 一个很重要的问题是我们应该把递延所得税看成负债、权益，还是一半负债一半权益。对这一问题的回答，取决于该递延项目的性质、有关该账户的过往经验（诸如其增长形式），以及将来转回的可能性。在做出有关决定时，我们必须承认，在通常情况下，递延税项会在企业规模下降时转回并成为负债。在某种程度上，未来的转回可能是在很遥远的将来，就像加速折旧的时间性差异那样，递延税款因此应该视为长期融资，并按权益进行处理。不过，如果递延税项在可预见的将来转回的可能性很大，则应将该递延税项（或其中一部分）做长期负债处理。

经营性租赁 当今会计实务要求将大多数不可撤销的长期融资租赁做负债处理。尽管如此，公司还是有机会构造一些特殊的租赁，避免将其报告为负债。就分析目的而言，经营性租赁应该在资产负债表上予以确认，就像第 3 章所讨论的那样，同时增加固定资产和负债。

表外融资 在确定公司负债时，我们必须注意，有些管理者总是想着如何去低估负债，他们常常会使用一些新方法，有时还相当复杂。第 3 章已经讨论过其中的一些方法，包括应收账款让售、通过特殊目的实体进行表外融资，以及权益法投资等。通过评判性地解读附注和管理层评论，以及对管理层的质询，通常即可使账外负债大白于天下。

或有负债 一些或有事项，诸如产品保证和担保，代表了一种在未来提供服务或产品的义务，通常归类为负债。因为须由收入负担的费用而提留的各种准备，一般也作为负债处理。在分析中必须判断承诺和或有事项变为真正负债的可能性，然后做相应的处理。例如，对子公司或其他方的债务担保，当其可能变成负债时，应该作为负债处理。

少数股东权益 合并财务报表中的少数股东权益代表子公司的少数股东所拥有的所有权利益的账面价值。这些权益并非像借款那样的负债，因为它们既不要求强制性的股利支付，也没有还本要求。资本结构的计量重点关注具有强制性支付要求的负债。从这一点上来说，少数股东权益更像是对部分权益的外部要求权，或者是一种补偿，代表了对所对应的一部分资产的所有权。

可转换债务 可转换债务通常报告在负债中（或者是作为独立于债务和权益的一个独立项目）。如果转换条件言明该项债务最终将转换成普通股，从资本结构分析的目的，则可将该债务分类为权益。

优先股 大多数优先股没有支付股利或偿还本金的义务。这些特征与典型的权益颇相类似。然而，正如第 3 章讨论过的，从分析的角度来看，带有强制性赎回要求的优先股与债务相类似，在分析中应该视为负债处理。

分析视点

……你是分析师

你是一家证券业企业的分析师。你的上司要你评估两项优先股股权投资的相对风险。你的分析显示，这两家公司除了融资结构外，其他所有方面包括回报和风险都完全相同。第一家公司债务融资占 20%，优先股占 20%，其余 60%为普通股；第二家公司债务融资占 30%，优先股占 10%，普通股占 60%。哪一家公司的优先股股权风险更大些？

资本结构的构成与偿债能力

杠杆式资本结构的基本风险，是在逆境中现金不足的风险。负债意味着以利息和本金方式支付固定支出的承诺。有些固定费用在现金短缺时可以延期支付，与负债相关的固定支出却不能延期，这一点对股东和债权人都是很不利的。本节讨论用于估计财务杠杆度及评价无法偿付风险的几项常见指标。

偿债能力的共同比分析

公司财务风险的一项常见计量是其资本结构构成。**构成分析**（composition analysis）的方法之一是就资产负债表的负债和权益部分构造一份**共同比报表**（common-size statement）。图表 10—3 是 Tennessee Teletech 公司的共同比分析。资本结构共同比分析的优势在于揭示公司融资渠道的相对规模。我们看到，Tennessee Teletech 公司主要通过普通股（35.6%）、优先股（17.8%）及负债（41.2%）来融资，还有一小部分属于收益留存（4.5%）。共同比分析便利了公司间的比较。共同比分析的一种变体是用比率进行分析。还有一种是仅仅关注长期融资渠道，而将流动负债排除在外。

Tennessee Teletech 公司资本结构的共同比分析

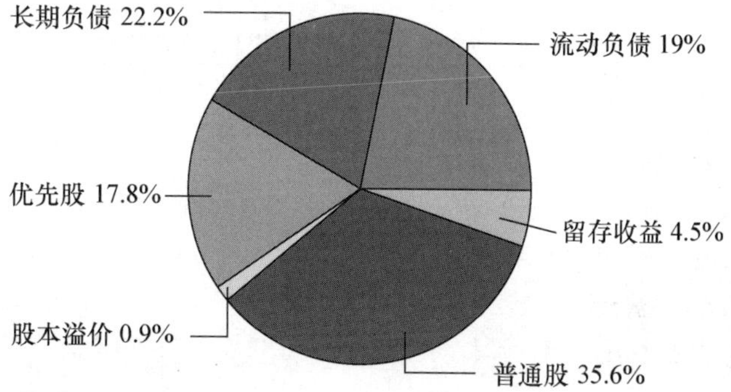

图表 10—3　Tennessee Teletech 公司资本结构的共同比分析

流动负债	$428 000	19.0%
长期负债	500 000	22.2
权益资本		
优先股	400 000	17.8
普通股	800 000	35.6
股本溢价	20 000	0.9
留存收益	102 000	4.5
权益资本合计	1 322 000	58.8
负债和权益总计	$2 250 000	100.0%

□ 用于偿债能力分析的资本结构指标

资本结构比率（capital structure ratios）是偿债能力分析的另一种方法。资本结构比率关系到资本结构的构成要素，既关系到要素间的相互关系，也关系到要素与总体的关系。本小节说明其中一些最常用的比率。在应用这些指标和比率之前，我们必须认真理解其含义及计算。

总负债比总资本

这是一项计量总负债与总资本间关系的综合比率。其中：总负债＝流动负债＋长期负债＋分析中确定的其他负债，如递延税项和可赎回优先股；总资本＝总负债＋股东权益（包括优先股）。**总负债对总资本比率**（total debt to total capital ratio）（又叫**总负债比率**（total debt Ratio））的表达式为：

$$\text{总负债对总资本比率}=\frac{\text{总负债}}{\text{总资本}}$$

从定义上来讲，总资本等于总资产。金宝汤公司第 11 年的总负债对总资本比率可计算如下（有关数据见附录 A 中财务报表）：

$$\begin{array}{c}\text{总负债对}\\\text{总资本比率}\end{array}=\frac{\$1\,278^{(a)}+\$772.6^{(b)}+\$305.0^{(c)}}{\$1\,793.4^{(d)}+\$2\,355.6^{(e)}}=\frac{\$2\,355.6}{\$4\,149.0}=0.57$$

(a) 流动负债；

(b) 长期负债；

(c) 其他负债；

(d) 股东权益合计；

(e) 总负债（分子）。

这项指标通常用比值形式来表达，比如 0.57，也可以表述为金宝汤公司资本结构中的负债比率（57%）。

总负债比权益资本

另一种有关负债与资本资源关系的指标是总负债与权益资本的比率。**总负债对权益资本比率**（total debt to equity capital ratio）定义为：

$$总负债对权益资本比率=\frac{总负债}{股东权益}$$

金宝汤公司第 11 年总负债对权益资本比率计算如下：

$$总负债对权益资本比率=\frac{\$2\,355.6}{\$1\,793.4}=1.31$$

本比率表明金宝汤公司的总负债是权益资本的 1.31 倍。也可以用另外的方式表述为，金宝汤公司每 1 美元的权益融资等于 1.31 美元的债务融资。

长期负债比权益资本

长期负债对权益资本比率（long-term debt to equity capital ratio）计量长期负债（通常定义为全部非流动负债）与权益资本的关系。比率超过 1∶1，意味着长期债务融资相对大于权益资本。本比率通常也称为负债—权益比率（debt to equity ratio），其计算公式如下：

$$长期负债对权益资本比率=\frac{长期负债}{股东权益}$$

金宝汤公司第 11 年长期负债对权益资本比率等于：

$$长期负债对权益资本比率=\frac{\$2\,355.6^{(a)}-\$1\,278^{(b)}}{\$1\,793.4^{(c)}}=0.60$$

(a) 总负债；

(b) 流动负债合计；

(c) 股东权益。

短期负债比总负债

短期内到期的负债与总负债之比，是公司短期现金和融资需求的重要指示器。短期负债，作为长期负债或**偿债基金需求**（sinking fund requirement）的对立面，是企业对短期融资需求（主要是从银行融资）依赖程度的重要指示器。短期负债经常要遭受频繁的利率变动的影响。

□ 资本结构指标的解释

资本结构的共同比分析和比率分析是有关公司资本结构风险的最重要分析工具。负债比例越高，利息固定费用和债务支付数额也越高，当收益下降或遇到困难时无法偿付的可能性也就越大。资本结构就像一种甄别机制（screening devices）。例如，当负债—权益比率相对较低（10%以下）时，公司的财务状况方面将没有什么需要担忧之处，我们分析的重点应该在其他方面。如果分析显示负债是资本化的一个重要组成部分，则需要做更进一步的分析。更深层次的分析需要关注有关公司财务状况、经营成果和未来前景的许多不同方面。

短期流动性分析始终具有重要意义，因为在对长期偿债能力做出估计之前，我们希望公司的近期财务生存首先不存在问题。在本章中我们已经描述过各种不同的短期流动性分析。贷款和债券契约要求公司保持最低的营运资本水平，以证明短期流动性在保证公司长期偿债能力方面的重要性。对此种重要性还有另外一些分析性测试，包括负债到期时间（关于金额和时间）、利息费用，以及风险负担因素（risk-bearing factor）的考察。最后一项因素包括公司收益的稳定性或持续性、行业绩效以及资产构成等。

□ 以资产为基础的偿债能力指标

本小节描述两类以资产为基础的公司偿债能力分析。

偿债能力分析中的资产构成

公司在经营活动中所使用的资产一定程度上决定了公司的融资渠道。比如说，固定资产和其他长期资产通常不会是采用短期贷款融资。这些长期资产常采用权益资本来融资。债务资本也是长期资产融资的一项重要来源渠道，特别是在像公用事业这样一些收入来源稳定的行业。

资产构成分析（asset composition analysis）是估计公司资本结构风险暴露的一项重要工具。资产结构一般用资产余额共同比报表来进行评价。图表 10—4 为 Tennessee Teletech 公司资产的共同比分析（图表 10—3 对其负债和权益做过分析）。从资产分布及相应的资本结构来判断，由于流动资产占了总资产的很大比例（61%），因此，尽管总负债为 41%，也并不显得过高。进一步的分析和计量可能会改变，也可能会加强这种初步的解释。

Tennessee Teletech公司资产构成的共同比分析

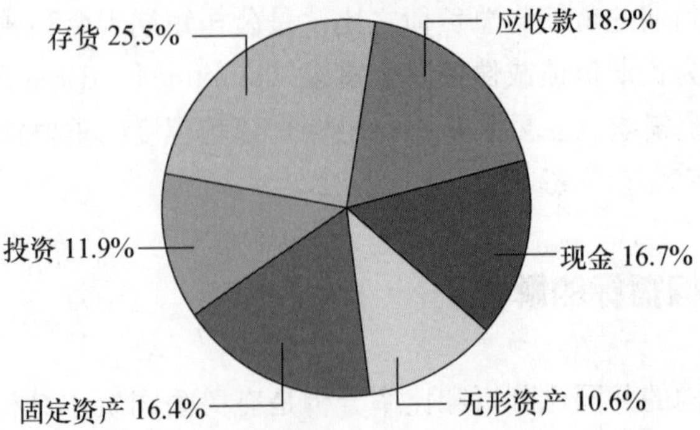

图表 10—4　Tennessee Teletech 公司资产构成的共同比分析

流动资产		
现金	$ 376 000	16.7%
应收账款（净额）	425 000	18.9
商品存货	574 000	25.5
流动资产合计	1 375 000	61.1
投资	268 000	11.9
固定资产（净值）	368 000	16.4
无形资产	239 000	10.6
资产总额	$ 2 250 000	100.0%

收益补偿

我们在讨论资本结构指标时，认识了它们作为甄别机制的特殊效用。它们是很有价值的工具，用以判定公司资本结构的固有风险是否要求做进一步的分析。资本结构指标的不足之处，是它们无法注目于可用以偿付公司债务的现金流量。一旦债务被偿付，资本结构指标一般会得到改善，每年用以偿付利息或偿债基金的现金需求会保持固定或增加。后者的例子包括附有 balloon [①]偿付条款的**平均支付债务**（level payment debt）或**零息债券**（zero coupon bond）。这一局限凸显了公司**收益补偿**（earnings coverage）——或**盈利能力**（earning power）——作为利息和本金支付的资金来源的重要作用。尽管盈利能力很强的公司也可能在短期内由于资产构成而面临流动性问题，但我们必须记住，长期收益是流动性、偿债能力及借款能力的主要源泉。

收益与固定支出的关系

收益与固定支出的关系是**收益补偿分析**（earnings coverage analysis）的一部分。收益补偿分析关注与债务有关的固定支出和公司可用于偿付此类支出的收益之间的关系。这类指标在债务评级中具有重要意义（参见附录 10A）。对于额外新发的债务，债券契约通常会指明所要求的最低收益补偿水平。SEC 规则要求所有的债务证券注册登记说明书中，必须披露收益—固定支出比率。**收益—固定支出比率**（earnings to fixed charges ratio）的计算公式如下：

$$\text{长期负债对权益资本比率}=\frac{\text{可用于支付固定支出的收益}}{\text{固定支出}}$$

① “balloon”的常用意义为气球，用于财经事务是指“分期付款中最后一笔特大数”，因很难找到与之相对应的中文词汇，故这里依然用英文原词。——译者注

这一指标背后的观念简单明了。然而，指标的应用却十分复杂，原因在于很难确定究竟哪些项目应该记入“可用于支付固定支出的收益”和“固定支出”。

计算可用于支付固定支出的收益

我们之前曾经讨论过用应计制会计和现金制会计所确定的经营活动收益之间的差异（参见第 2、第 6 和第 7 章）。例如，某些收入项目——诸如未分配子公司收益和附有扩展性信用条件的销售——并不立即产生现金流量（尽管母公司可以决定控股子公司的股利支付）。类似地，某些费用如折旧、摊销、减值、递延所得税支出等也不会要求现金流出。这些区别是很重要的，因为固定债务支出需要用现金而非收益来支付。我们在分析中必须认识到，未经调整的净收益并不一定是衡量可用于支付固定支出的现金的最佳方法。有时候，采用近似于经营活动所产生现金的收益会比较恰当，但在另外一些情况下，它可能误报可用于支付固定支出的收益量。要解决这一问题，我们的方法并不是进行任何形式的笼统的分析，而是仔细地分析构成收益的非现金收入和费用项目。比如，在分析作为非现金费用的折旧时，必须记住企业更换厂场设备的长期必要性。

对计算收益补偿比率时所使用的收益水平，必须予以特别的关注。我们必须考虑：哪一收益水平最能代表将来实际可用于支付与债务相关的固定支出的资金数额？横跨了整个经营周期的持续经营所产生的平均收益，经过针对未来支出的可能的调整之后，可能是未来经营活动中可用于支付固定支出的平均现金的一个较好的近似值。如果收益补偿比率的目标之一在于衡量债权人的最大风险暴露，适当的收益数据则是公司经营周期最低点上所发生的收益。

计算固定支出

构成收益—固定支出比率的第二大项是固定支出。在此我们将考察比率计算中所包括的固定支出。固定支出分析需要考虑几项重要的构成要素。

实际发生的利息　实际发生的利息是债务所产生的最直接和最明显的固定支出。我们可以用现金流量表中披露的**已付利息**（interest paid）近似地代表实际发生的利息。受以下因素影响，实际发生的利息并不等于已付利息：（1）应付利息的变动；（2）资本化利息作为扣除项目处理；（3）折价和溢价摊销。在缺乏必要的信息的情况下，已付利息可以作为实际发生利息的较好的近似。

租赁义务中隐含的利息　我们曾在第 3 章中言及会计将租赁视为一项融资工具。如果是资本性租赁，租赁付款额中的利息部分要纳入损益表的利息费用中，而其他大部分余额被视为本金的偿还。我们在分析中发现，有些应被资本化的租赁实际上并没有资本化。这个问题超出了会计中有关资本化是否适当的问题范围之外。我们必须记住，一项长期租赁代表一项固定的义务，必须在计算收益—固定支出比率时予以确认。

拥有多数股权的子公司的优先股股利要求　这些要求被看作固定支出，是因为它们先于对母公司的收益分配。那些在报表合并过程中将被消除或已经被消除的项目不应视为固定支出。需要记住的是，所有不能减税的固定支出必须经过税务调整。具体的调整是在原固定支出上加上一个等于所要求的所得税的金额，使经过调整的税后利润足以补偿这些固定支出。拥有多数股权的子公司的优先股股利要求属于非减税固定支出的典型实例。我们通过下式进行调整计算，以获得一个“总”金额：

$$\frac{\text{优先股股利要求}}{1-\text{实际税率}}$$

还本要求 从现金流出的角度来看，还本义务与付息义务一样沉重。在支付租费的实例中，公司必须同时履行还本和付息的义务。在计算收益—固定支出比率时并不考虑还本要求，原因是多方面的：

● 收益—固定支出比率以收益为基础。它假定，倘若本比率处在令人满意的水平，则债务到期时公司可以有足够的资金用于偿付，而无须使用来自收益的资金。

● 如果公司的债务—权益比率处于可接受的水平，它应该能够借到足以偿还本金的资金。

● 包含还本要求会导致重复计算。例如，通过折旧所恢复的资金可用于偿还债务。如果收益中反映折旧扣除，则固定支出中不应包含还本要求。如果债务资金用于购置应折旧固定资产，并且折旧形式和本金偿付之间有一定的一致性，这样的争论还是有一定价值的。我们必须认识到，折旧只能通过盈利或盈亏平衡的经营来弥补。因此，这种争论是否有效，取决于这些条件能否得到满足。我们还须认识到，计算收益—固定支出比率时所用的“收益”概念强调经营活动产生的可用于支付固定支出的现金。使用这一概念可以消除重复计算问题，因为像折旧这样的非现金支出在计算收益补偿率时应该加回到净收益中。

● 将偿债要求包含在固定支出中，还有一个问题是，并非所有的债务协议都要求有偿债基金或类似的偿付义务。任何把债务在不同期间进行武断的分配的方法，都可能是不现实的，并忽略了不同时期实际偿付债务的现金来源所面临的压力之间的差异。在长期经营中，到期支付和最后一笔数目特大的支付（balloon payment）必须同时得到满足。这一问题的解决有赖于对债务偿付要求的仔细分析。以此类分析为基础，可以判断这些要求对长期偿债能力的影响。假设债务可以再融资、滚动偿还或者从当前经营中偿付是有风险的。我们在分析长期偿债能力时，必须在一定程度上注意债务偿付要求及其时间问题。在固定支出中包含偿债基金或其他提前偿付要求是确认这种义务的一种方法。另一种方法是把债务偿付要求应用于未来 5～10 年之间，并与预期可从经营活动中获得的税后资金相联系。

固定费用支付担保 对非合并子公司或独立个人（实体）的固定支出支付担保，如果担保很快将要支付，则需加入到固定支出中。

其他固定支出 尽管付息和还本要求是与债务的发生最直接相关的固定支出，但我们没理由把长期偿债能力分析仅仅局限于此类支出和承诺。要对固定支出做全面的分析，则应该包含所有长期租赁付款义务（不只是其中的利息部分），特别是那些在不可撤销的租赁协议下形成的租赁付款要求。在考虑固定支出时之所以将短期租赁排除在外，是因为它们代表的是有限期限——通常低于 3 年——内的义务。一旦公司遭遇财务危机，此类租赁可以随时终止。我们在分析中需要评价此类租赁对公司的持续经营究竟有多重要。另外还有与债务并无直接关系，但被认为具有固定性质的长期承诺，也视为固定支出，比如超过正常要求的不可撤销长期购货合同。

收益—固定支出比率的计算

收益—固定支出比率计算的常规公式，也是SEC所采用的公式，如下所示：

$$\frac{\text{(a)持续经营产生的税前收益}+\text{(b)利息费用}+\text{(c)债务费用和折价或溢价的摊销}+\text{(d)经营性租赁费用中的利息部分}+\text{(e)拥有多数股权的子公司中的优先股股利要求的税务调整}+\text{(f)前期资本化利息的本期摊销额}+\text{(g)拥有50\%以下股权的子公司或独立实体中的未分配收益}}{\text{(h)已发生利息总计数}+\text{(c)债务费用和折价或溢价的摊销}+\text{(d)经营性租赁费用中的利息部分}+\text{(e)拥有多数股权的子公司中的优先股股利要求的税务调整}}$$

公式中各构成要素分别以从（a）～（h）的字母来标示，其含义解释如下：

（a）考虑终止经营、非常项目和会计变更的累积影响之前的税前收益。

（b）已发生利息减去资本化利息。

（c）通常包含在利息费用中。

（d）融资租赁做资本化处理，因此，其内含利息已包含在利息费用之中。不过，由于假定许多长期经营性租赁不符合资本化租赁的条件，但具有不少融资业务的特点，因此需要把长期经营性租赁的利息部分包含在内。

（e）合并报表中消除的项目全然不包括在内。股利被加回用于支付它的税前收益中。

（f）用于非公用事业公司。这一金额一般不在披露之列。

（g）在有固定支出、拥有多数股权的子公司收益中的少数股东权益，可以包含在收益之内。

（h）无论做费用化还是资本化处理，皆应包括在内。

为了便于表达，有两个项目未包含在上述比率计算中，但倘若具备下述条件，则也应将它们反映在比率中：

1. 在计算收益时，拥有多数股权的子公司的亏损应全额计入；

2. 按权益法核算的持有50%以下股权的子公司的亏损应该计入收益，除非公司为子公司的债务提供担保。

最后，SEC要求，如果收益—固定支出比率小于1.0，则应披露收益不足以补偿固定支出的具体金额。

收益—固定支出比率举例说明

本小节将举例说明收益—固定支出比率的计算。我们先看Compu Tech公司的情况。图表 10—5 中为该公司损益表及部分附注。使用表中信息（单位：千美元）我们可以计算收益—固定支出比率如下：

$$\frac{\$2200(a)+\$700(b\&c)+\$300(d)+\$80(f)-\$600(g)+\$200^{*}}{\$840(h)+\$60(c)+\$300(d)}=2.40$$

＊SEC 允许收益中包含有固定支出的多数股权子公司收益中的少数股东权益。将这一金额加回是为了抵销收益中类似的扣减项目。

预估收益—固定支出比率的计算

如果尚未发生的固定支出在计算收益—固定支出比率时已经被确认（如预期债券发行的利息成本），则预先估计来自这些未来现金流入的预期抵销利益，并将其包含在预估收益中，也是可以接受的。源自预期债务的利益可用好几种方式计量，包括因计划中的再融资活动而造成的利息节省、当收入款项可用于投资时的短期投资收益，或对未来利益的其他合理估计。当预期再融资计划造成的本比率变化在 10%以上（包括 10%）时，SEC 通常要求计算预估收益—固定支出比率，以反映该计划造成的影响。

□ 已获利息倍数分析

另一项收益补偿比率是**已获利息倍数比率**（times interest earned ratio）。该比率认为仅有利息是需要用收益来补偿的固定支出。其计算公式为：

$$已获利息倍数比率=\frac{收益+所得税费用+利息费用}{利息费用}$$

本比率中的分子有时称为**息税前利润**（earnings before interest and taxes, EBIT），因此，又可将比率表述为 EBIT/I。已获利息倍数比率是一项很简单的指标，它无须像收益—固定支出比率那样对分子和分母做大幅度的调整。正因为它计算简便，所以也很容易引起误解，作为一项分析工具，并不像收益—固定支出比率那样有效。

□ 现金流量与固定支出的关系

公司必须用现金支付固定支出，而净收益中所包含的收入和费用不一定立即产生现金或要求付出现金。本小节说明一项以现金为基础的固定支出补偿指标，以弥补上述局限。

现金流量—固定支出比率

现金流量—固定支出比率（cash flow to fixed charges ratio）用经营活动产生的现金流量来取代收益—固定支出比率分子中的收益数据。经营活动产生的现金流量数据披露在现金流量表中。现金流量—固定支出比率做如下定义：

$$\frac{\text{税前经营现金流量}+\text{第 486 页(b)}\sim\text{(g)的各项调整}}{\text{固定支出}}$$

图表 10—5 **Compu Tech 公司损益表**

销售净额		$ 13 400 000
50%以下股权下属公司的收益（全部未分配收益）		600 000
收入合计		14 000 000
销售成本	$ 7 400 000	
销售、一般及行政管理费用	1 900 000	
折旧（从上述成本中扣除）①	800 000	
利息费用（净额）②	700 000	
租金费用③	800 000	
合并收益中少数股东权益的份额④	200 000	(11 800 000)
税前利润		2 200 000
所得税		
当期	800 000	
递延	300 000	(1 100 000)
扣除非常项目前的收益		1 100 000
非常收益（扣税 67 000 美元）		200 000
净收益		$ 1 300 000
股利		
普通股股利	$ 200 000	
优先股股利	400 000	(600 000)
该年度的留存收益		$ 700 000

①折旧中包括以前资本化利息的摊销 80 000 美元。

②利息费用的构成：

已发生利息（不包括以下项目）	$ 740 000
债券折价摊销	60 000
资本化租赁中的利息部分	100 000
资本化利息	(200 000)
利息费用	$ 700 000

③非资本化租赁中的内含利息金额达 300 000 美元。

④这些子公司有固定支出。另外的信息（有关损益表当期的）包括：

应收账款增加	$ 310 000
存货增加	180 000
应付账款增加	140 000
应计税金减少	20 000

利用图表 10—5 中 Compu Tech 公司的财务数据，我们可以算出本比率中的税前经营现金流量：

税前利润	$ 2 200 000
加上（减去）调整至现金制的调整项：	
折旧	800 000
递延所得税（已加回）	—
债券折价摊销	60 000
收益中少数股东权益的份额	200 000
下属公司的未分配收益	（600 000）
应收账款增加	（310 000）
存货增加	（180 000）
应付账款增加	140 000
应计税金减少	（20 000）
税前经营现金流量	$ 2 290 000

需要加回税前经营现金流量中的固定支出是：

税前经营现金流量	$ 2 290 000
费用化利息（减上面已加回的证券折价）	640 000
经营性租赁费用的利息部分	300 000
以前资本化利息在本期的摊销额*	—
分子合计	$ 3 230 000

* 假定已包含在折旧中（已加回）。

有一个 600 000 美元的扣减项（50%以下股权下属公司的未分配利润）并没有反映在分子中，原因在于，作为一项非现金来源，在计算税前经营现金流量时它已经扣除了。此外，“合并收益中少数股东权益的份额”也已经在计算税前经营现金流量时被加回了。作为比率分母的固定支出为：

已发生的利息	$ 900 000
经营性租赁费用的利息部分	300 000
固定支出	$ 1 200 000

Compu Tech 公司的现金流量—固定支出比率计算如下：

$$\frac{\$\,3\,230\,000}{\$\,1\,200\,000}=2.69$$

经营活动产生现金的持久性

公司经营活动产生的现金流量与固定支出之间的关系对于分析长期偿债能力具有非常重要的意义。正因为这一关系颇为重要，所以我们要估价经营现金流量的“持久性”。通常通过评价经营现金流量的构成来进行这一估价。例如，加回到净收益中的折旧显然要比净收益持久，因为折旧在销售收入中的补偿先于任何其他收入。所有企业的销售价格中，都必须包含生产中使用的厂场设备的成本（尤其是在长期经营中）。

加回折旧是因为假定现金流量因折旧补偿而获得的益处可用于偿付债务。这一假设只在短期成立。从长期来看，因补偿折旧而累积的现金必须用于更新厂场设备。唯一的例外是无形资产的摊销，因为它无须更新。作为经营现金流量构成要素的经营性营运资本（经营性流动资产减去经营性流动负债），其变化的持久性是很难估计的。经营性营运资本与销售收入的关系远胜于与税前利润的关系，因此通常比经营现金流量更为稳定。

□ 优先股股利的收益补偿

对优先股的分析经常得益于对优先股股利收益补偿率的计量。此项分析与收益—固定支出比率分析相类似。SEC 要求在优先股招股说明书中把固定支出和优先股股利并在一起计算并披露比率。计算优先股股利收益补偿率时，必须把在优先股股利之前所发生的所有支出包括在固定支出中。由于优先股股利不能免税，因此计算时需要使用税后利润。基于上述分析，**优先股股利收益补偿率**（earnings coverage of preferred dividend）可作如下计算：

$$\text{优先股股利收益补偿率}=\frac{\text{税前收益}+\text{第 486 页(b)}\sim\text{(g)的各项调整}}{\text{固定支出}+[\text{优先股股利}\div(1-\text{税率})]}$$

使用图表 10—5 中 Compu Tech 公司的财务数据，可以算出其优先股股利收益补偿率。它等于在之前算出的 Compu Tech 公司收益—固定支出比率的基础上，加上优先股股利的税务调整要求。其具体计算如下：

$$\begin{aligned}\text{优先股股利收益补偿率}&=\frac{\$2\,200(a)+\$700(b\&c)+\$300(d)+\$80(f)-\$600(g)+\$200^{*}}{\$840(h)+\$60(c)+\$300(d)+[\$400^{**}\div(1-0.50)]}\\&=1.44\end{aligned}$$

说明：式中字母指第 486 页收益—固定支出比率中的各项要素。

* 拥有多数股权的子公司中的少数股东权益（参看前面的讨论）。

** 优先股股利的税务调整要求。

如果发行在外的优先股有两种或两种以上，则需分别计算每一种优先股的股利补偿率，计算时对级别较低的优先股的股利要求可以忽略不计，而把先前所发生的所有固定支出计入高级别优先股的计算。

□ 收益补偿指标的解释

收益补偿指标可以帮助我们了解公司通过当期收益补偿固定支出的能力。收益补偿指标与债款拖欠的相关性极高。也就是说，补偿率越高，拖欠率越低。通过研究债权人经验，可以揭示出债款拖欠率与收益率之间的关系，依照已获利息倍数的分级，可列示如下：

已获利息倍数	拖欠率	承诺收益率	实际收益率	损失率
3.0 以上	2.1%	4.0%	4.9%	−0.9%
2.0～2.9	4.0	4.3	5.1	−0.8
1.5～1.9	17.9	4.7	5.0	−0.3
1.0～1.4	34.1	6.8	6.4	0.4
1.0 以下	35.0	6.2	6.0	0.2

我们关注收益补偿率是很明智的，因为债权人往往很看重公司的偿债能力和继续经营能力。贷款利率的提高往往很难弥补债权人损失本金的风险。如果公司通过持续经营偿还债务的可能性不大，债权人将面临很大风险。

收益的可变性和持续性对收益补偿的重要性

收益补偿评价中一项颇为重要的因素，是收益和现金流量在不同时间的表现。收益越是稳定，可接受的收益补偿水平也就越低。比方说，公用事业公司很少受经济大起大落的影响，因此我们可以接受较低的收益补偿率。与此相反，具有周期性特点的行业，比如机械制造业，业绩可能会大起大落。由于这种不确定性，使得我们只能接受较高的收益补偿率。收益的**可变性**（variability）和**持续性**（persistence）是用以计量这种不确定性的常用指标。我们在进行分析时，可以从两项指标中任选其一，也可以同时使用两项指标来确定可接受的收益补偿率的判断标准。收益的持续性通常是按收益在时间序列中的自相关性来衡量的。

计量和假设对收益补偿的重要性

要确定可接受的收益补偿水平，关键在于计算收益补偿指标时所采用的方法。我们在本章中描述了好几种计算方法。其中许多方法对收益和固定支出做了不同的定义。我们希望通过最严格的定义来获得较低的收益补偿率水平。无论是 SEC 要求的，还是我们在计算收益—固定支出补偿率指标时所采用的，都是扣除终止经营、非常项目及会计变更累积影响之前的收益。虽然去除这些项目使得公司收益流更加稳定，但同时也排除了构成公司经营活动的一些重要成分。因此，我们建议在计算连续几年的平均收益补偿比率时，将这些项目纳入进来。收益补偿率的可接受程度也因收益指标的变化而变。比方说，收益可以用平均水平、最坏、最好和中等程度等衡量。利润的质量是另一个重要因素。我们不能故意应用保守的方法不客观地计算收益补偿率。例如，计算时使用税后利润，即其中的固定缴费是可免税的，这种计算方法是不正确的，错误地使用了保守原则。我们可接受的补偿水平应该能够最终反映我们对于发生风险的意愿和承受能力（与期望收益率相比）。附录 10A 展示了一些中介机构分析债券所用的补偿率接受水平。

□ 资本结构的风险与回报

考虑金融创新的最新发展对于我们评估公司资本结构的内在风险是极为有用的。

公司提高财务杠杆可能加大权益持有者的风险（以及潜在回报）。例如，**杠杆收购**（leveraged buyout）是用举债方式通过收购股权将一个公司收归己有。收购方靠未来现金流量来偿付新增的债务，并通过预期资产出售所得收入来减少债务。财务杠杆的另一项潜在利益是利息的免税作用，而股利是不能免税的。不过，用债券取代股权会提高资本结构的风险。正因为如此，用作杠杆收购的债券称为**垃圾债券**（junk bonds）。垃圾债券与高质量债券不同，它不但造成资本结构的高风险，而且其应付利息的收益补偿水平极低。如果经济衰退，垃圾债券的应付利息和本金会很快陷入危机。垃圾债券会使股权承担更大的风险。

金融领域的经验不断提醒我们，不要忘了那些忽视风险与回报之间关系的人的经历。在投机盛行的金融期产生高风险证券并不稀奇。让我们感到惊讶的是，在提到债券时，有些人坚决拒绝使用“垃圾”作为形容词。类似地，零息债券直至到期日才支付所有利息，并具有超出标准债券的多方面优势。然而，如果发行时没有对公司进行充分的资信审查，零息债券的风险有可能大大高于标准水平。这是由将来何时才能收到利息和本金的巨大不确定性所造成的。另一项金融创新称为**实物支付债券**（payment in kind securities，PIK），是通过发行新债来支付利息。其内含的假设是：作为债权人可能目前没有能力偿付利息，但以后会成功地具备偿还债务的能力。由于金融公司持续不断的金融创新，总是有各种新颖的术语不断创造出来，在对其进行分析时，务必坚持实质重于形式的原则。资本结构中有关风险与回报关系的基本事实必然永存。

不论是风险的构成要素，还是本章及前面几章中所讨论的分析工具，都在提醒我们进行全面扎实的财务分析。我们可能会依赖信用评级和其他评级来减轻自身的分析与评价责任。但这种依赖——不管是部分依赖还是全面依赖，都是有风险的。不管其声誉如何之盛，此类评级都不能取代我们特有的风险和回报预期。

附录 10A：债务评级

当今世界经济中存在着全面而复杂的债券评级系统。有好几家久负盛名的投资研究机构皆可提供此类评级，比如穆迪（Moody's）、标准普尔（S&P）、Duff & Phelps、惠誉国际评级（Fitch Ratings）。很多金融机构还在开发自己的内部评级。

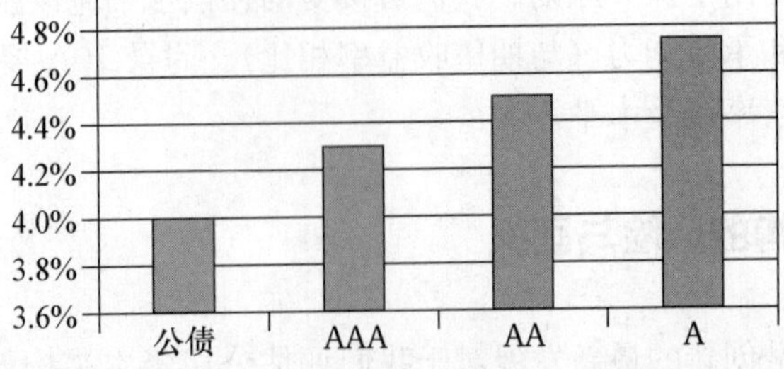

□ 债券的信用评级

债券的信用评级是对债券发行者的可信赖程度（creditworthiness）及某种特定证券质量判断的综合表达。评级中需要计量信用风险。此处所谓信用风险（credit risk）是指对债权人利益造成不利的可能性。关于可信赖程度的判断用一系列据以反映信用风险程度的符号来表示。标准普尔信用评级的前四级分别为：

AAA 级　AAA 级债券是最高信用等级的债务。这一级别的债券对本金和利息提供最高级别的保护。它们随利率而动，提供最大的安全保障。

AA 级　AA 级债券仍属高级别债务，而且在大多数情况下，与 AAA 级债券几乎没有差异。其价格依然随长期货币市场而动。

A 级　A 级债券属于中上级别的债券。它们有明显的投资优势，但并不能避免经济及交易条件的负面影响。其利息和本金皆处于安全状态。其价格行为方式中能够突出地体现货币利率的变化，并在一定程度上反映经济条件的变化。

BBB 级　BBB 级债券属于中等级别的债券，是稳固债券与投机因素开始占据主导地位的债券之间的分界线。这些债券拥有足够大的资产补偿率，通常有令人满意的收益保障。它们易受环境变化——尤其是经济下滑的影响，因而需要进行持续的监控。此类债券对商业和交易条件的变化比对利率变化更加敏感。这一级别属于商业银行投资要求的最低级别。

信用评级中还有更低级别的选择，包括：BB 级——中下级，属于投机的边界；B 级——高度投机；D 级——违约债券。

为什么债务证券评级被广泛地应用，而权益证券却没有此类评级，主要原因在于，分析债券的可信赖程度时所采用方法的一致性和分析性指标的同质性，都远远高于未来权益证券的市场业绩分析。在信用风险分析中，对所评价对象的广泛的认同，使得人们可以为了多种目的而接受并依赖公开发布的信用评级。

评级级别	债券质量评级	
	标准普尔	穆迪
最高级	AAA	Aaa
高级	AA	Aa
中高级	A	A
中下级	BBB	Baa
投机边界	BB	Ba
高度投机	B	B，Caa
违约	D	Ca，C

对于确定具体评级的标准从来未曾有过精确的定义。它们涉及定量（比率和比较分析）和定性（市场地位和管理层能力）因素。各主要评级机构都拒绝透露它们在确

定信用评级时（通常是由一个委员会来做出决定）所采用的确切的因素组合。它们希望以此避免对评级中所用定性因素合理性的争议。这些评级机构使用的正是本书中所讨论的分析技术。以下是对评级时所依据因素的基本说明，这一说明乃是以公开资料及与评级机构官员的讨论为基础。

□ 公司债券评级

进行债券评级时，评级机构重点关注发行公司的资产保护、资金来源、盈利能力、管理状况，以及债券的具体条款。此外公司规模、市场份额、产业地位、周期影响，以及总的经济形势，也具有重要意义。

资产保护是指公司债务的资产保障程度。具体可用有形资产净额与长期债务之比来衡量。按照某评级机构的经验法则，AAA级债券要求的有形资产净额与长期债务之比为5∶1；AA级债券为4∶1；A级债券为3～3.5∶1；BBB级债券为2.5∶1。鉴于存在低估资产价值的可能——尤其在资源类或房地产类公司，可能会对这些评级水平做一些调整。另一经验法则是：AAA级债券要求长期债务占资本总额的比例低于25%；AA级债券在30%左右；A级债券在35%左右；BBB级债券在40%左右。此外还有一些因素，也在评级机构确定资产保护程度时的考虑之列，包括账面价值、营运资本的构成、固定资产的质量和年限、表外融资，以及未入账负债。

资金来源是指现金、营运资本等具有较强流动性的资源。具体分析指标包括应收账款回收期和存货周转率。其数值是通过行业比较及绝对标准来评定的。评级者也会分析债券发行公司使用短期债券、长期债券，以及综合使用长短期债券的情况。

未来盈利能力，以及债券发行者创造现金的能力，是债券评级中一项极为重要的因素，因为未来盈利的水平和质量决定了一个公司的偿债能力，尤其是偿还长期债务的能力。盈利能力可以提供比资产更可靠的债务保护。收益—固定支出补偿率是最常用的衡量盈利对债务保护能力的指标。按照经验法则，AAA级债券可接受的收益—固定支出补偿率为5∶1～7∶1；AA级债券在4∶1以上；A级债券在3∶1以上；BBB级债券在2∶1以上。另一项用以衡量偿债潜力的指标是经营现金流量与长期债务的比率。经验法则要求，对AAA级债券，该比率应该大于65%；对AA级债券，该比率应为45%～60%；A级债券为35%～45%；BBB级债券为25%～30%。

管理层的能力、远见、管理哲学、知识、经验以及正直程度，都是债券评级中重要的考虑因素。通过访问、现场参观及其他分析，评级者可以探查管理层在研发、产品推广、生产计划和购并等领域的目标、战略、计划及具体策略。

债务条款通常写在债券契约上。评级者需要分析债权契约上的各种具体条款，这些条款是为了在各种条件下向债券持有人提供利益保护而专门设计的。包括有关未来发行新债的规定（如果有的话），各种安全条款如抵押、偿债资金，赎回条款，以及限制性条款。

评级博弈的局限性

债务评级对大多数债券发行都是很有用的。不过，我们必须认识评级机构的标准化程序本身的局限性。正如对权益证券评级一样，我们的分析可以进一步改进这些评级。债券发行反映多方面的特点，我们因此有更多机会来区别各个级别的差异，估计其在评级级次内的有利或不利影响。此外，有证据表明，评级级次的变化总是滞后于市场。这种滞后影响使我们有机会抢在评级机构之前确定一些重大的变化。

附录 10B：财务困境预测

财务报表分析的用途之一是确定需要进一步调查分析的领域。其中之一即为**预测财务困境**（predicting financial distress）。人们通过研究提出了许多可用以预测财务困境的指标。此类研究为分析长期偿债能力提供了更多手段。财务困境模型，通常也称为**破产预测模型**（bankruptcy prediction models），考察选定指标的趋势和行为特征。这些比率体现的特点可用于确定未来出现财务困境的可能性。模型假定财务比率中可以体现出财务困境的迹象，我们可以尽早地发现，然后采取措施避免损失的风险，或充分利用此类信息。

奥特曼 Z 值模型

关于财务困境的最著名模型，应该是奥特曼 Z 值模型（Altman's Z-Score）。本模型使用多项比率生成一个财务困境预测因子。模型使用统计技术中的多元判别分析生成了一个含有多个解释变量的线性方程，该方程鉴别或预测破产与不破产的可能性。模型中包含五项财务指标：X_1＝营运资本/总资产；X_2＝留存收益/总资产；X_3＝息税前利润/总资产；X_4＝股东权益/总负债；X_5＝销售收入/总资产。可以看出，X_1，X_2，X_3，X_4，X_5分别反映了：(1) 流动性；(2) 公司的年龄及累积盈利能力；(3) 盈利能力；(4) 财务结构；(5) 资本周转率。奥特曼 Z 值计算如下：

$$Z=0.717X_1+0.847X_2+3.107X_3+0.420X_4+0.998X_5$$

如果 Z 值低于 1.20，表明公司破产的可能性很大；如果 Z 值高于 2.90，则表明破产的可能性很小；1.20～2.90 则属灰色或模糊地带。

困境模型与财务报表分析

研究表明，财务比率在预测财务困境方面具有重要作用。然而，我们绝对不能在未对公司的基本面进行充分细致的分析之前，盲目地使用这一模型或其他模型。迄今为止，还没有任何证据可以证明，对分析公司的长期偿债能力而言，Z 值模型与我们在本书中所介绍的各种分析工具的综合使用相比有什么优势。进而可以断言，以财务比率作为财务困境的预测因子，对进行严格的财务报表分析是一种很好的补充。确有证据表明，Z 值是一种很有用的显现、监控及吸引注意力的手段。

分析视点参考答案

银行家 对 IMC 公司的一年期贷款申请，你的决定肯定是积极的，原因至少有二。其一，你对 IMC 公司短期流动性分析的结果是很鼓舞人心的。该公司的流动比率为 4∶1，表明其偿付短期债务的安全边际很高。其二，IMC 公司的流动资产为 160 万美元，流动比率为 4∶1，意味着该公司的流动负债仅仅为 40 万美元，营运资本超过 120 万美元。营运资本达到申请贷款额的 60%以上。这些证据支持批准 IMC 公司的贷款申请。不过，如果 IMC 公司申请的是 10 年期贷款，我们的决策就不是很乐观了。尽管流动比率和营运资本表明安全边际很高，但是同时也表明该公司的营业效率不是很高。首先，流动比率为 4∶1，在大多数情况下都太高，表明资产使用效率不高。其次，IMC 公司的流动比率为竞争对手的两倍以上。我们有关长期贷款的决策可能依然是正面的，但不如短期贷款那样乐观。

顾问 成本的节约来源于用钱偿付了流动负债，而不是投资于存货。相应地，成本节约额等于存货降低额×10%。在原有制度下，存货为 500 万美元。这是根据存货周转率计算出来的：20＝1 亿美元/平均存货。在新制度下，存货为 400 万美元，是用新的存货周转率计算出来的：25＝1 亿美元/平均存货。成本节约额为 10 万美元：（500 万美元－400 万美元）×10%。

企业主 你分析中使用的主要标准，是比较该餐厅的资产回报率和税后债务成本。如果你的餐厅可以持续保持 9%的资产收益率，你成功举债经营的税后债务成本就必须在 9%以下。因为税率为 40%，你可以按 15%或低于这一标准的利率［9%(1－0.40)］成功地增加新的债务来举债经营。利率越是低于 15%，你的举债经营就越成功。你必须认识到，举债会增加你的经营风险（这一风险源自举债经营失败）。这是因为，假如你的餐厅盈利下降，资产回报率下跌至税后债务成本之下，权益回报率将会降低更多。相应地，你对盈利稳定性或持续性的估计，将是有关增加债务的决策的一个很重要部分。

分析师 第二家公司的优先股股权风险更大。第一家公司高级证券融资占 20%（优先股也是），而第二家公司高级证券构成融资的 30%。一旦发生破产，在向优先股股权持有者支付之前，先要用剩余价值向债权人支付。此外，第二家公司的财务杠杆也潜在地更高些，尽管要对杠杆风险作出明确地估计，还要看优先股股票的特征（比如固定的回报率、累积性、非参与性、可赎回性、无投票权等，使得优先股更像是债务）。

思考题

10—1 为什么流动性分析在财务报表分析中具有重要意义？从不同用户的角度出发解释其重要性。

10—2 营运资本等于流动资产减去流动负债。请指出哪些因素会对营运资本作为分析性指标的效用造成损害，并做出解释。

10—3 固定资产是否有被包括在流动资产之内的可能？请做出解释。如果你的答案为是，请说明可能被包括的具体情形。

10—4 有些分期应收款是不能在一年内收回的，为什么这些应收款有时还是被归为流动资产？

10—5 是否所有存货都应该被计入流动资产？为什么？

10—6 把预付费用作为流动资产的理由是什么？

10—7 假设一家目标公司流动负债很少，却有很多长期负债。财务报表附注显示这家公司与银行有“周转贷款协议”。这项披露是否与你的分析有关？

10—8 有些行业受特殊的财务和经营条件所限，在区分流动和非流动项目方面有特别的考虑。在进行短期流动性分析时如何确认这一点？

10—9 你分析的两家公司显示出同样的营运资本水平。你能否自信地确定这两家公司有着同样的流动性状况？

10—10 什么是流动比率？流动比率计量什么？为什么财务分析中要使用流动比率？

10—11 既然现金不能产生回报，为什么公司还要持有现金？

10—12 存货水平与销售是否有关系？存货是不是销售的函数？如果存货与销售之间有关系，是不是比例关系？

10—13 确定公司存货和应收账款投资时管理层的目标是什么？

10—14 流动比率作为衡量流动性的指标有何局限性？

10—15 在衡量流动性时，流动比率应当如何运用才恰当？

10—16 何为以现金为基础的流动性比率？它衡量什么？

10—17 我们应该如何衡量流动资产的“质量”？

10—18 应收账款周转率衡量什么？

10—19 什么是应收账款周转期？它衡量什么？

10—20 假设某公司本期的应收账款周转期为60天，上期为40天。试指出造成这一变化的原因（至少三种）。

10—21 存货投资过多或过少会对公司造成什么影响？

10—22 对一家用后进先出法（LIFO）进行存货计价的公司进行分析时，如果成本上升，可能会有什么问题？存货价格变动对存货周转率和流动比率会有什么影响？

10—23 为什么流动负债的构成与流动比率质量的分析相关？

10—24 一家成功的公司也可能会有糟糕的流动比率。说明造成这种结果的原因。

10—25 什么是粉饰流动资产和负债？如何辨别财务报表是否经过了粉饰？

10—26 何为流动比率分析的经验规则？运用经验规则进行分析有何风险？

10—27 试说明销售收入指标在估计公司目前财务状况和资产流动性方面有何重要意义。

10—28 说明公司流动性分析中有哪些重要的定性考虑。有哪些 SEC 披露会在这方面提供帮助？

10—29 假设分析对分析经营条件和政策变化对现金的影响有什么作用？

10—30 确定几项评价偿债能力的关键性要素。

10—31 为什么公司的资本结构分析具有重要意义？

10—32 财务杠杆是什么意思？举例说明财务杠杆的优越性。

10—33 Dynamic Electronics 公司是一家经营极为成功的高增长公司，其资产回报率远远超出利息率。说明为什么公司不能将其负债率提高到占总资本的 90%以上，以此来减少权益融资需求。

10—34 分析资本结构时应如何处理递延所得税？

10—35 在分析资本结构时，应该如何处理未资本化的租赁义务？要将其等同于负债需具备什么条件？

10—36 什么是表外融资？请举例说明。

10—37 什么是养老金负债？分析公司养老金负债时应考虑哪些因素？

10—38 未合并子公司信息什么时候对偿债能力分析具有重要意义？

10—39 下列项目应该归类为权益还是负债？说明原因及可能的假定条件。

a. 合并财务报表中的少数股东权益；

b. 指定用途的留存收益；

c. 产品销售业绩担保；

d. 可转换债券；

e. 优先股。

10—40 为什么财务报表分析可能需要调整资产的账面价值？请举出三个调整实例。

10—41 在分析偿债能力时，为什么在短期分析之外还需要进行长期预测？长期预测有何局限性？

10—42 共同比分析与资本结构比率分析有何不同？说明资本结构比率分析在财务报表分析中的用途。

10—43 资产负债表上的权益资本是用历史成本会计报告的，有时会与市场价值有很大不同。在分析资本结构时我们应当怎样考虑这个问题？

10—44 为什么在资本结构分析中对资产构成情况的分析具有重要意义？

10—45 收益—固定支出比率衡量什么？这一比率对信用分析的其他工具从哪些方面做了补充？

10—46 计算收益—固定支出比率时，有哪些广义的分类项目需要包括在固定支出中？这些项目需作哪些税务调整？

10—47 你正在分析的公司签订了一份不可撤销的原材料采购合同，金额巨大。什么情况下你会把这项合同下的采购承诺作为固定支出？

10—48 净收益能否可靠地计量可用以支付固定费用的现金？

10—49 B公司是A公司的全资子公司。A公司是B公司的主要客户。作为B公司的潜在债权人，这种关系你最在意哪个方面？你会在借款合同中要求加入哪些安全措施？

10—50 对以下观点做出评论：“债务融资是对权益融资的补充，而不是代替。”

10—51 一家需要额外进行权益融资的公司发行了可转换债券。这样可以延迟对股权的稀释作用，使公司最终可以按较高的价格出售股份。这种融资方式的缺点和优点是什么？

10—52 长期借款合同中为什么要加入限制性条款？存在以下条款的原因是什么：

a. 维持最低限度的营运资本（或流动比率）；

b. 维持最低限度的股东权益；

c. 对股利支付的限制；

d. 当债务人拖欠债款时，债权人有权选举债务人公司的多数董事会成员。

10—53 为什么债券有固定利率而股票却没有？

10—54 评级机构在对一种行业债券进行评级时比较注重哪些因素？请予以说明。

10—55 财务报表分析能否改进对已发行债券的评级？请解释。

10—56 公司雇用债券评级机构对其债券进行评级的原因是什么？

练习题

10—1 解释交易对流动性指标的影响

Lux公司在第1年经历了以下互不相关的事项和交易。公司目前的流动比率为2∶1，速动比率为1.2∶1。

1. Lux公司核销了5000美元无法收回的应收账款；

2. 银行通知Lux公司，客户的一张411美元的支票已经被退回，原因是该客户已经破产，存款不足；

3. Lux公司的业主新增现金投资7500美元；

4. 在进行存货清查时发现价值600美元的存货已经过时；

5. Lux公司宣告将于下一报告期的第一周发放5000美元现金股利；

6. Lux公司用10000美元进行长期投资；

7. 支付9000美元应付账款；

8. 以90天期限的6%利率期票作为交换，从银行借款1200美元；

9. 以20000美元卖出一块曾用于经营的空地；

10. 用1500美元买了三年的保险。

要求：

分别分析这些事项和交易对公司以下指标的影响：

a. 流动比率；

b. 速动比率；

c. 营运资本。

10—2 解释交易对流动性指标的影响

解释后附六项独立事项和交易对以下指标的影响：

a. 应收账款周转率（目前为 3.0）

b. 应收账款周转期

c. 存货周转率（目前为 3.0）

下表右边的（a）、（b）、（c）分别对应着三项流动性指标，对于每一事项和交易，标明其影响是增加（I）、减少（D），还是没有影响（NE）。

事项和交易	(a)	(b)	(c)
1. 本期纠正了低估存货价值 500 美元	______	______	______
2. 赊销金额低报 10 000 美元	______	______	______
3. 冲销坏账准备 10 000 美元	______	______	______
4. 10 000 美元应收账款直接作为坏账费用核销（直接法）	______	______	______
5. 在成本与市价孰低法下，存货按市价减记 1 000 美元	______	______	______
6. 期初存货高估 500 美元，于本期做了校正	______	______	______

10—3 解释交易对流动性指标的影响

解释后附六项独立事项和交易对以下指标的影响：

a. 应收账款周转率（之前为 4.0）

b. 应收账款周转期

c. 存货周转率（之前为 4.0）

下表右边的（a）、（b）、（c）分别对应着三项流动性指标，对于每一事项和交易，标明其影响是增加（I）、减少（D），还是没有影响（NE）。

事项和交易	(a)	(b)	(c)
1. 冲销坏账准备 5 000 美元	______	______	______
2. 期初存货低估 1 000 美元，于本期予以纠正	______	______	______
3. 在成本与市价孰低法下，按市价减记存货 2 000 美元	______	______	______
4. 过时存货 3 000 美元，经确认后予以核销	______	______	______
5. 期初存货高估 2 000 美元，于本期予以纠正	______	______	______
6. 高估赊销金额 10 000 美元，于本期予以纠正	______	______	______

10—4 识别粉饰

某家公司的管理层希望从表面上改进目前的财务状况（反映在流动比率和速动比率中）。

要求：

a. 说明管理层可以通过粉饰财务报表达到上述目的的四种方法；

b. 针对上面所确定的各种方法，说明你在分析中可用于侦知此类粉饰的程序。

10—5 确定交易对偿债能力比率的影响

Wisconsin Wilderness 公司的基本财务数据如下（单位：千美元）：

短期负债	\$ 500
长期负债	800
权益资本	1 200
经营活动产生的现金流量	300
税前利润	200
利息费用	40

请指出 Wisconsin Wilderness 公司的后附 10 项事项和交易对以下四项比率的影响。每一事项和交易都是独立的，并且只考虑其即时影响。用 I 表示增加、D 表示减少、NE 表示无影响。

a. 总负债权益比率；

b. 长期负债对权益比率；

c. 收益—固定支出比率（之前大于1.0）；

d. 现金流量—固定支出比率（之前大于1.0）。

事项和交易	a.	b.	c.	d.
1. 税率提高	______	______	______	______
2. 债券到期付出现金	______	______	______	______
3. 发行债券扩大融资	______	______	______	______
4. 发行优先股扩大融资	______	______	______	______
5. 折旧费用上升	______	______	______	______
6. 收回应收账款	______	______	______	______
7. 再融资债务导致利息费用上升	______	______	______	______
8. 将超出的利息费用资本化	______	______	______	______
9. 将可转换债券转为普通股	______	______	______	______
10. 以赊购方式购入存货	______	______	______	______

10—6 资本结构的假设分析（多选）

以下信息与问题1和2相关：

Austin公司第8年的财务报表附注包括下列信息：

a. Austin公司最近签订了一份经营性租赁合同，未来租赁付款额总计4000万美元，折现后现值为2000万美元。

b. 长期资产中包括持有至到期债券，摊余价值1000万美元。这些债券的公允市价为1200万美元。

c. Austin公司为Healey公司发行13年期的500万美元债券提供担保。Healey公司为Austin公司的子公司，Austin公司拥有其30%的股份。

通过分析，你决定针对以上项目调整Austin公司的资产负债表。

1. 下面哪项说明了这些调整对已获利息倍数比率的影响（选一项）：

a. 租赁资本化提高了比率；

b. 租赁资本化降低了比率；

c. 将债务担保确认为负债降低了这一比率；

d. 持有至到期债券的调整提高了这一比率。

2. 下面哪项说明了这些调整对长期负债对权益比率的影响（选一项）：

a. 只有持有至到期债券的调整降低了这一比率；

b. 只有租赁资本化降低了这一比率；

c. 所有三项调整都降低了这一比率；

d. 所有三项调整都提高了这一比率。

3. 在其他条件相同的情况下，发放现金股利对以下比率会有什么影响？

已获利息倍数	长期负债—权益比率
a. 升高	升高
b. 没影响	升高
c. 没影响	没影响
d. 降低	降低

4. 在其他条件相同的情况下，为了获取利润而出售存货对以下比率会有什么影响？

已获利息倍数	长期负债—权益比率
a. 升高	升高
b. 升高	降低
c. 降低	升高
d. 降低	降低

5. 存在未资本化的经营性租赁会（选一项）：

a. 高估收益—固定支出比率；

b. 高估固定支出；

c. 高估营运资本；

d. 低估长期负债对权益比率。

案例题

10—1　编制并解释现金流量预测表

Fax公司第1年度12月31日为止的损益表、资产负债表如下：

FAX 公司损益表
12月31日为止的第1年度

销售净额		$960 000
销售成本（折旧除外）		(550 000)
毛利		410 000
折旧费用	$30 000	
销售及行政管理费用	160 000	(190 000)
税前收益		220 000
所得税（州及联邦所得税）		(105 000)
净收益		$114 400

FAX 公司资产负债表
第1年度12月31日

资产		
流动资产		
现金	$30 000	
可出售证券	5 500	
应收账款	52 000	
存货	112 000	
流动资产合计		$200 000
厂场设备	630 000	
减：累计折旧	(130 000)	500 000
资产总额		$700 000
负债和权益		
流动负债		
应付账款	$60 000	
应付票据	50 000	
流动负债合计		$100 000
长期债务		150 00
权益		
股本	250 000	
留存收益	190 000	4400 000
负债和权益总额		$700 000

额外信息：

1. 第1年采购为480 000美元。
2. 第2年管理层希望销售增长15%，各种费用（折旧除外）增长10%，折旧增长5%。
3. 管理层希望第2年存货周转率达到5.5。
4. 第2年度的应收账款回收期计划为90天，以年末应收账款余额为基础。
5. 第2年的所得税按同样税率以第1年度税前收益为基础计算，用现金支付。
6. 第2年末的应付票据为30 000美元。
7. 第2年将偿还25 000美元长期债务。
8. FAX公司希望第2年现金余额最低保有量为20 000美元。
9. 第2年应付账款占进货额的比例与第1年持平。
10. 第2年度所有销售及行政管理费用将用现金支付。
11. 第2年末可出售证券和权益账户与第1年末相同。

要求：

a. 编制第2年末的预测现金流入及流出表（假设分析）。

b. FAX公司在第2年度需要借款吗?

10—2　编制并分析现金流量预测

Kopp公司第1年度12月31日为止的损益表、资产负债表如下：

KOPP 公司损益表
第1年度12月31日

销售净额		$960 000
销售成本		(550 000)
毛利		410 000
折旧费用	$30 000	
销售及行政管理费用	160 000	(190 000)
税前收益		220 000
所得税（48%）		(105 600)
净收益		$114 000

KOPP公司资产负债表
第1年度12月31日

资产		
流动资产		
现金	$30 000	
可出售证券	5 500	
应收账款	52 000	
存货	112 000	
流动资产合计		$200 000
厂场设备	630 000	
减：累计折旧	(130 000)	500 000
资产总额		$700 000
负债和权益		
流动负债		
应付账款	$60 000	
应付票据	50 000	
流动负债合计		$110 000
长期债务		150 00
权益		
股本	250 000	
留存收益	190 000	4400 000
负债和权益总额		$700 000

额外信息：

1. 第1年采购为450 000美元。
2. 第2年管理层希望销售增长15%，各种费用（折旧除外）增长10%，折旧增长5%。
3. 第1年存货周转率为5.0，管理层希望第2年存货周转率达到6.0。
4. 第2年度的应收账款回收期计划为90天，以年末应收账款余额为基础。
5. 第2年的所得税按同样税率以第1年度税前收益为基础计算，用现金支付。
6. 第2年末的应付票据为20 000美元。
7. 第2年将偿还25 000美元长期债务。
8. KOPP公司希望第2年现金余额最低保有量为20 000美元。
9. 第2年应付账款占进货额的比例与第1年持平。

要求：

a. 编制第2年末的预测现金流入及流出表（假设分析）。

b. KOPP公司在第2年度需要借款吗？

10—3 做出一项贷款决策

Ian制造公司是一家五年前组建的玩具制造厂。下面是该公司近三年的资产负债表和损益表：

IAN制造公司资产负债表
截至6月30日

	第5年	第4年	第3年
资产			
现金	$12 000	$15 000	$16 000
应收账款，净额	183 000	80 000	60 000
存货	142 000	97 000	52 000
其他流动资产	5 000	6 000	4 000
厂场设备，净额	160 000	110 000	70 000
资产总额	$502 000	$308 000	$202 000
负债和权益			
应付账款	$147 800	$50 400	$22 000
应交联邦所得税	30 000	14 400	28 000
长期负债	120 000	73 000	22 400
普通股，面值5美元	110 000	110 000	80 000
留存收益	94 200	60 200	49 600
负债和权益总额	$502 000	$308 000	$202 000

IAN制造公司简要损益表
截至6月30日

	第5年度	第4年度	第3年度
销售净额	$1 684 000	$1 250 000	$1 050 000
销售成本	(927 000)	(810 000)	(512 000)
毛利	757 000	440 000	538 000
市场营销及行政管理成本	(670 000)	(396 700)	(467 760)
营业收益	87 000	43 300	70 240
利息成本	(12 000)	(7 300)	(2 240)
税前收益	75 000	36 000	68 000
所得税	(30 000)	(14 400)	(28 000)
净收益	$45 000	$21 600	$40 000

IAN 制造公司留存收益表

截至 6 月 30 日

	第 5 年度	第 4 年度
期初余额	$ 60 200	$ 49 600
加：净收益	45 000	21 600
小计	105 200	71 200
减：已付股利	(11 000)	(11 000)
期末余额	$ 94 200	$ 60 200

额外信息：

1. 全部销售采用赊销方式。
2. 长期负债为欠公司开户行的款项。
3. 销售期为 30 天整。

要求：

a. 计算第 4、第 5 年度以下各项指标：

(1) 营运资本。

(2) 流动比率。

(3) 酸性试验比率。

(4) 应收账款周转率。

(5) 应收账款回收期。

(6) 存货周转率。

(7) 存货销售天数。

(8) 债务权益比率。

(9) 已获利息倍数。

b. 以第 3 年度作为基期，计算以下各项指标的指数趋势系列：

(1) 销售。

(2) 销售成本。

(3) 毛利。

(4) 市场营销及行政管理成本。

(5) 净收益。

c. 以上面两项计算的结果为基础，编制一份报告，就是否应该给 Ian 制造公司贷款提出建议。以相关分析作为你所提出建议的基础。

10—4A　确定债券的级次

奥驰亚公司（Altria）之前名为菲利普·莫里斯公司（Philip Morris），是一家消费品制造及销售公司。在历史上，该公司曾经有过很好的销售、收益及现金流量增长。近年来，奥驰亚公司通过收购米勒酿造和通用食品公司开始多元化经营。在第 8 年度，奥驰亚公司宣告将以每股 90 美元的价格自主收购卡夫公司（Kraft）全部 1.24 亿股流通股，实行进一步的多元化经营。经过谈判，卡夫公司同意按每股 106 美元的价格被奥驰亚公司用现金总体上收购。假设你是一位提供投资服务的分析师，在奥驰亚公司提出收购后，你的上司要求你对卡夫公司的收购潜力及可能对奥驰亚公司信用评级的影响做出估计。你通过下面的第 8 及第 9 年度财务数据预计整合了各种信息：

奥驰亚公司预计财务数据　　单位：百万美元

	第 8 年估计数（卡夫公司除外）	第 9 年估计数			
		卡夫公司之前	卡夫公司	调整	合并
选定损益表数据					
销售收入					
国内烟草	$ 8 300	$ 8 930			$ 8 930
国际烟草	8 000	8 800			8 800
通用食品	10 750	11 600			11 600
卡夫公司			$ 11 610		11 610
啤酒	3 400	3 750			3 750
销售收入合计	30 450	33 080	11 610		44 690
营业收益					
国内烟草	$ 3 080	$ 3 520		$ 35	$ 3 555
国际烟草	800	940			940
通用食品	810	870			870
卡夫公司			$ 1 050	50	1 100
啤酒	190	205			205

续前表

	第8年估计数（Kraft公司除外）	第9年估计数			
		Kraft公司之前	Kraft公司	调整	合并
其他	105	125			125
商誉摊销	(110)	(110)		(295)	(450)
营业收益合计	4 875	5 550	1 050	(210)	6 390
占销售收入之比	16.0%	16.8%	9.0%		14.3%
利息费用	(575)	(500)	(75)	(1 025)	(1 600)
公司费用	(200)	(225)	(100)	(40)	(365)
其他费用	(5)	(5)			(5)
税前收益	4 095	4 820	875	(1 275)	4 420
占销售收入之比	13.4%	14.6%	7.5%		9.9%
所得税	(1 740)	(2 000)	(349)	493	(1 856)
税率	42.5%	41.5%	40.0%		42.0%
净收益	$2 355	$2 825	$526	$ (785)	$2 564
选定年末资产负债表数据					
短期债务	$1 125	$1 100	$683		$1 783
长期债务	4 757	3 883	895	$11 000	15 778
股东权益	8 141	9 931	2 150	(2 406)	9 675
其他选定财务数据					
折旧及摊销	720	750	190	295	1 235
递延所得税	100	100	10	280	390
非合并子公司未分配盈余中的权益	110	125			125

要求：

a. 你安排了一次拜访奥弛亚公司管理层的活动。以上面你整合的信息为基础，提出五个重要的行业性考虑，作为你在拜访公司管理层时需要与之进行讨论的问题。

b. 下面是一些额外的信息，表明与三项财务比率相对应的不同债务评级级别的比率中位数值。利用上面的预计信息及下面补充信息：

（1）使用下述信息计算奥弛亚公司第9年度的三项比率：

（a）考虑收购卡夫公司会计影响前的数据。

（b）收购卡夫公司后的合并数据。

（2）讨论并解释（1）中算出的两组比率，与每一类债券评级的中位数值相比较。确定奥弛亚公司收购卡夫公司后的评级类别，对你的建议提供支持。

额外信息：

与债券评级类别相对应的中位数比率值

比率	AAA	AA	A	BBB	BB	B	CCC
税前利息补偿	14.10	9.67	5.40	3.63	2.25	1.58	(0.42)
长期债务占长期债务与权益之和的比例	11.5%	18.7%	28.3%	34.3%	48.4%	57.2%	73.2%
现金流量*占总债务之比	11.8%	86.0%	50.9%	34.2%	22.8%	14.1%	6.2%

*为了计算这一比率的目的，标准普尔将现金流量界定为净收益加折旧、摊销及递延税金，减在非合并子公司未分配盈余中的权益。

10—5 信用的综合分析

假定你是一家经纪公司的分析师。你关注的企业中有一家是 ABEX 化工公司，是一家快速增长的石油化工（主要是聚乙烯）生产企业。石化行业竞争激烈，让你很是担忧，尤其该行业扩张过快，很可能在接下来的一两年内进入衰退。为此，你编辑了一份相关行业统计资料。你分析认为，在接下来 12～18 个月内，ABEX 公司出产的化工产品价格可能走低。由于这一原因，你认为 ABEX 公司的信用状况面临风险。你还注意到，ABEX 公司的股价最近从每股 15 美元降到了 9 美元。因为股价下跌，加之后来股价一直不太稳定，你进一步对该公司的信用状况进行了分析。你重点关注了外部环境、公司基本面以及股价的变动。下面是关于你所发现问题的描述：

外部环境 由于经济的不确定性持续，你认为石化行业的关键问题不在需求而在于产能过剩。正如图表Ⅰ中所揭示的那样，石化产品在第 10 年可能依然不景气，而且产能会进一步增大，开工率下降。导致的结果是竞争加剧、产品价格下跌。从长远来看，估计从第 12 年起，石化产品的使用每年会有 4%的增长，价格每年增长 5%。

公司基本面 ABEX 公司的营业收益主要依靠两方面业务：天然气的管道输送（天然气传输）和石化产品生产。由于天然气产量下降及价格限制，天然气输送业务处于下降态势，但你认为产量和输送费率都会温和增长。在图表Ⅰ中，你汇总了有关天然气输送业务的基本统计。ABEX 公司营业收益中最难预测的部分是石化产品业务。石化产品的经营收益对售价、生产成本及销量极其敏感。估计营业收益最关键的是估计未来价格和成本，以及 ABEX 公司的市场份额。ABEX 公司的管理层对他们较低的成本构成很有信心，认为这会使他们的价格有很大竞争优势，也会使他们的产能利用率高于竞争对手。图表Ⅰ中包含了对公司石化产品业务主要统计数据的汇总。

股价估值 有些投资者用折现的现金流量进行公司估值，但你比较强调现金流的质量、盈利能力、产出率、账面价值以及盈余的构成。你编制了 ABEX 公司财务报表和主要财务比率（见图表Ⅱ至图表Ⅳ）。

要求：

你公司的固定收益投资组合经理要求你进一步扩大对 ABEX 公司的调查。该经理要求你估计 ABEX 公司债务的信用质量（风险）在最近三年（第 7～第 9 年）是否改变。你决定分析 ABEX 公司的主要财务指标，将注意力集中在（1）资产保护；（2）流动性；以及（3）盈利能力方面。

a. 根据图表Ⅳ的资料，就上述三个方面的至少其中之一计算确定 5 项比率。讨论并解释第 7～第 9 年中这 5 项关键比率的水平及趋势。

b. 使用第 7～第 9 年度有关 ABEX 公司信用质量的 3 项定性指标，对公司管道运输部和化工产品部进行比较分析。

c. 使用上面的分析结果，讨论 ABEX 公司的信用质量在第 7～第 9 年中是否发生了改变。

图表Ⅰ　美国石化行业产能、生产及价格情况汇总

	第 5 年	第 6 年	第 7 年	第 8 年	第 9 年	预计第 10 年	预计第 11 年	复合年增长
总产量（百万磅）	15 600	16 100	17 600	18 900	19 700	19 700	19 800	
增长率	7.6%	3.2%	9.3%	7.4%	4.2%	0.0%	0.5%	4.1%
总产能（百万磅）	17 600	17 700	18 600	20 100	21 200	23 400	24 300	
增长率	2.9%	0.6%	5.1%	8.1%	5.5%	10.4%	3.8%	5.5%
产能开工率	88.6%	91.0%	94.6%	94.0%	92.9%	84.2%	81.5%	
每磅平均价格	\$0.41	\$0.37	\$0.36	\$0.51	\$0.52	\$0.47	\$0.57	
变化百分比	(9.8%)	(10.8%)	(2.7%)	24.4%	2.0%	(9.6%)	21.3%	5.6%
石化产品业务								
产量（百万磅）	1 840	1 975	2 870	4 835	5 000	4 950		

续前表

	第5年	第6年	第7年	第8年	第9年	预计第10年	预计第11年	复合年增长
近似产能（百万磅）	1 900	2 100	2 950	5 000	5 500	5 500		
产能开工率	97%	94%	97%	97%	91%	90%		
平均价格	$0.411	$0.367	$0.356	$0.511	$0.515	$0.470		
平均成本/磅	$0.338	$0.307	$0.285	$0.350	$0.394	$0.370		
管道运输业务								
美元/1 000立方英尺（价格）	$0.286	$0.253	$0.248	$0.221	$0.192	$0.187		
输气量（万亿立方英尺）	4.64	4.88	4.67	5.00	5.85	6.29		
营业利润边际	25.6%	27.2%	27.3%	25.9%	26.8%	27.0%		

图表Ⅱ **ABEX化工公司合并损益表** 单位：百万美元

	第5年	第6年	第7年	第8年	第9年
收入					
石化	$757	$725	$1 021	$2 472	$2 575
管道运输	1 328	1 235	1 156	1 106	1 123
收入合计	2 085	1 960	2 177	3 578	3 698
营业成本*					
石化	(622)	(607)	(818)	(1 691)	(1 970)
管道运输	(988)	(899)	(840)	(820)	(822)
营业成本合计	(1 610)	(1 506)	(1 658)	(2 511)	(2 792)
营业收益					
石化	135	118	203	781	605
管道运输	340	336	316	286	301
营业收益合计	475	454	519	1 067	906
长期债务利息					
石化	(60)	(84)	(78)	(211)	(266)
管道运输	(169)	(166)	(166)	(172)	(178)
利息费用合计	(229)	(250)	(244)	(383)	(444)
行政管理费用	(22)	(24)	(23)	(28)	(40)
租金费用	(15)	(17)	(17)	(20)	(22)
投资收益	25	8	4	7	4
税前收益	234	171	239	643	404
所得税					

续前表

	第 5 年	第 6 年	第 7 年	第 8 年	第 9 年
本期	(78)	(30)	(45)	(40)	(44)
递延	(23)	(35)	(67)	(201)	(136)
所得税合计	(101)	(65)	(112)	(241)	(180)
净收益	133	106	127	402	224
优先股股利	(77)	(74)	(26)	(17)	(17)
普通股可获得的净收益	$ 56	$ 32	$ 101	$ 385	$ 207
流通股股份平均数**（百万）	128	135	185	231	253
普通股每股基本收益	$ 0.44	$ 0.24	$ 0.54	$ 1.67	$ 0.82
普通股每股股利	0.40	0.40	0.40	0.40	0.50
普通股每股现金流量	2.52	2.44	2.26	3.85	2.85

* 营业成本包括已售商品成本、折旧，其中折旧等于（百万美元）：

石化	$ 48	$ 60	$ 62	$ 135	$ 233
管道运输	96	95	97	98	102
折旧合计	$ 144	$ 155	$ 159	$ 233	$ 335

** 第 10 年流通股股份估计数为 3.05 亿股。

图表 Ⅲ **ABEX 化工公司合并资产负债** 单位：百万美元

	第 5 年	第 6 年	第 7 年	第 8 年	第 9 年
资产					
流动资产					
现金及短期投资	$ 45	$ 48	$ 74	$ 102	$ 133
应收账款	279	300	414	868	923
存货	125	121	128	501	535
流动资产合计	449	469	616	1 471	1 591
投资及其他资产	631	380	167	252	400
商誉	35	90	105	330	560
厂场设备（净额）					
化工	1 184	1 245	1 323	2 670	3 275
管道运输	2 282	2 484	2 547	2 540	2 530
资产总额	$ 4 581	$ 4 668	$ 4 758	$ 7 263	$ 8 356
负债和股东权益					
流动负债					
银行借款	$ 226	$ 77	$ 72	$ 215	$ 245

续前表

	第5年	第6年	第7年	第8年	第9年
应付账款及应计负债	333	312	377	768	787
一年内到期的长期债务	99	70	76	86	136
其他流动应付款	35	33	32	34	54
流动负债合计	693	492	557	1 103	1 222
长期债务					
化工	553	743	721	2 017	2 176
管道运输	1 686	1 648	1 638	1 702	1 725
借款——天然气合同	115	135	186	290	210
递延所得税	125	160	227	428	564
负债总计	3 172	3 178	3 329	5 540	5 897
优先股	861	826	329	216	216
普通股和留存收益	548	664	1 100	1 507	2 243
股东权益总计	1 409	1 490	1 429	1 723	2 459
负债和股东权益总额	$4 581	$4 668	$4 758	$7 263	$8 356
流通股平均数（百万）*	128	135	185	231	253

* 第10年流通股股份估计数为3.05亿股。

图表Ⅳ

ABEX化工公司部分财务比率

	第5年	第6年	第7年	第8年	第9年
化工业务边际	17.8%	16.3%	19.9%	31.6%	23.5%
管道运输业务边际	25.6%	27.2%	27.3%	25.9%	26.8%
资产回报率（EBIT/资产总额）	10.1%	9.0%	10.2%	14.1%	10.2%
税前利润边际	11.2%	8.7%	11.0%	18.0%	10.9%
税率	43.2%	38.0%	46.9%	37.5%	44.4%
化工资产周转率（销售/固定资产）	0.64	0.58	0.77	0.93	0.79
管道运输资产周转率（销售/固定资产）	0.58	0.50	0.45	0.44	0.44
总资产周转率（销售/资产总额）	0.46	0.42	0.46	0.49	0.44
债务股权比率	4.30	3.80	2.31	2.66	1.83
有形资产净额比长期债务	58.4%	55.4%	52.0%	34.7%	46.2%
长期债务比资本总额	62.6%	62.9%	64.0%	70.0%	62.6%
总资产比股东权益总计	3.25	3.13	3.33	4.22	3.40
税前利息补偿	1.63	1.46	1.80	2.54	1.84

续前表

	第5年	第6年	第7年	第8年	第9年
经营现金流量比长期债务	20.2%	18.0%	20.4%	26.6%	22.1%
回收期	48天	55天	68天	87天	90天
存货周转率	11.0	11.0	12.0	7.2	4.7
短期债务比总债务	12.1%	5.5%	5.8%	7.5%	9.3%
化工业务长期债务平均成本	10.9%	11.3%	10.8%	10.5%	12.2%
管道运输业务长期债务平均成本	10.0%	10.1%	10.1%	10.1%	10.3%
优先股平均成本	8.9%	9.0%	7.9%	7.9%	7.9%

第 11 章

权益分析与估值

回顾

前面几章介绍了公司回报分析，既包括盈利能力分析，也包括投资回报分析，附带还介绍了前景分析及信用分析。

本章要点

本章强调权益分析和估值。基于收益资料的分析重点关注收益的持续性和盈利能力。我们的注意力集中在有助于计量和应用这些分析概念的技术方面。有关权益估值的讨论重点关注公司价值估算及盈利预测等问题。

前瞻

本书最后是一个综合案例，将具体应用书中所介绍的各种财务报表分析工具和观念。我们将具体运用金宝汤公司的财务信息进行说明。所有分析都将附带有详细的解释和说明。

学习目标

- 分析收益的持续性、其决定因子及与收益预测的相关性
- 说明如何为了分析的目的而对收益和收益的构成要素进行重构与调整
- 描述权益估值及与财务分析的相关性
- 分析盈利能力及其在预测和估值中的用途
- 解释收益预测、其机制，以及在公司业绩评价中的效用
- 分析中期报告，并考虑其在监控和修正收益估计中的价值

章前引例

奥马哈人的至理名言①

伯克希尔-哈撒韦公司（Berkshire Hathaway）主席沃伦·巴菲特（Warren Buffett）近期指出："糟糕的术语是良好思想的天敌。公司或投资专家使用诸如 EBITDA 和预计之类的术语，就是想让你不假思索地接受有着危险瑕疵的概念。"巴菲特举了这样一个例子："在打高尔夫时，我的得分常常低于预计的标准杆数，因为我有坚实的计划来'调整'入洞前的最后一击，而且只计算到达果岭前的杆数。"

遗憾的是，自 20 世纪 90 年代以来，当公司力图重新定义各种基准数据时，预计收益指标就开始大行其道。可能造成不利影响的各种费用很快地被排除，而非经常性收入——诸如资产出售利得、养老金收入等——则被保留下来。预计收益很快就变成了众所周知的 EBUI，即所谓不利项目前的收益（earnings before unpleasant items）。

预计收益并非 GAAP 收益，公司用它来描绘出一幅美好的收益画卷，并告诉投资者这些数据预计是有偏的。

责任在于投资者……

GAAP 收益又是如何？《商业周刊》（2001）曾报告过如下案例："建筑业巨头，军事项目承包商哈里伯顿（Halliburton）公司……报告收益 3.39 亿美元，尽管其付出比来自客户的收入多 7.75 亿美元。公司没做任何违法之事。2003 年，哈里伯顿公司在有关伊拉克重建的美国军方合同中发生了巨额支出——公司希望因为这些合同在以后获得回报。公司因此立即确认了一些预期收入，因为它涉及下一年将完成的一些工作。"要了解该公司的会计实务，必须通读公司财务报告附注。

"当今收益数据模糊的问题并非因为应计制会计本身，而是因为投资者、分析师和货币管理者越来越搞不清公司确定各种应计项目和估计时所使用的判断。安然、世通、阿德尔菲亚传播公司（Adelphia Communication），以及其他一些公司的丑闻强有力地提醒投资者可能

① 伯克希尔-哈撒韦公司是由号称"股神"的巴菲特创建并管理的，公司总部在美国内布拉斯加州奥马哈市的基维特广场（Kiewit Plaza，Omaha，NE）。本引例以奥马哈人巴菲特（沃伦·巴菲特 1930 年 8 月 30 日出生于美国内布拉斯加州的奥马哈市）的言论作为核心观点，故以此为题。——译者注

因为没有注意公司是如何获得其收益的，从而遭受数十亿美元的损失。”（*BusinessWeek*，2004）

公司希望按股票价格估计机制来重新定义收益，并采用激进的会计准则解释。这一过程包括将收益或现金流量通过预计向未来延伸，然后通过折现获得现价。为了使预计更有实际意义，这种预计必须仅仅关注收益中可能持续至未来的部分。这些收益越高，得出的股价也越高。这就是公司为什么会提供无数个预计收益定义，并通过管理 GAAP 收益，让有关公司业务的图画看起来更加养眼。要找出收益“真实的”持久性水平，责任在于投资者自身。

本章概览

本章重点在于权益分析和估值。前面各章考察了回报率分析和盈利能力分析。本章进一步扩大这些分析，考虑收益的持续性、估值及预测问题。收益的持续性（earnings persistence）定义颇为宽泛，包括收益的稳定性、可预测性，乃至收益趋势。我们认为盈余管理也是收益持续性的一项决定因子。权益估值（equity valuation）分析强调的重点是利用收益及其他会计指标来计算公司价值。盈利预测（earnings forecasting）考虑盈利能力、估值技术及监控机制。本章还将介绍几种以收益为基础，极为有用的权益分析工具。我们将具体说明如何重构并调整财务报表。还将按不同标准把收益构成要素分为重复和非重复项目、经营和非经营性项目、非常和非非常项目。本章从头至尾强调的是如何以收益为基础进行分析。

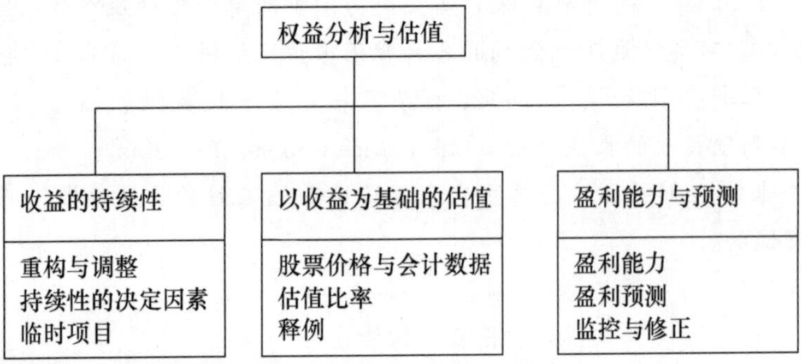

收益的持续性

好的财务分析能够区别收益的各项要素，这些要素体现收益的稳定性和可预测性，这两者构成收益的持续性。我们需要从收益的随机或非重复成分中区分出这些持续性要素。这一分析可以帮助我们在估值时做出可信的盈利能力预测。通过分析还应该揭示出可能的盈余管理和收益平滑。盈余管理和收益平滑意味着更强的稳定性和可预测性。公司管理层常常断言此类活动可以消除经营成果的失真或乖离。但是，这些活动也可能掩盖源于自然的或周期性的不规则，这种不规则乃是公司环境和经验的必然部分。确定这些影响对于估计公司风险具有重要意义。本节将考虑与收益的持续性分析相关的要素，包括收益水平、趋势及构成要素。

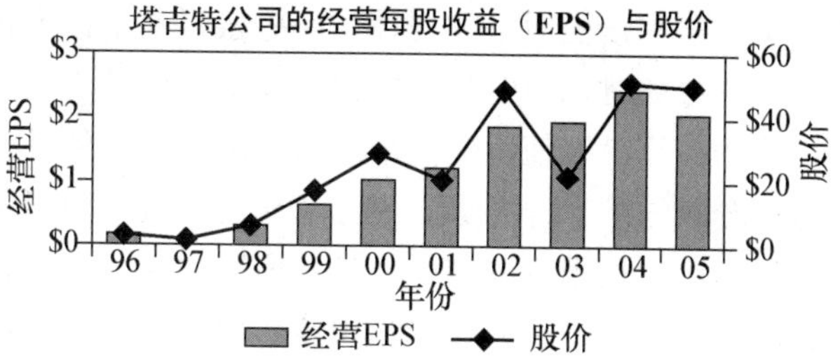

收益重构与调整

权益分析的工作之一是重构收益和收益要素，以便将构成收益的各项较为稳定、正常和持续的要素与随机、飘忽不定、非正常及不会重复发生的要素相区别。后者需要单独进行分析性处理或调查。重构的目的还在于确定包含在当期收益之中，但按照更适当的方式来处理应该计入以前一个或多个期间经营成果的收益项目。

有关收益持续性的信息

为了收益的重构和调整而对经营成果进行分析时，要求具备一些可靠且相关的信息。以下为此类信息的主要来源：

- 损益表，包括其构成要素：
  持续经营收益；
  终止经营收益；
  非常利得和损失；
  会计政策变更的累积影响。
- 其他财务报表及附注。
- 管理层讨论与分析。

我们经常可以在损益表中找到单独列示的“非正常”项目（通常是税前金额），但其披露是有选择性的，并不能为估计其重要性或持续性提供充分的信息。我们应该尽可能接近所有与此相关的信息源，可能的话，还应接近管理层以获得此类信息。此处所谓相关信息，包括影响收益的可比性和可解释性的信息，比如产品组合的改变、技术创新、停工以及原材料紧缺等。

收益重构与收益构成

一旦取得了所有可用的信息，就可以重构并调整连续几年的损益表（通常为 5 年以上），以便估计收益的持续性。收益的重构和调整有助于确定公司的盈利能力。我们将在本小节中解释收益重构，在下一小节解释调整，尽管两项工作实际上可在同一张报表中完成。

重构（recasting）的目的在于重新安排各项收益要素，以便提供一种对分析而言更有意义的分类，以及更相关的格式。我们可以对收益的各要素进行重分类、细分，或者考虑其税务影响，但重编后的合计数必须与各期的净收益相一致。酌量性费用应该单独列示。在非合并子公司或下属机构收益（损失）中的权益之类的要素也应作同样处理，此类项目通常按税后金额列报。一些按税前金额列报的项目，在通过重分类从持续经营收益中分离时，应该将其所得税影响一同转出。

有关所得税的披露可以使我们把增加或减少所得税的各种因素区分开来。通过这种区分我们可以分析这些因素的复发性。所有永久性所得税差异和贷项都应包括在内。这一分析性程序包括根据法定税率计算所得税额，以及各种项目所造成的减税利益，包括所得税贷项、资本利得税、免税收益以及抵减国外得税率。同时，还需加回一些因素，比如国外税收附加、非免税费用以及州和地方税（扣除联邦所得税优惠后的净额）。一些不太重要的项目可以全部计入其他项目下。

分析性重构后的损益表可以按照我们的分析要求包含足够的详细资料，并以附注作为补充。图表 11—1 为金宝汤公司经过分析性重构后的损益表。表中第一列数字表示附录 A 中金宝汤公司财务报表中的参考项。第 10 年之前的数据全部采自综合案例中的公司报告，该案例亦包含对图表 11—1 的讨论和综合。

收益调整与收益构成

调整过程使用来自重构损益表和其他可用信息的数据，把收益的各组成部分分配计入最应该计入的时期。在分配非常项目（税后）时，我们必须特别小心。因为经营亏损向后结转所带来的所得税利益应该归入亏损发生的时期。因为法律诉讼所带来的成本或利益可能与以前的一个或多个时期相关。同样地，终止经营所带来的利得或损失通常也与多个时期的经营成果相关。当会计政策或会计估计发生变更时，则需对分析范围之内的所有年份进行调整，以获得可比基础。如果采用的新会计政策比较合意，则需按新方法对以前年度数据进行重述。这种重述是把“会计政策变更的累积影响”重新分配到相关的以前年份。会计估计的变更在实际中是很平常之事。我们将所有时期调至可比基础的能力究竟有多强，关键在于有多少可用信息。

在估值收益的持续性之前，有必要首先获得经过调整之后的损益表数据。图表 11—2 是调整后的金宝汤公司损益表。所有收益要素皆在考虑之列。如果我们决定将其中某一要素从其报告期排除，我们有两种选择，或者（1）将其（税后）移至以前一个或多个时期的经营成果之中，或者（2）将其（平均）分摊到所有被分析期间的收益中去。如果不能确定它与哪个特定时期有关，那么只能把它平均分摊到以前期间的收益中去。平均分摊有助于我们评价盈利能力，却无益于评价收益趋势。我们尚需认识到，把利得或损失转移到其他期间并不能补救前期错报产生的后果。例如，在一时期获得专利侵权赔偿，意味着以前若干时期曾经受过销售收入减少或其他类型的损害。综合案例中将提供有关图表 11—2 的更为详细的资料，并做进一步的分析。

在分析中还需确定收入和费用所具有的管理特征，如非正常性、非重复性、非经常性、临时性等，确定这些特征，乃是为了降低收益的易变性，或使选定的收益要素的数量最小化。这些特征也会扩展进入某些交易事项的权益之中，比如可销售证券及外币折算调整的利得或损失。我们常常会在调整过程中排除权益影响。但这些项目依然是公司生命周期内所发生收益的组成部分。这些项目增加或减少权益，并影响盈利能力。因此，即使我们在调整过程中忽略了这些项目，它们也会在平均盈利能力分析中体现出来。

图表 11—1

金宝汤公司重构损益表

第 6 至第 11 年重构损益表

单位：百万美元

索引号		第 11 年	第 10 年	第 9 年	第 8 年	第 7 年	第 6 年
13	销售收入净额	$ 6 204.1	$ 6 205.8	$ 5 672.1	$ 4 868.9	$ 4 490.4	$ 4 286.8
19	利息收入	26.0	17.6	38.3	33.2	29.5	27.4
	收入合计	$ 6 230.1	$ 6 223.4	$ 5 710.4	$ 4 902.1	$ 4 519.9	$ 4 314.2
	成本与费用						
	销售成本（见下面附注 1）	$ 3 727.1	$ 3 893.5	$ 3 651.8	$ 3 077.8	$ 2 897.8	$ 2 820.5
	营销及销售费用（见下面附注 2）	760.8	760.1	605.9	514.2	422.7	363.0
145	广告费（见下面附注 2）	195.4	220.4	212.9	219.1	203.5	181.4
144	修理与维护费（见下面附注 1）	173.9	180.6	173.9	155.6	148.8	144.0
16	行政管理费用	306.7	290.7	252.1	232.6	213.9	195.9
17	研究与开发费用	56.3	53.7	47.7	46.9	44.8	42.2
102	与股票价格有关的激励计划（见下面附注 3）	15.4	(0.1)	17.4	(2.7)	—	8.5
20	外币折算调整	0.8	3.3	19.3	16.6	4.8	0.7
104	其他，净额（见下面附注 3）	(3.3)	(2.0)	(1.4)	(4.7)	(0.4)	(9.0)
162A	折旧（见下面附注 1）	194.5	184.1	175.9	162.0	139.0	120.8
103	无形资产及其他资产摊销（见下面附注 3）	14.1	16.8	16.4	8.9	5.6	6.0
18	利息费用	116.2	111.6	94.1	53.9	51.7	56.0
	成本与费用合计	5 557.9	5 712.7	5 266.0	4 480.2	4 132.2	3 930.0
23	考虑在下属公司收益中的权益及少数股东权益前的收益	672.2	510.7	444.4	421.9	387.7	384.2
24	在下属公司收益中的权益	2.4	13.5	10.4	6.3	15.1	4.3

续前表

索引号		第 11 年	第 10 年	第 9 年	第 8 年	第 7 年	第 6 年
25	少数股东权益	(7.2)	(5.7)	(5.3)	(6.3)	(4.7)	(3.9)
26	税前收益	667.4	518.5	449.5	421.9	398.1	384.6
	按法定税率计算的所得税*	(226.9)	(176.3)	(152.8)	(143.5)	(179.1)	(176.9)
	持续经营收益	440.5	342.2	296.7	278.4	219.0	207.7
135	州所得税（扣除联邦所得税优惠后的净额）	(20.0)	(6.6)	(3.8)	(11.8)	(8.6)	(8.0)
	投资税减免	—	—	—	—	4.4	11.6
137	不可扣减的无形资产摊销	(4.0)	(1.6)	(1.2)	(2.6)	(1.4)	—**
138	未纳税或使用税率与联邦法定税率不同的国外收益	2.0	(2.2)	(0.2)	3.2	11.1	15.2
139	其他所得税影响	(17.0)	(2.2)	(0.1)	(3.7)	7.5	(4.7)
	阿拉斯加本土公司交易	—	—	—	—	4.5	—
22	剥离、重组及非正常支出	—	(339.1)	(343.0)	(40.6)	—	—
	剥离、重组、非正常支出的所得税影响（见附注 4）	—	13.9	64.7	13.9	—	—
	第 8 年出售企业和第 7 年出售子公司利得	—	—	—	3.1	9.7	—
	出售运动设备子公司的税后损失	—	—	—	—	(1.7)	—
	后进先出法清算利得（见附注 1）	—	—	—	1.7	2.8	1.4
	会计变动累计影响前收益	$ 401.5	$ 4.4	$ 13.1	$ 241.6	$ 247.3	$ 223.2
153A	会计变动的累计影响（为计税的目的）	—	—	—	32.5	—	—
28	报告净收益	$ 401.5	$ 4.4	$ 13.1	$ 274.1	$ 247.3	$ 223.2
14	**附注 1：**销货成本	$ 4 095.5	$ 4 258.2	$ 4 001.6	$ 3 392.8	$ 3 180.5	$ 3 082.8
144	减：修理与维护费	(173.9)	(180.6)	(173.9)	(155.6)	(148.8)	(144.0)
162A	减：折旧[a]	(194.5)	(184.1)	(175.9)	(162.0)	(139.0)	(120.0)

续前表

索引号		第 11 年	第 10 年	第 9 年	第 8 年	第 7 年	第 6 年
153A	加：后进先出清算利得（b）	—	—	—	2.6	5.1	2.5
		$3727.1	$3893.5	$3651.8	$3077.8	$2897.8	$2820.5
15	**附注 2：** 营销与销售费用	$956.2	$980.5	$818.8	$733.3	$626.2	$544.4
145	减：广告费	(195.4)	(220.4)	(212.9)	(219.1)	(203.5)	(181.4)
		$760.8	$760.1	$605.9	$514.2	$422.7	$363.0
21	**附注 3：** 其他费用（收益）	$26.2	$14.7	$32.4	($3.2)	($9.5)	$5.5
102	减：与股票价格有关的激励计划	(15.4)	0.1	(17.4)	2.7	—	(8.5)
103	减：无形资产和其他资产摊销	(14.1)	(16.8)	(16.4)	(8.9)	(5.6)	(6.0)
	减：出售企业（第 8 年）和出售子公司（第 7 年）利得	—	—	—	4.7	14.7	—
104	其他项目净值	($3.3)	($2.0)	($1.4)	($4.7)	($0.4)	($9.0)
	附注 4： 用法定税率计算的剥离、重组和非正常支出的所得税影响	—	$115.3[c]	$116.6[d]	13.9	—	—
136	不可扣减的剥离、重组和非正常支出	—	(101.4)[e]	(51.9)[f]	—	—	—
		—	$13.9	$64.7	$13.9	—	—

* 法定联邦所得税税率：第 8 至第 11 年为 34%，第 7 年为 45%，第 6 年为 46%。

** 该值在第 6 年没有披露。

(a) 我们假设大部分折旧包括在销售成本中。

(b) LIFO 税前清算利得——例如：第 8 年为 250 万美元，计算过程为 $1.7/(1－0.34)。

(c) $339.1 [22] ×0.34＝$115.3

(d) $343.0 [22] ×0.34＝$116.6

(e) $179.4 [26] ×0.565 [136] ＝$101.4

(f) $106.5 [26] ×0.487 [136] ＝$51.9

图表 11—2　金宝汤公司调整后损益表

第 6 至第 11 年调整后损益表　单位：百万美元

	第 11 年	第 10 年	第 9 年	第 8 年	第 7 年	第 6 年	合计
报告净收益	$401.5	$4.4	$13.1	$274.1	$247.3	$223.2	$1163.6
剥离、重组及非正常支出		$339.1	$343.0	$40.6			
剥离、重组等的税务影响		($13.9)	($64.7)	($13.9)			
出售业务（第 8 年）及出售子公司（第 7 年）的利得（税后净额）				($3.1)	($9.7)		
出售子公司生产设备的损失					$1.7		
阿拉斯加本土公司交易					($4.5)		
LIFO 清算利得				($1.7)	($2.8)	($1.4)	
会计政策变更对所得税的累积影响				($32.5)			
调整后净收益	$401.5	$329.6	$291.4	$263.5	$232.0	$221.8	
本期净收益合计							1739.8
本期净收益平均数							289.97*

* 属于一项平均盈利能力指标。

□ 收益持续性的决定因素

在完成了收益的重构和调整之后，下一步分析的重点将是确定收益的持续性。决定收益持续性的因素包括盈余管理、收益的易变性、收益趋势以及管理激励。我们还应从商业周期和长期运行两个方面来评价收益的持续性。

收益趋势与持续性

收益最理想的是能够反映出一种稳定增长的趋势。我们可以通过统计方法或**趋势表**（trend statement）来评价收益趋势。综合案例中的图表 CC—8 和 CC—9 是用金宝汤公司选定财务数据编制的趋势表。趋势分析使用图表 11—2 中所列示的经过重构和调整的收益数据。收益趋势通常可以揭示出有关公司目前及未来业绩的重要线索（包括其周期性、增长性、防护性），并对管理质量发生影响。我们必须警惕会计失真对趋势的影响。尤为重要的是会计政策变更和企业合并（特别是收购）的影响。我们必须根据这些变动做出调整。盈余管理可能的动机之一就是影响收益趋势。盈余管理实务中往往假定收益趋势对估值具有重要影响。这也反映了这样一种理念，即：以前年度报告收益的追溯调整对证券价格并无多大影响。比如，一旦某个公司发生并报告了一项亏损，按照这一观点，对估值而言，亏损的存在本身就和其数额一样重要。这些假定，以及某些管理者把会计当作改善收益趋势的手段的倾向，引致了各种复杂的盈余管理手段，包括收益平滑。

盈余管理与持续性

要符合盈余管理（earnings management）的定义，必须满足好几项要求。这些要求之所以重要，是因为它们是区别盈余管理与错误陈述及失真的关键。盈余管理使用可接受的会计报告原则来达到报告特定业绩的目的。它利用有限的自主权进行会计原则的选择和运用，它在公认实务的框架内进行操作，同时又颇受非议。这只是一个形式上的问题而非实质上的问题。它并不影响实际交易（比如将费用推迟至以后时期），但会实质性地影响贷项金额或支出在不同期间的重新分配。其主要目的是通过在好坏年份之间、在未来年度与本年之间转移收益，或综合采用各种方法来缓和各期之间的收益波动。实际盈余管理有多种形式。以下为我们应特别注意的一些盈余管理方式：

- 会计方法或假设的变更。通过改变会计方法或假设的方式进行盈余管理在实际中颇为多见。比如克莱斯勒公司就曾在销售下滑时通过调高其养老金投资组合的回报率来达到大幅度提高收益的目的；大陆航空公司则通过延长折旧年限和提高飞机残值的方式来增加以后各期的收益。
- 抵销非常利得和损失。这种做法消除了非经常性收益或预料之外的收益对收益趋势的负面影响。
- 巨额摊销。这种方法是当本期糟糕的业绩已经成为定局，则将未来时期的成本费用也归由本期负担。如此可使未来收益免受这些成本费用影响。
- 减值。当经营成果不佳时冲减经营资产如厂场设备或无形资产（如商誉）的价值，是另一种盈余管理工具。公司减记资产价值通常的借口是当前经济形势不支持资产的报告价值。思科公司在资产重组中一次性冲减 22.5 亿美元存货即为其中一例。
- 选择收入和费用确认的时间。这一技术是通过调整收入和费用确认时间来达到管理收益和收益趋势的目的。比如有目的地安排收入确认、资产的出售、研究支出、广告支出、维修与修理支出等。与大多数盈余管理方法不同的是，这些决策可能影响实际业务发生的时间。通用电气利用重组费用来抵销收益，以达到平滑收益波动的目的，即为此类盈余管理的实例。

管理激励与持续性

我们前面曾描述过管理激励对会计和财务报表分析的影响（参见第 1～6 章）。在估计收益的持续性及进行信用分析时，可以就此获得进一步的证据。经验表明，为了个人利益，某些管理者、所有者和员工会有意操纵或歪曲报告收益。处于财务困境中的公司对这些压力尤为敏感。这些人经常为此类行为辩解，视之为一种生存之战。蓬勃发展的公司有时也会通过盈余管理来维护来之不易的作为利润增长型公司的声誉。管理者可以从报酬计划及其他以会计为基础的激励或约束中获得盈余管理的额外动机。通过下述事例，可以揭示出管理激励的具体影响：

分析师必须搞清楚管理者所面对的与收益相关的激励因素。盈余管理最初只是低估报告收益。由此形成一种秘密“准备”，可在将来收益较低的时期再翻出来。例如，西尔斯公司就曾大规模提高坏账准备，然后用这种准备来提高未来多个时期的收益。虽然对这种做法尚存争议，但这绝不是财务报告的目的。我们更需要的是对收益构成要素的充分披露，最好还能有管理层的解释作为补充。如此，我们则可以针对具体的分析目的对报告收益进行平均、平滑或调整。另一个盈余管理实例来自通用汽车公司。详见案例11—1。

案例11—1

通用汽车公司财报中显示，公司因改变有关厂场设备使用寿命的估计，折旧和摊销费用骤减12亿美元。通用汽车主席称："尽管公司在整个世界范围内的销售下降了9%……通用汽车却在当年盈利36亿美元，上升21%。"然而，如果不是折旧和摊销费用减少12亿美元，其收益将呈下降趋势。继折旧政策的这一变更之后，公司还为预计一年后进行的工厂关闭和重组计提了13亿美元的准备。然而，4年过去了，该项准备却仅仅冲销了5亿美元，其余部分依然留待将来处理。当通用汽车的领导层再次发生变动之后，又因为即将进行的几个工厂的关停而另外在收益中加计了21亿美元的费用，包括计划在几年后进行的关停项目。这一系列事件同时降低了财务报表和管理当局的可信度。正因为如此，我们需要通过收益的平均、重构和调整来获得有关收益能力的可靠估计。

在明确了管理者具有业绩激励，并会使用会计数据来控制和监测其业绩的前提下，我们在进行分析时就必须承认盈余管理乃至误报的可能性。分析中必须确定公司是否有强烈的进行盈余管理的意图，然后特别仔细地探究公司的会计实务，确保财务报表的真实性。

□ 持续性与收益中的临时项目

为了权益估值而进行收益重构和调整，关键是要把稳定、持续的收益要素与随机、临时性的项目区分开来。持续性对于确定盈利能力至关重要。收益预测也同样要依靠持续性。分析中一个关键的部分是评价收益中利得和损失的持续性。本节将说明如何确定非重复性或非常项目的持续性，还将讨论在评价收益水平、管理绩效，以及进行收益预测时如何处理这些项目。

临时项目的分析和解释

分析和解释非常项目有双重目的：

1. 确定一个项目是否属于临时性项目（持续性较低）。包括估计一个项目是否属于非常项目、非经营性项目或非重复性项目。

2. 确定在进行持续性评价时需要做哪些调整。有时具体调整对于评价收益和盈利预测是非常必要的。

我们将在本小节中详细说明这两个方面的分析。

确定项目的持续性（临时性） 由于管理者有报告临时性项目的动机，我们必须独立地评价一项具体的利得或损失是否属于临时性项目。我们还需要确定如何调整该项目。出于这一目的，我们可以把这些项目分为两大类：非重复性经营项目和非重复性非经营项目。

1. 非重复性经营利得和损失。这些利得或损失与经营活动相关，但不经常发生，或其发生具有不可预见性。经营项目关系到公司正常的商务活动。正常经营活动的概念远没有许多人认为的那样清楚。一家工厂的经营收入和经营费用与工厂的生产作业相关。相反，出售可销售有价证券的收入属于非经营性利得或损失。另一个重要概念，即所谓“重复性”，乃是一个有关发生频率的概念。关于重复和非重复事件的区分，事实上并不存在事先确定的公认的界限。比如，因常规事件而产生的利得或损失被分类为重复性利得或损失。一个不常发生、无法预料的事件则被归类为非重复性事件。如果一个事件不常发生，但其发生具有可预见性，其分类就比较麻烦了。比如高炉的更新，它可以一用多年无须更新，但到一定时候，其更新则是必然的，而且是可以预测的。有些公司会专门为这类更新计提一定的准备。

分析非重复性经营利得和损失时，必须注意确定其内在的非经常性和非重复性。我们将其归入报告期。我们还必须注意有关正常经营的问题。比方说，面包店的主要业务是烤面包、蛋卷和蛋糕，但也可能在正常经营活动之外去买卖有价证券，从而获得一定的利得或损失，甚至会出售烘烤设备，代之以效率更高的设备。对经营活动做如此解释，具有很大的局限性，也是很容易受到挑战的。有人会辩言，经营面包店的目的并不是烘烤，而是通过有效的管理增加权益或股票价值。与此相应，可用战略分类的方式将企业活动分为融资、投资和经营活动。这种观点并没有局限于对正常经营活动的狭隘认识。我们可以把更广范围内获得的利得和损失作为来自经营活动的利得和损失，这样对我们来说更为有用。这种观点将会导致许多非重复性经营利得和损失在发生的当期被当作经营活动的一部分。

对非重复性经营项目的分析并无机械的规则可用。如果我们对有关信息做细致的考察，将会发现，有些项目重复发生的可能性大于其他项目，而有些项目比其他项目更具有经营性特点。这一观点会影响我们对收益的重构、调整和预测。我们还应当注意作为重要因素的项目的金额大小。一旦我们完成了对重复性收益的分析，随后的重点将放在若干年的平均收益，而非单独某一年的收益结果上。对于非重复项目及其他非常项目波动较大的企业，重点关注平均收益具有至关重要的意义。对于评价一个公司的盈利能力或进行收益预测，一个年份显然太短，随意性太强。案例 11—2 更清晰地表达了这一观点。

案例 11—2

在过去几年里，我们目睹了由于重组、人员更替及组织变动而产生的好几项归由收益负担的巨大支出。许多公司发生了巨额冲销，包括 Viacom 180 亿美元，AT&T 130 亿美元。关于此类事件的补充信息总是十分有限，但这些公司对以前年度报告收益做出数额巨大的“校正”，却是不争的事实。这些冲销一次性地更正了以前年度对收益的高估。我们在分析中必须警惕为了减少未来期间的费用负担而进行的激进的冲销。

2. 非重复性非经营利得和损失。这些项目既不具有重复性，也不具备可预测性，且落在正常经营范围之外。引致此类项目的事件通常是来自外部的、非故意且非计划的，但也并非完全没有可预见性。企业的经营必然会遭受不利事件和随机性打击的风险，它们既可以是天然的也可以是人为的。企业的交易也会有同样问题。远离机场的工厂因坠机事件而遭受损失即为其中一例。其他实例还包括：（1）公司正常风险以外、未曾保险的意外灾害损失；（2）公司资产被外国政府征用；（3）由于意料之外的战争、叛乱或动乱造成财产被没收或毁损。这些事件通常都是非重复性的，但与经营活动的关系各不相同。所有事件都是发生在正常的商业活动过程中。即使是被自然力毁坏的资产也反映了经营风险。很少有什么事件是极为独特的。通常显得独特的事件可能只是预示了影响盈利能力和未来经营的新型风险。分析中必须考虑这种可能性。不过，除非能够找到反面证据，否则这些项目将作为非常项目排除在单独年份的经营成果之外。然而，这些项目却是公司长期业绩的一部分。

对非常项目进行调整以反映持续性 临时项目分析的第二步是确定这些项目对公司资源和管理评价的影响。

1. 非常项目对公司资源的影响。每一项非常利得和损失都有双重影响。比如，每当记录一项利得时，公司还需记录一项资源的增加。同样地，损失会导致资源减少。由于投资回报率计量净收益与资源之间的关系，因此，非常利得和损失会对该指标产生影响。非常项目金额越大，对回报率的影响也越大。如果我们在预测中使用收益和当期事项，非常项目所传达的就不只是过往的业绩。也就是说，如果非常损失减少了预期报酬的资本，将会导致未来报酬受损。相反，非常利得可以使资本增加从而增加未来预期报酬。在预测盈利能力和投资回报率时，必须考虑已记录非常项目的影响及未来事件导致非常项目的可能性。

2. 非常项目对管理评价的影响。非常利得和损失的通常意义，在于其缺乏与正常或计划内商务活动之间的联系。正因为如此，评价管理业绩时通常并不考虑这些项目。不过，在分析中我们却对将该项目排除在外表示质疑。与管理当局的决策相关的正常或计划内活动究竟指什么？不管我们是否考虑证券交易、固定资产交易以及部门和子公司的活动，这些活动无疑都是公司管理部门为了特定目的而采取的行为。这些活动要求比普通经营活动更多细致的考虑，因为它们不但具有非常的性质，而且涉及金额巨大。从这些活动中可以显示出管理当局的能力，如下面资料所示：

分析摘录

Viacom公司为了冲销其在Blockbuster公司的一项不成功的投资而在其报告中报告了一笔金额为15亿美元的非常支出。这笔损失表明公司以前年度的收益有所高估，而且，公司管理当局的投资决策也是值得怀疑的。

管理当局应该警惕因自然或人为的祸患所造成的风险。做出恰当的商务决策是管理者的职责所在。比如说，在作出一项有关国际采购的决策时，必须了解其中内在的风险。是否购买保险是一项正常的经营决策。基本上，没有任何事情是完全不可预期或预见的。管理当局不会介入（至少也是不希望介入）没有任何了解的商业活动。一般经营决策总是在企业的预期活动范围之内。每个公司皆有其固有的风险，管理当局不应该在未曾估量此类风险的前提下盲目地开展活动。

在评价经营成果时，区分正常项目和非常项目有时意义并不大。管理当局关于决策质量的理念几乎总是与经营条件的正常状态或条件的缺乏相关。这可以在管理层讨论与分析中得到证实。好的管理者总是要对预期之外的事做出预期。一旦面临失败或者出现问题，糟糕的管理者会花费时间寻求“解释”，以逃避责任。成功不需要解释，而失败却需要长长的解释，把失败的责任归咎于非常事件或不可预见性。在竞争性经济中，正常的情况很难持续很长时间。管理层的责任就是要预测各种非常事项。辩解并不能代替行动。

分析视点

……*你是分析师/预测者*

为了补充你们公司提供的网上预测服务资料，你正在对一家公司收益的持续性进行分析，以便做出收益预测。该公司的收益及收益构成（净收益及来自经营活动的收益）很稳定且表现出稳步增长的势头。不过，你发现与诉讼有关的非常收益在目前收益中占比达40%。你还发现因环境成本所导致的额外损失。这些信息对你估计该公司收益的持续性有何影响？

以收益为基础的权益估值

公司估值是许多财务报表用户的一项重要目标。对公司价值的可靠估计有助于我们做出恰当的买进、卖出或持有证券的决策；有助于在信用决策中估计公司价值；有助于公司合并中的价值估计；有助于公司公开募股中发行价的确定。除此之外，还可以有很多其他用途。本节将继续我们有关以会计为基础的权益估值的讨论，并将其与财务报表分析融为一体。

有关公司权益估值的传统描述以**折现现金流量法**（discounted cash flow，DCF）为基础。在DCF法下，公司的权益价值是以权益投资者可获得现金流量的预测值为基础计算的。这些预测值随后用公司的权益资本成本进行折现。① 需要强调的是，本书前面所介绍的以会计为基础的权益估值模型及本小节中的讨论，在理论上是与DCF法一致的。

□ 股票价格与会计数据之间的关系

第1章中我们提到以会计为基础的权益估值模型，即

$$V_t=BV_t+\frac{E(RI_{t+1})}{(1+k)^1}+\frac{E(RI_{t+2})}{(1+k)^2}+\frac{E(RI_{t+3})}{(1+k)^3}+\cdots$$

① 通常还有一种替代方法：使用债务和权益资本加权平均资本成本对债权人和权益所有者可用现金流进行折现。这种做法得到的是公司的整体价值，从中减掉债务的价值就得到了公司的权益价值。

式中，BV_t为 t 期末的账面价值；RI_{t+n}为 $t+n$ 期的剩余收益；k 为资本成本。我们将 t 期的**剩余收益**（residual income，RI）定义为综合净收益减去与期初账面价值有关的一项支出，即 $RI_t=N-(k\times BV_{t-1})$。本模型直接展示了未来盈利能力在估计公司价值中的重要性，也即是使用有关未来净收益和账面价值的估计。只有在考虑了公司收益和盈利能力的质量与持续性之后，才能对这些指标做出准确的估计。

对以会计为基础的估值方法，常见的一种批评是，由于管理者的个人目标和个人利益与报告的会计数字相关，因此在管理当局手中收益是可以操纵和歪曲的。本书的很大一部分强调我们的分析应该"凌驾于数字之上"。为此很自然地产生了一个问题，即这种对会计数据的潜在操纵是否影响以会计为基础的公司价值估计或预测的准确性？答案既是肯定的，又是否定的。

案例 11—3 以数字为例确证了"否定"的答案。我们可以证明，当会计选择同时影响收益和账面价值时，估值将不受影响。尽管保守的（或激进的）会计处理会导致低估（或高估）股东权益的账面价值，但这种低估（或高估）将被期望剩余收益的增高（或降低）所完全抵消。

"肯定"的答案以分析中使用报告会计数据（以及其他信息）来预测未来盈利能力这一事实为基础。由于会计选择可能在某种程度上掩盖公司真实的经济业绩，缺乏经验的分析师在了解公司当前和未来业绩时可能被误导。正因为如此，本书所描述的分析技术对权益分析而言是十分重要的，因为以会计为基础的估值模型在数学上可以不受会计操纵影响。

案例 11—3

有两家相同的公司，使用同样的会计方法，并可望在未来各年每年获得 2 000 万美元的折旧前收益。在第 0 年年初，两家公司的账面价值均为 4 000 万美元，当年两家公司各发生 1000 万美元的现金支出。A 公司决定将这项支出做资本化处理，并在随后两年中按直线法进行折旧。B 公司选择将该项支出直接费用化。两家公司的权益资本成本均为 15%且在可预见的将来均不发放股利。由于第 2 年后两家公司的盈利完全相同，其估值的差异将只受前两年收益的影响。相应地，我们假定第 3 年及以后各年的剩余收益为 0。在不考虑所得税的情况下，两家公司的报告结果可列示如下（单位：百万美元）：

A 公司	第 0 年	第 1 年	第 2 年
考虑该项支出前的收益	\$20	\$20	\$20
1000 万美元支出的折旧	0	5	5
净收益	\$20	\$15	\$15
年末账面价值	\$60	\$75	\$90
B 公司	**第 0 年**	**第 1 年**	**第 2 年**
考虑该项支出前的收益	\$20	\$20	\$20
1000 万美元支出的折旧	10	0	0
净收益	\$10	\$20	\$20
年末账面价值	\$50	\$70	\$90

A 公司和 B 公司第 0 年末的价值计算如下：

A 公司的价值＝＄60＋[＄15－(15%×＄60)]/1.15
　　　　＋[＄15－(15%×＄75)]/1.15^2＝＄68.05

B 公司的价值＝＄50＋[＄20－(15%×＄50)]/1.15
　　　　＋[＄20－(15%×＄70)]/1.15^2＝＄68.05

一般情况下，我们将导致早年收益和账面价值较低的会计处理方法称为**稳健性会计**(conservative accounting)。B 公司将 1000 万美元的支出做费用化处理，属于更为稳健的会计处理。尽管两家公司对 1000 万美元的支出采取了不用的会计处理，其估计价值却是相同的。从数学的角度而言，只要遵循了净收益关系，在任何会计系统下，以会计为基础的权益估值都会产生同样的估值结果。

□ 基本估值比率

有两项广泛使用的估值指标，一为**市净率**（price-to-book，PB），二是**市盈率**(price-to-earnings，PE)。人们常把这两项比率的数值作为投资决策的基础。接下来我们将说明，在不涉及公司股票交易价格的情况下，如何通过分析获得“基本的”市净率和市盈率。通过基本比率与按当前股票价格计算的比率的比较，可以对上市公司的投资价值做出评价。对于那些股票不在活跃市场上交易的公司，基本比率可以作为评估权益价值的一种手段。

市净率

市净率可以表示为：

$$\text{市净率}=\frac{\text{权益的市场价值}}{\text{权益的账面价值}}$$

如果用以会计为基础的权益估值的表达式来代替分子，则市净率可用会计数据做如下表达：

$$\frac{V_t}{BV_t}=1+\left[\frac{ROCE_{t+1}-k}{(1+k)}\right]+\left[\frac{ROCE_{t+2}-k}{(1+k)^2}\times\frac{BV_{t+1}}{BV_t}\right]+\left[\frac{ROCE_{t+3}-k}{(1+k)^3}\times\frac{BV_{t+2}}{BV_t}\right]+\cdots$$

上式表达了一些极为重要的东西。当未来的普通权益回报率（ROCE）和/或账面价值的增长率提高时，市净率提高；当权益资本成本（风险）k 提高时，市净率降低。当市场预期未来将有剩余收益（或正或负）时，市净率就会偏离 1.0。如果未来剩余收益的现值为正（或负），市净率将大于（或小于）1.0。

分析视点

收益的持续性

收益的持续性在公司估值中占有非常重要的地位。分析研究表明，非重复性收益提高公司价值的货币金额，而股票价格却对收益来源的持续性反应更强烈，并与持续性水平呈正相关。

在评价公司收益的持续性时，分析师不能一味地依赖损益表的分类。研究表明，有多种类型的非重复性项目可以计入来自持续经营的收益，比如处置资产的利得和损失、会计估计变更的影响、资产减值损失以及为未来损失计提的准备。分析中必须详细考察包含在财务报表附注、管理层讨论与分析以及其他披露中的此类项目。有证据表明，非常项目和终止经营（特殊项目）在一定意义上也具有可预测性，并可以提供有关未来盈利能力的信息。

最近的分析研究表明，当期报告收益为负数并同时报告了特殊项目的公司，在随后一年也更有可能报告非常项目。连续多年的此类特殊项目可能具有同样的信号意义。盈利性公司如果发生终止经营，则有可能在随后各年中报告更高的收益。

市盈率

市盈率可表示为：

$$市盈率=\frac{权益的市场价值}{净收益}$$

Ohlson 和 Juettner-Nauroth 认为，市盈率可以表示为每股收益（EPS）的短期增长率（STG）与长期增长率（LTG）之函数，即

$$\frac{P_0}{eps_1}=\frac{1}{k}\times\frac{STG-LTG}{k-LTG}$$

式中，k 为权益资本成本；STG（LTG）为相对于预期“标准”增长率，EPS 的预期短期（长期）变动比例，$STG>LTG$ 并且 $LTG<k$。[①] STG 可以看作分析师对 EPS 五年增长率的估计，LTG 则是预测期限之外的长期通货膨胀率。

这一等式揭示了两重意义：(1) 市盈率与资本成本呈负相关，即权益资本成本越高（低），市盈率越低（高）；(2) 市盈率与 EPS 相对于标准增长率的预期增长率呈正相关。

市盈率并没有揭示任何有关收益水平的绝对信息（每股收益是高是低），而只是说明了相对于正常的预期增长率每股收益的增长率。

一种有趣的情况是，相对于标准水平，EPS 的长期预期增长率可能保持在一个恒定的水平（比如当 $LTG=0$ 时）。在这种情况下，比率将简化为：

$$\frac{p}{eps}=\frac{STG}{k^2}$$

① 预期标准增长率等于资本成本率，即 $eps_1=eps_0\times(1+k)$。eps 包括年内支付的全部股利的正常回报（即 $k\times$ 股利）。

在这个公式中，市盈率与 EPS 相对于预期标准增长的短期增长率相关。作为一种流行的股票筛选机制，**PEG 比率**（PEG ratio）的基本原理即是来源于此。例如，假定某种股票的市盈率为 20 倍，资本成本为 10%。按照这种方法，如果 EPS 的预期增长率为 20%，则可视为股票定价公允；如果 EPS 的预期增长率超过 20%，则认为股票定价偏低；如果 EPS 的预期增长率低于 20%，则认为股票定价过高。虽然 PEG 比率的有效性尚需经过实证检验，但其广泛使用已经突出地显示了投资者对市盈率与 EPS 增长之间关系的高度认同。

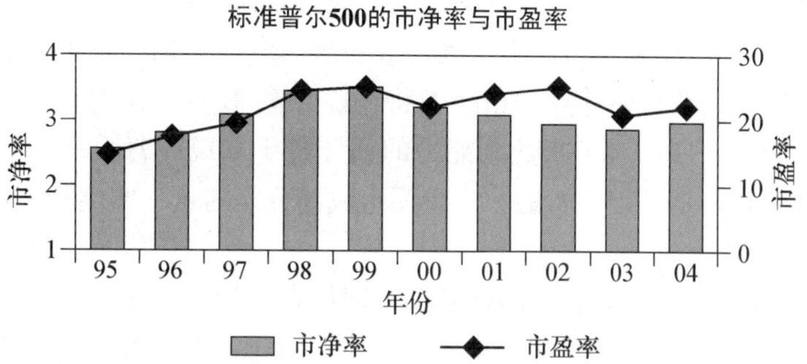

□ 以盈利为基础的估值释例

下面我们用 Christy 公司的财务数据来举例说明以盈利为基础的估值。Christy 公司第 1 年度 1 月 1 日权益的账面价值为 50 000 美元，公司的权益资本成本（k）为 15%。在用本书中所介绍的分析技术仔细研究了公司情况及其未来前景之后，我们得到以下预测会计数据：

	第 1 年	第 2 年	第 3 年	第 4 年	第 5 年*
销售收入	\$ 100 000	\$ 113 000	\$ 127 690	\$ 144 290	\$ 144 290
营业费用	77 500	90 000	103 500	118 000	119 040
折旧	10 000	11 300	12 770	14 430	14 430
净收益	\$ 12 500	\$ 11 700	\$ 11 420	\$ 11 860	\$ 10 820
股利	\$ 6 000	\$ 4 355	\$ 3 120	\$ 11 860	\$ 10 820

* 第 6 年和以后各年的会计数据和股利预计都将近似于第 5 年的水平。

为了运用以会计为基础的估值模型，我们可以用以上会计数据计算预期未来账面价值和普通权益回报率。例如，据计算，第 2 年 1 月 1 日的账面价值为 56 500 美元（期初账面价值 50 000 美元＋净收益 12 500 美元—股利 6 000 美元）。第 3 至第 5 年的预期账面价值分别为 63 845 美元、72 145 美元和 72 145 美元。

以会计为基础的估值模型中使用的普通权益回报率是用期初账面价值计算出来的。因此，第 1 年的普通权益回报率预期值为 25%（\$ 12 500÷\$ 50 000），第 2 至第 5 年的普通权益回报率预期值分别为 20.71%，17.89%，16.44%和 15%。

用以会计为基础的估值模型计算的 Christy 公司第 1 年 1 月 1 日权益价值如下：

$$\$58\,594=50\,000+\frac{(0.25-0.15)\times 50\,000}{1.15}+\frac{(0.2071-0.15)\times 56\,000}{1.15^2}$$

$$=\frac{(0.1789-0.15)\times 63\,845}{1.15^3}+\frac{(0.1644-0.15)\times 72\,145}{1.15^4}$$

$$+\frac{(0.15-0.15)\times 72\,145}{1.15^5}+0+\cdots$$

这一估值结果表明，Christy 公司的股票在第 1 年 1 月 1 日应以 1.17（\$58 594÷\$50 000）的市净率卖出。由于股票市场参与者的预期与估值模型的内含可能有所不同，按实际股票价格计算的市净率将可能偏离 1.17。在这种情况下，我们必须考虑两种可能性：(1) 对未来盈利能力的估计过于乐观或悲观；(2) 公司的股票定价错误。这种判断是基础分析的一个重要组成部分。与这一实例相关，还有另外三种重要的观察结果。

1. 第 5 年及随后各年的普通权益回报率预期值为 15%。这一回报率（15%）等于 Christy 公司这些年份的权益资本成本。由于第 5 年及随后各年的普通权益回报率等于资本成本，因此，这些年份的经营成果不会使 Christy 公司的价值发生改变（也即是说，这些年份公司的剩余收益等于零）。假定普通权益回报率逐渐趋近于资本成本，乃是以经济学基本理论为基础。也就是说，如果处于特定行业的公司赚取的普通权益回报率高于资本成本，其他公司也会进入这个行业，从而促使剩余收益趋于零。① 在估计未来盈利能力时，还需考虑竞争所带来的预期影响。例如，受其影响，销售净利率（净收益与销售收入的比率）从第 1 年的 12.5%（\$12 500÷\$100 000）逐渐降低至第 5 年及随后各年的 7.5%（\$10 820÷\$144 290）。

2. 由于市盈率是同时以当期及未来收益为基础，因缺少以前年度数据，我们将无法计算 Christy 公司第 1 年 1 月 1 日的市盈率。我们可以计算第 2 年 1 月 1 日的市盈率。其计算如下：

$$\underline{\underline{4.91}}=\frac{1.15}{0.15}+\frac{\left(\frac{1.15}{0.15}\right)}{12\,500}\left(\frac{3\,225-5\,000}{1.15}+\frac{1\,844-3\,226}{1.15^2}+\frac{1\,039-1\,845}{1.15^3}+\frac{0-1\,039}{1.15^4}\right)-\frac{6\,000}{12\,500}$$

3. 估值中假定所有股利皆在每年末支付。更切合实际的假定应该是，平均而言，这些现金流出更可能发生在年中。为了按年中折现的方式对估值中所采用的基本估计进行调整，我们可以用 $(1+k/2)$ 来乘以未来剩余收益的现值。对 Christy 公司来说，调整后的估值估计等于 59 239 美元。计算方式为：\$50 000+[1+(0.15/2)]×\$8 594。

① 我们必须注意，甚至在剩余收益为零的情况下，会计中的稳健性原则也有可能形成剩余盈利能力。虽然这一问题并非此处讨论的重点，但在分析中必须考虑会计中的稳健性原则对未来普通权益回报率的影响。例如，制药行业中的公司把大部分研发费用人为地计入当期费用，导致该行业公司普通权益回报率普遍较高。

盈利能力与预测在估值中的运用

本节将讨论盈利能力和盈利预测在估值中的运用。我们还将讨论如何利用中期报告来监测并调整估值输入。

盈利能力

盈利能力（earning power）是指在可预见的将来公司能够保持的预期盈利水平。盈利能力被认为是公司价值估计中的一项重要因素，很少有例外。以会计为基础的估值模型需要对盈利能力做资本化处理，在资本化过程中需要使用反映资本成本和未来预期风险与报酬的因子或乘数。盈利和财务报表分析大多以确定盈利能力为目标。

盈利能力的计量

盈利能力概念源自财务分析而非会计。它强调盈利和盈利构成的稳定性与持续性。计算盈利能力时需要使用财务报表。计算中需要运用已有的知识、判断、经验和对未来的预期。盈利是估值中使用的最可靠且最具有相关性的指标。由于估值以未来为导向，因此，我们必须估计公司当期及以前各期业绩与未来业绩的相关性。近期的盈利代表了实际经营业绩，可以从中了解公司的经营活动，并以此为基础对未来业绩做出估计。估值对许多决策（比如投资、贷款、税务筹划、争议的裁决等）具有极为重要的意义。因此，价值的估计必须具有充分的可靠性，能够经得住质疑，而且我们需要检查估值与正常值的偏离程度。

盈利能力的时间范围

对盈利的计量而言，以一年为期显然太短。其原因在于，许多投资和筹资活动都具有长期性，而且还会受到商业周期和各种非重复性因素的影响。我们通常用若干年的平均（或累计）收益作为公司盈利能力的最佳计量。计量盈利能力的最佳时间范围因行业及其他因素而各有不同。计算平均收益一般以 5 年（有时可能达到 10 年）为限。如此期限可以消除各种可能损害短期经营成果相关性的因素（如信息的歪曲、不规则性，乃至其他短期因素）的影响。以 5 年为期进行盈利计算，通常会将强调的重点放在近期经验之上，从而避免不相关业绩的影响。

在讨论收益质量及其持续性时，特别强调几种盈利特征（包括趋势）的重要性。盈利趋势是计量盈利能力时的一项重要因素。如果盈利表现出持续增长的趋势，则应该对平均数的计算做出调整，赋予近期收益更大权重。比如，在 5 年期收益计算中，可以给最近的收益 5/15 的权重，给次近的收益 4/15 的权重，依此类推，直至给 5 年前的收益 1/15 的权重。公司近期的经历越是具有对未来活动的代表性，其在盈利预测计算中的相关性就越高。如果公司的近期业绩与未来计划相左，则不能强调以前的收益，而应更注重盈利预测。

每股收益的调整

计量盈利能力要使用收益的所有组成部分。收入和费用的每一个项目都是公司经营经历的一个组成部分。问题是在计算盈利能力时应该将这些项目分配至哪一年。在某些情况下，我们的盈利分析可能限定在一个较短的时间范围。正如本章前面所述，我们要调整一系列的短期收益项目，这些项目与其他期间相关则更好一些。如果这种调整是在每股基础上进行的，则必须用公司的实际税率（使用特定税率的除外）计算并调整每一项目对所得税的影响。所有项目必须除以计算每股收益时所使用的股数（参见附录 6A）。案例 11—4 为 A. H. Robins 公司的分析性调整实例。

□ 盈利预测

盈利预测是财务报表分析和估值的一个重要组成部分。从分析的角度来看，盈利水平的评价与盈利预测关系最为密切。这是因为适当的盈利预测包括对收益构成要素的分析和对其未来水平的估计。因此，本章前面讨论的内容大部分是与盈利预测相关的。盈利预测将紧随收益构成要素的分析之后，并关系到对其未来产出水平的估计。我们应当考虑收益各要素与未来商务条件的交互作用。同时考虑收益要素的持续性和稳定性，包括分析永久性（重复性）因素和临时性（非重复性）因素。

案例 11—4

每股收益调整实例

项目	第 2 年	第 1 年
实际税率变动	+$0.02	
诉讼的裁决	+0.07	+$0.57
改用直线法计提折旧	+0.02	
国外资产损失准备	+0.02	−0.15
出售分部的损失	−0.19	
改用 LIFO 进行存货计价	−0.07	
诉讼裁决及费用	−0.09	−0.12
外币折算调整	−0.03	−0.04
R&D 支出超过以前年度的水平	−0.11	
坏账准备提高的比例	−0.02	
±对每股收益的影响	−$0.38	+$0.26
报告每股收益	$1.01	$1.71
加回对第 2 年的影响（负数）	0.38	
减去对第 1 年的影响（正数）		(0.26)
调整后的每股收益	$1.39	$1.45

盈利预测方法

预测需要我们有效地使用所有可用信息（包括以前各期的收益数据）。预测也得益于细分信息。细分信息包括不同产品线的信息及不同分部的信息。当各分部的风险、盈利能力、成长性等存在较大差异时，分部信息尤为重要。TechCom 公司的分部门收益清楚地显示了不同部门之间业绩的巨大差异，同时也表明加总之后的结果如何掩盖了这种差异。

TechCom 公司的收益　　单位：百万美元

	2003	2004	2005	2006
电子产品	\$1 800	\$1 700	\$1 500	\$1 200
客户服务	600	800	1 100	1 400
净收益合计	\$2 400	\$2 500	\$2 600	\$2 600

我们还必须将预测与推断相区别。推断（extrapolation）通常假设趋势是持续的，并机械地将这种趋势投射到未来。

分析研究表明，收益具有各种不同的统计特性。年度收益的增长通常表现为一种随机的形式。有些用户将其引申为收益增长的不可预测性。我们需要明白，这些研究所反映的是总的行为方式而非公司个体的行为。此外，可靠的盈利预测并非通过过往收益增长或收益趋势基础之上的简单推断而获得。它需要分析收益的构成要素，考虑所有可用的信息——包括定量信息和定性信息。它需要预测各项收益要素，并对未来商业状况做出推测。

管理层讨论与分析（MD&A）是盈利预测相关信息的又一重要来源。其中包括管理当局对未来的看法和态度，以及对影响公司未来业绩的各种因素的讨论。尽管公司对市场要求提供有关财务状况和财务业绩的预测数据反应一直迟缓，但人们还是鼓励他们在 MD&A 中报告前瞻性信息。

盈利预测的构成要素

尽管盈利预测依靠对未来的预期，但具体的预测过程必须依赖当期及过去的证据。我们以这类证据为基础预测未来状况。分析中必须估计公司业绩的持续性和动量，包括其所在行业的状况，但必须置于前景分析之中。不能混淆公司的过去和未来，以及预测的不确定性。我们还必须记住，收益等于总收入减去总费用，盈利预测需要反映出这些构成要素的情况。构成要素的微小变化也可能导致收益的大幅度变动。

盈利预测的另一构成要素是检查预测的合理性。我们常使用投资回报率来达到这一目的。如果通过盈利预测获得的回报率与过去的实际回报率或行业回报率相去甚远，则应重新估值预测结果和预测过程。对回报率的预测数据与合理回报率之间的差异必须做出解释。投资回报率取决于收益，收益是管理质量和资产管理的产物。

- 管理质量。要通过有效的使用给资产“注入活力”，管理层必须具备高超的管理能力。稳固的关系和趋势意味着管理当局的管理技能、管理的深度以及持续性没有大的变动。同时也表明公司的业务类型没有发生大的变动，管理层的技能也由此获得了进一步的证明。

- 资产管理。经营获利的第二项要素是资产管理，以及在融资方面的成功。公司需要用资产来扩大经营。要获得持续的成功和增长，必须依靠成功的融资及融资对收益的积极影响。

公司财务状况是盈利预测的另一要素。缺乏流动性会对成功的管理形成严重的制约，高风险的资本结构则会对管理层的行为形成限制。除这些因素之外，还有其他一些经济、行业及竞争因素与盈利预测有关。在盈利预测中，我们必须在充分了解过去的前提下做出对未来的预期。我们还应评价收益趋势，尤其强调有关未来业绩的各种指示性指标，如资本支出、**订单积压**（order backlogs），以及产品和劳务的需求趋势等。我们还必须认识到，盈利预测有着很大的不确定性。受各种无法预料的事件或环境因素影响，预测可能与最终的实际情况存在很大差异。为此，我们需要通过对与预测相关的业绩的连续监控来消弭不确定性的影响，并在适当的时机对预测结果做必要的校正。

盈利预测报告

近年来，公司对披露盈利预测的兴趣与日俱增。我们应当承认，管理当局（内部人）的预测与财务分析师（外部人）的预测不同。预测的可靠性取决于可用信息及相关假设。我们在分析中是使用管理当局的预测，还是使用分析师的预测，关键在于其后面所隐含的假设。证券交易委员会（SEC）鼓励具有可靠基础的**诚信**（good faith）预测。SEC 建议以财报形式来报告预测信息，并附带足够的信息，使投资者可以对其可靠性做出评价。为了促进预测信息的披露，SEC 用“安全港”规则在公司预测未能实现的情况下为公司提供保护，使其免遭诉讼。这些规则为那些在合理基础上做出诚信预测的公司提供保护。出于法律方面的实际考虑，很少有公司愿意利用安全港规则公布预测信息。下面来自 The Limited 公司的告诫可以视为公司不愿披露预测信息之典型：

分析摘录

> 该公司告诫：任何前瞻性报表……都涉及风险和不确定因素，并受多种因素变动的影响，包括：……消费者消费方式、消费偏好和整体经济状况的改变；竞争和定价的影响；气候类型、政治局势、货币及汇率变动风险的影响；现有的或潜在的税收、关税、配额、邮资费率及费用上涨的影响；纸张和印刷成本；在适当条件下是否有合适的商店选址；开发新产品的能力，以及雇用和培训员工的能力。

□ 利用中期报告监控和修订盈利估计

公司盈利能力的评价或盈利预测皆有赖于对未来条件的估计，而这些估计却不一定能够经得起实践的检验。为此，我们必须持续监控公司的业绩，并将其与最新预测及假设条件进行比较。我们应当通过对预测结果的定期修订，把商务条件的最新变化融入其中。中期财务报告（期限在一年之内）是进行业绩监控的非常重要的信息来源。中期报告通常按季度发布，是根据用户的需求特别设计的。它们对于修订与盈利能力和盈利预测有关的估计非常有用。当然，我们必须承认中期报告是有一定局限性的，主要是在短于一年的时期内我们很难将某些收益要素在不同期间进行分配。本章将在余下篇幅中详细说明这些局限性及其对中期报告的影响。

百思买公司持续经营中每股收益（EPS）的季度趋势图

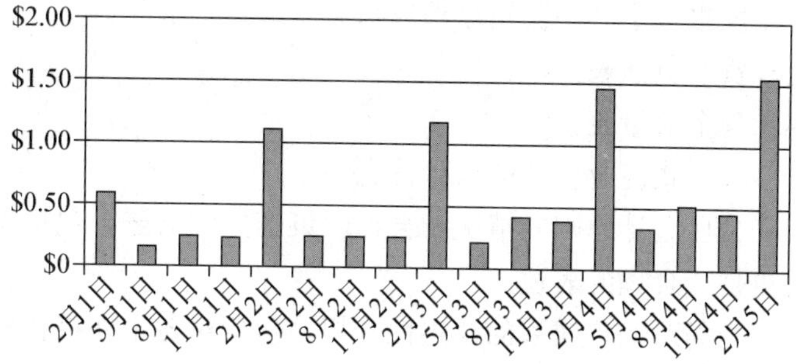

期末会计调整

确定一年期的经营成果需要做许多应计制调整和估计。这些年末调整通常既复杂又费时，而且需要付出很大成本。具体调整包括收入确认、计算存货成本、分摊间接费用、获取有价证券的市场价值、估计坏账等。与年末调整相比，中期报告所需的调整通常不是很全面，所用信息也不甚可靠。这就使得中期报告的盈利计量准确度较低。

商务活动的季节性

许多公司的经营活动可能具有季节性，致使其销售、生产及其他经营活动在中期报告各期间的分布不甚均衡，中期收益的可比性有可能因此受到扭曲。此外还可能遇到特定酌量性成本的分配问题，比如广告费、研究费、开发费、维护修理费等。如果这些费用因销售而异，则需在全年预期销售收入的基础上做应计处理。固定费用在中期报告各期间之间的分摊也使报告问题进一步扩大。

整体报告法

中期报告的报告形式通常与年报要求一致。依照季度报告属于全年的有机组成部分而非独立期间的观点，实务中要求在中期各个期间之间进行收入和费用的应计制处理，包括应计存货损耗、数量折扣及坏账准备。各项损失通常并不需要在其发生后递延至中期报告期间之外，而非常项目也是在其发生时做中期报告。但是，广告费用因其受益期无法预计，因而不能按此方式做应计制处理。同样地，中期报告中也不能考虑后进先出法（LIFO）下所产生的存货清算价值，只有存货价值的永久性下降才在中期报告中予以记录。与此相反，所得税却需根据预期的全年实际税率做应计制处理。

证券交易委员会对中期报告的要求

证券交易委员会（SEC）热切地关注着中期报告。它既要求提供分季度报告（10-Q 表），也要求报告当前的发展情况（8-K 表），单独披露第四季度的经营成果，以及有关年终调整的详细情况。SEC 有一些关于中期报告要求的成文规定，主要要求包括：

- 比较中期损益表和累计损益表数据——可以标明**未经审计**（unaudited），但必须包括在年度报告中（小公司除外）。
- 比较资产负债表。
- 累计现金流量表。
- 有关收购式商业合并的预计信息。
- 遵守公认会计原则的情况，会计政策变更的披露，包括审计师在审计报告中认为这些变更是否合理的表述。
- 管理当局对经营成果的评述性分析，包括对各中期报告期间收入和费用变动的解释。
- 说明期内是否提交了 8-K 表——用以报告非正常收益的调整或审计师的变更。

这些披露被认为有助于用户更好地理解公司的商务活动，同时还有助于用户以及时的方式估计各报告期公司商务活动的趋势。

中期报告的分析意义

我们在分析中必须注意中期报告可能的估计错误及随意性。审计师对中期报告的有限介入，使得中期报告的可信度相对于经过审计的年度报告而言有所降低。交易的监管为此提供了一定保证，尽管比较有限。不过，并非有关中期报告的所有报告要求对我们进行分析都是必要的。比如，把非常项目在其发生时记入中期报告期间就需要我们在分析时另外进行调整。同样地，尽管在各中期报告期间进行费用的应计制处理有其合理性，但我们必须明确，这种处理并没有明确的制度规定可供遵循。在各期间转移费用通常比转移收入更为容易。因此，分析中通常强调把中期收入作为中期业绩指标。中期报告中的某些季节性问题可以通过计算当年累计数来解决，包括最近一个季度的经营成果。

分析视点参考答案

分析师/预测者 我们进行分析时，必须要注意估计错误及中期报告中所内含的判断。相对于经过审计的年度报告，审计师对中期报告的涉入程度较低，在一定程度上降低了中期报告的可靠性。有关证券交易的各种制度提供了一些保障，尽管十分有限。另外，有关中期报告的各种披露要求，不一定都与我们的分析有关。比如，在中期发生的一些意外事项，当用于分析时需要进行调整。同样地，中期发生的应计制费用可能是合情合理的，但我们在进行分析时必须牢记，对此类应计项目，并无明确的管理规则。在中期进行费用的跨期转移，要比转移收入容易得多。因此，分析中经常会强调以中期收入作为中期业绩的衡量指标。进而，通过计算**本年度迄今为止的累计数**（year-to-date cumulative numbers）——包括最近一个季度的成果，可以很好地克服中期报告可能存在的一些问题。

思考题

11—1　研发费用分析因何对估计和预测盈利具有重要意义？研发费用分析应该重点关注哪些问题？

11—2　报告资产价值和报告收益之间有何关系？报告负债价值（包括准备）与报告收益之间有何关系？

11—3　为了分析而重构损益表的目的是什么？

11—4　我们可以从何处获得分析经营成果、进行收益重构与调整所需的数据资料？

11—5　描述重构过程。在分析中重构的目标是什么？

11—6　说明如何为了进行财务报表分析而进行损益表调整。

11—7　什么是盈余管理？如何区分盈余管理与欺诈报告？

11—8　确定并解释至少三种盈余管理方式。

11—9　是什么因素和动机促使公司（管理层）进行盈余管理？此类动机与财务报表分析有何关系？

11—10　管理层为什么对报告非常利得和损失抱有极大的兴趣？

11—11　评估非常项目的分析目的是什么？

11—12　为了达到分析的目的，可以用哪三种方式对非常项目进行分类？试分别举例说明之。分析师应该如何处理各类非常项目？是否有各种情况下皆可通用的确定的处理方式？请做出解释。

11—13　说明非常项目对企业资源和管理评价的影响。

11—14　试对下述观点进行评论："非常利得和损失不是源自'正常'或'计划'的商务活动，因而不能将其用于评价管理绩效。"你是否赞同这一观点？

11—15　会计操纵是否会影响基于盈利的公司价值估计？试析之。

11—16　(a) 试列出决定市净率和市盈率的主要因素。

(b) 分析师应该如何综合运用市净率和市盈率评估一项具体股票投资的价值？

11—17　盈利预测与盈利推断有何不同？

11—18　管理层讨论与分析（MD&A）的披露要求对盈利预测有何帮助？

11—19　什么是盈利能力？为什么盈利能力对财务报表分析具有重要意义？

11—20　分析中如何使用中期报表？分析时必须特别注意哪些会计问题？

11—21　中期财务报告具有一定局限性，并容易受到扭曲。试确定其中至少两项原因，并进行讨论。

11—22　中期报告的主要披露要求有哪些？其目的何在？

11—23　中期报告有何分析意义？

练习题

11—1　解释非常项目

Vancouver Viacom 公司主席曾对股东作如下解释：

"就管理层的态度而言，Vancouver Viacom 公司坚持拒绝与那些在收益公告中把非常项目或非重复项目报告为损失的公司为伍，尽管此类公司的数量在日益增加。这类案例中许多都有正常的经营问题。我们在关闭工厂时，会将与此相关的成本或形成的成本准备从盈利中扣除。根据我个人的判断，这些成本通常属于正常的经营费用，是一个好的管理者应该能够预期或预见到的。当然，这就产生了一个问题，即在计算市盈率和评价收益质量时究竟应该使用什么样的收益数据。”

要求：

a. 你会对这段话作何反应？

b. 哪些因素决定了一项损失是否属于非常项目？

c. 说明你是否会将以下项目作为非常项目，为什么？

(1) 由于汇率变动造成的国外子公司损失；

(2) 将存货成本减记为市价；

(3) 由于竞争对手开发出改良产品而导致的损失；

(4) 由于税率提高造成利润下降；

(5) 受罢工影响对按后进先出法计价的低成本存货进行清算，导致利润增加；

(6) 厂场设备搬迁发生的费用；

(7) 清除亏损的产品线发生的费用；

(8) 由于产品失败而注销研发成本（尚未上市）；

(9) 由于产品需求低于预期注销软件成本；

(10) 由于一个主要客户发生财务危机而提留坏账准备；

(11) 出租汽车公司出售出租车发生的损失；

(12) 出售固定资产利得；

(13) 收到员工租住公司房屋支付的租金；

(14) 伤亡损失；

(15) 公司的一个完整的分部被外国政府征用；

(16) 受战争影响资产被没收或毁坏。

11—2 财务报表分析中的非常项目

有位财务报表分析师曾对损益表的分类问题发表如下评论：

“我们应该放弃‘非常’一词，让用户自己决定类似罢工之类的项目下一年是否会再次发生、租赁的放弃会不会再次发生。我们需要的是一个包含全部内容，没有非常项目的报表。应该让用户根据其预测目的确定从损益表中剔除哪些非重复项目。但是让记录表明具有一定影响的全部事项，‘没有计算在内’的就确实没有价值了。当前的经营业绩法对报告而言是没有价值的。我认为所有项目都是相关的，都需要包括在内。从当期经营业绩中消除一些项目，我们实际上是在将其降低至一个不甚重要的地位。我不认为这在观念上是正确的。只有把所有项目全部包括在内才能更好地评价管理，预测收益。用户可以自己决定冲减存货或计划中厂场销售或放弃的价值。两个项目都会对收益产生负面影响，因为它们反映管理业绩。用户在预测收益时可以把两个项目全部排除在外。目前的系统易于产生滥用。即使地震也是事态发展的一部分。租赁的放弃会在石油行业发生。没有人聪明到可以通过拣选出何为非常项目、何为重复项目、何为典型或常规项目来解开这个问题上的这个难解的死结。”

要求：

a. 说明你对这段话有何看法。你对如何报告非常项目有何意见？

b. 在财务分析中应如何对待非常项目？

11—3 解释中期财务报表的披露

中期财务报表包含财务报告的大部分内容。中期业务活动的报告的相关性是个持续讨论的问题。

要求：

a. 说明收入在中期是如何确认的。说明以下不同情况下公司收入确认的差异：(1) 收入的季节性波动很大；(2) 拥有长期合同，按年度完工百分比法确认收入。

b. 说明在中期如何确认产品成本和期间费用。

c. 说明如何在中期进行存货和已销产品成本的特殊会计处理。

d. 说明在中期报告中如何计算并报告所得税准备。

11—4 鉴别财务数据易变性的根源

作为分析师必须了解财务报表数据易变性的根源和意义。

要求：

确定源自以下不同方面的影响每股收益、每股股利及每股市价数据易变性的因素：

a. 公司。

b. 经济。

案例题

11—1　盈余趋势及盈余构成的分析及解释

下面是 Ferro 公司的损益表、报表附注 7 关于所得税的说明以及 10-K 表中的部分信息：

合并损益表

截至 12 月 31 日

（千美元）	第 6 年度	第 5 年度
销售净额	$376 485	$328 005
销售成本	266 846	237 333
销售及行政管理费用	58 216	54 140
研发费用	9 972	8 205
营业费用	335 034	299 678
营业收益	41 451	28 327
其他收益		
在下属公司净收益中的权益	1 394	504
专利使用费	710	854
已获利息	1 346	1 086
杂项收益	1 490	1 761
其他收益合计	4 940	4 205
其他支出		
利息费用	4 055	4 474
未实现外币折算损失	4 037	1 851
杂项支出	1 480	1 448
其他支出合计	9 572	7 773
税前收益	36 819	24 759
美国国内及国外所得税（附注 7）	16 765	11 133
净收益	$20 054	$13 626

财务报表附注 7

所得税费用由以下内容构成（千美元）：

第 6 年度	美国联邦	国外	合计
本期	$5 147	$11 125	$16 272
递延	353	140	493
合计	$5 500	$11 265	$16 765

第 5 年度	美国联邦	国外	合计
本期	$2 974	$8 095	$11 069
递延	180	(116)	64
合计	$3 154	$7 979	$11 133

之所以存在递延所得税，主要是因为出于所得税目的使用加速折旧法，而合并财务报表中使用直线法计算折旧。第 6 和第 5 年度国家及地方所得税总额近 750 000 美元和 698 000 美元，记在其他费用类。第 6 和第 5 年度联邦所得税率和有效税率之间的调节如下：

	第 6 年度	第 5 年度
美国联邦所得税率	48.0%	48.0%
合并子公司盈余按照低于联邦所得税税率的税率计税	(5.3)	(5.3)
下属公司税后收益中的权益	(1.4)	(0.8)
未实现外币折算损失	5.3	3.6
从子公司和下属公司分得的股利在美国额外缴纳的税金	0.8	1.0
投资税减免	(1.5)	(0.9)
杂项	(0.4)	(0.6)
有效税率	45.5%	45.0%

下面信息来自 Ferro 公司的 10-K 表：

	第 6 年度	第 5 年度
销售成本包括（千美元）：		
维护修理费	$15 000	$20 000
处置化工分部的损失	—	7 000
销售及行政管理费用包括（千美元）：		
广告费	$6 000	$7 000
员工培训费	4 000	5 000

要求：

a. 重编 Ferro 公司第 5、第 6 年度损益表，并列明计算过程。

b. 说明是哪些因素导致所得税费用不等于税前收益的48%。确定各种随机的或不稳定的因素。

c. 你能否确定Ferro公司的经营政策在第6年度发生了哪些重大变化？（提示：可以重点考虑维护修理费、广告费、员工培训费支出的变化。）

11—2 估计盈余质量及提议中的会计政策变更

加拿大钢铁公司生产钢铸件和金属预制件，出售给生产厂家用以制造重型建筑机械及农用设备。在第3年初，公司总裁向财务副总裁寄送了如下一份备忘录：

致：财务副总裁 Robert Kinkaid
发自：总裁 Richard Johnson
主题：会计及财务政策

对我们而言，第2个会计年度是十分艰难的一年，这种情况可能延续至第3年。整个行业都在经受煎熬，由于会计及商务政策失当，我们可能遭受不必要的磨难。特别是：

(1) 我们的大部分固定资产（铸造设备）因为采用"吨产量"法，因而超期服役。为税务目的则采用加速折旧法和较短的寿命期估计。为了财务报告目的，则转为直线法，以便 (a) 在资产负债表上消除递延税款负债，(b) 假如第4年业务回暖则可调节利润。

(2) 数年前你曾劝我将存货计价方法从先进先出法（FIFO）改为后进先出法（LIFO）。由于通货膨胀目前已降低至每年4%的水平，而在我们目前的环境中，保持资产负债表的强势极为重要，我估计，假如转回先进先出法，可以使股东权益增加200万美元，营运资本增加400万美元，使第3年的盈余增加50万美元。这一调整是真实的，因为这些利润确实是我们在过去几年中赚得的，应该予以确认。

(3) 如果改变了存货计价政策，股票回购计划也可以继续。去年曾以每股100美元的价格向我们出售50000股股票的股东，可以继续依该价向我们出售20000股股票。不过，要再向银行融资，我们必须把流动比率保持在3∶1或更好的水平。如果资产回报率无法令人满意且行业继续衰退，降低资本化水平似乎将是一个审慎的选择。另外，由于利率较低（基本利率为11%），如果省去每股3美元的股利，我们每年可以税后节省60000美元。

上述做法可以很好地影响我们的获利能力及流动性比率，如下面所列第3年度预估损益表及资产负债表所示（单位：百万美元）：

	第1年	第2年	第3年估计
销售净额	\$50.6	\$42.3	\$29.0
净收益（损失）	\$2.0	\$(5.7)	\$0.1
净利润边际	4.0%	—	0.3%
股利	\$0.7	\$0.6	\$0.0
资产回报率	7.2%	—	0.4%
股权回报率	11.3%	—	0.9%
流动资产	\$17.6	\$14.8	\$14.5
流动负债	\$6.6	\$4.9	\$4.5
长期负债	\$2.0	\$6.1	\$8.1
股东权益	\$17.7	\$11.4	\$11.5
发行在外的股票（千股）	226.8	170.5	150.5
普通股每股：			
账面价值	\$78.05	\$66.70	\$76.41
市场价幅度	\$42～34	\$65～45	\$62～55*

* 本年迄今。

请对我的提议尽快做出回应。

要求：

假定你是该公司财务副总裁 Robert Kinkaid，请对总裁的各项提议是否合理做出评价。你可以重点强调每一项会计或商务决策对盈余质量有何影响。请用比率分析对你的回应提供支持。

11—3 以会计为基础的权益估值

经过仔细的财务报表分析后，我们就科林技术公司做出如下预测：

年度	净收益	期初账面价值
1	\$1034	\$5308
2	1130	5292
3	1218	5834
4	1256	6338
5	1278	6728
6	1404	7266
7	1546	7856

科林技术公司股本的成本估计为 13%。

要求：

a. 自第 7 年度后每年的非常收益预计为 0 美元。请用以会计为基础的权益估值模型估计第 1 年初科林公司的价值。

b. 使用 a 中结果计算科林公司的 PB 率。假如科林技术公司的实际市场 PB 率为 1.95，与此 PB 相比较你会得出什么结论？

c. 使用 a 中结果计算科林技术公司的 PB 率。假如科林技术公司的实际市场 PB 率为 10，与此 PB 相比较你会得出什么结论？

d. 如果我们预期科林技术公司第 7 年度后的销售和利润边际保持不变，账面价值稳定在 8 506 美元，使用以会计为基础的权益估值模型估计第 1 年初科林技术公司的价值。

11—4 IT 专业服务公司估值—收入倍数

IT 服务公司开发出了网店页面，并有后台操作系统与之相匹配。只有少数公司提供这种广泛的电商集成。因为客户需求，该行业持续增长。与传统行业估值不同，IT 服务公司的估值采用收入倍数法。下面两张表是华尔街一家投资银行使用自己对公司数据的估计编制的，反映的是 2005 年 11 月 22 日的估值倍数和经营指标。

估值倍数

公司	2005 年 11 月 22 日价格	股份（百万股）	市值	收入估计			最近一个季度		收入倍数	
				2005	2006	增长	收入	增长	2005	2006
Breakaway Solutions	$62.63	23.9	$1 497	25	43	72%	7	38%	59.9	34.8
Rare Medium	31.25	78.0	2 438	50	100	100	5	100	48.8	24.4
Scient	129.38	38.9	5 033	95	222	134	31	88	53.0	22.7
Viant	87.00	26.0	2 262	59	110	86	19	71	38.3	20.6
Proxicom	73.50	29.2	2 146	79	122	54	24	45	27.2	17.6
US Interactive	41.25	22.1	912	34	55	62	10	29	26.8	16.6
Razorfish	73.50	46.5	3 420	148	230	55	41	20	23.1	14.9
AppNet	48.63	31.3	1 522	109	150	38	30	20	14.0	10.1
iXL Enterprises	37.00	64.5	2 388	200	370	85	64	39	11.9	6.5
Modem Media	54.00	11.7	632	71	102	44	21	32	8.9	6.2
Luminant Worldwide	38.38	23.7	909	94	149	58	25	—	9.6	6.1
USWeb/CKS	42.50	89.1	3 787	506	925	83	138	22	7.5	4.1
选择性平均	—	—	—	—	—	73%	—	46%	27.4	15.4
选择性中位数	—	—	—	—	—	67%	—	38%	25.0	15.7

经营指标

公司	毛边际	收入/人数	计费人数	费率	年周转率	平均利用率
Breakaway Solutions	52.4%	$214 000	140	$138	20%	73%
Rare Medium	51.0	188 000	327	200	—	70
Scient	53.8	303 000	484	—	12	71
Viant	55.0	324 000	254	—	28	67

续前表

公司	毛边际	收入/人数	计费人数	费率	年周转率	平均利用率
Proxicom	48.8	214 000	492	149	17	79
US Interactive	44.2	187 000	212	160	24	68
Razorfish	57.8	197 000	868	153	18	62
AppNet	45.1	175 000	715	115	16	73
iXL Enterprises	44.0	217 000	1 260	152	30	73
Modem Media	44.7	209 000	455	132	8	78
Luminant Worldwide	—	180 000	—	—	24	73
USWeb/CKS	40.0	223 000	3 190	155	21	69
选择性平均	48.8%	$219 283	—	$150	20%	71%
选择性中位数	48.8%	$211 500	—	$152	20%	72%

要求：

a. 说明为什么分析师在对这些公司进行估值时使用收入倍数模型。“非财务”经营指标对这一模型有什么样的补充作用？

b. 你能否解释为什么收入倍数的分布会有这样大的偏离度？请注意，费率的差异并不是那么大。

c. 大多数经营指标是以员工人数为基础。对这样一个快速增长的行业而言，这是一个很大的问题。请解释为什么这会成为问题？（提示：平均利用率是员工自聘用之日开始向客户计费起，实际工作时数占正常工作一个年度标准工作时数 2 080 小时的比例。）

d. 请说明为什么 2006 年度所有公司的收入倍数都低于 2005 年度。

e. 行业的快速扩张导致公司联合并购不断。就在上面表格编制完成后不久，Razorfish 公司就完成了与另一家 IT 服务类公司 International Integration（I-Cube）的合并。Razorfish 公司向 I-Cube 的股东每一份 I-Cube 股票提供了 0.875 股 Razorfish 公司股票。这项交易估值为每股 24.72 美元，高出公告前 I-Cube 股票市场交易价近 18%。当公司发布收购公告时，I-Cube 股票市场交易的股价—收入倍数为 7。对 Razorfish 公司收购 I-Cube 所付的价格，你做何估计？

综合案例：财务报表分析的运用

前情回顾

本书第 1、2 章以高露洁公司为例，对财务报表分析的总体情况做了概括说明；第 3～第 6 章描述有关融资、投资及经营活动的会计分析，深入探究公司业绩及财务状况的内涵；第 7～11 章强调关键性财务分析工具和技术的应用与解释。

本案例要点

本案例是对财务报表及其附注的综合分析，分析中使用的是金宝汤公司的资料。我们将描述财务报表分析的步骤，考察财务报表分析的构成，说明财务报表分析报告的基本属性。我们将使用书中描述的各种工具和技术作为分析的基本支撑。所有分析都附有详细的解释和说明。

学习目标

- 描述财务报表分析的步骤
- 考察财务报表分析的基本构成
- 说明财务报表分析报告的基本属性
- 说明财务报表分析对评价特定行业中具有独特特征的公司的实际意义
- 对金宝汤公司的财务报表和附注进行综合分析

章前引例

“嗯……不错”，但要多久？

金宝汤公司近年来用了好几条广告语，在无处不在的广告战中几乎全都家喻户晓。最近一条广告语是“仅有神话是不够的”。这正是问题所在。该公司是世界最大的汤料制造商和销售商，属于液体饮料、调味汁、饼干和糖果产品的顶尖生产者。然而，其所处的行业是一个竞争激烈而又增长缓慢的行业。

金宝汤公司曾经顽固地抵制变革，错失了许多良机。它盲目地热衷于浓缩汤料，使很多增长性产品缺乏开发研究资金和市场营销支持。为此，公司管理层精心策划了几项重组，包括实施一些削减成本和提高资产效率的计划。

对像金宝汤这样的公司进行分析，我们必须认识到，削减成本和提高资产生产率虽然是提高效益的根本，但不会自动带来增长。个人消费品公司要获得增长，必须首先有一个强有力的、生机勃勃的市场，必须有能够带来财富的购并，以及创造性的新产品开发。所有这些都曾经是金宝汤公司所缺乏的。

仅有神话是不够的

股票价格是有关公司盈利能力和增长的重要指示器。在公司管理层找到一个有利可图的增长性市场进行投资之前，金宝汤公司的市场价值只能温和增长。极伤脑筋的是，公司股票价值长期停留在1996年的水平，直到最近才有显著增长。近年来，金宝汤公司开始显著提高财务杠杆。由于债权人风险增加，公司的债务评级从最高信用级别AAA降到了A。虽然公司的财务能力依然强劲，但当公司在重组计划中增加负债时，信用市场还是认为其信用情况有所恶化。

“仅有神话是不够的”，不仅是不言而喻的事实，也是对金宝汤公司未来成功的限制。公司必须进行自身的再创造，这意味着它必须忘记自己神话般的过去。

著名投资评级机构Piper Jaffray在买入建议书中提出了如下较为乐观的结论：“我们将对CPB（金宝汤公司）股票的综合评级由18.5X提升至19X，以反映持续的收益增进。与其他大盘袋装品公司相类似，我们希望以利润扩张和经营效率的提高为基础，获得**低位的单指数**（low single-digit）销售增长，**中位的单指数**（mid-single-digit）经营利润增长，并因为现金再投资活动而带来5%～7%的EPS增长。在实施转变计划三年以后，我们从

CPB所看到的情况是令人鼓舞的。我们相信，冷加工技术、易开技术、新型便利汤料及新型零售摆放系统会使美国汤料业务进一步增长。CPB注重创新和品牌建设，通过执行其销售战略，将带来更好的销售增长和创造现金流量的能力”。时间将会验证这一预测是否准确。

综合案例概览

本案例关注的重点是金宝汤公司财务报表及附注的综合分析。本书以前各章内容已经让我们做好了进行财务报表分析的一切准备，通过综合案例分析可以为我们进一步阐释和运用这些分析工具与技术提供良好的机会。同时，本案例也向我们展示了如何从具体分析入手进行推理，并最终得出结论。在此我们将首先回顾财务报表分析的基本步骤、分析的构成要件，以及一份由专家所出具的分析报告应该具备的主要属性。通过案例，我们强调财务报表分析的应用和结论表达。

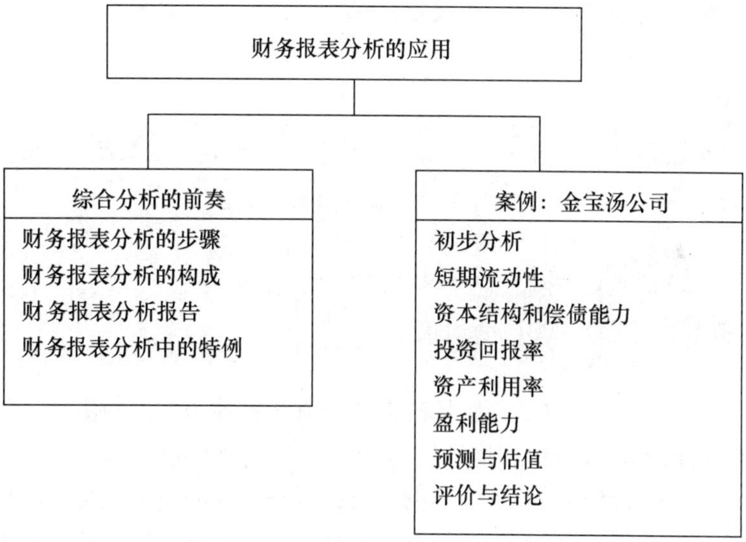

财务报表分析的步骤

为了保持分析的一致性并提高组织效率，可以对财务报表分析工作做一简要的概括。财务分析中存在着一些一般原则和规则，可以给我们提供一定帮助。尽管如此，我们必须记住，分析是一个需要依赖判断的过程，具有一定的灵活性。由于在分析中我们必须面对多样化的情况和环境，必须综合运用各种观念、经验和知识，因此，保持一定的灵活性是必不可少的。

财务报表分析以一定具体目标为导向。因此，分析的第一步就是明确定义分析目标。我们要对各种问题和事件进行评价，就必然会引出一定的具体目标，这是分析的一个重要组成部分。这一评价有助于我们确定恰当而相关的分析目标。它同时也可帮助我们消除不相干的目标，避免不必要的分析。要进行有效的分析，就必须首先确定明确的分析目标。所谓有效，乃是指用最少的时间和努力专注于财务报表中重要而相关的部分。参见案例 CC—1a。

案例 CC—1a

假设你是一家银行的信贷主管，正在处理一项为存货融资的短期贷款申请。你的目标是估计借款人及时偿还贷款的意愿及能力。你分析的重点是，对借款人的还款意愿和能力做出估计需要哪些信息。当然，你无须关注不相干的问题，比如可能影响借款人长期绩效的行业长期状况。

分析的第二步是提出与分析目标相一致的具体问题和判别标准。对这些问题的回答一方面要与分析目标相一致，另一方面要能够可靠地运用到经营决策之中。答案的判别标准必须与我们的风险和回报要求保持一致。参见案例 CC—1b。

案例 CC—1b

作为上例中的银行信贷主管，要做出是否贷款的决策，你必须提出相关的问题，并有明确的判断标准。你可以对借款人从以下方面做出判断：

- 愿意偿还该笔短期贷款；
- 有能力偿还该笔短期贷款（流动性）；
- 鉴别未来资源及贷款期内现金的使用。

提出分析性问题并确定判别标准需要依靠来自各个方面的信息，包括那些从借款人的角度进行表达的信息。财务报表分析可以对许多问题做出回答，但并不能回答所有问题。有些问题的回答必须使用财务报表分析之外的其他工具（如战略分析）。

分析的第三步是确定最有效的分析工具。这些工具必须与前面提出的问题和标准相关，并能较好地适应眼前经营决策的需要。这些工具包括本书所讨论的各种分析程序和技术。许多分析工具涉及对未来条件的估计和预测。这种未来倾向是所有分析工具的一个共同思路。

案例 CC—1c

作为上例中的银行信贷主管，你需要决定针对上述贷款申请，你应该使用哪些财务报表分析工具。你可能选择如下一种或几种分析工具：

- 短期流动性指标；
- 存货周转率指标；
- 现金流量和收益预测资料；
- 预估分析。

分析的第四步是证据的解释。对财务数据和指标的解释是决策及后续行动的基础。这也是分析中至关重要而且艰难的一步，它要求我们运用有关各种经营及非经营因素的知识和技能。这一步骤中需要进行大量研究和评估。它要求我们能够描绘出数字背后的商业现实和环境。这一步没有固定的模式可循。我们的解释是否恰当，取决于分析目标的确定、问题和判别标准的提出，以及分析工具的选择是否适当。

案例 CC—1d

贷款决策要求你归集并评价相关证据，然后对其作出解释，说明为什么你会作出贷款或不贷款的决定。与之相关，还涉及贷款的各种参数，如金额、利率、期限、还款方式，以及贷款的限制性条件。它还需要分析客户的经营战略，估计其经营环境。

这一步骤与许多职业的技术要求很相似。例如，天气预报便可以提供大量需要进行解释的分析数据。我们许多人会面对各种气象信息，但并不能对气压、相对湿度、风力等做出可靠的解释。我们所需要的只是专业人士从这些气象信息的专业解释中得出的预报结果。医药、法律、工程、生物及基因技术等专业也大都与此相类似。

我们在分析和解释财务报表时必须记住，数据只是对丰富的现实世界的一种抽象，财务报表分析则是对数据的进一步抽象。没有任何一幅地图或图片能够描绘出落基山脉宏大的全貌。要想对山脉做出全面评价，必须亲临其境，而不能仅仅依靠地图或图片这样一种抽象的形式。财务报表与地图和图片一样，也只是一种抽象。这就是我们为什么要跳出财务报表对公司进行调研的原因。这种调研的形式是多样化的，包括使用产品、享受服务、参观商店、与客户交流、参与公司的商务活动等。财务报表所提供的有关现实的静态抽象是不自然的，现实是动态发展的。分析中必须认识到财务报表的局限性，这与其重要性并不矛盾。财务报表是将公司的财务活动简化成共同的标准的工具。这是一种量化工具，可以进行统计评价并进行预测。

财务报表分析的构成

财务报表分析专注于公司财务状况和经营成果的一项或多项元素。我们在分析中着重强调六个需要进行考察的专门领域，其重要性各有不同。我们已经在书中对这六个方面做了全面的阐述。它们可以被视为财务报表分析的构成要件：

1. **短期流动性**：偿还短期债务的能力。
2. **资本结构和偿债能力**：创造未来收入及偿还长期债务的能力。
3. **投资回报率**：提供足够的财务回报以吸引和保持资金的能力。
4. **资产周转率**：为了达到适当的获利水平，通过资产创造收入的强度。
5. **经营业绩和盈利能力**：在长期运营中通过经营活动使收入最大化、费用最小化，从而获得成功。

6. **预测与估值**：对经营业绩和通过创造充足的现金流量提供投资所需资金的能力进行预测，并进行估值。

当运用这些构成要件进行财务报表分析时，需要确定：

- 分析目标。
- 上述分析要件的相对重要性。

举例来说，权益投资者在评估股票的投资价值时通常强调收益和回报分析，包括估计公司的经营业绩和投资回报。一项全面的分析则要求权益投资者对其他各项基本构件进行全方位估计，较少偏重。为了估计风险暴露程度，必须对其他各个分析构件予以必要的关注，包括流动性、偿债能力以及融资分析。进一步的分析可能找出盈利能力之外的更重要的风险点，并使对一家公司财务报表的分析发生重要改变。

我们把对公司财务状况和业绩的分析分成这样六个要件，乃是为了在分析时有所侧重。但必须记住，有关财务分析的这些不同方面实质上是相互关联的。比如说，公司的经营业绩总是要受到可用资金和短期流动性状况的影响。同样地，**公司的信誉**（credit standing）不仅受限于短期流动性，同时也有赖于经营业绩和资产周转情况。在一开始进行分析时，必须首先确定各部分分析的相对重要性及先后次序。随着收集到的证据日益增多，以及经营环境的变化，有关重要性的排名以及分析的先后次序亦将发生改变。

财务报表分析报告

对分析目标的深入理解是获得可靠分析结果的根本基础。分析的效率、应用效果及分析结果的相关性，皆取决于对分析目标的理解。大多数分析都会受到信息的限制。许多决策即是在信息不完善或不充分的情况下做出的。财务报表分析的目的之一就是通过严格而稳固的估价来降低不确定性。财务报表分析报告通过总体上考虑财务分析的各个构成要件，为以上各点提供帮助。它可以在寻求解释的同时确定推论中的不足，迫使我们合理地组织分析推理，理清分析的流程和逻辑。该报告同时还可以作为与读者交流的工具。在撰写报告的过程中可以进一步加强对有关问题的判断，反过来，对有关问题的判断也使报告的撰写过程更加顺畅。它同时还有助于从有关分析要件的各种证据中得出进一步的推论。

一份好的报告可以从潜在的信息中分离出各种分析性解释和结论。这种分离使读者能够看到分析的过程和合理性，同时还能使读者做出自己的结论，甚至在必要时做出适当的修正。一份完整的分析报告通常应该包括以下六个部分：

1. **概要**（executive summary） 是对主要分析结果的概括性总结，是分析报告的开始。

2. **分析概述**（analysis overview） 有关公司及其所在行业、经济环境的背景材料。

3. **证据材料**（evidential matter） 分析中使用的财务报表和信息。包括比率、趋势、统计数据及各种分析性指标。

4. **假设**（assumptions） 有关公司所在行业及经营环境的重要假设，以及其他有关估算和预测的重要假设，包括公司经营战略。

5. **关键因素**（crucial factors） 列出与公司业绩相关的各种有利和不利因素，既包括定量因素也包括定性因素。通常按分析的不同方面来分别列示。

6. **推论**（inferences） 包括从上述各部分中得出的预测、估计、解释及结论。

必须记住的是，财务分析中的重要性是由使用者来定义的。因此，分析报告中需要有一份简要的目录表，以帮助读者找到与其决策最为相关的分析内容。所有不相干的内容都必须从报告中删除。比如，有关数十年前公司成立情况的细节性材料，以及详细的错误提示就属于不相干信息。为了逃避责任或避免做出推论而加入的模棱两可的表达和限定条件也应该删除。最后，文字表达也是很重要的。语法错误和事实的误用会影响分析的可靠性。

财务报表分析中的特例

通常情况下，我们是以“典型”公司为例来讨论财务报表分析问题。但是，我们必须认识到，在企业的现实环境中存在着各种极不相同的因素（比如独特的会计方法、不同的经营环境）。这些因素归因于许多不同的影响，包括：特殊的行业条件、政府管制、社会关系以及政治清明的程度。对这些公司财务报表的分析要求我们理解其会计的特殊性。为此，我们必须了解与所分析公司相关的会计处理的特殊领域。比如说，对一家石油和天然气行业的公司进行分析时，我们就必须了解与该行业相关的会计知识，包括如何确定成本中心，如何确定前期勘探成本、开采成本，如何进行资本化成本的处置等。此外，石油天然气公司的分析还涉及一些特殊问题，如分析性考察、开发及相关支出，以及摊销与折耗的处理。另外一个例子是保险会计。保险行业的会计分析要求掌握有关该行业的行业知识及行业监管知识。最大的挑战来自保费收入的确认、购并成本的会计处理以及**保单责任准备金**（policy reserves）的确定。还有一个例子来自公用事业行业。与之相关的各种管制性规定导致特殊的会计方法和分析问题，其中涉及折旧准备的适当性问题，以及与公用事业单位**费率基础**（rate base）和费率基础确定中所使用方法相关的问题。与其他许多职业一样，特殊领域的考察需要特殊的知识。财务报表分析也不例外。

综合案例：金宝汤公司

我们用金宝汤公司的数据和信息来说明财务报表分析的主要组成部分。

□ 初步分析

金宝汤公司是世界最大的食品公司之一，主要提供各种便利食品。公司共有三个分部：北美分部、饼干和面包分部、国际分部。每个分部下面包括许多集团和经营单位。北美分部下面的主要业务集团包括汤料集团、快餐集团、食品杂货集团、调味品集团以及加拿大业务集团。

公司产品主要供家庭使用，同时也有一部分供餐馆、售货机及一些机构使用。公司直接面对客户销售产品，包括连锁店、批发商、分销商、机构和产业客户、便利店、会员店以及政府机关。金宝汤公司在美国的销售活动都是由分公司、独立经销商或协议分销商来进行。公司的任何一项主要业务都不存在依赖某一单一客户的情况。公司在接受订单之后，如果没有前面压下来的较大订单，则立即发货。

销售来源分析

图表 CC—1 是按业务分部分别反映的金宝汤公司第 6 年到第 11 年的销售情况。北美分部和国际分部是其最重要的收入源，在第 11 年分别占 68.7%和 19.7%。

金宝汤公司销售收入的构成

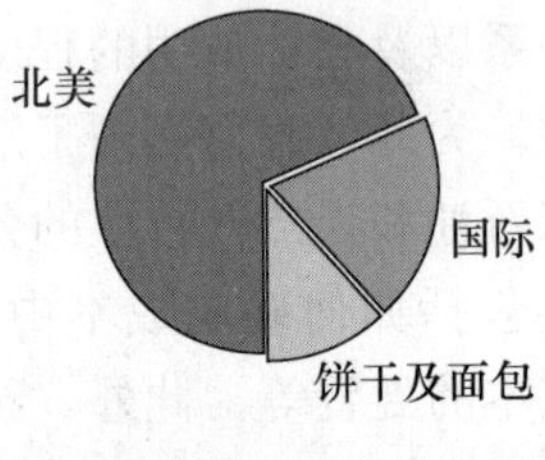

汤料是公司在美国国内最重要的业务，占整个汤料市场 60%的份额。主要包括速溶汤、面汤以及微波加热速食汤。金宝汤公司还包括其他一些速食汤料品牌，包括 Home Cooking，Chunky 以及 Healthy Request。公司的汤料业务还包括 Swanson 罐装鸡汤公司。美国人每年消费的金宝汤料在 25 亿罐以上，其食品柜中储存的金宝汤料在一年中任何时候平均都在 9 罐以上。

第 11 个财务年度对金宝汤公司而言是一个成功的过渡期。公司于该年度进行了一些重要资产的剥离，并完成了一些重大的重组项目。公司的收益、回报及现金流量等目标皆得以顺利实现。其中尤以北美和国际分部的盈利为最佳。进入第 12 个财务年度后，公司对产品组合进行了重新配置，公司良好的财务业绩有望继续延续。良好的业绩为公司扩大广告提供了机会，使公司能够进一步引入新产品，并继续对旗舰产品提供支持。

图表 CC—1　　金宝汤公司按分部反映的销售收入分布及构成比例　　单位：百万美元

年份	11	10	9	8	7	6
销售分布						
北美分部						
金宝汤美国	$3 911.8	$3 932.7	$3 666.9	$3 094.1	$2 881.4	$2 910.1
金宝汤加拿大	352.0	384.0	313.4	313.1	312.8	255.1
	4 263.8	4 316.7	3 980.3	3 407.2	3 194.2	3 165.2
饼干及面包分部						
Pepperidge 农场	569.0	582.0	548.4	495.0	458.5	420.1
国际饼干	219.4	195.3	178.0	—	—	—
	788.4	777.3	726.4	495.0	458.5	420.1
国际分部	1 222.9	1 189.8	1 030.3	1 036.5	897.8	766.2
各分部之间的销售	(71.0)	(78.0)	(64.9)	(69.8)	(60.1)	(64.7)
销售总额	$6 204.1	$6 205.8	$5 672.1	$4 868.9	$4 490.4	$4 286.8
销售的构成比例						
北美分部						
金宝汤美国	63.0%	63.4%	64.7%	63.5%	64.2%	67.9%
金宝汤加拿大	5.7	6.2	5.5	6.4	6.9	5.9
	68.7	69.6	70.2	69.9	71.1	73.8
饼干及面包分部						
Pepperidge 农场	9.2	9.4	9.7	10.2	10.2	9.8
国际饼干	3.5	3.1	3.1	—	—	—
	12.7	12.5	12.8	10.2	10.2	9.8
国际分部	19.7	19.2	18.2	21.3	20.0	17.9
各分部之间的销售	(1.1)	(1.3)	(1.2)	(1.4)	(1.3)	(1.5)
销售总额	100.0%	100.0%	100.0%	100.0%	100.0%	100.0%

比较财务报表

图表 CC—2、图表 CC—3 和图表 CC—4 提供了金宝汤公司第 6 至第 11 年的比较财务报表。（附录 A 中提供了金宝汤公司完整的财务报表和相关信息）过去六年的财务报告审计意见均为无保留意见。

图表 CC—2　　金宝汤公司损益表

第 6 至第 11 年　　单位：百万美元，每股收益数据除外

年份	11	10	9	8	7	6
销售净额	$6 204.1	$6 205.8	$5 672.1	$4 868.9	$4 490.4	$4 286.8
成本和费用						
销售成本	$4 095.5	$4 258.2	$4 001.6	$3 392.8	$3 180.5	$3 082.7
营销及销售费用	956.2	980.5	818.8	733.3	626.2	544.4

续前表

年份	11	10	9	8	7	6
管理费用	306.7	290.7	252.1	232.6	213.9	195.9
研发费用	56.3	53.7	47.7	46.9	44.8	42.2
利息费用	116.2	111.6	94.1	53.9	51.7	56.0
利息收入	(26.0)	(17.6)	(38.3)	(33.2)	(29.5)	(27.4)
汇兑损失，净额	0.8	3.3	19.3	16.6	4.8	0.7
其他费用（收入）	26.2	14.7	32.4	(3.2)	(9.5)	5.5
剥离、重组及其他非经常性费用	0.0	339.1	343.0	40.6	0.0	0.0
成本费用总额	5 531.9	6 034.2	5 570.7	4 480.3	4 082.9	3 900.0
考虑在子公司收益中的权益及少数股东权益前的收益	672.2	171.6	101.4	388.6	407.5	386.8
在子公司收益中的权益	2.4	13.5	10.4	6.3	15.1	4.3
少数股东权益	(7.2)	(5.7)	(5.3)	(6.3)	(4.7)	(3.9)
税前收益	667.4	179.4	106.5	388.6	417.9	387.2
所得税	265.9	175.0	93.4	147.0	170.6	164.0
考虑会计变更的累积影响前的收益	401.5	4.4	13.1	241.6	247.3	223.2
会计变更对所得税的累积影响	0	0	0	32.5	0	0
净收益	$401.5	$4.4	$13.1	$274.1	$247.3	$223.2
每股收益	$3.16	$0.03	$0.10	$2.12*	$1.90	$1.72
加权平均流通股数	127.00	126.60	129.30	129.30	129.90	129.50

* 包括每股 0.25 美元会计变更对所得税的累积影响。

图表 CC—3 **金宝汤公司资产负债表**

第 6 至第 11 年每年年末 单位：百万美元

年份	11	10	9	8	7	6
资产						
流动资产						
现金及现金等价物	$178.90	$80.70	$120.90	$85.80	$145.00	$155.10
其他短期投资	12.80	22.50	26.20	35.00	280.30	238.70
应收账款	527.40	624.50	538.00	486.90	338.90	299.00
存货	706.70	819.80	816.00	664.70	623.60	610.50
预付费用	92.70	118.00	100.40	90.50	50.10	31.50
流动资产合计	1 518.50	1 665.50	1 601.50	1 362.90	1 437.90	1 334.80
固定资产，折旧后净值	1 790.40	1 717.70	1 540.60	1 508.90	1 349.00	1 168.10
无形资产，摊销后净值	435.50	383.40	466.90	496.60	—	—
其他资产	404.60	349.00	323.10	241.20	310.50	259.90
资产总计	$4 149.00	$4 115.60	$3 932.10	$3 609.60	$3 097.40	$2 762.80

续前表

年份	11	10	9	8	7	6
负债与股东权益						
流动负债						
应付票据	$ 282.20	$ 202.30	$ 271.50	$ 138.00	$ 93.50	$ 88.90
应付账款	482.40	525.20	508.20	446.70	374.80	321.70
应计负债	408.70	491.90	392.60	236.90	182.10	165.90
应付股利	37.00	32.30	29.70	—	—	—
应计所得税	67.70	46.40	30.10	41.70	43.40	49.60
流动负债合计	1 278.00	1 298.10	1 232.10	863.30	693.80	626.10
长期负债	772.60	805.80	629.20	525.80	380.20	362.30
其他负债，递延所得税为主	305.00	319.90	292.50	325.50	287.30	235.50
股东权益						
优先股，核准 40 000 000 股；发行 0 股	—	—	—	—	—	—
股本，面值 0.15 美元，核准 140 000 000 股；发行 135 622 676 股	20.30	20.30	20.30	20.30	20.30	20.30
资本公积	107.30	61.90	50.80	42.30	41.10	38.10
留存收益	1 912.60	1 653.30	1 775.80	1 879.10	1 709.60	1 554.00
库藏股本，成本价	(270.40)	(107.20)	(70.70)	(75.20)	(46.80)	(48.40)
外币折算调整累计数	23.60	63.50	2.10	28.50	11.90	(25.10)
所有者权益合计	1 793.40	1 691.80	1 778.30	1 895.00	1 736.10	1 538.90
负债与股东权益总计	$ 4 149.00	$ 4 115.60	$ 3 932.10	$ 3 609.60	$ 3 097.40	$ 2 762.80

图表 CC—4

金宝汤公司现金流量表

第 6 至第 11 年

单位：百万美元

年份	11	10	9	8	7	6	合计
经营活动产生的现金流量							
净收益	$ 401.5	$ 4.4	$ 13.1	$ 274.1	$ 247.3	$ 223.2	$ 1 163.6
将净收益调整为经营活动产生的现金流量净额：							
折旧和摊销	208.6	200.9	192.3	170.9	144.6	126.8	1 044.1
剥离和重组	—	339.1	343.0	17.6	—	—	699.7
递延税款	35.5	3.9	(67.8)	13.4	45.7	29.0	59.7
其他，净值	63.2	18.6	37.3	43.0	28.0	16.6	206.7
会计变更的累积影响	—	—	—	(32.5)	—	—	(32.5)
应收账款的减少（增加）	17.1	(60.4)	(46.8)	(104.3)	(36.3)	(3.6)	(234.3)
存货的减少（增加）	48.7	10.7	(113.2)	54.2	(3.9)	23.1	19.6
其他流动资产和负债的变化净额	30.6	(68.8)	(0.6)	30.2	42.9	48.7	83.0

续前表

年份	11	10	9	8	7	6	合计
经营活动产生的现金流量净额	805.2	448.4	357.3	466.6	468.3	463.8	3 009.6
投资活动产生的现金流量							
购置固定资产	(361.1)	(387.6)	(284.1)	(245.3)	(303.7)	(235.3)	(1 817.1)
出售固定资产	43.2	34.9	39.8	22.6	—	29.8	170.3
企业并购	(180.1)	(41.6)	(135.8)	(471.9)	(7.3)	(20.0)	(856.7)
企业售出	67.4	21.7	4.9	23.5	20.8	—	138.3
其他资产的增加	(57.8)	(18.6)	(107.0)	(40.3)	(50.1)	(18.0)	(291.8)
其他临时投资变化净额	9.7	3.7	9.0	249.2	(60.7)	(144.1)	66.8
投资活动产生的现金流量净额	(478.7)	(387.5)	(473.2)	(462.2)	(401.0)	(387.6)	(2 590.2)
融资活动产生的现金流量							
长期借款	402.8	12.6	126.5	103.0	4.8	203.9	853.6
偿还长期借款	(129.9)	(22.5)	(53.6)	(22.9)	(23.9)	(164.7)	(417.5)
短期借款的增加（减少）	(137.9)	(2.7)	108.2	8.4	(20.7)	4.6	(40.1)
其他短期借款	117.3	153.7	227.1	77.0	89.3	72.9	737.3
偿还其他短期借款	(206.4)	(89.8)	(192.3)	(87.6)	(66.3)	(88.5)	(730.9)
支付股利	(137.5)	(124.3)	(86.7)	(104.6)	(91.7)	(104.6)	(649.4)
购买库藏股	(175.6)	(41.1)	(8.1)	(29.3)	—	—	(254.1)
库藏股发行	47.7	12.4	18.5	0.9	1.6	4.0	85.1
其他，净值	(0.1)	(0.1)	23.5	2.3	18.6	17.9	62.1
融资活动产生的现金流量净额	(219.6)	(101.8)	163.1	(52.8)	(88.3)	(54.5)	(353.9)
汇率变动对现金的影响	(8.7)	0.7	(12.1)	(10.8)	(7.1)	(3.7)	(41.7)
现金及现金等价物净增加（减少）额	$98.2	$(40.2)	$35.1	$(59.2)	$(28.1)	$18.0	$23.8
期初现金及现金等价物余额	$80.7	$120.9	$85.8	$145.0	$173.1	$155.1	$151.1
期末现金及现金等价物余额	$178.9	$80.7	$120.9	$85.8	$145.0	$173.1	$178.9

财务报告的进一步分析

图表 CC—5 展示了主要财务指标的年度复合增长率。这些比率是以每股数据为基础，使用 4 个不同的时期进行计算的。其中最为突出的是近 5 年的每股收益增长率，达到了 12.93%。同一时期内每股销售收入的增长率要小于这一数值。与过去 10 年相比，近 5 年每股权益的增长率有所下降。这一问题，以及图表中两项负增长的出现，皆是由于第 9 和第 10 年的资产剥离与重组所致。我们还编制了共同比财务报表，包括图表 CC—6 中的共同比损益表和 CC—7 中的共同比资产负债表。图表 CC—8 列示了选定账户的趋势指数。图表 CC—9 展示了金宝汤公司的每股成果数据。

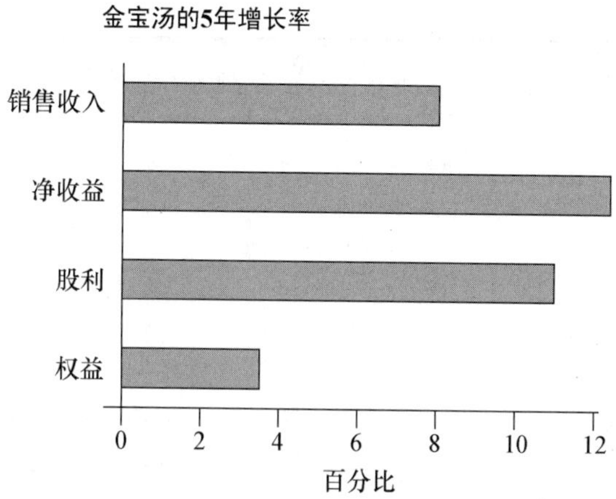

图表 CC—5

金宝汤公司

5 年增长率*

每股	第 6～11 年	6～8 年的平均到 9～11 年的平均
销售收入	8.09%	5.95%
净收益	12.93	(10.53)
股利	11.50	6.69
权益	3.55	0.53

10 年增长率*

每股	第 6～11 年	6～8 年的平均到 9～11 年的平均
销售收入	8.51%	7.22%
净收益	12.19	(0.44)
股利	8.18	6.62
权益	6.22	5.13

* 增长率使用复利法进行计算（n 表示复利期，r 表示增长率）：

$$终值(FV)= 现值(PV)\times(1+r/100)^n$$

例如，每股销售净额第 6 至第 11 年的增长率为：

$$FV=PV(1+r/100)^n \Leftrightarrow \$48.25=\$33.10(1+r/100)^5$$
$$r=8.09\%$$

图表 CC—6

金宝汤公司共同比损益表

第 6 至第 11 年

年份	11	10	9	8	7	6
销售净额	100.00%	100.00%	100.00%	100.00%	100.00%	100.00%
成本和费用						
销售成本	66.01%	68.62%	70.55%	69.68%	70.83%	71.91%
营销及销售费用	15.41	15.80	14.44	15.06	13.95	12.70
管理费用	4.94	4.68	4.44	4.78	4.76	4.57
研发费用	0.91	0.87	0.84	0.96	1.00	0.98
利息费用	1.87	1.80	1.66	1.11	1.15	1.31
利息收入	(0.42)	(0.28)	(0.68)	(0.68)	(0.66)	(0.64)

续前表

年份	11	10	9	8	7	6
汇兑损失，净额	0.01	0.05	0.34	0.34	0.11	0.02
其他费用（收入）	0.42	0.24	0.57	(0.07)	(0.21)	0.13
剥离、重组及其他非经常性费用	—	5.46	6.05	0.83	—	—
成本费用总额	89.17%	97.23%	98.21%	92.02%	90.93%	90.98%
考虑在子公司收益中的权益及少数股东权益前的收益	10.83%	2.77%	1.79%	7.98%	9.07%	9.02%
在子公司收益中的权益	0.04	0.22	0.18	0.13	0.34	0.10
少数股东权益	(0.12)	(0.09)	(0.09)	(0.13)	(0.10)	(0.09)
税前收益	10.76%	2.89%	1.88%	7.98%	9.31%	9.03%
所得税	4.29	2.82	1.65	3.02	3.80	3.83
考虑会计变更的累积影响前的收益	6.47%	0.07%	0.23%	4.96%	5.51%	5.21%
会计变更对所得税的累积影响	—	—	—	0.67	—	—
净收益	6.47%	0.07%	0.23%	5.63%	5.51%	5.21%

图表 CC—7 金宝汤公司共同比资产负债表

第6至11年每年年末

	11	10	9	8	7	6	第11年行业综合
流动资产							
现金及现金等价物	4.31%	1.96%	3.07%	2.38%	4.69%	5.61%	3.4%
其他短期投资	0.31	0.55	0.67	0.97	9.05	8.64	
应收账款	12.71	15.17	13.68	13.49	10.94	10.82	16.5
存货	17.03	19.92	20.75	18.41	20.13	22.10	38.6
预付费用	2.23	2.87	2.55	2.51	1.62	1.14	2.2
流动资产合计	36.60%	40.47%	40.73%	37.76%	46.43%	48.31%	60.7%
固定资产，折旧后净值	43.15	41.74	39.18	41.80	43.55	42.28	21.0
无形资产，摊销后净值	10.50	9.32	11.87	13.76	—	—	
其他资产	9.75	8.48	8.22	6.68	10.02	9.41	18.3
资产总计	100.00%	100.00%	100.00%	100.00%	100.00%	100.00%	100.0%
流动负债							
应付票据	6.80%	4.92%	6.90%	3.82%	3.02%	3.22%	6.7%
应付账款	11.63	12.76	12.92	12.38	12.10	11.64	10.2
应计负债	9.85	11.95	9.98	6.56	5.88	6.00	15.8
应付股利	0.89	0.78	0.76	—	—	—	
应计所得税	1.63	1.13	0.77	1.16	1.40	1.80	
流动负债合计	30.80%	31.54%	31.33%	23.92%	22.40%	22.66%	32.7%

续前表

	11	10	9	8	7	6	第11年行业综合
长期负债	18.62	19.58	16.00	14.57	12.27	13.11	19.7
其他负债，递延所得税为主	7.35	7.77	7.44	9.02	9.28	8.52	1.5
股东权益							
优先股，核准40 000 000股；发行0股	—	—	—	—	—	—	
股本，面值0.15美元，核准140 000 000股；发行135 622 676股	0.49	0.49	0.52	0.56	0.66	0.73	
资本公积	2.59	1.50	1.29	1.17	1.33	1.38	
留存收益	46.10	40.17	45.16	52.06	55.19	56.25	
库藏股本，成本价	(6.52)	(2.60)	(1.80)	(2.08)	(1.51)	(1.75)	
外币折算调整累计数	0.57	1.54	0.05	0.79	0.38	(0.91)	
所有者权益合计	43.22%	41.11%	45.23%	52.50%	56.05%	55.70%	46.1%
负债与股东权益总计	100.00%	100.00%	100.00%	100.00%	100.00%	100.00%	100.0%

图表 CC—8 　　**金宝汤公司选定账户趋势指数**（第6年=100%）

	11	10	9	8	7	6
现金及现金等价物	115%	52%	78%	55%	93%	$155.1
应收账款	176	209	180	163	113	299.0
短期投资	5	9	11	15	117	238.7
存货	116	134	134	109	102	610.5
流动资产合计	114	125	120	102	108	1 334.8
流动负债合计	204	207	197	138	111	626.1
运营资本	34	52	52	70	105	708.7
固定资产净值	153	147	132	129	115	1 168.1
其他资产	156	134	124	93	119	259.9
长期负债	213	222	174	145	105	362.3
负债总计	192	198	176	140	111	1 223.9
股东权益	117	110	116	123	113	1 538.9
销售净额	145	145	132	114	105	4 286.8
产品销售成本	133	138	130	110	103	3 082.7
管理费用	157	148	129	119	109	195.9
营销及销售费用	176	180	150	135	115	544.4
利息费用	208	199	168	96	92	56.0
成本费用合计	142	155	143	115	105	3 900.0
税前收益	172	46	28	100	108	387.2
净收益	180	2*	6*	123	111	223.2

* 在扣除了剥离、重组及其他非经常性费用的（法定税款净额）影响之后，第9和第10年的此项数据将分别变为102%和104%。

图表 CC—9　　金宝汤公司每股成果数据

	11	10	9	8	7	6
销售收入	$ 48.85	$ 49.02	$ 43.87	$ 37.66	$ 34.57	$ 33.10
净收益	3.16	0.03	0.10	2.12	1.90	1.72
股利	1.12	1.00	0.90	0.81	0.71	0.81
账面价值	14.12	13.36	13.76	14.66	13.36	11.86
平均流通股数（百万股）	127.0	126.6	129.3	129.3	129.9	129.5

图表 CC—4 中的数据表明，经营活动产生的现金流量是公司现金流量最稳定而且不断增长的来源，在第 11 年，经营活动净现金流量有了实质性增长（达 8.052 亿美元）。第 9 年比第 8 年略减，主要是由于存货增加 1.13 亿美元，递延税款减少 0.68 亿美元。存货增加是因为管理层希望改进客户服务，递延税款减少则是因为发生了不能抵税的重组及非经常性费用，导致 0.78 亿美元的所得税费用贷项金额，高于所得税流动负债。我们同时还可以看到，第 9 和第 10 年净收益的下降并没有反映到经营活动现金流量中，这是因为这些下降是由于重组和剥离费用所致，并不具有直接的现金流量影响。

图表 CC—10 展示的是从第 6 至第 11 年的六年中金宝汤公司的共同比现金流量表。该表揭示了 6 年来公司现金流量的几种不同类型。由于表中通过“合计”栏反映了总计数，因此可以显示出现金的短期波动，比如第 7 年由于投资活动中大量使用现金（62%）而引致的波动。经营活动产生的现金流量占了现金流入总量的一半以上。这一发现与融资活动（使用了 7%的现金流入）主要以再融资为主的事实，昭示了金宝汤公司的融资优势和融资方式。合计栏数据还表明，购买资产和企业购并耗费了公司近 50%的现金流入，另外有 12%左右的现金流入被用来发放股利。总体来看，经营活动所产生的现金流入（56%）中，有 7%用于融资活动，48%用于投资活动。金宝汤公司在过去 6 年的净现金状况是很稳定的，各年的变化从来没有出现过超出上年 7%的情况。6 年的总增长率在 1%以下。

图表 CC—10　　金宝汤公司共同比现金流量表

第 6 至第 11 年

	11	10	9	8	7	6	合计
经营活动产生的现金流量							
净收益	26.89%	0.54%	1.15%	25.14%	38.42%	27.88%	21.54%
将净收益调整为经营活动产生的现金流量净额：							
折旧和摊销	13.97	24.58	16.82	15.67	22.47	15.84	19.33
剥离和重组	—	41.49	30.00	1.61	—	—	12.95
递延税款	2.38	0.48	(5.93)	1.23	7.10	3.62	1.11
其他，净值	4.23	2.28	3.26	3.94	4.35	2.07	3.83

续前表

	11	10	9	8	7	6	合计
会计变更的累积影响	—	—	—	(2.98)	—	—	(0.60)
应收账款的减少（增加）	1.15	(7.39)	(4.09)	(9.57)	(5.64)	(0.45)	(4.34)
存货的减少（增加）	3.26	1.31	(9.90)	4.97	(0.61)	2.89	0.36
其他流动资产和负债的变化净额	2.05	(8.42)	(0.05)	2.77	6.67	6.08	1.54
经营活动产生的现金流量净额	53.92%	54.86%	31.25%	42.80%	72.76%	57.94%	55.72%
投资活动产生的现金流量							
购置固定资产	(24.18)%	(47.42)%	(24.85)%	(22.50)%	(47.19)%	(29.39)%	(33.64)%
出售固定资产	2.89	4.27	3.48	2.07	—	3.72	3.15
企业并购	(12.06)	(5.09)	(11.88)	(43.28)	(1.13)	(2.50)	(15.86)
企业售出	4.51	2.66	0.43	2.16	3.23	—	2.56
其他资产的增加	(3.87)	(2.28)	(9.36)	(3.70)	(7.78)	(2.25)	(5.40)
其他临时投资变化净额	0.65	0.45	0.79	22.86	(9.43)	(18.00)	1.24
投资活动产生的现金流量净额	(32.06)%	(47.41)%	(41.39)%	(42.39)%	(62.31)%	(48.42)%	(47.95)%
融资活动产生的现金流量							
长期借款	26.97%	1.54%	11.07%	9.45%	0.75%	25.47%	15.80%
偿还长期借款	(8.70)	(2.75)	(4.69)	(2.10)	(3.71)	(20.57)	(7.73)
短期借款的增加（减少）	(9.23)	(0.33)	9.46	0.77	(3.22)	0.57	(0.74)
其他短期借款	7.86	18.81	19.87	7.06	13.88	9.11	13.65
偿还其他短期借款	(13.82)	(10.99)	(16.82)	(8.03)	(10.30)	(11.06)	(13.53)
支付股利	(9.21)	(15.21)	(7.58)	(9.59)	(14.25)	(13.07)	(12.02)
购买库藏股	(11.76)	(5.03)	(0.71)	(2.69)	—	—	(4.70)
库藏股发行	3.19	1.52	1.62	0.08	0.25	0.50	1.58
其他，净值	(0.01)	(0.01)	2.06	0.21	2.89	2.24	1.15
融资活动产生的现金流量净额	(14.71)%	(12.46)%	14.27%	(4.84)%	(13.72)%	(6.81)%	(6.55)%
汇率变动对现金的影响	(0.58)	0.09	(1.06)	(0.99)	(1.10)	(0.46)	(0.77)
现金及现金等价物净增加（减少）额	6.58%	(4.92)%	3.07%	(5.43)%	(4.37)%	2.25%	0.44%

* 共同比百分数是以总现金流入＝100%为基础计算的。对于第 11 年，100%的总现金流入构成为：经营活动产生的现金流量（26.89＋13.97＋2.38＋4.23＋1.15＋3.26＋2.05）＋出售固定资产（2.89）＋企业售出（4.51）＋其他临时投资变化净额（0.65）＋长期借款（26.97）＋短期借款（7.86）＋库藏股发行（3.19）。

金宝汤公司的经营活动现金流量

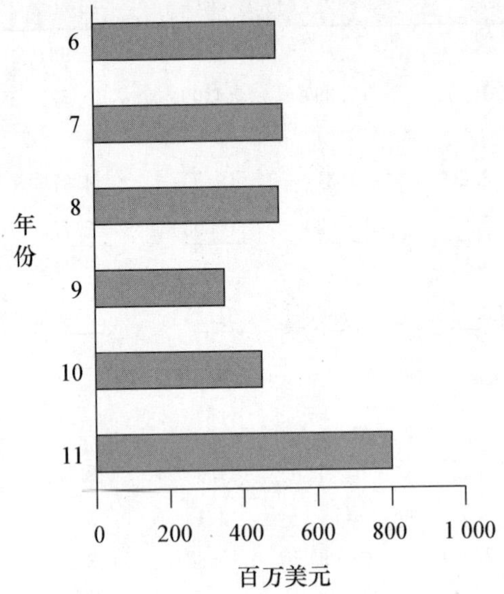

按照主要活动类别编制一张现金流入流出汇总表通常极为有用。我们以图表 CC—4 中的资料为基础编制了如下现金流入流出汇总表：

(单位：百万美元)	第 11 年	第 10 年	第 9 年	第 8 年	第 7 年	第 6 年	合计
经营活动	$ 805.2	$ 448.4	$ 357.3	$ 466.6	$ 468.3	$ 463.8	$ 3 009.6
投资活动	(478.7)	(387.5)	(473.2)	(462.2)	(401.0)	(387.6)	(2 590.2)
融资活动	(219.6)	(101.8)	163.1	(52.8)	(88.3)	(54.5)	(353.9)
现金增加（减少）额	98.2	(40.2)	35.1	(59.2)	(28.1)	18.0	23.8

从本表数据可以看出，金宝汤公司的现金开支主要用于两大方面：(1) 投资活动 25.902 亿美元；(2) 融资活动（包括支付股利）3.539 亿美元。尽管这些开支巨大，金宝汤公司依然逐渐累积增加了 2 380 万美元的现金。尤需注意的是，以上开支全部来自总计 30 亿美元的经营活动现金流量。尽管在第 7、第 8 和第 10 年，由于为投资和融资活动筹集资金，现金余额出现了负数，但在整个 6 年中，经营活动产生的现金流量仍然能够满足投、融资活动的需要，并形成了 2 380 万美元的结余。

图表 CC—11 提供了有关现金流量的另外两项指标。**现金流量充足率**（cash flow adequacy ratio）衡量公司从经营活动中产生充足的现金流量，以满足资本支出、存货投资及现金股利之需的能力。金宝汤公司第 6 年的现金充足率为 0.875，说明经营活动产生的现金流量不能满足分母中各个项目（资本支出、存货投资、现金股利）之需，需要进行外部融资。需要记住的是，这是一项集合（6 年的总计）比率。如果是考察个别年份（包括第 11 年）的现金充足率，则会发现，除第 7 和第 9 年之外，其他年度的现金都是充足的。第二项指标是**现金再投资率**（cash reinvestment ratio），用以考察留存下来重新投入公司资产重置和增长的现金。金宝汤公司 6 年内总的现金再投资率为 11.8%，对该行业而言属于令人满意的水平。第 11 年的现金再投资率更高一些，达到了 18.7%。第 9 和第 10 年由于经营活动产生的现金流量下降，导致再投资率较低。

图表 CC—11 **金宝汤公司现金流量比率分析** 单位：百万美元

(1) 现金流量充足率* $=\dfrac{\text{6 年内经营活动产生现金流量的总计数}}{\text{6 年内资本支出、新增存货及现金股利的总计数}}$

$=\dfrac{\$3\,009.6}{(\$1\,817.1+\$856.7)+(\$113.2+\$3.9)+\$649.4}$

$=0.875$

(2) 现金再投资率** $=\dfrac{\text{经营活动提供的现金}-\text{股利}}{\text{不动产、厂场设备总计}+\text{投资}+\text{其他资产}+\text{营运资本}}$

第 6 至第 11 年平均 $=\dfrac{\$3\,009.6-\$649.4}{\$15\,183.7+\$1\,888.3+\$2\,929.7}=11.8\%$

第 11 年 $=\dfrac{\$805.2-\$137.5}{\$2\,921.9+\$404.6+\$240.5}=18.7\%$

第 10 年 $=\dfrac{\$448.4-\$124.3}{\$2\,734.9+\$349.0+\$367.4}=9.4\%$

第 9 年 $=\dfrac{\$357.3-\$86.7}{\$2\,543.0+\$323.1+\$369.4}=8.4\%$

第 8 年 $=\dfrac{\$466.6-\$104.6}{\$2\,539.7+\$241.2+\$499.6}=11.0\%$

第 7 年 $=\dfrac{\$468.3-\$91.7}{\$2\,355.1+\$310.5+\$744.1}=11.0\%$

第 6 年 $=\dfrac{\$463.8-\$104.6}{\$2\,089.1+\$259.9+\$708.7}=11.7\%$

* 所有数据皆来自现金流量表。
** 分子来自现金流量表，分母来自资产负债表。

□ 短期流动性

图表 CC—12 中是最近 6 年内各种短期流动性指标。该表同时还包括第 11 年的行业综合指标。表中数据有许多值得注意的地方。第 11 年的流动比率属于 6 年中的最低值，为 1.19，大大低于 1.86 的行业综合水平。这主要是由于近年来流动负债增长所致。第 11 年的流动负债为第 6 年的 2 倍，而流动资产只是第 6 年的 114%。在第 10 年中，一项数额巨大的应付票据通过重分类被计入长期负债，对流动比率的提高发挥了积极作用。图表 CC—13 显示，金宝汤公司现金及现金等价物占流动资产的比重较大（11.78%），明显高于行业平均值（5.60%）。

图表 CC—12 **金宝汤公司短期流动性分析**

单位	指标	第 11 年	第 10 年	第 9 年	第 8 年	第 7 年	第 6 年	行业综合
1. 比率	流动比率	1.19	1.28	1.30	1.58	2.07	2.13	1.86
2. 比率	速动比率	0.56	0.56	0.56	0.70	1.10	1.11	0.61
3. 次数	应收账款周转率	10.77	10.68	11.07	11.79	14.08	14.42	8.37
4. 次数	存货周转率	5.37	5.21	5.41	5.27	5.15	4.96	2.53

续前表

单位	指标	第 11 年	第 10 年	第 9 年	第 8 年	第 7 年	第 6 年	行业综合
5. 天数	应收账款周转天数	30.60	36.23	34.15	36.00	27.17	25.11	43.01
6. 天数	存货周转天数	62.12	69.31	73.41	70.53	70.59	71.29	142.03
7. 天数	营业周期	92.72	105.54	107.56	106.53	97.76	96.40	185.32
8. 百分比	现金流动资产比率	11.78%	4.84%	7.55%	6.30%	10.08%	11.62%	5.60%
9. 百分比	现金流动负债比率	14.00%	6.22%	9.81%	9.94%	20.90%	24.77%	10.40%
10. 百万美元	营运资本	240.50	367.40	369.40	499.60	744.10	708.70	54.33
11. 天数	应付账款周转天数	42.39	44.40	45.72	47.40	42.42	37.57	—
12. 天数	平均净商业周期	50.33	61.14	61.84	59.13	55.34	58.83	—
13. 百分比	经营活动提供的现金与平均流动负债的比率	62.51%	35.44%	34.10%	59.93%	70.96%	77.34%	—

注：第 11 年有关比率计算如下（金额单位：百万美元）：

(3) $\frac{\text{销售净额}}{\text{应收账款平均余额}}=\frac{\$6\,204.1}{(\$527.4+\$624.5)/2}=10.77$

(4) $\frac{\text{销售成本}}{\text{存货平均余额}}=\frac{\$4\,095.5}{(\$706.7+\$819.8)/2}=5.37$

(5) $\frac{\text{应收账款期末余额}}{\text{销售成本}/360}=\frac{\$527.4}{\$6\,204.1/360}=30.60$

(6) $\frac{\text{存货期末余额}}{\text{销售成本}/360}=\frac{\$706.7}{\$4\,095.5/360}=62.12$

(7) 营业周期＝(5) 应收账款周转天数＋(6) 存货周转天数

(11) $\frac{\text{应付账款}}{\text{销售成本}/360}=\frac{\$482.4}{\$11.38}=42.39$

(12) 平均净商业周期：

应收账款	30.60
存货	62.12
小计	92.72
减：应付账款	42.39
合计	50.33

(13) $\frac{\text{经营活动产生的现金}}{(\text{期初流动负债}+\text{期末流动负债})\div 2}=\frac{\$805.2}{\$1\,288}=62.51$

如图表 CC—12 所示，过去三年中金宝汤公司的速动比率（0.56）低于行业平均值（0.61）。利用图表 CC—7 中的数据，可以对构成该公司速动比率的各项资产和负债与行业资料进行比较。结合图表 CC—7 和图表 CC—13 的数据可以发现，公司存货占总资产和流动资产的比重（分别为 17%和 47%）明显低于行业平均值（分别为 39%和 64%）。同时，金宝汤公司第 11 年的存货周转天数为 5.37，而行业平均值仅为 2.53。这些数据说明，与行业总体水平相比，金宝汤公司投在存货上的资金相对较少。图表 CC—8 中存货增长率（116%）低于销售增长率（145%）的事实也为此提供了证据。存货管理的改进源自准时制（JIT）的应用。图表 CC—14 中报告的存货数据也显示原材料在存货中的比重降低，这与前面的推论是一致的。

在第 11 年的存货计价中，大约 70%的存货使用了 LIFO 法，而在第 10 年，大

金宝汤公司的销售及存货增长

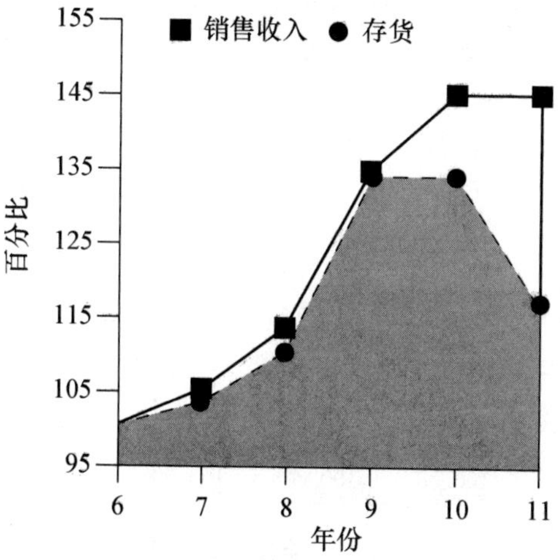

约64%使用了LIFO法（见附录A年度报告附注14）。图表CC—15对使用LIFO法和FIFO法计算的收益和销售成本进行了比较。当价格上升时，LIFO下的收益通常要低于FIFO。在金宝汤公司的案例中，使用LIFO法计算的收益在第7、第9和第11年低于FIFO法收益，其他年度则相反，这可能是由于削减成本或清理存货所致。

金宝汤公司的应收账款周转率在过去六年中一直呈下降趋势，但直至第11年仍然高于行业值（见图表CC—12）。从图表CC—8还可以看到，应收账款的增速明显高于销售，在第10年达到巅峰（209%），第11年有所下降（176%）。这等于说公司需要采用更为激进的信用政策。从图表CC—12可以看到，应收账款回收期指标在第6和第10年表现较差，而在第11年有所改善。存货情况也大致与此相类似，从第6至第9年一直在恶化。不过，到第11年，与第6年的71.29天相比，存货周转天数（62.12天）依然有所回落，这主要是改进存货周转所致。

金宝汤公司在管理流动负债方面的成效是较为显著的。从第6至第8年，应付账款周转天数处于上升状态，在近三年则有所下降（见图表CC—12）。类似地，平均净商业周期（average net trade cycle）在过去6年中也经历了较大波动。不过在第11年，该周期约50天的数值低于第6年约59天的水平。这与公司流动性的改善是一致的。

图表CC—13　　金宝汤公司流动资产和流动负债的共同比分析

	11	10	9	8	7	6	第11年行业综合
流动资产							
现金及现金等价物	11.78%	4.85%	7.55%	6.30%	10.09%	11.62%	5.60%
其他短期投资	0.84	1.35	1.64	2.57	19.49	17.88	—
应收账款	34.73	37.50	33.59	35.72	23.57	22.40	27.18
存货	46.54	49.22	50.95	48.77	43.37	45.74	63.60

续前表

	11	10	9	8	7	6	第11年行业综合
预付费用	6.11	7.08	6.27	6.64	3.48	2.36	3.62
流动资产合计	100.00%	100.00%	100.00%	100.00%	100.00%	100.00%	100.00%
流动负债							
应付票据	22.08%	15.58%	22.04%	15.99%	13.48%	14.20%	20.49%
应付账款	37.75	40.46	41.25	51.74	54.02	51.38	31.19
应计负债	31.98	37.89	31.86	27.44	26.25	26.50	}
应付股利	2.89	2.49	2.41	—	—	—	= 48.32
应计所得税	5.30	3.58	2.44	4.83	6.25	7.92	}
流动资产合计	100.00%	100.00%	100.00%	100.00%	100.00%	100.00%	100.00%

图表 CC—14　金宝汤公司存货数据　单位：百万美元

期末存货	11	10	9	8	7	6
原材料、包装物及低值易耗品	$342.3	$384.4	$385.0	$333.4	$333.6	$340.4
产成品	454.0	520.0	519.0	412.5	372.4	348.1
小计	796.3	904.4	904.0	745.9	706.0	688.5
减：存货调整为按 LIFO 计价	89.6	84.6	88.0	81.2	82.4	78.5
期末存货总计	$706.7	$819.8	$816.0	$664.7	$623.6	$610.0
原材料、包装物及低值易耗品	43.0%	42.5%	42.6%	44.7%	47.3%	49.4%
产成品	57.0	57.5	57.4	55.3	52.7	50.6
	100.0%	100.0%	100.0%	100.0%	100.0%	100.0%

图表 CC—15　金宝汤公司与 LIFO 相对照的 FIFO 存货数据　单位：百万美元

	11	10	9	8	7	6
期初存货	$904.4	$904.0	$745.9	$706.0	$688.5	$707.0
生产投入	3 982.4	4 262.0	4 152.9	3 433.9	3 193.6	3 070.1
可供销售的产品	4 886.8	5 166.0	4 898.8	4 139.9	3 882.1	3 777.1
减：期末存货	796.3	904.4	904.0	745.9	706.0	688.5
销售成本（FIFO）	$4 090.5	$4 261.6	$3 994.8	$3 394.0	$3 176.1	$3 088.6
销售成本（LIFO）	$4 095.5	$4 258.2	$4 001.6	$3 392.8	$3 180.5	$3 082.7
用 FIFO 重述导致的销售成本增加（减少）额	$(5.0)	$3.4	$(6.8)	$1.2	$(4.4)	$5.9
用 FIFO 重述导致的所得税*增加（减少）额	$(3.3)	$2.2	$(4.5)	$0.8	$(2.4)	$3.2

*第8～11年的所得税率为34%，第7年为45%，第6年为46%。

□ 资本结构和偿债能力

接下来我们对金宝汤公司的资本结构和偿债能力进行分析（前面有关现金的预测分析也是与偿债能力相关的）。公司资本结构的变化可以通过各种分析比较来进行量度。图表 CC—16 描述了金宝汤公司过去 6 年的资本结构。为了分析之便，一半递延税款被看作长期负债，另一半则被看作权益。图表 CC—17 展示了金宝汤公司的共同比资本结构。在金宝汤公司第 11 年的总资金中，负债占 53%，权益占 47%。

图表 CC—16 **金宝汤公司资本结构分析** 单位：百万美元

	11	10	9	8	7	6
长期负债						
应付票据	$757.8	$792.9	$610.3	$507.1	$358.8	$346.7
资本性租赁负债	14.8	12.9	18.9	18.7	21.4	15.6
长期债务合计	772.6	805.8	629.2	525.8	380.2	362.3
递延所得税*	129.3	117.6	109.0	140.3	124.0	99.6
其他长期负债	23.0	28.5	19.6	15.6	15.8	16.3
长期负债合计	924.9	951.9	757.8	681.7	520.0	478.2
流动负债**	1 278.0	1 298.1	1 232.1	863.3	693.8	626.1
负债合计	$2 202.9	$2 250.0	$1 989.9	$1 545.0	$1 213.8	$1 104.3
权益资本						
普通股权益	$1 793.4	$1 691.8	$1 778.3	$1 895.0	$1 736.1	$1 538.9
少数股东权益	23.5	56.3	54.9	29.3	23.5	20.1
递延所得税	129.2	117.5	109.0	140.3	124.0	99.5
权益资本合计	1 946.1	1 865.6	1 942.2	2 064.6	1 883.6	1 658.5
负债与权益总计	$4 149.0	$4 115.6	$3 932.1	$3 609.6	$3 097.4	$2 762.8

* 为了便于分析，递延税款一半作为长期负债，一半则作为权益。
** 包含应付票据的流动部分。

图表 CC—17 **金宝汤公司共同比资本结构分析** 单位：百万美元

	11	10	9	8	7	6
长期负债						
应付票据	18.26%	19.27%	15.52%	14.05%	11.59%	12.55%
资本性租赁负债	0.36	0.31	0.48	0.52	0.69	0.56
长期债务合计	18.62%	19.58%	16.00%	14.57%	12.28%	13.11%
递延所得税*	3.12	2.86	2.77	3.88	4.00	3.61
其他长期负债	0.55	0.69	0.50	0.43	0.51	0.59
长期负债合计	22.29%	23.13%	19.27%	18.88%	16.79%	17.31%
流动负债**	30.80	31.54	31.34	23.92	22.40	22.66

续前表

	11	10	9	8	7	6
负债合计	53.09%	54.67%	50.61%	42.80%	39.19%	39.97%
权益资本						
普通股权益	43.22%	41.11%	45.22%	52.50%	56.05%	55.70%
少数股东权益	0.57	1.37	1.40	0.81	0.76	0.73
递延所得税	3.12	2.85	2.77	3.89	4.00	3.60
权益资本合计	46.91%	45.33%	49.39%	57.20%	60.81%	60.03%
负债与权益总计	100.00%	100.00%	100.00%	100.00%	100.00%	100.00%

* 为了便于分析，递延税款一半作为长期负债，一半则作为权益。

** 包含应付票据的流动部分。

图表 CC—18 列示了部分资本结构和长期偿债能力指标。在过去三年中，公司总的产权结构比率显著上升，但仍然低于行业水平（1.17）。从图表 CC—8 中的数据可以看出，总产权比率上升主要归因于长期负债。图表 CC—8 显示，长期负债的趋势指数（213）明显超过流动负债、总负债和股东权益的趋势指数（分别为 204，192 和 117）。这一点也为金宝汤公司的长期负债与权益比率所证实。在第 11 年，该比率为 48%，高于 43%的行业水平。数据表明，金宝汤公司正在从原来保守的资本结构转向更为激进的资本结构。不论是按收益还是现金流量计算的固定费用保障率都显著低于第 6 年和第 8 年的水平，也从另一方面证实了这一点。与上述分析一致，信用评级机构对金宝汤公司长期负债的信用评级也由 AAA 下调为 A。尽管如此，仍不失为一个很好的评级。公司债权人依然能够享受到稳固的资产保护和超强的盈利能力。

金宝汤公司的资金来源

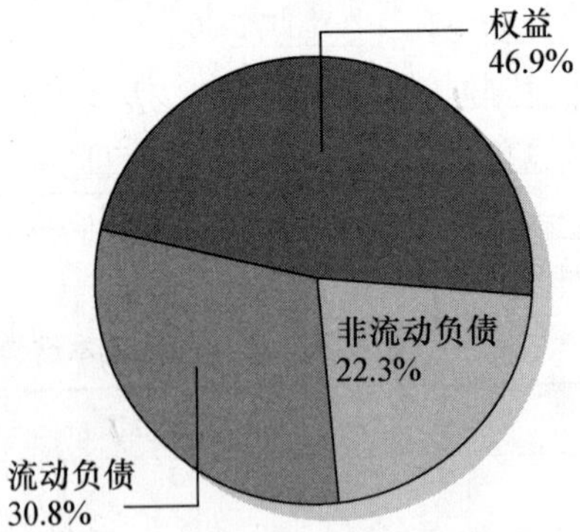

图表 CC—18　　金宝汤公司资本结构和偿债能力比率

	11	10	9	8	7	6	第 11 年行业综合
1. 总产权比率	1.13	1.21	1.02	0.75	0.64	0.67	1.17
2. 总负债比率	0.53	0.55	0.51	0.43	0.39	0.40	0.54
3. 长期负债对权益比率	0.48	0.51	0.39	0.33	0.28	0.29	0.43
4. 权益对总负债比率	0.88	0.83	0.98	1.34	1.56	1.50	0.86

续前表

	11	10	9	8	7	6	第11年行业综合
5. 固定资产权益比率	0.92	0.92	0.79	0.73	0.72	0.70	0.46
6. 流动负债对总负债比率	0.58	0.58	0.62	0.56	0.58	0.57	0.61
7. 收益固定费用保障倍数	5.16	2.14	1.84	6.06	6.41	6.28	—
8. 现金流量固定费用保障倍数	7.47	5.27	5.38	8.94	8.69	9.26	—

第11年有关指标的计算如下：

(1) $\frac{\text{总负债}}{\text{权益资本}}=\frac{2\ 202.9}{1\ 946.1}=1.13$

(2) $\frac{\text{总负债}}{\text{负债与权益总计}}=\frac{2\ 202.9}{4\ 149.0}=0.53$

(3) $\frac{\text{长期负债}}{\text{权益资本}}=\frac{924.9}{1\ 946.1}=0.48$

(4) $\frac{\text{权益资本}}{\text{总负债}}=\frac{1\ 946.1}{2\ 202.9}=0.88$

(5) $\frac{\text{固定资产}}{\text{权益资本}}=\frac{1\ 790.4}{1\ 946.1}=0.92$

(6) $\frac{\text{流动负债}}{\text{总负债}}=\frac{1\ 278.0}{2\ 202.9}=0.58$

(7) $\frac{\text{税前利润}+\text{利息费用}+\text{租赁费中的利息部分}-\text{在子公司未分配利润中的权益}}{\text{实际利息费用}+\text{租赁费中的利息部分}}$

$=\frac{667.4+116.2+20-(2.4-8.2)}{136.9+20}=5.16$

(8) $\frac{\text{经营活动产生的现金流量}+\text{本期所得税费用}+\text{利息费用}+\text{租赁费中的利息部分}}{\text{实际利息费用}+\text{租赁费中的利息部分}}$

$=\frac{805.2+230.4+116.2+20}{136.9+20}=7.47$

□ 投资回报率

图表CC—19展示了金宝汤公司的投资回报率数据。这些比率揭示了许多内在的事实。净经营资产回报率在第6、第7年很稳定，第9和第10年急剧下降，第11年强力反弹至16.77%。对第9和第10年的分析表明，这两年的回报率较低乃是由于巨大的剥离和重组支出。第11年之所以大幅回升，一定程度上也是因为前两年的巨额冲销。

图表CC—19 金宝汤公司投资回报率

	11	10	9	8	7	6
1. 净经营资产回报率(RNOA)	16.77%	6.31%	3.91%	10.65%	12.96%	
2. 普通权益回报率(ROCE)	21.52%	0.24%	0.67%	14.07%	14.14%	
3. 长期负债和权益回报率	17.02%	3.04%	2.96%	12.27%	12.35%	
4. 权益增长率	13.85%	(6.30%)	(3.67%)	8.59%	8.79%	

续前表

	11	10	9	8	7	6
5. ROCE 的分解						
RNOA	16.77%	6.31%	3.91%	10.65%	12.96%	
LEV	58.90%	55.47%	42.16%	30.28%	27.52%	
Spread	8.07%	(10.95%)	(7.68%)	11.32%	4.27%	
ROE（RNOA+[LEV×Spread]）	21.52%	0.24%	0.67%	14.07%	14.14%	
其中：						
NOA	$ 3 037.70	$ 2 892.15	$ 2 854.95	$ 2 721.55	$ 2 353.45	$ 2 107.85
NFO（NOA-SE）	1 115.09	1 082.85	967.65	686.25	493.35	469.45
SE	1 922.61	1 809.30	1 887.30	2 035.30	1 860.10	1 638.40
NOPAT	497.12	181.42	108.94	270.14	289.12	272.81
NFE（NOPAT-NI）	95.62	177.02	95.84	(3.96)	41.82	49.61
NI	401.50	4.40	13.10	274.10	247.30	223.20
6. RNOA 的分解						
NOPAT 边际	8.01%	2.92%	1.92%	5.55%	6.44%	
NOA 周转率	2.09	2.16	2.03	1.92	2.01	
RNOA（边际×周转率）	16.77%	6.31%	3.91%	10.65%	12.96%	

* 缩略符说明：

NOA	Net operating assets（净经营资产）
SE	Stockholders'equity （股东权益）
NFO（NOA －SE）	Net financial obligations（财务责任净额）
NOPAT	Net operating profit after tax（税后营业利润净额）
NI	Net income（净收益）
NFE（NOPAT－NI）	Net financial expense（财务费用净额）
RNOA	NOPAT/平均 NOA
LEV	Financial leverage（平均 NFO/平均 SE）
NBC	Net borrowing costs（NFE/平均 NFO）
Spread	RNOA － NBC
ROE	RNOA+（LEV×Spread）
NOPAT 边际	NOPAT/销售
NOA 周转	销售/平均 NOA

第 11 年的计算：

（1）第 11 年的净经营资产计算如下：

$ 4 149.0	（总资产；全部视为经营资产）
−958.8	（经营性流动负债；$ 1 278－$ 282.2－$ 37.0）
−152.5	（递延所得税负债之一半作经营性负债处理）
$ 3 037.7	（第 11 年净经营资产）

第 11 年的 NOPAT 等于 $ 497.12（$ 6 204.1－$ 4 095.5－$ 956.2－$ 306.7－$ 56.3－$ 0.8－$ 26.2+2.4)×(1−0.35)；假定子公司的其他收益（费用）和权益收益为经营性收益，利息收入（费用）和少数股东权益费用为非经营性项目。法定所得税率为 35%，RNOA 计算如下：

RNOA＝$ 497.12/($ 3 037.7+$ 2 892.15/2)＝16.77%

（2）ROCE＝(净收益－优先股股利)/平均普通股权益＝401.5/[(1 946.1－23.5)＋(1 865.6－56.3)]/2＝21.52%

（3）长期负债和权益回报率＝[净收益＋利息费用(1－所得税率)＋少数股权费用]/(平均长期负债＋平均权益)＝[401.5+116.2(1－0.35)+7.2]/[(924.9+951.9)/2+(1946.1+1 865.6)/2]＝17.02%

（4）权益增长率＝(净收益－已付股利)/平均普通股权益＝(401.5－137.5)/(1 946.1＋1 865.6)/2＝13.85%

对第 11 年净经营资产回报率的进一步分析显示，它是由 8.01%的 NOPAT 边际和 2.09 的净经营资产周转率所构成。所有这些指标都比第 8 年有所改进（受会计费用影响，第 9 和第 10 年不具有可比性）。金宝汤公司的管理层希望第 11 年的这些变化确实反映了第 9 年和第 10 年大规模资产重组、资产剥离和业务重组的结果。受这些重组计划和削减成本努力的影响，边际利润有所提高。前几年的回报率较低主要是受几项业绩较差或不太适应的业务所拖累，这些业务现在已被剥离。同时，公司还通过改组改进了生产，使之更加现代化。

金宝汤公司 21.52%的普通权益回报率也超过了近年的水平。这一改进主要是因为 RNOA 稳固提高，另外也与财务杠杆提高以及 Spread 为正值有一定关系。与净经营资产回报率中的利润要素相类似，净收益边际提高很可能也是得益于第 9 年和第 10 年冲销了大量费用。从图表 CC—19 第 5 项对普通权益回报率的分解可以看到，权益回报率近几年之所以波动，主要归因于 NOPAT 边际的变化。受资产剥离和重组影响，第 9 年的 NOPAT 边际仅为 1.92%，在第 11 年跃升至 8.01%，主要是因为在前两年的基础上反弹，以及巨额费用摊销所形成的潜在成本准备影响。另外两个组成部分也都有所改进。净经营资产周转率资产从第 7 年开始提高。杠杆比率也从第 9 年开始增长，与此同时 ROCE 有了实质性增长，尽管风险也因此而加大。由于财务杠杆上升，致使对金宝汤公司的债务评级由 AAA 降级为 A。

第 11 年的财务杠杆说明，金宝汤公司每 1 美元的权益对应着 0.589 美元的借款。由于资产周转率为 2.09 倍，因此，每 1.589 美元的资金可以创造 3.32 美元的销售收入。每 3.32 美元的销售收入可以赚得 0.27 美元或 8.01%的净税后营业利润。

值得注意的是，第 11 年 13.85%的权益增长率相对于以前年度有很大提高。就算不考虑第 9 和第 10 年，这一比率也几乎两倍于第 6 和第 8 年的水平。第 9 和第 10 年的比率为负值，是因为公司在进行资产剥离和重组的同时依然维持了股利支付。这一指标在第 11 年强劲反弹，预示着销售收入和收益未来良好的增长前景。较高的再投资水平使得公司可以不必依赖于外部融资。第 11 年 4.015 亿美元的净收益，仅有 1.422 亿美元用于发放股利，为再投资和内部融资的增长留下了充分的空间。

□ 资产利用率

图表 CC—20 列示的是金宝汤公司的资产利用率指标。该公司的净经营资产周转率从第 8 年开始稳步上升，但在最近一年出现了下降（图表 CC—9 反映第 11 年的周转率为 2.09）。经营资产周转率之所以上升，是因为构成资产周转的各个部分发生了显著变化。其间以现金及现金等价物的变化最为突出。现金及现金等价物的变化也为营运资本周转率及图表 CC—7 共同比资产负债表中的数据所证实。图表 CC—7 中的数据表明，公司逐渐对短期投资进行了处置。第 11 年现金及现金等价物大规模增加 9 820 万美元，主要归因于经营业绩的改善（见图表 CC—4）。

图表 CC—20 金宝汤公司资产利用率

(以年末数据为基础)	11	10	9	8	7	6	第 11 年行业综合
现金及现金等价物周转率	34.7	76.9	46.9	56.8	31.0	27.6	40.6
应收账款周转率	11.8	9.9	10.5	10.0	13.2	14.3	8.4
存货周转率	8.8	7.6	7.0	7.3	7.2	7.0	3.6
营运资本周转率	25.8	16.9	15.4	9.8	6.0	6.1	4.9
固定资产周转率	3.5	3.6	3.7	3.2	3.3	3.7	6.6
其他资产周转率*	7.4	8.5	7.2	6.6	14.5	16.5	7.5
总资产周转率	1.5	1.5	1.4	1.4	1.5	1.6	1.4
流动负债周转率	4.9	4.8	4.6	5.6	6.5	6.9	4.2

*包括无形资产。

金宝汤公司的应收账款周转率从第 8 至第 11 年小幅改进。第 11 年之所以持续改进，得益于该年度应收账款减少 9 710 万美元。因为公司从生产的各个环节着手努力减少存货，使存货周转率也有所改进（8.8）。值得注意的是，金宝汤公司各项资产的周转率大都优于行业综合水平。几项关键性指标——如应收账款、存货及营运资本——在第 11 年皆显著优于行业综合（分别为 11.8 比 8.4，8.8 比 3.6，25.8 比 4.9）。

□ 经营业绩和盈利能力

图表 CC—21 列示了金宝汤公司的部分利润率指标。我们可以看到金宝汤公司第 11 年的毛利率优于行业水平（34.0% 比 29.3%），然而，其净利率却稍低于行业水平（6.47% 比 6.60%）。经过第 9 年和第 10 年的剥离与重组，金宝汤公司的净利率比第 6 及第 8 年有所提高。其中包括缩减行政管理人员、剥离不成功部门。第 11 年的业绩改进主要归因于有效的成本费用控制。持续的成本控制使得金宝汤公司的盈利能力进一步改善，并超越了行业综合水平。

金宝汤公司的销售收入及销售成本增长

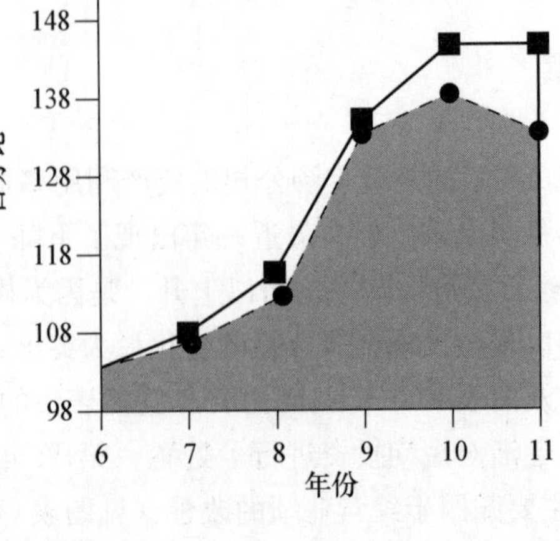

图表 CC—21 金宝汤公司利润率分析

利润率	11	10	9	8	7	6	第 11 年行业综合
1. 毛利率	34.00%	31.38%	29.45%	30.32%	29.17%	28.09%	29.30%
2. 经营利润率	12.63%	4.69%	3.54%	9.09%	10.46%	10.34%	—
3. 净利率	6.47%	0.07%	0.23%	5.63%	5.51%	5.21%	6.60%

第 11 年有关指标计算如下：

(1) $\text{毛利率}=\frac{\text{销售净额}-\text{销售成本}}{\text{销售净额}}=\frac{6\ 204.1-4\ 095.5}{6\ 204.1}=34\%$

(2) $\text{经营利润率}=\frac{\text{息税前收益}}{\text{销售净额}}=\frac{667.4+116.2}{6\ 204.1}=12.63\%$

将这些盈利能力指标与前面的分析结合起来可以发现，毛利率的改进进一步证实了前面图表 CC—6 中所展示的产品销售成本降低的影响（从第 6 年的 71.91%降至第 11 年的 66.01%）。尽管持续提高毛利率并非完全不可能，但要真正实现是非常困难的。要使利润率指标从毛利率指标的改进中获益，关键在于有效地控制行政管理费用和市场营销费用。这与前面趋势指数分析的结论是一致的。图表 CC—8 表明，第 11 年的销售净额为第 6 年的 145%，销售成本为 133%，成本费用合计为 142%。这些因素结合起来，最终导致第 11 年的净利润相当于第 6 年的 180%。由此得出的总体结论是，该公司销售收入、毛利和净利润的增长皆相对快于成本费用的增长。

图表 CC—8 显示，利息费用在过去 6 年中一直保持了增长的势头，不过，除第 11 年外，其增长速率都相对慢于总负债的增长。这说明，由于利率较低，导致借款成本也相对较低。从负债权益比率的提高我们应该可以看出，与三五年前相比，金宝汤公司正在变得比较勇于承担借款风险。

金宝汤公司年度报告中的销售及盈余补充明细表第 1 项列示了各分部第 11 年的贡献情况。总计 9 230 万美元的国际盈余，包括来自加拿大的 3 530 万美元、国际饼干部 1 760 万美元，以及金宝汤国际部 3 940 万美元。国际盈余占到经营利润总额的 11.6%。在第 9 和第 10 年，国际业务部对整体盈利的贡献为负值，是因为在这两年进行的业务重组，使第 9 和第 10 年的经营利润分别减少 8 230 万美元和 1.341 亿美元。除此而外，第 9 和第 10 年还分别发生了 1 930 万美元和 380 万美元的外币折算损失。外币折算在第 11 年并无显著影响。与此有所不同，在过去六年中，国际业务所贡献的销售额，占销售总额近 20%（见图表 CC—1）。国际业务有望在今后对公司的盈利能力发生更大影响。

金宝汤公司自第 9 年以来的实际税率分别为 87.7%，97.5%和 39.8%（见附注 9）。第 9、第 10 两年的税率奇高，主要是因为在这两年发生了巨额资产剥离、重组和非经常性费用，属于非减税项目，分别占税前利润的 48.7%和 56.5%。如果扣除这些剥离项目，实际税率将降至 40%左右。金宝汤公司还因其国际子公司而享受了**税损结转利益**（tax loss carryforward benefits）。截至第 11 年末，公司仍有

7 740 万美元尚未使用的税损结转利益。其中一半以第 16 年为期，其余部分则可无限期使用。大部分递延税款来自养老金、折旧的时间性差异、剥离、重组及非经常性费用。折旧的时间性差异造成的递延税款第 10 年较大，第 11 年降至 590 万美元。

图表 CC—22 提供的是金宝汤公司的折旧数据。从表中数据可以看出，累计折旧占固定资产总额的百分比始终保持在比较稳定的水平（第 11 年为 44.6%）。从折旧费用占固定资产或销售收入的百分比也可以看出折旧费用的稳定性。由此看来，公司的盈余质量并未受折旧变化影响。

图表 CC—22　　金宝汤公司折旧分析

	11	10	9	8	7	6
1. 累计折旧占固定资产总额* 的百分比	44.6%	42.3%	43.1%	43.7%	46.6%	48.6%
2. 当年折旧费用占固定资产总额的百分比	7.7%	7.7%	7.6%	6.9%	6.4%	6.4%
3. 当年折旧费用占销售收入的百分比	3.1%	3.0%	3.1%	3.3%	3.1%	2.8%

第 11 年的计算如下：

(1) $$\frac{1\,131.5\ \boxed{162}}{758.7\ \boxed{159}+1\,779.3\ \boxed{160}}=44.6\%$$

(2) $$\frac{194.5\ \boxed{162A}}{758.7\ \boxed{159}+1\,779.3\ \boxed{160}}=7.7\%$$

(3) $$\frac{194.5\ \boxed{162A}}{6\,204.1\ \boxed{13}}=3.1\%$$

* 不包括土地和在建工程。

图表 CC—23 为**酌量性支出**（discretionary expenditure）分析。从表中数据可以看出，与近年来的情况相比，第 11 年各项主要支出都有所下降。这主要是因加强支出控制和提高效率所致。回想一下图表 CC—6 中关于净收益影响因素的共同比分析情况，我们会发现有关某些因素的分析结论在图表 CC—23 的数据中得到了进一步印证。比如，尽管营销、销售、利息及其他费用的增长超过了销售收入的增长速度，但毛利依然在增加。与此同时，行政管理费用和研发费用并没有随着销售收入的增加而同步增长。在此期间，法定税率有所下降，因此，所得税费用保持了较低的增长速度。由于毛利的增加没有被费用的增加所抵消，公司的盈利能力因此有所增强。

图表 CC—23　　金宝汤公司酌量性支出分析　　单位：百万美元

	11	10	9	8	7	6
销售净额	$6 204.1	$6 205.8	$5 672.1	$4 868.9	$4 490.4	$4 286.8
固定资产（净值）	1 406.5	1 386.9	1 322.6	1 329.1	1 152.0	974.1
维护修理费用	173.9	180.6	173.9	155.6	148.8	144.0
广告费	195.4	220.4	212.9	219.1	203.5	181.4

续前表

	11	10	9	8	7	6
研发费用（R&D）	56.3	53.7	47.7	46.9	44.8	42.2
维护修理费用/销售	2.8%	2.9%	3.1%	3.2%	3.3%	3.4%
维护修理费用/固定资产	12.4	13.0	13.1	11.7	12.9	14.8
广告费/销售	3.1	3.6	3.8	4.5	4.5	4.2
研发费用/销售	0.9	0.9	0.8	1.0	1.0	1.0

图表 11—1 提供了重编金宝汤公司近 6 年损益表。该表数据为本节中的许多观察结论提供了支持。图表 11—2 是调整后的同期金宝汤公司损益表。调整后损益表反映出，在第 9 和第 10 年，金宝汤公司净收益呈增长趋势，这与调整前的报告收益是相反的。

□ 预测与估值

分析的最后一个步骤是预测未来财务业绩。我们希望从这一分析中获得什么样的结论，关键要看我们是站在什么人的角度进行分析。如果是站在公司债权人的角度，我们感兴趣的将是预测未来现金流量，或长期或短期，取决于贷款协议期限的长短。有关现金流量的此类预测源自对公司损益表和资产负债表的设计，第 9 章曾对此做过详细讨论。如果是站在权益投资者的角度，我们感兴趣的将是公司通过实施战略计划实现预期利益的能力。具体来讲，我们看重的将是公司是否能够在将来创造出积极的剩余利润。为此，也需要进行有关损益表和资产负债表数据的预测。

图表 CC—24 复制了金宝汤公司第 6 至第 11 年的损益表数据，并以此为基础预测第 12 年数据。其中包括部分历史指标，以及与第 12 年预测相关的基本假定。预测过程始于未来销售预期。金宝汤公司的销售一直保持强劲的增长势头（增长幅度在 4.75%～16.50%之间），直至第 11 年，始有微幅下降。正如公司财报之管理层讨论和分析部分（参见附录 A）所讨论的那样，销售下降主要源于一些业务（产品线）的剥离（停业）。剔除这一因素的影响，当年销售应为增长 4%。第 12 年的销售增长率预计为 5%。

图表 CC—24　　金宝汤公司预测损益表　　单位：百万美元

	第 12 年预测	11	10	9	8	7	6
销售净额	$6 514.3	$6 204.1	$6 205.8	$5 672.1	$4 868.9	$4 490.4	$4 286.8
销售成本	4 494.9	4 095.5	4 258.2	4 001.6	3 392.8	3 180.5	3 082.7
毛利	2 019.4	2 108.6	1 947.6	1 670.5	1 476.1	1 309.9	1 204.1
营销、销售、行政管理及研发费用	1 385.2	1 319.2	1 324.9	1 118.6	1 012.8	884.9	782.5

续前表

	第12年预测	11	10	9	8	7	6
利息及其他费用	128.1	122.0	443.3	445.4	74.7	7.1	34.4
税前利润	506.2	667.4	179.4	106.5	388.6	417.9	387.2
所得税	201.5	265.9	175.0	93.4	147.0	170.6	164.0
会计变更的累计损失（利得）	0.0	0.0	0.0	0.0	(32.5)	0.0	0.0
净收益	$304.7	$401.5	$4.4	$13.1	$274.1	$247.3	$223.2
流通股数	127.0	127.0	126.6	129.3	129.3	129.9	129.5
部分比率							
销售增长率	5.00%	(0.03%)	9.41%	16.50%	8.43%	4.75%	
毛利率	31.00%	33.99%	31.38%	29.45%	30.32%	29.17%	
销售、一般及行政管理费用/销售	21.26%	21.26%	21.35%	19.72%	20.80%	19.71%	
折旧费用/上年固定资产净值	12.14%	12.14%	13.04%	12.74%	12.67%	12.38%	
利息及其他费用/销售	1.97%	1.97%	7.14%	7.85%	1.53%	0.16%	
所得税/税前利润	39.84%	39.84%	97.55%	87.70%	37.83%	40.82%	

金宝汤公司的毛利率在第10年从29%稳步提高到了31%，又在第11年大幅提高到34%。公司未在管理层讨论和分析中对此做任何解释。历史地来看，30%～31%能够更好地代表近来的毛利增长水平，因此，我们以31%作为预测毛利率。销售成本等于销售收入与毛利间的差额。

销售、一般及行政管理费用（SG&A）依然相当稳定地占到销售的20%～21%。我们以最近一年的21.26%作为预测值。利息及其他费用占销售收入的比例在所考察的期间内经历了巨大波动，下至0.16%，上至7.85%。最新数据为1.97%。此类费用中包括了利息费用（收入）、汇兑收益（损失）及各种临时费用，如重组费用和资产剥离费用。其中最后一部分在第9年和第10年占了相当大的比例，分别占到销售额的6.0%和5.4%。扣除这些临时项目，利息及其他费用应在2%左右。由于我们未曾获得任何有关第12年资产重组或剥离的信息，因此，我们使用最近的比率1.97%来预测利息及其他费用。

预期销售收入减去各项预计费用，即可得到税前利润预测值。从中扣除所得税费用，即为预计净利润。所得税费用占税前利润的比例在整个考察期内也有很大变化，从37.8%到第10年的97.6%。所得税费用率之所以如此之高，主要是因为报告收益中出现了一些不可抵扣的费用项目，包括因财务报告目的而预计的重组费用，这类费用在实际支付之前不能作为所得税的扣减项目。因而，过高的所得税费用率对我们进行预测并无实际意义。鉴于此，我们用最近一年的数值39.8%来预测第12年的净利润。

图表 CC—25 显示的是金宝汤公司第 6 至第 11 年的历史资产负债表及第 12 年的预测数据。应收款、存货、应付账款和应计项目都是用最近的周转率（以及年末余额）及销售收入和销售成本的预测数据确定的预计数。比如，应收账款周转率曾在 9.94～14.34 倍之间波动，而最近的数值是 11.76。我们使用最近的周转率和销售收入预测数确定应收账款如下：

预计应收账款＝预计销售收入/周转率＝6 514.3/11.76＝553.8(百万美元)

其他营运资本账户也按同样方式预测。应计费用是用预测销售收入和第 11 年的应计费用周转率 15.18 计算确定。存货和应付账款是用销售成本和各自的周转率用类似方式计算确定。其他流动资产和流动负债皆假定为等于第 11 年的余额。

短期负债假定等于第 11 年的余额。一年内到期的长期负债是按照附注 19 应付票据和长期负债中的数据算出。据公司财务报告显示，第 12 年到期的长期负债金额为 2.277 亿美元。此金额已包含在第 11 年的流动负债中。第 13 年到期的长期负债为 1.189 亿美元，比上年度减少 1.088 亿美元。因此假定其他短期负债保持第 12 年的水平不变，短期负债和一年内到期的长期负债预计降低 1.088 亿美元，从第 11 年的 2.822 亿美元降至第 12 年的 1.734 亿美元。

图表 CC—25 **金宝汤公司预测资产负债表** 单位：百万美元

	第 12 年初始预测	11	10	9	8	7	6
现金及现金等价物	$ (99.4)	$ 178.9	$ 80.7	$ 120.9	$ 85.8	$ 145.0	$ 155.1
应收账款	553.8	527.4	624.5	538.0	486.9	338.9	299.0
存货	775.6	706.7	819.8	816.0	664.7	623.6	610.5
其他流动资产	105.5	105.5	140.5	126.6	125.5	330.4	270.2
流动资产合计	1 335.5	1 518.5	1 665.5	1 601.5	1 362.9	1 437.9	1 334.8
固定资产，折旧后净值	1 963.8	1 790.4	1 717.7	1 540.6	1 508.9	1 349.0	1 168.1
其他长期资产	840.1	840.1	732.4	790.0	737.8	310.5	259.9
资产总计	$ 4 139.4	$ 4 149.0	$ 4 115.6	$ 3 932.1	$ 3 609.6	$ 3 097.4	$ 2 762.8
应付账款	$ 529.4	$ 482.4	$ 525.2	$ 508.2	$ 446.7	$ 374.8	$ 321.7
应付票据	173.4	282.2	202.3	271.5	138.0	93.5	88.9
应计负债	429.1	408.7	491.9	392.6	236.9	182.1	165.9
应计所得税	51.3	67.7	46.4	30.1	41.7	43.4	49.6
应付股利	37.0	37.0	32.3	29.7	0	0	0
流动负债合计	1 220.3	1 278.0	1 298.1	1 232.1	863.3	693.8	626.1
长期负债	653.7	772.6	805.8	629.2	525.8	380.2	362.3
递延所得税及其他负债	305.0	305.0	319.9	292.5	325.5	287.3	235.5
负债合计	2 179.0	2 355.6	2 423.8	2 153.8	1 714.6	1 361.3	1 223.9

续前表

	第12年初始预测	11	10	9	8	7	6
优先股	0.0	0.0	0.0	0.0	0.0	0.0	0.0
普通股	20.3	20.3	20.3	20.3	20.3	20.3	20.3
资本公积	107.3	107.3	61.9	50.8	42.3	41.1	38.1
留存收益和累计折算调整	2 103.2	1 936.2	1 716.8	1 777.9	1 907.6	1 721.5	1 528.9
库藏股	(270.4)	(270.4)	(107.2)	(70.7)	(75.2)	(46.8)	(48.4)
股东权益合计	1 960.4	1 793.4	1 691.8	1 778.3	1 895.0	1 736.1	1 538.9
负债与股东权益总计	$4 139.4	$4 149.0	$4 115.6	$3 932.1	$3 609.6	$3 097.4	$2 762.8
应收账款周转率	11.76	11.76	9.94	10.54	10.00	13.25	14.34
存货周转率	5.80	5.80	5.19	4.90	5.10	5.10	5.05
应付账款周转率	8.49	8.49	8.11	7.87	7.60	8.49	9.58
应计项目周转率	15.18	15.18	12.62	14.45	20.55	24.66	25.84
应付所得税/所得税费用	25.46%	25.46%	26.51%	32.23%	28.37%	25.44%	30.24%
财务杠杆（总资产/股东权益）	2.11	2.31	2.43	2.21	1.90	1.78	1.80
每股股利	$1.083	$1.083	$0.982	$0.671	$0.81	$0.71	$0.81
资本支出	390.9	361.1	387.6	284.1	245.3	303.7	235.3
资本支出/销售收入	6.00%	5.82%	6.25%	5.01%	5.04%	6.76%	5.49%
折旧费用	217.4	208.6	200.9	192.3	170.9	144.6	126.8

不动产、厂场和设备（PP&E）预测值是在上年余额的基础上加上预计资本支出减去折旧。资本支出占销售的比例一直保持在5%～6%，我们用6%来进行预测。折旧费用占前一年PP&E余额的比例始终在12.14%～13.04%之间波动（见图表CC—24），我们以最新值12.14%作为预测值，它反映了公司最近的折旧政策。

其他长期资产以第11年的余额作为预测值，包括无形资产（如商誉）及其他一些长期资产。由于商誉不再进行摊销，并且没有任何信息表明其他资产将会发生变化，因此我们使用上年余额作为预测值。

长期负债的初始预测值是在第11年余额的基础上减去长期负债中转为一年内到期的部分（1.189亿美元）。在算出初始金额之后，可以按照新的融资需求对其进行调整。其他长期负债假定为第11年的水平。

普通股、资本公积和库藏股假定保持在第11年的水平。预计留存收益等于第11年的留存收益余额加预计利润3.045亿美元减去预计股利1.375亿美元（第11年1.27亿股流通股，每股支付股利1.083美元）。

设总资产等于总负债，从中减去预计流动资产（现金除外）和长期资产，即可得出现金的初始估计值（−9 940万美元）。在此基础上加上3.5亿美元的预计长期负债融资需求，得到现金余额2.506亿美元，与上一年度的现金水平基本相当。此外，财务杠杆（总资产/总权益）设定为 2.29，差不多与第 11 年的水平持平。图表 CC—26 是修正后的资产负债表预测结果。

图表 CC—26 **金宝汤公司最终预测资产负债表** 单位：百万美元

	第 12 年最终预测	第 12 年初始预测
现金及现金等价物	$ 250.60	$ (99.40)
应收账款	553.8	553.8
存货	775.6	775.6
其他流动资产	105.5	105.5
流动资产合计	1 685.5	1 335.5
固定资产，折旧后净值	1 963.8	1 963.8
其他长期资产	840.1	840.1
资产总计	$4 489.4	$4 139.4
应付账款	$ 529.4	$ 529.4
应付票据	173.4	173.4
应计负债	429.1	429.1
应计所得税	51.3	51.3
应付股利	37.0	37.0
流动负债合计	1 220.3	1 220.3
长期负债	1 003.7	653.7
递延所得税及其他负债	305.0	305.0
负债合计	2 529.0	2 179.0
优先股	0	0
普通股	20.3	20.3
盈余公积	107.3	107.3
留存收益	2 103.2	2 103.2
库藏股	(270.4)	(270.4)
股东权益合计	1 960.4	1 960.4
负债与股东权益总计	$4 489.4	$4 139.4

在本小节的最后，我们将运用第 12 年的预测数据，对第 11 年的金宝汤公司普通股进行估值。图表 CC—27 提供的即是估值分析的结果。我们以 5 年作为预测区间，以第 12 年为起始年份，持续至第 16 年。同时假定第 17 年为最终年份，并预计从这一年开始，销售增长率将等于通货膨胀率。为简化分析，我们仅对第 9 章估值实例中所使用的 5 项参数进行预计：

1. 销售增长率；
2. 净利率（净收益/销售收入）；
3. 净营运资本周转率（销售收入/营运资本净额）；
4. 固定资产周转率（销售收入/固定资产）；
5. 财务杠杆（经营资产/权益）。

图表 CC—27　　金宝汤公司普通股估值

	报告数据		预测区间					终期
	10	11	12	13	14	15	16	17
销售增长率	9.43%	(0.03%)	5.00%	5.00%	5.00%	5.00%	5.00%	3.50%
净利率（净收益/销售收入）	0.07%	6.47%	4.67%	4.67%	4.67%	4.67%	4.67%	4.67%
净营运资本周转率								
销售收入/净营运资本平均余额	16.89	25.80	14.00	14.00	14.00	14.00	14.00	14.00
固定资产周转率								
销售收入/固定资产平均余额	2.53	2.36	2.32	2.32	2.32	2.32	2.32	2.32
经营资产合计/权益合计	1.67	1.60	1.67	1.67	1.67	1.67	1.67	1.67
权益成本			7.0%					
(单位：百万美元)								
销售净额	$6 206	$6 204	$6 514	$6 840	$7 182	$7 541	$7 918	$8 195
净收益	4	402	305	320	336	353	370	383
净营运资本	367	241	465	488	513	539	565	585
长期资产	2 450	2 631	2 804	2 944	3 091	3 246	3 408	3 527
经营资产合计	2 818	2 871	3 269	3 433	3 604	3 784	3 974	4 113
长期负债	1 126	1 078	1 309	1 374	1 443	1 515	1 591	1 646
股东权益合计	1 692	1 793	1 960	2 058	2 161	2 269	2 383	2 466
剩余收益计算								
净收益			$ 305	$ 320	$ 336	$ 353	$ 370	$ 383
年初权益			$1 793	$1 960	$2 058	$2 161	$2 269	$2 383
要求的权益回报率			7.0%	7.0%	7.0%	7.0%	7.0%	7.0%
预期收益			$126	$137	$144	$151	$159	$167
剩余收益			$179	$183	$192	$201	$211	$216
贴现系数			0.93	0.87	0.82	0.76	0.71	
预测区间内剩余收益的现值			$167	$159	$156	$154	$151	
预测区间内剩余收益现值累计		$787						
终期剩余收益的现值		4 406						
权益的期初账面价值		1 793						
权益价值		$6 987						
流通普通股数（单位：百万股）		127						
每股权益价值		$55.01						

我们对第 12 年的预测以资产负债表和损益表的汇总数据为起点。计算第 13～17 年的数据时使用的销售增长率、净利率、营运资本、固定资产周转率和财务杠杆与第 12 年的相同。当然，如果有信息表明其中某项指标可能发生变化，我们也会做相应的调整。最后，假定权益资本的成本为 7%。①

按照股东权益期初余额 17.93 亿美元和 7%的回报率计算的预期利润水平为 1.26 亿美元。第 12 年的预测净收益为 3.05 亿美元。因此，预计剩余收益为 1.79 亿美元。使用 0.89（1/1.12）的贴现系数，便可得出其现值。然后可以预测其他各年的剩余收益并进行折现。终止年份的剩余收益可以作为自第 17 年开始的永续年金，也需要进行折现。预计剩余收益现值的累计数 51.93 亿美元（7.87 亿美元＋44.06 亿美元）加上期初权益的账面价值 17.93 亿美元，得到普通股权益价值 69.87 亿美元。按 1.27 亿流通股计算，每股价值为 55.01 美元。

以上每股价值估计数（55.01 美元）与公司第 11 年第 4 季度财务报告附注 24 中所报告的 72.38 至 84.88 的市场价相距甚远。显然，市场对业绩的预期强于我们的估计。一种可能是对公司毛利率的估计。我们认为公司第 11 年 34%的毛利率属于特例，将会回到较有代表性的历史水平 31%。如果市场认为公司可以保持 34%的毛利率，净利率则会增加 1.8 个百分点，达到 6.47%。这样估计的股票价格为每股 82.76 美元。此外，市场对销售增长率和资产周转率也可能有更高的预期。

□ 总结性评价与结论

本案例考虑了金宝汤公司经营业绩和财务状况的各个方面。我们还编制了公司预测损益表、资产负债表和现金流量表。这种分析对分析视角做了一定的修正，对企业经营决策具有更大价值。尽管我们从分析中所得到的各种数据和信息都是必不可少的，但对于最终决策而言，仅有这些是不够的。这是因为，财务报表之外的一些定量和定性因素也必须纳入决策考虑的范畴。

尽管借贷、投资及其他经营分析决策需要的不仅仅是会计和财务分析所提供的信息，我们通常却是在财务分析报告中来概括反映这些分析及分析结论。财务分析报告（参看本章前面内容中的讨论）列示财务分析中与分析者的视角最相关且最突出的发现。下面简要列示我们对金宝汤公司进行分析的主要发现。

短期流动性

金宝汤公司短期流动性的情况较为复杂。其流动比率和速动比率都低于行业正常水平，但现金状况优于行业水平，其应收账款和存货周转率也优于行业水平。此外，金宝汤公司的营业周期也好于（短于）行业水平。强有力的现金状况使得公司可以进

---

① 在 CAPM 模型下，政府长期债券的收益率为 5%，金宝汤公司股票的 Beta 值为 0.394，股权风险溢价为 5%，因此，权益资本成本为 5%＋（0.394×5%）＝6.97，约等于 7%。

行一些非经营活动如收购或偿还债务。

资本结构和偿债能力

金宝汤公司近年来对其资本结构做了积极的调整，使之不再像以前那么保守。这一结论是从一些绝对数和行业比较指标中得出的。公司负债总额占资金来源的53%，长期负债大致等于权益的一半左右。就其积极的一面来看，除了第9和第10年因重组有所例外，公司的收益固定费用保障倍数和现金流量固定费用保障倍数皆处于较强水平，说明债权人利益有良好的保障。公司仍然具有进一步举债的能力，市场继续对公司给予了较好的债务评级（A）。

投资回报率

金宝汤公司的净经营资产回报率经历了较大变动。在第7和第8年，该比率稳定在11%～13%，但在第9和第10年，受剥离、重组及非经常性费用影响，降低至4%左右。第11年，净经营资产回报率强劲反弹至16.77%，其中NOPAT边际为8.01%，净经营资产周转率为2.09。金宝汤公司第11年的普通权益回报率为21.52%，这一比率在第9和第10年同样受到了挫折，原因与净经营资产回报率相同。影响普通权益回报率的重要指标，除了构成净经营资产回报率的各项因素之外，还有财务杠杆。由于采用了风险更大的资本结构，第11年的杠杆比率达到了0.589，高于以前年度。一个较为有利的发现是，金宝汤公司第11年的权益增长率较高，主要归因于强劲的盈利及较高的盈利保留率。

资产周转（利用）率

金宝汤公司的净经营资产周转率呈缓慢增长的趋势。其现金及现金等价物周转率各年之间有较大波动，应收账款和存货周转率却在稳定的基础上稍有增长，并始终超过行业水平。这主要是因为金宝汤公司通过减少应收账款和存货，降低了营运资本。虽然现金和固定资产周转率相对较低，但总资产周转率还是优于行业水平。

经营业绩和盈利能力

金宝汤公司的毛利率稳步增长，超出了行业平均水平，但其净利率并不很稳定。这主要是因为经营费用增加，而管理层无法有效控制这些费用。最近的一些活动表明，金宝汤公司正在努力加强费用控制。

金融市场指标

图表CC—28列示了金宝汤公司的部分金融市场指标。前四项指标体现了市场对金宝汤公司股票的估值，最后一项指标——**股利支付率**（dividend payout ratio）——体现了管理层的意图。第9和第10年的每股收益（EPS）经过调整，剔除了资产剥离、重组和非正常费用的影响。尽管每股收益从第6年的1.72美元增长到了第11年的 3.16 美元（见图表 CC—2），但在同一时期内，受市盈率（price-to-earnings ratio，PE）和市账率（price-to-book ratio，PB）稳步上升影响，收益率（earnings yield）却逐年降低。而这主要源于在权益市场的强劲表现。与此相类似，尽管每股股利从第 6 年的 0.65 美元提高至第 11 年的 1.12 美元，股息率（dividend yield）却从 2.5%下降到了 1.74%。收益率和股息率下降都是因为市盈率和市账率上升。这两项比率皆反映市场的评价，表明市场对金宝汤公司过去的业绩和预期业绩充满信心。分析表明，尽管金宝汤公司的经营业绩在第 9 和第 10 年出现短暂下滑，但总体上公司的业绩还是比较稳定的。

图表 CC—28 金宝汤公司市场指标

	11	10*	9*	8	7	6
1. 市盈率（幅度）	27～14	26～18	29～12	16～11	19～14	20～10
2. 市账率（幅度）	6.0～3.1	4.7～3.2	4.5～1.8	2.3～1.6	2.7～2.0	2.9～1.5
3. 收益率	4.91%	4.53%	4.91%	7.45%	6.20%	6.61%
4. 股息率	1.74%	1.88%	2.08%	2.85%	2.32%	2.50%
5. 股利支付率	35.44%	41.53%	42.45%	38.21%	37.37%	37.79%

第 11 年的计算如下：
(1) 年度最高与最低：最高——84.88/3.16=27；最低——43.75/3.16=14。
(2) 年度最高与最低：最高——84.88/14.12=6.0；最低——43.75/14.12=3.1。
(3) 每股收益/平均市场价格=3.16/[(84.88+43.75)/2]=4.91%。
(4) 每股股利/平均市场价格=1.12/64.32=1.74%。
(5) 每股股利/每股收益=1.12/3.16=35.44%。

* 第 10 和第 9 年的 EPS 为扣除剥离、重组和非经常性费用之前的 EPS，分别为 2.23 美元和 2.02 美元。

较高的市盈率和市账率会给企业带来多方面的好处，包括：公司只需发行少量股份就可筹集到确定量的权益资本，以及用普通股股票作为支付手段实施购并。与此同时，高企的股价也会使普通股股东——尤其是新进股东——承受很大风险，包括停滞风险和股票价值反转风险。这种情况很可能发生，因为与牛市的初始阶段不同，当估价处在高位的时候，向上的价格动量（price momentum）会使股票价格偏离公司基本面。比如金宝汤公司目前股价与在本案例分析中所确定的价值之间的差异。当股票的估值中反映了这种价格动量，经验表明，一旦有关公司基本面的信息无法对高企的股票价格形成支持，价格动量就会立即消失。价格动量的估计对权益投资具有至关重要的作用，但这里所使用的分析工具不能对此做出判断。它们涉及对市场期望和市场周期的研判。本书第 8 章曾对金宝汤公司的投资回报率和权益投资者对该公司投资的回报之间的差异进行了讨论。

□ 财务报表分析的应用

我们对金宝汤公司财务报表的分析主要由两部分构成：(1) 详细分析；(2) 总结和结论。在分析报告中，总结和结论（概要）通常先于详细分析。详细分析通常是针对具体的使用者的。比如，负责处理短期贷款申请的银行信贷人员最关心的首先是短期流动性和现金流量分析与预测。信贷人员的次级目标是评价资本结构和经营业绩。保险公司投资委员会则更注重长期发展。也就是说，他们更关注资本结构和长期偿债能力，其次才是经营业绩、投资回报率、资产利用率以及短期流动性（按重要性次序排列）。潜在的投资者可能对我们分析的所有方面都有不同的兴趣。这类用户强调的范围各不相同，其可能的优先顺序依次为经营业绩、投资回报率、资本结构、长期偿债能力、短期流动性。优异的财务报表分析应该包括足够细致的评价、充分的信息和推论，能够为视角各不相同的使用者共同使用。

思考题

CC—1　定义并描述财务报表分析的6个基本构件。应用这些构件进行财务报表分析的最初步骤是什么？

CC—2　在开始财务报表分析之前需要作哪些调查？

CC—3　财务报表是对公司交易和事件的一种抽象，认识这一点有何分析意义？

CC—4　对处于特殊行业或管制行业的公司财务报表进行分析需要哪些额外的知识和分析技巧？

CC—5　一份好的财务分析报告需要具备哪些特征？完整的财务分析报告由哪些部分组成？

练习题

CC—1　评估决定市盈率（PE）的财务比率

下表是两家山地自行车制造商的财务数据：

	AXEL	BIKE
资本结构：		
5%，20年期限票据	\$10 000 000	—
普通股	\$20 000 000	\$30 000 000
普通股股份数	500 000	750 000
每股收益：		
第6年	\$4.25	\$3.00
第5年	3.50	2.50
第4年	2.25	1.67
第3年	2.75	2.00
第2年	1.70	1.95
销售收入（第6年）	30 000 000	30 000 000
净收益（第6年）	2 125 000	2 250 000

	AXEL	BIKE
第6年末部分资产负债表数据：		
现金及现金等价物	\$3 000 000	\$5 850 000
应收账款	5 000 000	3 750 000
存货	12 000 000	10 000 000
流动资产合计	20 000 000	19 600 000
应付账款	4 000 000	3 500 000
应计费用	2 000 000	2 000 000
应付税款	1 000 000	1 100 000
流动负债合计	7 000 000	6 600 000
厂场设备（净值）	13 000 000	15 900 000
专利权（净值）	4 000 000	100 000

要求：

计算并分析以下七项指标或比率，并分别说明每项指标或比率会对 PE 造成何种影响：

a. 每股收益增长率

b. 财务杠杆比率

c. 权益报酬率

d. 销售净利率

e. 流动比率、应收账款周转率、固定资产周转率

f. 专利权状况

g. 长期资产回报率

CC—2 通过公司财务报表识别所属行业

下面是 9 个不同行业公司的共同比财务报表。

这 9 个行业是：

a. 烟草

b. 医药

c. 保健

d. 公用事业

e. 投资咨询

f. 酿酒

g. 日用品

h. 电脑设备

i. 民意调查

公司资产负债表*

项目	(1)	(2)	(3)	(4)	(5)	(6)	(7)	(8)	(9)
短期应收款	9.77%	19.20%	3.35%	25.96%	0.55%	8.10%	26.34%	17.38%	15.33%
存货	6.22	14.87	5.18	0.00	7.91	20.11	31.69	0.00	0.00
厂场设备（净值）	224.39	28.20	51.20	24.52	6.94	26.25	31.36	88.97	3.19
其他资产	46.56	29.15	5.48	26.65	3.71	18.50	16.91	24.35	219.59
资产总计	286.94%	91.42%	65.21%	77.13%	19.11%	72.96%	106.30%	130.70%	238.11%
厂场设备成本（总额）	279.83%	39.06%	70.33%	35.78%	9.64%	39.31%	45.91%	106.64%	6.29%
流动负债	18.78%	22.70%	11.19%	29.92%	7.31%	13.31%	19.30%	19.33%	76.89%
长期负债	158.69	9.22	26.65	10.19	6.06	16.40	4.11	73.32	72.18
股东权益	109.47	59.50	27.37	37.02	5.74	43.25	82.89	38.05	89.04
负债和权益总计	286.94%	91.42%	65.21%	77.13%	19.11%	72.96%	106.30%	130.70%	238.11%

*所有数据皆按占总收入的百分比来表示。

公司损益表

项目	(1)	(2)	(3)	(4)	(5)	(6)	(7)	(8)	(9)
收入	100.00%	100.00%	100.00%	100.00%	100.00%	100.00%	100.00%	100.00%	100.00%
销售成本	49.50	31.11	67.48	63.29*	77.20	68.16	56.24	81.06*	16.55*
折旧费用	8.36	2.26	2.47	3.51	1.14	3.50	4.76	4.33	0.81
利息费用	8.81	1.14	2.03	0.47	0.59	1.26	0.31	4.04	10.75
广告费	0.00	2.39	4.82	0.12	3.89	6.97	3.86	0.00	6.24
研发费用	0.76	7.95	0.24	0.00	0.00	0.00	11.06	0.00	0.00
所得税	11.47	8.11	2.44	6.80	0.77	4.71	2.98	4.44	33.01
其他项目（净额）	6.63	29.08	15.59	18.54	15.50	8.89	14.15	(0.46)	0.73
费用总计	85.53%	82.04%	95.07%	92.73%	99.09%	93.49%	93.36%	93.41%	68.09%
净收益	14.47%	17.96%	4.93%	7.27%	0.91%	6.51%	6.64%	6.59%	31.91%

*公司（4）、（8）和（9）存货为 0，意味着其销售成本中主要为营业费用。

要求：

通过研究资产负债表和损益表数据之间的关系，确定公司（1）～（9）分别属于 a～i 的哪个行业。可以参阅行业比率数据。

案例题

CC—1 综合财务分析

选择一家非管制行业公司，条件是你可以获得其近六年的全部财务报表，要求：

以这些报表及该公司背景、行业统计数据以及其他市场及公司信息，编制一份财务报表分析报告，报告中需包括以下要点：

1. 公司及其所处行业经营要览。

2. 详细评价：

（1）短期流动性（偿还短期债务的能力）

（2）现金预测及预估分析

（3）资本结构及偿债能力

（4）投资回报率

（5）资产周转率（使用情况）

（6）获利能力及权益分析

注：在做出此类评价时，你应该使用各种财务分析工具，你的分析应该对这六个不同的领域做出推断性结论。

3. 对该公司的财务报表对你进行财务分析有何作用做出评价。

4. 财务报表中所使用的会计原则对你的分析指标有何影响？

5. 以 5 年为期，编制一份损益表、资产负债表、现金流量表预测，以第 6 年为最后一个年度。

6. 使用估值分析及综合案例中所描述的程序，估计该公司普通股的每股价值。

CC—2 综合财务分析

下面是 Zeta 公司的财务报表及附注。要求：

回答下列问题，同时做出必要的支撑性计算，并对每项分析中所使用的账户和金额做出解释。

1. 哪些交易和事件可解释第 6 年股东权益 700 万美元的增长？

2. 附注 6 中反映“资本性租赁债务”为 100 万美元。在第 6 年中哪些账户的增加反映了此类租赁业务的发生，增加的金额是多少？请解释。这些租赁在现金流量表中是如何反映的？

3. 用 T 型账分析确定第 6 年偿付的长期债务是多少。你的答案与 Zeta 公司报告的金额是否相符？

4. 附注 1 描述了一项会计原则的变化。

（1）这一变化对第 6 年的资产负债表和损益表有何影响？

（2）说明为了使第 5 年和第 6 年的资产负债表及损益表具有可比性，需要对第 5 年的财务报表做哪些调整。

（3）在现金流量表中如何反映第 6 年 100 万美元的“累积影响”（用直接法）？（提示：对造成这 100 万美元影响额的账户及金额做重构。）

5. 附注 3 描述了 Zeta 公司收购 TRO 公司的情况。

（1）在第 6 年 12 月 31 日，TRO 公司应该是一个独立的法律实体，还是分解计入 Zeta 公司？

（2）收购 TRO 公司对第 6 年 12 月 31 日（购并日）Zeta 公司的资产负债表及合并资产负债表有何影响？

（3）TRO 公司第 6 年的收入有哪些？

6. 针对资产中的“在联合公司中的投资”项目：

（1）解释其在第 6 年所发生的全部变化。

（2）鉴别现金流量表中与这项投资相关的全部影响。

7. 针对资产负债表中的“少数股东权益”项目：

（1）解释其在第 6 年所发生的全部变化。

（2）说明这一账户与资产中的“在联合公司中的投资”有何关系。

8. 如果采用 FIFO 法进行存货估值（用之代替 LIFO），第 6 年的净收益将增加或减少多少？

9. 附注 4 描述的是“停止营业”的情况：

（1）第6年10月31日，哪些账户（金额）受到停止营业的影响，记录了清理损失？

（2）70万元的清理损失对现金流量表有何影响？（确定具体的项目及金额。）

（3）如何采用直接法在现金流量表上列报停止营业及110万美元的损失？假定我们希望将这些营业包含在现金流入和现金流出之中。

10. 在第7年（下一年度）的现金流量表中，应如何反映商誉？

11. 解释厂场设备净额账户在第6年所发生的全部变化。

Zeta 公司合并资产负债表

截至12月31日　　单位：千美元

	第6年	第5年
资产		
流动资产		
现金	$2 000	$2 000
应收款项	25 000	20 000
存货（附注1，2）	56 000	38 000
预付费用	1 000	1 000
流动资产合计	84 000	61 000
在联合公司中的投资	14 000	11 000
厂场设备	61 000	52 000
减：累计折旧	(23 000)	(19 000)
厂场设备净额	38 000	33 000
商誉	2 000	—
资产总额	$138 000	$105 000
负债及股东权益		
流动负债		
应付银行票据	$16 000	$14 000
应付账款和应计项目	29 000	23 000
应交所得税	7 000	2 000
一年内到期的长期负债（附注6）	2 000	1 000
流动负债合计	54 000	40 000
长期负债（附注6）	25 000	15 200
递延所得税（附注5）	3 600	2 000
少数股东权益	1 400	800
股东权益（附注7）		

续前表

	第6年	第5年
普通股，面值$5	5 500	5 000
实收资本	24 500	15 000
留存收益	24 000	27 000
股东权益合计	54 000	47 000
负债及股东权益总额	$138 000	$105 000

Zeta 公司合并损益表

第6、第5年年度　单位：千美元

	第6年度	第5年度
销售净额	$186 000	$155 000
在联合公司收益（损失）中的权益	2 000	(1 000)
费用		
销售成本	120 000	99 000
销售及行政管理费用	37 000	33 000
利息费用	10 000	6 000
成本费用合计	167 000	138 000
税及少数股东权益前收益	21 000	16 000
所得税费用（附注5）	10 000	7 800
少数股东权益前收益	11 000	8 200
少数股东权益	200	—
持续经营活动产生的收益	10 800	8 200
停止经营		
经营，税后净额	(1 100)	(1 200)
处置损失，税后净额	(700)	—
停止经营造成的利得（损失）合计	(1 800)	(1 200)
扣除会计原则变化累积影响前的收益	9 000	7 000
会计原则变化的累积影响，税后净额（附注1）	1 000	—
净收益	$10 000	$7 000
预估收益（对会计原则的变化做了追溯调整）：		
持续经营活动产生的收益	$10 800	$8 500
停止经营	(1 800)	(1 200)
预估净收益总计	$9 000	$7 300

Zeta公司合并现金流量表

第6、第5年年度　　单位：千美元

		第6年度	第5年度
经营活动提供（使用）的现金			
净收益		$10 000	$7 000
加(减) 调整项（调整为现金制）：			
折旧		6 000	4 000
递延所得税		1 600	1 000
少数股东权益		200	—
联合公司的未分配收益		(1 400)	1 300
停止经营损失		700	—
应收账款增加额（5 000－2 000*）		(3 000)	(2 400)
存货增加额（18 000＋100** －2 200*）		(15 900)	(6 000)
预付费用增加额		—	(200)
应付账款和应计项目增加额（6 000－300** －3 200*）		2 500	2 000
应交所得税增加额（5 000＋700）**		5 700	1 000
经营活动提供（使用）的现金净额		6 400	7 700
投资活动提供（使用）的现金			
厂场设备增加		(6 500)	(5 800)
收购 TRO公司（扣除420万美元现金）			
厂场设备	$ (6 000)		
商誉	(2 000)		
长期负债	4 800		
少数股东权益	400		
流动资产（应收账款和存货）	(4 200)		
流动负债	3 200	(3 800)	—
在联合公司中的投资		(1 600)	—
清理设备获得的收入		500	—
投资活动使用的现金净额		(11 400)	(5 800)
筹资活动提供（使用）的现金			
发行长期债务		7 500	5 000
长期债务的减少		(1 500)	(1 000)
支付的股利		(3 000)	(2 000)
应付银行票据的增加（减少）		2 000	(3 500)
筹资活动提供（使用）的现金净额		5 000	(1 500)
现金增加（减少）净额***		$0	$400

* 与收购 TRO公司相关的调整（参见附注3）。

** 因停止经营而导致的非现金交易的调整（参见附注4）。

*** 现金流量信息的补充披露：

	第6年	第5年
现金支付利息	10 000	6 000
现金支付所得税	2 600	4 800

非现金活动计划安排：

因租赁设备发生资本租赁100万美元。

Zeta公司合并财务报表附注（单位：千美元）

附注1　会计原则变更

在第6年，公司扩展了关于间接费用的界定，将其纳入存货的决定因子中，以使成本更好地与收入相匹配。这一变更在第6年的影响，在于使持续经营收益增加了40万美元。以前年度累积影响的调整100万美元（扣除了100万美元所得税后的金额）列示在第6年的净收益中。这一估计金额体现存货计价假设的修改做回溯性应用所产生的影响，就像新方法数年前就已经在发挥作用一样。

附注2　存货

存货按不超过市场重置成本的成本计价（采用后进先出法）。如果是用先进先出法，存货价值将分别比第6年12月31日和第5年12月31日的报告数高出600万美元及450万美元。

附注3　收购TRO公司

截至第6年12月31日，公司用800万美元现金收购了TRO公司大部分流通股。收购成本超出该公司净资产公允价值200万美元，记做商誉，尚未做摊销处理。以下是一些未经审计的预计信息，表明自第5年1月1日收购TRO公司以来经营成果的简要情况。

	第6年度	第5年度
收入	$ 205 000	$ 172 000
净收益	10 700	7 400

收购的细节如下（获得的资源及义务）：

现金	$ 4 200
应收账款	2 000
存货	2 200
厂场资产	6 000
长期债务	4 800
应付账款及应计项目	3 200

附注4　终止经营

第6年10月31日，董事会开始采用一项计划，授权处置全资子公司Zachary公司的资产和业务。“处置损失”为70万美元（扣除所得税抵免70万元后的净额），等于出售资产预计可实现价值加上该资产继续经营直至第7年初实施处置为止的成本准备30万美元。厂场设备冲减100万美元，存货冲减10万美元，记做可实现价值净额。30万美元成本准备记入“应付账款及应计项目”，至年末冲减为20万美元。终止经营的业务第6年和第5年的销售净额分别为1 800万美元和2 300万美元。

附注5　所得税

所得税费用构成如下：

	第6年度	第5年度
本期	$ 8 400	$ 6 800
递延	1 600	1 000
合计	$ 10 000	$ 7 800

第6年度和第5年度的有效税率分别为47.6%和48.8%，不同于50%的法定联邦所得税率，原因在于第6年度和第5年度分别有50万美元和20万美元的研究开发税务抵免。递延所得税则是因为所得税报告采用加速折旧法而财务报告采用直线法计提折旧。

附注6　长期债务

	第6年度	第5年度
发售给机构投资者的10%期票至第10年度每年分期偿还90万美元	$ 13 000	$ 13 900
给银行的无担保票据——高于基准利率1%	4 000	—
资本性租赁债务——支付到底9年度，平均利率8%	1 000	—
11%次级应付票据，从第7年度到第16年度，每年分期偿还50万美元	5 000	—
其他抵押及票据	4 000	2 300
	27 000	16 200
减短期内到期	2 000	1 000
长期债务总计	$ 25 000	$ 15 200

各种贷款协议对公司施加了一定限制，包括对发放现金股利的限制、要求保持一定量的营运资本（规定不得低于1 800万美元）。第6年12月31日，公司有近1 000万美元留存收益可用于发放普通股现金股利。在第6年，公司签订了好几份不可取消的长期设备租赁协议，在财务报告中

作了资本化处理。除此之外再无其他重要的租赁安排。

附注 7 股东权益

公司核准的普通股为 500 万股，面值 5 美元。第 5 年 12 月 31 日发行在外的股份数为 100 万股，这部分股东权益第 6 年度因应付普通股股利而增加 10%。留存收益变动如下：

	第 6 年度	第 5 年度
期初余额	$ 27 000	$ 22 000
加净收益	10 000	7 000
减现金股利	(3 000)	(2 000)
减 10%股票股利	(10 000)	—
期末余额	$ 24 000	$ 27 000

CC—3 股权投资的综合分析

你们公司的政策委员会决定改变投资策略。这次改变主要是增持被领导品牌所主导的大型消费品生产公司的股票。委员会选定软饮料行业，特别是可口可乐公司（Coca-Cola Company，KO）和可口可乐企业（Coca-Cola Enterprises，CCE）作为公司投资组合潜在的购买对象。作为公司的饮料行业专家，你需要编制一份有关这两家软饮料生产商的财务分析。

KO 公司有广阔的产品线，旗下有很多品牌。其营销中心在全球范围内通过广告推广其各种软饮料。KO 的制造任务主要是软饮料提纯。其生产工艺要求只能使用低成本的原材料，并使用相对有限的固定资产投资。提纯物的运输成本很低，在世界范围内只需要有限的生产设施。KO 作为软饮料提纯物的领导性生产商，因其制造工艺的技术性、严格的配方，以及经过一个多世纪的经营建立起来的强大品牌而受到很好的保护。公司面临的竞争主要来自百事公司（PepsiCo.）。除了软饮料提纯之外，KO 公司在国内制造及分销方面几乎不起任何作用。

CCE 的业务也以软饮料为主。CCE 从 KO 购进软饮料提纯物，加工成成品后在美国境内各种零售场所出售。其业务成本很高，复杂的生产和分销系统需要数以百计的厂房和货仓，还需要数以千计的运输车辆。市场营销强调当地促销。竞争对手包括一大批同样用提纯物制造软饮料，组织机制相类似的高度自动化公司。下面是这两家公司的部分财务报表及附注资料。

合并资产负债表

第 8 年 12 月 31 日

单位：百万美元

	KO	CCE
资产		
流动资产		
现金及现金等价物	$ 1 231	$ —
交易应收账款	627	294
存货	779	125
其他流动资产	608	69
流动资产合计	3 245	488
其他投资		
在下属公司中的投资	1 912	—
其他	478	66
其他投资合计	2 390	66
固定资产		
土地	117	135
厂场设备	2 500	1 561
其他	293	42
固定资产合计	2 910	1 738
减：累计折旧	(1 150)	(558)
固定资产合计，净额	1 760	1 180
商誉	56	2 935
资产总额	$ 7 451	$ 4 669
负债及股东权益		
流动负债		
短期债务	$ 1 363	$ 148
应付账款	1 081	402
其他流动负债	425	—
流动负债合计	2 869	550
长期债务	761	2 062
递延所得税	270	222
其他长期负债	206	27
股东权益		
优先股	300	250
普通股	3 045	1 558
股东权益合计	3 345	1 808
负债及股东权益总额	$ 7 451	$ 4 669

第 8 年度合并损益表

单位：百万美元，每股数据除外

	KO	CCE
收入	$ 8 338	$ 3 874
销售成本	(3 702)	(2 268)
毛利	4 636	1 606
销售及行政管理费用	(3 038)	(1 225)
重组准备	—	(27)
营业利润	1 598	354
利息费用	(231)	(211)
出售业务利得	—	104
在下属公司收益中的权益	48	—
其他收益	167	21
税前收益	1 582	268
所得税	(538)	(115)
净收益	$ 1 044	$ 153
递延现金股利	(6)	(10)
普通股可用收益	$ 1 038	$ 143
每股收益	$ 2.85	$ 1.03

财务报表附注信息摘要

KO:

1. 软饮料和柑橘存货按后进先出法（LIFO）计价。第 8 年 12 月 31 日现时成本超过 LIFO 价值的金额约为 3 000 万美元。

2. 公司在上市公司股票上的投资市值超过第 8 年度 12 月 31 日的持有价值约 2.91 亿美元。

3. 某些特许人或其他机构所拥有的担保债务构成或有负债，第 8 年度 12 月 31 日总计数约为 1.33 亿美元。

4. 养老金计划资产总计 4.96 亿美元。全部计划的预计养老金义务总计 4.13 亿美元。

CCE:

1. 存货成本计算主要用后进先出法（LIFO）。第 8 年度 12 月 31 日，按后进先出法计算的存货准备为 2 077 000 美元。

2. 第 8 年度 12 月份，公司用现金回购了发行在外的各种债券。这些交易造成近 850 万美元的税前利得。

3. 公司通过租赁协议租赁办公及仓储场所、机械设备。第 8 年度 12 月 31 日，因无法撤销的经营性租赁所构成的未来最低租赁付款额为（千美元）：

第 9 年度	$ 11 749
第 10 年度	8 436
第 11 年度	6 881
第 12 年度	4 972
第 13 年度	3 485
以后年度	11 181
合计	$ 46 704

4. 养老金计划资产总计 1.97 亿美元。全部计划的预计养老金义务总计 1.51 亿美元。

选定财务比率*

第 8 年度

	KO	CCE
资产回报率	0.16	0.06
总债务比率	0.55	0.61
净利润边际	0.13	0.04
应收账款周转率	13.30	13.18
厂场设备周转率	4.74	3.28
普通股权益回报率	0.34	0.09
流动比率	1.13	0.89
存货周转率	4.75	18.14
长期债务—股权比率	0.23	1.14
毛利边际	0.56	0.41
酸性试验比率	0.65	0.53
资产周转率	1.12	0.83
已获利息倍数	7.85	2.27

* 简便起见，必要时使用的是年末数据而不是第 8 年度的平均数。

要求：

利用上述财务信息回应下面要求：

a. 根据上面报告的各项比率对这两家软饮料公司进行比较分析。在分析时可选择下述四个方面入手：

(1) 短期流动性。

(2) 资本结构及偿债能力。

(3) 资产利用率。

(4) 盈利能力。

从这四个方面讨论 KO 和 CCE 的差别。

b. 使用财务报表信息，说明为了增强在财务分析中的可比性和有用性，你会对财务报表做怎样的调整（请确定 5 项调整）。对你所确定的每一项调整，讨论其会对 a 中的答案有什么影响。

K. R. Subramanyam
Financial Statement Analysis, 11e
0-07-811096-3

北京市版权局著作权合同登记号：01-2015-1457

图书在版编目（CIP）数据

财务报表分析：第11版/苏布拉马尼亚姆著；宋小明等译. —北京：中国人民大学出版社，2015.8
（工商管理经典译丛. 会计与财务系列）
ISBN 978-7-300-21598-3

Ⅰ.①财… Ⅱ.①苏…②宋… Ⅲ.①会计报表-会计分析 Ⅳ.①F231.5

中国版本图书馆CIP数据核字（2015）第152675号

工商管理经典译丛·会计与财务系列
财务报表分析（第11版）
K. R. 苏布拉马尼亚姆 著
宋小明 谢盛纹 译
Caiwu Baobiao Fenxi

出版发行	中国人民大学出版社		
社　　址	北京中关村大街31号	邮政编码	100080
电　　话	010－62511242（总编室）		010－62511770（质管部）
	010－82501766（邮购部）		010－62514148（门市部）
	010－62515195（发行公司）		010－62515275（盗版举报）
网　　址	http://www.crup.com.cn		
经　　销	新华书店		
印　　刷	北京东君印刷有限公司		
规　　格	185 mm×260 mm　16开本	版　　次	2015年9月第1版
印　　张	37.75 插页1	印　　次	2021年5月第5次印刷
字　　数	833 000	定　　价	75.00元

教师反馈表

美国麦格劳-希尔教育出版公司（McGraw-Hill Education）是全球领先的教育资源与数字化解决方案提供商。为了更好地提供教学服务，提升教学质量，麦格劳－希尔教师服务中心于 2003 年在京成立。在您确认将本书作为指定教材后，请填好以下表格并经系主任签字盖章后返回我们（或联系我们索要电子版），我们将免费向您提供相应的教学辅助资源。如果您需要订购或参阅本书的英文原版，我们也将竭诚为您服务。

★ 基本信息					
姓		名		性别	
学校		院系			
职称		职务			
办公电话		家庭电话			
手机		电子邮箱			
通信地址及邮编					
★ 课程信息					
主讲课程		课程性质		学生年级	
学生人数		授课语言		学时数	
开课日期		学期数		教材决策者	
教材名称、作者、出版社					
★ 教师需求及建议					
提供配套教学课件（请注明作者 / 书名 / 版次）					
推荐教材（请注明感兴趣领域或相关信息）					
其他需求					
意见和建议（图书和服务）					
是否需要最新图书信息	是、否	系主任签字/盖章			
是否有翻译意愿	是、否				

McGraw Hill Education | Higher Education

网址: http://www.mcgraw-hill.com.cn

麦格劳-希尔教育出版公司教师服务中心
北京市清华科技园科技大厦 A 座 906 室
北京 100084
电话：010-62790299-108
传真：010-62790292

教师教学服务说明

中国人民大学出版社财会出版分社以出版经典、高品质的会计、财务管理、审计等领域各层次教材为宗旨。

为了更好地为一线教师服务，近年来财会出版分社着力建设了一批数字化、立体化的网络教学资源。教师可以通过以下方式获得免费下载教学资源的权限：

在中国人民大学出版社网站 www.crup.com.cn 进行注册，注册后进入“会员中心”，在左侧点击“我的教师认证”，填写相关信息，提交后等待审核。我们将在一个工作日内为您开通相关资源的下载权限。

如您急需教学资源或需要其他帮助，请在工作时间与我们联络：

中国人民大学出版社　财会出版分社

联系电话：010-62515987，62511076

电子邮箱：ckcbfs@crup.com.cn

通讯地址：北京市海淀区中关村大街甲 59 号文化大厦 1501 室（100872）